Querlektüren

Querlektüren
Weltliteratur zwischen den Disziplinen

*Herausgegeben
von
Wilfried Barner*

WALLSTEIN VERLAG

Die Deutsche Bibliothek – CIP-Einheitsaufnahme

Querlektüren :
Weltliteratur zwischen den Disziplinen /
hrsg. von Wilfried Barner. –
Göttingen: Wallstein-Verl., 1997
ISBN 3-89244-269-x
NE: Barner, Wilfried [Hrsg.]

© Wallstein Verlag 1997
Vom Verlag gesetzt aus der Adobe Garamond
Umschlag: Basta Werbeagentur, Tuna Çiner
Druck: Hubert & Co, Göttingen

ISBN 3-89244-269-x

Inhalt

Wilfried Barner
Vorwort 7

Wilfried Barner
Thukydides: *Der Peloponnesische Krieg* 11

Marianne Bergmann
Hymnos der Athener auf Demetrios Poliorketes 25

Uwe Diederichsen
Martial: *Epigramme* 48

Armin Paul Frank
Johann Wolfgang Goethe: *Hermann und Dorothea* 72

Martin Vogel
Johann Wolfgang Goethe: *Farbenlehre, Physiologische Farben* 91

Albrecht Schöne
Johann Wolfgang Goethe: *Der letzte Brief* 106

Ulrich Mölk
Alexander Puschkin: *Die Zigeuner* 124

Wolfgang Sellert
Maxim Gorki: *Gewesene Leute* 139

Klaus Felgenhauer
Hugo von Hofmannsthal / Richard Strauß: *Ariadne auf Naxos* 154

Bernd Weisbrod
Ernst Jünger: *In Stahlgewittern* 168

Ilona Ostner
Mascha Kaléko: *Gedichte* 187

Reiner Thomssen
Thomas Mann: *Der Zauberberg* 209

Rudolf Smend
Thomas Mann: *Das Gesetz* 232

Joachim Ringleben
Gottfried Benn: *Ein Wort* 247

Über die Autoren 262

Vorwort

Es gehört zu den eigentümlichen Reizen der Literatur – ob Gedicht, Theaterstück, Essay oder Roman –, daß sie sowohl bei den Autoren wie bei den Lesern und Zuhörern seit jeher auf ganz verschiedenartige Lebensvoraussetzungen und Erfahrungshorizonte antwortet. Sie können ethische Normen einschließen oder religiöse Einstellungen, sinnliche Wahrnehmungsmuster oder sprachlich-ästhetische Präferenzen (und auch Barrieren). Es ist wieder und wieder erörtert worden, wieso eigentlich über Jahrhunderte hin, und zwischen völlig verschiedenen Sprachen und Gesellschaften, nicht nur ein ›Verstehen‹ solcher Texte möglich ist, sondern sogar Genuß, Provokation, Erschütterung.

Eine oft in ihrer Bedeutung unterschätzte Dimension ist dabei die Voraussetzung an Sachwissen auf definierten Feldern. Solches Wissen läßt sich nicht immer durch einen bloßen Stellenkommentar oder durch ›Hintergrundsinformationen‹ aufbereiten, sondern kann die Substanz der Texte selbst betreffen. Dann stellt sich die Frage, ob nicht gerade hierauf eine bestimmte Lektüreweise zu richten wäre. Für griechische Zuhörer und Leser war beispielsweise die *Odyssee* nicht nur das große Abenteurer-Epos, sondern auch ein Fundamentaltext über den Kosmos der Götter, und auch einer über die Seefahrt, ihre Künste und ihre Gesetze, d. h. auch über die Nautik.

Es gibt Lektüreweisen, die wesentlich von solchen Perspektiven bestimmt werden. Und für deren Erschließung sind keineswegs nur die Literaturwissenschaftler ›zuständig‹. Zwar wird mitunter maliziös oder auch polemisch daran erinnert, daß schöne Literatur nicht primär für Philologen geschrieben sei. Aber steht dem nur der ›Laie‹ oder ›Liebhaber‹ als Alternative gegenüber? Jene Erfahrungshorizonte und Wissensfelder, von denen die Rede war, sind ja auch Gegenstände der Erforschung im System der Wissenschaften. Prinzipiell ist keine Disziplin ausgeschlossen. Aber es mag schon sein, daß im Blick auf die weltliterarische Überlieferung die Humanwissenschaften eher betroffen sind, unter ausdrücklichem Einschluß der Medizin.

Eine große Universität verfügt in dieser Hinsicht über ein noch kaum ausgeschöpftes Potential an einschlägig kompetenten Leserinnen und Lesern, die aus ihren Fächern ganz Unterschiedliches an Neigungen, Wissensvoraussetzungen, Leseweisen mitbringen. Und es zeichnet sie aus, daß sie über dieses Lesen zu reflektieren vermögen, darüber auch Rechenschaft geben können. Ein griechischer Hymnos etwa kann sich dem archäologischen Blick ebenso neuartig aufschließen wie etwa Martials Epigramme einer juristisch geschulten Lektüre. Ein Historiker kann Ernst Jüngers *In Stahlgewittern* mit provozierend aktueller Diagnose lesen. Und Thomas Manns *Der Zauberberg* offenbart in der Sichtweise eines Mediziners bisher eher verdeckte oder jedenfalls ungewohnte Seiten. Dabei geht es nicht primär um die inhaltliche Kommentierung einzelner Stellen. Auch soll nicht der Versuch unternommen werden, in die Rolle eines Literaturwissenschaftlers hineinzuschlüpfen. Vielmehr ist gerade die spezifische Perspektive eines einschlägig ›mitzuständigen‹ Fachs gefragt: in diesem Sinne ›Querlektüre‹.

Was auf solche Weise sich einstellt, ist eine ›Interdisziplinarität‹ etwas seltenerer Art – wobei auf dieses mittlerweile schon etwas vernutzte Etikett selbst kein besonderes Gewicht gelegt wird. Die Vortragenden haben den jeweiligen Text oder die Textgruppe selbst ausgewählt – hier liegt eine entscheidende Voraussetzung für das Gelingen des Versuchs. Jeder ist gebeten worden, den eigenen Text jeweils auch kurz vorzustellen. Der Akzent soll jedoch auf die besondere, durchaus individuelle Leseweise gesetzt werden, auf die ›Lesart‹. Hierin knüpft das Unternehmen an eine literaturwissenschaftliche Vorlesungsreihe an, die im Wintersemester 1993/94 an der Universität Göttingen stattgefunden hat und die unter dem Titel *Ein Text und ein Leser. Weltliteratur für Liebhaber* 1994 im Wallstein Verlag erschienen ist. Die *Querlektüren*, die auf eine Vorlesungsreihe im Wintersemester 1996/97 zurückgehen, unterscheiden sich hiervon dadurch, daß die Mehrzahl der Vortragenden gerade aus nichtliteraturwissenschaftlichen Disziplinen kommt: aus Theologie, Jurisprudenz, Medizin, Soziologie, Archäologie, Geschichtswissenschaft. Doch sollten die Literaturwissenschaften nicht um des bloßen Prinzips willen ausgeschlossen bleiben. Deren Vertreter sollten nach Möglichkeit ›nichtpoetische‹ Texte ins Zentrum stellen.

Die Beteiligung an einem Projekt wie den *Querlektüren* verlangte von denjenigen, die sich dazu bereit erklärten, sehr wohl ein gewisses Maß an Courage. Man spricht vorwiegend aus der Perspektive der eigenen Disziplin, aber nicht im Sinne eines Fachvortrags, sondern über einen literarischen Text, und vor einem dispersen Publikum. Auch für die hier gedruckten Versionen sei ausdrücklich darauf hingewiesen, daß sie zwar einer gewissen redaktionellen Vereinheitlichung unterliegen, daß aber der Individualität des Vorgehens so weit als möglich Raum gelassen wurde. In jedem Fall sollten sie *nicht* primär unter der Voraussetzung literaturwissenschaftlicher Usancen gelesen werden.

Die Erfahrung, daß sich gleich beim ersten persönlichen Ansprechen eine Reihe von Kolleginnen und Kollegen – darunter besonders vielbeschäftigte – gewinnen ließen, darf hier als ein Symptom für eine noch funktionsfähige Universität dankbar hervorgehoben werden. Gerade in Zeiten verschärfter Sparzwänge und der immer weiter voranschreitenden Spezialisierung steht die Universität in der Gefahr, mehr und mehr zu einer bloßen Addition von Fachhochschulen zu degenerieren. Manche – nicht nur Studierende – nehmen sie heute schon überwiegend so wahr. Vorlesungsreihen und Publikationen der vorliegenden Art können allenfalls helfen, ins Bewußtsein zu rufen, welche Art von Austausch zwischen den Disziplinen auch noch möglich ist.

Da die Texte von den angesprochenen Personen selbst ausgewählt wurden, war irgendein Anspruch auf ›Systematik‹ oder ›Flächendeckung‹ von vornherein ausgeschlossen. Und da die Veranstaltung an einer deutschen Unversität stattfand und sich – wie die Publikation – an ein primär deutsches Publikum richtet, ist die Dominanz deutscher Texte naturgemäß. In Frankreich oder Italien lägen die Akzente entsprechend anders. Im übrigen ist hier »Weltliteratur« nicht, wie es mitunter geschieht, als eine Art universaler Bestenliste verstanden, sondern im Sinne Goethes: als ein Prozeß des literarischen Sichaustauschens zwischen den Nationen. Die Anordnung der Beiträge folgt der Chronologie der besprochenen Texte. Auf Anmerkungen wurde verzichtet, die Zitate aus den Haupttexten werden jedoch nachgewiesen. Die zugrunde gelegte Ausgabe steht bei jedem Beitrag in den angeschlossenen »Literaturhinweisen«, die auch die wichtigsten weiterführenden Titel enthalten. Der besonderen Aufmerksamkeit seien die Autoren-Angaben am Schluß des Bandes empfohlen, aus denen auch die Disziplinen der einzelnen Vortragenden zu ersehen sind.

Der günstige Ladenpreis des Bandes verdankt sich der großzügigen Förderung durch den Universitätsbund Göttingen e. V. und der Stiftung der Georg-August-Universität zu Göttingen, ebenso einem Zuschuß der Sparkasse Göttingen. Der Präsident der Universität und das Presseamt haben das Unternehmen tatkräftig unterstützt. Dirk Niefanger hat sich um die sorgsame Bearbeitung der Manuskripte verdient gemacht, Anke Detken hat sich um die weitere Drucklegung gekümmert. Dem Verlag, insbesondere Markus Ciupke, sei für die wiederum zügige und verläßliche Umwandlung der Manuskripte in ein ansehnliches Buch gedankt. Herausgeber und Verlag danken Sandra Dieckmann für Lektoratsmitarbeit und Hilfe bei den Korrekturen. Es bleibt der Wunsch, daß der Band möglichst viele interessierte ›Querlesende‹ finden möge.

W. B.

Thukydides: *Der Peloponnesische Krieg*

VON

WILFRIED BARNER

Thukydides von Athen hat den Krieg der Peloponnesier und Athener, den sie gegeneinander führten, aufgezeichnet. Er begann damit gleich beim Ausbruch, in der Erwartung, der Krieg werde bedeutend werden und denkwürdiger als alle früheren; das erschloß er daraus, daß beide auf der vollen Höhe ihrer Machtmittel in den Kampf eintraten und daß er das ganze übrige Hellenentum Partei ergreifen sah, teils sofort, teils nach einigem Zögern. Es war bei weitem die gewaltigste Erschütterung für die Hellenen und einen Teil der Barbaren, ja sozusagen unter den Menschen überhaupt.

Mit diesen Sätzen beginnt ein Werk mit dem offenkundig nicht vom Verfasser selbst stammenden Titel *Der Krieg der Peloponnesier und der Athener*, auch *Historien* genannt, entstanden in den letzten Jahrzehnten des 5. vorchristlichen Jahrhunderts in Athen oder wahrscheinlicher in der Verbannung (von der noch die Rede sein wird). Es ist ein Buch, dessen erste Seite David Hume »the commencement of real history« genannt hat, dessen Lektüre, zusammen mit Herodot, dem fast fünfzigjährigen Goethe »ganz reine Freude« bereitete, das für Ranke zum Muster kritischer Geschichtsschreibung schlechthin wurde. Und noch Peter Handke fühlte sich bemüßigt, ihm zu huldigen, als er vor einigen Jahren eine kleine Sammlung von Erzählprosastücken, die als besonders präzis gedacht waren, unter den Titel stellte: *Noch einmal für Thukydides*.

Der griechische Text umfaßt, nach schon antiker, aber späterer Einteilung, acht sogenannte »Bücher«, den gebräuchlichen Papyrusrollen entsprechend (im folgenden mit römischen Ziffern bezeichnet, die Kapitel mit arabischen). Am Schluß, noch innerhalb des achten Buchs, sogar mitten im Satz, bricht der Text ab (die verschiedenen philologischen Erklärungen hierfür brauchen uns nicht zu beschäftigen). Das Werk hat die fast dreißigjährigen Auseinandersetzungen zwischen den Großmächten Athen und Sparta sowie deren Bundesgenossen zum Gegenstand. Es sind Konflikte, die im Jahre 431, also kaum zwei Jahrzehnte nach dem Friedensschluß Athens mit den Persern, einsetzen, 413 mit dem katastrophalen Scheitern der sogenannten Sizilischen Expedition ihren Höhepunkt finden (der erhaltene Text reicht bis 411/10) und schließlich 404 mit der völligen Unterwerfung Athens durch die Spartaner und ihre Bundesgenossen beendet werden.

Der Verfasser Thukydides, selbst Angehöriger der attischen Aristokratie (der Vater entstammt möglicherweise einer aus Thrakien eingewanderten Familie), um 460 geboren, in der Demokratie aufgewachsen, hat an dem Krieg zunächst aktiv teilgenommen, und zwar als hoher Militär, »Heerführer« (425/24). Herder hebt dies wie für Xenophon, den ›Fortsetzer‹ des Thukydides, als besondere Voraussetzung hervor, nennt sie »Männer von Geschäften«. Hoher militärischer Rang ist auch unter griechischen Autoren durchaus eine Seltenheit. Nach einem gescheiterten Kommando-Unternehmen mußte Thukydides Athen verlassen, oder er ist seiner förmlichen Verbannung zuvorgekommen. Er hat vermutlich im Exil (seit 424) sein Werk verfaßt, über jenen Krieg, dessen herausragende Bedeutung er, jedenfalls nach eigenem Bekunden, früh erkannte. Wo in der eingangs zitierten Übersetzung von Georg Peter Landmann »bedeutend« steht, findet sich im Original ein Wort (»megas«), das in erster Linie ›groß‹ heißt, aber auch ›bedeutend‹, ›mächtig‹ meinen kann – das Messen der Ereignisse aneinander, besonders auch ganzer Kriege (des Trojanischen, des Persischen) ist ein Grundmotiv des thukydideischen Denkens insgesamt.

Wichtig ist an dieser Selbstäußerung auch, daß Thukydides wegen der von ihm genannten »Erwartung« offensichtlich schon bald nach Ausbruch des Krieges Aussagen, Beobachtungen, nähere Informationen sammelte, wobei ihm natürlich seine hohe militärische Position zugute kam. Es geht also – und das mag manchen auf den ersten Blick überraschen – ganz früh in der Geschichte der europäischen Historiographie um Zeitgeschichte, um methodische Zeitgeschichtsschreibung. Damit sind wir beim Konzept des Thukydides, über das er wiederholt Rechenschaft ablegt, vor allem früh schon in dem sogenannten ›Methodenkapitel‹ I 20 – 22. Thukydides gilt, so ist es allenthalben nachzulesen, als Begründer der so bezeichneten ›kritischen‹ und dazu noch ›politischen‹ Geschichtsschreibung (woraus sich zusätzlich seine absolute Vorbildfunktion für Ranke und seine Schule erklärt). Ich konzentriere mich auf den Terminus ›kritisch‹ und auf seine beiden Hauptaspekte, die nicht immer ganz klar zusammengesehen werden.

›Kritisch‹ ist sein Verfahren zunächst gegenüber den Quellen, den Überlieferungen, und zwar durchaus was die Faktizität, die Ereignisse, die »Taten« angeht (die »erga«, wie ein Leitbegriff bei ihm heißt). Aber im gleichen Begriff ist die Deutung des als faktisch Ermittelten notwendig erhalten. Sie geschieht nach einem Verfahren, das man geschichtssemiotisch nennen kann, ein wissenschaftliches Verfahren, auf das Thukydides ersichtlich stolz ist. Es arbeitet mit »Anzeichen«, mit »Zeichen« (»tekmeria«), die man auch mit »Indizien« oder »Beweise« übersetzen kann und die rigoros auf die Kategorie der »Wahrheit« (»aletheia«) bezogen werden, womit er sich vor allem von seinen Vorgängern distanziert: »So unbemüht sind die meisten in der Erforschung der Wahrheit und bleiben lieber bei den herkömmlichen Meinungen. Wer sich aber nach den genannten Zeichen die Dinge doch etwa so vorstellt, wie ich sie geschildert habe, wird nicht fehlgehen« (I 20). Die »Zeichen« aber, die Indizien, der methodische Umgang mit ihnen (zu dem auch eine Art »historischer Heuristik« gehört, wie das Hans-Joachim Gehrke genannt hat) begründet den wissenschaftlichen Charakter.

Man hat seit längerem gesehen und neuerdings detailliert nachgewiesen, daß Thukydides sich hier in einem mitunter komplizierten Mischungsverhältnis vor allem zweier Muster bedient: des juristischen Beweisverfahrens und der medizinischen, speziell der hippokratischen Diagnostik (Hippokrates und Thukydides sind ungefähr gleichaltrig, beide um 460 geboren). Die Indizien im Prozeß und die Symptome bei der Diagnostik, und dann auch bei der Therapie, sind für ihn Analogphänomene, und zwar solche, die zu Thukydides' Zeit aktuellster Diskussionsgegenstand waren. Sie sind mitbegründend für seine Zuversicht, sowohl zurückliegende Ereignisse, Handlungen, Äußerungen auf ihren Zeichencharakter, das heißt zugleich auf ihren ›wahren‹ Deutungskern hin zu analysieren und darzustellen, als auch künftige zu durchschauen.

Es mag vielleicht überraschen, daß an dieser Stelle nicht nur das Interesse eines Juristen oder eines Mediziners einsetzen kann, sondern gerade auch das eines Literaturwissenschaftlers. Wahrnehmbare Phänomene von zeichenhafter Struktur sprachlich auszudrücken – dies können Empfindungen wie dingliche Gegenstände sein, Naturphänomene wie Reflexionen –, ist eine Fundamentalleistung der Literatur, zunächst unabhängig von der denkbaren Art einer Zeichenstruktur oder auch einem Konzept von ›Darstellung‹ (»mimesis«).

Gehört die Geschichtsschreibung, Historiographie in den gleichen Zusammenhang? Für antikes Gattungsdenken ist die enge Verwandtschaft und damit auch unmittelbare Vergleichbarkeit fast selbstverständlich. Dies gilt schon für die berühmte aristotelische These, aus der *Poetik*, daß die Historiographie mehr das Besondere, Einzelne behandle, die Poesie hingegen das Generelle, Allgemeine, womit die Poesie auch die »ernstere«, die »philosophischere« Gattung sei. Und in den antiken Rhetorenschulen nach Aristoteles wurden selbstverständlich auch Historikertexte behandelt, als Muster bedeutender Kunstprosa, freilich im Fall des

Thukydides nicht ohne Einschränkungen wegens seines ›schwierigen‹ Stils. Historiographie stellte namentlich Exempel bereit, wie von vergangenen Dingen ›vorstellend‹, ›vergegenwärtigend‹ zu reden sei, was den forensischen Redner ebenso betrifft wie den politischen.

Doch wenn nun schon literaturwissenschaftliches Interesse ausgerechnet für Historiographie – warum dann für den sich ›streng‹ und ›wissenschaftlich‹ gebenden Thukydides? Warum nicht viel eher für den eigentlichen ›Vater‹ der europäischen Geschichtsschreibung, Herodot? Ist er, der ziemlich genau eine Generation Ältere, der Historiograph unter anderem der Perserkriege, aber auch der reisende und schreibende Erschließer des östlichen Mittelmeerraums, nicht der einschlägig Geeignetere? Ist er, der mit seinen Novellen und Mythen, Märchen und Anekdoten zugleich die Weltliteratur um bezaubernde Sujets bereichert hat, ist er mit seinen ethnologischen und archäologischen Interessen – ist dieser so herrlich ›postmoderne‹ Herodot nicht der viel Attraktivere?

Die Entgegensetzung von Thukydides und Herodot ist so alt wie Thukydides selbst. Er soll Herodot – so eine Anekdote – bei seinen öffentlichen Rezitationen in Athen noch selbst gehört haben und danach in Tränen ausgebrochen sein. Aber der britische Historiker Simon Hornblower setzte vor ein paar Jahren trocken hinzu: »but we do not know whether the tears were because he thought it was very good or very bad.« Herodot ist, obwohl er von Thukydides nicht ein einziges Mal mit Namen genannt wird, von Beginn des Werks an präsent. Im ›Methodenkapitel‹ gehört er, neben den »hymnisierenden Dichtern«, von denen Thukydides sich absetzt (I 20), zweifellos zu der Gruppe der »Geschichtenschreiber«, die er auch nennt (»logographoi«). Vielleicht meint er ihn sogar an prominenter Stelle, vor allem dort, wo von »Hörlust« etwas distanzierend gesprochen wird.

Doch die so einladende Antithese zu Herodot, an der Thukydides selbst kräftig mitgewirkt hat und die etwa Ranke bereitwillig ausbaute, ist gerade in den letzten Jahrzehnten von der Forschung ebenso kräftig relativiert worden. Auch Herodot beansprucht für sich gleich zu Anfang, »Forschung« getrieben zu haben (»historia«, ›Wissenwollen‹). Auch er kritisiert zum Teil andere Überlieferungen, wägt Quellen, aber nicht nach jenem methodischen ›Indizien‹-System, das ich angedeutet habe, und nach jener Geschichtssemiotik. Auch Herodot bemüht sich, enge Parteinahme zu vermeiden, und das ist als Absicht und Leistung bemerkenswert. Aber was Athen betrifft, so kommt er von der kleinasiatischen Westküste dorthin, während Thukydides über einen Krieg seiner eigenen Vaterstadt schreibt, noch dazu als militärisch Beteiligter, und gleichwohl von den Lakedaimoniern und ihren Verbündeten ein Bild ihrer Eigenheit, auch ihrer »Tugenden« zu geben versucht. Ich führe die Synkrisis der beiden Geschichtsschreiber nicht fort (von der unterschiedlichen Rolle der Götter wird noch kurz die Rede sein), hebe nur noch heraus, daß auch die schriftstellerische Komposition des herodoteischen Werks ein bedeutendes Novum, eine Kunstleistung darstellt. Freilich bietet Thukydides wiederum eine völlig neue, eigene, wissenschaftliche Leistung, auch mit der ›monographischen‹ Konzentration auf den einen, den größten Krieg (dies bleibt in der europäischen Geschichte eine der wichtigsten historiographischen Gattungen, von Xenophon über Sallust und Caesar bis zu Schiller und Winston Churchill).

Sir Winston Churchill erhielt 1953 für seine Darstellung des Zweiten Weltkriegs den Literaturnobelpreis, und ebendenselben erhielt 1902 als erster Deutscher Theodor Mommsen für seine frühe *Römische Geschichte*. Die beiden Beispiele dienen nicht nur – wie wohl zumeist – der Illustration der Frage, für welche Felder es *keinen* Nobelpreis gibt. Sie sind einem Literaturwissenschaftler auch Anlaß dazu, zu überlegen, wie wir es eigentlich mit den großen Geschichtsschreibern halten. Im Feuilleton wird gerne gewürdigt, daß etwa Thomas Nipperdeys dreibändige *Deutsche Geschichte* von 1800 bis 1918 auch eine bedeutende sprachliche und kompositorische Leistung darstelle (der Vergleich mit dem etwas ›härteren Brot‹ Hans Ulrich Wehlers wäre ein wenig schief). An Golo Manns *Deutscher Geschichte des 19. und 20. Jahrhunderts* oder seinem *Wallenstein* wird bereitwillig das schriftstellerische Niveau gerühmt, aber nicht selten mit einem Seiten- oder vielmehr Aufblick zum Vater. Und es geschieht mit dem gelegentlich maliziösen Zusatz, das habe er ja auch nur als Außenseiter des Fachs leisten oder auch sich leisten können. Wie gehen wir Literaturwissenschaftler mit den Geschichtsschreibern um, auch im Universitätsunterricht? Für Schillers historiographische Schriften, auch für die *Geschichte des Abfalls der vereinigten Niederlande* und für die *Geschichte des dreißigjährigen Krieges* zeigt sich seit einigen Jahren wieder Forschungsinteresse, aber halb zugegebenermaßen doch eher weil es Schiller ist, der auch die großen historischen Dramen geschrieben hat. Die Reihe ließe sich fortsetzen. Wer bedeutende historische Kunstprosa nach 1850 lesen möchte, greift in der Regel nicht zu Mommsen, sondern gleich zu Gustav Freytag und seinesgleichen, oder dann doch noch lieber zu Keller, Raabe, Storm, Fontane.

Bei der Diskussion um den möglichen literarischen Rang von Historiographie wird, was die Produktion der Gegenwart anbetrifft, einerseits gerne darauf verwiesen, daß die alten Gattungssortierungen sich ohnehin längst aufgelöst hätten; der sogenannte ›erweiterte Literaturbegriff‹ umfasse doch auch Zweckformen der verschiedensten Art, vom Aphorismus bis zum Essay, vom Feature bis zu den mannigfaltigen Formen der Dokumentaristik und zu Kombinationen aus solchen. Der andere Hinweis bezieht sich darauf, daß bis weit ins 19. Jahrhundert hinein jene schon angedeutete antike Grundauffassung – mit Modifikationen – tradiert worden ist, es handle sich bei der Historiographie um eine Gattung der literarischen Kunstprosa von quasi-fiktionalem Charakter. Das ›quasi‹ bezieht sich unter anderem auf die Bindung des Historiographen an die Überlieferung des Tatsächlichen, mit engerem Spielraum bei der Darstellung der einzelnen historischen Ereignisse als beim historischen Drama oder Roman: eine über die Jahrhunderte viel diskutierte Frage. Friedrich Schlegel hat für die Historiographen wie Thukydides den reizvollen Begriff »Geschichtskünstler« geprägt. Was den »Kunst«-Anspruch angeht, so habe ich den Geltungsbereich der Rhetorik ja schon angedeutet. In diesem Sinne haben nicht nur Althistoriker den Thukydides seit jeher als die Hauptquelle für den Peloponnesischen Krieg herangezogen (und dabei natürlich die Besonderheit des thukydideischen Konzepts in Rechnung gestellt), sondern auch Klassische Philologen eine Fülle wichtiger Charakteristika der Sprache des Thukydides, der Kompositionstechnik und dergleichen herausgearbeitet.

Für einen Literaturwissenschaftler, einen Neuphilologen zumal, der von der Lektüre des Thukydides gefesselt ist, kommt indes seit einigen Jahren eine Debatte hinzu, die hier neue einschlägige Fragen aufwirft und in wenigen Sätzen erläutert sei. Als während des 19. Jahrhunderts die Historie ihren wissenschaftlichen Status neu konstituierte und dabei auch Historiographie als eine wissenschaftliche Textgattung – das war nicht unumstritten – sozusagen zu ›retten‹ oder gar neu zu schaffen suchte, da bereiteten die altüberlieferten »Kunst«- und »Fiktions«- Postulate einige Schwierigkeiten. Um gleich die Schlüsselgestalt Ranke anzusprechen, so sei an seine vielzitierte Grundposition erinnert (in der *Idee der Universalhistorie* von 1831/32), Historie unterscheide sich »dadurch von anderen Wissenschaften, daß sie zugleich ›Kunst‹ ist, [...] indem sie das Gefundene wieder gestaltet, darstellt«. Das Künstlerische, ›Gestaltende‹, ›Darstellende‹, die Mimesis ist also etwas, das zum wissenschaftlich Gefundenen hinzutritt.

Eine neuere Debatte über ›Narration‹ und ›Fiktion‹ in der Historiographie, für Thukydides – wie sich zeigen wird – höchst einschlägig, ist vor allem von dem amerikanischen Ideenhistoriker Hayden White angestoßen worden (jedoch auch etwa von dem französischen Philosophen Paul Ricœur und von deutschen Vertretern der Historie wie der Geschichtstheorie mitbestritten worden). Wo es um ›Narrativität‹ und ›Fiktionalität‹ geht, wird natürlich auch der Literaturwissenschaftler hellhörig. Ein Grundgedanke Whites ist der, daß die Gewinnung geschichtlichen Wissens auch beim Historiker und Historiographen von Akten historischer Einbildungskraft nicht schlechthin zu trennen ist, sondern daß immer schon vorstrukturierende Akte, die er »poetische« Akte nennt, im Spiel sind (*Tropics of Discourse*, 1983; deutsch 1986; *The Content of the Form*, 1987; deutsch 1990). Und dies versucht er exemplarisch an vier Autoren gerade des historischen »Realismus« im 19. Jahrhundert zu erweisen, an Michelet, Ranke, Tocqueville und Burckhardt (*Metahistory* 1973; deutsch 1991). Nun hat man White nicht ohne Recht erhebliche Schwächen der konkreten Beweisführung vorgerechnet (unter anderem Jörn Rüsen und Otto Gerhard Oexle). Die Fragestellung selbst jedoch ist auch für die Literaturwissenschaft von Interesse, weil sie die alte Auseinandersetzung um Narration und Fiktion – übrigens auch die um den ›poetischen Realismus‹ – neu anleuchtet. Im Bereich der Neuphilologien ist der Ball schon wiederholt mit guten Anregungen aufgenommen worden.

Für Thukydides, den ›strengen‹, ›methodischen‹ Historiographen, scheint dies bisher nicht geschehen zu sein, obwohl doch manches in seinem oben erläuterten Konzept dazu verlocken könnte. Ich verbinde bei meiner Querlektüre alte, neue und vielleicht noch nicht so alte Beobachtungen.

Ein erstes Stichwort. Die großen *Reden* bei Thukydides, durchgängig an Entscheidungs- und Wendepunkten plaziert, haben schon in der Antike als Charakteristika dieses Geschichtswerks gegolten; sie sind auch kritisiert worden, so von Cicero, der sie von seinem Stilideal her »unverständlich« fand. Auch Herodot arbeitet bereits mit eingefügten Reden, freilich solchen von kaum vergleichbarem kompositorischem Gewicht. In moderner Historiographie sind sie, selbst wenn sie dokumentiert werden könnten, fast undenkbar, anders als im Geschichtsroman oder Geschichtsdrama; das gilt für Georg Büchners *Dantons Tod* und noch für Peter Weiss' *Marat/de Sade*, mit den großen Reden der Titelfiguren (doch sie beziehen sich durchaus auf eine Überlieferungsbasis).

Bei Thukydides drängen sich die Reden besonders in den ersten beiden Büchern, vor allem mit dem Komplex der scharfen, antithetischen Doppelreden der beiden Hauptkriegsparteien. Sie leisten zu einem wesentlichen Teil, konzentriert, die Exposition der Machtlage wie der Handlungsmotive. Das ist in dieser Funktion sehr wohl vergleichbar der *Ilias* mit ihren aufstachelnden Reden der Helden vor den großen Kämpfen, namentlich den Zweikämpfen. Bei Thukydides dominiert in den Endphasen, im Zeichen der Katastrophe zunächst auf Sizilien, der physische Kampf; es gibt nicht mehr viel zu reden. Aber wie stellt sich der Methodiker Thukydides zum Wortlaut der Reden? Auch wenn er einzelne der Redner im Verlauf des Krieges selbst gehört hat, so vor allem den Perikles, bekennt er sich von vornherein zum Konstruktionscharakter, auch zum imaginativen Spielraum, der notwendig ist; so gleich im ›Methodenkapitel‹, wo er zwei relationale Typen unterscheidet (I 22): »Was nun in Reden hüben und drüben vorgebracht wurde, während sie sich zum Kriege anschickten [also in der thukydideischen ›Exposition‹], und als sie schon drin waren, davon die wörtliche Genauigkeit [»akribeia«] wiederzugeben, war schwierig sowohl für mich, wo ich selber zuhörte, wie auch für meine Gewährsleute von anderwärts; nur wie meiner Meinung nach ein jeder in seiner Lage etwa sprechen mußte, so stehen die Reden da, in möglichst engem Ausschluß an den Gesamtsinn des in Wirklichkeit Gesagten« (das an der Stelle von »Gesamtsinn« stehende Wort kann man auch etwa mit »Meinungsrichtung«, »Intention« wiedergeben). Thukydides steht also von vornherin zum partiellen Fiktions-, ja Konstruktionscharakter der Reden, aber als Resultat einer Situationsanalyse aus Indizien, und einer Bestimmung der Handlungstendenz. Unter Gesichtspunkten der aktuellen Narrationsdebatte (etwa bei White und Ricœur) zeigt sich also, daß Thukydides zwar Quellenkritik treibt, aber den »Kunst«-Charakter der Reden gerade nicht von ihrem inneren »Wahrheits«-Charakter trennt.

Anhand einer Redepartie, die hier nicht in extenso wiedergegeben werden kann, erläutere ich wenige Grundzüge. Das Beispiel entstammt dem Kernteil der berühmten Leichenrede des Perikles für die Gefallenen des ersten Kriegsjahres 431/30, auffallend früh also, desto mehr den Sinnhorizont alles Folgenden, auch sozusagen die Fallhöhe heraushebend. Ich nenne nur zwei Momente:

> Zusammenfassend sage ich, daß insgesamt unsere Stadt die Schule von Hellas sei, und im einzelnen, wie mich dünkt, derselbe Mensch bei uns wohl am vielseitigsten mit Anmut und gewandt sich am ehesten in jeder Lage selbst genügen kann. Daß dies nicht Prunk für den Augenblick ist, sondern die Wahrheit der Dinge, das zeigt gerade die Macht unseres Staates (II 41).

Hier spiegelt sich bis in den Wortlaut hinein, insbesondere wenn man das ›Methodenkapitel‹ vergleicht (speziell I 22), die Programmatik des thukydideischen Werks insgesamt: »nicht Prunk mit Worten für den Augenblick«. Wenige Sätze weiter (II 41): »Und mit sichtbaren Zeichen üben wir wahrlich keine unbezeugte Macht« – hier ist in einer Technik, die man mit Goethe durchaus ›wiederholte Spiegelung‹ nennen könnte, die Macht-Semiotik des Thukydides noch der ermunternden Handlungsabsicht, der Paränese dieser Rede dienstbar gemacht. Wir erfassen hier punktuell ein zentrales Moment der großen, funktional ausgerichteten Kompositionstechnik.

Wie weit der Begriff der historiographischen ›Narration‹ bei Thukydides gezogen werden muß (und das geschieht bei Hayden White in Anlehnung an Northrop Frye nur unzureichend – wenn man ihn nicht mit ›Fiktion‹ ineins setzt), demonstriert (zweitens) der berühmte *Melier-Dialog*, das »furchtbare Gespräch« – wie Nietzsche es genannt hat – zwischen den athenischen Gesandten und den Ratsherren der kleinen Insel Melos, die Neutralität wahren wollen (im 16. Kriegsjahr, 416/15). Eine kurze Dialogpartie (V 92 – 95):

> DIE MELIER Und wie brächte uns der Verlust der Freiheit Nutzen, so wie euch die gewonnene Herrschaft?
>
> DIE ATHENER Weil ihr, statt das Entsetzlichste zu leiden, euch unterordnen dürftet und wir, wenn wir euch nicht vertilgen, dabei gewännen.
>
> DIE MELIER Daß wir uns stillhalten und auch freund sind statt feind, aber mit keiner Seite verbündet, könntet ihr nicht annehmen?
>
> DIE ATHENER Nicht so sehr schadet uns eben eure Feindschaft, wie daß Freundschaft ein Schwächezeichen, Haß eines der Stärke bei unsern Untertanen bedeutet.

Hier dominiert eine streng typisierte Wechselrede, es stehen gewissermaßen zwei Stimmgruppen gegeneinander, keine Einzelfiguren. Reine Machtkonstellation wird vorgeführt. Natürlich erinnert die Partie an die geschliffenen Streitdialoge mit ihren enggeführten Wechselversen in der attischen Tragödie, die dann im europäischen hohen Trauerspiel bis ins 18. Jahrhundert hinein begegnen. Mit eiserner Brutalität weisen die einst auf ihr »Rechts«-Denken so stolzen Athener alle »Rechtsgründe« der Melier zurück (das ist ein Leitbegriff des Dialogs) und stellen sie vor die Alternative Unterwerfung oder Vernichtung. Die ganze Kälte der durchkalkulierten Machtpsychologie – das ist ja ein das Geschichtswerk des Thukydikes durchziehendes Prinzip – wird in der zuletzt zitierten Maxime der Athener spürbar.

Für die Perspektive moderner Historiographie mag es als befremdlich erscheinen, wie hier die Mimesis definitiv ins Drama überspringt (daß es nur ein Übergang ist, zeigen schon die erwähnten Reden). Es ist inszenierte Geschichte. Die ›Theatralitäts‹-Forschung der letzten Jahre, die über Bühnenphänomene weit hinausgreift in soziale Lebenswelten und in die der Politik, hat mehr und mehr die Aufmerksamkeit auf das öffentliche Inszenieren von Handlungen gelenkt. Der *Melier-Dialog* könnte ein exemplarischer Anstoß sein, zu fragen, ob sich bei Thukydides – und vielleicht nicht nur bei ihm – spezifische Formen des Inszenierens von Machthandlungen beobachten lassen. Der Text des Dialogs enthält, ganz dem Brauch auch des attischen Dramas entsprechend (das ja keine gesonderten Regieanweisungen kennt), in der Redepartie der Melier selbst schon Hinweise auf das kriegerische ›Auftreten‹ der Athener:

> »Eure Milde, daß wir in Ruhe einander überzeugen sollen, anerkennen wir gern, aber das kriegerische Wesen, womit ihr schon auftretet, nicht erst droht, widerspricht dem sichtlich« (V 86).

Ein drittes Stichwort: *Pathographie*. Es gehört zu den fruchtbarsten neueren Ansätzen in der Erforschung der spezifisch modernen Literatur seit dem letzten Drittel des 19. Jahrhunderts, nach dem Konnex mit der Entwicklung einzelner Wissenschaften zu fragen, darunter Psychologie, Psychopathologie, Physiologie und benachbarter Disziplinen. Im Bereich der deutschsprachigen Literatur erweisen sich vor allem Schlüsselwerke der Jahrhundertwende als ergiebig. Pathographie ist fast ein Modekonzept geworden, aber um Pathographie handelt es sich bekanntermaßen bei der vieluntersuchten Darstellung der »Pest« oder vielmehr »Seuche« in Athen gleich im ersten Kriegsjahr 431/30. Und die Parallele zur Pest- oder Seuchen-Darstellung im *König Ödipus* (entstanden nach 430) des Sophokles ist oft gezogen worden. Von den medizinischen Interessen des Thukydides war bei der politischen Diagnostik schon die Rede. So eindrücklich die Genauigkeit (thukydideisch: »akribeia«) der Symptomdarstellung auch ist, so befremdlich kann sie doch – wie auf andere Weise der *Melier-Dialog* – im historiographischen Kontext wirken. Ein Beispiel aus der großen ›Pest‹- oder ›Seuchen‹-Partie: »das Übel durchlief von oben her, vom Kopfe, wo es sich zuerst festsetzte, den ganzen Körper, und hatte einer das Schlimmste überstanden, so zeigte sich das am Befall seiner Gliedmaßen: denn nun schlug es sich auf Schamteile, Finger und Zehen, und viele entrannen mit deren Verlust, manche auch dem der Augen« (II 49). Wieder arbeitet Thukydides anschließend mit seinem Beweisverfahren. So wie im allerersten Kapitel (I 1) aus Indizien erschlossen wird, daß der kommende Krieg der größte und schrecklichste werden würde, so wird hier anschließend (II 50) »die unfaßbare Natur der Krankheit« – die Ärzte sind ratlos –, das absolut Neue und Überwältigende aus dem Verschwinden der Vögel erschlossen: ein in diesem Zusammenhang fast kalter, rechnender Beweis.

Das im Kontext der politischen Historiographie eigentlich Meisterhafte schließt sich erst an, mit der Beschreibung und Analyse der durch die Seuche herausgetriebenen »Sittenlosigkeit« in Athen (wie es in der

Übersetzung von Landmann heißt), der »Gesetzlosigkeit«, »anomia«, wie der Terminus bei Thukydides lautet. Man kann an den Pest-Rahmen in Boccaccios *Decamerone* erinnern, an Poes *The Masque of the Red Death* oder an *La Peste* von Albert Camus, wo die Pestdarstellung zugleich eine symbolische Dimension erhält. Bei Thukydides handelt es sich, über die Pathographie der Seuche hinausgehend, um eine dichte sozialpsychologische, ja sozialpathologische Beschreibung, wie im Angesicht des hundertfachen Sterbens, des möglichen eigenen Todes die Hemmungen und moralischen Barrieren fallen und die Genußgier, der radikale Hedonismus um sich greift: »Da war keine Schranke mehr, nicht Götterfurcht, nicht Menschengesetz« (II 53). Wieder ist es die eigene Vaterstadt, Athen. Aber die auch hier auffällige Phänomenfülle, die Detailfreudigkeit erhält über die Seuchenpathographie hinaus eine klare Funktion. Es ist eine selbsterlebte, erschreckende Fallstudie über die »menschliche Natur«. Hier erscheint ein anderer Leitbegriff, auf dem das Geschichtswerk ruht, ein Wissen, eine Wahrheit repräsentierend, die das historiographisch Erhobene, das nach Indizien Analysierte auch zur Beurteilung künftigen Handelns zu nutzen ermöglicht. Dies vor allem bildet das Fundament für den stolzen, vielzitierten Anspruch des Thukydides, nicht ein Glanzstück für den Augenblick zu bieten (wie die Sophisten, die hier den deutlichsten Gegenpart darstellen), sondern einen »Besitz für immer« (I 22). Aber nicht in festen Sätzen existiert dieser Besitz. Vielmehr liegt die literarische Leistung wie der Erkenntnisvorgang in dem komplexen Prozeß der Darstellung selbst, in dem dramatisch gefaßten Geschehen, das immer neu aus Indizien gedeutet wird.

Dies führt zum vierten und letzten Stichwort: *Tragödie*. Schon in der Antike selbst ist dem Thukydides mitunter das Epitheton »tragisch« zuerkannt worden. Und in der Folge hat man wiederholt die Parallele vor allem zu seinem Zeitgenossen Sophokles gezogen, auch weil bei ihm, im Vergleich zu dem älteren Aischylos, die Götter deutlich zurücktreten. Das hat seine gewisse Analogie in der Einstellung des Thukydides und der entschiedenen Diesseitigkeit des von ihm berichteten Geschehens und seiner Deutung, verglichen mit Herodot; bei ihm begegnen das Schicksal, ja die Götter wiederholt als Neider, Rächer, Strafende. Doch es geht beim Stichwort ›Tragödie‹ auch um die Strukturen der historiographisch entfalteten Handlungen des Krieges, um ihre Qualitäten und ihre Abfolge. So hat man wiederholt Kategorien der aristotelischen *Poetik* ins Spiel gebracht, vor allem für den großen Schlußteil mit der Sizilischen Expedition: in der Abfolge Exposition, Entwicklung, Steigerung, Peripetie, Katastrophe. Vor einigen Jahren hat dies Joachim Keller noch einmal zusammengefaßt, dabei zwei Tragödien mit einem Zwischenteil herauszupräparieren versucht; er verfolgt entsprechende ›dramatische‹ Momente vor allem auch in Teilstrukturen, ja bis in den Satzbau des thukydideischen Werks hinein.

Thukydides der ›vierte‹ attische Tragiker, wie man ihn auch genannt hat: Das ist, vorsichtig angegangen, eine prinzipiell sinnvolle gedankliche Vorgabe. Ich nähere mich der Frage noch von einer anderen, spezifischer ›gegenwärtigen‹ Perspektive her. Vor allem im Schlußteil des *Peloponnesischen Krieges*, im 7. und 8. Buch (aber auch in anderen Teilen), begegnen Darstellungen von Vernichtungs- und Tötungshandlungen, auch von Massakern, die an detailgenauer Grausamkeit nicht leicht zu übertreffen sind: etwa der Überfall der Thraker auf Mykalesos, bei dem mit besonderer Mordlust sogar Schulkinder hingeschlachtet werden (VII 29 f.), oder das furchtbare Blutbad der Syrakusaner im Fluß Assinaros, dessen verschlammtes und schon rot gefärbtes Wasser die Verdurstenden gierig schlürfen (VII 84 f.), oder die entsetzlichen Lebensumstände der in den sizilianischen Steinbrüchen gefangengehaltenen Athener (VII 87). Nun ist die griechische Literatur schon vor Thukydides nicht gerade arm an Darstellungen schrecklichster physischer Gewalttaten, vor allem bei Homer: von dem brutalen Helden Achill, der die Leiche Hektors an seinem Wagen zu den Schiffen schleift, bis zu der grausamen Rache, die Odysseus nach seiner Heimkehr einzeln an den Freiern nimmt.

Thukydides bietet indes nicht Mythos, sondern Zeitgeschichte, zum Teil wohl Selbsterlebtes. Wir sind heute mit Kriegsschilderungen, Kriegsbildern überhäuft und vielfach – wie oftmals beklagt – auch abgestumpft, von Afghanistan bis Ruanda, von Bosnien bis Tschetschenien (von Nordirland und dem Baskenland gar nicht zu reden). Und CNN ›inszeniert‹ den Golfkrieg. Unsere Literatur hat, so scheint es, davor längst resigniert. Theodor Plieviers *Stalingrad* (1945) ist einer der letzten epischen Versuche, im Wechselspiel von individualisierender Soldatenperspektive und generalisierender Überschau über das massenhafte Töten und Sterben, mit blitzartigen Einblicken auch in die militärischen Kommandostrukturen (und Einblendungen aus der Heimat) das Unbewältigbare zu bewältigen. Wir haben in der Literatur natürlich auch Spiegelungen, auch mythische wie etwa Christa Wolfs *Kassandra*. Und wir haben das Theater eines Heiner Müller oder George Tabori, in dem – je ganz verschieden – Krieg und Vernichtung und Abschlachten als szenische Realität oder als Drohendes omnipräsent sind.

Historiographie scheint hier allenfalls noch als Dokumentation, auch in bewegten Bildern, oder etwa als Analyse der Vor-Ort-Täter aufzuregen (»Hitlers willige Vollstrecker«), und auch dies nur in bestimmter geschichtlicher Konstellation. »Tragödien-Unfähigkeit« hat man vor allem den Deutschen wiederholt vorgeworfen. Kann hier Historiographie einschlägig sein? Hayden White kennt in seinen Analysen, zum 19. Jahrhundert, auch die Kategorie »Tragödie« (wieder in Anlehnung an Northrop Frye). Aber sie besitzt dort, in Hinsicht auf die »sittlichen Einstellungen« nach dem Muster Hegels, nur einen ganz abgehobenen Sinn. Andere aktuelle Versuche, wie der spektakuläre von Botho Strauß, zeitgeschichtliche, ja künftige Prozesse als »Tragödie« zu denken, demonstrieren schon in ihrer »Bocksgesang«-Metaphorik, daß uns die Kategorie abhanden gekommen ist.

Bei Thukydides ist Tragödie nicht etwas im Sinne Rankes dem zuvor Erforschten als »Kunst« Hinzutretendes. Sie ist, wie die literarische Pathographie der Seuche und der durch sie ausgelösten Anomie, Form der geschichtlichen Wahrnehmung selbst. Sie ist semiotisch-diagnostisch bestimmt, so wie die brutale Selbstinszenierung der Athener gegenüber den Meliern nicht lediglich äußere, hinzutretende Kunst darstellt, sondern die Weise, wie das Machtwesen Mensch auf seine »Natur« hin (auf seine »physis« hin) transparent wird. Und es gehört zum Rang des Thukydides, daß er die Gnadenlosigkeit des Unterwerfungs-, ja des Vernichtungswillens hier gerade für die Repräsentanten seiner eigenen Polis demonstriert (selbst wenn das Exil hierbei eine Rolle gespielt haben mag). Ich will die Parallele zur deutschen Geschichtsbewältigung nicht zu eng ziehen. Es geht bei Thukydides um Fast-Gegenwart, um nahe Vergangenes. Auch die Athener besaßen über die Grausamkeiten des Krieges tausendfache Erzählungen, Berichte von Heimkehrenden, und anderes. Und sie hatten, auf dem Theater, die ebenso aktuellen wie mythischen Spiegelungen von Kriegs-Opfern, von verschleppten und versklavten Frauen etwa in den *Troerinnen* des Euripides vom Jahre 415. Es gibt heute, bei den täglichen Berichten über die Kriegsgreuel in aller Welt, das Achselzucken ebenso wie die ratlose Erschütterung. Die Götter hinter dem Großen Krieg zu sehen, reichte dem Thukydides offenkundig nicht mehr. Es ging ihm um die »menschliche Natur«. Das könnte Veranlassung sein, sich nicht zu sagen: »Noch einmal für Thukydides«, sondern: »Erst einmal Thukydides«.

Literaturhinweise

Gut zugängliche Ausgabe des Originaltextes:
Thucydidis Historiae. Hrsg. v. Henricus Stuart Jones / Johannes Enoch Powell. 2 Bde. Oxford 1942 u. ö.

Hier verwendete Übersetzung:
Thukydides: *Geschichte des Peloponnesischen Krieges.* Übers. u. mit einer Einführung u. Erläuterungen versehen von Georg Peter Landmann. Zürich u. München 1991.

Zur weiteren Beschäftigung:
Hans-Joachim Gehrke: *Thukydides und die Rekonstruktion des Historischen.* In: *Antike und Abendland* 39 (1993), S. 1 – 19.
Ernst Heitsch: *Geschichte und Situationen bei Thukydides.* Leipzig 1996.
Simon Hornblower: *Thucydides.* Baltimore 1987.
Joachim Keller: *Die Geschichtsschreibung des Thukydides als Kunstwerk.* In: *Der Altsprachliche Unterricht* 29 (1986), S. 50 – 57.
Hayden White: *Die Bedeutung der Form. Erzählstrukturen in der Geschichtsschreibung.* Frankfurt am Main 1990 (amerik. zuerst 1987).

Hymnos der Athener auf Demetrios Poliorketes

VON

MARIANNE BERGMANN

ὡς οἱ μέγιστοι τῶν θεῶν καὶ φίλτατοι
τῇ πόλει πάρεισιν·
ἐνταῦθα [γὰρ Δήμητρα καὶ] Δημήτριον
ἅμα παρῆγ' ὁ καιρός.
5 χἠ μὲν τὰ σεμνὰ τῆς Κόρης μυστήρια
ἔρχεθ' ἵνα ποιήσῃ
ὁ δ' ἱλαρός, ὥσπερ τὸν θεὸν δεῖ, καὶ καλὸς
καὶ γελῶν πάρεστι.
σεμνόν τι φαίνεθ', οἱ φίλοι πάντες κύκλῳ,
10 ἐν μέσοισι δ' αὐτός,
ὅμοιον ὥσπερ οἱ φίλοι μὲν ἀστέρες,
ἥλιος δ' ἐκεῖνος.
ὦ τοῦ κρατίστου παῖ Ποσειδῶνος θεοῦ,
χαῖρε, κἀφροδίτης.
15 ἄλλοι μὲν ἢ μακρὰν γὰρ ἀπέχουσιν θεοὶ
ἢ οὐκ ἔχουσιν ὦτα
ἢ οὐκ εἰσὶν ἢ οὐ προσέχουσιν ἡμῖν οὐδὲ ἕν,
σὲ δὲ παρόνθ' ὁρῶμεν,
οὐ ξύλινον οὐδὲ λίθινον, ἀλλ' ἀληθινόν.
20 εὐχόμεσθα δή σοι·
πρῶτον μὲν εἰρήνην ποίησον, φίλτατε·
κύριος γὰρ εἶ σύ.
τὴν δ' οὐχὶ Θηβῶν, ἀλλ' ὅλης τῆς Ἑλλάδος
Σφίγγα περικρατοῦσαν,
25 Αἰτωλὸς ὅστις ἐπὶ πέτρας καθήμενος,
ὥσπερ ἡ παλαιά,
τὰ σώμαθ' ἡμῶν πάντ' ἀναρπάσας φέρει,
κοὐκ ἔχω μάχεσθαι·
Αἰτωλικὸν γὰρ ἁρπάσαι τὰ τῶν πέλας,
30 νῦν δὲ καὶ τὰ πόρρω·
μάλιστα μὲν δὴ κόλασον αὐτός.· εἰ δὲ μή,
Οἰδίπουν τιν' εὑρέ,
τὴν Σφίγγα ταύτην ὅστις ἢ κατακρημνιεῖ
ἢ σπίλον ποιήσει.

Wie sind die größten Götter und die liebsten heut'
gegenwärtig der Stadt!
Denn dort zugleich Demeter und Demetrios
führte her zu uns das Glück.
5   Und sie, der Kore heilige Mysterien
kommt sie zu begehen.
Er aber heiter, wie dem Gott es ziemt, und schön,
lachend auch ist er da.
Erhabnes kündet ihr: die Freunde rings im Kreis
10 und inmitten er selbst;
dem gleichend, daß die Freunde wie die Sterne sind,
wie die Sonne jener.

Heil Dir, des mächtigsten, des Gotts, Poseidons Sohn,
Sohn auch Aphrodites!
15 Die andern Götter halten sich so weit entfernt
oder haben kein Ohr
oder sie sind nicht oder nicht uns zugewandt.
Dich aber sehen wir da,
nicht hölzern und nicht steinern, sondern lebend wahr –
20 beten darum zu Dir.

Als erstes Frieden schaffe, o Geliebter, uns.
Denn die Gewalt hast ja Du!
Die nicht nur Theben, sondern alles Griechenland
lastend beherrscht, die Sphinx –
25 Ätoler ist er, der da sitzet auf dem Fels,
wie vor alters sie saß.
Die Menschen alle raubt er uns und trägt sie fort.
Nicht weiß ich zu kämpfen.
Ätolisch nämlich wars zu rauben Nachbars Gut,
30 aber jetzt auch, was fern.
Am liebsten strafe Du ihn selbst. Wenn aber nicht,
einen Ödipus find',
der diese Sphinx entweder niederschleudert tief
oder zu Stein sie macht.

(Athenaios VI, 253)

Der vorliegende Text ist der zentrale Teil eines Hymnos, den ein athenischer Chor zum Empfang des Königs Demetrios Poliorketes (Regierungszeit 306 – 286 v. Chr., vgl. Abb. 3) sang, als dieser auf der Rückkehr von einer militärischen Unternehmung die Stadt besuchte. Das geschah in den Jahren um 290 v. Chr., einer Zeit, in der die Stadt zu Demetrios' Herrschaftsgebiet gehörte.

Das Lied ist im Tenor und in der Wortwahl bewußt volkstümlich gehalten und erhebt nicht den Anspruch hoher Poesie. Deshalb ist es für die Literaturwissenschaft eher ein Kuriosum und ein Exempel für eine seltene Hymnengattung. Doch ist es zugleich das einzige hinreichend vollständig erhaltene Kultlied auf einen hellenistischen Herrscher. Das hat es zu einem bedeutenden Dokument des antiken Herrscherkults gemacht und ihm schon lange die Aufmerksamkeit der an diesem Phänomen interessierten Historiker verschafft. Als solches und als frühes und eigenwilliges Beispiel der Gattung der Herrscherpanegyrik mag es zur Weltliteratur zählen, wie sie in der Einleitung zu dieser Vortragsreihe gefaßt wurde. Daß das Lied die Möglichkeiten und Aufgaben seiner Gattung durchaus kunstvoll und mit Witz nutzt, möchte ich am Schluß meiner Überlegungen zeigen.

Selbstverständlich ist ein historisch so einschlägiger Text von der Fachwissenschaft schon ausführlich kommentiert worden. Am gründlichsten hat sich mit ihm der Historiker Victor Ehrenberg auseinandergesetzt. So sind, abgesehen von Einzelheiten, die historische Situation und viele Gesichtspunkte der Interpretation, auf die ich hier um des Verständnisses willen eingehen muß, schon lange bekannt und erarbeitet worden. Mein eigenes Interesse an dem Hymnos geht grundsätzlich in dieselbe Richtung wie das der Historiker. Es gilt ebenfalls dem Herrscherkult und analogen Phänomenen. Doch nähere ich mich dem Text aus dem Blickwinkel der zeitgenössischen Bildwerke. Gemeint sind damit die theomorphen Herrscherbilder, d. h. die Darstellungen hellenistischer Herrscher in Gestalt (so die eigentliche Bedeutung des Wortes theomorph) oder mit den Attributen von Göttern, wie sie seit Alexander d. Gr. üblich wurden. Mit ihnen ist ein grundsätzliches Verständnisproblem verknüpft, dessen Kenntnis auch für die Beschäftigung mit dem späteren Gebrauch solcher Symbolik nützlich ist. Für die Lösung dieses Problems liefert der Hymnos entscheidende Hinweise. Hält man die Frage für geklärt, erlaubt die Gegenüberstellung von Text und Bildern, die Sprachregeln, denen solche Äußerungen folgen, genauer zu fassen als bisher. Das führt schließlich zu einer vertieften Einschätzung des Hymnos als Text und als Lied.

Zunächst einige historische Informationen. Nach dem überraschenden Tod Alexanders d. Gr. 323 v. Chr. beschlossen seine Generäle, das ungeplante Großreich interimistisch für Alexanders Kind zu verwalten, das seine persische Frau Roxane erwartete. Sie teilten die Territorien in diesem Sinne unter sich auf. Schnell eskalierte die Situation dahingehend, daß jeder versuchte, seinen Teil auf Dauer für sich zu sichern und zu vergrößern. 310 v. Chr. brachte man Roxane und ihren Sohn Alexander IV. um. 306 – 304 v. Chr. trugen die Machthaber den jetzt etablierten Verhältnissen Rechnung und nahmen selbst den Königstitel an. Zuerst taten dies Antigonos Monophtalmos und sein Sohn Demetrios Poliorketes, die ihrerseits am intensivsten und längsten versuchten, noch einmal das ganze Reich für sich zu gewinnen. 301 v. Chr. wurde ihre in Asien und der Ägäis angesiedelte Macht zerschlagen, Antigonos fiel. 294 v. Chr. gelang es Demetrios jedoch, sich die Herrschaft über Makedonien und Zentralgriechenland zu sichern. Die Forschung sieht ihn gern als unbelehrbaren Kondottiere, der zuletzt die Zeichen der Zeit nicht erkannte, die nicht mehr auf Expansion, sondern auf innere Konsolidierung wiesen. Als er erneut nach Asien ausgriff, wurde er 286 v. Chr. gefangengenommen und starb 283 v. Chr. im Exil.

Die politische Machtposition der beiden ersten Antigoniden und eine zumindest bei Demetrios Poliorketes ausgeprägte Empfänglichkeit haben beide zu hervorragenden Adressaten für Herrscherkulte werden lassen, die sich in jenen Jahrzehnten mächtig ausbreiteten. Für die Nachantike stellen sie eines der besonders schwer zugänglichen Phänomene der griechischen Kultur dar. Soweit eindeutig nachweisbar (die Frage ist in der Forschung umstritten) fing die kultische Verehrung lebender Machthaber mit Alexander d. Gr. an. Nach der Eroberung Ägyptens im Jahr 331 v. Chr. suchte er den weitab in der Oase Siwa gelegenen Orakeltempel des Zeus-Ammon auf. Dort sagte ihm der Orakelpriester etwas, das nie jemand genau erfuhr, das aber fortan zu der Meinung führte, er sei der Sohn des Ammon, d. h. im Griechischen der Sohn des Zeus.

Entsprechend stellte man ihn schon zu Lebzeiten mit dem Blitz des Zeus dar. Originale Bildzeugnisse der Zeit sind Münzen, die wahrscheinlich im Zusammenhang mit Alexanders Indienfeldzug 327/6 v. Chr. im Hindukusch geprägt wurden (Abb. 1). Sie zeigen auf der einen Seite Alexander zu Pferd, im Angriff auf einen bemannten Elefanten, der sich zur Flucht gewendet hat und auf der anderen den Sieger in voller Rüstung und Federhelm, von der Siegesgöttin Nike bekränzt und mit dem Blitz des Zeus in der Hand.

In seinem letzten Lebensjahr forderte Alexander selbst die griechischen Städte auf, ihn kultisch zu verehren, was – nicht ohne Widerspruch – u. a. in Athen geschah. In der Folge breitete sich die Einrichtung von Kulten mit Tempeln, Altären, Kultbildern, und Kultfeiern für lebende

*Abb. 1: Alexander und indischer Kampfelefant / Alexander d. Gr. mit Blitz
Indien 327/326 (?)*

Herrscher rasch aus. Wie der Historiker Christian Habicht in einer bekannten Studie zeigt, wurden die Kulte jetzt jedoch nicht von den Herrschern verordnet, sondern ihnen von den einzelnen Poleis (Stadtstaaten) als Dank für außergewöhnliche Hilfeleistungen und Wohltaten dargebracht. Erst später haben einzelne Dynastien selbst Kulte für das Herrscherhaus eingeführt.

Die Nachantike hat sich mit diesem Phänomen der kultischen Verehrung lebender Menschen als Götter immer schwer getan. Wie konnten die Griechen mit dem offensichtlichen Widerspruch umgehen, daß sie Wesen als Götter verehrten, die sie als lebende Menschen vor sich sahen und die starben? Viele Erklärungen hat man vorgeschlagen. Schließlich aber wurden zwei entgegengesetzte Lösungen diskutiert. Nach der einen kennt die griechische Religion mit Herakles, Dionysos und den Heroen zahlreiche Präzedenzfälle für den Übergang von Menschen in die göttliche Sphäre. Dies im Verein mit dem Zweifel an den alten Göttern, der seit dem 5. Jh. v. Chr. um sich griff, habe den Schritt zur Vergöttlichung der lebenden Machthaber ermöglicht. Die andere Deutung beruft sich darauf, daß die kultische Verehrung oft mit dem Begriff ›isotheoi timai‹, d. h. ›götter*gleiche*‹ Ehrungen bezeichnet wird. Daraus folge, daß es sich beim Herrscherkult nicht eigentlich um Religion, sondern um die höchste Form der Ehrung handele, in den Worten des englischen Religionshistorikers Arthur Darby Nock um ›homage, not worship‹. Daß gerade diese so klare Alternative zwischen Religion und Politik falsch und ein Problem christlicher und jüdischer Religionsvorstellungen ist, in denen der persönliche Glaube eine zentrale Rolle spielt, hat in jüngster Zeit der englische Historiker Simon R. F. Price betont. Er hat stattdessen zeigen können, daß der Herrscherkult nach antiken Kategorien eindeutig Religion war. Statt nach ›homage‹ oder ›worship‹ zu fragen, hat er die Einführung der Herrscherkulte mit einem ethnologischen Modell für Gesellschaften in Übergangssituationen erklärt. Den Griechen der spätklassischen Zeit wären lebende Könige nur im Beispiel des Perserkönigs verfügbar gewesen, das jedoch spätestens seit den Perserkriegen negativ besetzt war. Vor das Problem gestellt, Formen des Umgangs mit einem neu auftretenden Phänomen zu finden, nämlich mit lebenden Königen, die jedoch nicht Griechen waren, hätten die Griechen auf den Fundus der ihnen geläufigen Kategorien und Rituale zurückgreifen müssen und die Könige zu Göttern klassifiziert.

Diese Interpretation hat den großen Vorteil, daß sie von dem Zwang der homage-worship-Alternative befreit. Sie ist aber weniger hilfreich, wenn man sich mit Fragen befassen muß, die eine Vorstellung davon erfordern, wie das Phänomen der vergöttlichten Herrscher außerhalb der eigentlichen Kultveranstaltungen gehandhabt wurde. Es ist das alte Problem von Innen- und Außenperspektive. Während wir akzeptieren können, daß in einer anderen Kultur etwas Religion ist, was für uns nicht so wirkt, fehlt uns der Erfahrungshorizont, der uns erlaubt, uns vorzustellen, wie die andere Kultur im Einzelnen damit umgeht. Für diesen Fall kommen wir nicht umhin, uns unserer, in diesem Fall also christlich oder jüdisch geprägten Vorstellungen zu bedienen. Das heißt, daß der Herrscherkult nach griechischen Kategorien vollgültige Religion war, nach unseren Kategorien aber eher einer höchsten Form der Ehrung ähnelt. Über die genannte Bezeichnung ›isotheoi timai‹ hinaus kann sich diese Auffassung auf keinen geringeren als Aristoteles stützen, der Altäre, Opfer und heilige Bezirke als Arten der timai (Ehrungen) bezeichnet.

Mit dieser Vorkenntnis kann man sich dem Liedtext zuwenden, der hier im Original und – mit einer kleinen Abweichung – in der Übersetzung von Victor Ehrenberg vorliegt. Ihre Diktion wirkt zwar heute etwas altertümlich. Sie ahmt dafür aber das eigenwillige Versmaß mit dem Wechsel von Lang- und Kurzzeilen gut nach.

Der Text ist in einem Sammelwerk des griechischen Autors Athenaios überliefert, der in den Jahren um 200 n. Chr. schrieb. Er hat ihn seinerseits aus den Schriften eines bekannten frühhellenistischen Autors entnommen und führt ihn als Beispiel für schmeichlerisches Verhalten der Athener an. Voraus schickt er Zitate aus einem Brief des Demochares, eines Neffen des Redners Demosthenes, der – wegen antimakedonischer Gesinnung und Kritik an früher für Antigonos und Demetrios eingerichteten Kulten – zur Zeit des Besuchs des Demetrios verbannt war, wenig später aber nach Athen zurückkehrte. Auch er spricht über den Hymnos, um die Athener als Kriecher anzuprangern, schildert dabei aber die näheren Umstände der Veranstaltung.

Demetrios kam nach einer siegreichen Expedition nach Korkyra und Leukas zur Zeit der Feier der eleusinischen Mysterien nach Athen. Sein feierlicher Einzug wurde offenbar in den Festzug integriert, der bei diesem Anlaß das Bild der Demeter nach Athen brachte. Nach Demochares empfingen die Athener dabei den König mit Kränzen, Opfern von Weihrauch und Wein und mit Prozessionschören. Der Hymnos wurde von sogenannten Ithyphalloi gesungen, einem Chor, der sonst bei dionysischen Feiern aufzutreten pflegte und natürlich auch tanzte.

Diese Form des Einzugs und Empfangs hing offensichtlich nicht nur mit dem Demeterfest, sondern mit den Beschlüssen über göttliche Ehren zusammen, die Demetrios und sein Vater Antigonos bei einer früheren Gelegenheit in Athen erhalten hatten. 307 v. Chr. hatten sie nämlich Athen aus den Händen des damaligen makedonischen Herrschers, Kassander, und des von ihm eingesetzten Stadtregimes ›befreit‹ und die Demokratie wiederhergestellt. Das hatte ihnen höchste, auch kultische Ehrungen eingetragen. Dabei hatte man auch beschlossen, die anfallenden Feiern in der Art der Demeter- und Dionysosfeste auszugestalten. Daher das Auftreten der dionysischen Ithyphalloi, für die das eigentümliche Versmaß mit dem Wechsel der Lang- und Kurzverse typisch ist, auf das ich später noch einmal eingehe. Merkwürdigerweise soll der Chor sich in diesem Fall unter die Zuschauermenge gemischt und dort gesungen und getanzt haben.

Ich wende mich nun den eigentlichen Aussagen des Textes zu und beginne mit der Schlußpassage Zeile 21 ff. Wie bei Hymnen üblich, enthält sie eine Bitte an den Adressaten. Die Athener bitten Demetrios, er möge ihnen Frieden bringen, indem er gegen die bedrohenden Ätoler vorgeht. Gegen diese fühlen sie sich selbst machtlos. Die angesprochene Gefahr wird deutlicher, wenn man weiß, daß die Ätoler mit Demetrios' gefährlichstem Nachbarn, Pyrrhos von Epirus, verbündet waren, gegen den er allerdings soeben erfolgreich gewesen war. Das bergige Ätolien mit seiner aggressiven Politik ist in das Bild der in Theben beheimateten mörderischen Sphinx gefaßt, die einst von Ödipus getötet wurde. So seien die Ätoler. Demetrios möge sie selbst abwehren oder jemand anderen, am besten einen neuen Ödipus, schicken, um sie von ihrem Felsen zu stürzen, oder wenn nicht anders, sie zu versteinern. Spätestens damit (die Überlieferung des Worts ›steinern, felshaft‹ ist etwas gestört) ist die Sache ins Scherzhafte gewendet, denn der gefährliche Gegner wird in eine Steinsphinx verwandelt, den domestizierten Figurenschmuck aus Marmor, dem man in Griechenland überall begegnete.

Ironisch und ernst zugleich ist auch der Tonfall der Z. 15 ff. vorausgehenden Begründung, warum es Demetrios sein muß, an den die Athener sich wenden. Die anderen Götter gibt es gar nicht, oder sie haben keine Ohren oder kümmern sich keinen Deut um die Menschen. »Aber dich, Demetrios, sehen wir, nicht aus Holz und nicht aus Stein« (wie die Götterbilder) »sondern leibhaftig, deshalb beten wir zu dir!« heißt es, wobei der Spaß im Griechischen durch die Wortähnlichkeit von steinern (lithinon) und leibhaftig (alethinon) erhöht wird, das damals vielleicht alithinon ausgesprochen wurde. Diese volkstümlichen Scherze dürfen jedoch nicht darüber hinwegtäuschen, daß das Lied von jemandem geschrieben wurde, der auch mit den Schlagworten der gleichzeitigen philosophischen Diskussionen spielen konnte. Denn der Liedtext variiert ein schon altes Thema der griechischen Philosophie, die Frage nach der Existenz und Beschaffenheit der Götter. Dabei zitiert er ironisch die Lehre Epikurs, der damals schon 15 Jahre in Athen lehrte. Nach Epikur leben die Götter weit weg und ganz für sich und lassen sich von den Belangen der Menschen nicht affizieren, d. h. sie kümmern sich nicht um sie. Epikur hat auch die überlieferte Gestalt der Götter diskutiert und ob sie griechisch sprächen. Die skurrile Bemerkung, daß die Götter vielleicht gar keine Ohren haben, spielt sicher auf solche Überlegungen an. Zugleich kehrt sie die alte Vorstellung von den ›Theoi epekooi‹, den Göttern, die den Menschen ein geneigtes Ohr leihen, ins Gegenteil. Das war eine Vorstellung, die sich in zahlreichen Votiven mit Götterohren niederschlug, am schönsten in hellenistischen Marmoraltären in Delos, denen man, damit die Gottheit wirklich hört, Bronzeohren angefügt hat.

Im Kontext der schon in der ersten Zeile ausgesprochenen Vorstellung, daß Demetrios ein Gott ist, stehen die folgenden Anreden, die den König in schmeichelhafte Beziehung / Nähe / Ähnlichkeit mit und zu traditionellen Göttern setzen. Mit Demeter in Athen einziehend ist Demetrios nach geläufiger Kultpraxis ein Synnaos, sozusagen ein Gefährte der Göttin, und der Gleichklang der Namen Demeter und Demetrios vertieft die Vorstellung gemeinsamer Sphäre. Weiter begrüßt das Lied Demetrios als heiter, schön und lächelnd, wie es dem Gott oder der Gottheit ziemt. Da es nicht heißt »*einer* Gottheit« und da diese Eigenschaften sonst oft Dionysos zugeschrieben werden, mit dem Demetrios sich gern vergleichen ließ, vermuten manche hier einen versteckten Hinweis auf dionysische Aspekte, was dahingestellt sei.

Weiter heißt es dann Z. 9 ff.: Erhabener Anblick: Demetrios im Kreise seiner Freunde wirkt wie die Sonne unter den Sternen. Dabei sind durch die Zeilenaufteilung die Worte »helios d'ekeinos« – ›jener aber wie die

Sonne‹ in der Kurzzeile wirkungsvoll isoliert. Gemein ist zunächst einfach ein Vergleich zwischen dem Glanz des Königs und dem seiner Begleiter, zugleich war das eine günstige Form, auch diese anzusprechen. Aber man hat immer schon darauf hingewiesen, daß der Vergleich von Herrscher und Sonne im frühen 3. Jh. erhebliche weitere Konnotationen haben konnte. Denn nicht nur zweifelten die Griechen schon lange an den alten Göttern Homers, sondern hatten inzwischen auch die Gestirne als göttliche Wesen erwiesen. Das kam durch die Astronomie des 4. Jahrhunderts, die die Regelhaftigkeit der Planetenbewegung nachwies. Diese Erkenntnis legitimierte einerseits die von verschiedenen philosophischen Richtungen vertretene Vorstellung von einem einzigen lenkenden und ordnenden Prinzip des Kosmos. Andererseits führte die Überzeugung, daß Bewegung gleich Leben und Bewegtes vernunftbegabt sei, zu der Vorstellung, daß die Gestirne lebend, Abbilder von Göttern oder selbst Götter seien. Die kurz nach Platon (gestorben 349/8 v. Chr.) entstandene und unter seinem Namen publizierte *Epinomis* drückt es einfach aus: die Gestirne sind für uns sichtbare Götter (»horatoi theoi«) und über Zeus und Hera mag jeder denken, wie er will.

Eine Götterwelt der Gestirne, an deren Spitze die Sonne steht, bietet sich aber zu entsprechenden Allegorisierungen irdischer Regime an. Solche sind aus dem Hellenismus durchaus bekannt. Daß der Verfasser des Liedes mit seinen beiden harmlosen Zeilen diese Konnotationen wirklich mitgedacht haben wollte, ist damit allerdings nicht gesagt. Es läßt sich nur dann entscheiden, wenn man eine begründete Vorstellung vom Umgang der hellenistischen Griechen mit der hier vorliegenden Symbolik hat.

Damit komme ich zu der Aussage des Textes, die für diese und die anfangs erwähnten Fragen entscheidend ist. Zeile 13 f. bezeichnet Demetrios als ›Sohn des Poseidon und der Aphrodite‹. Obwohl die beiden Filiationen durch die Verteilung auf Lang- und Kurzzeile auseinandergezogen und durch den Gruß ›chaire‹ getrennt sind – wörtlich: »o Sohn des Poseidon, sei gegrüßt, und der Aphrodite« – würde ein nicht eingeweihter Zuhörer zunächst vermuten, Demetrios solle hier mit einem Gott gleichgesetzt werden, der Sohn des Poseidon und der Aphrodite sei. Wie aber längst bemerkt wurde, gibt es eine solche Gottheit nicht. Trotz der erotischen Freizügigkeit der griechischen Götterwelt hatten Aphrodite und Poseidon im Mythos nie eine Beziehung und keine gemeinsamen Abkommen. Deshalb sind die Bezeichnungen des Liedes einzeln zu lesen: Sohn des Poseidon und auch der Aphrodite. Diese Interpretation drückt Ehrenbergs Übersetzung aus. Glücklicherweise ist auch der Sinn dieser Bezeichnungen eindeutig zu belegen.

(1,3 : 1)

Abb. 2: Demetrios Poliorketes (306-286 v. Chr.) / Poseidon

Sohn des Poseidon sollte Demetrios offensichtlich wegen seiner Flottenmacht sein, mit der er die spektakulärsten Siege errungen hatte und die bis zuletzt den größten Teil seiner Machtbasis bildete. Daß er dies auch so verstanden wissen wollte, zeigt seine Münzprägung, die über die ganze Zeit, in der er König war, d. h. 15 Jahre lang, auf ihren Rückseiten fast ausschließlich maritime Siegesmotive zeigt: Poseidon mit Dreizack im Angriff – Poseidon sitzend, mit Dreizack und einer Schiffsheckverzierung – Poseidon, den Fuß auf einen Fels gestützt (Abb. 2) – ein Schiffsbug mit der Siegesgöttin. Die Bezeichnung ›Sohn des Poseidon‹ meint also den Seesieger.

Auch über den Sinn der Bezeichnung ›Sohn der Aphrodite‹ besteht kein Zweifel. Der schon erwähnte Demochares paraphrasiert die Bedeutung dieses Passus mit den Worten ›hervorragend durch seine Schönheit‹, und daß die Schönheit des Demetrios umschwärmt war und zu seinem Image gehörte, bezeugen auch alle anderen Quellen. So außerordentlich sei sie gewesen, daß kein Bildnis sie hätte zum Ausdruck bringen können. Immerhin zeigen die meisten Münzbildnisse und eine bekannte römische Kopie seines Porträts (Abb. 3) ihn in einer für den erfahrenen Feldherrn überraschenden Jugendschönheit. In der Welt des Hellenismus bestand allerdings zwischen diesen beiden Seiten der Persönlichkeit, die nach unserem Moralkodex eher konträr wirken, kein Gegensatz. Denn die Betonung von Demetrios' Schönheit und der Wert, den er auf sie legte, gehörte in den Bereich des von ihm auch sonst gesuchten Lebensgenusses. Dieser aber bildete unter der Bezeichnung ›Tryphe‹ ein bestimmendes hellenistisches Lebensideal. Kleopatra und Antonius waren die letzten großen Vertreter dieses Ideals. Man hat in der Bezeichnung ›Sohn der Aphrodite‹ auch einen Hinweis auf Demetrios' neue Ehe mit Lanassa, der früheren Frau des Pyrrhos, vermutet, die zu Demetrios übergegangen war. Die Bezeichnung ›Sohn des Poseidon und der Aphrodite‹ ist also nicht wörtlich zu nehmen, sondern kombiniert zwei Metaphern für Eigenschaften des Demetrios.

*Abb. 3: Demetrios Poliorketes. Bronzebüste.
Neapel, Museo Archeologico (Abguß Göttingen)*

Abb. 4: Alexander d. Gr. mit Elefantenskalp, Stirndiadem und Widderhorn. Alexandria 320 – 310 v. Chr.

Das hat nun eine bisher nicht erkannte Bedeutung für das Verständnis der hellenistischen Herrscherdarstellungen mit Götterattributen. Ich nannte bereits Alexander mit dem Blitz des Zeus. Ähnliche Herrscherdarstellungen gibt es in vielen hellenistischen Reichen. Typisch ist z. B. Ptolemaios V. (204 – 180 v. Chr.) mit Ähren am Diadem. Sie sind von Triptolemos entliehen, einem jugendlichen griechischen Gott, den Demeter mit Ähren ausschickt, um den Kornbau zu verbreiten. Darin liegt natürlich eine Anspielung auf den legendären Kornreichtum Ägyptens, über das die Ptolemäer regierten. Oder es gibt den Sohn des Demetrios Poliorketes, Antigonos Gonatas (283 – 239 v. Chr.), mit Panshörnern oder Archebios von Baktrien (Afghanistan, um 120 n. Chr.) mit der Ägis des Zeus. Lange ist die Forschung davon ausgegangen, daß die Herrscher in diesen Darstellungen mit den Göttern, der Attribute sie

*Abb. 5: Ptolemaios III. (246 – 221 v. Chr.)
mit Strahlen, Ägis und Dreizack*

tragen, irgendwie identifiziert würden, denn durch den Herrscherkult waren sie ja Götter. Dabei war allerdings schon immer deutlich, daß diese Auffassung zu Schwierigkeiten führen konnte.

Denn einerseits wurden manche Herrscher mit wechselnden Attributen dargestellt. Vor allem aber gibt es gelegentlich Darstellungen, in denen Herrscher mit den Attributen von mehreren Göttern zugleich erscheinen. Da sind z. B. schon aus dem Jahrzehnt 320 – 310 v. Chr. in Ägypten geprägte Münzbildnisse Alexanders d. Gr. (Abb. 4), auf denen er mit einem Elefantenskalp als Sieger über Indien und seine Elefanten dargestellt ist, aber zugleich die Widderhörner des Zeus-Ammon und das Stirndiadem des Dionysos hat. Oder Ptolemaios III (246 – 221 v. Chr.) auf postumen Münzbildnissen (Abb. 5), dessen Kleidung und Insignien zugleich Götterattribute sind, mit der Ägis des Zeus als Schultermantel, den Strahlen des Sonnengottes am Königsdiadem und einem Szepter, das zum Dreizack des Poseidon umgeformt ist. Ein anderer Ptolemäer ist mit der Keule des Herakles und den hohen Stiefeln des Dionysos dargestellt. Der eigenartigste Fall ist die verschollene Statuette eines Ptolemäers (Abb. 6), die ihn mit einem Blatt und den Kopf- und Fußflügeln des Hermes auf dem Lotoskelch des ägyptischen Horus wiedergibt und mit einem Schultermantel, den er zugleich als Sätuch (Tuch, in dem beim Aussäen mit der Hand die Saat getragen wird) vor sich hält. Dieses ist wieder von dem Getreidebringer Triptolemos entliehen, der seinerseits in Ägypten mit Horus gleichgesetzt wurde.

Früher waren nur wenige Darstellungen dieser Art bekannt. Auch war die Vorstellung, daß solche Bilder bei den Griechen nicht, wie etwa bei dem Vergleich Ludwigs XIV. mit der Sonne, blasse Allegorien seien, so

*Abb. 6: Ptolemäer auf Lotoskelch stehend,
mit Kopf- und Fußflügeln, Füllhorn und Sätuch*

tief und unhinterfragt in der Wissenschaft verankert, daß es eine Reihe von Versuchen gegeben hat, die verschiedenen Attribute solcher Darstellungen jeweils auf eine einzige Gottheit zu beziehen. Es sollten Gottheiten sein, die durch Synkretismus – d. h. die im Hellenismus häufige Verschmelzung verschiedener Götter – entstanden seien, mit denen die Herrscher dann identifiziert würden. Das hat zu komplizierten und nicht recht überzeugenden Konstruktionen geführt und läßt sich für inzwischen bekanntgewordene Beispiele, wie z. B. die zuletzt genannte Ptolemäerstatuette, nicht mehr aufrecht erhalten. Geht man den umgekehrten Weg und schließt aus solchen Darstellungen, daß die Bildersprache des Hellenismus im Prinzip ähnlich abstrakt war wie die der barocken Allegorien, und daß die verschiedenen Attribute einfach verschiedene Eigenschaften der Herrscher preisend ins Bild setzen sollten, stößt man allerdings auf eine neue Schwierigkeit. Denn mit zwei nicht ganz schlagkräftigen Ausnahmen stellen alle bisher bekannten Bildnisse mit kumulierten Götterattributen Ptolemäer, d. h. makedonische Herrscher des hellenistischen Ägypten dar. In der ägyptischen Tradition aber wird der Pharao in verschiedenen Medien mit einer Vielzahl von Göttern verglichen oder in ein Nahverhältnis gesetzt. Am bezeichnendsten ist der vielteilige Pharaoname mit fünf fixen und einer Reihe von variablen Teilen. Auf dem bekannten dreisprachigen Inschriftstein von Rosetta, anhand dessen die Hieroglyphen entziffert wurden, enthält der ägyptische Name Ptolemaios' V. (204 – 180 v. Chr.) etwa Partikel wie »lebendes Bild des Amun-Zeus, König wie Re-Helios, gerecht wie Ptah-Hephaistos«.

Spiegeln sich in den Herrscherbildern mit den Attributen mehrerer Götter also die lokalen Herrscherkonzepte Ägyptens und sind diese Darstellungen demnach für die Deutung des theomorphen Herrscherbildes des Hellenismus allgemein nicht relevant? Hier tritt die in Forschungsgebieten mit sehr lückenhaft erhaltenen Materialien bekannte Schwierigkeit auf, eine Überlieferungssituation zu bewerten. Denn wenn man von den massenhaft erhaltenen Münzbildnissen absieht, stammen die meisten Herrscherbildnisse, die wir kennen und insbesondere die Statuetten, bei denen die Attribute noch vollständig zu erkennen sind, aus Ägypten und sind Darstellungen der Ptolemäer. Das kann durch die einst dort hergestellten Massen, aber auch durch die Erhaltungsumstände bedingt sein, die durch die dreihundertjährige Kontinuität der Ptolemäerherrschaft und durch die Verschüttung im Sand gegeben sein. Die Zahl und die Art der erhaltenen Bildnisse spiegelt also nicht unmittelbar das einst Vorhandene, sondern sind auch Ausdruck der Überlieferungsbedingungen. Über die wirkliche Verbreitung der Herrscherbildnisse mit kumulierten Götterattributen sagen sie nichts Sicheres aus.

An dieser Stelle gewinnt nun der Hymnos auf Demetrios Poliorketes neue Bedeutung. Denn wenn, wie oben angeführt, die Akklamation ›Sohn des Poseidon und der Aphrodite‹ nicht so zu lesen ist, daß der König der Verbindung von Poseidon und Aphrodite entstammt, sondern die Filiationen einzeln gelesen werden müssen und auf Eigenschaften des Königs hinweisen, die im Bereich dieser Götter angesiedelt sind, dann ist diese Akklamation das verbale Gegenstück zu den Herrscherbildnissen mit den kumulierten Attributen mehrerer Götter. Eine verbildlichte Fassung dieser Akklamation (die nicht existiert) müßte man sich etwa als Darstellung des Demetrios mit dem Dreizack des Poseidon und begleitet von einem Eros vorstellen, der den Bereich der Aphrodite anzeigt. Die Akklamation ersetzt also das fehlende Bildbeispiel außerhalb Ägyptens. Durch die im Fall des Demetrios eindeutigen inhaltlichen Bezüge der Filiationen gibt die Akklamation zugleich eine Leseanweisung für die entsprechenden Werke der bildlichen Überlieferung. Auch bei ihnen müssen die Attribute einzeln gelesen werden.

Zu Beginn des dritten Jahrhunderts v. Chr. im damals noch intellektuellen Zentrum der antiken Welt verfaßt, kann dem Hymnos weder Provinzialität noch Ungeschick vorgeworfen werden. Seine Formulierung repräsentiert die Abstraktheit der Symbolsprache, deren sich die hellenistische Herrscherpanegyrik bediente. Die Stelle des Hymnos und die Herrscherbilder mit den kumulierten Attributen mehrerer Götter, also Text und Bilder zusammengenommen, beweisen, daß das theomorphe Herrscherbild des Hellenismus metaphorisch gemeint war. Es hob Eigenschaften, Fähigkeiten und Kräfte des Herrschers preisend hervor, die jeweils paradigmatisch durch die Götter, deren Attribute sie tragen, selbst vertreten wurden. Die Bilder sind also verbildlichte Panegyrik. Die Parallele zum Herrscherkult liegt darin, daß auch dieser ein Versuch ist, mittels bewährter Formen den außerordentlichen Leistungen und Positionen der Herrscher gerecht zu werden. So wie die Herrscher im Bild gottähnlich sind, erhalten sie im Kult ›isotheoi timai‹, göttergleiche Ehren. Dabei ist jedoch das theomorphe Bild nicht immer Ausdruck von Kult, sondern wird auch unabhängig davon verwendet. Es gibt theomorphe Darstellungen von Herrschern aus Gebieten, in denen sie keinen Kult erhalten haben.

Ging es nicht um die Vorstellung einer Identität von Herrscher und Gott – und sei sie nur für den Augenblick des Aussprechens gedacht –, sondern stets um rühmenden Vergleich, hat das Folgen für die Sprache, in der das geschieht. Sie ist nicht nur abstrakt und metaphorisch. Um das ›Du bist wie‹ elegant auszudrücken, muß sie auch poetisch sein, spielerisch, variabel in der Direktheit und Indirektheit der Vergleiche, und sie muß Konnotationen, d. h. mitdenkbare Bedeutungen des explizit Gesagten einkalkulieren.

Kommen wir mit diesem Ergebnis, in dem Text und Bilder konvergieren, wieder zurück zu dem Hymnos, so fällt gleich schärfer ins Auge, daß dieser ganz direkt aussprechen kann, Demetrios sei ein Gott, daß er jedoch mit umschreibenden Formen arbeiten muß, wenn es um die Angabe bestimmter Eigenschaften geht. Setzt man diese Technik voraus, ist die Annahme erlaubt, daß das Bild vom König, der unter den Freunden sei wie die Sonne unter den Sternen, nicht nur als schönes Bild für die Rangabstufung zwischen dem König und seiner Begleitung gedacht war, sondern als eine leichte und elegante Anspielung auf einen der damals aktuellsten Vergleiche von Herrscher und Gottheit.

Wie schon erwähnt, hatte die Gestirnsreligion ihre Begründung in der Wissenschaft für sich, wurde in der Folge von fast allen philosophischen Richtungen akzeptiert und drang ins allgemeine Bewußtsein ein. Das ging so weit, daß sogar die konservative ägyptische Hieroglyphenschrift in der ptolemäischen Zeit dazu überging, das Wort ›Gott‹ durch das Zeichen eines Sterns wiederzugeben. Auch bildliche Zeugnisse für die bewußte Gegenüberstellung der alten anthropomorphen und der neuen Göttervorstellung sind uns erhalten. Auf einem Rundaltar des 2. Jahrhunderts v. Chr. aus Pergamon in Berlin (Abb. 7) sieht man den (am Horizont) aufsteigenden Wagen des Sonnengottes. Er wird jedoch nicht, wie gewohnt, vom Sonnengott in menschlicher Gestalt gelenkt, sondern über ihm steht allein das Gestirn, prächtig mit seinen abwechselnd glatt herausschießenden und flimmernden Strahlen.

Für das Herrscherlob wurde der Vergleich mit dem Sonnengott in Wort und Bild zu einem beliebten Topos. Im Wort muß er so geläufig gewesen sein, daß am Ende der hellenistischen Zeit der römische Dichter Horaz just das Bild vom Machthaber, der zwischen den Freunden ist wie die Sonne unter den Sternen, als Beispiel für die abgegriffen-schwulstige Rhetorik des Hellenismus verhöhnte. Im Bild benutzten vor allem die Ptolemäer (Abb. 5) und Seleukiden die astrale Symbolik.

Die Gestirnsverehrung als die Urform von Religion trifft man auch in den hellenistischen Staatsutopien an, die teils literarisch und auf fernen Inseln angesiedelt waren, teils aber auch tatsächlichen Versuchen als Modell gedient zu haben scheinen. Zwei von ihnen gehörten schon dem Zeitalter des Demetrios Poliorketes an. Im letzten Jahrzehnt des 3. Jahrhunderts v. Chr. wirkte am Hof des Königs Kassander von Makedonien der Schriftsteller Euhemeros. Er schrieb später ein Buch über das ideale Staatswesen Panchaia, das in der Folge wegen seiner Theorien über die Einführung der menschengestaltigen Götter berühmt und viel geschmäht

Abb. 7: Sonnenwagen. Rundaltar Berlin, Pergamonmuseum

wurde. In Panchaia herrschte von Anfang an die Gestirnsreligion. Der erste König, der auch als erster die Gestirne verehrte, hieß deshalb Ouranos. Ouranos, Kronos und Zeus sollen bei Euhemeros ferner die Könige von Panchaia gewesen sein, die von den Bewohnern für ihre Verdienste Kult erhielten und so zu den aufeinander folgenden menschengestaltigen Hauptgöttern der griechischen Religion wurden.

Ebenfalls im letzten Jahrzehnt des 4. Jahrhunderts v. Chr. erhielt der gelehrte und offenbar etwas versponnene Bruder Kassanders, Alexarchos, Gelegenheit, auf der Chalkidike einen eigenen Stadtstaat einzurichten, den er Ouranopolis – Himmelsstadt nannte. Die Münzen der Stadt zeigen wie üblich auf einer Seite die Stadtgötter, in diesem Fall also die Sonne (Abb. 8) und die Sterne. Auf den Rückseiten sieht man eine Figur mit langem Gewand, die auf einem Himmelsglobus sitzt. Die Forschung deutet sie gewöhnlich als die bekannte Göttin Aphrodite Ourania. Doch

(1,3 : 1)

Abb. 8: Ouranopolis (nach ca. 316 v. Chr.)

ist die Figur nach ihrer Körperform und dem offenen, langen Haar männlich und stellt eher einen jugendlichen Himmelsgott oder eine andere Personifikation dar, die schwer zu deuten ist. Demetrios Poliorketes hat selbst mit verwandter Symbolik geliebäugelt. Im Jahr 306 v. Chr. soll er in Athen einen Mantel besessen haben, in den die Gestirne und der Zodiacus eingewirkt waren. Ein Gemälde in Athen, das ihn ›von der Oikumene (der bewohnten Welt) getragen‹ darstellte, könnte ihn u. a. so, wie die Figur auf den Münzen von Ouranopolis, auf einem Globus sitzend wiedergegeben haben. Für Eingeweihte mag also auch der Vergleich des Demetrios und seiner Freunde mit Sonne und Sternen an Bekanntes angeschlossen haben. In jedem Fall aber dürfte der Verfasser des Hymnos mit dem Bild vom König, der unter seinen Freunden ist, wie die Sonne unter den Sternen, auch das weitere, mit diesem Bild verbundene Bedeutungsfeld angesprochen haben.

Die antike Literatur erwähnt das Phänomen des Herrscherkults nur selten, neigt in diesem Zusammenhang aber zum Moralisieren. Manches spricht jedoch für die Annahme, daß kaum jemand wirklich am Kult und verwandten Erscheinungen Anstoß genommen hat. Ja, man hat sogar zeigen können, daß auch grundsätzlich formulierte Polemiken sich in der Regel gegen die Person und nicht gegen die Institution an sich richten.

Nimmt man also den Herrscherkult und die zugehörige Metaphorik von Sprache und Bildern als gegeben hin, wird die Aufgabe, vor der der Verfasser des Hymnos stand, klarer, und er steht mit seiner Lösung nicht schlecht da. Er mußte einen Text für einen Chor von Ithyphalloi schreiben, der sonst bei dionysischen Festen, u. a. bei der volkstümlichen Phallophorie, auftrat, einer Prozession, bei der ein übergroßes männliches Glied als Fruchtbarkeitssymbol herumgeführt wurde. Obwohl es sich nicht wirklich beweisen läßt, dürfte dieses Genus die scherzhaft-heiteren und volkstümlichen Anteile des Textes gefordert haben. Waren doch im dionysischen Ambiente Spotttreiben und Frivolität zuhause und entstammte diesem Bereich doch letztlich die Komödie. Zugleich sollten in diesem Hymnos aber auch dem Anlaß angemessen feierliche Töne zum Ausdruck kommen.

Im Einzelnen mußte dann am Anfang Demetrios begrüßt und dem Zusammenhang mit dem Demeterfest Rechnung getragen werden. Die Namensverwandtschaft zwischen Demeter und Demetrios war hier nützlich. Am Schluß mußte gattungsgemäß die Gottheit nochmals angerufen, durften Bitten vorgetragen, die konkrete historische Situation angesprochen werden. Das Bild von der menschenraubenden Sphinx auf ihrem Felsen sprach das bergige Ätolien und seine Angriffe, vielleicht auch uns nicht mehr bekannte Vorgänge an und erlaubte mit dem Vorschlag, die Sphinx doch zu versteinern, die Wendung ins Scherzhafte. War die Sphinx doch auch schon eine bekannte Komödienfigur.

Das eigentliche Lob des Demetrios beginnt mit seiner Bezeichnung als »theos« und endet mit der Akklamation des erschienen Gottes und den scherzhaften Bemerkungen über die anderen Götter, die nicht zu gebrauchen, weil abwesend oder taub sind. Durch ironische Seitenhiebe auf eine gerade populär werdende philosophische Richtung und durch Sprachspiele wird dem etwas heiklen Punkt, daß Demetrios nun als Gott in Fleisch und Blut dasteht, die Schwere genommen. Hinzu kommen Göttervergleiche, die nicht nur inhaltlich in verschiedene Richtungen weisen, sondern auch die Vergleichsebenen variieren. Inhaltlich wird die Nähe zur Herrin des Festes Demeter hergestellt, durch die Beziehung zu Poseidon auf die Flottenmacht und durch die Beziehung zu Aphrodite auf die Persönlichkeit und Schönheit des Demetrios hingewiesen. Der Vergleich mit der Sonne und den Gestirnen war die modernste Metapher für die Herrscherfunktion und ehrte zugleich das Gefolge. Als Vergleichsebenen stehen nebeneinander die Namensähnlichkeit mit Demeter, die bekannten Bezeichnungen als Sohn von Gottheiten und schließlich der harmlos als Bild für das Verhältnis von Demetrios zu seinem Gefolge auftretende Vergleich mit Sonne und Sternen. Seine Konnotationen werden jedoch durch die metrische Isolierung der Worte ›jener aber die Sonne‹ in der Kurzzeile aktiviert. So gesehen wirkt der Text keineswegs nur volkstümlich, sondern als Arbeit eines Routiniers.

Auch sonst wäre es falsch, aus dem metaphorischen Charakter solcher Bilder und dem scherzhaft-volkstümlichen Ton zu schließen, Herrscherkult und verwandte Huldigungen seien auch tatsächlich nur spielerisch betrieben worden. Es ging um den Gestus politischer Ergebenheit, und wer sich dem entgegenstellte, konnte bei den jeweiligen Parteigängern eines Herrschers in ernsthafte Schwierigkeiten kommen, wie das Beispiel des Demochares und andere zeigen.

Abb. 9: Ludwig XIV. im Sonnenkostüm (1654),
Paris, Bibliothèque Nationale

Umgekehrt ist es für die gesellschaftliche Position der hellenistischen Herrscher typisch, daß solche halb frivolen und darin auch distanzierenden Lieder auf sie gesungen werden konnten und daß für sie trotz hoher eigener Ansprüche immer auch die Möglichkeit zur Distanzierung gegenüber den überhöhten Anteilen ihrer Rolle gegeben war. Demetrios Poliorketes soll zwar 306 v. Chr. im Parthenon gewohnt und mag sich einen Sternenmantel erdacht haben. Aber sogar seine Gegner konnten behaupten, er hätte den Kopf darüber geschüttelt, daß die Athener auch noch seinen Begleitern und Mätressen Kulte eingerichtet hätten. Und es ist bezeichnend, daß Anekdoten wie die auf Antigonos Monophthalmos im Umlauf waren, nach der er, von einem Dichter ›als Sohn der Sonne bezeichnet‹, geantwortet haben soll: ›der Mann, der meinen Nachttopf lehrt, weiß davon nichts‹. Die Herrscher mochten Götter sein, im Parthenon wohnen und mit Hymnen besungen werden, aber sie blieben zugleich Generäle, Verwalter, Könige. Ganz anders war die Position der Herrscher in der Spätantike. Sie erhielten nun keinen Kult mehr, waren aber Stellvertreter Gottes und standen an der Spitze einer streng hierarchisch gestuften Gesellschaft. Anekdoten wie die über Antigonos Monophthalmos gibt es von ihnen meines Wissens nicht. Durch eine Fülle von Insignien und Ritualen, durch Abschluß gegen die Öffentlichkeit oder statuenhaft-starres Auftreten wurde ihr alltagsbezogenes Dasein jetzt soweit als möglich verleugnet.

Anders wieder Ludwig XIV., der seine Legitimation als christlicher Herrscher hatte, seine Position in dem bekannten Zeremoniell verdeutlichte, aber zugleich auch als volkstümlicher Herrscher wirken wollte. Wenn er jedoch im Hofballett im Kostüm der Sonne auftrat (Abb. 9), war das ähnlich metaphorisch, wie die Sprache der hellenistischen Panegyriker und die theomorphen Herrscherbilder des Hellenismus.

Zum Schluß sei noch eine gänzlich über meine Kompetenz hinausgehende Frage angesprochen. Athenaios hat den Hymnos, mit den Worten kommentiert: »so sangen die [einstigen] Marathonkämpfer, nicht nur in der Öffentlichkeit, sondern auch zuhause«. Woher er das wußte und ob es stimmt, ist nicht deutlich. Aber vielleicht haben die Athener dieses Lied, wie das berühmte auf die Tyrannenmörder, wirklich zuhause gesungen. Und wenn dem so wäre, warum haben sie das wohl getan? Aus Ergebenheit gegen Demetrios? Möglicherweise. Wegen der eingängigen Formulierungen? Aber dann auch wegen des Rhythmus und der Melodie, zu der schließlich Tanzschritte gehörten?

Wenn man nur ein paar Zeilen des griechischen Textes gegen einige anspruchsvolle Chorlieder von Tragödie und Komödie hält, etwa Zeilen des Auftrittslieds der Wolken in der gleichnamigen Komödie des Aristophanes, kann man, selbst wenn man das Griechische nicht versteht, einen Unterschied hören:

[...] ἵνα
τηλεφαντῖς σκοπιὰς ἀφορώμεθα,
καρποὺς τ'ἀρδομέναν· ἱερὰν χθόνα,
καὶ ποταμῶν Ταθέων κελαδήματα,
καὶ πόντον κελάδοντα βαρύβρομον '

Würdiger Rhythmus und volltönende Wörter im Chorlied des Aristophanes, im Hymnos auf Demetrios dagegen anspruchslos klingende Wörter. Hinzu kommt das Metron. Lang- und Kurzzeile sind auch metrisch nicht volltönend, sondern ganz verschieden, und die Kurzzeile hat einen in der Wiederholung besonders eingängigen, fast refrainartigen Rhythmus. Versteht man den griechischen Text, erkennt man auch, daß die Kurzzeilen oft syntaktisch eigenständig sind und formal und inhaltlich wie Pointen wirken. Das läßt daran denken. daß der Chor, der das Lied sang und der nach Demochares in der Zuschauermenge verteilt gewesen sein soll, den Text in zwei Gruppen gesungen hat. Dabei hätte die Kurzzeile refrainartig und wie zum Mitsingen gewirkt. Das könnte, unabhängig vom tieferen und damals schon getrübten Verhältnis der Athener zu Demetrios Poliorketes, wesentlich zur Beliebtheit des Liedes beigetragen haben.

Literaturhinweise

Victor Ehrenberg: *Athenischer Hymnos auf Demetrios Poliorketes*. In: Die Antike 7 (1931), S. 279 ff.
Otto Weinreich: *Antikes Gottmenschentum*. In: Neue Jahrbücher für Wissenschaft und Jugendbildung 2 (1926), S. 633 ff. bes. S. 646/7 ff.
Arthur Darby Nock: ΣΥΝΝΑΟΣ ΘΕΟΣ. Harvard Studies in Classical Philology 41, 1930, S. 50 f.; auch in: *Cambridge Ancient History* 10 (1934) S. 481 f.
Christian Habicht, *Gottmenschentum und griechische Städte*. München 1970.
Simon R. F. Price: *Rituals and Power. The Roman Imperial Cult in Asia Minor*. Cambridge 1986.
Helmut Kyrieleis, Θεοὶ ὁρατοί. *Zur Sternsymbolik hellenistischer Herrscherbildnisse*, In: Studien zur klassischen Archäologie. Festschrift zum 60. Geburtstag von Friedrich Hiller. Saarbrücken 1986, S. 55 ff.
Nikolaus Himmelmann, *Ein Ptolemäer mit Keule und Kothurn*, In: Nezih Basgelen (Hrsg.), Festschrift für Jale Inan. Istanbul 1989, S. 391 – 395.
Peter Burke: *Ludwig XIV. Die Inszenierung des Sonnenkönigs*. Berlin 1993.

Martial: *Epigramme*

VON

UWE DIEDERICHSEN

Marcus Valerius Martialis hat von ungefähr 40 bis 104 n. Chr. gelebt. Weitaus das meiste, was wir von ihm wissen, ›wissen‹ wir aus seinen – in vierzehn Büchern und einem kurzen *Buch der Schauspiele* auf rund 350 Seiten versammelten – 1.557 Epigrammen. Beispielsweise erfahren wir auf diese Weise, daß er aus Bilbilis in Spanien stammte (I.61 sowie X.103 und 104), wer seine Eltern waren (V.34) und daß sie ihn den traditionellen Bildungsweg an einer Rhetorenschule durchlaufen ließen (IX.73), und aus zwei anderen solcher Sinngedichte, daß er mit 24 Jahren nach Rom gekommen ist und dort, ehe er im Jahre 98 n. Chr. nach Spanien zurückkehrte, 34 Jahre verbracht hat (X.103 und 104) – was heißt ›verbracht‹: er hat dort gelebt wie kein anderer, und die kurzen Gedichte seines wie er es in der Einleitung zum ersten Buch der Epigramme nennt: »Theaters« sind uns zu einer Hauptquelle unserer Kenntnisse der Sittengeschichte Roms in der zweiten Hälfte des ersten Jahrhunderts geworden, also für die Zeit vor allem der Kaiser Titus und Domitian (bis 96 n. Chr.).

So erfahren wir aus der Panegyrik Martials von dem gerade vollendeten Bau des Kolosseums, der alle übrigen Weltwunder ausstechen soll (sp. I). Der Ausbruch des Vesuvs im Jahre 79 n. Chr. wird unmittelbar Anlaß zur Frage nach der Rechtfertigung der Götter, wieso sie die blühenden Städte Pompeji und Herculaneum unter der glühenden Asche des Vulkans hätten begraben können (IV.44). Das Spektrum des von Martial wiedergegebenen Lebens reicht von liebevollen Landschaftsidyllen (IV.64) und charmant am Vorbild von Horaz orientierten Dialogen zwischen dem Dichter und seinen Büchern (I.3; III.5; IV.89) über Gedichte zu Schule und Paukern (X.62 und IX.68) oder auch Kleptomanen (XII.28), denen man nicht böse sein kann, insbesondere wenn einer von ihnen mangels anderweitiger Gelegenheit seinem Sklaven die eigenen Sandalen »stiehlt«, die ihm dieser während des Essens aufbewahren soll (VIII.59), über die ihm von der Nachwelt oft verübelten Schmeicheleien gegenüber den Kaisern (sp.17; VII.5; VIII.56; IX.64 und 91) und die Unwürdigkeiten, denen Mahlzeitenjäger und Parasiten ausgesetzt sind (I.20; VII.20; XI.77), bis hin zu der völlig unverkrampften liebenswerten Selbstironie in der Behandlung der eigenen Person (VI.60 und 82).

Seine Gedichte spiegeln viele Lebensformen und Berufe wider: Skeptisch betrachtet er das Schicksal der nicht nur Rechtsbeistand genießenden Klienten im Verhältnis zu ihrem Patron (III.46). Skoptisch, d. h. in reinen Spottgedichten, werden von ihm die Ärzte behandelt, die auf der Suche nach Krankheiten bald als deren eigentliche Verursacher erscheinen oder die in Anknüpfung an frühere Tätigkeiten gar als Totengräber verunglimpft werden (V.9; I.47 und 30; VI.53). Skandalon und verabscheuungswürdig sind ihm die meisten sexuellen Perversionen (I.34; VII.67; XI.70), obwohl sein Werk im übrigen von Zoten wimmelt. Darüber braucht man sich nicht zu ärgern; der Dichter erteilt selbst den Rat, auf jeder Seite einfach einzelne Gedichte wegzulassen: »pagina: Fac tibi me quam cupis esse brevem« (X.1).

Wir können diesen ganzen Reichtum nicht ausschöpfen und von dem Anteil, den Martial an der ›Silbernen Latinität‹ hatte, kaum mehr als eine Andeutung machen. Lassen wir also das an Kallimachos heranreichende Gedichtchen über den sinnlos in Naevia verliebten Rufus mit der schwer zu fassenden Pointe (I.68). Lassen wir den bezaubernden Grabgesang auf die von Martial so geliebte kleine Erotion mit dem Anruf an die Erde: »Sei ihr nicht schwer! Denn auch sie war es ja niemals für dich« (V.34). Lassen wir uns nicht von seinen exquisiten Sentenzen in ein Gespräch ziehen wie der an alle Exegeten gerichteten Aufforderung, nicht auf Kosten eines fremden Buches gescheit sein zu wollen: »Inprobe facit qui in alieno libro ingeniosus est« (I.pr.8). Achten wir nicht auf sein geistreiches Spiel mit der ihm geschenkten prächtigen neuen Toga im achten und ihrem zerschlissenen Relikt im neunten Buch (VIII.28 und IX.49). Sondern kümmern wir uns nun um unser Fach – die Jurisprudenz!

Aber merkwürdigerweise verlieren wir bei diesem Verzicht nicht viel. Denn so, wie eine Rechtsordnung lebensumgreifend wirkt und alle menschlichen Vorgänge zum Gegenstand beispielsweise eines Zivilprozesses werden können, so hat auch Martial das *Rechtsleben* nicht ausgespart, sondern umgekehrt die Jurisprudenz geradezu zum Vehikel seiner Lebensverliebtheit gemacht, so daß wir in seinem Werk auf Epigramme mit juristischen Bezügen fast am häufigsten stoßen; und es gilt auch hier sein: »Willst du lebendige Epigramme, nimm nur keine toten Themen« (vgl. XI.42), wobei aber, wie wir sehen werden, gerade in seinen ›juristischen‹ Epigrammen das Spiel mit dem Tode alsbald zum allerlebendigsten Thema wird.

Zunächst aber zur Allgegenwart des Juristischen und der Juristen. Da geht es um die Tauglichkeitsgewährleistung für einen tauben Maultiertreiber (XI.38) oder für einen als »Narren« gekauften Sklaven, der sich dann plötzlich doch als verständig erweist (VIII.13) – ›Eigenschaftszusicherung‹ bei jenem, weil man sich nur vor dem gehörlosen Kutscher ungestört unterhalten kann, und ›Sachmangel‹ bei diesem, weil er als unterhaltsamer Possenreißer ausschied und umgekehrt den Käufer als Narren erscheinen ließ. Oder in einem anderen Gedicht wird eine Ehefrau in drastischer Form zu etwas mehr Aktivität beim Geschlechtsverkehr ermuntert und ihr gleich am Anfang vom Ehemann als Alternative mit der juristisch korrekten Ehescheidungsformel gedroht: »Wenn du dich nicht meinem Sexstil anpassen willst, Gattin, schreite hinaus« (»Uxor, vade foras [...]«) (XI.104.1), so daß die Rechtshistoriker nicht nur hier für die Rekonstruktion bzw. für das Verständnis des römischen Rechts unseren Martial fleißig zu Rate ziehen. Und immer wieder treten in Martials Lebens-›theater‹ die Juristen auch als handelnde Personen auf: etwa wenn in einem Rechtsstreit um den Diebstahl von drei Ziegen der Anwalt laut und pompös über den mithridatischen und die punischen Kriege doziert, wenn er sich auf Marius und Sulla beruft, so daß sein Mandant schließlich aufstöhnt: »Sprich doch, Postumus, nun endlich von den drei Ziegen!« (»Iam dic, Postume, de tribus capellis«) (VI.19.9).

Bei soviel Aktualität des Juristischen im Werk Martials drängen sich eine ganze Reihe von Fragen auf: Kann der Jurist im einen oder anderen Fall zum Verständnis eines Gedichtes etwas Fachspezifisches beitragen? Wie nutzt Martial unsere Rechtsinstitute literarisch, d. h. was macht er in seinen Epigrammen aus den Erscheinungen des Rechtslebens? Wird in seiner Witztechnik zur Erzielung bestimmter komischer Effekte die Jurisprudenz vielleicht sogar fachlich, d. h. in den Kategorien rechtlichen Denkens, eingesetzt? Oder möglicherweise noch grundsätzlicher: Liegt der großen literarhistorischen Leistung Martials, das Epigramm von der bloßen »Aufschrift« auf Grabstelen und Gastgeschenken zu einer besonderen Literaturgattung gemacht zu haben, was Lessing auf die Formel brachte, ein richtiges Epigramm erwecke in dem Leser eine bestimmte »Erwartung«, die dann in pointierter Form zur Auflösung (Lessing sagt: »Aufschluß«) gebracht wird, liegt diesem Aufbau nicht möglicherweise überhaupt eine juristische Struktur zugrunde? Und schließlich – wiederum vom Fach zum Fachvertreter, vom Juristischen zum Juristen hinüberwechselnd: War Martial gar selbst Jurist? Wenn diesen Fragen irgendeine Bedeutung zukommt, wird es Zeit, daß sich ein Jurist dazu äußert, und sei er auch, was die Philologie anlangt, ein bloßer Dilettant in des Wortes doppelter Bedeutung.

I. Philologische Hilfe durch die Jurisprudenz

Beginnen wir also mit der Jurisprudenz als hermeneutischer Hilfe bei der literarhistorischen Arbeit, mag sich der Jurist dabei auch ein wenig so fühlen wie Martial, nachdem er im Alter nach Spanien zurückgekehrt war und sich erst nach »dreijähriger Trägheit« mit dem zwölften Buch seiner Epigramme in Rom zurückmeldete, wie er in dessen Einleitung schreibt, »aus der Einsamkeit der Provinz« (»ex provinciali solitudine«): er komme sich vor, schreibt er, wie wenn er auf fremdem Forum einen Rechtsstreit zu führen hätte (»et videor mihi in alieno foro litigare«). Indessen dürfen wir bei den Versuchen einer juristischen Deutung literarischer Texte umso unbefangener sein, als Hans-Georg Gadamer, der Altmeister der Hermeneutik, wissenschaftstheoretisch auf der Eingemeindung der Jurisprudenz bestanden hat, und zwar mit der Begründung, alle *Interpretationskunst* komme aus denselben Wurzeln. Der Jurist ist als Interpret literarischer Texte dann aber nicht etwa schon deshalb ungeeignet, weil er mit seiner fachspezifischen Arbeit durchweg auf die *Rechtsanwendung* hinarbeitet, während der ›reinen‹ Auslegungskunst dieser Zug zur Applikation fehlt.

Nehmen wir als erstes Beispiel ein Epigramm, in welchem bereits Martial selbst juristische und profane Wortgehalte verquickt, indem er mit den verschiedenen Bedeutungen des Wortes *agere* sein Spiel treibt: vom »Betreiben von Prozessen und Geschäften« über die »Umtriebigkeit« eines bloßen Geschäftlhubers, der sich notfalls auch damit begnügt, Maultiere zu »treiben«, nur um in Bewegung zu bleiben, bis hin zum bedeutungsschweren *animam agere*, das Martial nun freilich – seinem Beruf als Epigrammatiker getreu – nicht als verständnisvolle Seelenförderung, sondern in einer seiner mörderischen Pointen als »Abtreibung« des Lebensatems verstanden wissen will: der Unruhestifter soll endlich, das heißt: endgültig Ruhe geben (I.79).

Semper agis causas et res agis, Attale, semper:
   est, non est quod agas,   Attale, semper agis.
si res et causae desunt, agis, Attale, mulas.
   Attale, ne quod agas desit, agas animam.

In VIII.5 verstehen wir den überraschenden Schlußeffekt überhaupt nur, wenn wir die – natürlich in den meisten Fällen bereits von den Philologen selbst herangezogene – Jurisprudenz zu Hilfe nehmen. Die einfache Mitteilung, daß Macer keine Ringe mehr besitze, weil er zuviele an seine Mädchen verschenkt habe, enthält eine juristische Pointe, weil Macer durch seine Verschwendung auch die Berechtigung, den *anulus equestris* zu tragen, eingebüßt hat und damit seiner Ritterwürde verlustig gegangen war. In einem anderen Gedicht wundern wir uns, warum ein Ehemann alles daran setzt, daß seine Frau Liebhaber bekommt, und warum Martial ihn als Mensch »mit Ideen« (als »homo ingeniosus«) bezeichnet, nachdem es zu den erwünschten und bisher ausgebliebenen außerehelichen Beziehungen seiner Frau erst gekommen ist, als der Ehemann durch Postierung von Wächtern alles getan hatte, einen Ehebruch zu »verhindern« (I.73): Wurde nämlich in Rom eine Ehe wegen Verschuldens der Frau geschieden, stand dem Ehemann das Recht der *retentio dotis propter mores* zu. Er durfte einen Teil ihrer Mitgift behalten!

Ein ganzes Rattennest spezifisch juristischer Assoziationen erfordert das richtige Verständnis von XII.25: Jemand bittet einen anderen um ein Darlehen, das dieser aber nur gegen die Verpfändung eines Ackers als Sicherheit geben will. Betrübt beklagt der Darlehensnehmer den modernen Materialismus und das Verschwinden echter Freundschaft. Als der Freund dann später wegen irgendeines Verbrechens angeklagt und mit der Todesstrafe bedroht wird, der man sich aber durch die Flucht in die Verbannung entziehen konnte, in welche einem wirklich gute Freunde zu folgen pflegten (vgl. VII.44 und 45), antwortete der düpierte Darlehensnehmer von damals: »Du bittest mich, dich ins Exil zu begleiten? Soll doch mein Acker gehen!« (»exilii comitem quaeris: agellus eat«).

In einer erst noch aufzustellenden Typologie der Verwertung juristischer Motive wäre der einfachste Fall der, daß ein Epigramm auf einem Gesetz oder Rechtsinstitut als Tatsache aufbaut (IX.7). Einen solchen einfachen Fall bietet der Beginn von V.8, wenn es von einem »Edikt« ausgeht, nach welchem eine Anzahl von Sitzreihen im Theater für die Ritter reserviert sind. Der Jurist findet schnell heraus, daß es sich bei dem Edikt um die Erneuerung der *lex Roscia* aus dem Jahre 67 v. Chr. handelt, wodurch die vorderen 14 Reihen dem Ritterstand vorbehalten waren. Wenn Martial dann aber weiter erzählt, wie sich ein gewisser Phasis auf den Ritterbänken rekelt und seiner Genugtuung über das Gesetz Ausdruck verleiht, weil der Pöbel Leute seines Standes nun nicht mehr bedrängeln und besudeln könne, dann wird der Schlußeffekt, nämlich unsere Schadenfreude, daß ein solch arroganter Bursche plötzlich als Hochstapler entlarvt und von den Ritterbänken vertrieben wird, unversehens noch juristisch überhöht, indem Martial die Platzverweisung so formuliert: »Er befahl den purpurnen und arroganten Lumpen zu verschwinden!« Wohlgemerkt, der Befehl erging nicht an Phasis als Person, sondern an seine lumpige Toga; denn vor dem Gesetz, d. h. standesrechtlich, war Phasis auf den den Rittern vorbehaltenen Bänken als Person ein »Nichts« und nur dafür verantwortlich, seine Lumpen fortzuschaffen: »illas purpureas et adrogantes / iussit surgere Leitus lacernas.«

Weg war Phasis also von seinen Ritterbänken! Wenn man nun weiß, daß *subsellium* nicht nur »Bank« und »Sitzreihe« bedeutet, sondern daß das Wort metonymisch auch für »Gericht« stehen konnte, also eine spezifisch juristische Verwendung hatte, dann war dem Phasis aus dem Mittel seiner Anmaßung geradezu der Prozeß gemacht worden und das Epigramm bekommt eine zusätzliche juristische Pointe.

Und so kann es bei Martial juristisch stundenlang weitergehen. Am Ende wird man den Verdacht nicht los, er habe in der Einleitungszeile als Urheber des Edikts Domitian mit Herr und Gott, »dominus« und »deus«, nicht deshalb bezeichnet, weil nach Sueton (Dom. XIII) der Kaiser im Jahre 89 seine Prokuratoren angewiesen hatte, ihn in offiziellen Dokumenten nur noch so zu nennen – auch dies für sich genommen dem Juristen in der Ablösung der Prinzipatsverfassung ein sakraler und damit nach römischem Rechtsdenken ein staatsrechtlich überaus bedeutsamer Akt – sondern um in dem Gedicht, in welchem es insgesamt um Ranganmaßung geht, in feiner Anspielung darauf hinzuweisen, auch Domitian könnte – mit der Vergöttlichung seiner Person schon zu Lebzeiten – in Martials »Theater« in der falschen Reihe sitzen. Daß auch seine Zeitgenossen nicht abgeneigt waren, dies so zu sehen, zeigt Sueton, der uns den Vorgang überliefert hat und Domitians Selbstvergottung ausdrücklich als *arrogantia* bezeichnet (Dom. 13.2).

Die erwähnte Typologie läßt sich hier schon aus Zeitgründen nicht vollständig entwickeln. Aber jedem wird es einleuchten, daß Martial im Umgang mit der Jurisprudenz eine weitere Stufe erreicht, wenn er den Rechtsinstituten ihre Begrifflichkeit beläßt, ihre Rechtswirkung aber – wie bei der den Juristen und mit dem *in fraudem legis agere* auch schon den Römern bekannten Gesetzesumgehung – durch eine bestimmte Gestaltung des rechtsgeschäftlichen Inhalts eben nicht durch begriffliche Erfüllung der Momente des gesetzlichen Tatbestands, sondern auf andere Weise erreicht. Dies geschieht etwa, wenn ein reicher Vater, der seinen überaus verschwenderischen Sohn zu Lebzeiten vernünftigerweise kurz gehalten hatte, ihn bei seinem Tode zum unbeschränkten Vollerben (*ex asse heres*) einsetzt und damit im praktischen Ergebnis – doch enterbt (III.10):

> idem te moriens heredem ex asse reliquit.
> exheredavit te, Philomuse, pater.

Im Endeffekt dasselbe geschieht auch, wenn der Erblasser sein gesamtes Vermögen vor seinem Tode durchgebracht hat, was Martial in die hübsche juristische Metapher kleidet: mit dem Testament (*tabulis supremis*) »sich sein Geld selbst vermachen« (V.32).

UWE DIEDERICHSEN

II. Die literarische Ausbeutung einzelner Rechtsinstitute

Mit dem Epigramm lassen sich wegen seiner vielfältigen Gestaltungsmöglichkeiten besonders gut die Facetten bestimmter sozialer Mißstände kaleidoskopartig spiegeln. Jedes Epigramm kann einem neuen Thema gewidmet sein oder ein schon öfter behandeltes wieder aufgreifen; die verschiedenen Versatzstücke des jeweiligen gesellschaftlichen Phänomens lassen sich auf diese Weise in immer reizvolleren Variationen neu zusammenstellen. Auch für diese »Technik lebensbunter Bilderfolgen« bietet das Werk Martials besonders gute Beispiele aus dem Rechtsleben.

An erster Stelle wäre hier auf das Dreikinderrecht, das *ius trium liberorum*, einzugehen. Martial hat ihm, über die einzelnen Bücher verstreut, sieben Gedichte gewidmet. Beim Dreikinderrecht handelt es sich um ein von Augustus zur Behebung der den römischen Staat bedrohenden Ehe- und Kinderlosigkeit eingeführtes Privileg, um Prämien also, die sich staatsrechtlich in Vergünstigungen im Rahmen der Ämterlaufbahn und bei der Zuteilung der Provinzverwaltungen niederschlagen, aber auch in Bevorzugungen im Zivilrecht bei der testamentarischen Erbfolge oder sogar bei der Reservierung der besten Plätze im Theater. Später wurde das Dreikinderrecht auch Personen verliehen, die keine Kinder hatten, so daß das Privileg zur *Fiktion* wurde. Daraus ergibt sich eine reizvolle Verbindung zwischen Jurisprudenz und der Epigrammkunst Martials. Denn wie Hans Vaihinger in seiner einstmals berühmten *Philosophie des Als Ob* (1911) die besondere Affinität des Rechts zu Fiktionen herausgearbeitet hat, erwächst aus der Diskrepanz von Rechtsvorschriften und Lebenswirklichkeit nun auch dem Epigrammdichter ein reichhaltiges Arsenal an möglichen Pointen.

Martial erbittet und erhält das Privileg vom Kaiser zunächst einmal für sich selbst (II.91 und 92), was ihn aber nicht hindert, zusammen mit dem gehörigen Dank die mit dem Gesetz verbundene *ratio legis* zu verhöhnen: »Ade nun Gattin, diese Gnade des Kaisers darf nicht umsonst sein« (»valebis, uxor. / non debet domini perire munus«). Andere Aspiranten auf das Dreikinderrecht verweist er dagegen auf die natürliche Form, zu dem Sonderrecht zu kommen, sei es durch eigene Leistung, »si potes arrigere« (IX.66), sei es, weil der Bittsteller, während er nach drei Kindern verlangt, bei seiner in der Provinz zurückgelassenen Gattin sicher schon vier vorfände (VIII.31). Und einem besonderen Scheusal von Menschen will er in einer grandiosen Hyperbel sogar ein Siebenkinderrecht gewähren, wenn der Betreffende nur sonst gesellschaftlich nicht zählt (XI.12): In dieser großartigen Übertreibung wird das Epigramm selbst zur Fiktion von Jurisprudenz. Denn ein Siebenkinderrecht hat es natürlich nie gegeben, ebensowenig wie das »Dreihörerrecht«, um das ein Professor den Kaiser bat, weil er bisher für seine Vorlesungen immer nur zwei Studenten gefunden hatte (X.60):

Iura trium petiit a Caesare discipulorum
    adsuetus semper   Munna docere duos.

Schon das Dreikinderrecht war Anlaß genug für Mißgunst, so daß es auch in einem der klangvollsten Gedichte Martials auftaucht, welches im übrigen mit seiner ständigen Wiederholung des »er birst vor Neid« (»rumpitur invidia«) am Anfang jedes Hexameters als Anapher und – zur Form eines Rondos ausgebaut – als Epanalepse auch noch am Ende jedes Pentameters der Distichen fast onomatopoetisch die Psychologie des geradezu rhythmischen Nagens und Bohrens des Neides nachahmt (IX.97).

Noch intensiver beutet Martial in einem wahren Feuerwerk von Einfällen das Sozialübel der Erbschleicherei aus. Sie kommt als Zeiterscheinung durch ein Rechtsinstitut zustande, nämlich durch die Testierfreiheit. Dadurch, daß dem Bürger die Befugnis zusteht, als Erblasser seinen Erben selbst zu bestimmen, eröffnet die Rechtsordnung habgierigen dritten Personen die Möglichkeit, sich bei reichen Erlassern einzuschmeicheln und sich von diesen zum Erben einsetzen zu lassen. Martial hat das Phänomen der Erbschleicherei sachlich vollständig und witztechnisch vollkommen ausgenutzt, übrigens ohne Einbeziehung der spezifisch juristischen Voraussetzungen und Implikationen. Diese waren vielleicht zu komplex, um in der Form des Epigramms untergebracht zu werden. Die über die verschiedenen Bücher verstreuten und damit zu verschiedener Zeit veröffentlichten Epigramme zu diesem Einzelthema zeigen, wie Martial an der konkreten sachlichen Aufgabe in immer neuen Ansätzen seine Witz- und Epigrammtechnik verfeinert und optimiert hat.

Formal wird vom Dichter bald – zur Entlarvung – der »captator« angesprochen (IV.56), öfter – zur Warnung – der Erblasser (VIII.27; XI.44), dem der Dichter unmißverständlich, aber vergeblich, zu verstehen gibt, daß er ihn, solle er wahre Tränen um den Erblasser weinen, enterben müsse (VI.63). Die Gesprächssituation kann aber auch anders sein: der Erblasser wendet sich an den Erbschleicher (IX.88) oder dieser an jenen (XI.67; XII.73) oder es kommt zwischen beiden zu einem regelrechten Dialog (XII.40).

Inhaltlich werden die gesellschaftlichen Voraussetzungen der Erbschleicherei (und wie dabei zu verfahren sei) entwickelt. Ein »alter«, »reicher«, »alleinstehender« Mann eignet sich am besten, »an den Angelhaken« genommen zu werden (IV.56.5 und VI.63.5), wobei als »Köder«, die einen solchen Greis dazu bestimmen sollen, sein Testament zugunsten des Erbschleichers aufzusetzen oder zu ändern, vor allem Geschenke in Betracht kommen (IV.56). Als brauchbar kann sich aber auch erweisen, einen kinderlosen Reichen »umsonst« bei sich wohnen zu lassen (XI.83) – während das beste Mittel bei einer begüterten Frau wohl die Heirat ist, vorausgesetzt, die Frau ist hinreichend alt (X.8) oder zumindest krank. Hierfür gleich eines der berühmtesten Epigramme Martials, das in keiner Anthologie fehlt und an dem sich vortrefflich dokumentieren läßt, mit welcher Vollendung Martial das Versmaß und die rhetorischen Figuren beherrscht und für seine Epigrammtechnik zu nutzen versteht:

Gemellus möchte Maronilla heiraten.
Er begehrt sie, bedrängt sie, beschwört und beschenkt sie.
Ist sie so schön? Im Gegenteil, niemand kann häßlicher sein.
Was also möcht' er von ihr und gefällt ihm? Die Schwindsucht!

Petit Gemellus nuptias Maronillae
et cupit et instat et precatur et donat.
Adeone pulchra est? immo foedius nil est.
Quid ergo in illa petitur et placet? Tussit. (I.10).

Bei einem solchen Hinkjambus kommt in das gleichmäßige Fließen der Jamben, also der kurzen und langen, in unserer modernen Prosodie: von unbetonten und betonten Silben, durch die rhythmuswidrige Betonung (Längung) des vorletzten Halbfußes ein Stocken, etwas Schleppendes. Man kann dadurch etwa Wörter in das Versmaß bringen, bei denen zwei betonte Silben hintereinander stehen wie hier in Vers 1 der Name der Frau: Marónílla. Martial benutzt das Versmaß aber gleichzeitig auch dazu, die Pointe des Gedichts gewissermaßen nochmals, und zwar nunmehr prosodisch zu pointieren. Denn die im Hinkjambus mit dem Stolpern verbundene Retardation zwingt dazu, vor dem letzten Versfuß gleichsam seine Füße und damit in Wirklichkeit seine Gedanken neu zu ordnen, wodurch der Überraschungseffekt noch verstärkt werden kann: »Was also möcht' er von ihr und gefällt ihm? Die Schwindsucht!« (»Quid ergo in illa petitur et placét? Tússit.«)

Und nun zur Behandlung der Sprache! Daß einem der Husten gefällt, stellt rhetorisch ein sehr gutes Paradoxon dar. Wer, so fragt Gößwein, verliebt sich schon in eine Partnerin mit einem derartigen Handikap? Unser kleines Gedicht zeigt, daß Martial darüber hinaus ein vorzüglicher Sprachkünstler ist. Wie herrlich schraubt er das Verlangen von Gemellus in einer Gradation oder Klimax hoch: »mögen«, »begehren«, »bedrängen«, »beschwören«, »beschenken« – durchbrochen von der dauernden Wiederaufnahme ein und desselben Ausdrucks »et«, was in der Stilkunde als Anapher bezeichnet wird. Mit welchen Mitteln steigert er die Spannung: Der erste Vers stellt fest, daß Gemellus Maronilla heiraten will. Nachdem der zweite die dazu unternommenen Anstrengungen geschildert hat, wirft Martial die Frage auf, die sich der Leser natürlich auch schon gestellt hat, nämlich nach dem Motiv des Gemellus. Ist die Frau so schön, daß seine sich steigernden Bemühungen um sie verständlich werden? Sie ist es nicht, im Gegenteil: mordshäßlich ist sie.

Und noch einmal – man bedenke: in der letzten Zeile des nur aus vier Versen bestehenden Gedichts! – eine die Auflösung des Rätsels hinauszögernde Frage: Was also ist es, das sein Verlangen und Gefallen an ihr auslöst? Man erwartet: wirkliche Liebe, die bekanntlich blind macht und jedenfalls über alle Mängel hinwegsehen läßt, so daß Gemellus in seiner närrischen Verliebtheit selbst ihren Husten nicht wahrzunehmen oder sogar schön zu finden scheint, ähnlich wie bei Lukian ein Parasit seinem Herrn das Kompliment macht, er huste »so melodisch«. Aber dann stutzt man und wird sich des eigentlichen Sinns des Hustens bewußt: Er ist ein Zeichen von Maronillas Tuberkulose, von ihrer Hinfälligkeit und Grabesnähe und ihres Hinüberwechselns in den Status einer – Erblasserin! Nicht sie also wird von Gemellus geliebt, sondern ihr Reichtum; Gemellus entpuppt sich buchstäblich im letzten Wort des Vierzeilers als: Erbschleicher.

Das kurze Gedicht beginnt mit dem Wort »petit«. Gemellus »möchte« die Eheschließung mit Maronilla. Das Gedicht fängt also mit einer Verbform, die dem Manne zugeordnet ist, an und hört auf mit einem Tätigkeitswort der Frau. Sie hustet und bringt damit zum Ausdruck, daß sie demnächst sterben wird. Die beiden Eckwörter umfassen das ganze Geschehen und vom letzten Wort des Gedichts erfährt sein erstes unversehens einen Sinnwandel: »petit Gemellus«? Wir erkennen: nicht auf Maronilla, sondern auf ihr Geld hat Gemellus es abgesehen. Die Heirat ist ihm nur Mittel zum Zweck.

Kehren wir von der Epigrammtechnik Martials zur *ars captandi*, also zur Technik der Erbschleicherei selbst, zurück. Bei Martial erfahren wir, wie der Erbschleicher sich nicht anders als ein echter Parasit in scheinbarer Selbstaufgabe im Leben des Erblassers einnistet (XII.40). Er diskutiert in aller Offenheit den Zusammenhang zwischen wirtschaftlichem Aufwand auf seiten des Erbschleichers und dem ökonomischen Erfolg des ganzen Handelns. Die Angst, aufgebaute Erbanwartschaften wieder zu verspielen, wobei der Erblasser den Erbschleicher gelegentlich sogar selber mahnt, mit Geschenken nicht nachzulassen, »damit nicht der schlecht gefütterte Eber aus dem Gehege wieder ausbricht« (IX.88.4), wird ebenso thematisiert wie das Mißtrauen in die juristische Bestandskraft einer testamentarischen Erbeinsetzung (XII.73) oder die Enttäuschung darüber, daß der todkranke Erblasser entgegen allen Erwartungen doch wieder genesen ist (X.97), wie auch die, nicht mehr bekommen zu haben, als man durch seine Geschenke investiert hatte (VII.66). Ja, einmal rechnet Martial einem Erbschleicher, dem vom Erblasser nicht einmal ein Vermächtnis zugewendet worden war, vor, er solle sich doch nicht beklagen, denn er habe doch 6.000 im Jahr vermacht bekommen, nämlich die Summe, die er dem Erblasser jährlich zuzuwenden pflegte und die er nun in Zukunft sparen würde (IX.9).

Besonders aber und immer wieder kreisen die Pointen um die zweite Voraussetzung für eine erfolgreiche Erbschleicherei: um den Tod des Testators (XI.44; XII.40): Dessen Sterben ist ›Rechtsbedingung‹ für den Eintritt der in der letztwilligen Verfügung getroffenen Rechtsfolge. In VIII.27 etwa weist er den Erblasser unverblümt darauf hin, daß gleichsam im Sinne der natürlichen Funktion von Epigrammen jedes Geschenk konkludent die Aufschrift trägt: »Stirb!«

Munera qui tibi dat locupleti, Gaure, senique,
si sapis et sentis,   hoc tibi ait: »Morere!«

Martial gelingt es auf diese Weise nicht nur, einem sozialen Phänomen wie der Erbschleicherei besondere Schlußeffekte abzugewinnen; vielmehr beweist er uns zugleich, in welcher Vielfältigkeit bei Wiederkehr bestimmter wirtschaftlicher Situationen – wie hier der Kombination von egoistisch motiviertem Singletum und wirtschaftlicher Wohlhabenheit –, ein antiker Dichter unversehens erstaunliche Aktualität auch für unsere Zeit erlangen kann.

III. Wortspiele und Sachwitze mittels juristischer Begriffe

Nur der Mensch vermag mit seiner Sprache Effekte hervorzubringen, die den Zuhörer oder Leser zum Lachen bringen. Wie dies eigentlich geschieht, darüber hat man bereits in der Antike nachgedacht. Aristoteles, Cicero und Quintilian, ein Zeitgenosse und Freund unseres Dichters (II.90), von dem wir gleich auch die Beispiele übernehmen, haben umfangreiche Systeme über die verschiedenen Witztechniken aufgestellt. Schon auf die Griechen geht die Unterscheidung zwischen Wortwitz und Sachwitz zurück. Das Wortspiel benutzt als Kunstmittel etwa die Doppeldeutigkeit sprachlicher Ausdrücke oder die Sinnverschiedenheit zweier ähnlich lautender Wörter. In einem Prozeß, in dem sich ein Anwalt, der zufällig den Namen Catulus (= junger Hund) hatte, mächtig aufregte, sagte sein Gegner zu ihm: »Was bellst du denn?« Darauf Catulus: »Ich sehe einen Dieb« (Quint. VI.3.81). Der Gegner hatte den Namen des anderen dazu benutzen wollen, um auf seine Kosten einen Witz zu machen, weil Hunde bellen. Aber der Angegriffene verteidigte sich in unserer Geschichte mit einer der besten Waffen, die es gibt, indem er zum Angriff überging. Denn Hunde bellen nicht nur, sie bellen nur, wenn sie einen Verbrecher entdeckt haben.

Im Gegensatz dazu arbeitet der Sachwitz mit einem geistreichen Vergleich oder besonders gern auch mit einer Hyperbel, wie beispielsweise in folgender Geschichte: Bei einer Mahlzeit, bei der Fische vom Vortage, die auf der einen Seite schon angegessen und dann nur umgedreht worden waren, wieder aufgetragen wurden, entdeckt einer der Gäste dies und ruft voll gespielten Entsetzens aus: »Jetzt aber los, von unten essen auch noch Leute mit!« (»festinemus, alii subcenant«) (Quint. VI. 3. 90). Natürlich mischen sich Sach- und Wortwitz häufig. Die Geschichte von Catulus ist insoweit ein Wortwitz, als der gegnerische Anwalt auf seinen Namen anspielt; wenn Catulus nunmehr die Möglichkeiten ausnutzt, die das mit dem Ausdruck »Hund« gemeinte Tier bietet, so macht er daraus einen Sachwitz.

Im folgenden soll es nun darum gehen, in Martials Epigrammen einige derjenigen Fälle aufzuspüren, in denen seine Witztechnik sich die juristischen Gegebenheiten zunutze macht, der Witz also einen spezifisch juristischen Gehalt hat. Erstaunliches Resultat solcher Suche: Sowohl bei den Wortspielen als auch beim Sachwitz erweist sich die Jurisprudenz als überaus ergiebig.

In einer ganzen Reihe von Gedichten (z. B. I.29 und 38) und so auch in II.20 beruht die Pointe darauf, daß der Dichter von den Possessivpronomina »mein, dein, sein« einen besonders intensiven Gebrauch macht. Diese Möglichkeit, einen Ausdruck mit inhaltlicher Nachdrücklichkeit zu verwenden, wird in der Rhetorik als Emphase bezeichnet.

Dichtungen kauft sich der Paul, rezitiert nun auch ›seine‹ Gedichte.
Denn was du kaufst, nennst du ja doch zu Recht wohl dann dein.

Carmina Paulus emit, recitat sua carmina Paulus.
   Nam quod emas, possis iure vocare tuum.

Der Käufer einer Sache erwirbt das Eigentum daran, die Ware wird »sein«. Aber was er von Rechts wegen »sein« nennt, braucht darum doch nichts »Eigenes« zu sein. Der moderne Jurist unterscheidet ohne Schwierigkeit begrifflich zwischen dem materiellen Eigentum an dem Buch und dem geistigen Eigentum an dessen Inhalt, das heute als Urheberrecht beim Autor verbleibt und eigenen Rechtsschutz genießt. Der Sache nach ist diese Unterscheidung aber auch schon bei Martial vorhanden (I.29) und läßt in witziger Umkehrung einen Rezitator, so als ob es sich bei dessen völlig mißglücktem Vortrag um eine urheberrechtlich eigenständige Werkschöpfung handelte, das Eigentum an Martials Gedichten »erwerben« (I.38).

Derselben Witztechnik wie hier im Kampf gegen Plagiatoren bedient sich Martial auch, wenn er sich über den Schönheitsbetrieb seiner Zeit lustig macht und bei Haaren oder Gebissen zwischen »gekauften« und »eigenen« unterscheidet (VI.12 und V.43) oder besonders hübsch: beim emphatischen Spiel mit dem »nichts« in der Auseinandersetzung mit einem unverschämten Bittsteller in III.61:

›Nichts‹ sei es, sagst du, was immer du auch von mir willst, frecher
                                                    Cinna.
Ist es ein Nichts, was du willst, schlag ich dir gar nichts auch ab.

Esse nihil dicis quidquid petis, improbe Cinna:
   Si nil, Cinna, petis,   nil tibi, Cinna, nego.

Ambiguität meint die Doppeldeutigkeit von Ausdrücken. Beispielsweise kann das Wort *dominus* einmal »Herr« oder auch »Eigentümer« heißen, wurde zum andern aber auch als ehrfurchtsvolle Anrede des Kindes gegenüber seinem Vater gebraucht. Wenn also Martial in einem Distichon zu jemandem sagt, der Angesprochene wisse und gestehe es höflich, von einem Sklaven abzustammen, weil er den Vater »Herr« nenne (I.81), so gibt erst der Rechtsbegriff »Eigentümer« die eigentliche Pointe frei: Wenn derjenige, den der Betreffende als *dominus* anredet, zugleich sein Vater und sein Eigentümer sein soll, dann stammt er aus einer Verbindung zwischen einer Sklavin und deren Eigentümer oder ist seine Mutter – eben die Frau seines Vaters, die ihn von einem Sklaven empfangen hat.

In einem seiner frechsten Epigramme dichtet Martial (IX.15):

Chloe, die Schurkin, sie setzt ihren sieben Verfloss'nen aufs Grabmal:
   Das habe *sie* vollbracht. Was könnte einfacher sein?

Inscripsit tumulis septem scelerata virorum
   ›Se fecisse‹ Chloe.   Quid pote simplicius?

Wieder sind wir als Leser zur Mitarbeit aufgefordert, diesmal, das »se fecisse« durch ein entsprechendes Akkusativobjekt zu ergänzen; denn *was* Chloe vollbracht hat, sagt uns Martial gar nicht. Wir müssen den elliptischen Satz vervollständigen. Aber wie? Bezieht man das, was Chloe gemacht hat, auf die Grabmäler (»se fecisse tumulos«), dann hätte Chloe die Grabstelen, wie es die Künstler zu tun pflegen, mit ihrer Signatur versehen. Was könnte »einfacher« sein? Lediglich, daß Martial Chloe zugleich »verbrecherisch« nennt, würde andeuten, daß sie als Giftmischerin dafür gesorgt hat, daß die sieben Gräber zustande kamen. Aber schon damit bekommt das »se fecisse« einen hintergründigen Sinn: Mit sieben Giftmorden – dies seinerseits natürlich wieder eine Hyperbel! – wäre Chloe in der Tat eine Meisterin ihres Faches gewesen und eine solche Erfolgsmeldung hätte kaum »einfacher« gegeben werden können als durch die Aufschrift auf den Gräbern. Der Charme vieler Martial'scher Epigramme liegt darin, daß wir uns – und so auch hier – aussuchen können, welche Pointe uns die genehmere ist.

Das kurze Gedicht läßt jedoch auch noch eine autochthone juristische Lösung zu: In der Gerichtssprache wurden nämlich die Ausdrücke *fecisse* bzw. *non fecisse videtur* für die Verurteilung bzw. für den Freispruch gebraucht. Wenn also Chloe als Aufschrift auf den sieben Grabsteinen für ihre Männer setzen läßt, sie habe es getan, dann ließ sich dies siebenfache »se fecisse« in Verbindung mit dem »scelerata« ohne Schwierigkeiten auch unmittelbar juristisch, als Geständnis, nämlich in dem Sinne verstehen, sie habe ihre Männer umgebracht (»se occidisse viros«), und das »simplicius« käme dann zu einer ganz anderen Bedeutung. Denn hätte sie ihr Schuldbekenntnis für den Serienmord »einfacher« oder wie »simplicius« auch übersetzt werden kann: »offener«, »aufrichtiger«, ja gar »biederer« abgeben können? Martials eigene große Künstlerschaft läßt sich erkennen, wenn man sich jemanden vorstellt, der seine Besuche von Chloes Friedhof im Laufe der Jahre wiederholt: Beim ersten Mal wird er das »se fecisse« noch ganz »einfach« auf den kunstvoll bearbeiteten Marmor beziehen und erst in der sechsfachen Wiederkehr wandelt das »se fecisse« seine Bedeutung und wird sich dem Friedhofsliebhaber das »verbrecherische« Tun der siebenfachen Witwe und das Trügerische ihrer »Biederkeit« offenbaren.

Nun, nicht nur Frauen morden. In einem meiner Lieblingsepigramme – und Sie haben längst gemerkt, daß es mir nicht um das Frivole oder Makabre des jeweiligen Gegenstandes, sondern darum geht, wie der Dichter mit seinem Stoff künstlerisch umgeht – in einem meiner Lieblingsepigramme also bringt ein Mann seine Frau um (X.16). Aber wie!

Sein reiches Weib mit spitzem Pfeil traf mitten ins Herz,
    Aber beim Spielen der Aper: auf's Spiel versteht sich der Aper.

Dotatae uxori cor harundine fixit acuta
sed dum ludit Aper: ludere novit Aper.

Den gesamten äußeren Vorgang, daß jemand seine begüterte Frau mit scharfem Pfeil durchbohrt, hat Martial im Hexameter dieses Distichons untergebracht. Der zweite Vers bringt dann den psychischen Kontext. Und da der Pentameter zwei Teile enthält, ist auch die Finalität des Handelns von Aper eine doppelte, verknüpft allerdings durch den zweimaligen Gebrauch desselben Worts: »ludere«.

Das erste »ludere« bezieht sich auf den Wettkampf, mithin darauf, daß bei diesem Sport mit Pfeilen geworfen wird. Objektiv sieht die Tötung der Frau aus, als beruhe sie auf einem Unglücksfall während des Spiels. Im zweiten Teil des Verses erhält das »ludere« eine andere Bedeutung schon dadurch, daß der Infinitiv abhängig ist von dem »novit«: Aper »weiß« zu spielen. Er versteht sich auf seinen Sport! Das heißt einmal: er versteht mit dem Wurfgeschoß umzugehen, und weiß, wie gespielt wird, d. h. hier aber offenbar: statt *was*, *wen* man trifft. Nur daß Aper sich selbst mit der Auswahl des regelwidrigen Ziels – unerkennbar für die anderen! – außerhalb des Spiels und seiner Regeln bewegt. Schon als bloße figura etymologica im Sinne dieses das ›Spiel spielen‹ (*lusum ludere*) gäbe Martials Gedicht eine gute Pointe.

Aber Aper weiß beim Spielen ja noch viel mehr, insbesondere, daß seine Frau »begütert« ist. Und er weiß auch, im Distichon unausgesprochen, daß er seine Frau beerben wird, wenn sie ihn zum Erben eingesetzt hat und durch einen Unfall ums Leben kommt – es sei denn, die Sache käme heraus. Dann allerdings würde dem Aper, abgesehen von seiner Bestrafung, der Nachlaß seiner Frau wegen Erbunwürdigkeit (*indignitas*) wieder entzogen. Aper spielt also nicht nur im doppelten Sinn mit dem Opfer, sondern im einfachen Sinn – wie die meisten Verbrecher – zugleich auch mit der Rechtsordnung. Er versucht, auch sie zu täuschen, ihr einen Streich zu »spielen«, sie zu über*spielen*. Und das steckt ebenfalls in dem transitiv gebrauchten lateinischen Wort »ludere«.

Dieser Renvoi in die Jurisprudenz hält für uns Juristen nun aber unverhofft noch eine ganz besondere Pointe bereit. Freilich hat die unter dem Deckmantel eines inszenierten Sportunfalls vorgenommene Tötung eines Menschen dem ersten Anschein zuwider nichts mit den klassischen Rechtsinstituten des Strafrechts objektiver oder subjektiver Abweichungen des Tatgeschehens wie der ›aberratio ictus‹, und dem ›error in persona vel objecto‹ oder gar mit der ›actio illicita in causa‹ bzw. der ›actio libera in causa‹ zu tun, sondern wäre nach heutigem Recht schlicht ein Mord. Aber auch dieser bietet Anlaß für eine reizvolle weitere juristische

Assoziation. Denn nach einer im römischen Recht allerdings erst fünfzig Jahre später verbürgten Rechtsquelle war derjenige für erbunwürdig zu erklären, der überführt wurde, den Tod seiner Frau, von der er zum Erben eingesetzt war, durch Fahrlässigkeit verschuldet zu haben (Dig. 34.9.3). Da Aper in unserem Epigramm den Tod seiner Frau *verursacht* hatte, hätte er sich also nach dieser Rechtsvorschrift auch vom Vorwurf bloßer Nachlässigkeit (*negligentia*) reinwaschen müssen. Sollte dies tatsächlich gelingen, mußte Aper das »Pfeilspiel so gut beherrschen«, daß von dem in Wahrheit in Tötungsabsicht ausgeführten Wurf niemand hätte sagen können, der Tod des Opfers wäre auch nur *vermeidbar* gewesen. Martial behauptet zwar, Aper habe sich auf sein Spiel verstanden (»ludere novit Aper«); aber ich bin mir nicht sicher, ob der Dichter diese zusätzliche Pointe seines Gedichts bezweckt hat, daß dem vorsätzlichen Wurf auch nicht einmal der Vorwurf der Fahrlässigkeit gemacht werden konnte. Wenn nicht, dann wäre unser Epigramm zugleich ein Beispiel dafür, daß Dichtungen in ihren Effekten die Konzeption des Dichters nicht selten weit übertreffen.

Die Römer waren ein durch und durch juristisches Volk. Was wir heute unter Jurisprudenz verstehen, ist weitgehend ihre Erfindung und von ihnen auch noch bis in die heutigen Inhalte des Rechts hinein geprägt worden. Vor allem aber liegt der römischen Gesellschaft eine feste juristische Struktur zugrunde. Entsprechend vielfältig sind die Bezüge der das pralle Leben seiner Gesellschaft in Verse einfangenden Epigramme Martials zu bestimmten Rechtsinstituten und Rechtsvorschriften des römischen Rechts. Wollte man die interdisziplinäre Zusammenarbeit zwischen Altphilologen und Römischrechtlern organisieren, wäre es ein Kinderspiel, für ein derartiges Symposion ergiebige Themen zusammenzustellen.

Ein klassisches Thema der Satire ist die *Bestechlichkeit von Richtern*. Es kommt bei Martial merkwürdigerweise nicht vor. Oder vielleicht doch in II.13?

Der Richter fordert, es fordert auch der Anwalt.
Ich meine, Sextus, du solltest lieber gleich deinen Gläubiger bezahlen.

Et iudex petit et petit patronus.
solvas censeo, Sexte, creditori.

In der Tat verstehen manche Philologen das »iudex petit« im Sinne passiver Bestechlichkeit. Aber spricht hier schon für die juristische Gleichstellung der Forderungen von Richter und Anwalt der vorbildlich konstruierte Chiasmus und damit gegen die Übersetzung des *petere* im

Sinne der Bestechlichkeit, weil Anwälte wie bei uns so auch in Rom zum Teil vorzüglich verdienten und daher das *petere* des Richters eher im Sinne der schon zu Zeiten Martials erhobenen Gerichtsgebühren als im Sinne der Forderung eines unerlaubten Bestechungsgeldes verstanden werden muß, so hat überdies die moderne Forschung gezeigt, daß zur Zeit der Flavischen Kaiser die Amtsführung der römischen Verwaltungs- und Gerichtsbeamten – Gewaltenteilung in unserem modernen Sinne gab es damals noch nicht – in Rom im wesentlichen korrekt war.

Im Buch der Schauspiele erzählt Martial, wie im Kolosseum mit einem zum Tode verurteilten Verbrecher die Geschichte des Räubers Laureolus nachgestellt wird und ein Bär den ans Kreuz genagelten Mann bei lebendigem Leibe zerfleischt.

Ja, er erhält die Strafe, die gerecht; denn sicherlich hat er
Vater oder auch Herrn mit seinem Schwerte durchbohrt
oder verborgenes Gold aus dem Tempel geraubt voller Wahnsinn
oder auch, Rom, an dich tobend die Fackel gelegt.
(*R. Helm*)

Otto Seel knüpft daran die Bemerkung, welches Verbrechen der auf solche Weise Hingerichtete begangen hätte, stünde keineswegs fest, da von Martial mehrere zur Auswahl gestellt worden seien. Es sei nicht einmal sicher, ob er überhaupt eines begangen habe. Welche Voraussetzungen jemand, der in der Arena als Verbrecher massakriert wurde, erfüllen mußte, wäre ein auch der Philologie nützliches juristisches Thema. Ob man tatsächlich mit Seel von einer Umkehrung des Schuld-Strafe-Mechanismus sprechen kann, wäre äußerst interessant, kann aber hier natürlich nicht weiter verfolgt werden.

IV. War Martial ein Jurist?

Daß Martial von Beruf Jurist war, hat zunächst Otto Ribbeck in seiner *Geschichte der römischen Dichtung* behauptet; und auch heute noch wird die Vermutung immer mal wieder nachgeplappert. Danach ergriff Martial auf Zureden von Freunden um des Erwerbs willen das Geschäft eines Rechtsanwalts (V.16.5 f.), wurde darin von dem bereits erwähnten Quintilian zu größerem Eifer ermahnt (II.90); und auch sonst soll es nicht an Spuren fehlen, »daß er dauernd eine gewisse Praxis als Advokat geübt hat«. In der Tat scheint der Schluß, Martial sei als Anwalt (*causidicus*) bei Gericht tätig gewesen, unabweisbar, wenn man die von Martial erwähnten Prozesse als Verfahren betrachtet, in denen er selbst als Anwalt auftrat. Aber die meisten Literaturwissenschaftler verstehen ihren Martial schon richtig. Daß er die Ausbildung zum Gerichtsvertreter hatte, sagt er selbst (IX.73.7 f.); aber der Beruf des *advocatus* sagte ihm nicht zu, obwohl man dabei so reich werden konnte, sich in goldenen Reiterstandbildern verewigen zu lassen (IX.68.6; vgl. Juvenal VII.126 ff.).

Lieber gab er anderen, wie dem jungen Dichter Flaccus, den Rat, sich statt der Poesie lieber der Beredsamkeit zu widmen (I.76). Und wenn er sich nicht nur Quintilian, dem »Ruhm römischer Redegewalt« (II.90.2) gegenüber dahin äußerte, er wünsche sich, »der Tag möge ohne Prozesse sein« (»sit sine lite dies«) (II.90.10) und die Prozesse möchten schweigen: »tacete lites« (X.87.4), so geht aus anderen Stellen hervor, daß er damit nicht etwa seine eigene Tätigkeit als Anwalt verwünschte, sondern den lästigen Dienst als Klient (vgl. XII.29), der ihn verpflichtete, seinen Patron aufs Forum zu begleiten und zu klatschen, wenn dieser irgendeinen seiner anderen Klienten vor Gericht vertrat. Diese Klagen über den Klientendienst sind so häufig und damit als *biographische* Daten so glaubwürdig, daß wir die wenigen Gegenbeispiele, in denen der Dichter von sich als Anwalt in der Ich-Form spricht, doch eher als »Rollenlyrik« verstehen müssen. Man geriete sonst auch schnell in Widersprüche wie bei der Frage, ob Martial verheiratet war oder nicht (vgl. II.92; VIII.12 und XI.19 und 104). Denn wie sollte man, wenn er den Beruf eines Anwalts bereits ausübte, damit das Epigramm V.16.14 vereinbaren, in welchem er einen Patron darauf hinweist, wie großzügig man früher die Poeten mit Geschenken und Lob bedacht habe, und er, als sein Patron sich statt der erwarteten Zuwendungen auf die Zusage weiteren Lobes beschränkt, verzweifelt ausruft: »Du zwingst mich, glaube ich, doch noch dazu, Anwalt zu *werden*!« (»facies me, puto, causidicum«). Trotzdem zieht er es weiterhin vor, bei Freunden und Patronen zu schnorren und sie, geben sie ihm den Rat, als Anwalt könne er zu Wohlstand gelangen, darauf hinzuweisen, daß er um ein Darlehen und nicht um ihren Rat gebeten habe (II.30.5 f.):

Is mihi ›Dives eris, si causas egeris‹ inquit.
Quod peto da, Gaii,   non peto consilium.

Freilich war dem Anwalt der Reichtum auch nicht sicher; manchmal brachte die Tätigkeit als Advokat – wie heute auch wieder – nicht einmal die Wohnungsmiete ein (III.38.5 f.).

UWE DIEDERICHSEN

V. Die Epigramme Martials: Gedichte in juristischer Denkstruktur?

So könnte der letzte Trumpf derjenigen, die Martial zum Juristen machen wollen, die Struktur seiner Gedichte sein. Sie sollen in ihrer gedanklichen Formung der Jurisprudenz gleichen und scheinen mit ihrer Aufladung von Spannung und ihrer Technik pointierter Auflösungen tatsächlich darin der Jurisprudenz zu gleichen, als diese ebenfalls dazu neigt, in langen Ausführungen Positionen aufzubauen, um sie dann mit knappen Worten wieder zu zerstören: zum Beispiel mit umständlicher Argumentation einen Anspruch seinen tatbestandlichen Voraussetzungen nach zu begründen, um ihn dann anschließend mit einer Einwendung zu zerschmettern oder doch jedenfalls an einer Einrede scheitern zu lassen. Beginnen wir mit einem Epigramm:

> Zögernd gesteht seiner Frau Philosex, daß seit Monaten er schon
>   mit einer Dirne im Haus   tags sie betrüge und nachts.
> Als sie betreten drauf schweigt, macht – um Frieden bemüht – er den
>   Vorschlag:
>   »Komm doch und sei wieder gut!   Treiben wir Sex nun zu dritt.«

Man hat schon vor Lessing, aber doch besonders dieser selbst bemerkt, daß Martial viele seiner Kleingedichte und jedenfalls die wirkungsvollsten nach einem bestimmten Schema konstruiert hat. Einer mehr oder weniger kurzen Sachverhaltsschilderung, in der Spannung aufgebaut und soweit wie möglich verdichtet wird, folgt abrupt die Entladung, die aber, wenn das Epigramm wirklich gut ist, mit ihrer Pointe in eine ganz andere Richtung zielt, als der Zuhörer oder Leser erwartet hatte. Mal ehrlich, wer hätte schon damit gerechnet, daß der untreue Ehemann die Versöhnung mit seiner Frau ausgerechnet mit einem Vorschlag würde herbeiführen wollen, der sie nur noch mehr kränken mußte, obwohl man doch durch den sprechenden Namen dieses sextollen Burschen hinreichend gewarnt worden war?

Dem Schema der Exposition eines Sachverhalts oder Themas mit einem spannungsgeladenen Problem und anschließender Auflösung scheint nun auf Schritt und Tritt auch die Jurisprudenz zu folgen, so daß man sehr wohl glauben könnte, Martial habe den Beruf des Epigrammatikers in einer vorgeschalteten Laufbahn als Anwalt gelernt. In jeder vollständigen Rechtsnorm könnte man der Struktur nach ein kleines Epigramm sehen. Ein bestimmter Lebensausschnitt wird im sogenannten ›Tatbestand‹ zu einer gedrängten Fassung der in Betracht kommenden Sachverhalte komprimiert, z. B. dahin, was ein ›Mord‹ ist oder ein ›Diebstahl‹, und daran dann eine bestimmte ›Rechtsfolge‹ geknüpft: im Strafrecht eine pönale, im Zivilrecht beispielsweise eine Zahlungspflicht oder umgekehrt – wie beim Erlaß – die Befreiung von einer Schuldverpflichtung usw. Das muß nicht spannend sein, aber sehr häufig ist es dies schon bei der Formulierung der Rechtsnorm. Beispielsweise der Schatzfund: Jemand findet auf einem fremden Grundstück, vielleicht als er eine Pflanze für seinen Garten ausgräbt, einen Topf voll alter Silbermünzen. Wem gehören sie? Dem Eigentümer des Grundstücks? Dem Finder? Oder beiden zusammen? Das ist spannend. Unser Bürgerliches Gesetzbuch hat den Interessenkonflikt in Paragraph 984 so gelöst, daß beide, Grundstückseigentümer und Finder, je zur Hälfte Miteigentum an den Münzen erlangen, während das römische Recht den Finder an dem Schatz Alleineigentum erwerben ließ (Dig. 41.1.31.1).

Und wie man nun spielend als Dogmatiker die juristischen Probleme vervielfältigen kann, z. B. indem man den Münzfund in dem Geheimfach eines »antiken« Schreibtisches stattfinden oder Zweifel am Vorliegen eines Schatzes entstehen läßt, weil es sich um Geld handelt, das nachweisbar von einer bestimmten Person im Boden versteckt worden war, so jongliert, wie wir gesehen haben, auch Martial mit seinen Motiven und gewinnt ihnen immer reizvollere neue Pointen ab (oben unter II). In der Jurisprudenz ist es meistens das Leben selbst, das uns zu immer weiteren Komplikationen zwingt. Davon lebt dann die Justiz. Aber auch die Tätigkeit des Richters ist zweigeteilt: wenn er, wie wir sagen, das Urteil »absetzt«, faßt er zunächst den von den Parteien vorgetragenen Sachverhalt zusammen und führt erst in den Entscheidungsgründen aus, warum er den Rechtsstreit in einem bestimmten Sinne entschieden und dem Kläger oder dem Beklagten Recht gegeben hat.

Wir sind scheinbar weit abgekommen und ich höre schon den Kläger aus dem Rechtsstreit um die drei Ziegen rufen: »Das hat doch mit Martial rein gar nichts mehr zu tun! Wann werden Sie endlich auf das Epigramm von dem Sexprotz eingehen? Es geht darin doch nur um eine interessante Form sexueller Beziehungen.« Mein Lieber, würde ich antworten: In der Tat. Das ist es ja eben! Das ist die Welt des Epigramms: Zwar auch die scharfe Trennung zweier Ebenen, der Sachverhaltsebene und einer zweiten, wir wollen sie einmal die *Bewertungsebene* nennen. In diesem strukturellen Grundmuster der Zweiteilung von Sachverhaltsschilderung auf der einen Ebene und der Pointe bzw. Rechtsfolgenanordnung auf der anderen Ebene gleichen sich Epigramm und Rechtsnorm. Aber das hat das Epigramm mit jeder guten Anekdote oder Kurzgeschichte, mit jedem Witz, Sketch usw. gemeinsam und erscheint zu sehr als Bauelement jeglicher gehobeneren menschlichen Unterhaltung, als daß man sagen dürfte, Martial habe diesen Zug zum geistreichen Schlußeffekt ausgerechnet bei den Juristen gelernt.

Im übrigen ist die Jurisprudenz auch strenger Sachlichkeit verpflichtet und damit im engeren Sinne rhetorik- und pointenfeindlich. Sie muß jedes Hinüberwechseln ins Nichtjuristische unbedingt vermeiden, wie umgekehrt beim Epigramm als Bewertungsebene alles andere eher in Frage kommt als die Jurisprudenz, pointierter gesagt: das gute Epigramm ist ohne juristischen Bezug. Ich habe bei Martial kein einziges Beispiel gefunden, in dem auf der Bewertungsebene in die juristischen Kategorien übergeleitet wird und wo, wie wir Juristen sagen, eine Subsumtion stattfindet, als Pointe also eine Rechtsfolge herausspringt. Da gibt es alle möglichen Konklusionen: ontologische (VIII.76) und onomatologische (I.50 und VI.17), theologische (I.12 und IV.21) und teleologische (IV.32), ethische (I.4 und 8) und ästhetische (VI.25), logische (III.61) und psychologische (I.32), ökonomische (III.56, 57 und XII.76), – aber niemals spezifisch juristische. Niemals besteht die Pointe in der Verknüpfung eines Sachverhalts mit einer Rechtsfolge. In den hunderten von Gedichten gibt es bei Martial Invektiven, Zoten, Lügen, Tricks usw., aber keinem einzigen seiner Gedichte liegt ein originaler juristischer Fall zugrunde. Reminiszenzen an die Welt der Juristen in Hülle und Fülle, aber kein einziger wirklich juristischer Gedankengang. Und unser kleines Epigramm von dem sex-versessenen Philosex vermag uns zu zeigen, worin diese juristische Abstinenz Martials ihren poetologischen Ursprung hat.

Das Epigramm stammt nämlich auch gar nicht von Martial. Es handelt sich, lediglich rhythmisch ein wenig verfremdet und etwas zugespitzt, um einen Fall, den vor einem Jahr das Oberlandesgericht Köln entschieden hat. Die Entscheidung ist im Rechtsprechungsreport der *Neuen Juristischen Wochenschrift* (1996, S. 519) abgedruckt. Und wenn Sie jetzt hören, worum es in dem Beschluß juristisch ging, dann werden Sie mir zustimmen, daß man daraus beim besten Willen kein witziges *juristisches* Epigramm machen kann. Der Fall hat sich tatsächlich mehr oder minder so zugetragen, wie ich ihn erzählt habe, nur wohnte die andere Frau nicht im selben Haus und war auch keine Prostituierte und der Mann hieß sicherlich auch nicht Philosex. Aber den merkwürdigen Vorschlag des Triolenverkehrs hat er seiner Ehefrau tatsächlich gemacht und diese war (wie das Gericht befand: zu Recht) so beleidigt, daß sie – und das hätte allein die juristische Pointe sein können – sofort, d. h. ohne Einhaltung des sonst erforderlichen Trennungsjahres, von ihrem Ehemann geschieden werden konnte. Der juristische Schlußeffekt, wenn man davon hier überhaupt sprechen kann, wäre also um ein Vielfaches schwächer ausgefallen, als wenn man die Auflösung auf der einmal in der

Exposition gewählten und für uns Menschen mit so viel Lustgefühlen verbundenen Ebene sexueller Beziehungen beließ. Daß die Ehefrau sich alsbald und nicht erst nach einem Jahr scheiden lassen durfte, wäre zwar ein juristischer Aufschluß gewesen, hätte das Epigramm aber zu einer Ersünde wider den Geist des Witzes werden lassen, weil sich dann die Exposition angenehmer angehört hätte als die Pointe.

Von den vielen Epigrammen Martials mit juristischen Themenstellungen und Bezügen bleibt die juristische Anknüpfung epigrammatisch ohne Funktion. Aus den juristischen Motiven lassen sich, wie wir gesehen haben, wenn man Martial heißt, blitzgescheite Pointen entwickeln, aber die Stoffe geben nichts her, um daraus juristische Funken zu schlagen. Im Falle der drei Ziegen wäre der Anwalt, wenn er mit seinen Ausflügen in die Geschichte und seiner leeren Rhetorik den Prozeß verpatzt hätte, allenfalls schadensersatzpflichtig geworden und auch das nur nach heutigem Recht. Im Falle des Spiels mit dem Wurfpfeil wäre die juristische Lösung Mordanklage und Enterbung gewesen. Aber das weiß selbst der juristische Laie, so daß ihm damit auch in Form eines Epigramms keine zusätzliche Freude zu machen gewesen wäre.

*

Wir machen hier halt. Martials juristisches Theater ist zu Ende. Uns bleibt nur noch, den Epilog zu sprechen. Viel haben wir gesehen und gehört: Kunstschützen, Witwen und Erbschleicher, Gerichtsverhandlungen mit Richtern, Anwälten und den Naturalparteien, echte Lyrik und falsche Zähne, Gift und Mitgift. Das alles hoch artifiziell, mit allen Raffinessen rhetorischer Stilmittel und – bei aller Interpretationsoffenheit – effektvoll gesetzten Pointen: Kleinkunst im Weltformat. Vielleicht habe ich ein wenig deutlich machen können, warum man auch als Jurist an ihm so viel Freude haben kann: an unserem Marcus Valerius Martialis.

Literaturhinweise

Texte:

M. Val. Martialis: *Epigrammata*. Hrsg u. mit einem Kommentar v. Wallace Martin Lindsay. Oxford 1902, Oxford ²1929. (Zitierweise: Buch der Schauspiele sp., im übrigen die verschiedenen Bücher, jeweils mit der Nummer des betreffenden Epigramms).

M. Valerii Martialis epigrammata libri, mit erklärenden Anmerkungen von Ludwig Friedlaender, 2 Bde. Leipzig 1886.

Übersetzungen mit Erläuterungen:
Rudolf Helm: *Martial, Epigramme.* Zürich 1957.
Walter C. A. Ker: *Martial Epigrams* (lat.-engl.), 2 Bde. London/Cambridge (Mass.) 1919/20.
Harry C. Schnur: *Martial, Epigramme* (Auswahl). Stuttgart 1966.
Ulrich Gößwein: *Martial, Epigrammata/Epigramme* (Auswahl). München 1986.

Sekundärliteratur:
Virginia Judith Craig: *Martial's Wit and Humor.* Philadelphia 1912.
Uwe Diederichsen: *Rechtswissenschaft und Rhetorik.* In: *Die Macht des Wortes. Aspekte gegenwärtiger Rhetorikforschung,* hrsg. von Carl Joachim Classen und Heinz-Joachim Müllenbrock. Marburg 1992, S. 205-236. (= Ars rhetorica; 4).
Hans-Georg Gadamer: *Gesammelte Werke,* Bde 1 und 2: *Wahrheit und Methode.* Tübingen ⁵1986.
Ulrich Gößwein: *Martial , Epigramme* (Auswahl mit Kommentar und Lehrerheft). Bamberg 1983.
Rudolf Helm: *Valerius Martialis.* In: *Paulys Realenzyklopädie der klassischen Altertumswissenschaft,* 2. Reihe, 15. Halbband, Stuttgart 1955, Sp. 55-85.
Niklas Holzberg: *Martial.* Heidelberg 1988.
Ursula Joepgen: *Wortspiele bei Martial.* Bonn 1967.
Max Kaser: *Das Römische Privatrecht,* 2 Bde. München ²1971 und 1975. Ferner: *Römisches Privatrecht.* München ¹⁴1986.
Eckart M. W. Kuppe: *Sachwitz bei Martial.* Bonn 1972.
Gotthold Ephraim Lessing: *Zerstreute Anmerkungen über das Epigramm und einige der vornehmsten Epigrammatisten,* Werke Bd. 5. München 1973, S. 420 ff.
Christoff Neumeister: *Das antike Rom. Ein literarischer Stadtführer.* München 1991.
Marcus Fabius Quintilian: *Institutionis Oratoriae Libri XII / Ausbildung als Redner* (lat.-dt.), übers. von Helmut Rahn, 2 Bde. Darmstadt 1972.
Otto Ribbeck: *Geschichte der römischen Dichtung III.* Stuttgart 1892.
Römische Rechtsgeschichte. Ein Studienbuch. Begr. von Gerhard Dulckeit u. Fritz Schwarz. Neu bearb. von Wolfgang Waldstein. 9., neu bearb. Aufl. München 1995.
Erwin Scharr: *Römisches Privatrecht* (lat.-dt.). Zürich 1960.
D. Schmid: *Der Erbschleicher in der antiken Satire.* Tübingen 1951.
Otto Seel: *Ansatz zu einer Martial-Interpretation.* In: Gerhard Pfohl (Hrsg.): *Das Epigramm,* Darmstadt 1969, S. 153 ff.

Freya Stephan-Kühn: *Martial, Epigramme* (Textauswahl mit Erläuterungen). Paderborn 1976.
Sueton: *Vespasian, Titus, Domitian* (lat.-dt.), übersetzt von Hans Martinet. Stuttgart 1991.
John Patrick Sullivan: *Martial: the unexpected classic.* Cambridge 1991.
Hans Vaihinger, *Die Philosophie des Als Ob.* Leipzig $^{9/10}$1927. Neudruck: Aalen 1986.

Johann Wolfgang Goethe: *Hermann und Dorothea*

VON

Armin Paul Frank

> Wie die Zeit uns lehrt und das Ausland.
> *Goethe*

I.

Nachdem 150 Jahre lang vor allem diejenigen in den Kolonien von Britisch-Amerika der Wildnis eine neue Heimstätte abgerungen hatten, die in England und Schottland religiös und politisch verfolgt wurden, und Briten, die zu allen Abenteuern entschlossen waren, dort Stützpunkte für rentable Rohstoff- und Kolonialwarengewinnung gefunden hatten, traten gegen Ende des 18. Jahrhunderts mit der Schaffung der ersten modernen Demokratie und Republik die Vereinigten Staaten von Amerika als das nicht unumstrittene Land der Zuflucht und der Zukunft deutlich auch in das Bewußtsein des größeren Europa. Dies dürfte auch für ein Thema gelten, das in der den Atlantik überspannenden Lesekultur in englischer Sprache damals oft und eindringlich aus unterschiedlichen geographischen und nationalen Blickwinkeln diskutiert oder auch gestaltet worden ist: aus britischer und europäischer Sicht das der Vertreibung und der Auswanderung, aus nordamerikanischer das der Einwanderung und Ansiedlung. Bezieht man *Hermann und Dorothea* in einen Vergleich ein, erkennt man, daß die Versnovelle Goethes bei allem eigenen Profil eine größere Nähe zu den anglo-amerikanischen als zu den britischen Werken dieser Art hat.

Dies läßt sich am besten in drei Schritten zeigen: Zunächst werde ich *Hermann und Dorothea* skizzenhaft charakterisieren; dann werde ich als Vergleichsgröße transatlantische Vertriebenendichtung an sparsam ausgewählten Beispielen vorstellen, wobei zur Verdeutlichung der »Quersicht« auf eine gewisse Einläßlichkeit nicht verzichtet werden kann; schließlich möchte ich zeigen, was an *Hermann und Dorothea* besonders auffällt, wenn man es mit Augen liest, die an den entsprechenden Werken aus den beiden großen Literaturen in englischer Sprache geschult sind.

Damit möchte ich nicht behaupten, daß dieses Profil nur dann deutlich werden kann, wenn man die Versnovelle in dem genannten Sinn vergleichend liest; ich möchte auch nicht den Eindruck erwecken, als sei dies das einzige, was mir persönlich an ihr gefällt; ich möchte freilich das Prinzip der Querlektüre zwischen Fächern streng durchführen und nur das registrieren, worauf mich die berufliche Sicht des Anglo-Amerikanisten mit Hilfe des genannten Vergleichs besonders aufmerksam macht.

II.

Hermann und Dorothea, 1797 veröffentlicht, ist ein Gedicht ganz eigener Art. In ihm sind epische, dramatische, heroische, lyrische, idyllische und ironische Züge aufs engste aufeinander bezogen. Zu den epischen Signalen gehören der Hexameter und gemäß damaliger Auffassung die Einteilung in neun Gesänge. Aus der Sicht der Dichtung in englischer Sprache bietet freilich der auf Wort- bzw. Satzakzent beruhende Hexameter nur ein Zerrbild des gemessenen, gleichmäßig alternierenden Taktes, den dieses Metrum in seiner antiken, auf Silbenlänge beruhenden Form besitzt und der es – unter anderem – für das Epos geeignet macht. Trotz aller Mühen, die sich ein Dichter geben mag, gelingt es ihm nie, die fröhlichen Walzertakte zu unterdrücken, in denen englische oder deutsche Hexameter gern dahergehüpft kommen. Deshalb wurde in der englischen Sprache der ebenfalls einfach alternierende Blankvers oder seine paargereimte Variante, der »heroische Vers«, als Metrum für hohe Dichtung – also auch für das Epos – entwickelt; auch im Französischen entstand als eigener hoher Vers der silbische Alexandriner. Deutsche Dichter hingegen, darunter auch Goethe unter Anleitung von Voss, arbeiteten trotz der unüberwindbaren Grundschwierigkeit mit großer Sorgfalt an einem deutschen Hexameter.

Für einen an englischsprachiger Dichtung Geschulten ist es deshalb beruhigend, daß der Autor von *Hermann und Dorothea* nicht frei von Ironie gegenüber seinem eigenen Vers zu sein scheint. So heißt es bei einer Gelegenheit, die großzügiges Spenden verlangt, daß der Apotheker – die komische Figur – nicht den Geldbeutel, wohl aber den Tabaksbeutel öffnet:

»Klein ist die Gabe«, setzt' er dazu. Da sagte der Schultheiß:
»Guter Tobak ist doch dem Reisenden immer willkommen.«
Und es lobte darauf der Apotheker den Knaster.
(6:214-216)

Eine parodistische Verwendung des epischen Verses ist insbesondere in der dritten Zeile unüberhörbar. Ähnliches gilt wohl auch für ein Beispiel aus dem vierten Gesang, als die Mutter auf der Suche nach Hermann in den Garten kommt; sie

Nahm gleich einige Raupen vom kräftig strotzenden Kohl weg;
Denn ein geschäftiges Weib tut keine Schritte vergebens.
(4:14-15)

Keinesfalls parodistisch ist hingegen die sorgfältig überarbeitete Eröffnung, mit der Goethe den Wirt zum Goldenen Löwen betraut hat:

»Hab ich den Markt und die Straßen doch nie so einsam gesehen!
Ist doch die Stadt wie gekehrt! wie ausgestorben! Nicht funfzig,
Deucht mir, blieben zurück von allen unsern Bewohnern.
Was die Neugier nicht tut! So rennt und läuft nun ein jeder,
Um den traurigen Zug der armen Vertriebnen zu sehen.«
(1:1-5)

Die fünfte Zeile stellt also *Hermann und Dorothea* unter das Zeichen der Vertreibung. Historisch sind die Vertriebenen linksrheinische Deutsche, die 1793 im ersten Krieg mittel-europäischer Fürsten gegen die Republik Frankreich ihre Heimat verloren. Die Bewohner des – ungenannten – rechtsrheinischen Städtchens hingegen zieht es zum Gaffen an die in einiger Entfernung vorbeiführernde »große Straße«, aber auch zum Helfen, freilich mit Maßen. Wieder ist der Löwenwirt der Gewährsmann:

»Trefflich hast du gehandelt, o Frau, daß du milde den Sohn fort
Schicktest, mit altem Linnen und etwas Essen und Trinken,
Um es den Armen zu spenden; denn Geben ist Sache des Reichen.«
(1:13-15)

So wie Goethe den Gastwirt später sprechen und handeln läßt, ist es bereits an dieser Stelle deutlich, daß er kleine Spitzen gegen seine eigene Figur eingeschrieben hat, die zu folgender Betonung einladen:

»[...] daß du milde den Sohn fort
Schicktest, mit *altem* Linnen und *etwas* Essen und Trinken.«

Mit diesem Fortschicken nimmt das Schicksal seinen Lauf, wobei die Mutter die Fäden fest in der Hand behält. Hermann trifft bei den Vertriebenen Dorothea, eine in jeder Hinsicht vorbildliche Frau, die sich z. B. in außergewöhnlicher Fürsorge für eine Wöchnerin einsetzt.

Die jungen Leute verlieben sich; der Vater ist strikt gegen die mitgiftlose, wahrlich »hergelaufene« Frau. Wieder greift die Mutter glättend ein: Als Freunde der Familie werden der Geistliche und der Apotheker ausgesandt, Erkundigungen einzuholen. Ihr Hauptgewährsmann ist jener Schultheiß, der sich so freundlich für die schäbige Spende Tabak zu bedanken weiß.

Nach dramatischen Wendungen und Kehrtwendungen führt Goethe seine Versnovelle zu einem Eheschluß. In der Welt von *Hermann und Dorothea* gibt es für das Vertriebenenschicksal im Plural nur eine Privatlösung im Singular: die Einheirat bei einem Einheimischen.

III.

Für eine Charakterisierung des spannungsvollen Dialogs zwischen britischer und anglo-amerikanischer Vertriebenendichtung im späteren 18. Jahrhundert als Basis der Querlektüre von *Hermann und Dorothea* ist Oliver Goldsmiths *The Deserted Village* (1770) – *Das verlassene, verödete Dorf* – der probate Ausgangspunkt. Das damals bei Lesern und Kritikern höchst beliebte Gedicht hat auch andere Dichter und Reimer angeregt, sich weiterschreibend, adaptierend und gegenschreibend darauf zu beziehen. Zugleich ist es selber eine Weiterführung der ersten Ekloge Vergils, die – zusammen mit der vierten – von dem maßgeblichen britischen Kunstrichter des 18. Jahrhunderts, Samuel Johnson, als bedeutendes Vorbild hervorgehoben worden war. Legt man diese beiden Gedichte übereinander, ergibt sich, als Vertriebenendichtung gelesen, folgende Struktur:

Auf drei Orte – und nur auf drei – kommt es an: das Machtzentrum, die ländliche Idylle und das Exil. Bei Vergil ist offensichtlich Rom das Zentrum; Kaiser Augustus möchte Veteranen ansiedeln und braucht hierfür Land. Bei Goldsmith handelt es sich verständlicherweise um London. Aber auch dort ist Landhunger das auslösende Moment. Freilich liegt in diesem Fall die entscheidende ökonomische Macht nicht beim Herrscher, sondern beim Kaufmannsstand. Ein durch den Handel mit beiden Indien reich Gewordener möchte sich einen großen Park anlegen lassen und beschafft sich hierfür Land.

Die unterschiedlichen Voraussetzungen und Motive haben gleichwohl hochgradig ähnliche Folgen für den zweiten typischen Ort, die Idylle. Bei Vergil handelt es sich um einen nicht benannten Hirtenhain, in dem sich zwei Personen aufhalten: ein älterer Mann, einer von denen, der den Veteranen des Kaisers Platz machen mußte und noch eine Nacht in seiner Heimat verbringen darf, und ein jüngerer, der dieses Schicksal abwenden konnte. Unter der hier interessierenden Perspektive ist es von besonderem Belang, daß die idealen Beschreibungen der Hirtenidylle von einem einzigen Sprecher vorgetragen werden, dem Vertriebenen; auch in diesem Sinne ist die erste Ekloge Vertriebenendichtung. Die Idylle, so kann man pointieren, entsteht erst durch ihren Verlust.

Bei Goldsmith liegt das, worauf es ankommt, nur wenig anders. Auch hier tritt die Idylle nur als verlorenes Paradies ins Bewußtsein. Der Erzähler ist ebenfalls ein alter Mann, der nach einem erfüllten Arbeitsleben in das Dorf seiner glücklichen Kindheit und Jugend zurückkehren möchte und es verlassen, verödet, verfallen vorfindet, weil der neue Grundherr sämtliche Einwohner vertrieben hat.

Freilich liegt zwischen der ersten Ekloge und *The Deserted Village* ein deutlicher Unterschied der Geschichtsauffassung. Bei Vergil bleibt die Situation – hie Machtzentrum, dort Idylle – unangetastet; lediglich das Personal wird ausgewechselt. Bei Goldsmith – und darin ist das spätere 18. Jahrhundert erkennbar – steht Geschichte schon für unumkehrbaren Wandel. Das Dorf Auburn hat mit der Vertreibung seiner Einwohner aufgehört zu existieren. Es steht in dem Gedicht als Warnung vor der befürchteten allgemeinen Vernichtung des Bauernstandes durch den Merkantilismus. Dies würde – in der Auffassung der Zeit – den Niedergang des britischen *Empire* herbeiführen, wobei unter *Empire* (durchaus im Sinne der *translatio imperii et studii*) die politische, materielle und geistig-moralische Macht und Kultur eines Landes zu verstehen ist.

Nun gibt es viele Indizien dafür, daß es sich bei der Furcht vor dem Niedergang des *Empire* um eine Zeitstimmung handelte. Das fortschreitende 18. Jahrhundert ist in Großbritannien die Zeit der Ruinenromantik. Man war vom Verfall und den Relikten versunkener Kulturen fasziniert. Der Besuch der Kolosseumsruine in Rom war ein Muß der *grand tour*, der üblichen Bildungsreise auf dem Kontinent. Ein bedeutender Historiker der Zeit, der dort den obligatorischen Gedanken an die Vergänglichkeit weltlicher Macht nachgegangen war, Edward Gibbon, verfaßte das eindrucksvoll einfühlend geschriebene Monumentalwerk vom Niedergang und Zusammenbruch des als Vorgängerreich empfundenen römischen Imperiums. Der erste Band von *The History of the Decline and Fall of the Roman Empire* erschien zu einem hochaktuellen Zeitpunkt: im Jahre 1776, als die Unabhängigkeitserklärung der dreizehn britischen Kolonien in Nordamerika das Wegbrechen eines großen Teils des britischen *Empire* einleitete.

Hintergrund dieser Vorstellung ist eine vergleichende Kulturmorphologie, die von soziologisch interessierten Angehörigen der empirischen Schule der schottischen *common sense philosophy* als Stadienlehre (*stadialism*) ausgebaut worden war und die es erlaubt, die drei Hauptorte bei Vergil, Goldsmith und in *Hermann und Dorothea* auf einer Zeitachse anzuordnen. Die Stadienlehre kennt eine ältere zyklische und eine progressistische Variante. Zu ihrem weitgespannten Einzugsgebiet gehören die folgenden Vorstellungen: Die älteste ist die aus prophetischen Stellen des Ersten Testaments abgeleitete Auffassung von den vier Weltreichen oder Monarchien. Danach gehört es zu Gottes Weltplan, daß, im Vorderen Orient beginnend, vier Macht- und Kulturzentren einander ablösen, wobei der Niedergang des einen dem Aufstieg des nächsten, stets westlich von seinem Vorgänger gelegenen Imperiums folgt. Sie sind verschieden identifiziert worden, doch gehörte in jedem Fall Rom dazu. In nachrömischer Zeit wurde diese Vorstellung durch die Annahme einer *translatio imperii* zeitlich und räumlich verlängert. Zunächst bezeichnete *translatio imperii* jene Rechtskonstruktion, unter der sich König Karl – der spätere Große – zum Kaiser des ›Heiligen Römischen Reiches deutscher Nation‹ krönen lassen konnte (*translatio ad Francos*). Später steuerte Großbritannien unter der Bezeichnung *translatio ad Teutonicos* diese Nachfolge auf sich und z. T. auf den protestantischen Nordwesten Europas um. Bald wurde auch Britisch-Amerika in diese Vorstellung einbezogen. George Berkeley, der in den 1720er Jahren Indianer missionieren wollte und nach dem eine berühmte kalifornische Universität benannt ist, pointierte diese Auffassung in einem Gedicht über »The Prospect of Planting Arts and Learning in America«, aus dem die erwähnte Niedergangsstimmung ebenso spricht wie eine andere Grundidee europäischen Denkens, nämlich die von der Weltgeschichte als einem – in diesem Fall fünfaktigen – Drama. Der fünfte, amerikanische Akt erweitert auf höchst passende Weise die Abfolge der vier orientalisch-europäischen Imperien. Die bis weit ins 19. Jahrhundert hinein in den USA gern – auch in Varianten – zitierte Schlußstrophe der Fassung von 1752 lautet:

Westward the Course of Empire takes its Way;
The four first Acts already past,
The fifth shall close the Drama with the Day;
Time's noblest Offspring is the last
(S. 373).

[Die vorgezeichnete Bahn des Imperiums verläuft westwärts. Nachdem die ersten vier Akte bereits der Vergangenheit angehören, wird der fünfte das Drama abends zu seinem Ende bringen. Die edelsten Söhne der Zeit sind die letztgeborenen.]

Die auf der Subsistenz – den für den Lebensunterhalt verwendeten Mitteln – aufbauenden Stadien wurden nicht immer gleich voneinander abgegrenzt. Folgende Stufung liegt vielen literarischen Werken auch noch des 19. Jahrhunderts zugrunde:

1. der Zustand der *Wilden* als Sammler, Fallensteller und Jäger in der Wildnis;

2. der *barbarische* Zustand der Viehwirtschaft (treffend verewigt in den Wildwestromanen der schnellen Revolverschützen unter Cowboys);

3. der kraft- und tugendvolle Idealzustand des *landwirtschaftlichen Stadiums* mit einer einfachen, aber allgemeinen geistigen Kultur (in manchen Ausarbeitungen sind das zweite und dritte Stadium als »pastoraler Zustand« zusammengefaßt);

4. die Hochblüte der Kultur an der *Metropolis,* unter Zurücksetzung der Subsistenzwirtschaft herbeigeführt durch Handel und Verstädterung, wodurch – mit psychisch-moralischer Gesetzmäßigkeit – zugleich Verweichlichung eintritt (die Gefahr, vor der im 18. Jahrhundert Berkeley und Goldsmith auf ihre Art und Rousseau auf die seine warnten);

5. das Stadium nach der Zerstörung der dekadent gewordenen Hochkultur und der Eintritt in die *Verwilderung,* in dem die verödete Ruinenlandschaft von der Natur überwuchert wird.

Die Verfechter der progressistischen Variante dieser Kulturmorphologie mußten begründen, warum das psychisch-moralische Gesetz der Dekadenz falsch ist oder außer Kraft gesetzt oder zumindest in seinen Auswirkungen aufgeschoben werden kann. Sie beriefen sich auf die Einsicht der Vernunft oder auf die Wirkung vernünftiger Gesetze oder setzten darauf, daß ein rauhes Klima oder erneuerte Kontakte des Städters mit der Natur der Verweichlichung entgegenwirken könnten. Zeitweilig hoffte man, daß die Dekadenz natürliche Barrieren (z. B. den Atlantik) nicht überspringen könne, insbesondere wenn sie (wie z. B. die Rheingrenze in *Hermann und Dorothea*) verteidigt würden.

Die drei typischen Orte der Vertriebenendichtung repräsentieren drei dieser Stadien: das urbane Machtzentrum – Rom, London, in *Hermann und Dorothea* Paris – gehört in das vierte Stadium, die verlorene oder zerstörte Idylle – Vergils Hirtenhain, Goldsmiths verödetes Dorf mit Namen Auburn, bei Goethe die namenlos bleibende Heimat der linksrheinischen Deutschen – in das dritte, und bei Vergil und Goldsmith, nicht aber bei Goethe ist das Exil im ersten verortet. Von Europa aus gesehen liegt es nämlich jenseits des großen Wassers in den entferntesten, unwirtlichsten und wildesten Ländern. Bei Vergil gibt es nichts Schlimmeres, als auf die britischen Inseln verschlagen zu werden. In der im 18. Jahrhundert maßgeblichen Übersetzung John Drydens sind die Briten ein Menschenschlag jenseits der Grenzen der zivilisierten Welt. Der heimatlos gewordene Hirte fürchtet diese Wilden besonders:

But we must beg our Bread in Climes unknown,
Beneath the scorching or the freezing Zone.
And some to far *Oaxis* shall be sold;

Or try the *Libyan* Heat, or *Scythian* Cold.
The rest among the *Britains* be confin'd;
A Race of Men from all the World dis-join'd
(S. 876).

[Wir müssen unser Brot in der Fremde zusammenbetteln, in glühendem oder in eisigem Klima. Einige werden ins Land hinter dem Baikalsee verkauft, andere der libyschen Hitze oder der skythischen Kälte ausgesetzt; die übrigen werden zu den Briten verbannt, einem Menschenschlag, der von aller Welt abgeschnitten ist.]

Goldsmith aktualisierte diese Vorstellung für seine Zeit und ihre Kenntnis der Erde; zugleich malte er den tränenreichen Auszug der Leute von Auburn um den halben Globus zu einem wahren Horrorszenarium der Ängste vor Amerika aus. Die Neue Welt wird als ein Land voll Skorpionen, Klapperschlangen und Raubkatzen geschildert, mit dem wilden Indianer als Höhepunkt der Bedrohung:

To distant climes, a dreary scene,
Where half the convex world intrudes between,
To torrid tracts with fainting steps they go,
Where wild Altama murmurs to their woe.
[…]
Where the dark scorpion gathers death around;
Where at each step the stranger fears to wake
The rattling terrors of the vengeful snake;
Where crouching tigers wait their hapless prey,
And savage men more murderous still than they
(Z. 341-56).

[Sie ziehen – ein trauriges Bild! – um die halbe runde Welt in die Ferne, in glühende Gebiete – ihre Schritte ermatten – , an den wilden Altamaha-Fluß, der ihr Leid besingt. Wo der dunkle Skorpion Tod verbreitet, wo die Fremden bei jedem Schritt befürchten, die Klapperschrecken der hinterhältigen Schlange zu wecken; wo geduckte Tiger ihren unglücklichen Opfern auflauern, und ebenso Wilde, die noch mörderisch sind als sie.]

So also erscheint – in psychologisch verständlicher Furcht vor dem Unbekannten, in das man hineingehen muß – in den westwärts gerichteten Augen der zur Auswanderung Gezwungenen Amerika von Britannien aus. Mit dem von Nordamerika nach Osten rückgewandten Blick entstanden mehrere auf *The Deserted Village* bezogene Gegengedichte. Hier sei nur das früheste genannt, Philip Freneaus *The American Village* (1772). Freneau setzte den Niedergang Britanniens bzw. Europas als gegeben voraus, wies aber in einer rhetorisch gelungenen Antwort die Amerikaängste zurück. Wenngleich er nämlich alle Gefahren auf dem Boden Amerikas einräumte, schrieb er die ärgste Bedrohung nicht den wilden Indianern, sondern den Menschen schlechthin zu. Dabei diente ihm der als besonders grausam geltende russisch-türkische Krieg (1768-74) als brandaktueller Beleg. Als Geschehen im fernen Europa deutete er seine Schrecken als Anzeichen für den Niedergang der Metropolis und sah Nordamerika durch den weiten und wilden Atlantik geschützt:

> What tho' thy woods, AMERICA, contain
> The howling forest and the tiger's den,
> The dang'rous serpent, and the beast of prey,
> Men are more fierce, more terrible than they.
> […] Turk protests to heav'n his ire,
> With lift up hands amidst his realms of fire;
> And Russia's Empress sends her fleets afar,
> To aid the havock of the burning war:
> Their rage dismays not, and their arms in vain,
> […]
> The deep Atlantic raves and roars between.
> (Z. 31-48).

[Auch wenn, Amerika, in deinen Waldgebieten der heulende Urwald, die Tigerhöhle, die gefährliche Schlange und das Raubtier zu finden sind, so sind doch Menschen weitaus wilder und schrecklicher als sie. Der Türke schreit in seinem Feuerreich mit erhobener Hand seinen Zorn zum Himmel und die Russenkaiserin schickt ihre Flotte aus, um die Kriegsfackel weiter anzufachen. Ihre Wut und ihre Waffen bedeuten (uns, den Amerikanern) nichts, denn zwischen uns und ihnen tobt das tiefe Meer.]

In *Hermann und Dorothea* wird im übrigen der Mensch im Kriegswahn vom Schultheiß ebenfalls als der schrecklichste der Schrecken charakterisiert, freilich nicht in seinem Wesen, sondern in seiner Verirrung:

> »Überall raste die Wut und die feige, tückische Schwäche.
> Möcht' ich den Menschen doch nie in dieser schnöden Verirrung
> Wieder sehn! Das wütende Tier ist ein besserer Anblick.«
> (6:75-77)

IV.

Von dieser Vergleichsbasis aus möchte ich nun *Hermann und Dorothea* in fünf Hinsichten querlesen. Das Ziel kann nicht sein, eine vollständige Interpretation zu bieten, da wichtige und fesselnde Teile der Versnovelle von der Vertriebenenthematik überhaupt nicht oder doch nur am Rande berührt werden. Dazu gehört im siebenten Gesang die schöne, verhaltene Werbungsszene am Brunnen, die Dorothea als Dingeangebot mißversteht; zwar begründet sie ihre Einwilligung, als Magd für Hermanns Eltern zu arbeiten, mit den ungewissen Zukunftsaussichten der Vertriebenen, doch trägt dieser Umstand lediglich zum Fortgang der Handlung bei, nicht aber zu der Zartheit des verdeckten Liebesgesprächs unten am Quell.

Die fünf Aspekte meiner Querlektüre betreffen: (1) die typischen Orte der Vertriebenendichtung; (2) die Zuordnung der Figuren zu soziologisch klassifizierbaren Typen; (3) die Bezugnahme auf die historischen Wendepunkte der Amerikanischen bzw. der Französischen Revolution; (4) den Weg entlang der Zivilisationsstadien; und (5) das Geschichtsbild unter besonderer Aufmerksamkeit für die Wanderung der Vertriebenen und der Lösung für die dadurch entstehenden Probleme.

1. *Hermann und Dorothea* zeigt eine Topographie, die in der Grundstruktur der aus anglo-amerikanischer Perspektive geschriebenen Vertriebenendichtung entspricht: Die Vertriebenen werden von der Gegend des Exils aus gesehen. Unterschiede rühren daher, daß Goethe die europäischen Verhältnisse seiner Zeit zur Geltung gebracht hat. Zwar liegt das Zentrum, in dem – tiefgreifender – historischer Wandel generiert wird, wie im Fall der anglo-amerikanischen Vertriebenendichtung in undeutlicher Ferne: Es ist Paris, damals wohl überall nur gesehen als der Schauplatz einer beispiellosen Revolution, von den einen als Bringerin einer von Grund auf neuen, gerechteren Welt begeistert gefeiert, von anderen wiederum nicht ohne Grund als Zerstörerin der bestehenden Werte gefürchtet und verabscheut. In die Welt der rechtsrheinischen Kleinstadt eingebracht werden diese Ereignisse nur in den Berichten der Vertriebenen. So charakterisiert der Schultheiß Paris als die Metropolis, als »die Hauptstadt der Welt« (6:15). Sie steht – so deutet er es – als Folge fehlgeleiteter Absichten der anfangs idealistischen Revolutionäre vor der Selbstauflösung der Zivilisation, so wie man sie kannte:

> Aber der Himmel trübte sich bald. Um den Vorteil der Herrschaft
> Stritt ein verderbtes Geschlecht, unwürdig, das Gute zu schaffen.
> Sie ermordeten sich und unterdrückten die neuen
> Nachbarn und Brüder [...].
> (6:40-43)

Und Dorothea bestätigt am Beispiel ihres ersten Verlobten, daß auch diese Revolution ihre Kinder frißt:

»Als ihn die Lust, im neuen veränderten Wesen zu wirken,
Trieb nach Paris zu gehn, dahin wo er Kerker und Tod fand.«
(9:260-261)

Im Unterschied zur englischsprachigen Vertriebenendichtung bedeutet in *Hermann und Dorothea* historischer Wandel der Stadtgesellschaft nicht Zerstörung und gesetzmäßigen Niedergang. Vielmehr verbinden die Teilnehmer und Sympathisanten mit der Gewißheit, daß sie zerstören, die Erwartung, daß eine Wendung zum Besseren quasi mit Naturgesetzmäßigkeit folgen wird. Am deutlichsten legt Goethe diese Fortschrittserwartung Dorothea in den Mund, als sie an die Abschiedsworte ihres ersten Verlobten erinnert:

»»Ich gehe; denn alles bewegt sich
Jetzt auf Erden einmal, es scheint sich alles zu trennen.
Grundgesetze lösen sich auf der festesten Staaten,
Und es löst der Besitz sich los vom alten Besitzer,
[...]
Alles regt sich, als wollte die Welt, die gestaltete, rückwärts
Lösen in Chaos und Nacht sich auf, und neu sich gestalten.'«
(9:262-274)

Die linksrheinische Heimat der Vertriebenen hingegen ist – freilich kaum mehr als in Andeutungen – als die verlorene ländliche Idylle erkennbar. Das heißt, ihr Verlust ist offensichtlich; daß es sich vor allem um Landleute und nicht Städter handelt, kann man daraus schließen, daß die Beschreibung der Habe der Vorüberziehenden nichts enthält, was eindeutig städtischen Ursprungs ist (man kann sich ausmalen, was der Apotheker mitgeschleppt hätte); wohl aber gibt es deutliche Hinweise auf Ländliches (1:109-50). Und Dorothea tritt in der Erzählung Hermanns als ein Mädchen in die Versnovelle ein, das auch schwere bäuerliche Tätigkeit beherrscht:

»Fiel mir ein Wagen ins Auge, von tüchtigen Bäumen gefüget,
Von zwei Ochsen gezogen, den größten und stärksten des Auslands,
Nebenher aber ging mit starken Schritten ein Mädchen,
Lenkte mit langem Stabe die beiden gewaltigen Tiere,
Trieb sie an und hielt sie zurück, sie leitete klüglich.«
(2:22-26).

Schließlich: daß es sich um eine Idylle handeln muß, ist selbstverständlich – die verlorene Heimat ist es immer.

Was nun den Zufluchtsort angeht, so kann er unter diesen innereuropäischen Umständen keine Wildnis sein und braucht deshalb auch nicht im Westen zu liegen. Das rechtsrheinische Städtchen befindet sich typologisch in der Mitte zwischen dem Dorf und den »großen und reinlichen« Städten, von denen Straßburg, Frankfurt und Mannheim genannt sind (3:23-25). Sein »Heil« liegt nach den Worten des Geistlichen, dem die Rolle der Weisheitsfigur zugeschrieben ist, darin, daß hier »ländlich Gewerb mit Bürgergewerb [ge]paart« ist (5:32). Eine leichthin ironisch beschriebene, aus der Mode gekommene Anbindung an die Wildnis ist freilich zu bemerken: Der Apotheker hat sich früher offensichtlich für die Grottenmode begeistert, die im Zuge der aus England übernommenen zunehmend ästhetisierten Wildnisbegeisterung des späteren 18. Jahrhunderts vermeintlich ursprüngliche Lebensweisen mitten im Hausgarten architektonisch inszenierte:

»Jeder Reisende stand und sah durch die roten Staketen
Nach den Bettlern von Stein und nach den farbigen Zwergen.
Wem ich den Kaffee dann gar in dem herrlichen Grottenwerk reichte,
Das nun freilich verstaubt und halb verfallen mir dasteht,
Der erfreute sich hoch des farbig schimmernden Lichtes
Schön geordneter Muscheln; und mit geblendetem Auge
Schaute der Kenner selbst den Bleiglanz und die Korallen.«
(3:88-94)

Aber auch als Gebrauchskitsch ist die Wildnis am Zufluchtsort überwunden; die Grotte ist »verstaubt und halb verfallen«, und der Apotheker grummelt, wie teuer es sei, »zu gehn mit der Zeit«.

Gleichwohl verbindet das rechtsrheinische Landstädtchen ein aus anglo-amerikanischer Sicht für die Vertriebenendichtung wesentliches Merkmal: die Wassergrenze, hier der Rhein, den die Vertriebenen – wie die Amerika-Auswanderer den Atlantik – überqueren mußten, wird wie bei Freneau als natürlicher Schutz vor den Übergriffen des Umsturzes gedeutet, diesmal wieder aus der Sicht des Löwenwirts:

»Sollte werden ein Wall [...]
Und sein verbreitetes Bett ein allverhindernder Graben.
Seht, so schützt die Natur [...].«
(1:194-196)

Die Schutzmaßnahmen sind bei Goethe gegenüber Freneau um den »schützenden Herrn« und die »wackeren Deutschen« erweitert. Zu schützen ist eine Bevölkerung, die sich vergleichend am besten durch die Berufsstände charakterisieren läßt.

2. In *Hermann und Dorothea* finden sich als Folge des epischen Interesses nicht am Indivuellen, sondern am Typischen Angaben, die soziologisch eingeordnet werden können. Erwähnt wird der Bürgermeister der Kleinstadt. Im Zentrum der Aufmerksamkeit steht der noch der Landwirtschaft verbundene äußerst gut situierte Gastwirt, der weltoffen gebildete »edle verständige Pfarrherr« (1:78) und der Apotheker als komische Figur. In die Handlung einbezogen ist auch der »erste Kaufmann des Ortes« (1:55). In nicht mehr als eine Andeutung zurückgesetzt und somit tatsächlich im sozioökonomischen Hintergrund steht ein Fabrikant. Ferner ist gelegentlich von Gesinde die Rede.

Die rein ländlichen Vertriebenengedichte wie das Freneaus bieten keine tragfähige Vergleichsbasis. Besser – für mich überraschend gut – ist ein Siedlungsroman geeignet, James F. Coopers *The Pioneers – Die Ansiedler –* (1823). Seine Handlung spielt nämlich im selben Jahr wie die von *Hermann und Dorothea*, 1793. Coopers zentraler Ort, das halb fiktive Templeton, ist duch einen raschen Übergang von einer Rodung über eine Siedlung zum sich entwickelnden Hauptort eines Verwaltungsbezirks an der damaligen Siedlungsgrenze im Nordwesten des Staates New York kennzeichnend. Die berufsständischen Ähnlichkeiten mit Goethes namenloser rechtsrheinischer Kleinstadt sind ebenso bemerkenswert wie die Unterschiede. Dem Bürgermeister entspricht bei Cooper der Großgrundbesitzer und Richter Temple mit der für ein Landgut charakteristischen Hierarchie von Verwalter, Wirtschafterin, Knechten und Mägden. Ein Wirtshaus ist ebenfalls vorhanden, keineswegs so stattlich wie bei Goethe, aber eines, das zu besonderen Anlässen alle Einwohner über die Standesgrenzen hinweg zusammenführt. An Stelle des – komischen – Apothekers wird bei Cooper ein sich angestrengt bemühender »Barfußarzt« lächerlich gemacht. Der anglikanische Geistliche ist ähnlich weltoffen wie sein vermutlich lutherisches Gegenstück, der als »Prediger« (1.62) eingeführte Pfarrherr. Einen Fabrikanten gibt es in Templeton noch nicht, immerhin aber schon die zwar handwerkliche, aber eindeutig kommerziell bestimmte Ahornzuckerherstellung. Auch das Gegenstück zum »ersten Kaufmann« ist etwas kleiner geschnitten in der Gestalt von Monsieur LeQuoi, des Besitzers des einzigen Ladens am Ort; LeQuoi ist im übrigen ein von der französischen Revolution Vertriebener.

Besonders bemerkenswert erscheint mir das, was bei Goethe ungenannt bleibt: der Lehrer und die Schule, die in Templeton als wohltönende *Academy* vorbereitet ist und die sowohl in Timothy Dwights ausführlicher Antwort auf *The Deserted Village*, nämlich *The Flourishing Village – Das aufblühende Dorf –* (1794) als auch schon bei Goldsmith eine feste Institution war. In *Hermann und Dorothea* fehlt ferner jeder Hinweis auf den Rechtsanwaltsstand, der bei Cooper recht stark besetzt ist, im Sinne amerikanisch verschärfter traditioneller Advokatenschelte freilich ausgesprochen schlecht wegkommt. Für den Vergleich weniger von Bedeutung mögen Coopers Waldläufer und Indianer erscheinen, weil sie ja nur in Amerika anzutreffen sind. Insoweit sie freilich bei ihm manchmal die Rolle der *banditi* und Zigeuner übernehmen, die diese in den britischen Schauer- und historischen Romanen der Zeit spielen können, wäre in Goethes Kleinstadt zumindest theoretisch Platz für Zigeuner. Als Gegenstück zu den für Frauen auf jeden Fall in der Literatur in besonderer Weise bedrohlicher Banditen und Indianern können die Marodeure angesehen werden, vor denen Dorothea in den Kriegswirren eine entsetzte Gruppe jüngerer Mädchen fast wie eine Judit schützt (6:104-18).

3. Die Französische Revolution, deren Ideale in *Hermann und Dorothea* vom Schultheiß der Vertriebenen verständnisvoll dargestellt werden, erscheint aus anglo-amerikanischer Sicht als die Amerikanische, weil die Unabhängigkeitserklärung der britischen Kolonien in Nordamerika und die Verfassung der Vereinigten Staaten von Amerika schon vor dem Umsturz in Paris auf denselben Ideen aufgebaut haben. In Frage steht nicht die Entwicklung der Menschenrechtsideen in Philosophie und Staatsrechtslehre, sondern ihre praktische Umsetzung in Verfassung und Staatswesen (»die Lust, im neuen veränderten Wesen zu wirken«, 9:260). Zu ihnen gehört neben der »begeisternden Freiheit« die Hoffnung eines jeden, »sich selbst zu leben.« Darunter kann sowohl der egoistische Drang zur heute so genannten Selbstverwirklichung verstanden werden als auch die anglo-amerikanische Urtugend der *self-reliance*, die eine persönliche und eine politische Komponente hat. Man muß nach dieser Auffassung moralisch und wirtschaftlich fest auf eigenen Füßen stehen, um selbstbewußt den Übergriffen wehren zu können, zu denen sich auch aus der Sicht der Verfassung der USA Inhaber staatlicher Macht verführen lassen, auch wenn sie fest von der Vereinbarkeit individueller und gemeinschaftlicher Interessen überzeugt sein mochten. Die Möglichkeit, daß ein Staat als ›Sozialstaat‹ auch soziale Arroganz üben kann, konnte damals noch nicht gesehen werden. Letzteres ist aber auch nicht mein Verständnis von der Vision der Revolutionäre, so wie sie der Schultheiß zusammenfaßt: »Jedem das Seine versprechend, und jedem die eigne Regierung« (6:25). Vielmehr war das Ziel schon der dreizehn nordamerikanischen Kolonien die Selbstregierung gewesen. In diesem – und auch dem französischen – Zusammenhang ist das Versprechen »jedem das Seine« nicht als das Wahlversprechen irgendeiner Verteilungspartei zu verstehen, sondern zielt auf die Verhinderung der gewohnten Übergriffe der Machthaber, mögen sie nun George, Louis oder anders heißen, auf das, was man sich

erarbeitet hat. Entsprechend lautete auch ein Leitspruch der amerikanischen Unabhängigkeitsbewegung: *No taxation without representation* – nicht die von der Krone eingeforderten oder vom britischen Parlament auferlegten Steuern, sondern nur die von den Vertretern der Kolonisten selber gebilligten oder beschlossenen Abgaben sind nach dieser Auffassung rechtens.

Deshalb sieht es Goethes Schultheiß falsch, wenn er die erste Generation der französischen Revolutionäre als die »ersten Verkünder der Botschaft« (6:17) bezeichnet. Denn zuvor schon verkündeten und erkämpften die Verfechter der amerikanischen Unabhängigkeit (1776-83) eine demokratische Republik auf den Grundlagen der Menschenrechte. Als die Revolution 1789 in Frankreich ausbrach, waren die Vereinigten Staaten von Amerika – bei allen Auseinandersetzungen um die Ratifizierung durch die Einzelstaaten – bereits durch eine Verfassung stabilisiert. Es nimmt wenig Wunder, daß diese Verfassung beim verfassungsgebenden Verfahren in Frankreich Beachtung gefunden hat.

4. Für anglo-amerikanisch geschulte Augen sind in *Hermann und Dorothea* Anspielungen auf die Stadienlehre unübersehbar. Sie hatte im entsprechenden Schrifttum schon Ende des 18. Jahrhunderts eine typische Ausprägungsform in Schilderungen von westwärts führenden Wegen gefunden. Aus den Hafen- und Handelsstädten der Ostküste, die man am Anfang des vierten Stadiums befindlich sehen konnte, führte der Weg ins Landesinnere gewissermaßen in der Geschichte des Kulturzyklus zurück, zunächst in den landwirtschaftlichen Gürtel des dritten Stadiums, um dann an der Besiedlungsgrenze (*frontier*) in das erste Stadium der Wildnis überzugehen. Gegen Ende des 19. Jahrhunderts baute dann der Historiker Frederick Jackson Turner auf diesem Modell eine ungeheuer populäre Deutung der Eigenentwicklung der US-amerikanischen Geschichte auf, die lange Zeit auch in der Geschichtswissenschaft weitgehend Anerkennung gefunden hat. Ein paralleler Weg ist in *Hermann und Dorothea* in europäisierter Form erkennbar, wenn im Vierten Gesang die Mutter ihren Hermann auf folgendem Weg suchen geht (4:1-56): Vom Wirtshaus zum Goldenen Löwen, das gewiß am Hauptplatz der Kleinstadt liegt, geht sie durch den Hof an den Stallungen vorbei, die städtisch geschildert werden, weil Kutschpferde und nicht Ackergäule erwähnt werden. An den Scheunen erreicht sie einen Übergang zwischen Stadt- und Landwirtschaft, weil die dort gelagerten Feldfrüchte für die kommerzielle Verwendung im Gastgewerbe und sicher auch für den Handel bestimmt sind. Der dahinterliegende Garten – umfriedet, wie es sich gehört – liegt noch innerhalb der Stadtmauern und kann als zivilisationsnächster Ort der Landbebauung angesehen werden. Außerhalb der

Stadtmauer führt der Weg steil ansteigend durch den Weinberg, der zweigeteilt ist: stadtnah wachsen für die verfeinerte Lebensart die Desserttrauben – Gutedel und Muskateller werden erwähnt –, stadtferner befinden sich die Lagen für die ursprünglicheren Keltertrauben. Hinter dem Weinberg führt der jetzt nur noch flach ansteigende Weg durch das archetypische Gebiet der Landwirtschaft, die erntereifen Felder. Der höchste Punkt, von dem man auch einen Ausblick auf das entferntere Gebirge hat, ist von einem mächtigen Birnbaum aus unerinnerten Zeiten überschattet. Dort findet die Mutter Hermann – so nah an den Ursprüngen der Natur, wie es in der Topographie der europäischen Kulturlandschaft überhaupt möglich ist.

Entsprechende anglo-amerikanische Schilderungen paralleler Wege wie in *Travels in New England and New York* (1821-22) von Dwight oder Coopers *Notions of the Americans* (1828) müssen begreiflicherweise ohne Stadtmauer und Weinberg auskommen. Sie führen von Städten durch zunächst breite, dann auf die Täler beschränkte Landwirtschaftsgebiete zu Aussichtspunkten, die nicht von uralten Birnbäumen, wohl aber von den ungerodeten Resten des Urwalds als den Relikten der Naturlandschaft überschattet sind.

5. Als letzten Vergleichspunkt aus der Sicht der transatlantischen Vertriebenendichtung möchte ich die Aufmerksamkeit auf die Wanderung der Vertriebenen und die Lösung der dabei entstandenen Probleme lenken. Britisch-Amerika und die späteren USA sind das klassische Einwanderungsland, während es in *Hermann und Dorothea* zur »Vorbeiwanderung« kommt. Dieser Unterschied ist zugleich eine der vielen Weiterschreibungen von Johann Heinrich Vossens *Luise* (erste Fassung 1795), die Goethe in seiner Versnovelle vorgenommen hat. *Luise* ist eine ungetrübte ländliche Idylle in Grün und Weiß. Nur die Welt draußen verändert sich: Die Zeitung bringt ungefähre Kunde von Kriegen und Umstürzen, auch in Amerika. Die USA sind ferner als Bettlektüre anwesend, in Schriften von George Washington, dem ersten Präsidenten und politischen Stabilisator nach der Revolution, und Benjamin Franklin, der als Bändiger von Blitzen und Fürstenwillkür als archetypischer Amerikaner galt. Gelegentliche Zeitung und Bettlektüre gehören gewiß zu den angenehmsten Formen, die das Echo von Geschichte annehmen kann, erhöhen sie doch das Gefühl, daß in der kleinen Welt alles beim alten bleibt.

Goethe hingegen läßt mit den Vertriebenen den historischen Wandel an das idyllische Städtchen herantreten, zu dem er die Dorfidylle Vossens weiterentwickelt hat. Zu den alten Sachen, die die Wirtsleute verschenken, gehört der abgetragene »Schlafrock mit indianischen Blumen« sowie

»Pantoffel und Mütze« (1:29, 37), ihrerseits das Hochzeitsgeschenk für Luise und ihren Mann – ein »Weitergeben«, das durchaus als eine parodistische Traditionsbildung gelesen werden kann. Doch berührt die Geschichte Hermanns Geburtsstädtchen nur tangential. Die Vertriebenen ziehen auf der »großen Straße«, an die das Städtchen noch nicht einmal durch eine Chaussee, sondern nur einen staubigen Weg angeschlossen ist, vorbei. Während die Einwanderung nach Britisch-Amerika und die USA Lösungen für alle erforderlich machte, kennt *Hermann und Dorothea* lediglich die private Lösung. Die (Vers-)Geschichte bringt einem Einheimischen eine besonders tüchtige Frau. Und die (Vers-)Geschichte bringt dem glücklichen Ehemann zumindest den ermutigenden Entschluß, sich einer möglichen Vernichtung der Kultur – wenn es denn sein muß – kampfbereit entgegenzustellen. Goethe schrieb ihm das Schlußwort des Gleichgewichts der Macht zu:

»Und gedächte jeder wie ich, so stünde die Macht auf
Gegen die Macht, und wir erfreuten uns alle des Friedens.«
(9:317-318)

Dies braucht nicht, wie oft geschehen, nationalistisch als Aufruf verstanden zu werden, der welschen Gefahr die Stirn zu bieten. Aus der Sicht der in *Hermann und Dorothea* erkennbar angedeuteten Stadienlehre kann man darin die generelle Aufforderung lesen, das beginnende, zur Hochblüte führende Stadium des landwirtschaftlich begründeten Handels und der Städtebildung ebenso vor der Dekadenz zu schützen, wie damals anglo-amerikanische Dichter – Freneau, Dwight – symbolisch und in den USA führende Politiker – so z. B. Thomas Jefferson mit seinen isolationistischen Ideen und der damit verbundenen vorausschauenden und weit in die Zukunft wirkenden Agrarpolitik – praktisch das Übergreifen von als europäisch geltenden Verfallserscheinungen auf ihr Land verhindern wollten.

V.

Für die Geschichte der transatlantischen Besiedlung und die dadurch eingeleitete Machtverlagerung nach Nordamerika bildet die uralte Vorstellung der Ost-West-*translatio* einen realistischen Verständnisrahmen, ohne daß man deren eschatologischen oder prophetischen Elemente zu übernehmen braucht. In *Hermann und Dorothea,* so kann man sagen, wenn man bei Goethe eine Kenntnis dieser Weltgeschichtsdeutung voraussetzt, wurde dieses lineare Modell so umgeschrieben, daß es den verwickelteren innereuropäischen Verhältnissen als Geschichtsdeutung dienen kann. Allerdings konnte ich bei einer zugegebenermaßen kursorischen Sichtung der Fachliteratur keine Angaben dazu finden, ob Goethe das Gedankengut verarbeitet hat, das ich als Vergleichsgrundlage herangezogen habe. Bei ihm, der ja regelmäßig ausländische Kultur- und Literaturzeitschriften auch schottischen Ursprungs einsah, erscheint eine solche Vermutung allerdings keineswegs abwegig. So kannte und empfahl er sein ganzes Leben lang Goldsmith, freilich eher als den Romancier des »Wäckefield« als den Elegiker des *Deserted Village*: »Zudem ist ja unsere eigene Literatur größtenteils aus der ihrigen [derjenigen der Briten] hergekommen. Unsere Romane, unsere Trauerspiele, woher haben wir sie denn als von Goldsmith, Fielding und Shakespeare?« So 1824 bei Eckermann als eine der vielen Äußerungen Goethes zu seiner Überzeugung, daß vor allem die Deutschen ihre Bildung und Literatur dem Ausland verdanken.

Das stadialistische Gedankengut lag gewiß nicht allzu fern. Gemäß einem Hinweis, den ich der Diskussion verdanke, hat Schiller schon 1795 in der als Elegie gekennzeichneten Dichtung »Der Spaziergang« einen Weg mit ähnlichen Stationen gestaltet, wie sie Hermanns Mutter zum alten Birnbaum auf der Höhe vorm Gebirge zurücklegt. Sinn dieses in weitaus spektakulärerer Landschaft unternommenen Spaziergangs ist freilich die Rettung aus »der Asche der Stadt« durch Rückkehr »zu der verlassenen Flur« im literarisch vermittelten Licht der »Sonne Homers«. Wiewohl nun die Kritik zurecht darauf hingewiesen hat, daß »Ausland« in *Hermann und Dorothea* zumeist die anderen deutschen Kleinstaaten bezeichnet, braucht diese Einschränkung nicht unbedingt für das Mottozitat »Wie die Zeit uns lehrt und das Ausland« (3.8) in seinem Zusammenhang zu gelten. Eine systematische Untersuchung dessen, was Goethe vom Ausland gelernt hat und die konsequente Herausarbeitung eines Goethebildes, das ihn in seinen Werken als Vermittler, Deuter und Umgestalter ausländischer Literatur zeigt, könnte ich mir als reizvolle Aufgabe für die Germanistik vorstellen.

Literaturhinweise

Texte:
Hermann und Dorothea habe ich aus der preiswerten Reclam-Ausgabe Stuttgart 1987, zitiert, die der Ausgabe *Goethes Werke: Festausgabe*, hrsg. von Robert Petsch, 4. Bd., Leipzig 1926, folgt.
The Works of George Berkeley, Bishop of Cloyne, hrsg. James Kinsley, 2. Bd., Oxford 1958; *Collected Works of Oliver Goldsmith*, hrsg. von Arthur

Friedman, 4. Bd., Oxford 1966; *The Poems of Philip Freneau*, hrsg. von Fred Louis Pattee, 3. Bd., New York 1963; *The poems of John Dryden*, hrsg. von James Kinsley, 2. Bd., Oxford 1958.

Weiterführende Literatur:
Einen guten Zugang bietet Josef Schmidt, *Erläuterungen und Dokumente zu Johann Wolfgang Goethe, Hermann und Dorothea*, Stuttgart 1986; als besonders gründliche Interpretation insbesondere als Liebesgeschichte ist Paul Michael Lützelers: *Hermann und Dorothea (1797)*. In: *Goethes Erzählwerk: Interpretationen*, hrsg. von Paul Michael Lützeler u. a., Stuttgart 1995, S. 216-67, zu nennen.

Einen Überblick über transatlantische Vertriebenendichtung im 18. Jahrhundert gibt mein Beitrag: *The Pastoral of the Past and Pastorals of the Future: A Representative Case of Transatlantic ›Deviating Responses‹*. In: *The American Columbiad: »Discovering« America, Inventing the United States* (European Contributions to American Studies 34), hrsg. von Mario Materassi u. a., Amsterdam 1996, S. 329-50; ihren geistes- und literaturgeschichtlichen Rahmen hat Laurence Goldstein zusammengestellt: *Ruins and Empire: The Evolution of a Theme in Augustan and Romantic Literature*, Pittsburgh 1987. Eine vor allem ideengeschichtliche Untersuchung der Westverlagerung des Macht- und Kulturzentrums am Beispiel von George Berkeley von Klaus Lubbers, ›*Westward the Course of Empire‹: Emerging Identity Patterns in Two Eighteenth-Century Poems*. In: *Literatur im Kontext – Literature in Context: Festschrift für Horst W. Drescher*, hrsg. von Joachim Schwend u. a., Frankfurt am Main 1992, S. 329-43, ist ebenso lesenswert wie die Darstellung zyklischer Geschichtstheorien von Stow Persons: *Cyclical Theory of History in Eighteenth-Century America*. In: *American Quarterly* 6 (1954), S. 147-163. Über das zeitgenössische Interesse an Goldsmiths *The Deserted Village* informiert: *Goldsmith: The Critical Heritage*, hrsg. von George Sebastian Rousseau, London 1974.

Johann Wolfgang Goethe: *Farbenlehre, Physiologische Farben*

VON

MARTIN VOGEL

»Den Arzt, besonders denjenigen, der das Organ des Auges zu beobachten, es zu erhalten, dessen Mängeln abzuhelfen und dessen Uebel zu heilen berufen ist, glauben wir uns vorzüglich zum Freunde zu machen. In der Abtheilung von den physiologischen Farben, in dem Anhange, der die pathologischen andeutet, findet er sich ganz zu Hause. Und wir werden gewiß durch die Bemühungen jener Männer, die zu unserer Zeit dieses Fach mit Glück behandeln, jene erste, bisher vernachlässigte und man kann wohl sagen wichtigste Abtheilung der Farbenlehre ausführlich bearbeitet sehen.« Diese freundliche Aufforderung Goethes in der Einleitung der Farbenlehre will ich in meinem Beitrag aufgreifen. Es sollen im Rahmen dieser Vorlesungsreihe keine Fachvorträge gehalten werden, sondern ein Thema der Weltliteratur möge besprochen werden, das einen Bezug zum eigenen Fach hat. Mit wenigen fachlichen Informationen muß ich den Leser aber doch vertraut machen, bevor ich zu meinem Thema komme.

Aus der schier unendlichen Vielzahl elektromagnetischer Wellen, angefangen bei kosmischen Strahlen bis zu den Langwellen des Rundfunks können wir einen winzigen Ausschnitt als Farben erkennen. Es ist eine Leistung unseres Gehirns, nicht des Auges, daß wir das können. Nervenzellen der Netzhaut des Auges werden durch Wellenlängen in dem engen Bereich zwischen 450 – 650 nm angeregt und leiten diese Erregung in Form eines elektrischen Impulses zum Gehirn, das daraus eine Farbe macht. Wahrscheinlich zu Ihrer Verblüffung muß ich Ihnen sagen, daß unsere Umwelt nicht bunt ist, sondern die Farbigkeit ist eine höchst individuelle Interpretation unseres Gehirns. Wie Farbsinnuntersuchungen zeigen, schwanken bei Gesunden die Farbwahrnehmungen nur sehr wenig, die Farbeindrücke dagegen sicher erheblich. Oliver Sacks hat in seinem letzten Bestseller die dramatische Krankengeschichte ausgerechnet eines Malers beschrieben, bei dem gerade dieser Anteil des Gehirns ausfiel. Der Mann war nur noch in der Lage, die Welt in Wellenlängen wahrzunehmen, d. h. in Abstufungen eines Bleigrau, was etwas anderes ist als eine Farbblindheit. Was ich mit dieser Vorbemerkung sagen möchte, ist, daß uns das Farbensehen nur einen winzigen Ausschnitt theoretisch möglicher Sehweisen unserer Umwelt vermittelt und dazu noch individuell bestimmt ist. Da wir es nicht anders kennen, vermissen wir nichts und sind im Großen und Ganzen mit dem, was wir sehen, auch ganz zufrieden.

Mit 17 Jahren machte ich in der Oberstufe des Gymnasiums zum ersten Mal Bekanntschaft mit der Farbenlehre. Damals erfuhren Schüler im Gymnasium noch etwas von Goethes Gedichten, *Götz*, *Iphigenie*, *Tasso*, *Wahlverwandtschaften* und *Faust*. Im Unterricht wurde auch die *Farbenlehre* kurz erwähnt, aber nicht weiter besprochen. Unser Deutschlehrer hatte uns so weit für Goethe einnehmen können, daß ich zu Hause nach der *Farbenlehre* griff, um sie kennen zu lernen. Es blieb bei einem Versuch. Immerhin faszinierten mich die außerordentlich genauen Beobachtungen natürlicher Phänomene und die plastische Sprache, die den Leser in die Versuche mit einzubinden scheint. Aus diesem Grunde werde ich im folgenden unseren Autor häufig zu Wort kommen lassen. Die Materie der *Farbenlehre* erschien mir als Jugendlichem aber zu spröde, die Versuche zu willkürlich und unsystematisch, um mich länger zu fesseln.

Wie ich beobachten konnte, stand und stehe ich mit dieser Auffassung nicht alleine. Die *Farbenlehre* entzieht sich auch heute selbst dem gebildeten Leser, obwohl sie nach Goethes eigener Auffassung sein größtes und bedeutendstes Werk ist. In seiner Ausgabe letzter Hand, erschienen 1833 bei Cotta, füllt die *Farbenlehre* als krönender Abschluß seines gesamten Werkes die Bände 51 bis 55. 40 Jahre, die Hälfte seines Lebens, ist er immer wieder zur *Farbenlehre* zurückgekehrt und hat an ihr gearbeitet. Welche eminente Bedeutung er diesem Werk beimaß, können wir einer Bemerkung vom 1. Februar 1827 Eckermann gegenüber entnehmen. Eckermann sagt in diesem Gespräch zu Goethe:

> Aber doch kann es Ihnen nicht gereuen, daß Sie die Farbenlehre geschrieben; denn nicht allein, daß Sie dadurch ein festes Gebäude dieser trefflichen Wissenschaft gegründet, sondern Sie haben auch darin ein Muster wissenschaftlicher Behandlung aufgestellt, woran man sich bei Behandlung ähnlicher Gegenstände immer halten kann.

Goethe antwortet

> »Es gereut mich auch keineswegs, obwohl ich die Mühe eines halben Lebens hineingesteckt habe. Ich hätte vielleicht ein halb Dutzend Trauerspiele mehr geschrieben, das ist alles, und dazu werden sich noch Leute genug nach mir finden.«

Kopfschüttelnd nimmt man das zur Kenntnis. Welche Bereicherung der

Weltliteratur hätten sechs weitere Dramen dieses Autors bedeutet. Zwei Jahre später am 19. Februar 1829 zitiert Eckermann Goethe: »Auf alles, was ich als Poet geleistet habe,« pflegte er wiederholt zu sagen, »bilde ich mir gar nichts ein. Es haben treffliche Dichter mit mir gelebt, es lebten noch trefflichere vor mir, und es werden ihrer nach mir sein. Daß ich aber in meinem Jahrhundert in der schwierigen Wissenschaft der Farbenlehre der einzige bin, der das Rechte weiß, darauf tue ich mir etwas zugute, und ich habe daher ein Bewußtsein der Superiorität über viele.«

Wie konnte es zu einer solchen Selbstbeurteilung kommen, die von unserer Einschätzung so eklatant abweicht?

Goethe hatte sich von Geheimrat Büttner, einem Jenenser Professor, Prismen ausgeliehen, sie aber offenbar vergessen. Erst als ein Bote des Professors kommt, um die Prismen endlich abzuholen, blickt Goethe kurz durch ein Prisma auf eine weiße Wand und stellt fest, daß die Wand weiß bleibt und lediglich an den Grenzen zum dunklen Hintergrund sich zarte bunte Ränder zeigen. Ohne weiteres Nachdenken deklariert er daraufhin, die Newton'sche Lehre der diversen Refrangibilität (Brechung des Lichtes) sei falsch und versucht, das zu beweisen. Es ist im wörtlichsten Sinne die Entscheidung eines Augenblicks, die Goethe über 40 Jahre beschäftigen wird.

Goethe schätzte sich selbst eher als bedeutenden Naturforscher, denn als Dichter ein! Die *Farbenlehre* wurde bereits zu Goethes Zeiten von den Naturwissenschaftlern als ein gigantischer Irrtum eines Dilettanten verworfen. Daß ein so umfassender Geist sich so gründlich irren konnte, mag für manche Menschen etwas Tröstliches haben, doch damit können wir uns hier nicht zufrieden geben. Gerade in einem solchen Fall sind wir es dem Autor schuldig, daß wir uns um Aufklärung bemühen. Versuche, allzu sehr an einer Ehrenrettung Goethes interessierter Autoren, doch irgendeine naturwissenschaftliche Relevanz aus der *Farbenlehre* zu extrahieren, entbehren nicht selten der Logik und gehen gerade an Goethes Absicht der kategorischen Distanzierung von den Naturwissenschaften vorbei.

Albrecht Schöne hat in seinem Buch *Goethes Farbentheologie* die Bedeutung, die Goethe seinem Werk beimaß, neu interpretiert. Die *Farbenlehre* ist der Niederschlag eines von Goethe mit Leidenschaft, Vorurteilen, bissiger Polemik und unendlicher Mühe geführten Kampfes gegen die moderne Physik, repräsentiert durch Isaac Newton. Das allmähliche Aufziehen der modernen Naturwissenschaften, die unser Leben, unsere Wertmaßstäbe und die uns umgebende Natur so grundsätzlich verändern sollten, hat Goethe, nach Schöne, geahnt und ihre Folgen gefürchtet. Wie Schöne anhand zahlreicher Textzitate darlegt, hatte für

Goethe diese Auseinandersetzung die Bedeutung eines Glaubenskrieges angenommen, in dem es keine Kompromisse gab und auch nicht geben konnte. Goethes ästhetisch-phänomenologische Naturbetrachtung veränderte die Natur nicht durch experimentelle Eingriffe, um zu Erkenntnissen zu gelangen, sondern beschrieb, was er sinnlich aufnahm. Schon eine Lupe, ein Fernrohr oder der »Satansprügel«, das Prisma Newtons, wurden als Geräte der Naturerforschung nicht akzeptiert. In krassem Gegensatz dazu stand die mathematisch-analytische Naturwissenschaft, die durch zergliedernde Experimente die Natur veränderte, um ihre Gesetze offen zu legen und sie berechenbar zu machen. Es ist mir nicht bekannt, ob Goethe über nennenswerte mathematische Kenntnisse verfügte und mit dieser oft gänzlich unanschaulichen Art des Denkens etwas anfangen konnte. Ich glaube eher nicht.

Daß Goethe sich in diesen Irrtum und in sein Vorurteil so vertiefte, lag auch daran, daß in seiner Umgebung niemand wagte, Zweifel an seiner Lehre anzumelden. Geschah dies doch einmal, so wurde derjenige als »Ketzer« apostrophiert. Er trug seine der Herzogin Luise von Sachsen-Weimar gewidmete *Farbenlehre* den Damen des Weimarer Hofes vor, die vermutlich ohne jede Sachkenntnis eher ehrfurchtsvoll dem berühmten Vortragenden lauschten. Korrigierender Widerspruch aus diesem erlauchten Kreise war eher unwahrscheinlich.

Ich bin nicht berufen, z. B. über den umfassenden historischen Teil der *Farbenlehre* zu sprechen, ich will auch nicht auf die einzelnen Abteilungen eingehen – das würde viel zu weit führen – sondern ich will mich, entsprechend Goethes Aufforderung in der Einleitung, auf einzelne Kapitel der physiologischen Farben und das Anhangkapitel zu den physiologischen Farben, *Die pathologischen Farben* beschränken. Unter physiologischen Farben versteht Goethe solche Farberscheinungen, die im gesunden Auge als Antwort auf Blendung durch weißes oder farbiges Licht in heller oder dunkler Umgebung wahrzunehmen sind und die wir als Nachbilder bezeichnen. Diese Erscheinungen verdienen die Bezeichnung physiologisch durchaus, weil sie bei allen Menschen in ähnlicher Weise auftreten.

Das Anhangkapitel zu den physiologischen Farben, die pathologischen Farben ist deshalb für einen Augenarzt bemerkenswert, weil sich darin Beschreibungen von Symptomen finden, die unsere heutigen Patienten identisch darstellen, ja, die sogar eine Diagnose erlauben. Gestatten Sie mir, zunächst einzelne Beispiele aus den physiologischen Farben zu zitieren. In § 10 lesen wir:

> Wer aus der Tageshelle in einen dämmerigen Ort übergeht, unterscheidet nichts in der ersten Zeit; nach und nach stellen sich die Augen zur

Empfänglichkeit wieder her, starke früher als schwache, jene schon in einer Minute, wenn diese sieben bis acht Minuten brauchen.

Dieses Phänomen ist jedem von uns geläufig. Was ist hier mit schwachen oder starken Augen gemeint? Linsentrübungen des Auges führen auf Grund des lichtstreuenden Effektes zu einer diffusen Belichtung der Netzhaut und damit zu ausgeprägterer Blendung. Begleitet man einen älteren Menschen an einem sonnigen Tag in ein Treppenhaus, kann man dieses Phänomen beobachten. Junge Menschen haben solche Schwierigkeiten nicht. Ich zitiere diese Stelle aber vor allem deshalb, weil Goethe hier ausnahmsweise etwas gemessen hat, nämlich die Zeit. Eine Zeitmessung in Sekunden erfolgt auch in § 41 bei einem Selbstversuch über Nachbilder nach Blendung mit einem hellen Licht in einem dunklen Zimmer. Hören wir den Autor:

> 39. Wenn man ein blendendes völlig farbloses Bild ansieht, so macht solches einen starken dauernden Eindruck, und das Abklingen desselben ist von einer Farbenerscheinung begleitet.
>
> 40. In einem Zimmer, das möglichst verdunkelt worden, habe man im Laden eine runde Oeffnung, etwa drey Zoll im Durchmesser, die man nach Belieben auf- und zudecken kann; durch selbige lasse man die Sonne auf ein weißes Papier scheinen und sehe in einiger Entfernung starr das erleuchtete Rund an; man schließe darauf die Oeffnung und blicke nach dem dunkelsten Orte des Zimmers; so wird man eine runde Erscheinung vor sich schweben sehen. Die Mitte des Kreises wird man hell, farblos, einigermaßen gelb sehen, der Rand aber wird sogleich purpurfarben erscheinen.
>
> Es dauert eine Zeit lang, bis diese Purpurfarbe von außen herein den ganzen Kreis zudeckt, und endlich den hellen Mittelpunkt völlig vertreibt. Kaum erscheint aber das ganze Rund purpurfarben, so fängt der Rand an blau zu werden, das Blaue verdrängt nach und nach hereinwärts den Purpur. Ist die Erscheinung vollkommen blau, so wird der Rand dunkel und unfärbig. Es dauert lange, bis der unfärbige Rand völlig das Blaue vertreibt und der ganze Raum unfärbig wird. Das Bild nimmt dann nach und nach ab und zwar dergestalt, daß es zugleich schwächer und kleiner wird. Hier sehen wir abermals, wie sich die Netzhaut, durch eine Succession von Schwingungen, gegen den gewaltsamen äußern Eindruck nach und nach wieder herstellt.
>
> 41. Die Verhältnisse des Zeitmaßes dieser Erscheinung habe ich an meinem Auge bei mehreren Versuchen übereinstimmend, folgendermaßen gefunden.
>
> Auf das blendende Bild hatte ich fünf Secunden gesehen, darauf den Schieber geschlossen; da erblick ich das farbige Scheinbild schwe-

bend, und nach dreyzehn Secunden erschien es ganz purpurfarben. Nun vergingen wieder neun und zwanzig Secunden, bis das Ganze blau erschien, und acht und vierzig, bis es mir farblos vorschwebte. Durch Schließen und Oeffnen des Auges belebte ich das Bild immer wieder, so daß es sich erst nach Verlauf von sieben Minuten ganz verlor. (Abb. 1)

Die hier beschriebenen Phänomene werden durch lokale Ausbleichung der Sehpigmente der Zapfen der Netzhaut ausgelöst. Jedem, der sich einer augenärztlichen Untersuchung der Netzhaut unterziehen mußte, sind diese Erscheinungen vertraut. Verwendet man farbige Lichtquellen, tritt die Komplementärfarbe auf. Hierzu wieder Goethe:

> 52. Als ich gegen Abend in ein Wirtshaus eintrat und ein wohlgewachsenes Mädchen mit blendendweißem Gesicht, schwarzen Haaren und einem scharlachrothen Mieder zu mir in's Zimmer trat, blickte ich sie, die in einiger Entfernung vor mir stand, in der Halbdämmerung scharf an. Indem sie sich nun darauf hinwegbewegte, sah ich auf der mir entgegenstehenden Wand ein schwarzes Gesicht, mit einem hellen Schein umgeben, und die übrige Bekleidung der völlig deutlichen Figur erschien von einem schönen Meergrün.

Diese wenigen Zitate aus dem Kapitel über die physiologischen Farben zeigen deutlich die phänomenologisch-ästhetische Betrachtungsweise Goethes. Hier wird nichts berechnet oder zergliedert, sondern man erlebt eher eine Bewunderung und Freude an natürlichen Phänomenen. Die Rückschlüsse aus diesen Beobachtungen sind großen Teils eher philosophischer Natur. Das soll sie in keiner Weise abwerten. Sie reflektieren eine umfassende Naturschau, aber solche Rückschlüsse haben nichts mit Naturwissenschaft zu tun. Hier ein Beispiel:

> 38. Wir glauben hier abermals die große Regsamkeit der Netzhaut zu bemerken und den stillen Widerspruch, den jedes Lebendige zu äußern gedrungen ist, wenn ihm irgend ein bestimmter Zustand dargeboten wird. So setzt das Einathmen das Ausathmen voraus und umgekehrt; so jede Systole ihre Diastole. Es ist die ewige Formel des Lebens, die sich auch hier äußert. Wie dem Auge das Dunkle geboten wird, so fordert es das Helle; es fordert Dunkel, wenn man ihm Hell entgegenbringt und zeigt eben dadurch seine Lebendigkeit, sein Recht das Object zu fassen, indem es etwas, das dem Object entgegengesetzt ist, aus sich selbst hervorbringt.

Diese Auffassung findet sich in kürzester Form im *West-östlichen Divan* als letzte Strophe der *Talismane*:

Im Athemholen sind zweyerley Gnaden:
Die Luft einziehn, sich ihrer entladen;
Jenes bedrängt, dieses erfrischt;
So wunderbar ist das Leben gemischt.
Du danke Gott, wenn er dich preßt,
Und dank' ihm, wenn er dich wieder entläßt.

Hiermit möchte ich die physiologischen Faben abschließen und zu den *Pathologischen Farben* übergehen. Aber was versteht Goethe unter »pathologischen Farben«? Als Antwort auf diese Frage werde ich im folgenden mehrere Paragraphen im Zusammenhang zitieren, in denen Goethe zwei »Subjecte« vorstellt und deren Farbsinnstörung analysiert.

103. Wir sprechen hier zuerst von einem sehr merkwürdigen Zustande, in welchem sich die Augen mancher Personen befinden. Indem er eine Abweichung von der gewöhnlichen Art die Farben zu sehen anzeigt, so gehört er wohl zu den krankhaften; da er aber regelmäßig ist, öfter vorkommt, sich auf mehrere Familienmitglieder erstreckt und sich wahrscheinlich nicht heilen läßt, so stellen wir ihn billig auf die Gränze.

104. Ich kannte zwey Subjecte, die damit behaftet waren, nicht über zwanzig Jahre alt; beide hatten blaugraue Augen, ein scharfes Gesicht in der Nähe uind Ferne, bei Tages- und Kerzenlicht, und ihre Art die Farben zu sehen war in der Hauptsache völlig übereinstimmend.

105. Mit uns treffen sie zusammen, daß sie Weiß, Schwarz und Grau nach unserer Weise benennen; Weiß sahen Beide ohne Beimischung. Der Eine wollte bei Schwarz etwas Bräunliches und bei Grau etwas Röthliches bemerken. ‹berhaupt scheinen sie die Abstufung von Hell und Dunkel sehr zart zu empfinden.

106. Mit uns scheinen sie Gelb, Rothgelb und Gelbroth zu sehen; bei dem letzten sagen sie, sie sähen das Gelbe gleichsam über dem Roth schweben, wie lasirt. Carmin in der Mitte einer Untertasse dicht aufgetrocknet nannten sie roth.

107. Nun aber tritt eine auffallende Differenz ein. Man streiche mit einem genetzten Pinsel den Carmin leicht über eine weiße Schale, so werden sie die entstehende helle Farbe der Farbe des Himmels vergleichen und solche blau nennen. Zeigt man ihnen daneben eine Rose, so nennen sie diese auch blau, und können bei allen Proben, die man anstellt, das Hellblau nicht von einem Rosenfarb unterscheiden. Sie

verwechseln Rosenfarb, Blau und Violett durchaus; nur durch kleine Schattirungen des Helleren, Dunkleren, Lebhafteren, Schwächeren scheinen sich diese Farben für sie von einander abzusondern.

108. Ferner können sie Grün von einem Dunkelorange, besonders aber von einem Rothbraun nicht unterscheiden.

109. Wenn man die Unterhaltung mit ihnen dem Zufall überläßt und sie bloß über vorliegende Gegenstände befragt, so gerät man in die größte Verwirrung und fürchtet wahnsinnig zu werden. Mit einiger Methode hingegen kommt man dem Gesetz dieser Gesetzwidrigkeit schon um vieles näher.

110. Sie haben, wie man aus dem Obigen sehen kann, weniger Farben als wir; daher denn die Verwechselung von verschiedenen Farben entsteht. Sie nennen den Himmel rosenfarb und die Rose blau oder umgekehrt. Nun fragt sich: sehen sie beides blau, oder beides rosenfarb? Sehen sie das Grün orange, oder das Orange grün?

111. Diese seltsamen Räthsel scheinen sich zu lösen, wenn man annimmt, daß sie kein Blau, sondern an dessen Statt einen diluirten Purpur, ein Rosenfarb, ein helles reines Rot sehen. Symbolisch kann man sich diese Lösung einstweilen folgendermaßen vorstellen.

112. Nehmen wir aus unserem Farbenkreise das Blaue heraus, so fehlt uns Blau, violett und Grün. Das reine Roth verbreitet sich an der Stelle der beiden ersten, und wenn es wieder das Gelbe berührt, bringt es anstatt des Grünen abermals ein Orange hervor.

113. Indem wir uns von dieser Erklärung überzeugt halten, haben wir diese merkwürdige Abweichung vom gewöhnlichen Sehen Akyanoblepsie genannt, und zu besserer Einsicht mehrere Figuren gezeichnet und illuminirt, bei deren Erklärung wir künftig das Weitere beizubringen gedenken. Auch findet man daselbst eine Landschaft, gefärbt nach der Weise, wie diese Menschen wahrscheinlich die Natur sehen, den Himmel rosenfarb und alles Grüne in Tönen vom Gelben bis zum Braunrothen, ungefähr wie es im Herbst erscheint. (Abb.1)

Goethe stößt durch seine gründlichen Untersuchungen bis zu der Frage vor, ob diese Menschen kein Blau oder kein Rot sehen. Es folgt eine Erklärung, die sich auf den Farbenkreis bezieht und von der sich der Autor für überzeugt hält und auf künftige Erklärungen verweist (Abb. 1). Es kann diese etwas vage Argumentation kaum überzeugen, und Goethe war anscheinend seiner Sache so sicher auch nicht, denn er hat angeblich die Alternative Blaublindheit oder Rotblindheit seinem Dichterfreund, dem ehemaligen Mediziner Friedrich Schiller vorgelegt, der sich wohl für

Blaublindheit entschied. Diese Diagnose trifft jedoch nicht zu. Auf Grund der sorgfältigen Angaben und Beobachtungen Goethes ist die richtige Diagnose Rotblindheit heute leicht zu stellen. Die Blaublindheit ist eine äußerst seltene Anomalie. Während Rot- und Grünblindheit bei 1,2 – 1,4% der Bevölkerung auftreten, liegt die Häufigkeit der Blaublindheit bei 0,0001%. Es ist schon aus statistischen Gründen äußerst unwahrscheinlich, daß Goethe gleich zwei Personen mit dieser Anomalie begegnet sein sollten. Gegenüber modernen Untersuchungsmethoden des Farbensinns waren Goethes Methoden grob, insbesondere deshalb, weil er keine Farben gleicher Sättigung und Helligkeit verwandte. Das machen wir heute mit dem Farnsworth Test, bei dem die Farben auf Knöpfe aufgemalt sind. Entsprechend der Abfolge der Farben im Spektrum soll der Proband die ungeordnet liegenden Farbknöpfe hintereinander legen. Ein Farbtüchtiger ordnet sie schnell in der Reihenfolge des Spektrums (Abb. 2). Ein Rotblinder legt sie zunächst ohne jede ersichtliche Ordnung (Abb. 3). Diese Verwechslungen waren es, die Goethe fast zum Wahnsinn trieben. Verbindet man jedoch die vertauschten Knöpfe mit Linien, so erhalten wir ein Muster paralleler Verläufe (Abb. 4). Wir sehen deutlich die Verwechselung von Grün, Orange, Rot und Blau. Alle Rotblinden zeigen dieses Muster.

Die menschliche Netzhaut verfügt über drei Arten von Sinneszellen, die auf die Wellenlängen der drei Grundfarben Rot, Grün und Blau ansprechen. Alle Farben, die wir sehen, sind aus diesen drei Farben gemischt.

Ich möchte Ihnen an einigen Farben zeigen, was geschieht, wenn man Rot aus diesen Farben subtrahiert (Abb. 5). Wir sehen genau die veränderten Farben, wie sie Goethe beschreibt und wie sie im Farbentest verwechselt werden. Im Vergleich hierzu die Veränderungen bei der Subtraktion von Blau (Abb. 6).

Wie wir gehört haben, schreibt Goethe, daß seine Probanden Carmin dick auf eine Schale aufgetragen als Rot bezeichneten. Dabei müssen wir berücksichtigen, daß Farbsinngestörte aus Erfahrung wissen, was wir als Rot oder Grün bezeichnen und, um nicht aufzufallen, entsprechende Angaben machen. Erst bei Mischfarben werden sie unsicher.

Es gibt noch einige von Goethe selbst gezeichnete Farbkreise, so daß wir ahnen, wie Goethes Farben aussahen. Dabei fällt auf, daß Goethes Carmin eine erhebliche Beimischung von Blau enthielt. Diese Farbe mit einem genetzten, das heißt nassen Pinsel auf weißes Porzellan dünn aufgetragen, wird für einen Rotblinden wie himmelblau erscheinen. Wir müssen auch annehmen, daß Goethe bei den verschiedenen Untersuchungen zu unterschiedlichen Gelegenheiten seine Wasserfarben neu ansetzte und damit unterschiedliche Helligkeiten und Sättigungsgrade benutzte. Somit dürfte Goethe einer der ersten gewesen sein, der das Farbfleckverfahren zur Prüfung des Farbsinns verwandte.

Neben dieser detaillierten Untersuchung finden sich in dem Anhangskapitel *Pathologische Farben* noch Beschreibungen unterschiedlicher Krankheitsbilder, die mit Lichterscheinungen im Auge einhergehen wie z. B. die Symptome einer Netzhautablösung infolge einer Infektion nach Staroperation (§ 116) oder die Verbrennung der Stelle des schärfsten Sehens bei längerem Blick in die Sonne (§ 123).

In § 119 findet sich die Beschreibung einer Veränderung, die viele von Ihnen an sich selbst beobachtet haben werden, wobei ich Goethes Charakterisierung nicht übernehme.

> Hypochondristen sehen häufig schwarze Figuren als Fäden, Haare, Spinnen, Fliegen, Wespen. Diese Erscheinungen zeigen sich auch bei anfangendem schwarzem Staar. Manche sehen halbdurchsichtige kleine Röhren, wie Flügel von Insekten, Wasserbläschen von verschiedener Größe, welche beim Heben des Auges niedersinken, zuweilen gerade so in Verbindung hängen, wie Froschlaich, und bald als völlige Sphären, bald als Linsen bemerkt werden.

Dieses als ›Mouches volantes‹ bezeichnete Symptom ist sehr häufig und führt zahlreiche Menschen zum Augenarzt. Es handelt sich um die Folgen einer Glaskörperabhebung, die in der überwiegenden Zahl der Fälle harmlos ist. Mouches volantes können aber manchmal als Anfangssymptom einer Netzhautablösung (schwarzer Star) auftreten, wie Goethe ganz richtig beschrieben hat. Die röhrenförmigen Gebilde sind die eigenen roten Blutkörperchen, die man unter bestimmten Bedingungen wie Geldrollen selbst sehen kann. Solchen genauen Beobachtungen und präzisen Beschreibungen stehen dann Äußerungen gegenüber, die wegen ihres Vorurteils und ihrer Verallgemeinerung erstaunen. Im letzten Paragraphen der *Pathologischen Farben* lesen wir:

> Endlich ist noch bemerkenswert, daß wilde Nationen, ungebildete Menschen, Kinder eine große Vorliebe für lebhafte Farben empfinden; daß Thiere bei gewissen Farben in Zorn geraten; daß gebildete Menschen in Kleidung und sonstiger Umgebung die lebhaften Farben vermeiden und sie durchgängig von sich zu entfernen suchen.

Manches ist aus heutiger Sicht falsch interpretiert oder verstanden, aber es gibt hinsichtlich der Auslassungen Goethes über die pathologischen Farben keinen Grund zum Belächeln. Seien wir etwas bescheidener. Wer weiß, wie man in 200 Jahren auf unsere, mit so viel Selbstbewußtsein und Stolz vorgetragenen Errungenschaften blicken wird. In unserer kommunikationsfreudigen Zeit mit schnellstem Austausch wissenschaftlicher Ergebnisse veralten zunächst durchaus beachtete Forschungsergebnisse oft schon nach wenigen Jahren. Nicht alles an diesem gigantischen Irrtum darf man verwerfen. Als Augenarzt kann man durchaus staunen, was und wie der Dichter beobachtet hat. Wie ein Augenarzt beginnt er bei der Untersuchung seiner beiden »Subjecte« mit der äußeren Inspektion des Auges und der Prüfung der Sehschärfe für Ferne und Nähe. Er prüft das Sehvermögen nicht nur bei Tageslicht, sondern auch bei Kerzenschein, was damals von besonderer Bedeutung war. Wie nah war er der Entdeckung der Rotblindheit! Das hätte wohl würdig neben der Entdeckung des Zwischenkiefers stehen können.

Ist dieses von Goethe selbst so hoch eingeschätzte Werk obsolet und mit Recht der Nichtachtung überlassen? Sofern man sich mit der Physik des Lichtes und der Farben wissenschaftlich beschäftigt, ja. Soweit man sich mit Goethe als Dichter und Schriftsteller beschäftigen will, nein. Nirgends sonst in seinem Werk finden wir so zahlreiche und detaillierte Beschreibungen von Naturphänomenen und nirgends offenbart sich uns Goethe als ein so phantasievoller Experimentator. Dabei beschreibt er viele der Experimente so klar, daß man sie ohne weiteres nachahmen kann.

Abgesehen davon vermittelt uns die *Farbenlehre* eine umfassende, liebevolle Hinwendung zur Natur, der wir anscheinend so aufgeklärten Menschen des 20. Jahrhunderts uns durchaus aussetzen sollten. Wir haben dabei den Gewinn, die Beobachtungen und Überlegungen Goethes selbst nachvollziehen zu können.

Literaturhinweise

Goethes Gespräche mit Eckermann, Insel Verlag. Leipzig, 1923.
Goethe's Werke, Vollständige Ausgabe letzter Hand, 52. Band, Erste Abtheilung *Physiologische Farben und Anhang Pathologische Farben*. S. 15 – 68. Stuttgart und Tübingen 1833.
Johann Wolfgang Goethe: *West-Östlicher Divan*, Bd. 3/I, hrsg. von Hendrik Birus, Frankfurt am Main 1994, S. 15: *Talismane*.
Oliver Sacks: *An Anthropologist on Mars*. New York 1995, S. 3 – 41.
Albrecht Schöne: *Goethes Farbentheologie*. München 1987.

Abb. 1: Die gesamte Abbildung stammt aus der Farbenlehre und soll von Goethe beobachtete Phänomene demonstrieren. In der obersten Reihe, in der Mitte, mit schwarzem Hintergrund, hat Goethe die beobachteten Nachbilder nach Blendung mit einem weißen Licht in einem dunklen Raum dargestellt.

Die Landschaft, wie sie nach Goethe ein Blaublinder sehen sollte, wurde von Angelika Kauffmann auf Goethes Wunsch gemalt.

In der obersten Reihe ganz links und ganz rechts findet sich der angesprochene Farbenkreis. Der innere Kreis rechts zeigt den Farbenkreis ohne Blau und daher auch ohne Grün, wie ihn der Blaublinde sehen sollte.

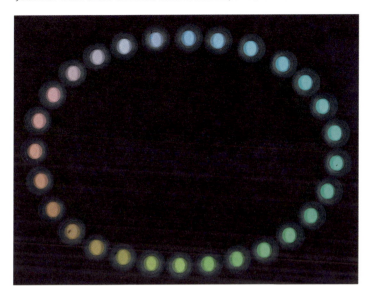

Abb. 2: Beim Panel D 15 Farbentest werden bewegliche Farbknöpfe mit Farben gleicher Helligkeit und Sättigung durcheinander gemischt und der Proband aufgefordert, sie in der Reihenfolge des Spektrums zu ordnen. Ein Farbtüchtiger legt sie so, wie hier dargestellt.

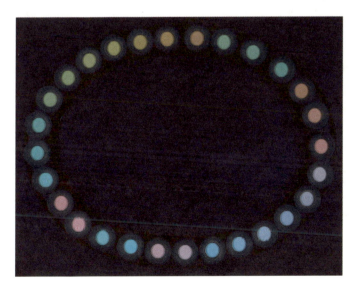

Abb. 3: Ein Rotblinder legt die Farbknöpfe in der Art, wie hier zu sehen. Eine Ordnung ist zunächst nicht ersichtlich.

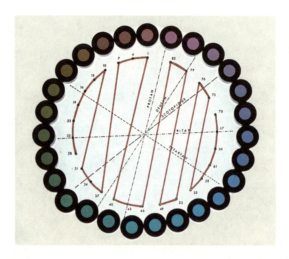

Abb. 4: Verbindet man die falsch gelegten Knöpfe durch Linien, so stellt sich eine parallele Anordnung zwischen Rot und Blau, Orange und Grün heraus, die von allen Rotblinden so getroffen wird.

Abb. 5: An einem Computer ist es möglich, alle Farben aus drei Farben zu mischen. Entsprechend kann man den Farben auch eine Farbe entziehen. Das ist hier geschehen. Nach Entfernung von Rot wird aus Gelb Grün, Blau bleibt Blau, weil es kein Rot enthält. Aus Braun-Orange wird Dunkelgrün und aus Rosa Hellblau. Dies entspricht genau den Angaben von Goethes Probanden.

Abb. 6: Entziehen wir denselben Farben Blau, so bleibt Gelb Gelb, weil es kein Blau enthält. Aus Hellblau wird Grün. Braun-Orange bleibt, weil es kein Blau enthält, und Rosa wird zu Hellorange. Daraus können wir schließen, daß ein Blaublinder eine Landschaft nie so gesehen hätte, wie sie Angelika Kauffmann gemalt hat.

Johann Wolfgang Goethe: *Der letzte Brief*

VON

ALBRECHT SCHÖNE

Nach einer langen unwillkührlichen Pause beginne folgendermaßen und doch nur aus dem Stegreife. Die Thiere werden durch ihre Organe belehrt, sagten die Alten, ich setze hinzu: die Menschen gleichfalls, sie haben jedoch den Vorzug ihre Organe dagegen wieder zu belehren.

Zu jedem Thun, daher zu jedem Talent, wird ein Angebornes gefordert, das von selbst wirkt und die nöthigen Anlagen unbewußt mit sich führt, deswegen auch so geradehin fortwirkt, daß, ob es gleich die Regel in sich hat, es doch zuletzt ziel- und zwecklos ablaufen kann.

Je früher der Mensch gewahr wird daß es ein Handwerk daß es eine Kunst giebt, die ihm zur geregelten Steigerung seiner natürlichen Anlagen verhelfen, desto glücklicher ist er; was er auch von außen empfange schadet seiner eingebornen Individualität nichts. Das beste Genie ist das, welches alles in sich aufnimmt sich alles zuzueignen weiß ohne daß es der eigentlichen Grundbestimmung, demjenigen was man Character nennt, im mindesten Eintrag thue, vielmehr solches noch erst recht erhebe und durchaus nach Möglichkeit befähige.

Hier treten nun die mannigfaltigen Bezüge ein zwischen dem Bewußten und Unbewußten; denke man sich ein musikalisches Talent, das eine bedeutende Partitur aufstellen soll, Bewußtseyn und Bewußtlosigkeit werden sich verhalten wie Zettel und Einschlag, ein Gleichniß das ich so gerne brauche.

Die Organe des Menschen durch Uebung, Lehre, Nachdenken, Gelingen, Mißlingen, Förderniß und Widerstand und immer wieder Nachdenken, verknüpfen ohne Bewußtseyn in einer freyen Thätigkeit das Erworbene mit dem Angebornen, so daß es eine Einheit hervor bringt welche die Welt in Erstaunen setzt.

Dieses Allgemeine diene zu schneller Beantwortung der Frage und zu Erläuterung des wieder zurückkehrenden Blättchens.

Es sind über sechzig Jahre, daß die Conception des Faust bey mir jugendlich von vorne herein klar, die ganze Reihenfolge hin weniger ausführlich vorlag. Nun hab ich die Absicht immer sachte neben mir her gehen lassen, und nur die mir gerade interessantesten Stellen einzeln durchgearbeitet, so daß im zweyten Theile Lücken blieben, durch ein gleichmäßiges Interesse mit dem Uebrigen zu verbinden. Hier trat nun freylich die große Schwierigkeit ein, dasjenige durch Vorsatz und Character zu erreichen was eigentlich der freywilligen thätigen Natur allein zu kommen sollte. Es wäre aber nicht gut, wenn es nicht auch nach einem so lange thätig nachdenkenden Leben möglich geworden wäre, und ich lasse mich keine Furcht angehen man werde das Ältere vom Neueren, das Spätere vom Früheren unterscheiden können, welches wir denn den künftigen Lesern zu geneigter Einsicht übergeben wollen.

Ganz ohne Frage würd' es mir unendliche Freude machen, meinen werthen, durchaus dankbar anerkannten, weitvertheilten Freunden auch bey Lebzeiten diese sehr ernsten Scherze zu widmen, mitzutheilen und ihre Erwiederung zu vernehmen. Der Tag aber ist wirklich so absurd und confus, daß ich mich überzeuge meine redlichen, lange verfolgten Bemühungen um dieses seltsame Gebäu würden schlecht belohnt und an den Strand getrieben, wie ein Wrack in Trümmern daliegen und von dem Dünenschutt der Stunden zunächst überschüttet werden. Verwirrende Lehre zu verwirrenden Handel waltet über die Welt, und ich habe nichts angelegentlicher zu thun als dasjenige was an mir ist und geblieben ist, wo möglich zu steigern, und, meine Eigenthümlichkeiten zu cohobiren, wie Sie es, würdiger Freund, auf Ihrer Burg ja auch bewerkstelligen.

Theilen Sie mir deshalb auch etwas von Ihren Arbeiten mit; Riemer ist, wie Sie wohl wissen, an die gleichen und ähnlichen Studien geheftet und unsre Abendgespräche führen oft auf die Gränzen dieses Faches.

Verzeihung diesem verspäteten Blatte! Ohngeachtet meiner Abgeschlossenheit findet sich selten eine Stunde, wo man sich diese Geheimnisse des Lebens vergegenwärtigen mag.

*treu angehörig
J W v Goethe*

*Weimar
den 17. März
1832.*

Wenn sich bei den ›Querlektüren‹ dieser Vorlesungsreihe beispielsweise ein Rechtsgelehrter mit Martials Epigrammen oder ein Alttestamentler mit Thomas Manns Moses-Erzählung befaßt, also Fragestellungen oder Betrachtungsweisen der eigenen Disziplin auf Gegenstände außerhalb seines engeren Zuständigkeitsbereiches richtet, dann sollte man von einem Germanisten erwarten, daß er sich nicht gerade an einem Goethebrief, sondern vielleicht am *Kommunistischen Manifest* oder am *Buch Hiob* versuchte. Gereizt hätte mich beides. Und bestimmt wäre mir jetzt etwas wohler, wenn ich außer der nötigen Courage noch zureichende Vorbereitungszeit für ein solches Unternehmen gehabt hätte.

Aber als Herr Barner seine Mannschaft anheuerte, lautete seine interne Richtlinie für die Literaturwissenschaftler nurmehr, sie sollten »vorzugsweise nicht ›primär‹ dichterische Texte wählen«. So hat er meine Ausrede, ich könnte hier allenfalls etwas probieren, womit ich mich ohnehin gerade beschäftigte (mit Goethe als Briefschreiber), nicht wollen gelten lassen. Und so dürfen Sie in meinem Fall leider nicht mit einem sonderlich kühnen Grenzübertritt und auf eine transdisziplinäre Horizonterweiterung rechnen.

Ich bin auch nicht einmal sicher, ob Sie den Text, den ich Ihnen zu lesen gebe und den ich einer Betrachtung unterziehe, wie Literaturwissenschaftler sie in der Regel an Dichtwerken üben, überhaupt zu der hier angezeigten ›Weltliteratur‹ zählen möchten. Gewiß gibt es aus vielen Zeiten und in vielen Sprachen Sammlungen von Briefen, auch einzelne große Beispiele dieser Gattung, denen man ohne zu zögern einen solchen Rang zusprechen wird. Aber als der alte Goethe den Begriff ›Weltliteratur‹ prägte, bezeichnete er damit etwas anderes als der heute gängige Sprachgebrauch, keineswegs nämlich einen Kanon literarischer Werke von Weltrang.

Er hatte damals einen ins Französische übersetzten chinesischen Roman gelesen. Ob der nicht »sehr fremdartig« erscheine, fragte ihn Eckermann im Januar 1827. »Nicht so sehr als man glauben sollte, sagte Goethe. Die Menschen denken, handeln und empfinden fast eben so wie wir und man fühlt sich sehr bald als ihres Gleichen«. Ja, dieses Erzählwerk habe Ähnlichkeit mit seinem eigenen Epos *Hermann und Dorothea* und mit den englischen Romanen Richardsons. – Dann sei das wohl einer der besten chinesischen Romane? »Keineswegs, sagte Goethe, die Chinesen haben deren zu Tausenden und hatten ihrer schon, als unsere Vorfahren noch in den Wäldern lebten.« Überhaupt sei dichterische Begabung keine so seltene Sache. Keiner sollte sich darauf viel einbilden. Und: »wenn wir Deutschen nicht aus dem engen Kreise unserer eigenen Umgebung hinausblicken, so kommen wir gar leicht in diesen pedantischen Dünkel. Ich sehe mich daher gerne bei fremden Nationen um und rate jedem, es auch seinerseits zu tun.« Dann zum erstenmal der neue Begriff: »National-Literatur will jetzt nicht viel sagen, die Epoche der Welt-Literatur ist an der Zeit«.

An die praktischen Erfahrungen, die der ehemalige Dirigent der Weimarer Wegebaukommission in diesen Jahren zunehmender verkehrstechnischer Mobilität und erleichterter Kommunikation machte, knüpfte er die Hoffnung, daß davon nicht allein Handel und Gewerbe profitieren würden. »Zu einer Zeit, wo die Eilboten aller Art aus allen Weltgegenden her immerfort sich kreuzen«, schrieb er 1826, »ist einem jeden Strebsamen höchst nöthig, seine Stellung gegen die eigne Nation und gegen die übrigen kennen zu lernen.« Realistisch und weitsichtig genug, erklärte er, »daß nicht die Rede sein könne, die Nationen sollen überein denken, sondern sie sollen nur einander gewahr werden, sich begreifen, und wenn sie sich wechselseitig nicht lieben mögen, sich einander wenigstens dulden lernen.« Was man bei diesem »Wechseltausch« aneinander wahrnehmen und begreifen solle und was ihn auf toleranzfördernde und friedenstiftende Folgen eines solchen »allgemein-geistigen Handels« hoffen machte, benannte er als das »das allgemein Menschliche«. Und wo er durch alle Besonderheiten, wo er »durch Nationalität und Persönlichkeit hin jenes Allgemeine immer mehr durchleuchten und durchscheinen« glaubte, da also hat er von »Weltliteratur« gesprochen. Das eben war ihm in jenem mittelmäßigen chinesischen Roman begegnet. Und eben das begegnet uns, auf anderer Stufe, in dem Text, den Sie vor Augen haben: *Geheimnisse des Lebens* vergegenwärtigend (wie es da in Zeile 56 heißt), läßt dieser Brief an Goethes eigenem, außerordentlichem Beispiel doch auch etwas vom allgemein Menschlichen jedenfalls des hohen Alters und von der condicio humana begreifen.

Als Goethe 1804 im *Intelligenzblatt* der *Jenaischen allgemeinen Literatur-Zeitung* ankündigte, er werde eine Reihe ungedruckter Briefe Winckelmanns herausgeben, leitete er das ein mit dem Satz: »Von bedeutenden Männern nachgelassene Briefe haben immer einen großen Reiz für die Nachwelt, sie sind gleichsam die einzelnen Belege der großen Lebensrechnung, wovon Thaten und Schriften die vollen Hauptsummen darstellen.« Er selber hat mehr als 14 000 Briefe hinterlassen (die Zahl der tatsächlich geschriebenen, aber nicht überlieferten mag wohl doppelt so hoch sein). Darunter viele »Belege der großen Lebensrechnung«. Nicht wenige Briefe sogar, die darüber hinaus zu den »vollen Hauptsummen« seiner Schriften gehören und für sich selber literarische Werke eigenen, hohen und höchsten Ranges abgeben. Aber sehr vieles von dem, was die 52 Briefbände der großen Weimarer Ausgabe seiner Werke enthalten, hat in Wahrheit doch kaum einen »großen Reiz für die Nachwelt« – es sei denn für Autographensammler und Reliquienverehrer oder, als biographischer Beleg, für die Erforscher seiner kleineren Lebensrechnungen von Tag zu Tage.

Die im 18. Jahrhundert ausgebildete Briefkultur des europäischen Bürgertums, deren letzte Spuren noch bis in unsere Jahre reichen, hatte vielerlei politische, soziale und wirtschaftliche, religions- und bildungsgeschichtliche Voraussetzungen und Bedingungen – auch solche ganz praktischer, medientechnischer Art natürlich. Für sehr vieles, was wir heute durch Drucksachen und Formulare, mithilfe eines Telefons oder mit einem Computer schon und mit e-mail erledigen, konnte und mußte man sich in Goethes Zeit des Mediums Brief bedienen. Da grenzt es im nachhinein an ein Wunder, erscheint es jedenfalls als eine der merkwürdigen, richtigstellenden Fügungen in Goethes Leben, daß ausgerechnet derjenige unter vielen tausend Briefen, über den sich dann die Aura des ›letzten‹ legte, keine briefliche Bücherbestellung oder Geldanweisung war, nicht der Dank für eine Versteinerung, der Auftrag für eine Weinsendung, die Bitte um einen Rehbraten oder ein belangloskonventionelles Gelegenheitsschreiben, sondern dieser Brief an Wilhelm von Humboldt.

Er setzt unpersönlich ein, ohne jede Anrede. Die wird sehr viel später nachgeholt, fast bis ans Briefende verschoben: *würdiger Freund*, heißt es erst in Zeile 50. Da aber hat der vorausgegangene Text dieser eher floskelhaft anmutenden Höflichkeitsadresse einen entschiedenen Sinn zugetragen. Der *Freund*, der dem Autor gleichgesinnt und wohlwollend Nahestehende, wird apostrophiert als der eigentlich würdige Empfänger, als der eigentlich gemeinte, ›ideale‹, vorbildhafte Leser dieses Textes, von dem Goethe (der 1831 mit Eckermann eine postume Auswahlausgabe der eigenen Briefe vereinbart hatte) sehr wohl wußte, daß keineswegs nur Humboldt ihn einmal lesen würde. Denn das gehört zu den Gattungsgesetzen des Briefes: Für einen Dritten wird sein Verständnis immer auch durch die Person des ursprünglichen Adressaten bestimmt, der dem Autor die Feder führte; an jedem Brief schreibt ja in Wahrheit der Empfänger mit, auch wenn ihm selber das weniger einsichtig werden mag, als einem anderen, späteren Leser. Also (Zeile 1 f.):

Nach einer langen unwillkührlichen Pause beginne folgendermaßen und doch nur aus dem Stegreife.

Das freilich ist noch allein an Humboldt gerichtet, dessen vorangehender Brief hier erst nach einer *Pause* von zehn Wochen Antwort findet – nicht aus unhöflicher Willkür, sondern offenbar der sehr weitreichenden Frage wegen, über die da korrespondiert wurde. Aber wenn der Antwortende dann Humboldts Erwartungen hinsichtlich dieser Antwort ein wenig dämpft (*und doch nur aus dem Stegreife*), kommt schon der weitere Leserkreis ins Spiel. »Die Sprache ist nicht auf alles eingerichtet«, schreibt Goethe zwei Tage zuvor einem anderen Korrespondenten, »und wir wissen oft nicht recht, ob wir endlich sehen, schauen, denken, erinnern, phantasieren oder glauben.« Nachgedacht hatte er doch längst über die Sache; *nur aus dem Stegreife* erfolgt jetzt allenfalls die Transformation des Gedachten in Sprache. In gesprochene Sprache. Denn in der Tat wird hier geredet. Goethe diktiert – wie er in den beiden letzten Jahrzehnten die meisten seiner Briefe diktiert hat; auf und abgehend am liebsten, laut sprechend. Auch in unserem Fall gibt es eine solche Diktatniederschrift, die wie üblich noch einmal durchgesehen, dann von Goethes Schreiber ins Reine gebracht und eigenhändig nur unterzeichnet worden ist.

Aber bei alledem hat der Eingangssatz doch etwas Befremdliches, merkwürdig Abgerücktes. Die Mitteilung des Antwortenden, er *beginne folgendermaßen,* ist jedenfalls für den Leser durchaus überflüssig. Man hat bei dieser zu Protokoll genommenen Selbstbeobachtung geradezu den Eindruck, daß Goethe von sich selber so berichtet, als beschriebe er eigentlich einen anderen, dritten. Die alte Briefschreibregel, daß man nicht mit dem Personalpronomen der 1. Person eröffnen sollte, ist Ihnen sicher noch geläufig. Hier aber wird mitten im Satz das grammatisch geforderte ›ich‹ völlig ausgespart. Das gehört zu den Konventionen eines Kanzleistils, in denen sich die Alterssprache Goethes nicht selten förmlich versteift. Nur, mit untertäniger Devotion (in Analogieantithese zum herrscherlichen Pluralis majestatis am Beginn eines Schreibens) hat das in unserem Fall nichts zu tun. Die Ich-Eliminierung, die in Jean Pauls *Vorschule der Ästhetik* als »grammatischer Selbstmord« diagnostiziert wurde (weil die Briefschreiber dieser Zeit »viel zu höflich sind, um vor ansehnlichen Leuten ein Ich zu haben«), erscheint hier vielmehr als stilistisches Indiz einer merkwürdig distanzierenden Selbstentfremdung. Die im geschriebenen oder gesprochenen ›ich‹ sich mitteilende Identität einer sprechenden Person mit der von ihr besprochenen zerfällt. Der Handelnde und der als handelnd sich selber Beschreibende treten auseinander. So nimmt der alte Goethe Abstand, fast könnte man doch sagen: Abschied von sich selbst. Zweiundachtzigjährig hat er am 1. Dezember 1831 an Humboldt geschrieben, daß ihm in seinen hohen Jahren »alles mehr und mehr historisch« werde, – »ja ich erscheine mir selbst immer mehr und mehr geschichtlich«.

Im gleichen Dezemberbrief des Vorjahres stand seine Mitteilung, daß er die *Faust*-Dichtung abgeschlossen, das Manuskript dieses II. Teils aber nicht etwa zum Druck gegeben, sondern versiegelt habe. Und vorher ein langer, schwieriger Satz über die »geheime psychologische Wendung« zu einer »Art von Produktion«, durch welche er nun das Alterswerk des *Faust II* an den zu guten Teilen schon um ein halbes Jahrhundert früher entstandenen *Faust I* angeschlossen habe. Er habe, heißt es da, »bei völligem Bewußtsein«, also hochbewußt nach Plan und Vorsatz arbeitend, an das wieder angeknüpft, was früher doch auf ganz andere Weise zustande gekommen sei, sich nämlich den jugendlich-spontanen Eingebungen dichterischer Produktion verdankte – dem (wörtlich), »was Aristoteles und andere Prosaisten einer Art von Wahnsinn zuschreiben würden.«

Humboldt verstand sehr wohl, daß es dabei nicht um den inhaltlichen Fortgang, um den Abschluß der dramatischen Handlung ging, um die von den Zeitgenossen neugierig bedachte Frage etwa, wie denn die ›Wette‹ zwischen Faust und Mephisto ausgehen und auf welche Weise der Teufelsbündner und Verderber Margaretes »in die Klarheit« geführt werden würde – sondern um die tiefer liegenden Grundfragen der Entstehung von Kunstwerken überhaupt, um die geistigen Mechanismen der schöpferischen Hervorbringung, um das »Wesen der Dichtungskraft«, wie er in seinem erregt nachfragenden Schreiben vom 6. Januar formulierte. Er schickte damals eine Abschrift der fraglichen Passage aus Goethes Dezemberbrief zur Erinnerung nach Weimar (eben das *Blättchen,* welches unser Antwortbrief dann in Zeile 27 erwähnt) und drängte auf nähere Erklärungen: »Versuchen Sie doch einmal, ob Sie (da dies in der Stelle mir dunkel bleibt) aus Ihrer Erinnerung entnehmen können, ob Ihnen jene Art der Production bei völligem Bewußtsein wol immer beigewohnt hat, oder ob Sie dieselbe als erst in einer gewissen Epoche eingetreten betrachten? Ich möchte, wenn auch natürlich im Grade Verschiedenheiten gewesen sein mögen, an das erstere glauben. Der Aristotelische Ausdruck wenigstens [er meinte Goethes Worte von »einer Art von Wahnsinn«, bei der man freilich richtiger an Platon denken würde], wenn man ihn auch noch so sehr als ein bloßes Extrem ansieht, hat gewiß niemals auf Sie gepaßt und paßt auf keines Ihrer Werke, auch nicht auf den Werther und den Götz. Ihre Dichtung stammte von jeher aus Ihrer ganzen Natur- und Weltansicht. Daß diese in Ihnen nur eine dichterische sein konnte, und daß Ihre Dichtung durch den ganzen Natur- und Weltzusammenhang bedingt sein mußte, darin liegt Ihre Individualität.«

Darauf also antwortet Goethes letzter Brief – nach einer *langen unwillkührlichen Pause* und *doch nur aus dem Stegreife*:

Die Thiere werden durch ihre Organe belehrt, sagten die Alten ...

Dieser Satz, den Goethe einer Schrift des Galenos aus dem 2. Jahrhundert n. Chr. (*De usu partium corporis humani* I, 3) entnahm und wohl zu Recht dem Naturphilosophen Anaxagoras zuschrieb, hat ihn in seinen beiden letzten Lebensjahren wiederholt beschäftigt und zum Weiterdenken angeregt. Als er sich 1830 zu einer großen Zoologen-Kontroverse der Pariser Akademie über die Frage eines einheitlichen anatomischen Bauplans der Tiere äußerte, gab er dem »griechischen Diktum« eine Fassung, welche den Instinktzwang, jedenfalls eine ›organische‹ Determination des Tierhaltens stärker hervorhebt: »Die Tiere werden von ihren Gliedern tyrannisiert«. Dann las er 1831 über den Violinvirtuosen Paganini, daß er durch eine bestimmte Körperbildung, »durch die Proportionen seiner Glieder bestimmt, begünstigt, ja genötigt werde, das Unglaubliche, ja das Unmögliche hervorzubringen«. Er berichtete das seinem Musiker-Freund Zelter und führte dabei, geringfügig variierend, erneut das Wort der »Vorvordern« an: »Die Tiere werden durch ihre Organe unterrichtet«. Jetzt aber fügte er hinzu: »Nun denke man sich, wie viel vom Tier im Menschen übrig bleibt, und daß dieser die Fähigkeit hat, seine Organe zu unterrichten, so wird man gern auf diese Betrachtungen immer wieder zurückkehren.« Im Brief an Humboldt geschieht das zum letzten Mal. Und hier nun wird dieser Gedankenkomplex, der tief in Goethes eigene, naturwissenschaftlich-morphologische Bemühungen zurückreicht und weit in die anthropologischen *Geheimnisse des Lebens* ausgreift, auf die ausgereifte, endgültige Formel gebracht (Zeile 2 ff.):

Die Thiere werden durch ihre Organe belehrt, sagten die Alten, ich setze hinzu: die Menschen gleichfalls, sie haben jedoch den Vorzug ihre Organe dagegen wieder zu belehren.

Den Vor-Satz, das muß man bedenken, hatte er in dem eben genannten Brief an Zelter als »eines der größten Worte« bezeichnet, »welche uns unsere Vorvordern zurückgelassen haben.« Mit souveräner Selbstverständlichkeit wird der eigene Zu-Satz dem gleichgestellt. Keine Bescheidenheitsfloskel, die ihn zurücksetzte hinter dem, was *die Alten* sagten. Aber ebensowenig eine Sprachattitüde besserwisserischer Überbietung. Für einen Augenblick will ich es hier mit Gottfried Benn halten, der 1951 in einem seiner Parlando-Gedichte gegen das, was »für den Kulturkreis besprochen und durchgearbeitet« worden sei, die provozierende These stellte: »heute ist der Satzbau das Primäre.« Er fragte: »warum drücken wir etwas aus?«, »in bestimmter Anordnung?«, und antwortete darauf: »es ist ein Antrieb in der Hand, / ferngesteuert, eine Gehirnlage«. In der Tat ist es hier der Satzbau, ja ein ferngesteuertes syntaktisches Modell, was dem Goetheschen Diktum sein spezifisches Gewicht zuträgt und seine Wucht – die im Matthäus-Evangelium sechsmal in ähnlicher Weise wiederkehrende Formel der Bergpredigt nämlich: »Ihr habt gehört, daß zu den Alten gesagt ist: ›Du sollst nicht töten […].‹ Ich aber sage euch […]«.

Wie in der Bergpredigt, wo es ausdrücklich nicht darum geht, das alte Gottesgesetz »aufzulösen«, sondern es allererst zu »erfüllen«, wird hier das von den *Alten* vorgegebene Naturgesetz nicht etwa abgewiesen, sondern für den Menschen fortgeschrieben. Deshalb entfällt in Goethes Satz das als adversativ mißverstehbare »aber«, heißt es also nur: *Die Thiere werden durch ihre Organe belehrt, sagten die Alten, ich setze hinzu ....* Zusammen mit dem Vorgegebenen bildet so das Eigene den zweiteilig-einen Satz. Er gibt die Grundstruktur der vier folgenden Absätze vor. Denn um nichts anderes eben geht es da, als um das in wechselseitiger ›Belehrung‹ des *Menschen* und seiner *Organe* erfolgende Zusammenspiel von *Angebornem* und *Erworbenem,* von *Anlage* und Training, Ausbildung, Erziehung, von genetischem Programm und einer *freyen Thätigkeit* des Menschen.

So darf ich Ihnen das zunächst Folgende wohl zu lesen geben, ohne dabei noch Einzelheiten zu erläutern. Ich brauche auch kaum darauf aufmerksam zu machen, daß es hier um Fragen geht, die bis heute und oft entschieden kontrovers in unserem »Kulturkreis besprochen und durchgearbeitet« werden – in der Anthropologie und Psychologie, in der Pädagogik wie, mit praktischen Konsequenzen, in der Bildungspolitik. Also Zeile 5 – 27:

Zu jedem Thun, daher zu jedem Talent, wird ein Angebornes gefordert, das von selbst wirkt und die nöthigen Anlagen unbewußt mit sich führt, deswegen auch so geradehin fortwirkt, daß, ob es gleich die Regel in sich hat, es doch zuletzt ziel- und zwecklos ablaufen kann.

Je früher der Mensch gewahr wird daß es ein Handwerk daß es eine Kunst giebt, die ihm zur geregelten Steigerung seiner natürlichen Anlagen verhelfen, desto glücklicher ist er; was er auch von außen empfange schadet seiner eingebornen Individualität nichts. Das beste Genie ist das, welches alles in sich aufnimmt sich alles zuzueignen weiß ohne daß es der eigentlichen Grundbestimmung, demjenigen was man Character nennt, im mindesten Eintrag thue, vielmehr solches noch erst recht erhebe und durchaus nach Möglichkeit befähige.

Hier treten nun die mannigfaltigen Bezüge ein zwischen dem Bewußten und Unbewußten; denke man sich ein musikalisches Talent, das eine bedeutende Partitur aufstellen soll, Bewußtseyn und Bewußtlosigkeit werden sich verhalten wie Zettel und Einschlag, ein Gleichniß das ich so gerne brauche.

Die Organe des Menschen durch Uebung, Lehre, Nachdenken, Gelingen, Mißlingen, Förderniß und Widerstand und immer wieder Nachdenken [belehrt] *verknüpfen ohne Bewußtseyn in einer freyen Thätigkeit*

das Erworbene mit dem Angebornen, so daß es eine Einheit hervorbringt welche die Welt in Erstaunen setzt.
Dieses Allgemeine diene zu schneller Beantwortung der Frage und zu Erläuterung des wieder zurückkehrenden Blättchens.

Eine sonderlich konkrete Antwort auf Humboldts Frage ist das nicht. Dessen Erkundigung hatte sich auf Goethes eigene, besondere »Art von Produktion« und deren Entwicklung gerichtet. Das weiß der Briefschreiber sehr wohl, der sich anders nicht erklären kann oder will, als durch weit ins *Allgemeine* entrückte Gnomen. Die, vermerkt er ausdrücklich, sollten nur dienlich sein *zu schneller Beantwortung der Frage*; mit ihrer Hilfe also sollte sich der *würdige Freund* die Sache selber erklären. Aber zugleich bildet dieser höflich-leise abweisende Satz die Mittelachse, um die Goethes Brief sich dreht und nun dem *Faust* sich zuwendet, von dem die ganze Frage ursprünglich ja ausging. Zeile 28 – 39:

Es sind über sechzig Jahre, daß die Conception des Faust bey mir jugendlich von vorne herein [meint: hinsichtlich der vorderen, ersten Partien] *klar, die ganze* [weitere] *Reihenfolge hin weniger ausführlich vorlag. Nun hab ich die Absicht* [des Gesamtplans] *immer sachte neben mir her gehen lassen, und nur die mir gerade interessantesten Stellen einzeln durchgearbeitet, so daß im zweyten Theile Lücken blieben, durch ein gleichmäßiges Interesse mit dem Uebrigen zu verbinden. Hier trat nun freylich die große Schwierigkeit ein, dasjenige durch* [bewußten] *Vorsatz und Character* [meint hier wohl: durch eine zur zweiten Natur gewordene Gewohnheit] *zu erreichen was eigentlich der freywilligen thätigen Natur allein zu kommen sollte* [also einer unmittelbar inspirierten Produktivität, die ihn von seinen früheren Dichtungen einmal sagen ließ, er habe sie »als Nachtwandler geschrieben«]. *Es wäre aber nicht gut, wenn es nicht auch nach einem so lange thätig nachdenkenden Leben möglich geworden wäre* [das zu erreichen], *und ich lasse mich keine Furcht angehen man werde* [in der *Faust*-Dichtung] *das Ältere vom Neueren, das Spätere vom Früheren unterscheiden können, welches wir denn den künftigen Lesern zu geneigter Einsicht übergeben wollen.*

Wie genau Goethe hier tatsächlich seine Arbeitsweise beschreibt und wie präzise das zuvor verwendete *Gleichniß* von *Zettel und Einschlag* zutrifft für die »Art von Produktion«, welche den *Faust II* hervorbrachte, konnte Humboldt kaum ahnen. Denn erst aus Goethes handschriftlichem Nachlaß ließ sich das rekonstruieren. Und genau wissen wir das überhaupt erst durch eine Göttinger Doktorarbeit von Anne Bohnenkamp aus dem Jahr 1994, die diese sogenannten ›Paralipomena‹ zum *Faust* dokumentiert und ausgewertet hat. *Bewußtseyn und Bewußtlosigkeit*, hieß es Zeile 19 f., verhielten sich bei der Hervorbringung von Kunstwerken *wie Zettel und Einschlag.* Das sind Worte aus der Fachsprache der Handweber. *Zettel* meint die in Längsrichtung aufgespannten Garnfäden, durch die dann mit dem Weberschiffchen der *Einschlag* quer laufender Fäden geworfen wird. Erst im Zusammenwirken also von *Zettel und Einschlag* kommt das Webstück zustande. Und auf welche Ranghöhe schöpferischer Hervorbringung Goethes Weber-*Gleichniß* verweist, wird Ihnen aus dem *Faust I* erinnerlich sein, wo der Erdgeist von sich verkündet, er schaffe »am sausenden Webstuhl der Zeit, / Und wirke der Gottheit lebendiges Kleid.«

Das Ineinanderweben von *Bewußtseyn und Bewußtlosigkeit* (im Sinne planvoll vorgehender Arbeit und inspirierter Kreativität), also das produktive Zusammenwirken angeborener Eigenschaften und erworbener Fähigkeiten des Menschen, der, wie es eingangs hieß, nicht nur durch seine *Organe belehrt* wird, sondern in einer *geregelten Steigerung seiner natürlichen Anlagen* seinerseits wiederum diese Organe *zu belehren* vermag – diesen Prozeß hat Frau Bohnenkamp hinsichtlich des *Faust II* so konzis dargelegt, daß ich mich ihrer Sätze bedienen möchte. Als sie im November einen Preis der Göttinger Akademie der Wissenschaften für ihre Arbeit entgegennahm, erklärte sie hier in der Aula ungefähr wörtlich:

Die überlieferten Handschriften zum II. Teil des *Faust* lassen sich in zwei Hauptgruppen einteilen: Auf der einen Seite die sogenannten Schemata, stichworthafte Gliederungen, die die ›bewußte‹ Arbeit dokumentieren, oder eben der *Zettel* der zuerst auf dem Webstuhl aufzuziehenden, in Längsrichtung des künftigen Gewebes verlaufenden Fäden. Und auf der anderen Seite ›nachtwandlerisch‹ niedergeschriebene, mit Bleistift hastig hingeworfene, noch ganz zusammenhanglose und häufig kaum mehr zu entziffernde Entwürfe zu Versen: Spuren ›bewußtlosen‹ Schaffens, die dann als *Einschlag* in die bereits aufgespannten Fäden der Schemata eingeworfen, eingearbeitet werden. Diese Einarbeitung durch den literarischen Handweber läßt sich in Goethes Nachlaßpapieren sehr genau ausmachen – etwa dort, wo er zunächst seine planend schematisierenden Stichworte oder auch bereits fertiggestellte Passagen mit größeren oder kleineren Abständen in ein Arbeitspapier gesetzt, danach dann die in produktiven Phasen entstehenden fehlenden Verspartien oder fehlenden Worte in die belassenen *Lücken* eingebracht hat. – Früher habe er täglich und mit Leichtigkeit einen ganzen Druckbogen, also 16 Oktavseiten zustande gebracht, sagte er 1828 zu Eckermann. »Jetzt, am zweiten Teil meines Faust, kann ich nur in den frühen Stunden des Tages arbeiten, wo ich mich vom Schlaf erquickt und gestärkt fühle und die Fratzen des täglichen Lebens mich noch nicht verwirrt haben. Und doch, was ist es, das ich ausführe! Im allerglücklichsten Fall eine geschriebene Seite; in der Regel aber nur so viel, als man auf den Raum einer Handbreit schreiben könnte, und oft, bei unproduktiver Stimmung, noch weniger.« Und 1831: »Es liegt in solchen sinnlichen Dingen [wie den im Arbeitspapier belassenen *Lücken* zwischen den längsgespannten Gewebefäden] mehr als man denkt, und man muß dem Geistigen mit allerlei Künsten zu Hülfe kommen.«

Wenn der Briefschreiber nicht befürchten will, daß man am Ende in seiner *Faust*-Dichtung *das Ältere vom Neueren, das Spätere vom Früheren unterscheiden* könne (Zeile 37 f.) meint er freilich nicht mehr *Zettel und Einschlag*, also das Gewebe dieses II. Teils, sondern offensichtlich das durch eine solche »Art von Produktion« zustande gekommene Alterswerk des *Faust II* im Verhältnis zum Frühwerk des *Faust I*. Er selber weiß sehr genau, wie gründlich beide Teile sich unterscheiden. Doch der Adressat Humboldt kann das (vorläufig) nicht überprüfen. Und von den *künftigen Lesern*, deren *geneigter Einsicht* das anheimgestellt wird, hat der alte Goethe sehr anders gedacht, als seine höfliche Floskel vermuten läßt. Man kennt solche Wendungen aus den an einen ›Geneigten Leser‹ adressierten, ums Wohlwollen des Publikums bemühten Vorworten zu älteren schriftstellerischen Werken. Aber Goethes daran angelehnter Wortgebrauch scheint mir hier eher ironisch eingefärbt. Denn über die deutsche Leserschaft, wie er sie sich in absehbarer Zeit vorstellte, wird im unmittelbar folgenden Abschnitt ein Urteil gefällt, welches Goethes Mitarbeiter, als sie nach seinem Tod den Brief an Humboldt veröffentlichten, diese ganze Passage (Zeile 40 – 51) unterdrücken ließ.

Humboldt hatte am Ende seines Erkundigungsbriefes vom 6. Januar geschrieben: »Wenn ich Sie recht verstehe, daß Sie es wirklich nicht erleben wollen, den Faust zusammen gedruckt zu sehen [also den II. Teil zu Lebzeiten nicht veröffentlichen möchten], so beschwöre ich Sie wirklich, diesen Vorsatz wieder aufzugeben. Berauben Sie […] die nicht der Freude, das Ganze zu kennen, die den Gedanken nicht ertragen können, Sie zu überleben.« Das hätte dieser Jüngere dem alten Mann, den er nach menschlichem Ermessen doch überleben mußte, taktvoller kaum sagen können. Und der Antwortende läßt den *Freund* auch spüren, daß er für seine Herzenshöflichkeit nicht unempfänglich ist – bevor er, Humboldts beschwörende Bitte abweisend, seinem Groll dann freien Lauf läßt. Zeile 40 – 59:

Ganz ohne Frage würd' es mir unendliche Freude machen, meinen werthen, durchaus dankbar anerkannten, weitvertheilten Freunden auch bey

Lebzeiten diese sehr ernsten Scherze zu widmen, mitzutheilen und ihre Erwiederung zu vernehmen. Der Tag aber ist wirklich so absurd und confus, daß ich mich überzeuge meine redlichen, lange verfolgten Bemühungen um dieses seltsame Gebäu würden schlecht belohnt und an den Strand getrieben, wie ein Wrack in Trümmern daliegen und von dem Dünenschutt der Stunden zunächst überschüttet werden. Verwirrende Lehre zu verwirrenden Handel waltet über die Welt, und ich habe nichts angelegentlicher zu thun als dasjenige was an mir ist und geblieben ist, wo möglich zu steigern, und, meine Eigenthümlichkeiten zu cohobiren, wie Sie es, würdiger Freund, auf Ihrer Burg ja auch bewerkstelligen.

Theilen Sie mir deshalb auch etwas von Ihren Arbeiten mit; Riemer ist, wie Sie wohl wissen, an die gleichen und ähnlichen Studien geheftet und unsre Abendgespräche führen oft auf die Gränzen dieses Faches.

Verzeihung diesem verspäteten Blatte! Ohngeachtet meiner Abgeschlossenheit findet sich selten eine Stunde, wo man sich diese Geheimnisse des Lebens vergegenwärtigen mag.

treu angehörig
J W v Goethe

Verwirrende Lehre zu verwirrenden Handel waltet über die Welt – im Konzept des Briefes hieß es noch: »Verwirrende Lehre zu verwirrtem Handel«, und auch die endgültige Fassung (die den dynamischen, progressiven Charakter dieses Geschehens deutlicher bezeichnet) meint den Dativ: *Verwirrende Lehre zu verwirrendem Handel*, meint vordringende oder schon vorherrschende allgemeine Vorstellungen wie das daraus resultierende Verhalten. Und beides, Theorie wie Praxis, fällt unter das Verdikt *absurd und confus*.

In diese Verwünschungsformel ist vieles gebündelt. An die französische Juli-Revolution von 1830, die ihr nachfolgenden Exzesse im Februar 1831 und ihre politischen Auswirkungen auch auf die deutschen Länder wird man dabei denken müssen. Von diesen Erdstößen sah der alte Goethe sein altes Europa in den Grundfesten erschüttert; »er könne sich nur dadurch darüber beruhigen,« sagte er, »daß er sie für die größte Denkübung ansehe, die ihm am Schlusse seines Lebens habe werden können.« Das traumatische Kindheitserlebnis des Erdbebens von Lissabon im Jahre 1755 und die von diesem »Weltereignis« ausgehenden Fernwirkungen stiegen da wieder vor ihm auf. Er verstand den neuerlichen Ausbruch eines politischen Vulkanismus in Frankreich als »die Reprise der Tragödie von 1790«. Und der Historiker Niebuhr hatte durchaus recht, als er ihm im Jahre 1831 schrieb, er selber werde doch auch nicht daran zweifeln, »daß wir der rohsten und widerlichsten Barbarei grade entgegengehen.«

*Verwirrende Lehre zu verwirrende*m *Handel*: das meint aber zweitens auch, was Goethe als den von der beginnenden Industrialisierung, den ökonomischen und monetären Entwicklungsschüben bestimmten »Tagesgeist« charakterisiert hat. 1828: »So wenig nun die Dampfmaschinen zu dämpfen sind, so wenig ist dies auch im Sittlichen möglich; die Lebhaftigkeit des Handels, das Durchrauschen des Papiergelds, das Anschwellen der Schulden, um Schulden zu bezahlen, das alles sind die ungeheuren Elemente, auf die gegenwärtig ein junger Mann gesetzt ist.«

Drittens nun richten sich die zur Rede stehenden Worte auf das von diesem Geist regierte zeitgenössische Lesepublikum. Sechzig Jahre ist es her, seit Goethe mit dem *Götz* und dem *Werther* (die Humboldts Januarbrief ihm in Erinnerung rief) an den Nerv der Zeit rührte. Nie wieder hat er eine derartige Zustimmung erfahren, ein solch weites Einverständnis erlebt. Mit zunehmendem Alter, nicht zuletzt durch das allermeist abweisende Echo auf seine *Farbenlehre*, sah er sich dem Publikum immer tiefer entfremdet. Abgesehen von den wenigen *weitvertheilten Freunden*, die dankbar anzuerkennen er auch hier nicht vergißt (Zeile 41), erschienen ihm die deutschen Leser so unverständig, gleichgültig oder mißgünstig, daß sie ihm immer verhaßter wurden. Wohl schon 1808, in einem Gespräch mit Falk, polterte er los: »Ja, wenn ich es nur je dahin noch bringen könnte, daß ich ein Werk verfaßte – aber ich bin zu alt dazu – daß die Deutschen mich so ein fünfzig oder hundert Jahre hintereinander recht gründlich verwünschten und aller Orten und Enden mir nichts als Übels nachsagten; das sollte mich außer Maßen ergetzen.«

Erwartete er bei alledem vom eingesiegelten II. Teil seiner *Faust*-Dichtung, daß er vom *Dünenschutt der Stunden zunächst überschüttet werden* würde (Zeile 46 f.), so irrte er nicht. Vom Erwartungshorizont der Zeitgenossen hob sich das außerordentliche Alterswerk, *dieses seltsame Gebäu*, wie er es hier nennt, in so befremdlicher Weise ab, daß nicht nur *zunächst*, sondern für sehr lange Zeit eben das eintrat, was er bei einer Veröffentlichung zu Lebzeiten voraussah – nicht weil es hinter seiner Zeit zurückblieb, sondern weil es ihr allzuweit voraus war.

Abgeschlossenheit attestiert sich der einsam gewordene Alte. Denkt sie wohl auch dem gleichgesinnten würdigen *Freund* zu, wenn er Humboldts heiteres Landschlößchen in Tegel hier zu einer abweisenden oder abschirmenden *Burg* stilisiert. Was er (auch darin auf gleiche Gesinnung Humboldts bauend) in der eigenen Altersfestung seines Hauses am Frauenplan gegen die widrigen Weltläufte setzt, wird unmittelbar mit den Worten über die *Verwirrende Lehre zu verwirrende*m *Handel* verfugt. Noch im gleichen Satz heißt es (Zeile 48 ff.):

... und ich habe nichts angelegentlicher zu thun als dasjenige was an mir ist und geblieben ist, wo möglich zu steigern, und, meine Eigenthümlichkeiten zu cohobiren ...

Da verschafft sich ein Wort aus dem *Faust II* Eingang in unseren Brief. Eine alte Alchymisten-Vokabel ist das. In seinem Laboratorium erklärt der mit dem Homunkulus-Experiment befaßte Professor Wagner, er müsse »Den Menschenstoff gemächlich komponieren, / In einen Kolben verlutieren / Und ihn gehörig kohobieren«. Er bezeichnet damit die Reinigung und Läuterung des »Menschenstoffes« durch dessen im dicht abgeschlossenen »Kolben« bewerkstelligte wiederholte Destillation. Auf solche Weise kohobierend seine *Eigenthümlichkeiten* zu *steigern*, meint jetzt den individuellen, konkreten Vollzug dessen, was zuvor in Zeile 10 generell gesagt worden war zur *geregelten Steigerung* der *natürlichen Anlagen* und in Zeile 13 f. von der *eigentlichen Grundbestimmung, demjenigen was man Character nennt*.

Je genauer man hinsieht, desto deutlicher bemerkt man so die Kohärenz des *doch nur aus dem Stegreife* Diktierten. Bis in seine allerletzten Worte ist dieser Text ›aus einem Guß‹. Goethe neigte lebenslang zu knappen, festgeprägten Briefschlußformeln. Deren stereotyp anmutendes, in Wahrheit aber höchst aufschlußreiches Repertoire wandelt sich im Lauf der Jahre. Die an Nahestehende gerichteten Altersbriefe werden vorzugsweise mit Beständigkeitsformeln gesiegelt: neben der besonders häufigen Wendung »und so fortan« etwa mit »unwandelbar«, »beharrlichst«, »treulichst«, »treu beharrlich«, »treu verharrend«, »treu festhaltend«. Und dieses wiederkehrende »treu« meint sowohl: den *dankbar anerkannten, weitvertheilten Freunden* treu verbunden, wie: sich selber treu bleibend (eben *demjenigen was man Character nennt*). Hier also: *treu angehörig* – und dann der eigenhändig unter diesen vom Schreiber ausgefertigten Brief gesetzte Namenszug: *J W v Goethe*.

Wie anders hätte er auch unterschreiben können? Nur, was so selbstverständlich, also belanglos erscheint, stellt sich anders dar, wenn man weiß, daß er lebenslang niemals anders unterschrieb, als mit oder jedenfalls auch mit seinem Nachnamen. Selbst an die Eltern und die Schwester, an Freundinnen und Freunde: »Goethe« oder nur »G«, oder (die Vornamen immer abkürzend) »J.W.Goethe«, später auch »J.W.v. Goethe«. Das war mehr als eine Marotte. Vom Studium in Leipzig nach Frankfurt zurückgekehrt, hat er am 23. Januar 1770 dem Käthchen Schönkopf geschrieben: »Sie sind ewig das liebenswürdige Mädgen, und, werden auch die Liebenswürdige Frau seyn. Und ich, ich werde Goethe bleiben. Sie wissen was das heisst. Wenn ich meinen

Namen nenne, nenne ich mich ganz«. Was man bei dem damals Zwanzigjährigen als Indiz eines geradezu hypertrophen Selbstbewußtseins verstehen möchte, war tatsächlich doch ein Selbstentwurf, ein Lebensprogramm – ein Echo, so scheint es fast, auf die Antwort, welche der Gott des Alten Testament gab, als Mose ihn nach seinem Namen fragte: »Ich bin, der ich sein werde.« Hier in Goethes letztem Brief ist das eingelöst. Da gilt für diese Unterschrift: »Wenn ich meinen Namen nenne, nenne ich mich ganz«. Der durch seine *Organe* Belehrte hat diese *Organe dagegen wieder zu belehren* und *in einer freyen Thätigkeit das Erworbene mit dem Angebornen* so zu *verknüpfen* gewußt, daß es *eine Einheit* hervorbrachte, *welche die Welt in Erstaunen setzt*. Allen früheren Briefunterschriften gleichlautend, steht der gleichsam kohobierte Namenszug hier für das alle Wandlungen, alle Metamorphosen seines langen Lebens gleichbleibend Überdauernde.

Nicht nur bei Werken der Dichtkunst werden dem aufmerksamen und nachdenkenden Leser oder Zuhörer neben den direkten, offen sichtlichen und unzweifelhaften Bedeutungen eines Textes mitschwingende Ober- und Untertöne vernehmbar. Bei allem Geschriebenen oder Gesprochenen ist das so; Wörter und Sätze geben allemal mehr zu verstehen, als sie obenhin besagen. Eines ist, was der Schreiber oder Sprecher mitteilen wollte; etwas anderes wieder, was der ihm vor Augen stehende Leser oder Hörer davon oder darüber hinaus zu erfassen vermochte. Und wieder anders ist es um das Verständnis des späteren Lesers bestellt, das selbstverständlich zurückbleiben kann hinter dem, aber sehr wohl auch hinausgehen kann über das, was der Urheber ›eigentlich gemeint‹ haben mag, oder was dem ursprünglichen Empfänger etwa eines solchen Briefes kenntlich geworden sein könnte. Denn in bestimmter Weise löst sich jeder Text von seinem Urheber ab, und das Verständnis früherer Rezipienten setzt den Bedeutungsspielräumen, die er eigenmächtig bereitstellt, keine Grenze. Ohne Rücksicht darauf, was sich der Briefleser Humboldt bei seiner Lektüre gedacht haben mag, und ohne bestimmen zu können, was da im *Bewußtseyn* des Briefschreibers lag oder etwa dem unterstand, was er hier *Bewußtlosigkeit* nannte, will ich über das bisher Gesagte hinaus noch einen Annäherungsschritt an die verdeckten Konnotationen unseres Textes versuchen.

Von einem Gespräch mit Goethe nach der Fertigstellung des *Faust II* berichtet Eckermann: »Mein ferneres Leben, sagte er, kann ich nunmehr als ein reines Geschenk ansehen, und es ist jetzt im Grunde ganz einerlei, ob und was ich noch etwa tue.« Aber seine Tätigkeit erschlaffte damit nicht. Auch unser Brief hat das am Ende noch angedeutet. Zeile 52 ff.:

Theilen Sie mir deshalb auch etwas von Ihren Arbeiten mit; Riemer [der Gehilfe bei Goethes eigenen Altersarbeiten] *ist, wie Sie wohl wissen, an die gleichen und ähnlichen* [gemeint: sprachwissenschaftlichen, etymologischen] *Studien geheftet und unsre Abendgespräche führen oft auf die Gränzen dieses Faches* [auf das nämlich, was Goethes Brief vom 1. Dezember 1831 im gleichen Zusammenhang »das Gewahrwerden großer produktiver Naturmaximen« nannte].

Tätigkeit ist eines der Schlüsselworte unseres Textes. Ausdrücklich ist da von einer *freyen Thätigkeit*, von der *freywilligen thätigen Natur*, von seinem so *lange thätig nachdenkenden Leben* die Rede. Eine nicht erschlaffende Tätigkeit aber hatte für Goethes Gedanken an das eigene Lebensende eine sehr merkwürdige, fundamentale Bedeutung. An sie nämlich knüpfte er seine Erwartung, ja seine Gewißheit eines Fortlebens nach dem Tod. Ich will dafür nur an die berühmte Gesprächsäußerung des Neunundsiebzigjährigen erinnern: »Die Überzeugung unserer Fortdauer entspringt mir aus dem Begriff der Tätigkeit; denn wenn ich bis an mein Ende rastlos wirke, so ist die Natur verpflichtet, mir eine andere Form des Daseins anzuweisen, wenn die jetzige meinem Geist nicht ferner auszuhalten vermag.«

Vor diesem Hintergrund sollte man noch einmal das Wort *cohobiren* bedenken, das im Brief an Humboldt auftaucht, wenn der dem Lebensende Nahe (vielleicht darf man sogar sagen: der durch seine *Organe* darüber auch Belehrte) erklärt:

ich habe nichts angelegentlicher zu thun als dasjenige was an mir ist und geblieben ist, wo möglich zu steigern, und, meine Eigenthümlichkeiten zu cohobiren ...

Das gleiche Wort fällt nämlich nicht nur, wenn in der Alchymistenküche des *Faust II* »ein Mensch gemacht« wird, sondern 1820 auch in einem naturwissenschaftlichen Aufsatz zur Morphologie, zur Metamorphose von Pflanzen und Tieren. Es geht dort um den Gestaltwandel von Raupe, Puppe, Schmetterling – den Goethe eingehend beobachtet, vielfach beschrieben und in seinen Dichtungen wiederholt als Sinnbild auch einer menschlichen Umartung verwendet hat. Und es heißt da: »Der aus der letzten Raupenhaut sich loslösende, zwar vollkommene, aber nicht vollendete [nämlich noch verpuppte] Schmetterling verwahrt, von einer neuen, seine [künftige!] Gestalt weissagenden Haut [dem Gespinst der Puppe] eingeschlossen, bei sich einen köstlichen Saft. Diesen in sich organisch kohobierend, eignet er sich davon das Köstlichste zu, indem das Unbedeutendere nach Beschaffenheit äußerlicher Temperatur verdunstet.« Ausdrücklich wollte er damit darauf »hindeuten: wie in der großen Natur alles auf einander spielt und arbeitet, und wie sich die ersten Anfänge so wie die höchsten Erscheinungen alles Gebildeten immer gleich und verschieden erweisen.« – *Geheimnisse des Lebens.*

So ist hier in das auf ihn selbst bezogene Wort *cohobiren* verschlüsselt, daß der Schreiber dieses Briefes selber einer den Tod überdauernden Metamorphose entgegenlebt.

Wohl am 11. oder 12. März hatte Goethe seinen Brief an Humboldt diktiert. Am 13. März ist er diese Niederschrift mit Riemer durchgegangen und hat durch ihn seine letzten Korrekturen eintragen lassen. Am gleichen Tag setzt die Erkrankung ein, die zum Tode führt. Mit dem 17. März bessert sich der Zustand des Leidenden noch einmal. An diesem Tag hat er unter die Reinschrift seinen Namen gesetzt. Am 20. März dann ein schwerer Rückfall. Am 22. März 1832 die letzten, nur unzuverlässig überlieferten Worte und, als ihm die Sprache versagte, die letzten Handbewegungen. Da habe er Buchstaben in die Luft geschrieben, berichtet sein Arzt. Aber die konnte keiner mehr lesen.

Alexander Puschkin: *Die Zigeuner*

VON

ULRICH MÖLK

Ich führe Sie heute abend in eine geographische Region, von der ich keine Anschauung habe, und spreche über ein Gedicht in einer Sprache, die ich gleichfalls nur von fern liebe. Die geographische Region heißt *Bessarabien*.

Bis an den Anfang des 19. Jahrhunderts bildete Bessarabien die östliche Hälfte des Fürstentums Moldau, eines osmanischen Vasallenstaats. Während der zweiten Hälfte des 18. Jahrhunderts drängt Rußland die Türkei im nördlichen Schwarzmeergebiet ständig zurück. 1792 ist das Küstenland bis zum Djestr erworben. 1793 wird Odessa gegründet. Der für die neue Stadt gewählte Name ist interessant. Er soll an die altgriechische Stadt Odessós erinnern, die zwar auch an der Schwarzmeerküste lag, aber viel weiter südlich (im heutigen Bulgarien). Noch auffälliger ist ein anderer Name einer ebenfalls 1793 neugegründeten Stadt: Ovidiopol. »Man hat den Namen gewählt«, schreibt ein Russe (P. I. Sumarokov), der damals die Gegend bereist hat, »weil man glaubt, daß dieser Ort Tomi sei, wohin Ovid von Kaiser Augustus verbannt worden ist.« Das klingt heute merkwürdig, überrascht aber weniger, wenn man weiß, daß den Altertumswissenschaftlern erst zwei Generationen später die Identifikation Tomis mit der rumänischen Hafenstadt Constanța gelungen ist. Auf Ovids Verbannung ans Schwarze Meer werden wir zurückkommen.

Im Jahre 1812, am Ende eines sechsjährigen Krieges mit der Türkei, annektiert Rußland Bessarabien. Bessarabien war damals mindestens zu 80% von Rumänen (Moldauern) bewohnt. Es lebten dort auch Griechen, Armenier, Italiener, Tataren, Juden, Zigeuner, Bulgaren, nur wenige Russen, die erst nach 1812 als Angehörige des Militärs und natürlich der Verwaltung sowie, jedenfalls zum Teil, als neue Grundherren dort hinkamen.

In Puschkins Gedicht *Die Zigeuner* ist Bessarabien die Region des erzählten Geschehens. Der geographische Name taucht gleich im zweiten Vers auf (Bessarabija). Im Gedicht begegnen auch noch andere geographische Namen aus der Region: die Donau, das See- und Steppengebiet des Kagul; auch von Budžak (dem Süden Bessarabiens) ist die Rede, das einst der Pascha von Akkerman im Auftrag des Sultans regiert habe.

So spricht der alte Zigeuner von seiner Jugend. Wir werden damit zugleich auf zwei verschiedene Geschehens- oder Zeitebenen aufmerksam, die zwei verschiedenen geopolitischen Situationen entsprechen: früher (sagen wir: um 1790) gehörte Bessarabien der Türkei, jetzt (sagen wir: in den Jahren um 1820) gehört es Rußland. Im übrigen spricht der alte Zigeuner von den Russen als von einem Volk, das nicht das seine ist.

Ich stelle jetzt das Gedicht kurz vor. Der Titel (und zugleich das erste Wort des ersten Verses) lautet *Cygany* – ›Zigeuner‹ oder ›Die Zigeuner‹. Als Gattungsbezeichnung hat Puschkin für dieses Gedicht wie für einzelne andere das Wort ›poèma‹ gewählt. Im Deutschen wird es seit geraumer Zeit, zumindesten von den Slavisten, mit ›Poem‹ wiedergegeben. Damit ist eine längere Verserzählung ziemlich lockerer Struktur gemeint, d. h. einer solchen, die zum Beispiel lyrische Einschübe kennt. Unser Poem umfaßt 569 Verse; bis auf zwei lyrische Einschübe, die metrisch anders gestaltet sind, handelt es sich um Achtsilber, in wechselnder Rhythmik und wechselnder Reimanordnung. Ich lese die ersten vier Verse vor:

Cygany šumnoju tolpoj
Po Bessarabii kočujut.
Oni segodnja nad rekoj
V šatrach izodrannych nočujut.

Zigeuner ziehen in lärmender Schar durch Bessarabien.
Heute übernachten sie am Fluß in zerrissenen Zelten.

Nicht nur das Wort »Zigeuner«, auch das Substantiv »šatër« (»Zelt«, ein turkotatarisches Lehnwort) und die Verbform »kočujut« (»sie ziehen umher«, eigentlich: »sie nomadisieren«, ebenfalls ein turkotatarisches Lehnwort) – alle drei Wörter kennzeichnen von vornherein eine fremde Welt. Ich weiß nicht, wie sich ein deutscher Übersetzer dieses Gedichts verhalten soll. Soll er versuchen, Metrum und Reim beizubehalten? Darf er es wagen, sich für Prosa zu entscheiden? Das Gedicht ist häufig ins Deutsche übersetzt worden. Hier drei nicht gerade ermutigende Beispiele für unsere ersten Verse:

Durch Bessarabiens Steppenstrich
Zieht lärmend die Zigeunerbande;
Heut lagert sie in Zelten sich,
Zerfetzten, an des Flusses Strande.
(1859)

> Zigeunerbanden ziehn mit Lärm
> durch Bessarabien hin nicht selten.
> Am Flusse lagert ihr Geschwärm
> in seinen windzerfetzten Zelten.
>
> (1949)

Schon früh, nämlich 1840, ist ein deutscher Übersetzer auf den Gedanken gekommen, wegen seines – wie er sagt – »gänzlichen Mangels an dichterischem Talent« nicht in Reimen, aber unter Beachtung des Versrhythmus zu übersetzen:

> Durch Bessarabien's Fluren zieht
> Geräuschvoll der Zigeuner Horde.
> In halb zerriss'nen Zelten ruht
> Am Fluß sie heut, auf grünem Ufer.

Alles ein bißchen falsch, ein bißchen gezwungen – weit entfernt von Puschkins klarer und (jedenfalls hier) einfacher Sprache. Im Gegensatz zu allen deutschen Übersetzern, die ich kenne, scheuen sich ihre französischen Kollegen keineswegs, russische Verse in französischer Prosa wiederzugeben. Das tut bereits der allererste, im Jahre 1828 (G. Le Cointe de Laveau). Warum schaffen das die Deutschen nicht?

Das Gedicht mit seinen 569 Versen besteht aus elf Abschnitten, denen sich ein Epilog anschließt. Schon in der Erstausgabe (1827) sind diese Abschnitte zwar nicht durch Zahlen oder Zwischentitel, wohl aber durch Aussparungen auf der jeweiligen Seite (durch sogenannte ›blancs‹) gekennzeichnet.

1. Abschnitt:
Die Zigeuner schlagen am Abend ihr Lager auf. Ein alter Zigeuner (im folgenden »starik«, »der Alte«, genannt) wartet auf seine Tochter Zemfira. Plötzlich erscheint sie in Begleitung eines jungen Mannes. Der junge Mann – er heißt Aleko – ist den Zigeunern unbekannt. Vom Gesetz verfolgt, will er auch Zigeuner werden. Er wird aufgenommen. Zemfira, die sich in Aleko verliebt hat, freut sich, ihn für immer zu besitzen (hier im 1. Abschnitt wie auch zumeist in den folgenden wird das Geschehen nicht nur erzählt, sondern zum Teil in Dialogform geboten).

2. Abschnitt:
Am nächsten Tag brechen die Zigeuner wieder auf. Das bunte, laute, lebensvolle Treiben stellt der Dichter in scharfe Opposition zum morbiden Luxus des Stadtlebens.

3. Abschnitt:
Die Zigeuner durchqueren die Steppe. Aleko ist unruhig. Er, der Verbannte, denkt an sein vergangenes Leben in Reichtum und Ruhm, aber auch daran, daß seine Seele damals ein Spielball seiner Leidenschaften war. Voller Sehnsucht schaut er der südlichen Sonne entgegen. Seine Stimmung wird in einem lyrischen Einschub mit dem in Freiheit und Sorglosigkeit lebenden Vögelchen (ptička) in Beziehung gesetzt, das dem sonnigen Süden entgegenfliegt.

4. Abschnitt:
Das Motiv der Opposition von Stadt und Land wird aufgenommen. Aleko ist glücklich, das lieblose, luxuriöse und verlogene Leben in der Stadt hinter sich zu haben; in seinen Augen ist Zemfira auch ohne Schmuck viel schöner als jedes reiche Stadtmädchen, weil die Liebe sie schön macht. Der Alte wendet ein, daß nicht jeder das einfache Leben liebt, zum Beispiel nicht jener Verbannte aus längst vergangener Zeit (er meint Ovid), der sich mit der wilden Natur des Donaulandes und der Armut seiner Bevölkerung nicht abfinden konnte und immer voller Schmerz an seine Heimat, die Großstadt Rom, dachte.

5. Abschnitt:
Zwei Jahre später lebt Aleko immer noch unter den Zigeunern. Er fühlt sich frei und glücklich. Er liebt auch die Sprache der Zigeuner, die er inzwischen erlernt hat. Wenn die Zigeuner vor Dorfbewohnern ihre Vorstellungen geben, singt Aleko Zigeunerlieder und führt den Bären vor; Zemfira sammelt das Geld ein.

6. Abschnitt (= dramatischer Wendepunkt in der Mitte des Poems):
Zemfira singt an der Wiege des gemeinsamen Kindes ein merkwürdiges Lied (s. u.). Es ist ein Spottlied der Ehefrau auf den betrogenen Ehemann. Den entsetzten Aleko klärt sie darüber auf, daß sie mit dem Lied ihn meint. – Der Alte kennt das Lied; als er jung verheiratet war, hatte es seine Frau Mariula ebenfalls an der Wiege der Tochter (also Zemfiras) gesungen.

7. Abschnitt:
Aleko hat schweren Schlaf und schlimme Träume. Im Schlaf ruft er nach Zemfira, nennt aber auch noch einen anderen Namen. Zemfira offenbart ihrem Vater, daß sie Aleko nicht mehr liebt.

8. Abschnitt:
Als sich Aleko bei dem Alten über Zemfira beklagt, meint dieser, daß die Frauen von Natur aus unbeständig seien, so wie der Mond, der bald dem,

bald dem sein Licht schenkt; er habe mit seiner Mariula im übrigen dasselbe erlebt: nur ein Jahr habe sie ihn geliebt, ihn und das Töchterchen dann mit einem anderen Zigeuner verlassen. Während der Alte der Ansicht ist, daß Liebe grundsätzlich keinen Zwang dulde, pocht Aleko auf seine Rechte (»prava«): er hätte sich an dem Zigeuner gerächt.

9. Abschnitt:
Nächtliches Stelldichein Zemfiras mit einem jungen Zigeuner, in reinem Dialog geboten.

10. Abschnitt:
Aleko wacht in der Nacht auf. Da er Zemfira nicht neben sich findet, sucht er sie im Freien. Er überrascht sie mit ihrem Liebhaber. Aleko tötet ihn und, als er von Zemfira verspottet wird, auch sie.

11. Abschnitt:
Nach der Bestattung der beiden Toten fordert der Alte Aleko auf, die Zigeunergemeinschaft zu verlassen: Aleko habe, für das freie Leben ohne Gesetze nicht geboren, nur die eigene Freiheit gesucht. Die Zigeuner brechen auf. Aleko bleibt zurück, wie ein angeschossener Kranich, der seinem Zug nicht folgen kann.

Epilog des Dichters:
Dort, wo Rußland die Grenzen der Türkei zurückgedrängt hat, wo immer noch ›unser‹ Doppeladler braust (also in Bessarabien), bin ›ich‹ einst Zigeunern begegnet und habe eine Weile bei ihnen gelebt. – Schlußapostrophe des Dichters an die Zigeuner: Auch ›Ihr‹ seid kein glückliches Volk, Ihr armen Söhne der Natur! Auch bei ›Euch‹ herrschen die verhängnisvollen Leidenschaften!

Mit der Arbeit an den *Zigeunern* begann Puschkin im Januar 1824; im Oktober 1824 war das Gedicht fertig. Kurz nach der ersten gedruckten Ausgabe (März 1827) hat Puschkin den Epilog um acht Verse erweitert. In diesen acht Versen konkretisiert Puschkin den autobiographischen Bezug zu den Zigeunern: hieß es zunächst nur, daß der Dichter in Bessarabien einmal Zigeunern begegnet sei, wird jetzt gesagt, daß er einige Zeit bei ihnen gelebt habe. In der erweiterten Fassung ist das Gedicht erst lange nach Puschkins Tod veröffentlicht worden.

Nicht nur der Epilog, auch andere Hinweise sprechen dafür, daß die erste Anregung für das Gedicht von einer persönlichen Begegnung mit Zigeunern ausging. Puschkin stand damals am Anfang seiner 20er Jahre. Bevor wir uns nun etwas genauer mit dem Gedicht beschäftigen, ist es nützlich, ein paar Bemerkungen zu Puschkins Biographie zu machen.

Puschkin wurde 1799 in Moskau geboren. Es ist eine zwar nicht vermögende, aber altadlige Familie, die Puschkin selbst in einer autobiographischen Skizze von 1830 väterlicherseits bis ins 13. Jahrhundert zurückführt. »Die Genealogie meiner Mutter«, heißt es ebenda, »ist noch interessanter«: ihr Großvater war ein ›Neger‹ (negr); als Knabe war er Peter d. Gr. geschenkt worden, hatte am Hof eine gute Ausbildung genossen und es später zu Generalswürden gebracht. Auch sonst gibt sich Puschkin gelegentlich stolz auf das afrikanische Blut in seinen Adern. Puschkin besuchte von 1811 bis 1817 das gerade gegründete kaiserliche Lyzeum in Carskoe Selo (heute: Puschkin) unweit von Petersburg. Er kam früh mit Literaten und Literatur, besonders der französischen Literatur, in Berührung, dichtete früh auf französisch und russisch, lernte Latein, las lateinische Dichtung aber auch, die nichtfranzösische europäische Literatur ausnahmslos, in französischen Übersetzungen. 1817 wurde er als Beamter des zehnten Rangs (d. h. des fünftletzten der Verwaltungsbeamtenhierarchie) dem Außenministerium in Petersburg zugewiesen. Sein Gehalt betrug 700 Rubel im Jahr; Dienstaufgaben hatte er nur in sehr geringem Umfang, nicht einmal feste Dienstzeiten, also Freiheit genug für ein recht ausgelassenes, aber auch der dichterischen Arbeit gewidmetes Leben. Einzelne politisch riskante Dichtungen, besonders aber wohl sein allgemein unvorsichtiges Verhalten in Gesellschaft und Öffentlichkeit führten Anfang 1820 dazu, daß eine Verbannung drohte. Dank der Fürsprache hochstehender Freunde und Gönner kam es nur zur Anordnung einer Versetzung in den Süden, nach Jekaterinoslav (heute: Dnepropetrovsk). Seine Dienstbezüge wurden nicht gekürzt, er erhielt für die Reise sogar eine Extrasumme von 1000 Rubel; seinen leibeigenen Diener durfte er natürlich auch mitnehmen. Im Süden Rußlands war das Leben für Puschkin keineswegs unangenehm. Zunächst durfte er mit einer ihm bekannten Generalsfamilie eine dreimonatige Reise zu den Heilbädern des nördlichen Kaukasus und auf die Krim unternehmen. Inzwischen war die Kanzlei seines Vorgesetzten von Jekaterinoslav nach Kišinëv (rumänisch: Chişinău), dem neuen Verwaltungszentrum der Provinz Bessarabien, verlegt worden. Auch in Kišinëv hatte Puschkin kaum Dienstgeschäfte zu erledigen. Wichtig ist, daß er die Möglichkeit hatte, längere oder kürzere Reisen zu unternehmen, in die Umgebung, nach Kiew, an die Donau, an die Küste, nach Odessa. Hierher, nach Odessa, wurde er auf seinen Wunsch im Juli 1823 versetzt, damals eine Stadt mit hohem italienischen Bevölkerungsanteil und einer italienischen Oper. Das Verhältnis zu seinem neuen Vorgesetzten wurde – sicher nicht ohne Verschulden des immer sehr selbstbewußt auftretenden jungen Dichters – während des Frühjahrs 1824 sehr gespannt.

Puschkins Gesuch auf Entlassung aus dem Staatsdienst wurde abgelehnt. Er erhielt den Befehl (erst jetzt kann man von einer Verbannung reden), sich auf das Gut seiner Mutter nach Michajlovskoe (etwa 300 km südlich von Petersburg) zu begeben, wo er unter strenger Aufsicht der Behörden leben mußte, bis er im September 1826 von dem neuen Zaren Nikolaus I. wieder die Freiheit erhielt. Anfang 1827 ist, wie gesagt, das Gedicht *Die Zigeuner* veröffentlicht worden.

Es lohnt sich, für einen Augenblick der Frage nachzugehen, inwieweit Puschkin in seinen Poemen von persönlichen Erlebnissen ausgegangen ist, inwieweit das in ihnen Erzählte überhaupt auf die Lebenswirklichkeit bezogen werden kann oder von den Lesern bezogen wurde. Ein kurzer Blick auf die anderen in Südrußland verfaßten oder begonnenen Werke ist lehrreich. Bei dem Poem *Der kaukasische Gefangene (Kavkazskij Plennik)* besteht jedenfalls insofern kein Zweifel, als Puschkin die darin beschriebene Berglandschaft im Sommer 1820 selbst kennengelernt hat; das gilt auch für den Springbrunnen des Chanpalastes von Bachčisaraj auf der Krim, den Puschkin besucht hat und wo er die in dem Poem (*Bachčisarajskij Fontan*) bearbeitete Lokalsage gehört hat. Lehrreich ist auch das Fragment *Die Räuberbrüder (Brat'ja Razbojniki)*, in dem erzählt wird, daß zwei aneinandergeketteten Strafgefangenen die Flucht durch einen Fluß gelingt. Anläßlich der Bemerkung eines Lesers, daß das eine ganz unwahrscheinliche Geschichte sei, notiert Puschkin: »Das Ereignis ist bezeugt und geschah 1820 während meines Aufenthalts in Jekaterinoslav.« Dies pragmatische Argument ist jenem Argument analog, mit dem Puschkin einem Einwand bezüglich des *Kaukasischen Gefangenen* begegnet. Als mehrere Leser vorschlagen, der Protagonist hätte versuchen sollen, die unglückliche Tscherkessin, die sich durch Sturz in den Fluß das Leben nimmt, zu retten, verteidigt sich Puschkin so: »Mein Gefangener ist ein kluger (überdies in das Mädchen gar nicht verliebter) Mann, der weiß, wie gefährlich die kaukasischen Bergwasser sind – ein Rettungsversuch wäre glatter Selbstmord gewesen.« – Uns ist nicht so wichtig, zu wissen, ob die eine oder andere Einzelheit des Geschehens tatsächlich der Lebenswirklichkeit entspricht; wichtig ist, wie auf seiten des Dichters und seines unmittelbaren Publikums in dieser Hinsicht argumentiert wird.

Was nun unsere *Zigeuner* betrifft, so soll Puschkin die hauptsächliche Anregung für sie folgendem Ereignis verdanken: Im Sommer 1821 unternimmt Puschkin mit Ioan Ralli (ich benutze die rumänische Namensform, weil es sich um eine rumänisch-moldauische Familie handelt) eine Reise auf die Güter dieser Familie etwa 70 km westlich von Chişinău. Dort besucht er ein Zigeunerlager (die Zigeuner sind Leibeigene der Familie

Ralli). Er lernt den Zigeunerältesten (Zigeunerhauptmann, rumänisch: bulibaşa) und seine Tochter Zemfira kennen. Zemfira ist wie ein Mann gekleidet: bunte Pumphosen, eine Pfeife rauchend, mit reichem Halsschmuck aus Münzen, Geschenken ihrer vielen Liebhaber. Zusammen mit den Zigeunern begeben sich Puschkin und Ioan Ralli ins nahe Varzăreşti. Puschkin darf in Zemfiras Zelt übernachten. Als Zemfira das Zigeunerlager heimlich verläßt und Puschkin sie nicht wiederfindet, kehrt er mit Ralli nach Chişinău zurück. Zemfira wird später von einem ihrer Liebhaber aus Eifersucht erstochen.

Dieses Ereignis (von dem Puschkin-Biographen Mstislav Aleksandrovič Cjavlovskij mit einem Fragezeichen versehen, von anderen Forschern aber als bare Münze genommen) ist spät bezeugt, und zwar erst Anfang unseres Jahrhunderts durch eine Angehörige der Familie Ralli: das Ganze also sozusagen eine Familienerinnerung.

Diese Familienerinnerung hat ihre pikanten Einzelheiten (die vielliebende Zigeunerin, ihr Eigenname, ihr Tod) natürlich erst aus Puschkins Gedicht selbst gewonnen, dennoch ist sie für uns nicht wertlos. Wir notieren zwei auch sonst bezeugte Fakten: 1.) Puschkin hat unweit von Chişinău Zigeuner kennengelernt, und zwar als Leibeigene einer moldauischen Gutsherrenfamilie; 2.) Puschkin hat freundschaftliche Beziehungen zu dieser recht großen Familie Ralli.

In den Rahmen der möglichen Bezüge zwischen unserem Poem und der Lebenswirklichkeit gehört auch der Hinweis der Forschung, daß der Name Aleko ein Zigeunername sei. Das will ich nicht bestreiten; ich habe diesen Namen sogar in historischen Listen von Zigeunernamen gefunden, wenn auch aus etwas südlicherer Gegend. Interessanter ist, daß sich für alle drei Personennamen des Poems (Aleko, Zemfira, Mariula) entsprechende Nachweise erbringen lassen. Aber das ist noch nicht das Entscheidende, denn bei allen drei Namen handelt es sich nicht um eigentliche Zigeunernamen, sondern um solche, die für das gesamte rumänische Sprachgebiet charakteristisch sind und deswegen auch von Zigeunern dieses Gebiets getragen werde können. Man kann noch weiter gehen (und ich glaube, daß auch dies bisher übersehen worden ist): alle drei Eigennamen unseres Poems finden sich in der (wie gesagt) großen Familie Ralli, mit der Puschkin von September 1820 an enge Beziehungen pflegte. Für russische Ohren klingen sie fremd: das ist das Wesentliche!

Wir müssen noch von etwas anderem Rumänisch-Moldauischen reden, von dem merkwürdigen Spottlied der Zemfira. Dieses Lied ist ungemein rasch bekannt geworden, noch heute lernen es trotz des nicht gerade erbaulichen Inhalts viele Schüler auswendig. Das Lied ist schon vor der Drucklegung aus dem Zusammenhang des sich handschriftlich verbreitenden Poems herausgelöst worden und bereits 1825 in Moskau vertont worden. Das Lied besteht aus fünf Strophen zu jeweils vier Sechssilbern, von denen immer nur der zweite und der vierte durch Reim verbunden sind. Eigentlich sind es also Strophen aus jeweils zwei reimenden Langversen!

Старый мужъ, грозный мужъ,	Staryj muž, groznyj muž,
Рѣжь меня, жги меня:	Rež' menja, žgi menja:
Я тверда, не боюсь	Ja tverda, ne bojus'
Ни ножа, ни огня.	Ni noža, ni ognja.
Ненавижу тебя,	Nenavižu tebja,
Презираю тебя;	Preziraju tebja;
Я другаго люблю,	Ja drugogo ljublju,
Умираю любя.	Umiraju ljubja.
Рѣжь меня, жги меня;	Rež' menja, žgi menja;
Не скажу ничего;	Ne skažu ničego;
Старый мужъ, грозный мужъ,	Staryj muž, groznyj muž,
Не узнаешь его.	Ne uznaeš' ego.
Онъ свѣжѣе весны,	On svežee vesny,
Жарче лѣтняго дня;	Žarče letnego dnja;
Какъ онъ молодъ и смѣлъ!	Kak on molod i smel!
Какъ онъ любитъ меня!	Kak on ljubit menja!
Какъ ласкала его	Kak laskala ego
Я въ ночной тишинѣ!	Ja v nočnoj tišine!
Какъ смѣялись тогда	Kak smejalis' togda
Мы твоей сѣдинѣ!	My tvoej sedine!

(1) Alter Mann, böser Mann, schneide mich, brenne mich!
    Ich bin fest, ich fürchte weder Messer noch Feuer.

(2) Ich hasse dich, ich verachte dich;
    ich liebe einen anderen, liebend sterbe ich.

(3) Schneide mich, brenne mich! Ich werde nichts sagen.
    Alter Mann, böser Mann, du wirst nicht erfahren, wer er ist.

(4) Er ist frischer als der Frühling, heißer als ein Sommertag.
    Wie jung und kühn er ist! Wie er mich liebt!

(5) Wie habe ich ihn in der nächtlichen Stille liebkost!
    Wie haben wir da über dein graues Haar gelacht!

Nicht nur unser Poem über die Zigeuner, auch zwei der anderen erwähnten Poeme weisen Liedeinschübe auf, der *Kaukasische Gefangene* ein tscherkessisches Lied (*Čerkesskaja Pesnja*), das die Dorfmädchen singen, und der *Springbrunnen von Bachčisaraj* ein tatarisches Lied (*Tatarskaja Pesnja*), das die Haremsfrauen singen. Beide Lieder von einfacher Struktur dienen der Stimmungsmalerei. Die Funktion des Liedes der Zemfira ist von ganz anderer Art. Zemfira singt es, um ihren Ehemann zu verspotten, und nach der Schilderung des so friedlichen Zigeunerlebens beginnt jetzt, in der Mitte des Poems, eine Erzählung von Eifersucht, Untreue, Rache und Tod. Das Lied, das Zemfira singt (eigentlich paßt es ja gar nicht so recht auf den jungen Aleko), ist ein unter den Zigeunern bekanntes Lied, heißt es im Text; alle jungen Zigeuner singen es und haben ihre Freude daran; es ist ein altes Lied, sagt der alte Zigeuner, auch seine Mariula hatte es ja schon damals gesungen. Wir fügen hinzu: es ist ein traditionelles Lied, dessen Typus für fast alle volkstümlichen Dichtungen nachweisbar ist, vom Mittelalter bis in die jüngste Zeit (die Romanisten haben dafür sogar einen Namen: *chanson de malmariée*). Ich habe keinen Zweifel daran, daß Puschkin ein solches Spottlied der jungen Ehefrau auf den alten Ehemann im rumänischen Bessarabien gehört hat; ob von Zigeunern vorgetragen oder nicht, sei dahingestellt. Puschkin hat bald nach seiner Ankunft begonnen, rumänisch zu lernen und sich für rumänische Dichtung zu interessieren. Er hat ja zur selben Zeit (1820) den bessarabischen Rumänen auch noch ein anderes Lied abgelauscht, das er eigens *Moldauisches Lied* (*Moldavskaja Pesnja*) nennt. Ich erwähne es, weil es eine Motivstruktur aufweist, die der unseres Poems frappierend ähnlich ist: das *Moldauische Lied*, übrigens ebenfalls aus Strophen mit je zwei reimenden Langversen bestehend, präsentiert einen jungen Liebhaber, der den Nebenbuhler und die untreue Geliebte tötet. Auch der Umstand, daß der Liebhaber als Rumäne gedacht ist, die Geliebte eine Griechin ist, der Nebenbuhler ein Armenier, der Denunziant ein Jude, paßt gut in die Vielvölkerregion Bessarabiens.

Wir können jetzt die wichtige Feststellung treffen, daß zwei entscheidende Quellen für unser Poem *literarische* Texte sind. Wir werden im letzten Teil dieses Vortrags sehen, daß es auch mit den Zigeunern seine ganz besondere, nämlich literarische Bewandtnis hat. Von der Lebenswirklichkeit sind wir da ganz weit entfernt.

Wie viele europäische Autoren in den Jahrzehnten um 1800 hat Puschkin ein ausgesprochenes Interesse an den Zigeunern. Schon für Petersburg ist der Plan eines Romans über die Zigeuner bezeugt; auch nach 1827, als sein Poem gedruckt vorliegt, schreibt Puschkin Gedichte auf die Zigeuner. In einem von ihnen (aus dem Jahr 1830) grüßt er sie als glückliches Volk, preist ihre Freiheit und bezeichnet sich selbst als ›Euer Dichter‹ (vaš poėt). Daß er das Zigeunerleben jedoch in hohem Maße idealisiert und stilisiert, ergibt sich kontrastiv bereits aus jener gleichsam wissenschaftlichen Vorbemerkung, die Puschkin als Vorwort für das Poem geplant, aber nicht veröffentlicht hatte. Es heißt dort – historisch korrekt –, daß die Zigeuner in Bessarabien Leibeigene sind, daß sie als solche, obwohl sie umherziehen dürften, zu erheblichen Steuerabgaben verpflichtet sind und daß sie ein ausgeprägtes Gefühl für sittliche Reinheit (nravstvennaja čistota) haben. Welch anderes Bild bietet das Poem! Im Poem sind die Zigeuner keine Leibeigenen, sie sind durchaus frei (die Wörter für ›frei‹ und ›Freiheit‹ – vol'nyj, volja, vol'nost' – durchziehen als Schlüsselwörter das ganze Poem). Und ihre Sitten? Kann man von sittlicher Reinheit sprechen, wenn Ehemänner und Kinder einfach und ohne Bedenken verlassen werden können? Haben vielleicht nur die hübschen Frauen kein Gefühl für Pflicht und Verantwortung?

Über die Lebensregeln der Zigeunergemeinschaft gibt der alte Zigeuner hinreichende Auskunft: Die Zigeuner sind als Gemeinschaft frei (d. h. sie sind von keinem Herrn und von keiner Institution abhängig). Sie sind arm. Sie verdienen sich ihren Lebensunterhalt durch einfache Handwerksarbeit und durch Vorführungen in den Dörfern, an denen sie vorüberziehen. Sie sprechen eine besondere Sprache, singen einfache Lieder. Sie kennen keine Gesetze, kein Gericht, verstoßen allerdings den Mörder. – Ein Problem bleibt, ein Problem vielleicht nur für die Männer: die Frauen dürfen lieben, wen sie wollen, denn auch die Liebe ist frei. Das heißt, daß diese Zigeunergemeinschaft nicht im Bereich des Eigentums oder der Arbeit noch sonst im sozialen Miteinander Probleme kennt, nur im Bereich der Liebe, und dies auch nur auf seiten der Männer. Die Männer lösen das Problem, indem sie nachgeben (wie der alte Zigeuner); Aleko, der von außen kommt und in die Zigeunergemeinschaft aufgenommen wird, hält sich an ihre Lebensregeln, nur an die eine nicht, daß er nicht eifersüchtig sein darf.

Für die Interpretation des Poems scheint der Text selbst drei explizite Hinweise zu geben, d. h. Worte, die mit Autorität vorgetragen werden. Da ist zunächst die Binnenerzählung des alten Zigeuners von Ovids Verbannung. Ist ihre eigentliche Funktion die Belehrung des Lesers, daß es einem Stadtmenschen nicht möglich ist, über eine längere Zeit das einfache Leben einfacher Naturmenschen zu teilen (daß Alekos neuer Lebensplan also von vornherein zum Scheitern verurteilt ist)? – Die frühen Leser des Poems und die Forschung haben in der Regel zwei andere explizite Hinweise im Auge und diskutieren sie kontrovers. Sie sind sich nicht darüber einig, ob man für die Interpretation vom letzten Wort des

Alten oder vom Dichterwort im Epilog auszugehen hat. Im Epilog wird beklagt, daß auch das Leben der friedliebenden Zigeuner kein glückliches Leben ist; aus der Schlußrede des Alten scheint sich zu ergeben, daß Verbrechen aus Leidenschaft zu verurteilen sind und, wenn man zugleich Aleko für die Hauptfigur hält, daß er, dieser leidenschaftliche junge Mann, sowohl in der friedliebenden Gemeinschaft der Zigeuner wie auch in der Gesellschaft, in die er geboren wurde, auf verhängnisvolle Weise von seiner Leidenschaft beherrscht wird. Aber der Titel des Poems lautet nicht *Aleko*, sondern *Die Zigeuner*! Und wäre Aleko nicht in die Zigeunergemeinschaft eingetreten, so wäre alles im Lot geblieben, genauso wie in der Jugendzeit des (jetzt alten) Zigeuners. Die Zigeuner sind das Thema, ihre Idealisierung und zugleich die Problematisierung ihres Lebens durch nichts als die Liebe, genauer: durch die Frau, die tun kann, was sie will.

Gemessen an den vielen Zigeunerdramen, Zigeunergedichten und Zigeunerromanen, die in der Zeit um 1800, zumal in Deutschland, verfaßt worden sind, erweist sich Puschkins Poem schon insofern als sehr originell, als es keine Dichtung in dem genannten Zeitraum zu geben scheint, die das Thema ›Zigeuner‹ so behandelt wie er, d. h. als idealisierte Gemeinschaft mit besonderen Lebensregeln, in die ein Fremder eintritt, um so zu leben wie sie. Allerdings kenne ich ein deutsches Stück, als Singspiel aufgeführt 1812 in Wien und 1821 in Berlin, dessen Handlungsstruktur derjenigen des Poems recht ähnlich ist. Es geht da um einen jungen Adligen, der sich in eine hübsche Zigeunerin verliebt, um ihretwillen (weil sie die Ihren nicht verlassen will) in die Zigeunergemeinschaft eintritt und mit ihr durch die Lande zieht. Der Zigeunerhauptmann lobt das Zigeunerleben wie folgt:

> Seht, wir sind ein fröhlich Volk,
> Sorglos wandernd durch die Welt;
> Was wir brauchen, haben wir,
> Weil wir uns sehr leicht begnügen […]
> Bricht die Sonn' aus gold'ner Ferne,
> Dann hebt stolzer sich die Brust;
> Und der Freiheit uns bewußt usw.

Im ganzen ist das Loblied auf das freie Naturleben der Zigeuner 37 Verse lang.

Wenn ich Ihnen den Titel dieses Singspiels nenne, der identisch ist mit dem Namen der schönen Zigeunerin, brauche ich nicht hinzuzufügen, daß die deutsche *Preziosa* keine andere ist als ihr berühmtes spanisches

Vorbild Preciosa, wie denn natürlich auch der deutsche Autor (Pius Alexander Wolff) keinen Zweifel daran läßt, daß er die Novelle von Cervantes (*La gitanilla*), über eine spanische Dramatisierung (Antonio de Solís y Rivadeneyra) vermittelt, für die deutsche Bühne bearbeitet hat. Auch bei Cervantes wird der männliche Protagonist in die Zigeunergemeinschaft aufgenommen, deren Lebensregeln er einzuhalten bemüht ist, weil er Preciosa für sich gewinnen will und schließlich auch gewinnt. Für uns ist die epische Grundstruktur der Novelle, gerade mit Bezug auf Puschkin, von Interesse; sie läßt sich kurz so schematisieren: Männliche Hauptfigur und weibliche Hauptfigur sind nicht Mitglieder derselben Gesellschaft; sie gehört der Sondergemeinschaft der Zigeuner an, er der gewöhnlichen Gesellschaft. Die Sondergemeinschaft der Zigeuner ist durch bestimmte Lebensregeln definiert (freies Leben in der Natur, Gesang, Wanderschaft, Gelderwerb im Kontakt mit der Stadtgesellschaft, Liebesfreiheit der Männer); im Rahmen dieser Lebensregeln beansprucht Preciosa Individualrechte, die sie das Gesetz ihres freien Willens nennt (ley de mi voluntad). – Extreme Verfechterin ihrer persönlichen Freiheit ist ja auch Zemfira, in der Liebe und allen anderen Lebensbereichen.

Cervantes' Novelle ist in Deutschland seit dem Ende des 18. Jahrhunderts durch zwei neue Übersetzungen gut bekannt, in französischer Übersetzung seit langem überall in Europa zugänglich. Vielleicht hat Puschkin sie gelesen. Doch kommt es darauf schließlich nicht an. Bei allen motivischen Analogien sind die Unterschiede nicht minder auffällig, indem zum Beispiel Preciosa im Gegensatz zu Zemfira gar keine echte Zigeunerin ist und die Liebesbeziehung glücklich endet, nachdem Preciosas Identität geklärt ist und sie die Zigeunergemeinschaft verläßt.

Auf die Motivbezüge zwischen Puschkins Poem und Cervantes' Novelle kommt es uns deswegen nicht so sehr an, weil wir das Poem typologisch in eine bestimmte literarische Reihe rücken wollen, in die auch die spanische Novelle gehört, als Variation und zugleich als Kritik. Wir meinen den literarischen Typus der Ideallandschaft, genauer: der idealisierten menschlichen Gemeinschaft in idealisierter Landschaft. Die Realisierungen dieses Typus menschlicher Vorstellungen vom glücklichen Leben sind so alt wie die Geschichte der Menschheit. Die literarische Reihe beginnt für unsere Kultur mit dem alttestamentlichen Garten Eden, und es ist beachtlich, daß im Garten Eden der Mann die dort geltenden Lebensregeln eigentlich zu befolgen gewillt ist, daß sich allerdings die Frau eigene Regeln ausdenkt – mit den schlimmen Folgen, die wir alle kennen. Eine literarisch besonders erfolgreiche Realisierung unseres Typus ist Arkadien, als Ideallandschaft entworfen von Vergil, wiederentdeckt am Ende des 15. Jahrhunderts von dem italienischen

Humanisten Sannazaro, dessen literarischer Großtat die bis ins 18. Jahrhundert und darüber hinaus lebendige Tradition der Schäferdichtung zu verdanken ist.

In Arkadien (oder wie die Schauplätze bukolisch-einfachen Lebens dann auch alle heißen mögen) geht es immer um das möglichst konfliktfreie Leben in der Gemeinschaft. Problemfelder sind der persönliche Besitz, die Arbeit, manchmal der Tod (*Et in Arcadia ego!*), immer die Liebe – denn wie sind Liebe und Freiheit miteinander vereinbar? Ein literarisch mehrfach erprobter Versuch der Problemlösung liegt darin, daß der Mann obsiegt. Das ist aber – selbst für die Männer – keine prinzipielle Lösung des Problems, es sei denn, daß man die Eifersucht aus der Idealgemeinschaft verbannt. Das verkündet der alte Zigeuner in Cervantes' Novelle, und der alte Zigeuner bei Puschkin ist von dieser Auffassung nicht sehr weit entfernt. Ebenso interessant ist Cervantes' Kritik an der Liebesfreiheit der Männer, die er am Beispiel seiner Preciosa vorführt und schon einmal, im *Quijote*, am Beispiel der Marcela vorgeführt hatte. Puschkin gestaltet in seinen *Zigeunern* eine Variante dieser Lösung des uralten Problems von Freiheit und Liebe, eine Lösung, jedenfalls idealiter, zugunsten der Frauen.

Der erste deutsche Literaturkritiker, der sich etwas ausführlicher über Puschkins *Zigeuner* geäußert hat – Heinrich Koenig in seinen *Literarischen Bildern aus Rußland* von 1837 – vertrat amüsanterweise eine Meinung, die der hier vorgetragenen Interpretation nicht unähnlich ist. Er schrieb: »Unglücklicher Weise« (d. h. für Aleko unglücklicherweise) »sind aber diese Nomaden schon früher als die französischen Novellisten auf die Emancipation der Frauen gekommen«, was der »hypochondrische« Aleko nicht ertragen kann, so daß ihn der alte Zigeuner schließlich »nach seiner noch nicht emancipirten Civilisation« zurücksendet.

Wenn Sie, meine Damen und Herren, weder Heinrich Koenig zustimmen möchten noch unsere literarhistorischen Filiationen überzeugend finden, können Sie sich ganz auf ein Wort Puschkins zurückziehen. »Du fragst«, schreibt Puschkin unter dem 20. April 1825 an den Dichterfreund Žukovskij, »was ich mit meinen *Zigeunern* bezwecke? Der Zweck der Poesie ist – die Poesie« (»*Cel' poèzii – poèzija*«).

ULRICH MÖLK

Literaturhinweise

Die russische Textgestalt des Liedes der Zemfira ist diejenige der berühmt gewordenen Ausgabe von Pavel Vasilevič Annenkov (Bd. 2, 1855); außerdem habe ich die Akademie-Ausgabe (Bd. 4, Moskau 1937) sowie – in der Pariser Bibliothèque nationale – die Erstausgabe von 1827 benutzt. Die mir zugängliche Spezialliteratur zu den *Cygany* erschien mir als recht traditionell, enttäuschend selbst jüngere Arbeiten (zum Beispiel Ute Herdmann, *Die südlichen Poeme A. S. Puškins*, Hildesheim 1982); dokumentarisch dagegen sehr wertvoll Mstislav Aleksandrovič Cjavlovskij, *Letopis' žizni i tvorčestva A. S. Puškina (1799 – 1826)*, 2. Auflage, Leningrad 1991. – Über die sehr umfangreiche Forschungsliteratur zu den Zigeunern orientieren George Fraser Black, *A Gypsy Bibliography*, London 1914, und Reimer Gronemeyer, *Zigeuner in Osteuropa. Eine Bibliographie zu den Ländern Polen, Tschechoslowakei und Ungarn, mit einem Anhang über ältere sowjetische Literatur*, München 1983. Zur rumänischen Namenskunde grundlegend: N. A. Constantinescu, *Dicționar onomastic Romînesc*. Bukarest 1963, zur Geschichte Bessarabiens das Handbuch von Zamfir Constantin Arbure, *Basarabia in secolul XIX*, Bukarest 1898. – Ich habe folgende deutsche Übersetzungen der *Cygany* überprüft: E. v. O. (Berlin 1840; daraus oben das dritte Zitat), Robert Lippert (Leipzig 1840), Theodor Opitz (Berlin 1859; daraus oben das erste Zitat), Heinrich Ludwig Schmitt (Wiesbaden 1873, schon 1840 in der Zeitschrift *Europa*), Johannes von Guenther (Berlin 1949 – daraus oben das zweite Zitat –; München 1966) und Arthur Luther (Berlin 1966, Frankfurt am Main 1973).

Ich möchte meinem Kollegen Herrn Werner Lehfeldt für die Lösung eines stilistischen Problems (*Cygany*, V. 3), Herrn Alexis Troe für die Durchsicht meiner Übersetzung und – besonders herzlich – Frau Franziska Nevmerzhycky dafür danken, daß sie zu meiner und meines Publikums großer Freude das Lied der Zemfira so temperamentvoll vorgetragen hat.

Maxim Gorki: *Gewesene Leute*

VON

WOLFGANG SELLERT

I.

Was ist der Grund, so könnte man fragen, über die Erzählung eines Schriftstellers zu referieren, der sich öffentlich zur sowjetischen Diktatur bekannte, der die Kulaken, noch ehe sie Stalin liquidieren ließ, zu Volksfeinden erklärte und der die berüchtigten Straflager des GULAG in einer Schrift lobte, die später Alexander Solschenizyn als »schändliches Werk« verurteilte, in dem »zum ersten Mal in der russischen Literatur der Sklavenarbeit Ruhm gesungen wurde«.

Es geht um den 1868 in Nishnij Nowgorod geborenen Schriftsteller Maxim Gorki, der mit seinem bürgerlichen Namen Aleksej Maksimovic Peškov hieß und der am 18. Juni 1936 entweder an den Folgen einer Lungentuberkulose starb oder von Agenten einer konterrevolutionären trotzkistischen Verschwörung oder, so eine andere Version, mit vergifteten Pralinen, die ihm Stalin ans Krankenbett schickte, ermordet worden sein soll.

Als ich vor fast vierzig Jahren in einer Ostberliner Buchhandlung einen Band mit Erzählungen des Maxim Gorki erwarb, war mir kaum etwas über die Vergangenheit dieses Autors bekannt. Ich war lediglich neugierig auf einen russischen Schriftsteller, den Stefan Zweig zu einem der genialsten Erzähler der Weltliteratur gerechnet hat. Gefesselt war ich sofort von der Erzählung *Gewesene Leute*. Was mich, den damaligen Jurastudenten, besonders anzog, war keineswegs eine Rechtsfrage, die in der Erzählung eine Rolle spielt. Beeindruckt war ich vielmehr von der bildhaft-realistischen Sprache, den präzisen Beobachtungen und der farbigen Beschreibung eines Szenariums gescheiterter Menschen, die sich, stolz und selbstbewußt genug, von den Zwängen der bürgerlichen Gesellschaft befreit hatten. Ihnen galt schnell die Sympathie eines Werkstudenten, der den Vertretern der etablierten Wohlstandsgesellschaft durchaus kritisch gegenüberstand. Warum die Novelle für mich auch heute noch ihre Anziehungskraft nicht verloren hat, ist Gegenstand der nun folgenden Untersuchung.

II.

Da Gorkis Werk starke autobiographische Züge trägt, seien zum besseren Verständnis der Novelle zunächst einige Bemerkungen über seine Lebensgeschichte erlaubt, von der er uns selbst in einem dreibändigen Werk (*Meine Kindheit, Unter fremden Menschen, Meine Universitäten*) eindrucksvoll erzählt hat.

Schon die Kindheit Gorkis ist von Unterdrückung, Leid und Brutalität gezeichnet. Nach seinen eigenen Worten kommt er »aus der tiefsten Schicht des Lebens, wo nur Schlamm und Dunkelheit herrschen«. Der Vater stirbt mit 31 Jahren an der Cholera. Die Mutter kümmert sich kaum um ihn. Er wächst im Hause seines Großvaters auf, das »von der hitzigen Atmosphäre einer Feindschaft einer gegen alle erfüllt« ist. Als er gerade sechs Jahre alt ist, prügelt ihn der gewalttätige Großvater hemmungslos nieder. Es vergehen Wochen, ehe seine Wunden verheilt sind. Reuevoll pflegt ihn der Großvater. Später lehrt er ihn Lesen. Als Lektüre dienen ein Gebetbuch und die Psalmen. – Nur zu seiner Großmutter entwickelt er ein inniges Verhältnis. Sie, die gute Fee, vermochte ihm Menschlichkeit und Wärme zu geben.

Aleksej ist zehn Jahre alt, als seine Mutter an Schwindsucht stirbt. Der krankhaft geizige Großvater, dem Geld mehr als seine Kinder bedeuten, schickt ihn mit den Worten aus dem Haus: »Du bist keine Medaille, an meinem Hals ist nicht der rechte Platz für dich. Geh nun unter Menschen«. Der junge Peškov arbeitet als Laufbursche in einem Schuhgeschäft, als Gehilfe in einer Ikonenwerkstatt und längere Zeit im Hause eines technischen Zeichners, der ihn eines Tages wegen einer Nachlässigkeit krankenhausreif schlägt.

Prägend für sein weiteres Leben wird die Arbeit auf einem Wolgadampfer. Dort findet er Gelegenheit, seinen unbändigen Lesehunger zu stillen. Der Schiffskoch besitzt nämlich eine Kiste mit Büchern, aus denen ihm Aleksej jeden Abend vorlesen muß. Häufig entspinnen sich zwischen beiden längere Diskussionen über den Wert der Lektüre. So geraten die abendlichen Lesestunden zu einer Art literarischem Kabinett.

Mit 16 Jahren beginnt er ein Studium in der Universitätsstadt Kasanj. Er kommt mit den sogenannten ›Volkstümlern‹ (Narodniki), d. h. mit Studenten in Berührung, die schwärmerisch-revolutionär für bessere soziale Verhältnisse eintreten. Trotz vieler Vorbehalte schließt er sich ihnen an.

Als ihm die Kluft zwischen Studium und täglicher Schwerstarbeit in einer Backstube unüberbrückbar erscheint, und als er die Nachricht erhält, daß die geliebte Großmutter elend in der Gosse geendet ist, sieht er in seinem Leben keinen Sinn mehr. Am 12. Dezember 1887 schießt er sich mit einem Revolver in die Brust.

Wie durch ein Wunder überlebt er, kehrt in seine Heimatstadt zurück und macht einen neuen Anfang. Seinen Lebensunterhalt verdient er sich wiederum mit Gelegenheitsarbeiten. Er infiziert sich mit einer ihn nun immer wieder quälenden Lungentuberkulose. Erneut betätigt er sich politisch und wird nun von der zaristischen Polizei verhaftet.

Nach seiner Freilassung geht er auf Wanderschaft quer durch Rußland und legt überwiegend zu Fuß mehrere tausend Kilometer zurück. Seine Weggefährten sind Landstreicher und Vagabunden, die im russischen Volksmund »Barfüßige« (bosjaki) genannt werden. Mit diesen Obdachlosen, die später zu Schlüsselfiguren seiner Erzählungen – und natürlich auch unserer Novelle – werden, haust er häufig in dreckigen Unterkünften.

Zunehmend reift in ihm der Entschluß, Schriftsteller zu werden. »Etwa mit zwanzig Jahren«, so schreibt er, »begann ich zu begreifen, daß ich vieles gesehen, erlebt und gehört hatte, was ich den Menschen erzählen sollte und sogar unbedingt erzählen mußte. Nicht selten fühlte ich mich wie berauscht und erlebte Anfälle von Redesucht und Wortraserei ... Ich wollte erzählen, um mich zu ›entlasten‹«.

In einer Tifliser Provinzzeitung wird 1892 seine erste Erzählung veröffentlicht. Er signiert sie mit dem Pseudonym Gorki, was ins Deutsche übersetzt »der Bittere« heißt, womit er auf sein hartes Schicksal hinweisen wollte. Als Maxim Gorki wird er in einem kometenartigen Aufstieg zum Schriftsteller der Weltliteratur.

Aber noch ist es nicht soweit. In seine Heimatstadt zurückgekehrt, findet er eine Anstellung als Sekretär bei dem Advokaten Lanin. Dort verfaßt er Verteidigungsreden, entwirft Kassationsklagen und Gnadengesuche. Gleichzeitig arbeitet er als Journalist für regionale und bald sogar auch für Moskauer Zeitungen. Längst hat man erkannt, daß hier ein Mann von ungewöhnlichem Talent schreibt. Seine Beiträge sind mehr und mehr gefragt. Allein im Jahre 1896 schreibt er über zweihundert Zeitungsartikel und einhundertvierzig Erzählungen. Als Anfang 1898 eine zweibändige Auswahl seiner Arbeiten erscheint, sind binnen kürzester Zeit 100.000 Exemplare verkauft. Nun ist der Durchbruch geschafft. Aus dem Landstreicher mit einer kaum dreijährigen Schulbildung ist ein bekannter Schriftsteller geworden. Eine renomierte deutsche Zeitung bezeichnet ihn ein halbes Jahr später als den jüngsten »›Stern‹ der neuen russischen Literatur« und vergleicht ihn mit Leo Tolstoi.

Ich breche an dieser Stelle die auch weiterhin fesselnde Lebensgeschichte Gorkis, der sich später in unverantwortlicher Weise zum willigen

Werkzeug Stalins machen läßt und schließlich als dessen Geisel endet, ab. Denn wir haben genau die Zeit in seiner Biographie erreicht, in der unsere Erzählung entsteht. Ihr soll jetzt unsere Aufmerksamkeit gelten.

III.

Die Novelle spiegelt im wesentlichen das wider, was Gorki zum Teil schon in seiner Kindheit, sodann aber als Gelegenheitsarbeiter und auf seinen Wanderungen durch Rußland erlebt hatte. Es ist eine Welt voller Niedertracht, Gemeinheit und Brutalität, in der sich nur gelegentlich das Gute zeigt.

Die Erzählung beginnt mit einer Beschreibung des Handlungsorts. Es geht um eine trostlose Vorstadtsiedlung, durch die eine »Zufahrtsstraße« führt. Auf beiden Seiten der Straße stehen krüppelige Häuschen, »baufällig, hilflos und durch Sonne und Regen zu jener undefinierbaren schmutziggrauen Farbe verblaßt, die altes Holz im Laufe der Jahrhunderte annimmt«. Am Ende der »Zufahrtsstraße« steht ein unbewohntes Gebäude, das den düstersten Eindruck macht. Es »schien sich zu ducken und ergeben den letzten Schlag des Schicksals zu erwarten«.

Auf dem Hof dieses Gebäudes befindet sich eine ehemalige Schmiede, die der Rittmeister a. D. Aristid Kuwalda für monatlich fünf Rubel von dem reichen Kaufmann Petunikow gemietet hat. Kuwalda betreibt dort ein »Nachtasyl«, eine schmutzige und verrußte Höhle von etwa acht mal zwanzig Metern mit einem Blechdach. Von den Wänden riecht es »nach Rauch, vom Erdboden nach Feuchtigkeit« und die »Schlafpritschen« strömen »den Geruch von feuchten, faulenden Lappen aus«. Das Lager des Asylwirtes befindet sich auf dem riesigen Schmiedeofen, der in der Mitte des Raumes steht. Die Bänke um den Ofen gelten als Ehrenplätze. Auf ihnen dürfen nur Gäste übernachten, die sich der besonderen Freundschaft ihres Vermieters erfreuen.

Zum Schauplatz der Erzählung gehört ferner eine nicht weit vom Nachtasyl gelegene Schankwirtschaft, das beliebte Ziel nicht nur des Rittmeisters, sondern auch seiner zerlumpten und heruntergekommenen Mieter.

Eine Hauptrolle in der Novelle spielt Aristid Kuwalda, ein ausgedienter Kompaniechef der zaristischen Armee. Trotz seiner Lumpen ist er eine imponierende Erscheinung. Seine Mieter achten und respektieren ihn. Er führt freche und anstößige Reden, die sich bei seiner Klientel größter Beliebtheit erfreuen. »Es ist ein wahres Wort«, verkündet er ironisch: »Wer nicht sündigt, tut auch keine Buße, – wer keine Buße tut, wird auch nicht erlöst«.

Im Zentrum der Erzählung steht ferner der Schulmeister Filipp. Besonders ihm hat Gorki Wesenszüge gegeben, die seinem eigenen Schicksal ähneln. Wegen einer Skandalgeschichte verlor der Schulmeister seinen Beruf. Versuche, als Bibliothekar oder in einem Ledergeschäft wieder Fuß zu fassen, schlugen fehl. Nachdem er die Sachwalterprüfung am Amtsgericht bestanden hatte, ergab er sich dem »›Suff aus Weltschmerz‹«. Jetzt verdient er durch Reporterberichte in den Lokalzeitungen der Stadt manchmal bis zu 15 Rubel die Woche. Davon vertrinkt der Schulmeister übrigens nicht alles; wenigstens die Hälfte seines Geldes verbraucht er für die schmutzigen, zerlumpten und halbverhungerten Kinder der »Zufahrtstraße«. Mit dem Rittmeister verbindet ihn eine enge Freundschaft. Nur bei dem Schulmeister »konnte Arestid Kuwalda sicher sein, daß seine Philosophie verstanden wurde«.

Filipp gehört im übrigen zu denjenigen Mietern des Asyls, die schon mehrfach versucht haben, ins bürgerliche Leben zurückzufinden. Haben sie es geschafft und wollen sich bei Kuwalda bedanken, wird Wiedersehen gefeiert, bis Hab und Gut erneut vertrunken sind. »Eine nicht eben rühmliche Lage«, wie der Rittmeister weise bemerkt. Aber kein Grund, darüber zu philosophieren. Denn, so Kuwalda, man solle sich »das Leben nicht mit Philosophie und unnützen Fragen schwermachen. Philosophieren ist immer dumm, und im Katzenjammer philosophieren erst recht«.

Andere Personen der Novelle sind ein ehemaliger Bezirksförster, der jetzt mit Streichhölzern, Tinte, Stiefelwichse und angefaulten Zitronen handelt; ferner ein ehemaliger Gefängniswärter, der sich seinen Lebensunterhalt durch Gesellschaftsspiele verdient, die »ebenso geistreich wie bei der Polizei unbeliebt sind«. Des weiteren gehört der Diakon Taras dazu. Ihn, der erstaunlich gut tanzt und noch besser ›schweinigelt‹, hatte man wegen unsittlichen Benehmens seiner geistlichen Würden beraubt.

Die eben geschilderten Subjekte gehören zum Generalstab des Rittmeisters. »Er nannte sie mit gutmütiger Ironie ›die gewesenen Leute‹«. Im Nachtasyl hausen außerdem noch einige verarmte Bauern. Ihr Anführer ist der alte Lumpensammler und tiefgläubige Bibelleser Tjapa, der den Schulmeister mit der Frage in arge Verlegenheit bringt, warum Gott sich nicht um das russische Volk kümmert.

Auch wenn Herkunft, Ausbildung und Charaktere der Gewesenen sehr unterschiedlich sind, so bilden sie doch eine verschworene Gemeinschaft. Was sie vereint, ist das Bewußtsein der Sinnlosigkeit ihres Lebens und »jener tierische Haß, jene sinnlose Erbitterung der vom Schicksal zu Tode Gehetzten« und »Verzweifelten«. Für sie ist das Leben, wie es Kuwalda einmal formuliert, eine Geliebte, die sie sitzen gelassen hat und die sie deswegen tief verachten. »Wenn wir«, so trösten sie sich, »ohnehin alle sterben müssen, ist es da nicht egal, wie wir leben?«.

Dennoch verfolgen diese Menschen mit Aufmerksamkeit, was um sie herum geschieht. Besonders an kalten und trüben Regentagen diskutieren sie in der Gastwirtschaft mit den Bewohnern der »Zufahrtsstraße«. So wird kritisiert, daß die vor mehr als fünfzehn Jahren erfolgte Bewertung des Grundbesitzes noch immer die Grundlage für die Festlegung der städtischen Steuern bildet. Hämisch kommentiert man, wenn ein reicher Kaufmann bestohlen wurde oder seinen Prozeß verloren hatte. Vor dem Hintergrund russischer Judenpogrome wird niederträchtig Antisemitismus geschürt und, wie es in der Novelle heißt, »die Frage der verschiedenen Methoden zur radikalen Vertilgung der Juden von der Erdoberfläche erörtert«.

Darüber hinaus wissen die Gewesenen »mit dem Gesetzbuch Bescheid«, können »jeden erdenklichen Rat geben, Gesuche aufsetzen und angeben, wie man bei allerlei Schwindelmanövern straflos ausgehen könne«. Besonders der juristisch erfahrene Schulmeister versteht es wiederholt, durch geschickte und überzeugend begründete Schriftsätze an die Stadtverwaltung, den Bewohnern der »Zufahrtsstraße« zu ihrem Recht zu verhelfen. »Für alles das belohnte man sie mit Schnaps und der schmeichelnden Bewunderung ihrer Talente«.

Im übrigen richtet sich ihr Haß gegen die Reichen und hier vor allem gegen den Vermieter und Kaufmann Petunikow. Kuwalda versäumt keine Gelegenheit, den Kaufmann zu demütigen. Als der Kaufmann mit seinem vielen Geld prahlt, bemerkt Kuwalda spöttisch: »Dann dient nicht der Rubel dir, sondern du dienst dem Rubel« und fährt fort: »Wer Verstand hat und ein gutes Gewissen, der kann auch ohne Geld leben. Das Geld häuft sich meist erst, wenn das Gewissen anfängt einzuschrumpfen. Je weniger Gewissen, desto mehr Geld«. Schlagfertig kontert Petunikow: »Stimmt! Es gibt aber auch Leute, die haben weder Geld noch Gewissen«. Zynisch entgegnet Kuwalda: »So einer warst du wohl in jüngeren Jahren«.

Die Erzählung spitzt sich auf eine Auseinandersetzung zwischen dem Rittmeister und dem Kaufmann zu und nimmt schließlich ein tragisches Ende. Der Rittmeister hat herausgefunden, daß die Außenmauer der neuen Fabrik des Kaufmanns auf dem Grundstück des Schankwirts steht. Kuwalda hetzt nun den Gastwirt auf, gegen den Kaufmann gerichtlich vorzugehen. »Wir klagen auf Abbruch!«, erklärt Kuwalda dem Wirt. »Das nennt man Grenzversetzung und Schädigung fremden Eigentums, mein Lieber ... ein äußerst erfreuliches Ereignis für dich! Soll er doch abreißen! So eine Mauer abzureißen und zu versetzen – das kostet Geld! Also ein Vergleich! Und dann quetsch ihn an die Wand, den Judas! Wir wollen ganz haargenau ausrechnen, wieviel der Abbruch kosten würde mit dem Wert der verbrauchten Ziegelsteine und den Ausschachtungen für das neue Fundament. Alles berechnen wir! Sogar die Zeit setzen wir mit ein! Und dann, mein frommer Herr Judas, – her mit zweitausend Rubeln«.

Schließlich erhebt der Wirt eine vom Schulmeister formulierte Klage über die Zahlung von 600 Rubel. Als der Kaufmann nebst seinem Sohn und einem Meßband auf der Baustelle erscheint, begrüßt ihn Kuwalda spöttisch mit den Worten: »Da sieht man, wie das Stehlen zur Gewohnheit werden kann. Der Mensch stiehlt zu guter Letzt aus Versehen, wenn er gar nicht will, und riskiert, mehr zu verlieren als er gestohlen hat«.

Der Sohn des Kaufmanns kann schließlich den Schankwirt davon überzeugen, daß es für ihn viel günstiger wäre, wenn der Bau stehen bleibt. Denn es werden in die neue Fabrik mindestens 150 Arbeiter kommen, die den Umsatz des Wirtes erheblich steigern. Als der Wirt gleichwohl noch auf seiner Klage besteht, droht ihm der junge Petunikow damit, daß man auch eine eigene Schenke aufmachen könne. »Da wird es«, so fügt er hinzu, »anders zugehen als bei Ihnen. Und im Handumdrehen sind Sie kaputt. Ganz kaputt, mein Lieber, dafür wollen wir schon sorgen«. Schließlich verspricht der Wirt, für 100 Rubel seine Klage zurückzunehmen und unterzeichnet ein hierfür vorbereitetes Schriftstück.

Später erkundigt sich der Rittmeister beim Wirt, wieviel »Silberlinge« er vom Kaufmann bekommen habe. Dieser nennt aus Angst vor Blamage 400 Rubel. Wütend verlangt Kuwalda von diesem Betrag 10 % für seine Entdeckung, 25 Rubel für die Abfassung der Klage und für alle Bewohner des Nachtasyls »einen Eimer Schnaps nebst Imbiß in entsprechender Qualität«. Aus Angst erfüllt der Wirt diese Forderungen und man beginnt ein großes Gelage.

Doch diesmal will unter den Gewesenen keine Stimmung aufkommen. Unheil kündigt sich an, als der Schulmeister, den man schon drei Tage nicht mehr gesehen hat, plötzlich in einer Droschke aus der Stadt gebracht wird. Kuwalda denkt zunächst, sein Freund sei wie gewöhnlich betrunken, stellt aber dann fest, daß er schwer krank und nicht mehr zu retten ist. »›Nichts Besonderes. Ein Mensch stirbt‹ meldet Kuwalda kurz« und fügt sogleich stotternd hinzu: »ein ekelhaftes Gefühl, wenn einer stirbt, den man gern gehabt hat!‹«. Dann spricht er ergreifende Worte, die keiner der Gewesenen von ihm erwartet hätte. »Filipp!« so flüstert er, »sag mir etwas ... ein Trostwort dem alten Freund ... hörst du? Ich hab dich lieb, Bruder. Alle Menschen sind Viehzeug, du aber warst für mich ein wirklicher Mensch, wenn du auch ein Säufer warst«.

Die Szene eskaliert, als am nächsten Morgen Petunikow erscheint, sich vor dem Toten bekreuzigt und für das Begräbnis zwei Fünfkopekenstücke zu dessen Füßen legt. Der Rittmeister brüllt nun wie ein wildes Tier und befiehlt: »Nimm es sofort wieder zurück! Nimm es zurück, sag ich dir, du ... Schweinehund! Du wagst es, deine Diebesgroschen für das Begräbnis eines Ehrenmannes zu stiften?« »Was meinst du«, so brüllt der Rittmeister weiter, »wenn ich dich, verdammtes Otterngezücht, zwinge, diesem Toten die Füße zu küssen?«. Dann packt er den Kaufmann am Kragen und wirft ihn wie eine junge Katze zur Tür hinaus. Die Gewesenen traten schnell zur Seite, damit der Kaufmann Platz zum Hinfallen hatte.

Die Erzählung nimmt nun ihr Ende. Die Leiche des Lehrers wird auf einem Karren abgefahren und der Rittmeister in Handschellen von der Polizei abgeführt. Petunikow lächelt siegesfroh, geht auf das Asyl zu und mißt mit seinen Schritten irgendwelche Entfernungen ab. Dem Bau einer neuen Fabrik steht nun nichts mehr im Wege.

IV

Auch wenn sich jetzt die Frage nach dem Sinn der Novelle aufdrängt, möchte der Jurist zunächst wissen, ob der Kaufmann Petunikow sein Gebäude wirklich hätte abreißen müssen. Gorki, der auch sonst Rechtskenntnisse gehabt haben muß, war offenbar mit dem Problem des Grenzüberbaus vertraut. Immerhin hatte er – wie zu Anfang erwähnt – längere Zeit als Kanzlist bei dem Advokaten Lanin gearbeitet, den er später zu seinen einflußreichsten Lehrern zählte.

Als Gorki seine Novelle schrieb, galt der unter Zar Nikolaus I. (1825-1855) zuerst 1832 erlassene »Gesetzescodex für das Russische Reich« in der revidierten Fassung von 1893. Dabei handelt es sich um eine Kodifikation, die wie das Preußische Allgemeine Landrecht von 1794 (ALR) nahezu alle Rechtsgebiete regelt, darunter in Band 10 das hier interessierende Zivilrecht. Auch wenn der zeitgenössische Übersetzer Hermann Klibanski anmerkt, daß die Sprache dieses Zivilgesetzbuches eine »leicht verständliche Umgangssprache und nicht die jetzt in Deutschland in den Gesetzen allgemein zur Anwendung gelangende gesetzestechnische Ausdrucksweise« sei, »die selbst für den Juristen des Studiums bedarf, bis sie sich seinem Verständnis erschließt«, so kommt doch der an unser streng logisches und systematisches Zivilrecht gewohnte Jurist mit diesem russischen Zivilrecht nicht ohne weiteres zurecht, zumal dort begrifflich noch nicht einmal zwischen Besitz und Eigentum unterschieden wird.

Dennoch kann man den Vorschriften der §§ 609 ff. des Russischen Zivilgesetzbuches entnehmen, daß dort der sog. Grenzüberbau – jedenfalls im Ergebnis – wie im deutschen Gemeinen Recht geregelt worden war. Danach hatte der Eigentümer des überbauten Grundstücks stets einen Beseitigungsanspruch gegen den Überbauer (*superficies solo cedit*).

Diese Regelung ist nicht immer sinnvoll. Denn mit dem Recht auf Abbruch besteht die Gefahr der Zerstörung wirtschaftlicher Werte. Außerdem kann sich der Geschädigte mit der Abbruchdrohung ungerechtfertigte Vorteile verschaffen. Schon das mittelalterliche deutsche Recht und später das bereits erwähnte Preußische Allgemeine Landrecht von 1794 haben daher in bestimmten Fällen eine Duldungspflicht des Nachbarn anerkannt (ALR I, 9 § 332).

Auch nach dem Bürgerlichen Gesetzbuch (§§ 912-916 BGB) hat der Nachbar den Überbau gegen Zahlung einer Entschädigung zu dulden, wenn dem Überbauenden weder Vorsatz noch grobe Fahrlässigkeit zur Last fällt und nicht spätestens sofort nach der Grenzüberschreitung Widerspruch erhoben worden ist. Nur in den übrigen Fällen kommt der Beseitigungsanspruch zum Zuge. Da in der Novelle der Kaufmann weder grob fahrlässig gehandelt noch der Wirt Widerspruch erhoben hatte, wäre nach unserem Recht ein Abbruch des Gebäudes sicher nicht in Betracht gekommen.

Die Novelle mag den Juristen, zumal den Rechtshistoriker, herausfordern, nach weiteren Spuren zu suchen, die Gorkis juristische Tätigkeit in seinem Werk hinterlassen hat, wie man überhaupt der Frage nachgehen könnte, welches Verhältnis Gorki zum Recht seiner Zeit hatte. Ebenso lohnend wäre es, an Hand unserer Novelle die marxistisch-leninistische These zu überprüfen, wonach sich bereits in Gorkis frühen Erzählungen ein sozialrevolutionärer Geist kommunistischer Prägung widerspiegeln soll. Auch Gorkis Einstellung zur jüdischen Bevölkerung, deren Verfolgung er übrigens scharf verurteilte und deren Rechte er mutig verteidigte, wäre vor allem auch angesichts der jetzt viel diskutierten Thesen D. J. Goldhagens des Nachdenkens wert. Von Interesse wäre gewiß auch die Frage, ob und inwieweit unser Text einem durch Nietzsche beeinflußten Vitalismus folgt, aus dem sich bei Gorki, wie erst jüngst Hans Günther zu zeigen versucht hat, die Vorstellung vom sozialistischen Übermenschen entwickelte. Schließlich könnte man unsere Novelle zum Anlaß nehmen, um im Sinne Alexander Solschenizyns die schwierige Frage zu erörtern, ob und welche Verantwortung Gorki für das leninistisch-stalinistische Terrorsystem zu tragen hat.

Im Vordergrund meiner Überlegungen soll jedoch die Novelle selbst als Kunstwerk und, wie eingangs schon angedeutet, die Frage stehen, was sie uns heute noch zu sagen hat. Zweifellos erhält Gorkis Erzählung erst vor dem Hintergrund der sozialen Mißstände des vorrevolutionären Rußlands ihr volles Gewicht. Berücksichtigt man jedoch, daß es nach einer neueren Schätzung allein in Frankfurt am Main eine ständig ansteigende Zahl von jetzt mindestens 5000 Obdachlosen gibt, von denen in diesem Winter schon einige auf der Straße erfroren sind, so steht allein deswegen die Aktualität der Novelle außer Frage. Sie lenkt auf ihre Weise unsere Aufmerksamkeit auf diese im Schatten unserer Gesellschaft stehenden Menschen.

Über das konkrete Geschehen hinaus vermittelt uns die Novelle außerdem Einsichten, die in einem übertragenen Sinne ihre Gültigkeit bis heute bewahrt haben. Dabei spielen auch Recht und Gesetz eine Rolle. Denn es geht in der Novelle um Menschen, die Gorkis Sympathie haben, weil sie außerhalb der Gesetze und im Kampf mit den Gesetzen der bürgerlichen Gesellschaft leben. Gorkis konservative Kritiker haben sich daher über seine angebliche Verherrlichung der Gesetzlosigkeit empört.

Nun zu Einzelheiten. Als Gorki seine Novelle schrieb, hatte sich die russische Literatur in einem überspannten Realismus festgefahren, einem Realismus, dessen Sujet der graue Alltag des leidenden und resignierenden russischen Volkes war. Auch Gorki schildert diesen am eigenen Leibe so schmerzlich erfahrenen Alltag. Es ist eine Zeit, in der ca. 5 Millionen hungernde Menschen auf der Suche nach Arbeit und Abenteuer durch Rußland vagabundierten, darunter entwurzelte Studenten, verarmte Bauern, ruinierte Handwerker sowie heruntergekommene Adlige. Viele von ihnen »verhungerten oder tranken sich zu Tode, viele starben in stinkenden Herbergen oder überfüllten Gefängnissen. Einige haßten das Leben, andere waren gleichgültig gegenüber ihrem Schicksal« (Geir Kjetsaa).

Aber, und das ist das Überraschende, Gorki wendet diese triste und hoffnungslose Realität ins Positive. Er läßt weder Mitleid noch Barmherzigkeit aufkommen. Statt dessen bewundert er diese verkommenen Obdachlosen ganz unabhängig davon, ob sie nun gut oder böse, moralisch oder unmoralisch sind. »Mir gefiel«, so schreibt Gorki später, die Erbitterung dieser Menschen »gegen das Leben, mir gefiel ihre spöttisch-feindselige Einstellung gegen alles und jedes in der Welt, ihre Unbekümmertheit in bezug auf sich selbst. Meine unmittelbaren Erlebnisse zogen mich alle zu diesen Leuten und lockten mich, in diesem ätzenden Milieu unterzutauchen«.

Gorki verwandelt also diese verzweifelten und demoralisierten Kreaturen zu trotzigen, stolzen und selbstbewußten – gleichsam in den Naturzustand zurückversetzte – Tatmenschen, die sich aller Fesseln der kleinbürgerlichen Gesellschaft entledigt haben und denen *Freiheit* alles bedeutet. »Ich bin«, so sagt einer von ihnen, »von der Menschheit ausgestoßen, also frei von allen Hemmungen und Banden. Ich kann auf alles spucken!«

Man fühlt sich an die Lehren des 1734 nach Göttingen berufenen Rechtsprofessors Johann Jacob Schmauß erinnert. Dieser hatte die Ansicht vertreten, daß jeder Kreatur ein Recht angeboren sei, nach ihrer Natur zu leben und allen ihren von Gott gegebenen Neigungen zu folgen. Der Mensch sei in diesem Naturzustand »exlex«, d. h. an kein Gesetz gebunden. Deswegen sei er »in allen seinem Thun frey« und dürfe ohne jede moralische Schranken nach seiner Willkür handeln.

Von äußerlichen Zwängen wirklich frei ist in unserer Novelle allerdings nur der Rittmeister Kuwalda. Denn die anderen Bewohner des Asyls stehen unter seiner Herrschaft und haben sich seinen Anordnungen zu fügen. So bestimmt Kuwalda, wer in das Obdachlosenasyl aufgenommen wird, wer zu seinem Generalstab gehört und wer auf den Bänken um den Schmiedeofen einen Ehrenplatz einnehmen darf. Der Rittmeister sorgt sich zudem um das Wohl seiner Mieter. Er verteidigt sie, gibt ihnen gute Ratschläge, diszipliniert sie aber auch, wenn es nötig ist. Kuwalda ist der Führer der Gewesenen, ein Willens- und Tatmensch, dem sich im Ernstfalle alle anderen unterzuordnen haben.

Dennoch verkörpern auch die übrigen Bewohner des Asyls freiheitlich-antibürgerliche Ideale, die bis heute ihre Anziehungskraft nicht verloren haben. So mag es unter den heutigen Obdachlosen einige geben, die willentlich alle bürgerlichen Konventionen hinter sich gelassen haben und schon ein Zimmer mit vier Wänden als Beeinträchtigung ihrer Freiheit empfinden würden. »O nein«, läßt Gorki eine seiner Barfüßlergestalten sagen, »ich tausche meine Freiheit nicht gegen eine Frau und ein Haus. ... Ich will herumstreifen, bis mein Haar grau wird. Es ist langweilig, immer am gleichen Ort zu wohnen«.

Zu diesen Menschen gehörte in unserer Zeit gewiß auch der Bettler ›Johnny‹, um den ein ganzes Stadtviertel trauerte, als er im Dezember 1993 im Alter von 57 Jahren auf seinem Lager aus schmutzigen Decken im Eingang eines Hamburger Geschäftshauses starb; oder Stefan, ein Frankfurter Obdachloser, der auf die Frage, warum er trotz Kälte, Nässe und Gefahren draußen lebe, mit Stolz in der Stimme antwortet: »Wir haben ein freies Leben«. Und hat nicht so mancher von uns schon einmal den Wunsch gehabt, sich der unübersehbaren Flut von Rechtsvorschriften, dem Wust engherziger Kontrollen, administrativer Gängelei und Behördenbevormundung zu entziehen? Aber wer wagt schon den Schritt in diese Freiheit? Stets sind es nur Gedankenspiele und flüchtige Träume.

Die Amsterdamer Stiftung *Voila* nutzt diese Sehnsüchte kommerziell: Gegen 45 Gulden darf man einen Tag als Obdachloser durch die Grachten streifen. Die meisten Bürger sind jedoch realistisch genug, um zu erkennen, daß die so frei scheinende Welt der ›clochards‹ in Wahrheit erbärmlich und keineswegs erstrebenswert ist.

So findet der Leser an den im Grunde abstoßenden Gestalten unserer Novelle nur Gefallen, weil es dem Dichter gelingt, das trostlose Szenarium zu romantisieren. Gorkis Romantik zielt jedoch weder darauf, den Menschen mit der harten Wirklichkeit zu versöhnen, noch ihm zur Flucht in eine Scheinwelt zu verhelfen. Er bedient sich vielmehr einer, so nennt er sie selbst, »aktiven Romantik«, die »den Lebenswillen des Menschen ... stärken [und] in ihm den Geist der Rebellion gegen die Zwänge der Wirklichkeit ... wecken« möchte (Armin Knigge).

Aber trifft dies auch für unsere Novelle zu? Vermittelt sie nicht eher Trostlosigkeit und Resignation statt Ermutigung? Denn die Gewesenen sind doch am Ende in jeder Hinsicht die Verlierer. Der Grenzüberbau hat den Kaufmann kaum etwas gekostet. Seine Fabrik wird nicht abgerissen. Der stolze und selbstbewußte Kuwalda wird durch die Polizei abgeführt. Die Asylbewohner haben damit ihren Beschützer und Führer verloren. Nun kann der Kaufmann ohne weiteres den Rest der Gewesenen aus dem Obdachlosenasyl vertreiben, um dort eine neue Fabrik zu errichten. Letztlich haben sich ›law and order‹ durchgesetzt; scheinbar ganz im Sinne Gorkis, der, als man ihn einmal fragte, ob er Anarchist sei, antwortete: »Ich glaube an Gesetz und Ordnung«. Der redliche und gesetzestreue Bürger hätte also allen Anlaß zum Triumph.

Gleichwohl zweifelt der Leser, ob damit die Probleme gelöst sind und ob hier wirklich die richtige Seite gesiegt hat. Wo bleibt angesichts des Elends und der Not die Hoffnung auf eine bessere Zukunft, auf eine neue Gesellschaft und auf eine gerechtere Welt, von der bei Gorki immer wieder die Rede ist? Was, so fragt man sich, erwartet Gorki von diesem in Verzweiflung erstarrten Lumpenproletariat? Hätte er sich nicht statt dessen für soziale Reformen durch vernünftige Gesetze oder sogar für einen gewaltsamen Umsturz der bestehenden Gesellschaft einsetzen müssen?

Immerhin schließt Gorki eine Besserung der Verhältnisse durch Gesetze nicht aus. So legt er dem gescheiterten Bäcker Konowalow in der gleichnamigen und ebenfalls 1897 erschienenen Novelle die Worte in den Mund: »Da muß doch irgendein Gesetz kommen«, um den notleidenden Menschen zu helfen. Aber Gorki baute nicht allein auf neue Gesetze, wie er überhaupt Reformen von oben ablehnte. Ebenso hielt er nichts von revolutionärer Gewalt, als er unsere Novelle schrieb. »Eine Revolution«, so sagt er, »macht eine schwierige Situation nicht besser, in der Regel wird sie nur noch schlimmer«.

Nachdem jedoch die Zarenregierung am 9. Januar 1905 in St. Petersburg Hunderte von wehrlosen Demonstranten niedermetzeln ließ, bemerkte er verbittert: » Nur Blut hilft [jetzt noch], die Geschichte mit neuen Farben anzustreichen«. Als er später mit dem Massenterror Lenins und der rücksichtslosen Beseitigung Andersdenkender konfrontiert wird, erklärt er freilich: »Es nützt nichts, mir mit Redeverbot zu drohen […] soziale Gerechtigkeit kann nicht durch Mord und Gewalt erreicht werden«; und an Lenin schreibt er am 6. September 1919 in einem jetzt aufgefundenen Brief: »Wladimir Iljitsch! Nehmen Sie zur Kenntnis, daß ich lieber verhaftet und eingesperrt werden will, als an der Zerstörung der besten und wertvollsten Kräfte des russischen Volkes mitschuldig zu sein. […] Ich hoffe, Sie verstehen mich«.

Unsere Novelle vermittelt ebenfalls nicht im entferntesten – anderer Ansicht war die zaristische Polizei – den Eindruck, der Autor wolle zum gewaltsamen politischen Umsturz aufrufen, wie er auch die Ursachen des Elends seiner Zeit nicht so sehr in der bestehenden Sozial- und Rechtsordnung sieht. Demgemäß hält sich der Bäcker Konowalow keineswegs für »ein trauriges Opfer der Verhältnisse«, sondern meint, daß er selbst die Verantwortung für das ganze »Mißgeschick seines persönlichen Lebens« trage. Denn, so resümiert er: »Jeder ist sein eigener Herr, und niemand ist daran schuld, daß ich ein Lump bin«.

Wenn aber jeder seines Glückes Schmied und für sein Schicksal allein verantwortlich ist, dürften gescheiterte Menschen wohl kaum zu denjenigen gehören, von denen Impulse für eine bessere Zukunft erwartet werden können. Hätte es daher nicht näher gelegen, statt dessen den erfolgreichen Geschäftsmann Petunikow und seinesgleichen als leuchtendes Vorbild zu empfehlen? Gorki sieht dies jedoch anders. Seine Welt ist nicht diejenige des Kaufmanns Petunikow. Dementsprechend läßt er den Schulmeister Filipp sagen: »Wir brauchen etwas anderes, eine neue Anschauung vom Leben, neue Gefühle. Wir brauchen etwas ganz Neues, Großes. Denn auch wir sind in der Welt etwas Neues«.

Gorkis Blick richtet sich also auf jene, die wie er aus den Niederungen des Lebens kommen. Er glaubt nämlich, daß durch die Schicht der tierischen Gemeinheit des Lebens, so dick diese Schicht auch sein mag, »das menschlich Gute, Gesunde, Schöpferische siegreich hindurchwächst und die unerschütterliche Hoffnung auf unsere Wiedergeburt zu einem schönen, lichtvollen, wahrhaft menschlichen Dasein wach erhält«.

Wie man sieht, argumentiert Gorki nicht sozialpolitisch, sondern anthropozentrisch. Im Mittelpunkt seiner Überlegungen steht nicht die

Gesellschaft, sondern der *Mensch*. Schonungslos deckt er auf, wie tief Menschen moralisch sinken können. Er zeigt jedoch auch, wie sich durch Brutalität und Niedertracht hindurch die guten Eigenschaften des Menschen Bahn zu brechen vermögen. In unserer Novelle ist es besonders die Freundschaft zwischen Aristid Kuwalda und dem Schulmeister Filipp, in der menschlich Lichtvolles zutage tritt.

Gorki appelliert außerdem daran, den Glauben an eine bessere Zukunft nicht aufzugeben. Denn ohne Glaube und ohne Illusionen ist der Mensch zum Untergang verurteilt. Schließlich ist er davon überzeugt, daß der Mensch besonders dann, wenn er in Not und Elend ist, ungewöhnliche Widerstandskräfte entwickeln und sich gleichsam über sich selbst hinauszuheben vermag. Im Rückblick auf die schweren Zeiten, die er selbst durchgemacht hatte, schreibt er daher: »Ich rechnete nicht auf Hilfe von außen und hoffte auf keine glücklichen Zufälle mehr, vielmehr entwickelte sich in mir allmählich ein trotziger Wille, und je ungünstiger meine Lebensumstände wurden, desto stärker und auch klüger kam ich mir selbst vor. Ich war sehr früh zu der Erkenntnis gelangt, daß gerade der Widerstand gegen seine Umgebung den Menschen formt!«

Wenn – und auch das könnte daher eine Botschaft unserer Novelle sein – Wirtschafts- und Sozialprobleme nicht durch einen politischen Umsturz gelöst werden sollen, braucht man gewiß gute und fortschrittliche Gesetze. Diese dürften aber weniger von den auf wirtschaftliche Vorteile bedachten Petunikows, sondern mehr von denjenigen zu erwarten sein, die das Elend und die Not kennen und gesellschaftliche Veränderungen nicht als Gefahr für den eigenen sozialen Besitzstand sehen. Wer also nicht will, daß sich die Gegensätze zwischen arm und reich weiter vertiefen, muß als Gesetzgeber den Mut haben, die Besitzstandswahrergesellschaft oder, so ein Wort des französischen Soziologen Michel Crozier, die durch egoistische Interessen »blockierte Gesellschaft« aufzubrechen.

Mit Gesetzen allein ist es freilich nicht getan. Nötig ist ebenso die inzwischen vielfach verloren gegangene Einsicht, daß die Perfektion staatlicher Betreuung ihre Grenzen hat und die gesellschaftlichen Verhältnisse nicht für alles verantwortlich zu machen sind. Deswegen müßte das Bewußtsein jedes Bürgers dafür geschärft werden, daß er für sein Schicksal in einem hohen Maße auch selbst Verantwortung trägt. Unverzichtbar sind und bleiben aber die Hoffnung auf eine bessere Zukunft und der Glaube an eine gerechtere Welt, damit, um noch einmal mit Gorki zu sprechen, die Träume von einem »schönen, lichtvollen und wahrhaft menschlichen Dasein« aufhören, Träume zu sein.

Literaturhinweise

Norbert Bartel: *Untersuchungen zur Romantechnik bei Maksim Gorkij.* München 1955.
Michel Crozier: *La Société bloqéeu.* Paris 1988.
Maxim Gorki: *Der Vagabund und andere Erzählungen.* München 1974.
Maxim Gorki: *Erzählungen.* Aus dem Russischen übertragen von Arthur Luther. Berlin 1958.
Maxim Gorki: *Konowalow und andere Erzählungen.* München 1973.
Maxim Gorki: *Autobiographische Romane: Meine Kindheit, Unter fremden Menschen, Meine Universitäten.* Stuttgart 1974.
Nina Gourfinkel: *Maxim Gorki.* Hamburg 1958.
Ilja Grusdew: *Das Leben Maxim Gorkis.* Berlin 1928.
Hans Günther: *Der sozialistische Übermensch.* Stuttgart 1993.
Richard Hare: *Maxim Gorki.* London 1962.
Filia Holtzman: *The young Maxim Gorki.* New York 1948.
Boriss A. Kaleps: *Gorkis Glaube und seine verschiedenen Konflikte mit der Umwelt.* Heidelberg 1969.
Geir Kjetsaa: *Maxim Gorki.* Hildesheim 1996.
Codex des Civilrechts (Russisches Civilgesetzbuch) Übersetzt von Hermann O. Klibanski Berlin 1902.
Armin Knigge: *Maksim Gor'kij, Das literarische Werk.* München 1994.
Georg Lukacs: *Der russische Realismus in der Weltliteratur.* ^{4}1952, S. 195 ff.
Georg Mayer: *Der junge Gorki 1868-1904.* 1966.
Fritz Mierau: *Maxim Gorki.* Leipzig 1966.
Aleksandr Josifovič Roskin: *Maxim Gorki.* Berlin 1947.
Alexander Solschenizyn: *Der Archipel GULAG.* Hamburg 1978.
Cecilia von Studnitz: *Mit Tränen löschst du das Feuer nicht. Maxim Gorki und sein Leben.* Düsseldorf 1993.
Henri Troyat: *Gorki. Sturmvogel der Revolution. Eine Biographie.* München 1990.
Friedrich Wolf: *Maxim Gorki. Revolutionärer Romantiker und sozialistischer Realist.* Berlin 1953.

Hugo von Hofmannsthal / Richard Strauß:
Ariadne auf Naxos

VON

Klaus Felgenhauer

Wenn es stimmt, daß Musik die Sprache des Herzens ist und das Herz sich in der Welt unserer Gefühle besser auskennt als unser Gehirn, dann sollte die Musik auch besser den Schmerz und die Einsamkeit eines in tiefe Melancholie Versunkenen zu schildern vermögen als die Sprache. Die tiefe Melancholie ist eine Krankheit zum Tode und jeder, nicht nur der Arzt, sollte ihre Symptome kennen. Menschliche Zuwendung und einfühlendes Verständnis sind dann vielleicht in der Lage, den jederzeit drohenden Selbstmord zu verhindern. Die Depression – ich benutze auch den Ausdruck Melancholie – ist in der Oper immer Folge eines Schicksalsschlages.

Ariadne, eine anspruchsvolle Prinzessin aus dem minoischen Kreta, leidet an einer schweren Melancholie und Richard Strauß schildert ihren Zustand mit den Worten Hugo von Hofmannsthals. Ariadne *ist* Gräfin Degenfeld, eine junge Frau, die den Tod ihres geliebten Mannes nicht verwinden kann und die nur langsam mit Hilfe von Hofmannsthal ihren Lebenswillen wiedergewann.

Die Ouvertüre der Kurz- und Kammeroper »Ariadne auf Naxos« schildert die seelische Verfassung Ariadnes. Bereits im Vorspiel werden die zum Teil abrupten Stimmungsschwankungen deutlich. Tiefste Niedergeschlagenheit geht innerhalb weniger Takte sowohl in überbordende Agitiertheit als auch in passagere Entspannung, ja Erlösung von der Hemmung aller Lebensvorgänge über.

- *CD I 14/0.00 – 3.26: Ouvertüre*
[Die Angaben zur compact disc (CD) beziehen sich auf die Aufnahme von 1955 mit Elisabeth Schwarzkopf, Rudolf Schock, Rita Streich und dem Philharmonia Orchester unter Herbert von Karajan. (EMI Classics CDS 5551762), die Klammerangaben auf den Klavierauszug, Fürstner Musikverlag Mainz (KA).]

Ariadne ist umgeben von drei Nymphen, heiter-unbeschwerten Mittelmeernixen und den Figuren der Commedia dell'arte, drei Komödiantenschauspielern sowie der koketten Zerbinetta. Alle zusammen schildern

Ariadnes Verhalten auf der einsamen Insel, ihre Bewegungsverarmung sowie das komplette Desinteresse an jeder Form freundlicher Zuwendung. »Schön, stolz und regungslos« sei sie, »als wäre sie die Statue auf ihrer eigenen Gruft. – Sie wolle keine andere Vertraute als Fels und Wellen haben«, sagt Zerbinetta.

Ariadne ist von Theseus, dem Thronanwärter von Athen, auf der Insel zurückgelassen worden, einem unserem Siegfried vergleichbaren jugendlichen Draufgänger. Er war ausersehen, dem wilden Minotaurus geopfert zu werden, – der in der Tiefe eines Labyrinths hausend – immer wieder einmal durch Menschenopfer bei Laune gehalten werden muß. Theseus ist ein Liebling der Götter sowie der Frauen, und die schwärmerisch veranlagte Ariadne verliebt sich auf der Stelle in ihn. Sie steckt ihm einen zum Knäuel aufgewickelten Faden zu – später nach ihr benannt –, mit dessen Hilfe er tatsächlich nach Tötung des Ungeheuers den Weg aus dem Labyrinth findet. Er verspricht ihr die Heirat, und sie wird mit dem Brautkleid ihrer Mutter geschmückt; dann sticht man in See. Auf Naxos läßt Theseus die noch Schlafende im Stich. Enttäuschung, Schmerz und Verzweiflung nehmen rasch die Form einer schweren Depression an, wie wir sie in den Lehrbüchern der Psychiatrie finden. Zunächst schildern die Nymphen den Zustand Ariadnes:

> Schläft sie? Nein! Sie weinet!
> Weint im Schlafe! Horch! Sie stöhnet.
> Tag um Tag in starrer Trauer.
> Ewig neue bittre Klagen,
> Neuer Krampf und Fieberschauer.
> Wundes Herz auf ewig, ewig –
> Ewig unversöhnet!

Die Nymphen sind mediterrane Reinkarnationen der Wagner'schen Rheintöchter, und wir erkennen unschwer, daß sie sich in den warmen Wellen der Ägäis wohlfühlen. Die unwirtliche Höhle, in der Ariadne haust, muß direkt am Strand liegen, denn wir hören das wechselnde Spiel der Brandung während der ganzen Szene.

Die Musik zeichnet sowohl verschieden lange Wellen über ein bis vier Takte als auch die darüberliegende Kräuselung der Wasseroberfläche durch den Wind. (Abb. 1).

> Wie der Blätter leichtes Schaukeln,
> Wie der Wellen sanftes Gaukeln
> Gleitet's über uns dahin.

Abb. 1: »*Wie der Blätter leichtes Schaukeln*« *(Ausschnitt aus KA 18-24).*
Die Musik zeichnet sowohl mehrtaktige Wellen
als auch die gekräuselte Wasseroberfläche.

Abb. 2a: Zweitonfiguren der Nymphen (Ausschnitte KA 11-12). W = Welle.

Strauß verwendet in den ersten Szenen mehrfach Zweiton-Motive (Abb. 2a), die uns ja als Ausdruck von Traurigkeit und Resignation vertraut sind: Abfallende Seufzer wie »Ach jeh« und » O weh« oder ansteigende Klagen wie »Mein Gott!« und »O Herr!« sind Beispiele dafür.

Die Nymphen singen »Schläft sie?« und »wei-net, stöh-net«. Damit bereiten sie den Hörer auf den Auftritt der Ariadne vor, der mit einem zum Himmel aufsteigendem Klageschrei beginnt. Die Traurigkeit der Ariadne ist durch nichts zu unterbrechen, sie ist »ee-wig, eee-wig«. Das »Ewig!« wird gleichsam ins Endlose gedehnt, indem die Nymphe mit dem Namen Echo es mehrfach wiederholt (Abb. 2b).

- *CD I 14/3.26 – 15/1.43: Die Nymphen schildern Ariadnes Zustand vor der Meeresbrandung (KA 10-15.)*

Das Mitgefühl der Nymphen hat natürliche Grenzen. Vermutlich ist ihre Fähigkeit, traurig zu sein, geringer ausgeprägt als etwa bei ihrer nordischen Schwester Rusalka. Ihre Stimmen vereinen sich zu einem unbeschwerten Terzett.

Abb. 2b: Die Zweitonfigur der Nymphen (Ausschnitte KA 13-15).
M = Monotonie; W = Welle.

Ihre Tränen, ihre Klagen,
Ach, seit wieviel, wieviel Tagen,
Sie beschweren kaum den Sinn!
• CD I 15/1.43 – 3.15: »Wie der Wellen sanftes Gaukeln gleitet's über uns dahin.« (KA 16-22)

- Langsam – ritardando
- Leise – diminuendo – morendo
- Tiefe Tonlagen – Folgen langsam abfallender Töne
- Kleine Intervalle – chromatische Sequenzen – Monotonie
- Zweitonfiguren: Seufzer und Klagen

Abb. 3: Moments melancholique.

Ariadne auf Naxos ist ein Lehrstück für melancholische Musikstrukturen (Abb. 3). Ariadne singt mit gedämpfter und dunkler Stimme, sehr langsam mit einer Tendenz, tiefer und leiser zu werden. Die Tonintervalle sind klein mit häufigen Halbtonschritten, schließlich auch monotonen Sequenzen. Strauß verwendet besonders häufig Zweitonseufzer und -klagen, die sich aus einem langgezogen-dissonanten Septakkord lösen. Wir hören langgezogene, tiefe Akkorde eines Harmoniums, ein in der Oper ja selten verwendetes Instrument; sonst dominieren natürlich die tiefen Streich- und Blasinstrumente, besonders das Cello.

Ariadne beginnt mit einem herzdurchdringenden »Ach!« aus dem Strauß eine Zweiton-Klage macht, die ebenfalls von Echo wiederholt wird. Mit tiefer und monotoner Stimme singt Ariadne:

Wo war ich? Tot? Und lebe noch?
Und ist ja doch kein Leben, das ich lebe!
Zerstückelt Herz, willst ewig weiter schlagen?
- *CD I 16/0.00 – 1.37: Ariadnes tiefe Melancholie (KA 24-26)*

Ariadne registriert ihre geistige Verödung, die Gedanken kreisen immer wieder um dieselben Dinge, und sie glaubt, daß ihr Gedächtnis gelitten hat.

Was hab' ich denn geträumt? Weh! Schon vergessen!
Mein Kopf behält nichts mehr;
Nur Schatten streichen durch einen Schatten hin.
- *CD I 16/1.37   3.21 (KA 27-32)*

Erstmals sind in diesem Ausschnitt die Komödianten zu hören, die Ariadne bisher stumm beobachtet haben. Sie sind offensichtlich gerührt von der wie erstarrt am Boden liegenden Ariadne. Sie öffnet nicht einmal die Augen oder wendet gar den Kopf, wenn sie angesprochen wird.

Ungezählte Male werden in der Erinnerung die rauschhaften Tage mit Theseus in allen Einzelheiten wieder lebendig. Brünnhilde benötigte hier mindestens eine Viertelstunde, um die Erweckung zu ihrer ersten großen Liebe durch den Kuß Siegfrieds zu schildern. Strauß fällt etwas wunderbar Einfaches ein: Er verschmilzt dreimal Theseus und Ariadne zu Momenten des Jubels in höchsten Tönen: bei dem Wort »Licht« erreicht Ariadne erstmals das hohe b.

- *CD I 17/0.00 – 2.42: Die Verschmelzung beider Namen (KA 33-40)*

Und nun gerät Ariadne mit einem trotzigen »Ich will vergessen« in einen Zustand quälender Getriebenheit und innerer Unruhe: hochfahrende Tonskalen, accelerando et forte. Das Ariadne-Motiv wird wie gehetzt in dichter Folge aneinandergereiht.

Sie weiß, daß sie das Unglück nur überwinden kann, wenn sie ihre mädchenhafte Unschuld wiederfindet:

> Es ist Schmach, zerrüttet sein, wie ich!
> Man muß sich schütteln.
> Ja, dies muß ich finden:
> Das Mädchen, das ich war!

Die Erinnerungen sind jedoch nicht leicht zu löschen:

> Der Name ist verwachsen mit einem anderen Namen.
> Ein Ding wächst so leicht ins andere, wehe!

- *CD I 17/2.42 – 4.13: Ariadnes Erregungszustand (KA 40-46)*

Kenner des Nibelungenringes werden sofort das »Wehe!« wiedererkannt haben, das hier als Seufzer-Septime erklingt.

Die Violine kündigt einen Wechsel der Stimmung an. Man traut seinen Ohren kaum, wenn man hört, wie sie sich jetzt selbst schildert:

> Sie atmet leicht, sie geht so leicht,
> Kein Halm bewegt sich, wo sie geht,
> Ihr Schlaf ist rein, ihr Sinn ist klar,
> Ihr Herz ist lauter wie der Quell.

Das ist nicht etwa ein Wunschbild, nein, die Musik bestätigt den zunächst unverständlichen Stimmungswandel. Sie wirkt unbeschwert, wie erlöst, ja fast verzückt. Hören Sie selbst, was diesen Wandel bewirkt hat.

- *CD I 17/4.13 – 6.00: Ariadnes Totengruftphantasie (KA 46-51)*

Sie wird von den Qualen der Melancholie durch einen einzigen Gedanken befreit: Ich werde bald nicht mehr leben müssen.

> Bald kommt der Tag,
> Da darf sie sich in ihren Mantel wickeln,
> Darf ihr Gesicht mit einem Tuch bedecken,
> Da drinnen liegen und eine Tote sein.

Es ist nicht nur ein vorüberfliegender Gedanke, nein sie sieht sich als Tote in ihrer Höhle liegen, eingewickelt in das Brautkleid und das Gesicht mit einem Tuch bedeckt. Diesen Zustand sehnt sie herbei. Die Melancholie scheint überwunden (*Präsuizidales Syndrom*), alle atmen auf. Gleichwohl könnte es sein, daß man sie am nächsten Morgen tot auf ihrem Lager findet. Leicht wird die Höhle unerträglicher Schmerzen zu einem Ort ewiger Ruhe.

Der geradezu erlösende Todesgedanke befreit sie – wie die Musik es schildert – schlagartig von der quälenden Agitation und wir wollen uns diesen Moment noch einmal vergegenwärtigen (Abb. 4).

Wir hören den schmerzerfüllten Septakkord und ihr »Wehe!« Die Nymphen erleiden den Schmerz mit und rufen ihren Namen. In dieser Sekunde fällt der erlösende Todesgedanke ein.

- *CD I 17/3.45 – 4.44*

Die Komödianten verstehen ihre Todesphantasien nicht; selbst der ihr zugetane Harlekin glaubt, daß »großer Schmerz ihren Sinn verwirrt hat«. Die beiden anderen halten sie sogar für »toll«; eine Feststellung, die Strauß mit einer clownesken Figur im Fagott unterstützt.

Hier spricht das gesunde Volksempfinden: wer aus Liebeskummer sterben will, muß geistig krank sein. Das zu sagen, verlangt nicht etwa die Rolle von ihnen. Hier spielen sie sich selbst.

Ariadne reagiert – wie immer – nicht direkt, nimmt aber den Ausdruck »toll« auf »als hätte sie das Wort« – so die Regieanweisung – »in ihren Traum hinein gehört«. Sie sagt:

> Toll, aber weise, ja!
> Ich weiß, was gut ist,
> Wenn man es fern hält von dem armen Herzen.
> - *CD I 17/6.00 – 18/0.06: »Ganz sicher, sie ist toll« (KA 52-54)*

Die Komödianten versuchen, sie zu trösten, und Harlekin macht sogar einen schüchternen Annäherungsversuch. Er singt ein eingängiges Liedchen in Mozart'schem Ductus; den Text hatte Hoffmannsthal seiner Gräfin gewidmet:

> Lieben, Hassen, Hoffen, Zagen,
> alle Lust und alle Qual,

Abb. 4: Ariadnes Stimmungsumschwung bei Aufkommen
des Todesgedankens. Der Schmerz-Akkord ist eingerahmt (KA 45-47).

alles kann ein Herz ertragen,
einmal um das andere Mal.

Aber weder Lust noch Schmerzen,
abgestorben auch der Pein,
das ist tödlich deinem Herzen,
und so mußt du mir nicht sein!

Mußt dich aus dem Dunkel heben,
wär es auch um neue Qual,
leben mußt du, liebes Leben,
leben noch dies eine Mal!

Ariadne fällt erneut in einen Zustand affektiver Erstarrung. Ihr Verlangen, in das »schöne und reine« Totenreich überzuwechseln, wird mit Grabesstimme vorgetragen: 7 x b und 9 x a, also nur ein Halbtonschritt abwärts, dann aber ein Oktavsturz zum tiefen As in das Reich der Toten. Alles, was sie umgibt erfüllt sie mit Überdruß, ja Ekel; das Leben ist nur noch Last:

»Es gibt ein Reich, wo alles rein ist:
Es hat auch einen Namen: Totenreich.
Hier ist nichts rein!
Hier kam alles zu allem!«
• *CD II 1/0.00 – 1.08: Affektive Erstarrung und Monotonie (KA 60-61)*

Wie wir es bereits einmal bei der Totengruftphantasie erlebt haben, hellt sich ihre Stimmung abrupt bei dem Gedanken auf, daß Hermes, der junge Todesbote sie abholen wird. Wir erkennen ein leuchtendes 2-Takt-Motiv, das mit Ariadnes einfacher strukturiertem Motiv untrennbar verschmilzt. Auch Hermes, Sohn des Zeus, ist wie Theseus jung und klug, dazu musikliebend, listig und – ein Herzensbrecher. Selbst Aphrodite, die überaus Wählerische hat schließlich bei ihm gelegen, wie ihr gemeinsames Genprodukt, der Hermaphrodit belegt. Hermes begleitet die Toten mit seinem Stab bis an den Rand des Totenreiches, wo Charon mit seinem Boot bereits wartet.

Die Musik malt ihre Verzückung, die sich bei dem Gedanken an ihn einstellt: sie ist in den »schönen stillen Gott« verliebt. Er nickt ihr freundlich zu, legt ihr sogar seine Hand aufs Herz, und bei dieser Musik verstehen wir, daß sie ihm nicht sofort eine Ohrfeige verpaßt. Sie gibt ihr Leben hin, verliert sich ganz an seine verführerische Erscheinung. Noch zweimal aber sieht sie sich als Tote, eingehüllt in ihr Brautkleid. Ihre Seele wird dem bezauberndem Knaben folgen. Welcher Unterschied zu den knochentrocknen Sensenmännern, die uns holen werden!

Das Hermesmotiv ertönt ganz zu Anfang der nächsten Szene, gefolgt von dem Ariadnemotiv. Beide werden vielfältig modifiziert und miteinander verwoben. Der Einbruch der Monotonie ist leicht zu erkennen. Ariadne singt aber eine Quarte höher als bei »Totenreich« und die Kette eintöniger Akkorde wird mehrfach durch das Hermesmotiv unterbrochen.

• *CD II 1/1.08 – 6.41: Die Todesverliebtheit Ariadnes (KA 62-75)*

Der Gedanke, mit dem lockenden Todesboten die steinige Insel zu verlassen, erfüllt sie mit nahezu überschwenglichem Glücksgefühl, von Strauß mit sinnlicher Glut geschildert.

Kaum hat Ariadne ihre Bereitschaft verkündet, dem jungen Hermes zu folgen, sehen die Nymphen das Schiff des gleichfalls sehr jungen Dionysos/Bacchus auf die Insel zukommen und aufgeregt durcheinanderredend freuen sie sich auf seine Ankunft. Es kommt

Ein zartes göttliches Kind!
Ein reizender Knabe!
Ein junger Gott!
Ein schönes Wunder!

Wir erfahren, daß der Knabe von einer Königstochter und einem Gott abstammt und daß die Mutter bei seiner Geburt gestorben ist. Nymphen zogen ihn auf, und die drei wartenden Nymphen bedauern sehr, daß sie es nicht gewesen sind.

Dionysos hat ein eigenes Signal, das zu Beginn der Szene als Trompetenfanfare erklingt und auch in der Folge oft zu hören ist. Daneben hat er ein eigenes Motiv, das den zweimaligen Ausruf »Bacchus« begleitet. Beide Motive ähneln sich, Ariadne hält Dionysos ja für Hermes (Abb. 5).

• *CD II 5/0.00 – 0.54: Die Nymphen künden Dionysos an (KA 188-193)*

Die Nymphen sehen ihn am Steuer des Schiffes und schildern dann ausgiebig sein erstes Liebesabenteuer, bei dem er den Verführungskünsten der Circe widerstand:

An der Schwelle empfängt sie ihn,
An den Tisch zieht sie ihn hin,
Reicht die Speise, reicht den Trank.
Den Zaubertrank! die Zauberlippen!
Allzu süße Liebesgabe!

Jedoch »ihre Künste sind vergeblich.« Er hat sich ihren Armen entwunden, ist »nicht verwandelt, nicht gebunden« und steht jetzt als strahlender Jüngling vor Ariadne.

Bacchus geht an Land, sieht die reizende Ariadne, ohne selbst gesehen zu werden und vermutet in ihr eine zweite Circe. Sie versteht natürlich seine Befürchtungen nicht und ist von seiner Stimme wie elektrisiert:

Es greift durch alle Schmerzen,
Auflösend alle Qual: ans Herz im Herzen greift's.

Die Nymphen erkennen sofort Ariadnes Verwandlung und lassen in süßem Gleichklang einen Ohrwurm erklingen, der sich tief in Ariadnes Herz bohrt (ein Herzwurm).

Abb. 5: Die Verwandtschaft von Hermes- und Dionysos-Motiv

> Deine Klagen sie beleben!
> Uns entzücken deine Lieder!

Salome und Elektra würden sich bei solchem Wohlklang aus dem Orchestergraben schütteln. Aber: Ariadne wird dafür weder ihren widerspenstigen Geliebten, noch ihre Mutter ermorden lassen.

- *CD II 6/0.00 – 2.41: Ariadne hört die Stimme des Todesboten (KA 214-223)*

Ariadne glaubt fest daran, daß es der Todesbote ist, dessen Stimme sie hört:

> O Todesbote! süß ist deine Stimme!
> Balsam ins Blut, und Schlummer in die Seele!«
- *CD II 6/3.25 – 4.16 (KA 227-229)*

Sie läßt keinen Zweifel aufkommen, daß sie ihm folgen wird:

> Die deiner lange harret,
> nimm sie dahin!

Als sie Dionysos sieht, schreit sie auf, weil sie ihn für Theseus hält. Ariadne stellt sich Götter eher als Erwachsene vor, wie wir alle es ja auch tun. Die Nymphen sagen uns jedoch, daß Dionysos ein schöner Knabe ist. Ariadne beruhigt sich schnell wieder und bekräftigt ihre Zuneigung:

> Es ist der schöne stille Gott!
> Ich grüße dich, du Bote aller Boten!
- *CD II 6/5.53 – 7.42 (KA 234-277)*

Als sich beide gegenüberstehen, ist es Liebe auf den ersten Blick. Strauß führt den Zuhörer rasch zum Höhepunkt des Finales, und beide erliegen seinem ›weanerisch angehauchten‹ Klangzauber. Der Dialog ist jedoch bis zum Schluß voller Mißverständnisse. Bacchus weiß nicht, daß sie in ihm den Todesboten sieht, und Ariadne will nicht erkennen, daß seine Begeisterung ihrer jugendlichen Schönheit gilt.

Bacchus ist von ihr verzaubert. Er nennt sie »Schönes Wesen«, »Göttin dieser Insel« und »Zauberin«. Erst nach einiger Zeit merkt er, daß sie in ihm den »Herren über ein dunkles Schiff« sieht, der sie in das Reich der Toten bringen soll. Sie glaubt, daß die ihr unverständlichen Fragen eine Prüfung sind und gibt sich diesen bereitwillig hin.

Es bleibt der Phantasie des Zuhörers überlassen, ob er unter »Verwandlung« die Liebe oder den Tod verstehen will. Ariadne fragt Dionysos, ob er die Verwandlung mit den Händen, seinem Stab oder durch einen Trank bewirken wird. Flirrende Violinen und Glockenklang bringen zum Ausdruck, wie verzaubert sie ist. Anschaulicher als in dieser Oper kann »Todesverliebtheit« nicht verständlich gemacht werden.

- *CD II 6/7.41 – 7/7.54: »Du bist der Herr über ein dunkles Schiff« (KA 278-299)*

Ariadne hat präzise Vorstellungen von der jenseitigen Welt, insbesondere vom Vergessen beim Eintritt in sie:

Wer dort verweilet, der vergißt gar schnell!
Das Wort, der Atemzug ist gleich dahin!

Die totale Amnesie durch das Lethe-Wasser beunruhigt sie einen Augenblick. Sie nähme den Trennungsschmerz gern von Naxos mit, weil er der einzige Beweis für die Tiefe ihrer Liebe zu Theseus ist.

Das Reich der Toten ist für sie Elysium, ein Land der Seeligen, ja wohl auch das Land der Liebenden:

Man ruht und ruht vom Ruhen wieder aus;
Denn dort ist keiner matt vom Weinen –
Er hat vergessen, was ihn schmerzen sollte:
Nichts gilt, was hier gegolten hat, ich weiß.

Der Ekel vor den Realitäten der Welt ist verflogen. Alles hat sich aufs glücklichste verwandelt. Es ist die Weltsicht der akut Verliebten, die aus der dunklen Höhle voller Käfer und Würmer ein »seliges Lager, schön gewölbt« und einen »heiligen Altar« gemacht hat.

- CD II 8/2.03 – 8/3.21 (KA 305-307) und 8/5.24 – 9/1.48 (KA 313-319): Sind meine Schmerzen mir auf immer genommen? Bleibt nichts von Ariadne als ein Hauch?

»Sind wir schon drüben? Sind wir schon da?« fragt Ariadne zum Klang der Harfe. Was meint Sie mit »drüben«, fragen auch wir uns jetzt. Das Land Plutos oder das Land Amors? Sie werden es wissen, wenn Sie das Finale gehört haben:

- CD II 9/7.02 – Ende (KA 331-334)

Hugo von Hofmannsthal schreibt am 4. Juli 1911 an die Gräfin Degenfeld:

> Heute den letzten Vers an der Ariadne geschrieben. Liebt Ariadne den Bacchus? Darauf gibt es keine leichte Antwort. Sie hält ihn für einen anderen, für Hermes, den Todesboten, der sie hinabzuholen kommt. Es bleibt bei dem Irrtum, der Irrtum ist so schön.

Literaturhinweise

Hugo von Hofmannsthal: *Ariadne auf Naxos*. In: *Gesammelte Werke. Dramen V: Operndichtungen*. Hrsg. von Bernd Schoeller und Rudolf Hirsch. Frankfurt am Main 1979, S. 183-303.

Ernst Jünger: *In Stahlgewittern*

VON

BERND WEISBROD

Jeder kennt sie, die Bilder des Krieges, obwohl wir alle nicht dabei waren, in Ruanda, in Bosnien, in Grosny. Die Bilder des Krieges sind universell und omnipräsent, wir haben uns daran gewöhnt, wie an das Wetter nach der *Tagesschau*. Die Kriegsbilder, die alten wie die neuen, stehen vor unserem inneren Auge als Ikone der geronnenen Angst, Ahnung des Untergangs, Zerstörung des Ichs, Herrschaft des Bösen in unserer Zeit des Fortschritts, der Machbarkeit und des Vergnügens.

Schon während des Golfkriegs überkam mich jenes ungute Gefühl, das ich bei der ersten Lektüre von Ernst Jüngers *In Stahlgewittern* erlebte: Kaum ein Fernsehzuschauer konnte sich damals dem makabren Reiz entziehen, selbst das Auge einer jener ›smart weapons‹ zu sein, die sich mit ihrem eigenen magischen Blick in das Opfer, das Zentrum der Zerstörung ziehen. Immer wieder in Zeitlupe, unbeteiligt, kühl und sachlich und unter Absehung von jeglicher individueller Grausamkeit kam die Waffe mit uns ins Ziel: eine obszöne Illusion des sauberen Video-Kriegs, ein menschenleeres Theater des Krieges in unseren Wohnzimmern.

Schon damals hatte ich mir vorgenommen, diesen Schlüsseltext für das erste große Kriegserlebnis dieses Jahrhunderts wieder einmal ›querzulesen‹. Ich kam nicht dazu, es blieb nur die Irritation über den ›magischen Blick‹. Aber der ständig anschwellende Bocksgesang der Neuen Rechten brachte mich endlich dazu, mich erneut in einem Seminar mit Ernst Jünger zu beschäftigen, denn für uns Historiker, anders als vielleicht für Literaturwissenschaftler, ist der alte Mann aus Wilfingen zunächst und vor allem interessant als ein Vordenker und Propagandist des ›soldatischen Nationalismus‹ der Zwischenkriegszeit, als Protagonist der Konservativen Revolution. »Die Konservative Revolution aber ist der Krieg«, so hatte damals Hans Zehrer, ein anderer Wiedergänger dieser Zeit, in der ihr eigenen Emphase gesagt.

ERNST JÜNGER: IN STAHLGEWITTERN

I.

In Stahlgewittern ist kein schwieriger, kein hermetischer Text. Er ist leicht zugänglich, in Tagebuchform und Erzählprosa mit eingestreuten Reflexionen geschrieben. Er kommt recht unscheinbar daher, er beginnt mit der Ankunft an der Front und endet mit der stolz registrierten Verleihung des höchsten militärischen Ordens. Der Autor, so scheint es, ist davongekommen, aber beschädigt an Leib und Seele. Das eine belegt die stolze Aufzählung der Verwundungen am Ende, das andere, so will mir scheinen, der Text selbst. Ein ›Ego-Dokument‹, so nennen das die Historiker etwas hochtrabend, ein Zeugnis der Selbstfindung als Frontsoldat, als Autor und – darüber wird zu reden sein – als Mann.

Der Krieg, das war Jüngers Thema, und blieb es bis zum Ende der zwanziger Jahre, als seine *Stahlgewitter* im Sog der anschwellenden Kriegsliteratur und in gewissem Sinne als Gegentext zu Erich Maria Remarques *Im Westen nichts Neues* aus dem Ghetto der Militaria-Adepten heraustrat und zu einem Verkaufsschlager wurde, übrigens auch im Ausland. Ob es sich deshalb um ›Weltliteratur‹ handelt, ist eine ganz andere Frage. Jedenfalls, soviel vorweg, ist es schon auffallend, daß sich der Reiz des Teutonisch-Numinosen, der die Jünger-Jünger in Frankreich anrührt, in der pragmatischen Welt der Angelsachsen weniger Anklang findet.

Doch zurück zum *Stahlgewitter* als historischem Ego-Dokument. Ego-Dokumente sind nicht einfach Selbst-Zeugnisse. Die zu Papier gebrachten Gewissensqualen der Pietisten, die Bekenntnisliteratur des religiösen Zeitalters interessieren den Historiker auch nicht nur wegen der darin transportierten Ideen von Erlösung und Heilsgewißheit, sondern wegen der individuellen Konstruktion des Selbst und der Historizität dessen, was wir das Subjekt nennen: Die Konstruktionsregeln der Subjektivität sind uns selbst historische Quelle, weil sie – immer an ein intimes oder öffentliches Publikum gerichtet – den Deutungshorizont der Zeit im Medium der Selbstauslegung öffnen. Sie sind als Glaubensbekenntnisse des Selbst der Stoff der ›Erfahrungsgeschichte‹; sie sind privilegierte Quellen der neuen Kulturgeschichte, wobei Kultur die historische Form der Be-Deutung ist, und nicht die literarische Hochkultur, in deren Bannkreis sich Jünger schon damals gerne selbst hineingedeutet hat.

Aber die Schwierigkeit für den Historiker beginnt bereits damit, daß ihm bei dieser Quelle schon die einfache Aufgabe der äußeren Quellenkritik vielfach verstellt ist: Der Text wurde in seinen verschiedenen Bearbeitungen und Ausgaben bis 1958 literarisiert, der nationalistische Heldenmut der Ich-Figur zugunsten einer Ästhetisierung des Kriegserlebnisses abgebaut, sein Blutdurst und Handlungsrausch durch das kleine Wörtchen »man« entpersönlicht. Die berühmte Selbststilisierung Jüngers aus dem Vorwort des zweiten Kriegstagebuchs *Strahlungen* von 1946, man könne schließlich nicht die »Barometer für die Taifune büßen lassen«, half zwar der Selbst-Stilisierung des Autors zu einem ästhetischen Widerpart des Nationalsozialismus, sie kam mit ihrer Entkontextualisierung aber auch dem Bedarf des bürgerlichen Lesepublikums nach moralischer Abstandnahme entgegen. Der Historiker hat zudem die überaus gelehrte Umhegung zu durchbrechen, die eine veritable Armada von Jünger-Exegeten um sein Lebenswerk gelegt hat. Im seinem auratischen Glanz als »Krieger, Anarch, Waldgänger« (Heinz Ludwig Arnold) sonnen sich sogar die Großen der Politik allzu gerne – und sei es zum unpassendsten Zeitpunkt, etwa dem Jahrestag des 20. Juli, mit dem sich Jünger selbst nie identifiziert hat! Schließlich scheint das biblische Alter selbst seine stoische Haltung im ›posthistoire‹ mystisch zu bestätigen.

Aber es geht hier nicht um den literarischen Rang des Œuvres, oder um das eigentliche Jünger-Phänomen, das ihn erst zu dem Erfolgsautor macht, der er ist, nämlich die moralische Selbstentstellung der deutschen Gesellschaft. Es geht darum, einige Schneisen in dieses Dickicht zu schlagen, um in Jüngers Kriegsbild den Deutungshorizont seiner Generation zu entschlüsseln. *In Stahlgewittern*, das in seiner heutigen Fassung einfach »Den Gefallenen« gewidmet ist, erschien zunächst 1920 auf Veranlassung des Vaters im Eigenverlag, dann 1922 – wie es einem damals noch aktiven Reichswehroffizier und Kriegshelden geziemt – mit Ordensbild in einem eingeführten Militaria-Verlag, und noch 1924 in der dritten Fassung war es klar als nationalistisches Kriegsbuch zu erkennen. Der später, in der stark revidierten Fassung von 1935 – nach der englischen und französischen Übersetzung – weggefallene Schlußsatz hieß: »Solange noch im Dunkeln die Klingen blitzen und flammen, soll es heißen: Deutschland lebt und Deutschland soll nicht untergehen.«

Bis zur Wende Jüngers zum vermeintlich »unpolitischen« Schriftsteller in der ästhetischen Beschwörung des *Abenteuerlichen Herzens* von 1929 und der »mythischen Gestalt« des *Arbeiters* als das Andere des verhaßten Bürgers von 1930, blieb der Krieg der Mittelpunkt seines literarischen Werkes und seiner Selbstsuche. *In Stahlgewittern* wurde also nicht nur selbst dauernd bis zur (Un-) Kenntlichkeit entstellt, ohne daß der Urtext, jene ominösen Tagebücher, je zum Vorschein gekommen wären. Das Kriegserlebnis wurde auch vielfach weiterverwertet und umgemünzt, zum Teil in direkter szenischer Wiederaufnahme (*Das Wäldchen 125* (1925)), zum Teil als psychologische Gefühlserkundung der Gewißheit des »Blutes« (*Feuer und Blut* (1925)). Im *Kampf als inneres Erlebnis* von 1922 lieferte Jünger aber das eigentliche psychologische Protokoll des soldatischen Mannes – und das Eingeständnis, daß sich das ›äußere‹ maschinelle Kriegserlebnis, für das *In Stahlgewittern* immer wieder gelobt wird, eben gerade nicht in sein heroisches Interpretationsschema integrieren ließ. Es blieb nur – frei nach Nietzsche – die dionysische Selbstentdeckung als Raubtier-Krieger im Blutrausch. Jünger suchte seinen Krieg auch noch in einer recht unglaubwürdigen Selbstpreisgabe als Schriftsteller-Krieger im Romanfragment *Sturm*, das 1923 nach 16 Folgen im »Hannoverschen Kurier« abgebrochen werden mußte, und das Jünger, der ansonsten so selbstbewußte Autor, später wahrscheinlich nur deshalb verdrängte, weil es das Eingeständnis seines Scheiterns – als Held wie als Autor – war.

Vor allem aber – das wird bis heute gerne unterschlagen – wirkt die aktivistische Deutung des Kriegserlebnisses in den *Stahlgewittern* auch in den etwa 140 politisch-agitatorischen Artikeln weiter, mit denen Ernst Jünger als Protagonist des ›Neuen Nationalismus‹ zwischen Stahlhelm und Nationalbolschewisten von 1926 bis 1930 zur geistigen Sammlung jener »nationalen Endfront« aufgerufen hat, deren nationalsozialistische Gestalt ihm trotz aller politischen Affinität dann doch mißbehagte. Das Kriegserlebnis war aber auch hier sein innerer politischer Kompaß.

All diese Texte, vor allem aber die bis heute so schamhaft verschwiegenen politischen Texte, so würde der Historiker sagen, sind als Palimpsest für *In Stahlgewittern* zu lesen. Es sind diese Glättungen, Überschreibungen, Erläuterungen und Selbstauslegungen, die die Zentralität des Kriegserlebnisses gerade durch ihre vielfältige Verweisstruktur belegen und nicht nur zeithistorisch, sondern auch lebensgeschichtlich zu einem ›Ego-Dokument‹ verbinden, das der rein poetologischen Kritik eben nicht zugänglich ist, wie sie Karl-Heinz Bohrer mit großer literaturwissenschaftlicher Gelehrsamkeit als *Ästhetik des Schreckens* vorgeführt hat.

II.

Dieser historische Ansatz ist in der folgenden ›Querlektüre‹ im einzelnen zu begründen. Weite Strecken des Frontberichtes in den *Stahlgewittern* sind in einer sparsamen, geradezu nüchtern-lakonischen Sprache gehalten, in der die Verwunderung des Autors über den Alltag, die idyllischen Anteile der exakt beobachteten Natur oder die Banalität des Tötens nur von einem sprechen: der Selbstdisziplin des Autors angesichts der unmännlichen Haltung der Langeweile im Schützengrabenalltag (St 46 f.). Erst die Passagen, die den Autor in die Schlacht führen und die seine Eignung als Stoßtruppführer unter Beweis stellen, lassen die

Sprache mit ihm ins Gefecht stürzen und sprechen doch nur von einem: dem rauschhaften Gefühl des Mannseins.

Eingeweihte werden wissen, daß ein germanistischer Außenseiter vor Jahren schon eine psychoanalytische Lesart der »Männerphantasien« in der Freikorps-Literatur erprobt hat. Theweleits *Männerphantasien* waren damals gewiß etwas unerhört, aber sie haben inzwischen sogar Eingang in die gängigen Studienbücher gefunden. Danach offenbart sich, grob gesagt, in Jüngers »Stahlgestalt« des Sturmtruppführers jener »Körperpanzer« zur Triebkontrolle und Triebabwehr, der seine »Verschmelzungssehnsucht« nur im physischen Akt der Zerstörung des feindlichen Körpers, seine Erlösung nur im Blut-Rausch der Gefahr erleben kann. Dieser Krieg fand demnach nicht in Langemarck, Cambrai oder an anderen Orten statt, die dem Buch einen feste Ortsstruktur zu geben scheinen, Kriegsschauplatz ist vielmehr der Leib des Autors selbst. Auch die Zeitstruktur folgt ja nicht den wiederkehrenden Tagebucheintragungen, in denen die Menschenverluste wie lakonische Auszählreime vorgetragen werden; die Zeitstruktur, die Beschleunigung des Erzählstils bildet vielmehr die innere Erregung ab, die den Autor im literarischen Nachvollzug zum orgiastischen Höhepunkt der Schlacht treibt.

Hinter dem lakonischem Voyeurismus, der obszönen Geste und der unerschütterlichen Ruhe des Beobachters verbirgt sich somit schon sprachlich das Programm einer Krieger-Imago, in dem nicht der Krieger für den Krieg, sondern der Krieg für den Krieger da ist: »Wir hatten Hörsäle, Schulbänke und Werktische verlassen,« so heißt es schon auf der ersten Seite, »und waren in den ersten Ausbildungswochen zu einem großen, begeisterten Körper zusammengeschmolzen. Aufgewachsen in einem Zeitalter der Sicherheit, fühlten wir alle die Sehnsucht nach dem Ungewöhnlichen, nach der großen Gefahr. Da hatte uns der Krieg gepackt wie ein Rausch. In einem Regen von Blumen waren wir hinausgezogen, in einer trunkenen Stimmung von Rosen und Blut. Der Krieg mußte es uns ja bringen, das Große, Starke, Feierliche. Er schien uns männliche Tat, ein fröhliches Schützengefecht auf blumigen blutbetauten Wiesen.«(St 7)

Das »blutige Fest« (St 315) sollte kommen, doch nicht auf blumiger Wiese, sondern auf zerschundener Erde. Aber die Körper waren immer noch eins, verschmolzen in der Wollust der Gefahr und wiedergeboren aus den Leichen der Gefallenen: Das, was Freud als den Urgrund des »Unbehagens in der Kultur« ausgemacht hat, nämlich das »Unheimliche« in der menschliche Wahrnehmung zwischen Leben und Tod, hier wird es Programm:

> Mit besonderer Stärke prägte sich meiner Erinnerung das Bild der noch aufgerissenen und dampfenden Stellung ein, wie ich sie kurz nach dem Angriff durchschritt. Die Tagesposten waren schon aufgezogen, aber die Gräben noch nicht aufgeräumt. Hier und dort waren die Postenstände mit Gefallen bedeckt, und zwischen ihnen, gleichsam aus ihren Körpern hervorgewachsen, stand die neue Ablösung am Gewehr. Der Anblick dieser Gruppe rief eine seltsame Erstarrung hervor – als erlösche für einen Augenblick der Unterschied zwischen Leben und Tod. (St 97)

Der eigentliche Höhepunkt, sprachlich wie erzählerisch, war jedoch die zerstörerische Verschmelzung mit dem Feind in der Schlacht, im Duell der kühnen Männlichkeit. Die Eruptionen der Feuerkraft auf dem Schlachtfeld, die Ausschüttungen der »Stahlgewitter« über den Gräben, die Zermalmung der Landschaft, die Aufrichtung der feurigen Erdwände, dieses ganze Szenario der Materialschlacht, für deren realistische Beschwörung Jünger später immer wieder gerühmt werden sollte, das war alles nur die sich sprachlich berauschende Vorbereitung des eigentlichen Höhepunkts, des Treffens, das Mann gegen Mann stattfand: Hier galt das Aufschäumen des Blutes der eigenen angstvollen Erwartung, das Vergießen des Blutes der ohnmächtigen Erlösung:

> Unter allen erregenden Momenten des Krieges ist keine so stark wie die Begegnung zweier Stoßtruppführer zwischen den engen Lehmwänden der Kampfstellung. Da gibt es kein Zurück und kein Erbarmen. Das weiß jeder, der sie in ihrem Reich gesehen hat, die Fürsten des Grabens mit den harten, entschlossenen Gesichtern, tollkühn, geschmeidig vor und zurück springend, mit scharfen blutdürstigen Augen, Männer, die ihrer Stunde gewachsen waren und die kein Bericht nennt. (St 244).

Der seine schon, so scheint es, alles andere ist Beiwerk. Und wie in jeder anderen zum Stellen-Lesen geeigneten Darstellung minderer Qualität zählen diese umständlichen Vorbereitungen nur insofern, als sie die Spannung zum Höhepunkt verstärken, in der sich das aufgestaute wollüstige Schreiben endlich Bahn bricht. Wenn er in der letzten großen Schlacht, der verlustreichen Frühjahrsoffensive von 1918, in dem Bewußtsein, daß Tausende schon gefallen waren, mit dem »Reitstock aus Bambusrohr« in der behandschuhten Hand, einsam in der Masse, den Blutvorhang vor den Augen, beflügelt von dem »übermächtigen Wunsch zu töten«, zum Angriff schreitet, da ahnt er, »daß die Verwundbarkeit nun aufgehoben war«:

> Der ungeheuere Vernichtungswille, der über der Wallstatt lastete, verdichtete sich in den Gehirnen und tauchte sie in rote Nebel ein. Wir riefen uns schluchzend und stammelnd abgerissene Sätze zu, und ein unbeteiligter Zuschauer hätte vielleicht glauben können, daß wir von einem Übermaß an Glück ergriffen seien.(St 260 f.)

Fürwahr, der Eindruck trügt nicht. In diesen exaltierten Zuständen des Tötungsrauschs kommt der Schreiber zu sich selbst. Hier traut er sich seine eigene Wollust zu, die in der wiederkehrenden Metapher des »Blutes« kreist und drängt. Hier kann er sagen, daß er, als er in der Todesgewißheit der letzten Verwundung weiterwütet, »die Freiheit und Leichtigkeit eines Rausches« erlebt hat: »Und seltsamerweise gehört dieser Augenblick zu den ganz wenigen, von denen ich sagen kann, daß sie wirklich glücklich gewesen sind.« (St 317) Hier entlädt der fünfundzwanzigjährige Jünger – in den Worten des unverdächtigen Literaturwissenschaftlers Johannes Volmert – seine »lustvolle Empfindung höchster Potenz und nur wenig kaschierte Orgasmusphantasien«.

In dieser leitmotivischen Suchbewegung überhört man leicht die leisen Töne. Das verschämte Abenteuer der siebzehnjährigen Jeanne mit ihrem »petit officier Gibraltar« (St 76) hat nichts von jener Ekstase. Und kein Blutvorhang trübt den leidenschaftslosen Sammlerblick, mit dem der durchschossene Stahlhelm des tapferen Inders – und sein eigener als »Gegenstück« – als »Trophäe« (St 172, 246) des überlisteten Todes mit nach Hause genommen wird, wo sie noch heute von Staatsgästen bewundert werden sollen.

Aber es gibt nur zwei wirkliche Brüche in diesem anschwellenden Bocksgesang von Schlachtenleid und Schlachtenlust: einmal das Treffen mit seinem verwundeten Bruder auf den blutgetränkten Feldern von Langemarck, zum anderen der Volltreffer, der seine Männer zu einer »dunklen Masse in der Tiefe des rauchenden und glühenden Kessels« (St 252) verwandelte. Beide Male zeigt der Autor Wirkung, läßt eine menschliche Fähigkeit aufblitzen, die eigentlich außerhalb der harten Krieger-Imago liegt, und deren notorische Abwesenheit dem ganzen Sprach-Gemetzel seine eigentliche Unerträglichkeit gibt, nämlich die Fähigkeit zum Mit-Leid und zur Schwäche.

Wie er seinen verletzten Bruder, seinem »Herzen der Nächste«, entgegen allen Gefechtsregeln aus der Gefahrenzone holen läßt und sich dabei »als Vertreter der Mutter« fühlt (St 186), das zeigt eine emotionale Schwäche in der Stunde der Gefahr, für die er möglicherweise jedem Untergebenen die Kugel angedroht hätte. Die Validierung seiner brüderlichen Tat durch die Einfügung des entsprechenden Tagebuchberichts seines Bruders Fritz verstärkt diesen Eindruck noch. Dieser darf auch die Tränen bekunden, die der Autor sonst nur noch einmal weinen darf. Beim Verlust seiner Mannschaft im Direktbeschuß bricht er – man ist versucht zu sagen: endlich einmal – zusammen: »Er warf sich zu Boden und brach in ein krampfhaftes Schluchzen aus, während die Leute düster um ihn herumstanden.« (St 253)

III.

Es ist vielleicht kein Zufall, daß Jünger sein eigentliches Bekenntnisbuch *Der Kampf als inneres Erlebnis* (1922) seinem Bruder Fritz »zur Erinnerung an unseren Tag vor Langemarck« gewidmet und dessen politischer Programmschrift zum *Aufmarsch des Nationalismus* (1926) ein enthüllendes Bekenntnis vorangestellt hat. Die Überleitungen sind eindeutig und stellen die Verbindung mit dem Grundtext der *Stahlgewitter* und dem Sinn des Sterbens immer wieder her. Die »Härte seiner Taten vor sich selbst zu rechtfertigen«, das schien ihm jetzt schon Sinn genug: Wenn erst die Reiche zerfallen seien, über deren Schicksal damals in Stunden und Minuten entschieden wurde, dann bleibe wirklich nichts als der Rückblick auf ein wildes Auffluten des Lebens, das sich hier mächtig in seinem eigentlichen Sinn offenbart habe »als ein prächtiges, buntes Spiel, an dem die Götter ihre Freude hatten.« (KiE XV)

Er stellte sich und die Seinen fest in diese Kette des »ewigen Krieges«, der manchmal wohl schlafe, aber, wenn die Erde bebe, kochend allen Vulkanen entspritze: In diesem Kosmos waren sie »Märtyrer eigener Tat, von Trieben Getriebene«, die vom Krieg gezeugt und seine Erzeuger waren: »Da entschädigte sich der wahre Mensch in rauschender Orgie für alles Versäumte. Da wurden seine Triebe, zu lange schon durch die Gesellschaft und ihre Gesetze gedämmt, wieder das Einzige und Heilige und die letzte Vernunft«. Kein Zweifel, das war der gesuchte Sinn: Das schöne Raubtier, Nietzsches Urmensch als Unmensch, war wiedergeboren in »blutiger Entscheidung«: »Wir stürzten uns wie Taucher ins Erleben und kehrten verändert zurück.« (KiE 3)

Man mag dies für ästhetische Distanzierungsversuche halten, für ein Geistergespräch mit den Kündern der schwarzen Magie, für subtile Jagden nach dem Einverständnis der literarischen Heroen, aber die sich selbst berauschende Sprache zieht dem heißen Kern der schrecklichen Ahnung entgegen, daß da nichts war als der Rausch – und daß es gut so war. Wer noch an dieser orgiastischen Lesart der *Stahlgewitter* zweifelt, der lese den Hymnus auf das »Blut«, mit dem *Der Kampf als inneres Erlebnis* beginnt: Wenn zwei Kämpfer »im Kampf ums Dasein in seiner nacktesten

Form« aufeineinanderstießen, so heißt es dort, dann könne nur der eine über den Erschlagenen tiefer ins Leben treten mit einem Schrei »aus Erkennen, Grauen und Blutdurst«! Hier ergießt sich die Sprache mit demselben deliriösen Druck, den sie in der Schlacht zu orten meint:

> So seltsam es manchem klingen mag, der nie um Da-Sein gerungen, der Anblick des Gegners bringt neben letztem Grauen auch Erlösung von schwerem, unerträglichen Druck. Das ist die Wollust des Blutes, die über dem Kriege hängt, wie ein rotes Sturmsegel über schwarzer Galeere, an grenzenlosem Schwung nur der Liebe verwandt. (KiE 8)

Jeder Satz ein Anschlag, so geht es weiter, jedes Wort ein obszöner Erguß. Was hier strömt, ist etwas anderes als Blut, es ist die aggressive Angst-Lust, die Unfähigkeit zur hingebungsvollen Liebe, und jedes Wort, das hier vergossen wird, beschwört eine ganz andere »Liebesnacht«: die »Feuertaufe«,

> … wenn das Blut durch Hirn und Adern wirbelt wie vor einer ersehnten Liebesnacht und noch viel heißer und toller … Die Feuertaufe. Da war die Luft so von überströmender Männlichkeit geladen, daß jeder Atemzug berauschte, daß man hätte weinen mögen, ohne zu wissen warum. O, Männerherzen, die das empfinden können! (KiE 11)

Das ist der Traum des Blutes, mit dem sich der Autor in den weiteren Kapiteln über das »Grauen«, »Eros« oder »Mut« immer weiter an sein geheimes Thema heranträumt, dem Mann als triebhaftes Geschlechtswesen, das sich im Kampf erweist. Der Krieg, der aus diesen »prächtigen Raubtieren« auch »Landsknechte der Liebe« gemacht habe, sei, so heißt es, ebensowenig eine menschliche Einrichtung wie der Geschlechtstrieb: »Wir dürfen ihn nicht leugnen, sonst wird er uns verschlingen«. Der »Wille zum Kampf« sei das magnetische Zentrum jeder Kultur, und wo der »männliche Nerv« erlösche, sei sie nur ein Koloß auf tönernen Füßen.

Und so taumelt der Text fort, immer auf der Suche nach dem »wahren Kern der Männlichkeit«, dem »Rausch vor der eigenen Kühnheit« auch der Sprache bis hin zu jenem »Letzten« noch, der Ekstase:

> Dieser Zustand des Heiligen, des großen Dichters und der großen Liebe ist auch dem großen Mute vergönnt. Da reißt die Begeisterung die Männlichkeit so über sich hinaus, daß das Blut kochend gegen die Adern springt und glühend das Herz durchströmt. Das ist ein Rausch über allen Räuschen, eine Entfesselung, die alle Bande sprengt. Es ist

eine Raserei ohne Rücksicht und Grenzen, nur den Gewalten der
Natur vergleichbar. Da ist der Mensch wie der brausende Sturm, das
tosende Meer und der brüllende Donner. Dann ist er verschmolzen ins
All, er rast den dunklen Toren des Todes zu wie ein Geschoß dem Ziel.
Und schlagen die schwarzen Wellen über ihm zusammen, so fehlt ihm
längst das Bewußtsein des Übergangs. Es ist als gleite eine Woge ins
flutende Meer zurück. (KiE 53)

So deutlich war der Erregungsaufbau in den *Stahlgewittern* noch nicht.
Aber die männliche Sehnsucht zum Tode, die Verschmelzungsangst der
körperlichen Ekstase liest sich in den Sinn des Krieges ein, wie er dort
schon gesucht wurde: »Für den Krieg, so aus seinem Zentrum betrachtet«, so Jünger, »gibt es nur einen Standpunkt. Das ist der männlichste.«
(KiE 53)

Aus männlicher Not, nicht aus der Feuersbrunst der Materialschlacht
sucht Jünger Zuflucht bei Nietzsches Zarathustra: »Gewiß wird der
Kampf durch die Sache geheiligt; mehr noch wird eine Sache durch
Kampf geheiligt.« (KiE 48). Nur wenn die männliche Haltung alleine
zählt, ist keiner umsonst gefallen. Sie heiligt den Krieg, sie heiligt das
Opfer. Das ist der Glaubenssatz, der aus den *Stahlgewittern* gewonnen
wird, und der direkt in den politischen Kern von Jüngers »neuen Nationalismus« führt.

IV.

Mit diesem Programm trat Jünger, dessen militärische Laufbahn beendet, dessen akademischer Ausflug in die Zoologie noch unentschieden
und dessen literarischer Erfolg noch unabsehbar war, nach 1923 – als er
das erste mal im »Völkischen Beobachter« seine Stimme erhob – in seine
aktivistische Phase ein, gerade als sich die Weimarer Republik zu stabilisieren begann. Nach einem kurzen Einsatz als sächsischer Landesführer
des Freikorps Roßbach machte er sich zum Sprecher eines revolutionären
Nationalismus, zunächst in den Kreisen des ›Stahlhelms‹, bei jugendlichen Kampfbünden und schließlich sogar bei den Nationalbolschewisten; er pflegte Kontakt zur mörderischen Organisation Consul wie zu
Ernst Niekisch, zu den Bombenlegern der Landvolkbewegung wie zu
den im nationalistischen Fronteinsatz noch recht unerfahrenen National-
sozialisten. Dabei ging es Jünger als selbsternanntem geistigen Führer des
»neuen Nationalismus« um kein konkretes politisches Ziel, es ging ihm
um die Intensivierung, Radikalisierung und Überhöhung des Kampfes
um das Heilige an sich, die Nation.

Sichtet man die Flut der Jüngerschen Ergüsse in den Zeitschriften der nationalistischen Rechten – und ihr Name war Programm: *Die Standarte, Arminius, Der Vormarsch, Die Kommenden* – oder eben auch noch einmal im *Völkischen Beobachter*, so wird die Zentralität des Kriegserlebnisses deutlich. Eine ganze Frontsoldatengeneration fand in der Sprache des »soldatischen Nationalismus« den Verständigungscode, dessen Grammatik Jünger schon in den *Stahlgewittern* buchstabiert hatte: Das Ziel war die Übertragung des im Krieg »gesteigerten Leben[s] am Abgrund« (St 292) auf das Feld der Politik, genauer: das war seine Politik!

Der Krieg, in seinen Worten der »große rote Schlußstrich unter der bürgerlichen Zeit«, lehrte die Arbeit der Zuspitzung, derer es jetzt bedurfte, um das Höchste hervorzutreiben, und das Höchste war der männliche Einsatz, das »absolut Kühne«, wie er in einem gleichnamigen Artikel in der Stahlhelm-Zeitschrift *Standarte* von 1926 ausführte:

> Nicht, daß sie für dieses oder jenes kämpften, zeichnete diese Jugend aus, sondern daß sie überhaupt kämpfte, nicht daß sie an dieses oder jenes glaubte, sondern daß sie überhaupt die Kraft zum Glauben fand, nicht daß sie sich mit der höchsten Leidenschaft für dieses oder jenes Land einsetzte, sondern daß sie einer solchen Leidenschaft überhaupt fähig war […] Mag man es bei den Faschisten den »neuen Wert«, im Jungdeutschen Orden den »Heroismus«, im Stahlhelm den »Frontgeist«, bei den Nationalsozialisten die »völkische Idee« nennen, es ist im Grunde nur ein Gefühl, das sich dahinter verbirgt, und dessen Reinheit und Schärfe vom Nationalismus an allen Stellen zu betreiben ist. Es ist der Wille, das Leben von der Schicksalseite, von der Blutseite aus zu sehen und gestalten zu wollen. Es ist der Wille einer neuen Aristokratie, die der Krieg geschaffen hat, eine Auslese der Kühnsten, deren Geist kein Material der Welt zerbrechen konnte und die sich zur Herrschaft berufen fühlt.

Das konkrete politische Programm der verschiedenen nationalistischen Strömungen bedeutet ihm wenig, die Glaubensgewißheit an die Heiligung des Nationalen alles. Dieser inhaltsleere Glaube an das Hervortreiben der äußersten Entscheidung, das macht Jünger zu einem Dezisionisten, wie Carl Schmitt und Martin Heidegger. Die schiere Entschlossenheit verbürgte die radikalste Bindung, in der Verabsolutierung des Kampfes verflüchtigte sich der Zwang zur inhaltlichen Entscheidung: Sein Beharren auf »verlorenem Posten« war politisch nichts anderes als der Ausdruck der bürgerlichen Selbstflucht vor der Aufgabe der Freiheit; seine entschiedene Leidenschaft die eigentliche »Fahnenflucht« vor der Verantwortung, seine heroische Unterwerfung unter das vermeintlich

Notwendige nur die Negation der bürgerlichen Vernunft, und seine Hingabe an das absolute Abenteuerliche nur das sacrificium intellectus für die Reinheit des heroischen Denkens.

Dieselbe unbestimmte Erlösungshoffnung ist es auch, mit dem Jünger den starken Mann herbeisehnt: Noch habe sich »der Führer« nicht gezeigt, so schreibt Jünger in seinem Aufruf »Schließt Euch zusammen« in der *Standarte* von 1926, aber das reine Wollen werde ihn hervortreiben. Eines Tages werde sich »das Deutsche mit einem Schlag [...] verwirklichen, was keine Kompromisse, keine Abstimmungen und keine Abstriche verträgt. Ja, wir wollen das Deutsche, und wir wollen es mit Macht! Das Bild des Zukunftsstaats hat sich in diesen Jahren geklärt. Vierfach werden seine Wurzeln sein. Er wird national sein. Er wird sozial sein. Er wird wehrhaft sein. Er wird autoritativ gegliedert sein.« Und, so wird man nun hinzufügen müssen, er wird ein männlicher Glaubensstaat sein! Denn Jüngers Selbstverpflichtung, den »blutmäßigen Teil der Arbeiterschaft« an sich zu ziehen und den Führern des neuen Nationalismus den Weg zu weisen, hatte nur ein Ziel, »das Notwendige zu tun – das, was das Schicksal will.«

Dieser Satz wiederholt sich in Jüngers Vorwort zum nationalistischen Traktat seines Bruders *Aufmarsch des Nationalismus* von 1926 und verbindet sich in schöner Klarheit mit dem Männlichkeitsprogramm, das hier als der geheime Kern der *Stahlgewitter* ausgemacht worden ist. Es ist die Jüngersche Liturgie, die in diesen Jahren immer wiederkehrt. Da ist der Krieg, Vater aller Dinge, »der uns gezeugt im glühenden Schoß der Kampfgräben als ein neues Geschlecht«, da ist die Abwehr von allem Nützlichen, Angenehmen und Pragmatischen und die Hingabe an »das Notwendige – das, was das Schicksal will«, und da ist der männliche Grund des Neuen Nationalismus als rettende Tat, eines Nationalismus, der nicht den »Sozialismus der Ansprüche«, sondern den der Pflichten will, »eine harte und stoische Welt, der der Einzelne jedes Opfer zu bringen hat.«

Bevor also Jüngers Lebensweg ein Leseweg wurde, und er sich mit seinem *Abenteuerlichen Herz* selbst zum Literaten ästhetisierte, sprach er als Mann vom Krieg, und diese Virilität war sein politisches Programm:

> Der Vater dieses Nationalismus ist der Krieg. Was Literaten und Intellektuelle darüber zu sagen haben, ist für uns ohne Belang. Der Krieg ist ein Erlebnis des Blutes, daher ist nur das von Bedeutung, was Männer über ihn zu sagen haben.

Den Schlußakkord dieses nationalistischen Aufrufs: »Wir grüßen das Blut [...] wir grüßen die Kommenden [...] wir grüßen die Toten [...]

Deutschland, wir grüßen Dich!« sprach er als Mann. Das war Legitimation und Programm zugleich.

Ein Programm im übrigen, das auch in der sogenannten »Judenfrage« die Entscheidung in der Zuspitzung suchte. Mit der unappetitlichen und erfolglosen Methode der Antisemiten als »Bakterienjäger« wollte er gewiß nichts zu tun haben. Man wird aus dieser intellektuellen Abwehr der nationalsozialistischen Rassenhysterie jedoch nicht schließen können, daß er den Juden wohlgesonnen war. Besonders den »Zivilisationsjuden«, so Jünger, sei mit einer »lediglich äußeren Desinfektion« nicht beizukommen. Er erwartete gerade von Deutschland eine »eigene und strengere Lösung«, so schrieb er 1930 in einem Symposiumsbeitrag »Über Nationalismus und die Judenfrage« in den *Süddeutschen Monatsheften*, einem durchaus seriösen Blatt des konservativen Bürgertums. In der Verfolgung der entschiedenen, der männlich-heroischen Gestalt des Deutschtums, erledige sich die »Judenfrage« dann von selbst; denn in der »großen, feurigen Sonne, die das heroische Leben bestrahlt«, müsse auch der »verborgenste Keim« erlöschen:

> Die Erkenntnis und Verwirklichung der eigentümlichen deutschen Gestalt scheidet die Gestalt des Juden ebenso sichtbar und deutlich von sich ab, wie das klare und unbewegte Wasser das Öl als eine besondere Schicht sichtbar macht. In dem Augenblick, in dem der Jude als eine eigentümliche und eigenen Gesetzen unterworfene Macht sichtbar wird, hört er auf, am Deutschen virulent und damit gefährlich zu sein. Die wirksamste Waffe gegen ihn, den Meister aller Masken, ist ihn zu sehen.

Um nicht mißverstanden zu werden: Diese feine Art des »eliminatorischen« Denkens erklärt noch keinesfalls den Holocaust. Von den moralischen Höhen der *Marmorklippen* (1939) sah das auch anders aus. Aber das widerspruchsfreie Entscheidungs-Programm und die verhängnisvolle Entschiedenheits-Sprache sind 1930 auch bei Jünger schon da:

> Im gleichem Maße jedoch, in dem der deutsche Wille an Schärfe und Gestalt gewinnt, wird für den Juden auch der leiseste Wahn, in Deutschland Deutscher sein zu können, unvollziehbarer werden, und er wird sich vor seiner letzten Alternative sehen, die lautet: in Deutschland entweder Jude zu sein, oder nicht zu sein.

Dieser Antisemitismus ist nicht der des geifernden Stürmer-Antisemiten, der – in Jüngers Worten – glaubt, jeden Morgen einen Juden zum Frühstück verspeisen zu müssen. Aber er spiegelt die »heroisch-realistische« Grundhaltung, die der nachmalige Präzeptor des Holocaust, Werner

Best, in dem 1930 von Jünger herausgegeben Sammelband *Krieg und Krieger* beschwor. Sie glaubt, kühl einer amoralischen Sachlichkeits-Ethik folgen zu können, die sich auf die Notwendigkeit eines »Lebensgesetzes« zurückzieht, wo moralische Verantwortung zu tragen wäre.

V.

War Jünger nun, so ist zu fragen, nur »Gesinnungsmilitarist«, eine Haltung, die selbst den »Konservativen Anarchisten« noch ehrt, wie Hans-Peter Schwarz glaubt? Oder war er vielmehr »Gesinnungsästhet«, der »einen der letzten Versuche« gewagt hat, »den Begriff der Vernunft durch die pure Anschauung des Schönen aufzukündigen«, wovon Karl Heinz Bohrer ausgeht? Zu beidem läßt sich wohl einiges sagen. In der historischen ›Querlektüre‹ erweist sich jedoch als das Entscheidende nicht die radikale Ästhetisierung von Gesinnung an sich, sondern die militante Beschwörung einer männlichen Lebensphilosophie als politische Haltung: dies war die reine Form des »männlichen Fundamentalismus«!
So heißt es im Kapitel »Eros« aus dem *Krieg als inneres Erlebnis* über den Ausbruch des Lebenshungers der Landsknechte in der »klirrenden Wiedergeburt des Barbarentums«:

> O Leben Du! Noch einmal, einmal noch, vielleicht das letzte! Raubbau treiben, prassen, vergeuden, das ganze Feuerwerk in tausend Sonnen und kreisenden Flammenrädern verspritzen, die gespeicherte Kraft verbrennen vorm letzten Gang in die eisige Wüste. Hinein in die Brandung des Fleischs, tausend Gurgeln haben, dem Phallus schimmernde Tempel errichten. (KiE 31)

Und dies galt für Jünger und seine Gemeinde im Feld wie in der Politik. Es gehört wenig dazu, dieses präpotente Gehabe als den Wiedergänger einer tiefen Angst zu erkennen, einer körperstarken Abwehr der liminalen Erfahrung im Maschinenkrieg, wie Stefan Breuer in seiner Analyse der »Konservativen Revolution« anmerkt. Und dieses Thema spinnt Jünger in den alptraumhaften Szenarien seines *Abenteuerlichen Herzens* auch weiter fort.

Aber es steckt darin auch der Auftrag Nietzsches zur »Moralität der äußersten Anstrengung«. Joseph Peter Stern, der kürzlich verstorbene Londoner Germanist und Geisteshistoriker hat deshalb Jüngers zwanghafte Bereitschaft zur »rettenden Tat«, zum »Opfer auf verlorenem Posten« in den *Stahlgewittern* in jene verhängnisvolle deutsche Geistestradition gestellt, die das am gläubigsten verehrt, was am teuersten erkauft werden muß. Dieser »theure Kauf« – der Begriff ist von Gryphius entlehnt – läßt nach Stern auch das Augusterlebnis von 1914, das Dabeiseinwollen von 1933 und das Durchhalten im Angesicht der nationalsozialistischen Verbrechen als literarisch säkularisierte Heilserwartung erkennen, die das Volk schließlich in einer überwältigenden Glaubensbereitschaft an seinen ›Führer‹ band.

Für den emigrierten Prager Juden sieht Jüngers »höchste Anstrengung« eben von Anfang an verdächtig aus, weil sie den Krieg weder moralisch noch politisch, sondern nur metaphysisch zu legitimieren vermag. Hinter seinem kämpferisch engagierten Sprachstil kann Stern – anders als viele seiner deutschen germanistischen Kollegen – die menschliche Erfahrung von Angst und Mut, Verzweiflung und Tod eben gerade nicht erkennen, sondern nur das wohlfeile Spiel des Ästhetizismus und die kalte Verachtung gegenüber all jenen, die seinem selbstgesetzten männlichen Wert nicht genügen. Diese »language of contempt« widerspreche der lebenden Erfahrung, so Stern, sie spreche nur von seiner eigenen »deathlessness«. Vielleicht war das der eigentliche Kern der Jüngerschen Metaphysik, der geheime Glanz seiner kalten Amoralität: Er war ein Achilles ohne Ferse, ein Siegfried ohne Blatt, »a man with an iron soul«, dessen Not Erlösung im Opfer suchte.

Es war diese deutsche ›Opfersucht‹, die es Jünger auch erlaubte, die niederschmetternde und desillusionierende Kriegserfahrung abzuwehren, wie wir sie aus Tausenden von Feldpostbriefen kennen. Der stilisierte Heldenmut in den von Philipp Witkop ausgewählten *Kriegsbriefen gefallener Studenten* (1929), zeugt eben nicht von der sprachlosen Verzweiflung und dem grassierenden Offiziershaß der Mannschaften. Von der moralisch-politischen Erschütterung durch die Sinnlosigkeit des Massensterbens konnte Jünger und seine politische Generation am Ende nur absehen, weil sie die elitäre Flucht aus der Verantwortung für den Krieg wie die Niederlage antraten.

Sein »Kriegserlebnis« wird zwar von der neueren historischen Literatur zur Verarbeitung der nach Geschlecht und Generation, politischer Tradition und moralischer Kultur durchaus verschiedenen »Kriegserfahrung« dementiert, aber damals erfüllte es diesen Bedarf. Wo andere Künstler, wie Käthe Kollwitz, in ihrem persönlichen Schicksal und künstlerischem Werk zur Einkehr fanden, verwehrte Jüngers narzißtische Aufladung und politische Verlängerung des »Kriegserlebnisses« die moralisch-politische Trauerarbeit, die andere Kriegsschriftsteller überhaupt erst zum Schreiben zwang. Er war mit seinem Glauben nicht allein, daß man nicht für das »sichtbare«, sondern für das »unsichtbare Deutschland« gekämpft habe, jenes Deutschland, das aus dem »ver sacrum« des Jugendopfers wiederauferstehen werde. Es war ein reiner Glaubenssatz, der die Herrschaft der Lebenden über die Toten auf deren reines Opfer gründet:

> Der Tod für eine Überzeugung ist das höchste Vollbringen. Er ist Bekenntnis, Tat, Erfüllung, Glaube, Liebe, Hoffnung und Ziel; er ist auf dieser unvollkommenen Welt ein Vollkommenes und die Vollendung schlechthin. Dabei ist die Sache nichts und die Überzeugung alles. (KiE 110)

Auch noch das neue Menschentum des *Arbeiters* legitimierte sich durch dieses Opfer-Glück. Nach Jünger war es die »schärfste Angriffswaffe«, das »oberstes Machtmittel« einer Haltung, die »den Menschen nicht als das Ziel, sondern als ein Mittel, als den Träger sowohl der Macht wie der Freiheit begreift«:

> Der Mensch entfaltet seine höchste Kraft, entfaltet seine Herrschaft überall dort, wo er im Dienst steht. Es ist das Geheimnis der echten Befehlssprache, daß sie nicht Versprechungen macht, sondern Forderungen stellt. Das tiefste Glück des Menschen besteht darin, daß er geopfert wird, und die höchste Befehlskunst darin, Ziele zu zeigen, die des Opfers würdig sind. (A 71)

»So redselig ist ein Freier, der schlecht umarmt«, so hat schon Walter Benjamin die kultischen Ergüsse der Jüngerschen Kriegsprosa in seiner Rezension des Sammelbandes *Krieg und Krieger* 1930 quittiert. Dieser Apotheose des Krieges, so Benjamin in einer berühmten Definition, stehe »die Herkunft aus der rabiatesten Dekadenz an die Stirn geschrieben«, sie sei »nichts anderes als die hemmungslose Übertragung der Thesen des L'Art pour L'Art auf den Krieg.« Die Figur Jünger selbst aber, die des unverletzlichen Helden auf der Suche nach seiner männlichen Erfüllung, verschwindet seither in jener »kalten persona« (Helmut Lethen), die – wie andere Sachlichkeitsfanatiker auch – ihre Spuren verwischt. Diese Spuren führen aber, trotz seiner fortschreitenden Selbstästhetisierung, immer wieder zurück zu den *Stahlgewittern* und dem Krieg in seiner männlichen Gestalt.

Mit diesem »Denkmal höchster Mannesbewährung« sei Ernst Jünger »im eigentlichen und übertragenen Sinne in die Weltliteratur eingetreten«, so ließ der Klett-Verlag bei der Neuauflage von 1961 verlauten: Dieses Buch mit seinem Titel sei selbst zur »Mythe« geworden. Kein Wunder, wenn man bedenkt, wem damals dieses Buch besonders ans Herz gelegt werden sollte: »unsere[n] jungen Soldaten der Bundeswehr«, den Überlebenden des Krieges und all jene, die sich »jenseits von Politik und Nützlichkeitserwägungen den Sinn für männliche Größe in tragischer Bewährung erhalten haben«.

Dies gehört vielleicht nicht hierher, sondern in die noch ungeschriebene Geistesgeschichte der jungen Bundesrepublik. Aber die unverstellte Beschwörung der »Männlichkeit« führt zurück zu jenem scheinbar zeitresistenten Kernbestand des Kriegserlebnisses, der die *Stahlgewitter* offensichtlich auch ohne ihr historisch-politisches Gewand bis heute weiterwirken läßt: Es ist nicht die poetische Verneigung vor den surrealistischen Brandspuren in Jüngers Werk, es ist die historisch begründete Sehnsucht nach männlicher Er-Haltung und Er-Lösung. In diesem »männlichen Fundamentalismus« liegt das verhängnisvolle Mißverständnis von Virilität als Politik, das mit seiner Gewalt- und Opferbereitschaft eine wahre Blutspur durch die deutsche und die europäische Geschichte gezogen hat.

Der hier gewählte Zugang zu *In Stahlgewittern* zielt bewußt über die rein ästhetische oder nur ideologische Lesart des Textes als surrealistischem oder proto-faschistischem Beleg hinaus. Als Ego-Dokument läßt sich der Text als eine Bekenntnisschrift für eine bestimmte historische Konstruktion von Männlichkeit lesen, die in ihrer artifiziellen Radikalität eine mythische Dimension freilegt. Die politisch verlängerte Suche nach dem männlichen Grund in dem mörderischsten aller bisherigen Kriege beruft sich auf das quasi-religiöse Substrat der Bereitschaft zur Tat: In der »rettenden Tat« liegt der »Wille zum Opfer«, die andere Seite des Sorelschen »Mythos der Gewalt«.

Diesem Mythos huldigten fast alle Vertreter der Konservativen Revolution, die sich jenseits der Beschwörung der Nation kaum auf ein konkretes politisches Programm verständigen konnten. Sie alle trafen sich in einer Haltung, die Hermann Heller als den Kern des Sorelschen Mythos ausgemacht hat, als bekennende Märtyrer einer »Religion des Als-Ob«. Es war diese »Mythosbesessenheit« der Konservativen Revolution, in der Jüngers bedingungslos männlich-kriegerische Haltung Eingang fand und selbst politisches Programm wurde. Wie Stefan Breuer gezeigt hat, fand die Konservative Revolution in der apokalyptischen Erwartung, der Apologie der Gewalt und der Beschwörung der Männlichkeit einen gemeinsamen Glaubensgehalt, der weit über die ästhetischen, wirtschaftlichen oder politischen Programme hinausging. Die Beschwörung der Männlichkeit hatte dabei einen verbindlichen politischen Sinn: Der starke Staat gegen die weibische Gesellschaft, der soldatische Männerbund gegen die demokratischen Parteien, die männliche Autorität gegen den weichlichen Frieden, die ganze Republik war ihnen wie ein »Dolchstoß der Frau in den Rücken des Mannes«.

Ernst Jünger war gewiß nicht der einzige, der daran arbeitete, dem »Phallus goldene Tempel zu errichten« (KiE 31). Auf die Männergemeinschaft als politisches Härtebad schworen auch die anderen Vertreter der Konservativen Revolution von Carl Schmitt bis Edgar Julius Jung, und das männliche Verlangen nach der »selbstbewußten Nation« scheint noch heute nicht ganz ausgestorben zu sein. Aber Jünger war der einzige, der im Gemetzel des großen Grabenkrieges, der unser Jahrhundert vom bürgerlichen Zeitalter trennt, die politische Suggestion der männlichen Gewalt entwarf. Er war der einzige, der in diesem »auf die Spitze getriebene[n] Mannestum« (KiE 30) eine »männliche Form der Zeugung« sah (KiE 49), aus der er dann die politischen Glaubenssätze seines »männlichen Fundamentalismus« gewann. Hierin liegt seine Bedeutung, nicht seine Größe.

Literaturhinweise

Ausgaben:
Ernst Jünger: *In Stahlgewittern* (zuerst 1920), hier zitiert (St) nach der leicht zugänglichen Ausgabe im Klett-Verlag. Stuttgart 1978, 36. Aufl. 1996.
Ernst Jünger: *Der Kampf als inneres Erlebnis.* Berlin 1922, hier zitiert (KiE) nach der zweiten neubearbeiteten Auflage von 1926 in der fünften Auflage 1933.
Ernst Jünger: *Der Arbeiter: Herrschaft und Gestalt.* Hamburg 1932, hier zitiert (A) nach der vierten Auflage 1932/1941.
Zu den schwer zugänglichen politischen Texten Ernst Jüngers vgl.: Bruno W. Reimann und Renate Haßel: *Ein Jünger-Brevier. Jüngers politische Publizistik 1920 bis 1933. Analysen und Dokumente.* Marburg 1995.

Sekundärliteratur:
Johannes Volmert: *Ernst Jünger »In Stahlgewittern«.* München 1985.
Heinz Ludwig Arnold: *Krieger, Waldgänger, Anarch. Versuch über Ernst Jünger.* Göttingen 1990.
Hans-Harald Müller und Harro Segeberg (Hrsg.), *Ernst Jünger im 20. Jahrhundert.* München 1995.
Thomas Nevin: *Ernst Jünger in Germany. Into the Abyss 1914 – 1945.* Duke UP 1996.
Hans-Harald Müller: *Der Krieg und die Schriftsteller. Die Kriegsromane der Weimarer Republik*, Stuttgart 1986.
Karl Prümm: *Die Literatur des Soldatischen Nationalismus der 20er Jahre (1918 – 1933). Gruppenideologie und Epochenproblematik*, 2 Bde. Kronberg 1974.

Karl-Heinz Bohrer: *Die Ästhetik des Schreckens. Die pessimistische Romantik und Ernst Jüngers Frühwerk.* München 1978.

Hans-Peter Schwarz: *Der Konservative Anarchist. Politik und Zeitkritik Ernst Jüngers,* Freiburg 1962.

Joseph Peter Stern: *The Dear Purchase. A Theme in German Modernism.* Cambridge UP 1995.

Christian Graf von Krockow: *Die Entscheidung. Eine Untersuchung über Ernst Jünger, Carl Schmitt, Martin Heidegger.* Stuttgart 1958.

Gerhard Hirschfeld und Gerd Krumeich (Hrsg): *»Keiner fühlt sich hier als Mensch...« Erlebnis und Wirkung des Ersten Weltkriegs.* Essen 1993.

Stefan Breuer: *Anatomie der Konservativen Revolution.* Darmstadt 1993.

Mascha Kaléko: *Gedichte*

VON

ILONA OSTNER

Die junge Mascha Kaléko war, kaum hatte sie ihre Alltags- oder Gebrauchslyrik für die Tagespresse zu schreiben begonnen, eine vielgelesene Autorin, an die man sich in Deutschland über ihre Emigrationszeit hinaus erinnerte. Mascha Kaléko ist immer noch so etwas wie ein Geheimtip – zumindest unter Frauen. Eine Feministin war sie nie. Als Jüdin hatte sie gewiß andere Solidaritäten. Ihre Brüche mit Konventionen vollzog sie jeweils aufgehoben in ihrem jüdischen Milieu. Zweimal hatte sie geheiratet, jeweils Männer, die die jüdische Kultur – im einen Fall die hebräische Sprache, im anderen die chassidische Musik – zu ihrem Beruf hatten. Über ihre jüdische Identität beginnt Kaléko erst in Israel, das ihr nie heimisch wurde, nachzudenken.

Ich selbst begegnete Kaléko zuerst durch eine Rundfunksendung. Dabei fielen mir ihre ironischen Liebesgedichte auf. Sie fiel mir wieder bei der Vorbereitung meines Seminars zu Gesellschaft und Politik in der Weimarer Republik ein. Es ist diese Verbindung, Kaléko und die Weimarer Zeit, der Aufbruch einzelner Frauen in die Welt der geistigen Arbeiter, der Schriftsteller und Journalisten, einerseits, das Eindringen der vielen Frauen in die ebenso männliche Welt der Angestellten der Zwanziger Jahre, andererseits, die im folgenden interessiert. Mascha Kaléko war zu dieser Zeit beides: Angestellte und Schriftstellerin, deren Leserschaft vermutlich überwiegend aus Zeitung lesenden Angestellten bestand. Im Mittelpunkt des Beitrages stehen einige Gedichte aus Kalékos erstem Gedichtband *Das lyrische Stenogrammheft*, erschienen 1933, die – auch für die soziologische Analyse – aufschlußreiche Einblicke in weibliche Schriftstellerei und weibliches Angestelltendasein in der Weimarer Republik gewähren.

Wer war Mascha Kaléko? Wie schaffte diese noch so junge Frau damals, Ende der Weimarer Republik, den ebenso raschen wie kurzen Erfolg? Womöglich lag es am Genre, an der lyrischen Kleinform des Zeitungsgedichtes sowie dem selbstgesetzten Auftrag der Gebrauchslyrik, der Zeit gemäß demokratisch zu sein, sich also den Problemen und Aktualitäten des kleinen Mannes zu stellen. Die kleine Szene, nicht das große Ganze, darin waren sich Geschlechterphilosophie und -soziologie einig, liege der Frau. So hatte die Dichterin Marieluise Fleißer wenige Jahre vor Kalékos Erfolg »weibliches Vermögen« bzw. »Unvermögen« auf den Punkt gebracht. Aber auch Tucholsky oder Kästner wählten die lyrische Miniatur als Sprach- und Reflexionsform. Sie kann deshalb jenseits der Frage nach der Kunstfähigkeit der Frau auch als Symptom der Zeit bzw. als eine zeitgemäße Form der Verarbeitung dieser Zeit verstanden werden.

Kaléko war damals vermutlich erfolgreich, weil sie sich die Sprachform der Zeit zu eigen machte. Mit der Wahl der Kleinform und der alltäglichen, unspektakulären Themen setzte sich Mascha Kaléko als Künstlerin mit ihrer Zeit auseinander. Diese Zeit läßt sich durch Hinweise auf den gesellschaftlichen Gehalt ihrer Gedichte einfangen. Eine soziologische Annäherung an Mascha Kalékos Gedichte kommt ohne eine kurze Erläuterung, worin nun dieses Gesellschaftliche und die Methode seiner Annäherung besteht, nicht aus. Man kann sich diesem Gesellschaftlichen mit Hilfe von Überlegungen zu Dimensionen einer soziologischen Inhaltsanalyse annähern. Die Weimarer Zeit allgemein und die Angestellten im besonderen sind ein trefflicher Gegenstand für eine Soziologie der Moderne und ihre methodische Perspektive.

Mascha Kaléko kommt zu Erfolg als dichtende Angestellte, die Gedichte u. a. über Angestellte für das Zeitungspublikum schreibt. Dies macht sie für solche soziologischen Annäherungen hervorragend geeignet. Ihre frühen Gedichte berichten vom Berliner Alltagsleben am Ende der Weimarer Zeit und vom spezifischen Lebensgefühl der gezeichneten Menschen wie auch der Dichterin selbst. Mascha Kaléko tut dies in einer Art, die wiederum dieses Lebensgefühl und die spezifische Befindlichkeit einer Frau zwischen Freiheitsversprechen, Enttäuschung und Trost der kleinen Kompromisse, z. B. dem kleinen Glück, reflektiert. Doch zunächst zu Mascha Kaléko selbst.

Biographische Notiz

Mascha Kaléko ist 1925, 18jährig, zunächst Bürolehrling im Arbeiterfürsorgeamt der jüdischen Organisationen Deutschlands in Berlin, dann dort Angestellte, wahrscheinlich Stenotypistin. Von Berlin sagt Kracauer in seinem »Angestellten-Mosaik« von 1929, es sei der Ort, »an dem sich die Lage der Angestellten [ich würde hinzufügen: auch der Frauen] am extremsten darstellt«. Und nur von den Extremen her könne die Wirklichkeit erschlossen werden.

Mascha Kaléko ist also eine Angestellte mit dichterischen Ambitionen, wie sie von sich selbst in ihrem Gedicht *Interview mit mir selbst* sagt:

Acht Stunden bin ich dienstlich angestellt
Und tue eine schlechtbezahlte Pflicht.
Am Abend schreib ich manchmal ein Gedicht.
(Mein Vater meint, das habe noch gefehlt.)

Mascha Kaléko wird 1907 als Golda Malka Aufen in Galizien geboren, und zwar als uneheliches Kind einer österreichischen Mutter und eines russischen Vaters, eines Kaufmanns. Mutter und Vater heiraten erst 1922, nach der Geburt von drei weiteren Kindern. Die Familie gehört zu der wohlhabenderen Schicht im Vergleich zur übrigen jüdischen Bevölkerung Galiziens. Mascha Kaléko erinnert sich in ihren Gedichten an Amme und Hausangestellte: »Fremde gegen ein Monatsgehalt. Bevölkerten meine Kindheit.« Sie hängt mehr am häufig abwesenden Vater, die Mutter bevorzugt die zwei Jahre jüngere Schwester, das Musterkind: »Eine Schwester hatte ich wohl / Die sprach nie ungefragt. / Sparte ihr Taschengeld. / Und kniff mich unterm Tisch«. Mit knapp 5 Jahren läuft sie von zu Hause fort: »Schön wars im Walde, unter Sternen, / bis man mich fand, mit Fackeln und Laternen. / Der schnell versammelte Familienteetisch / fand diesen Ausflug keineswegs poetisch«.

Die Familie wandert vor dem Ersten Weltkrieg nach Deutschland aus. Seit 1918 lebt sie in Berlin. Mascha Kaléko besucht die Mädchenschule der jüdischen Gemeinde von 1918 bis 1923. Ab 1925 ist sie, wie gesagt, Bürolehrling. 1928 heiratet sie Saul Kaléko, der 1929 promoviert und Hebräisch lehrt. 1933 erscheint das *Lyrische Stenogrammheft* bei Rowohlt. 1936 kommt ihr Sohn Stephen zur Welt. Vater ist der Musikwissenschaftler und Dirigent Chemjo Vinaver, den sie nach ihrer Scheidung 1938 heiratet und mit dem sie bis zu dessen Tod 1973 zusammenlebt – erst in den USA, dann in Jerusalem, das ihr nie Heimat wurde. 1975 stirbt sie, nicht nur weil sie lange schwer krank war. Die Liebe zu Mann und Kind waren ihre Heimat. Den überraschenden Tod ihres Sohnes 1968 haben beide Eltern nicht überwunden. Mit dem Tod des Mannes fehlt ihr, wie sie sagt, der letzte, einzige Halt.

Zur Angestellten-Bohème gehört sie nicht, nicht zu jenen Mädchen, die, wie Kracauer damals schrieb, »in die Großstadt kommen, um Abenteuer zu suchen, und wie Kometen durch die Angestelltenwelt streifen«. Deren Laufbahn [...] unberechenbar [ist], und ob sie auf der Straße oder im Hochzeitbett enden, kann auch der beste Astronom nicht ermitteln«. Für diese Angestellten sei die Büroarbeit »doch immer nur die unerläßliche Bedingung der Freiheit [...], die sie auskosten möchte[n]«. Kracauer hatte damals eine ihrem Elternhaus entflohene gutbürgerliche Tochter im Sinn, die das Romanische Café frequentierte, wie übrigens seit 1928 auch Mascha Kaléko. »Nach Geschäftsschluß trinkt sie [diese Tochter aus gutem Haus] daheim in ihrem möblierten Zimmer noch rasch einen starken Kaffee, der sie wieder frisch macht, und dann geht es los, mitten ins Leben hinein.«

Solche Aufbruchsphantasien – und das Kometenhafte: »über eine kurze Weile, und man hat sie gesehen«, während die Kolleginnen bleiben – fehlen Mascha Kalékos Selbstinterview. Dabei will auch sie sich eine bessere Stellung erringen, auch sie ist ambitioniert, wie sie von sich selbst sagt, und besucht 1933 und 1934 auf der Reimann-Schule in Berlin die Klasse für Werbungs- und Publicity-Schreiben. Damit wird sie sich auch später, wie Kästners *Fabian*, immer wieder Geld verdienen. Schreiben, nicht Brotverdienst ist ihr Interesse. In ihrer zweiten Ehe ist sie nur zu Beginn erwerbstätig.

Das Büro war nicht Wahl, sondern Notwendigkeit und im Vergleich zu ihrer relativ wohlsituierten Kindheit und den Versprechungen ihrer besseren Bildung ein Abstieg. In der letzten Strophe ihres *Interview mit mir selbst* deutet Mascha Kaléko die Richtung der Bahn, die ihr Leben auch nehmen soll: das sogenannte Glück, das kleine Glück im kleinen Kreis.

Mascha Kaléko ist bekannter und beliebter Gast im Romanischen Café, dabei doch Ehefrau. Sie ist Stenotypistin und verheiratet, als sie ihre Lyrik für die Tagespresse schreibt, oft im Blick zurück auf die Einsamkeit der möbliert Alleinlebenden der Großstadt. Sie beginnt als noch verheiratete Frau ihre Beziehung zu Vinaver. Ihre späteren Gedichte spiegeln die Trauer über die Vertreibung aus dem kleinen Glück. Dieses private Glück, verwirklicht in der Liebe zu einem Mann oder in der Familie, hat für die ausgesetztere, von Vertreibung immer bedrohte, jüdische Frau wahrscheinlich eine andere, eine weiter reichende Bedeutung als für nichtjüdische Frauen. Es gibt auf besondere Weise Halt, die vor der allzu raschen Diskreditierung, bloß affirmativ zu handeln, zurückscheuen läßt.

Mascha Kalékos Lebenslauf fehlt trotz der erwähnten Abweichungen die Radikalität des Aufbruchs und – oft – des Scheiterns, wie sie sie in der gleichen Zeit z. B. Marieluise Fleißer durchlebt. Es ist in vielerlei Hinsicht ein Leben des »Beinahe«. Das Beinahe ist – so Ingeborg Drewitz im Nachruf – Mascha Kalékos Trick und große Kunst:

> Dieses Beinahe ist Mascha Kalékos Trick – oder nein; ihre große Kunst; dieses Beinahe-glücklich-beinahe-traurig-beinahe-verzweifelt-beinahe-vogelgleich-beinahe-bitter-beinahe-tragischsein des alltäglichen Lebens, das Niemandjemand in der großen Stadt einzufangen, ist ihr immer wieder gelungen.

Die Frau, die Sprache und die Kunst – ein Ausflug in die Geschlechtersoziologie

Das *Lyrische Stenogrammheft*, Kalékos erster Lyrikband, verkaufte sich gut. Mascha Kaléko ist eine Meisterin einzelner Szenen, des knappen, meist ironisch-distanzierenden Berichts über Dinge, die in ihrer Zeit alle, in jedem Fall alle Frauen, an- und oft unter die Haut gehen. Kleinkunstform und alltagsnahe Sujets entsprechen, so die Geschlechtersoziologie, der besonderen Autorenschaft der Frau, ihrer Art, in der Welt zu stehen und diese zu sehen.

Im Jahr 1930 erscheint ein kurzer Essay von Marie-Luise Fleißer zum *dramatischen Empfinden bei den Frauen*. Er beginnt mit der Feststellung eines Buchhändlers, daß fünfzig Prozent der Bücher, die heute am meisten gehen, von Frauen geschrieben seien. Wenn wir dies, so Fleißer, als Symptom von erwachender weiblicher Begabung zur Kenntnis nehmen, dränge sich uns eine Frage auf: Warum steht der regen Beteiligung der Frau am Buchmarkt – man kann hinzufügen: dem regen Anteil damals von Frauen an der Gebrauchslyrik veröffentlicht in der Tagespresse – eine auffallend schwache in der dramatischen Produktion gegenüber?

Die Frage, antwortet Fleißer, sei einfach verfrüht, das Drama als typische Leistung bei der Frau einfach noch nicht vorhanden. Die Frau fühle die Forderung, die in jedem Stück – im Drama – liegt, daß es zu einem bestimmten Punkt aufsteigen müsse, noch sehr dumpf, sehe nicht die einzige klar gezogene Linie.

1929 war Fleißer mit ihrem einzigen Bühnenstück, *Pioniere in Ingolstadt*, gescheitert. Brecht hatte der Freundin damals in Berlin diktiert, ein Stück aus diesem Stoff zu schreiben, die Szenen aus ihrer Heimatstadt mit Text zu füllen. Fleißers Sprache war jedoch nicht gemacht für die Soldaten. Im buchstäblichen Sinn verlernt sie das Schreiben. Brecht läßt sie fallen.

Der Essay ist Selbstanalyse und -kritik, möglicherweise auch anderen dichtenden Frauen bzw. Frauen mit dichterischen Ambitionen zur Warnung auf den Weg gegeben. Fleißer schreibt:

> Es ist denn auch der Einwand, den man immer wieder gegen die Stücke von Frauen erhebt, daß sie *nicht gebaut* sind. Wenn eine Frau an das Stück denkt, das sie schreiben will, sieht sie *einzelne Szenen* vor sich, meisterhaft in ihrer in kurzen Sätzen herwachsenden Verdichtung, wirksam, weil Sachen darin gesagt werden, die allgemein angehn und so lebendig gesagt, daß sie einem bis unter die Haut gehen [Hervorhebungen von mir].

Die Frau tue sich schwer mit der »Vereinigung der Szenen«, wie Fleißer sagt. Sie tut sich schwer mit der Kunst der Verknüpfung der Szenen zu einem *Kunstwerk*, zu etwas, das aus dem Zusammenhange des Lebens herausfällt. Daß Fleißer Georg Simmel, den Begründer der modernen Soziologie, gelesen hat, ist unwahrscheinlich. Doch scheint ihre vorläufige Beurteilung der Kunstfähigkeit hier Simmels Vorstellung vom Kunstwerk zu folgen, schreibt dieser doch:

> [...] es ist doch das Wesen des Kunstwerkes, daß es aus den endlos kontinuierlichen Reihen der Anschaulichkeit oder des Erlebens ein Stück herausschneidet, es aus den Zusammenhängen mit allem Diesseits und Jenseits löst und ihm eine selbstgenügsame, wie von einem inneren Zentrum her bestimmte und zusammengehaltene Form gibt.

Darin ähnele das Kunstwerk dem Abenteuer, und der Künstler dem Abenteurer, beide sind starke Beispiele für den unhistorischen, unzeitlichen Menschen. Und wie Simmel in seiner Geschlechter»soziologie« erklärt Fleißer die mangelnde Präsenz von Frauen in der Kunstwerkproduktion aus der qualitativen Differenz zwischen den Geschlechtern, zumindest aus einem ›cultural lag‹ heraus.

Frauen seien (noch) das psychisch einheitlichere, das weniger differenzierte Geschlecht, hatte Simmel behauptet. Das für die Kunstproduktion notwendige Werk der Verknüpfung setze zunächst Differenzierung und die entsprechende geistige Fähigkeit voraus. Dies, diese Differenzierung, Scheidung, gelinge der Frau weniger, da bei ihr die einzelne Vorstellung noch in lebhaftester Verbindung mit der ungesonderten Masse der übrigen Vorstellungen stehe und von dieser Masse getragen werde. Dieses »Zurückbleiben in der Differenzierung« habe Folgen für die weibliche Kunstproduktion. Wenden Frauen sich der Kunst zu, dann bestehe ihre besondere Meisterschaft in der Kunst des Aufnehmens und Reproduzierens, »während ihnen eigene Produktion nicht gelingt«. Die Sprache, wie alle anderen Formungs- und Ausdrucksweisen, sei männlichen Ursprungs und den Bedürfnissen der Männer angepaßt.

Fleißer scheiterte ja an der Sprache – zumindest daran, dem Soldatischen durch Sprache eine Form zu geben. Wie übrigens umgekehrt Simmel der vorhandenen Sprache die Fähigkeit abspricht, das Frauenhafte verständlich auszudrücken. Der Zugang von Frauen zur ›objektiven‹ Kultur des Mannes sei möglich nur um den Preis einer Anpassung an männliche Normen, Fleißers Versuch und Scheitern – für Simmel allerdings nur ein Durchgangsstadium. Um die ›objektive‹ Kultur steigern zu können, müßten Frauen eigene Wege gehen und sich als Besondere,

eben als Frauen, bei aller Vielfalt, bewahren oder bewähren können.
Fleißer schließt ihren Essay wie folgt:

> Wir haben die Sprache, wir haben besonders Rollen, die Spezialbegabung der Frau, weil sie sehr nah und bis in die Einzelheiten genau sieht, gewissermaßen vollständig um den Menschen herumgeht, den Punkt findet mit einer Witterung für menschliche Eigenheiten, wie sie in dieser Feinheit dem Mann abgeht. Die nächste Leistung, die wir bringen müssen, ist – das Stück.

Eben das Kunstwerk. Und dies, ein in sich geschlossenes Stück, entstehe auch nicht, wie Fleißer sagt, indem man es gelegentlich und nebenbei macht.

Mascha Kaléko schrieb keine Dramen, auch keine Romane. Sondern eben nebenbei Kleinteiliges, Gebrauchslyrik im Kästnerschen Sinne, für die Tagespresse. Zwar nennt die Literaturwissenschaft, wo sie sie nennt, Kaléko in einem Atemzug mit Tucholsky und Brecht. Sie übernahm die Kunstform der Männer, aber füllte diese auf ihre eigene – weibliche – Weise. Wie die Männer schrieb sie Gedichte, die das Publikum, gemeint ist das breite, lesen und hören konnte, ohne einzuschlafen, weil die Texte verwendbar waren. Auch Kaléko schrieb ihre Gedichte aus dem Umgang mit Freuden und Schmerzen der Gegenwart heraus nieder. Skepsis gegenüber großen Gefühlen durchzieht ihre Texte. Aber während Brecht oder Kästner in vergleichbaren Texten diese Skepsis durch den gefühlskalten, gleichgültigen Blick des Dichters auf seine Objekte, oft Frauen, ausdrücken, ergreift Kaléko die Partei derjenigen, auf die sich diese Blicke richten. Sie ist trotz des Versuches der Distanzierung involviert, parteilich und mitleidend, deshalb selten ironisch. Ihre Gedichte rühren an, wie immer wortwitzig sie daher kommen. Sie tun dies, weil ihnen der große, sublimiert daherkommende Weltschmerz, die Mischung aus Weltuntergangsgefühl und Appell an die Forderung des Tages, den die männlichen Gebrauchslyriker stellvertetend als natürliche Empfindungen der Menschen ihrer Zeit auszudrücken meinen, fehlt. Sie drückt eben das Frauenhafte verständlich aus. Ob dieser Unterschied Fleißers oder Simmels Überlegungen bestätigt und Kalékos Erfolg erklärt?

Inhaltsanalyse soziologisch

Die Soziologie analysiert den gesellschaftlichen Gehalt von Texten – eben auch von Gedichten. Sie nähert sich dem literarischen Produkt mit der Frage, ob und unter welchen Bedingungen das Dargestellte Einblicke in soziale Tatbestände mitführt und zum Verständnis der Beziehungen beiträgt, die zwischen Individuum und Gesellschaft bestehen bzw. bestanden.

Der gesellschaftliche Gehalt kann sich dabei in der Benennung eines gesellschaftlichen Sachverhalts erschöpfen. Er kann aber auch Textbestandteile charakterisieren, in denen unausgesprochen Merkmale des Gesellschaftlichen zum Ausdruck kommen. Das Gesellschaftliche liegt nicht ohne weiteres auf der Hand, selbst dann nicht, wenn sich ein Text ausdrücklich auf Gesellschaft oder gesellschaftliche Tatsachen – z. B. die Wirtschaft, eine Großstadtstraße, das Kaufhaus oder die Schwierigkeit mit der Liebe heute – bezieht, wenn Gesellschaft also oberflächlich präsent ist. Andererseits: Ein Text, der gar nicht von Gesellschaft spricht, kann eminent gesellschaftlich sein. Der gesellschaftliche Gehalt wäre dann latent. Latenz kann dabei die gesellschaftlichen Konnotationen eines Textes insgesamt meinen, also alle sozialen Formen, die er anspricht. Latenz kann sich ferner auf gesellschaftliche Sinngehalte beziehen, die dem Schriftsteller/der Schriftstellerin beim Schreiben gar nicht bewußt sind.

Gute Beispiele für das Gesagte bieten Kalékos Gedichte *Kassen-Patienten* und *Krankgeschrieben*. Die Dichterin hatte beim Schreiben die Logik des schrittweise verallgemeinernden und nivellierenden Ausbaus von Krankenversicherung und Krankenkassenmedizin wahrscheinlich ebenso wenig im Auge wie Shakespeare den Unterschied zwischen Wucher- und Handelskapital beim Verfassen der Dialoge zwischen Shylock und Antonio. Schließlich erfassen wir Experten erst heute und erst angesichts der Überforderung des Sozialversicherungssystems dessen Fortschritt in eine für manche geradezu »totalisierende« Richtung, die sich in Sätzen wie »der Mensch stirbt in der Gesetzlichen Krankenversicherung bzw. als Kassenpatient« oder »die Kasse ist zum Puffer zwischen Diesseits und Jenseits geworden« auf einen Nenner bringen läßt. Auch die folgenreiche Systementscheidung für Kompensation statt Prävention, die spätestens in den Zwanzigern endgültig gefallen war, entzog sich gewiß Kalékos Kenntnis. Und doch ist all das im Gedicht präsent.

Wie gesagt, Kaléko konnte in den Zwanziger Jahren bestenfalls ahnen, daß die Sozialversicherung einmal maßgeblich die Lebensverhältnisse der Lohnabhängigen, deren Wohlstand und Sicherheit über den Tag hinaus beeinflussen würde. Das heute modische soziologische Wort von der Institutionalisierung des Lebenslaufs durch Sozialpolitik und Begriffe wie Statuspassage und Statuswechsel mußten ihr fremd sein. Und doch ist die *Intuition* da, daß die Sozialversicherung schon damals begann, den Lebenslauf des normalen Lohnabhängigen zu strukturieren, die Abfolge von Status – Auszubildender, Erwerbstätiger, Rentner – vorzugeben und die Passagen von einem zum anderen Status zu markieren; daß Sozialpolitik durch Lohnersatzleistungen, Kranken- und Arbeitslosengeld oder Rente und Dienste aller Art, Umschulung, ärztliche Behandlung oder Rehabilitation, die Statuswechsel abfederte. Kaléko betrieb keine Soziologie der Sozialpolitik. Und doch ist ihr Gedicht *Kassen-Patienten* eine lebenslaufsoziologische Miniatur, indem es in Wortwahl, Bau und Rhythmus den durchschnittlichen Lebenslauf – ist man erst einmal krank, und Krankheit trifft jeden irgend einmal – als »Kassenpatienten-Karriere« auf den Punkt bringt. Das einzig ›Neue‹ in diesem Leben bringt der Wechsel von Kassenarzt zu Kassenarzt.

Kassen-Patienten

Sie brüten stumpf auf Wartezimmerbänken.
Ein jeder mit dem Leiden, das ihn quält.
Sie hoffen nicht. Sie sagen, was sie denken:
Der kann mir keine neue Lunge schenken.
Det weeß keen Doktor, wat uns richtig fehlt …

Die Bilder an der Wand verströmen Grauen.
– Man fragt sich manchmal selber: Muß das sein,
daß Kranke immer wieder Kranke schauen
und sich an Wartezimmer-Kunst erbauen
Wie ›Toteninsel‹ oder ›Totenhain‹?

Sie blättern stumm in welken ›Illustrierten‹
Und tauschen ihre Arzt-Erfahrung aus.
›… Der schickte mich zum dritten und zum vierten,
Bis sie mich dann am Blindarm operierten.
Das mit der Niere kam erst später raus.‹

Die Glocke schrillt. Am Fenster kreist ein Brummer.
Der mit dem Gipsverband riecht nach Karbol.
Sie schleppen alle an dem gleichen Kummer.
Und fühl'n sich alle gleich als bloße Nummer.
Und ihre Stirnen tragen ein Symbol.

Der Arzt, in weißem Kittel, goldner Brille,
befühlt den Puls und zuckt die Schultern dann.
›Tja, lieber Freund, das ist nicht unser Wille,‹
Ruft: ›Ziehn sich an!‹ Verschreibt noch eine Pille.
›Hier ist Ihr Schein. Der Nächste!‹ – Wer ist dran?

Markiert der »Schein« hier die allgemeine Nivellierungstendenz der Sozialversicherung, so im Gedicht *Krankgeschrieben* lange vor der Lohnfortzahlung bereits die Schwelle hinein in ein begrenztes Reich der Freiheit vom Zwang zur Arbeit. Auch dies hat die Sozialversicherung zunehmend gewährt: Optionen des Ausstiegs aus dem Arbeitsmarkt und – wenn auch zunächst noch magere – Lohnersatzleistungen. Man mußte sich nicht mehr unter allen Umständen zur Arbeit schleppen, man konnte sich krank schreiben lassen. Diese Praxis, die Anspruchnahme der Sozialleistung, war noch ungewohnt, noch braucht die Protagonistin – die Frau? – die Schmerzen, die das Gewissen streicheln, wenn sie nicht arbeitet. Der Krankenschein wiederum eröffnet die beschränkten, »verkehrten«, Fluchtmöglichkeiten aus dem Alltag. Verkehrt sind sie, weil das Andere nur als Ausstieg und dieser Ausstieg nur als Regression zurück in die Geborgenheit der Kindheit möglich erscheint.

Krankgeschrieben

Man liegt im Bett mit einer Halskompresse,
Erschöpft und blaß ist man heraufgeschwankt.
Man ist des ganzen Hauses Interesse,
und jemand sorgt, daß man das Fieber messe.
Man fehlt heut im Büro. – Man ist ›erkrankt‹.

Man fühlt sich wohl auf weichen, weißen Kissen.
– Von Zeit zu Zeit tut irgendwo was weh –
diese Schmerzen streicheln das Gewissen,
Heut einmal seine Pflicht nicht tun zu müssen.
… Dies sühnt man außerdem mit Fliedertee.

Man sieht die Möbel an und die Gardinen.
– Man kennt sein Zimmer nur vom Abend her –.
Am Tage, wenn es hell und lichtbeschienen,
Da ist man irgendwo, um zu verdienen.
Und abends gibt es keine Sonne mehr.

Durchs Fenster dringen Stimmen von Passanten
Und der Vormittagslärm von Groß-Berlin.
Man wird besucht von Freunden und Bekannten.
Zweimal am Tage kommen die Verwandten
Und dreimal täglich kommt die Medizin …

[…]

> Man liegt im Bett. Und draußen ›pulst das Leben‹
> – Wie es so herrlich in Romanen heißt.
> Man hat sich diesem Zwange gern ergeben
> Und wird gesund mit leisem Widerstreben,
> Als wär man in die Kindheit heimgereist ...

Der inhaltsanalytische Begriff der Latenz verweist schließlich auf die sozialen Sinngehalte, die Texten sozusagen nachträglich in der historischen Entwicklung und auf der Grundlage erweiterten Wissens zuwachsen. Wir wissen eben heute, daß Mascha Kaléko eine Vertreterin einer bestimmten Lyrik der Moderne ist. Sie ist beides, Vertreterin einer modernen Kunstform wie auch Repräsentantin einer gesellschaftlichen Moderne, wie sie sich zum ersten Mal im großen Maßstab – und dann besonders zugespitzt und verdichtet – in Deutschland in der Weimarer Zeit – und hier wiederum in der Großstadt – geäußert hat. Das Gesellschaftliche an dieser Moderne herauszuarbeiten, wäre dann eine weitere Aufgabe der soziologischen Analyse.

Die kursorischen Ausführungen zur soziologischen Inhaltsanalyse lassen sich – sehr vereinfacht – zusammenfassen: Die soziologische Inhaltsanalyse, wo sie reflexiv ist, kämpft mit Latenz im erläuterten Sinn und um Vermittlung. »Vermittlung« gibt dabei die Richtung der Antwort auf die Frage an, woher ich denn weiß, daß ich bei einer Textpassage auch wirklich zum Gesellschaftlichen vorgedrungen bin. Ein schwieriges Unterfangen, dem sich der letzte Abschnitt stellen will. Ferner: Die Soziologie interessiert sich dabei durchaus auch für Sprache, Form, Metrum, Rhythmus usw. eines Textes – aber wiederum nur soweit, wie sich darin das *spezifisch Gesellschaftliche* herausarbeiten läßt. Nach den einführenden geschlechtersoziologischen Überlegungen zur spezifischen Kunstfähigkeit der Frau und Beispielen für den latenten gesellschaftlichen Gehalt von Kalékos Gedichten geht es in der nächsten soziologischen Annäherung um die Welt- oder Wirklichkeitserfahrung als Herausforderung an den Künstler in seiner, der Weimarer Zeit.

Der Künstler in seiner Zeit

Mascha Kaléko hatte, wie gesagt, als ganz junge Frau rasch Erfolg mit ihrer Gebrauchslyrik für die Zeitung. Dieser Erfolg scheint auf den ersten Blick leicht erklärbar. Die kleine Form, das alltagsnahe Sujet, die durchschnittlichen Ereignisse und Gefühle, von denen es handelt, all das liegt der Frau. Zu mehr sei sie meist nicht fähig, sagte die Geschlechtersoziologie des 19. und frühen 20. Jahrhunderts. In den Zwanziger Jahren mußte aber nicht nur die Frau mit der Kunst ringen. Auch der Mann, der Künstler, rang. Die vielerseits behauptete mangelnde »Kunstfähigkeit« von Frauen läßt sich einer allgemein gehaltenen Aussage des Soziologen [ursprünglich: Architekten] Siegfried Kracauers gegenüberstellen, mit der er seinen Essay *Der Künstler in dieser Zeit* aus dem Jahr 1925 beginnt: »Auf nahezu allen Kunstgebieten gilt gegenwärtig ein Gleiches: daß die Künstler das Eigentliche, das, um dessentwillen die Sprache ihnen zusteht, nicht durchaus zu fassen vermögen. […] Sie müssen erkennen, daß die Wirklichkeit vor ihnen zurückweicht, wenn sie als Künstler ihr nahen, daß sie in einer Vereinzelung stehen, die ihnen die ästhetische Durchdringung des gesamtmenschlichen Daseins mehr als billig erschwert.«

Das »Werk der Verknüpfung«, die Aufgabe, die sich immer wieder verlierenden *Einzelheiten*, Kracauer spricht von »Gelegenheiten«, einzusammeln aus ihren »Zufallsasylen« und damit aus der immer wieder versinkenden Fülle emporzureißen, gelingt nur noch schwer, unabhängig vom Geschlecht des Künstlers. Daß dies so sei, liege am Zustand der Welt. Obwohl die Möglichkeit des Künstlers an keine Zeit und keinen Ort gebunden ist, hängen seine Möglichkeiten doch von dem Zustand der Welt ab, die ihn umfängt.

Was für eine Welt ist hier angesprochen? Eine Welt, »wo seelenlose Figuren ihre verblendeten Spiele treiben«, antwortet Kracauer. Hier wäre die Verbundenheit gerade erst herzustellen. Vereinfacht: Die Aufgabe des Künstlers besteht für Kracauer darin, das Einzelne, Flüchtige der Gegenwart zu fassen. Die Künstler aber scheitern entweder an dieser Aufgabe oder sie verweigern sich. Stattdessen reproduzieren sie in aneinandergereihten Momentaufnahmen – entweder aus Unfähigkeit oder eben aus Verweigerung – affirmativ bloß das flüchtige Fragmentarische, die flüchtigen Einzelerscheinungen, in die auf den ersten Blick die moderne Welt aufgelöst zu sein scheint. Sie schaffen kein Bild des Ganzen, wird Kracauer einige Jahre später noch einmal wiederholen und in seiner Angestelltensoziologie diese Verknüpfung aller Auflösung und Vereinzelung zum Trotz wagen.

Kracauer kritisiert Manöver seiner Zeit, dem schwieriger gewordenen Werk der Verknüpfung durch Affirmation des Negativen im modernen Lebensgefühl, durch unendliche Reproduktion des Unzusammenhängenden, Vereinzelten, Flüchtigen auszuweichen. Diese Nihilisten trieben, die Forderung der Kunst nur halb beachtend, nach unten ab und erschöpften sich in der Darbietung der entleerten Welt, des scheinhaften äußeren Lebens, das nicht Gesicht kennt noch Gestalt. Kracauer erwähnt als Beispiel den Film *Die Straße* aus dem Jahr 1926, nennt aber auch andere Beispiele aus Literatur und bildender Kunst. *Die Straße* sei ein Film, in der das Werk der Verknüpfung ungetan bleibe. Die Menschen seien wie die Straße nur noch ein Außen, auf der sich vieles begebe, ohne daß etwas geschehe. Das Getriebe der Figuren gleiche dem Wirbel der Figuren.

Nicht-Verknüpfung im Kracauerschen Sinne, willkürliche Auflistung von auf den ersten Blick Nichtzusammengehörigem, von getrennten beliebigen Eindrücken sind Stilmittel, deren sich auch Mascha Kaléko bediente und mit denen sie sich als Künstlerin ihrer neuen, modernen Zeit präsentieren wollte. Sprache und Form einiger Gedichte des Bändchens versuchen sich darin, die bloß mehr mechanisch zusammengehaltene Welt zu imitieren. Das gilt insbesondere für die »Refrain-Partien« in Kalékos Gedicht *Chanson vom Montag*, die dieses Weltgetriebe sprachlich abbilden wollen.

> [...]
>
> Und die Bahnen brausen, das Auto kläfft,
> Die Arbeit marschiert in den Städten.
> Alle Straßen hallen wider von Betrieb und von Geschäft,
> Und die Riesensummen wachsen in ein unsichtbares Heft, –
> – Doch nie in das Heft des Proleten.

Ähnlich der zweite Refrain:

> Nur der Motor rasselt, der Hammer dröhnt.
> Der Werktag kutschiert ohne Pause ...

Kracauers Kritik des bloß Oberflächlichen, des distanzierenden Blicks auf etwas Entleertes, das, wenn ich Kracauer richtig verstehe, gerade durch Weigerung oder Unfähigkeit des Künstlers, dem ersten Eindruck nicht zu erliegen, erst als Entleertes entsteht, betrifft also auch die frühen Gedichte Kalékos. Die Kritik wendet sich damit im Ansatz gegen das Genre der Gebrauchslyrik der Neuen Sachlichkeit und seine Protagonisten da, wo sie die moderne Zeit nur in ihrer Negativität, dem vermeintlich nicht Faßbaren, festhalten und nicht durchdringen.

Die Gebrauchslyrik wollte mit ihrer Wendung zum breiten Publikum, den vielen – nur kleinen – Angestellten, die nach dem Ersten Weltkrieg von der Entwertung aller bisherigen Gewißheiten und der Ungewißheit ihrer Zukunft überrascht wurden, eine angemessene künstlerische Antwort auf ihre Zeit geben. Kästner, als Dichter einer ihrer bekannteren Vertreter, erläutert in seiner *Prosaischen Zwischenbemerkung* von 1929 das Programm, indem er sich kritisch gegen Lyriker wendet, die »mit der

Sprache seiltanzen«. Er setzt die »Gebrauchslyrik« dagegen: Gedichte – und Geschichten – mit Moral, die die Leser gebrauchen können, um ihre alltäglichen Lebensprobleme zu bewältigen.

Lyrik sollte einen Gebrauchswert haben. Die modernen Dichter wollten ihren Lesern ein neues zeitgemäßes Lebensgefühl mitteilen und diese damit zugleich warnen: daß nichts mehr von Dauer, alles flüchtig, nichts mehr verbunden, alles fragmentarisch, schließlich, daß nichts mehr gewiß, vieles einmal Geglaubte verloren oder auf den Kopf gestellt ist. Verlust der Ideale und Desillusionierung, wie sie Kästner im gleichen Band seinen Leser vorsagt – »Auch der tapferste Mann, den es gibt, / schaut mal unters Bett. / Auch die nobelste Frau, die man liebt, / muß mal aufs Klosett. / [...]«, heißt die Devise. Die Künstler belehrten ihre Leser, daß Ironie, Distanzierung, Antisentiment und schier unendliche Relativität aller Werte – also die eigene künstlerische Haltung – die gemäße Stellung zur Welt sei. Die Ironie drückte das mangelnde Vertrauen aus, das die Menschen – zunächst die Künstler – in ihre eigenen Gefühle hatten, die Distanz ihr gebrochenes Verhältnis zur Wirklichkeit, von dem sie glaubten, es entspräche den neuen Umständen.

Die Umstände waren neu, erschienen vielen – Künstlern und ihren Lesern – wie auf den Kopf gestellt. Soziale Entgrenzungen aller Art, neue Reiche und ehemals reiche Arme, Stand und Schicht überspringende Arbeitslosigkeit und Armut, Not der geistigen Arbeiter und der Angestellten, arbeitende Fräuleins, das sind, soziologisch betrachtet, solche neuen Umstände, die alles einmal Geglaubte über Bord werfen und an zukünftigen Sicherheiten zweifeln ließen. Da waren vor allem auch die veränderten Geschlechterbeziehungen. Nun mußten sich fast alle jungen Frauen wenigstens bis zur Heirat selbst ernähren, nicht nur die Arbeiterinnen. Mit der Ungewißheit der männlichen Angestelltenkarriere wurde auch die Versorgung durch die Ehe für viele Frauen ungewiß. So sagt Kästners Protagonist *Fabian*:

> Wer von den Leuten, die heute dreißig Jahre alt sind, kann heiraten? Der eine ist arbeitslos, der andere verliert morgen seine Stellung. Der dritte hat noch nie eine gehabt. Unser Staat ist darauf, daß Generationen nachwachsen, momentan nicht eingerichtet. Wem es dreckig geht, der bleibt am besten allein, statt Frau und Kind an seinem Leben proportional zu beteiligen. Und wer trotzdem andere mit hineinzieht, der handelt mindestens fahrlässig.

Der normative Zugriff des Elternhauses und die Vormachtstellung des Ehemannes wurden schwächer, junge Frauen auch aus bürgerlichem Hause dadurch individualisierter. Sexualität vor der Ehe mit wechselnden Männern, die Einübung von Verhütungspraktiken und der Rückgriff auf Abtreibung, all das war für junge Frauen der sich ausdehnenden lohnabhängigen Mittelschichten eine neue, nun sozial entgrenzte Erfahrung. Auch Mascha Kaléko macht die Zufälligkeit, Flüchtigkeit und das Ausgesetztsein des modernen Lebens und Liebens zum Thema ihres Gedichtes *Großstadtliebe*.

Großstadtliebe

Man lernt sich irgendwo ganz flüchtig kennen
Und gibt sich irgendwann ein Rendezvous.
Und Irgendwas, 's ist nicht genau zu nennen –
verführt dazu, sich gar nicht mehr zu trennen.
Beim zweiten Himbeereis sagt man sich ›du‹.

[…]

Man trifft sich im Gewühl der Großstadtstraßen.
Zu Hause geht es nicht. Man wohnt möbliert.
– Durch das Gewirr von Lärm und Autorasen,
– Vorbei am Klatsch der Tanten und Basen
Geht man zu zweien still und unberührt.

Man küßt sich dann und wann auf stillen Bänken,
– Beziehungsweise auf dem Paddelboot.
Erotik muß auf Sonntag sich beschränken.
… Wer denkt daran, an später noch zu denken?
Man spricht konkret und wird nur selten rot.

Man schenkt sich keine Rosen und Narzissen,
Und schickt auch keinen Pagen sich ins Haus.
– Hat man genug von Weekendfahrt und Küssen,
Läßt mans einander durch die Reichspost wissen
per Stenographenschrift ein Wörtchen: ›aus‹!

Den (männlichen) Künstlern, allen voran Kästner, gerannen die veränderten Geschlechterbeziehungen und hier die Frauen, wie sie sie sahen, zum Zeichen der verunsichernden, flüchtigen und fragmentierten, »verbeliebigenden« Moderne, der man nur mit schlechter Affirmation, Zynismus oder Karikatur begegnen konnte. Der prekäre sozioökonomische Status des Mannes der Mittelschichten (nicht des Arbeiters, der sozial und ökonomisch in der Weimarer Republik an Boden gewann) gerät in der männlichen Literatur allzuoft unter der Hand zu einer von promisken oder untreuen Frauen vorangebrachten Krise der Männlichkeit. Der Mann wußte von nun an, daß er nicht mehr der Erste und auch nicht unbedingt der Beste war. Die Künstler begegneten dieser neuen Gewißheit mit mehr oder weniger offener Misogynie, in jedem Fall mit Distanz und Gefühlsskepsis. Kästner, Tucholsky oder Brecht drücken dieses Krisenerlebnis durch den gefühlskalten, gleichgültigen Blick des Dichters auf seine Objekte, oft Frauen, aus: »In meine leeren Schaukelstühle vormittags / Setze ich mir mitunter ein paar Frauen / Und ich betrachte sie sorglos und sage ihnen: / In mir habt ihr einen, auf den könnt ihr nicht bauen« (Brecht). Mascha Kaléko dagegen ergreift die Partei derjenigen, auf die sich diese Blicke richten.

Kalékos Lyrik teilt die Aufforderung an das eigene Schaffen, den Zeitungslesern einen Gebrauchswert zu liefern, mit den Protagonisten der Bewegung. In Form und Rhythmus kopiert Kaléko die Neue Sachlichkeit. Aber ihren Texten fehlt meines Erachtens die Belehrung über die richtige, jene negative, bloß affirmierende Haltung zur Welt, die die Künstler ihren Lesern auferlegen bzw. deren Folie die Leser sind. Mascha Kaléko will kein verwundetes, irritiertes und irrendes Ich durch ihre Dichtung retten. Das macht ihre Gedichte soziologisch interessant. Denn Mascha Kalékos Blick verweilt dicht bei dem, was sie sieht und was sie durch Perspektivwechsel erfassen will. Gedichte wie die *Kassen-Patienten*, *Krankgeschrieben* oder *Mannequins*, das letzte und soziologischste Gedicht Kalékos, das dieser Beitrag vorstellt, sind Produkte scharfer Beobachtung und so etwas wie in Nußschalen gepackte dichte Beschreibungen typischer Zeiterscheinungen am Ende der Weimarer Republik. Diese Beschaffenheit entzieht sie dem Kracauerschen Verdikt über die moderne Literatur seiner Zeit, sich der Verknüpfung zu verweigern.

Vermittlungsversuche

Kracauer hatte, wie erwähnt, vom Künstler wie vom Wissenschaftler – der Soziologe war ihm eine Art Künstler – verlangt, die flüchtige, fragmentarische Wirklichkeit, als die sich die Moderne darstellte, dingfest zu machen. Das Fragmentarische mußte verknüpft werden, so daß die moderne Gesellschaft durch diese Verknüpfung Gestalt annehmen konnte. Wie geschieht nun diese Verknüpfung? Wie gelangt man durch Verknüpfung an den gesellschaftlichen Gehalt eines – darin waren sich alle einig – flüchtigen, aus jedem Zusammenhang scheinbar losgelösten Phänomens? Was sagt die Soziologie?

Die junge Wissenschaft der Soziologie erlebte ihren Aufschwung interessanterweise in dem Moment, als Gesellschaft, einmal ständisch-statisch mit ebenso klaren wie stabilen Über-, Unter- und Zuordnungen gedacht, bestenfalls noch als mannigfacher Prozeß der Vergesellschaftung in Erscheinung trat. Nicht mehr die Gesellschaft verortete die Menschen, sondern diese bevölkerten sozusagen die Oberfläche des gesellschaftlichen Lebens als je individuelle Kreuzungspunkte verschiedenster Wechselbeziehungen. Die Aufgabe der Soziologie bestand von nun an darin, solche Wechselbeziehungen zu erfassen und zwar so, daß erkennbar wurde, wie Menschen durch sichtbare und unsichtbare Fäden, das können auch Gefühle sein, vergesellschaftet wurden. Georg Simmel hatte um die Jahrhundertwende vor dem Hintergrund der sozialen Dynamik des aufstrebenden Kaiserreiches sein Programm einer Soziologie, die die Bedeutung der Wechselwirkungsprozesse für die Vergesellschaftung unterstrich, entwickelt. Kracauer folgte diesem Programm in seinen soziologischen Analysen der Weimarer Zeit. Mascha Kaléko, die Dichterin, schließlich löste es *intuitiv* in ihren frühen Gedichten ein. Worin bestand das Programm?

Für Simmel ist Vergesellschaftung ein psychisches Phänomen, das Individuelle dabei aber relational. Er plädiert dafür, mikroskopisch-molekular vorzugehen, beim Individuellen und den zarten Fäden und minimalen Beziehungen, die sich zwischen Menschen knüpfen, anzusetzen und diese zu beobachten. So kann z. B. der Vergleich, der ja eine Weise des sich zum anderen ins Verhältnis zu setzen beinhaltet – eine Frau mißt sich an einer anderen –, zu Entzweiung und Einung, zu Gegnerschaft oder zu Zusammengehörigkeit führen. Daher beschäftigt sich Simmels Entwurf für eine Soziologie der Moderne auch mit psychischen Zuständen, allerdings nur insofern diese Wechselwirkungen verursachen bzw. aus vorausgegangenen Wechselwirkungsprozessen hervorgegangen sind. Dies erklärt sein Interesse für Relationen wie z. B. überlegen/unterlegen, drinnen/draußen, für relationale Gefühle wie Liebe, Neid, Haß und für Motive wie die des Vergleichens.

In ihrem Gedicht *Mannequins* verortet Kaléko die Verkäuferin, zugleich Vorführerin der Ware, die sie sich nie leisten können wird, im kontinuierlichen Perspektivwechsel in einem Feld wechselseitiger Beziehungen und Gefühle, die sich zusammengenommen zur Gestalt einer typischen weiblichen Angestellten verdichten. Da steht die Kundschaft, die weibliche wie die männliche, auf je spezifische Weise der Verkäuferin gegenüber; da sind Oben und Unten, Frau gegen Frau und Frau gegen Mann; da ist die Firma, das Kaufhaus, mit seinen Erwartungen auf mehr als Sachkenntnis und dies bei einem Lohn, der so niedrig wie das Bein der Verkäuferin lang ist; Schein, zur Sorglosigkeit gefroren, und Sein; da ist schließlich der Sonntag als Kontrast zu den Werktagen.

Wechselbeziehungen und Relationalität kennzeichnen Kalékos Angestelltengedichte, die sich wiederum wie eine zur Vertiefung mahnende Fußnote zu Kracauers großem soziologischen Werk *Die Angestellten* lesen. Ich stelle zunächst Kracauers Untersuchung, von ihm mit der Unterschrift »Aus dem neuesten Deutschland« versehen, vor, um so abschließend auf Ähnlichkeiten und Unterschiede der Komposition bei Kracauer und Kaléko verweisen zu können.

Kracauer wendet sich einleitend, wie bereits in seinem Essay zum *Künstler in dieser Zeit,* noch einmal der Aufgabe des modernen Künstlers und des Soziologen zu. Für Kracauer waren Künstler und Soziologen verwandt, weil er sie jeweils als Maler der Moderne sieht. Wieder kritisiert er Gebrauchskunstformen seiner Zeit, nun die Reportage, das Aneinanderreihen von beliebigen Dokumenten, eine weitere literarische Mode der Zwanziger Jahre. »Hundert Berichte aus einer Fabrik lassen sich nicht zur Wirklichkeit der Fabrik addieren, sondern bleiben bis in alle Ewigkeit hundert Fabrikansichten«, so sein Verdikt.

Während die Reportage das Leben bloß fotografiere, nur dessen Oberfläche in einer *Momentaufnahme* fixiert, wäre ein Mosaik *Bild des Lebens.* Der Reportage stellt Kracauer also das Mosaik gegenüber, das er als bewußte theoriegeleitete Zusammenstellung, eine Konstruktion, verstanden wissen will. Mit seiner Angestelltenuntersuchung versucht er solch ein Mosaik. Zum Bild oder Mosaik kommt er, indem er den Gegenstand fortgesetzt durch Perspektivwechsel und entsprechend wechselnde Situationen einkreist: Da ist zunächst der zukünftige Angestellte, richtiger seine Oberfläche, in der Bewerbungssituation aus der Sicht der Personalabteilung. Der befragte Personalchef steht Rede und Antwort.

> ›Wir achten bei Engagements von Verkaufs- und Büropersonal […] vorwiegend auf ein angenehmes Aussehen.‹ Was er unter angenehm verstehe, frage ich ihn; ob pikant oder hübsch. ›Nicht gerade hübsch. Entscheidend ist vielmehr die moralisch-rosa Hautfarbe, Sie wissen doch … .‹

Keine Moral unter der Haut, wieder bloß das Versprechen der Moral wie in Kalékos Gedicht das Versprechen der Sorglosigkeit: mit der rosa Farbe eher die Angleichung an die Schaufensterpuppen. Kracauer läßt dann Situationen folgen wie: Der/die Angestellte im Licht der technischen Rationalisierung. Der Hinweis eines Bürochefs, man müsse die Maschinen mit Hirn, nicht mit abwesendem Geist bedienen. Die besondere Eignung »junger Dinger« für die maschinelle Büroarbeit, nicht nur der Aufsteigerinnen der Arbeiterschicht, auch der abgestiegenen Fräuleins aus dem Mittelstand. Als es ihnen noch besser ging, »fingerten manche

Mädchen, die jetzt lochen, auf den häuslichen Pianos Etüden«. Ganz sei die Musik aus dem Leben der Büromädel nicht verschwunden, berichtet Kracauer. So hat es sich als äußerst nützlich erwiesen, die Mädchen beim Klang des Grammophons auf der Schreibmaschine auszubilden. Sie müssen nach dessen Klängen tippen.

In Kracauers Text markieren die Mädchen und etwas abgeschwächter mit ihnen die älteren Angestellten die Ränder zum Draußen, dem Nicht- oder Nichtmehrzugehörigen. Die gewerblichen Arbeiter wiederum tauchen als mögliche Zugehörige auf und zwar in wechselnder Perspektive. Das ist die Botschaft des Kracauerschen Angestelltenmosaiks: Er meldet Skepsis gegenüber den Illusionen der Angestellten an, sich von den Arbeitern – und umgekehrt denen der Arbeiter, sich von den Angestellten – distanzieren zu können. Dieses Verfangensein in einer Illusion, einer »künstlichen Überordnung«, erklärt ihm zufolge auch ihre Flucht vor der Realität, auch daß die Angestellten in ihrem Distanzierungswillen sich wenigstens durch den Konsum, »Bildungskonsum«, unterscheiden wollen – bei im Vergleich zu den Arbeitern durchaus oft niedrigeren Einkommen. Kracauers Untersuchung ist soziologisch, weil typologisch und diagnostisch, fängt er doch u. a. die politische Haltung der Angestellten ein.

Die verstreuten Gedichte der Mascha Kaléko zur Angestelltenexistenz zielten weder auf Typologie noch auf Diagnose, die zur Prognose über das Handeln der Angestellten verwendet werden konnte, noch hatten sie eine gesellschaftliche These offen auf der Hand. Aber ein Mosaik der Angestellten, vor allem der weiblichen im Handel, gelang auch Mascha Kaléko. Auch Kalékos Verkäuferinnen hatten einen prekären sozialen Status. Auch sie gehörten nicht wirklich dazu. Ihr Weder-Noch-Status resultierte aber nicht aus sozialen Entgrenzungen im überkommenen Schichtgefüge. Er war vielmehr Ergebnis der merkwürdigen Vermischung in der Funktion: daß die Verkäuferin mit der Ware sich selbst ein Stück weit »anrichten«, anbieten, ja verkaufen mußte. Diese Vermischung oder soziologisch gewendet: die mangelnde funktionale Differenzierung der Aufgaben haben bis heute dazu beigetragen, daß Frauentätigkeiten nicht zum Beruf wie jeder andere werden konnten. So muß die Verkäuferin nicht nur ihre Ware kennen; sie muß auch im Vorführen der neuesten Mode das »sorglose Püppchen machen«, lächeln, schmeicheln, das Gebrauchswertversprechen der Ware, auch der üppigsten Kundin eine vorteilhafte Figur zu verleihen, verkörpern. All dies bringt Kaléko in wenigen Sätzen und durch wenige gezielte Perspektivwechsel auf den Punkt.

Mannequins

Inserat:
›Mannequin, 42er Figur, leichte
angenehme Arbeit gesucht …‹

Nur lächeln und schmeicheln den endlosen Tag …
Das macht schon müde.
– Was man uns immer versprechen mag:
Wir bleiben solide.
Wir prunken in Seide vom ›dernier cri‹
Und wissen: gehören wird sie uns nie.
Das bleibt uns verschlossen.
Wir tragen die Fähnchen der ›Inventur‹
Und sagen zu Dämchen mit Speckfigur:
›Gnäfrau, … wie angegossen!‹

Wir leben am Tage von Stullen und Tee.
Denn das ist billig,
Manch einer spendiert uns ein fein Souper,
… Ist man nur willig.
Was nützt schon der Fummel aus Crèpe Satin –
Du bleibst, was Du bist: Nur ein Mannequin.
Da gibts nichts zu lachen.
Wir rechnen, obs Geld noch bis Ultimo langt,
Und müssen trotzdem, weils die Kundschaft verlangt,
Das sorglose Püppchen machen.

Die Beine, die sind unser Betriebskapital
Und Referenzen.
Gehalt: so *hoch* wie die Hüfte *schmal.*
Logische Konsequenzen …
Bedingung: stets vollschlank, diskret und – lieb.
(Denn das ist der Firma Geschäftsprinzip.)
Und wird mal ein Wort nicht gewogen,
Dann sei nicht gleich prüde und schrei nicht gleich ›Nee!‹
Das gehört doch nun mal zum Geschäftsrenommée
Und ist im Gehalt einbezogen.

Mascha Kaléko verortet nicht nur intuitiv zutreffend die weiblichen Angestellten im prekären gesellschaftlichen Zwischenstatus des Weder-Noch. Sie spielt im Gedicht zugleich auf den gesellschaftlichen Gehalt des ›dernier cri‹, der Mode, an: auf das für die Mode konstitutive »Ab-Scheidungsmoment«, das neben dem Nachahmensmoment ihr Wesen ausmacht und die soziale Dynamik von Angleichung und Differenzierung in Gang setzt. Der ›dernier cri‹ gehört den anderen, den Dämchen da oben, gleich ob mit oder ohne Speckfigur. ›Mode‹, d. h. die neue Mode, kommt, so wiederum der Gewährsmann Simmel, nur den oberen Ständen zu und sozial entgrenzend erst über die Möglichkeit der billigen Reproduktion. Aber sobald die unteren Schichten sich die Mode anzueignen beginnen und damit die von den oberen gesetzte Grenzmarkierung überschreiten, werden sich die oberen von dieser Mode ab- und einer neuen zuwenden, durch die sie sich wieder von den breiten Massen differenzieren und mit der das Spiel von neuem beginnt. Die billige massenhafte Reproduzierbarkeit des Neuen beschleunigt diese Dynamik.

Wie Simmel oder Kracauer unterstellt Mascha Kaléko Wechselbeziehungen, wie diese gelangt sie zum Bild durch den kontinuierlichen Wechsel der Perspektive auf die verschiedenen sozialen Beziehungen, die das moderne Individuum kreuzen und dadurch erst schaffen. Ihre Gedichte sind in sich geschlossene Miniaturen der Zeit – kleine Kunstwerke mit manifestem und jeder Menge latentem gesellschaftlichen Gehalt. Die vielfältige persönliche Anteilnahme und Teilhabe, die aus ihren Gedichten spricht, die – wenn auch ironisch gebrochene – Parteinahme schärfen und schwächen keineswegs den Blick. Diese Anteilnahme hebt die Verkäuferinnen kurz aus dem Objektstatus, den Kracauer in seinen *Angestellten* – gegen seine Intention? – allein durch die Wortwahl – jene »jungen Dinger«, schreibt er – nicht rekonstruiert, sondern aufs neue zuweist.

Mascha Kaléko dichtete weiblich und soziologisch. Sie verfaßte soziologisch relevante Gebrauchslyrik, weil sie die sie interessierende Sache genau beobachtete und dicht beschrieb – um der Sache willen. So erfahren wir aus Kalékos weiblicher Gebrauchslyrik viel über die Befindlichkeit der Menschen ihrer Zeit und wenig über die Verfassung der Dichterin.

Bleibt als Nachwort die Frage nach Konjunkturen des modernen Lebensgefühls und den entsprechenden künstlerischen wie auch soziologischen Bearbeitungsformen. Simmel hat die Antwort selbst gegeben: Prozesse sozialer Entgrenzung und Sedimentierung des Verflüssigten und Flüchtigen bedingen sich gegenseitig und lösen sich daher ab. Die Zeiträume können mal länger, mal kurzer sein. Die verunsichernde Dynamik der Weimarer Moderne wurde durch den Nationalsozialismus jäh und gewaltsam stillgestellt. Die Dichter wanderten aus oder wurden stumm. Der Krieg warf die Menschen aufs nackte Überleben zurück, Distanzierung war unmöglich. Die Ära Adenauer brachte den Einstieg in fast dreißig Jahre Wirtschaftswunder; der Kriegsgeneration gelang es, den verlorenen Status ein-, wenn nicht gar zu überholen. Man sprach vom Normalarbeitsverhältnis und Normalrentner: vierzig Jahre im selben Betrieb, auf einem sicheren Arbeitsplatz bei steigendem Einkommen und dynamischer Rente. So wundert es wenig, daß erst die nicht mehr zu übersehende Erosion solcher und anderer Gewißheiten, die Wiederkehr sozial entgrenzter Risiken, die Renaissance des modernen, nun postmodernen, Lebensgefühls hervorbrachte.

Literaturhinweise

Erich Kästner: *Lärm im Spiegel.* Leipzig/Wien 1929.
Mascha Kaléko: *Das Literarische Stenogrammheft.* Reinbek 1988 [zuerst 1933].
Siegfried Kracauer: *Schriften.* Hrsg. von Karsten Witte u. a., Frankfurt am Main 1976.
Jürgen Ritsert: *Inhaltsanalyse und Ideologiekritik. Ein Versuch über kritische Sozialforschung.* Frankfurt am Main 1972.
Georg Simmel: *Philosophische Kultur. Gesammelte Essais.* Leipzig ²1919.
Irene Astrid Wellershoff: *Vertreibung aus dem ›kleinen Glück‹. Das lyrische Werk von Mascha Kaléko.* Aachen 1992.
Gisela von Wysocki: *Die Fröste der Freiheit. Aufbruchsphantasien.* Frankfurt am Main 1980.

Thomas Mann: *Der Zauberberg*

VON

REINER THOMSSEN

Der vorderste Vordergrund

Auch unentwegt schwerbeschäftigte Mediziner lehnen sich hin und wieder behaglich zurück und lassen sich als aufmerksame Leser von einem Roman einfangen und entführen. Ein solcher Roman ist für mich *Der Zauberberg* von Thomas Mann. Nicht sehr originell von mir. Der Autor schrieb schon 1925 in der *Deutschen Medizinischen Wochenschrift*: »Immer habe ich unter Aerzten und Musikern meine besten Leser und Gönner gefunden«. Etwas ganz anderes ist es, durch die medizinische Brille hindurch empfangene Leseeindrücke wiederzugeben.

Thomas Mann schreibt am 16. Juli 1925 in oben erwähnter *Wochenschrift* in einer Erwiderung auf seine ärztlichen Kritiker unter der Überschrift: *Vom Geist der Medizin:*

> Ich gebe zu, der Fall ist schwierig. Der Roman *Der Zauberberg* hat einen sozialkritischen Vordergrund, und da der Vordergrund dieses Vordergrundes medizinische Region ist, die Welt des Hochgebirgs-Luxus Sanatoriums, in der die kapitalistische Gesellschaft Vorkriegseuropas sich spiegelt, so konnte es wohl nicht fehlen, daß eine gewisse Fachkritik, hypnotisiert vom vordersten Vordergrund in dem Buche nichts als eben den Sanatoriums-, den Tuberkuloseroman erblickte, und die Wirkung, die sie davon ausgehen sah, mit einer solchen Spezialsensation verwechselte, als handle es sich um eine Art von medizischem Gegenstück zu Upton Sinclairs Enthüllungsepos zum Chikagoer Schlachthof.

Dieser Leserbrief Thomas Manns liefert das Stichwort zu meinem Vortrag. *Der Zauberberg* ist die Geschichte des Hamburger Bürgersohns Hans Castorp, der seinen Vetter Joachim Ziemßen im internationalen Sanatorium Berghof in Davos auf drei Wochen besuchen will, dort aber unversehens sieben Jahre als quasi Patient verbleibt.

Als »vorderster Vordergrund« des 1925 erschienenen Romans könnte die Behandlung der Tuberkulose in einer Heilstätte bezeichnet werden.

Hier vermag zwar medizinischer Sachverstand zu klären, was richtig, was falsch dargestellt oder gar ausgelassen wurde. Dies soll uns heute abend aber per se nicht interessieren.

Ich möchte vielmehr verdeutlichen, auf welche Weise partielle, in künstlerischer Absicht vorgenommene Verfremdungen des »vordersten Vordergrund[es]«, eben der medizinischen Sachverhalte, dazu beitragen, das Leben in der geschlossenen Gesellschaft des Berghofes aus einer realen Welt in ein bis ins Detail wohlkonstruiertes, komponiertes ›Theaterstück‹ – Golo Mann sagte einmal »Puppenspiel« – zu transformieren, in dem Szenerie, Personen und Handlung die Züge eines Abgesangs, eines Totentanzes tragen.

Die Transparenz des »vordersten Vordergrund[es]« für den Mediziner läßt den Arzt die Wirklichkeitsentrückung im Werk, seine bunte Zauberwelt, die stringente Konstruktion unabgelenkt empfinden und erleben. Gerade für den medizinischen Leser ist das Werk eben nicht einfach eine triviale »Genesung in Graubünden«, sondern ein Werk der Poesie über Leben, Krankheit und Tod.

Die Szenerie

Die Vorgänge im Berghof künden von der Brüchigkeit menschlichen Lebens. Leben, Krankheit und Tod in diesem Sanatorium beleuchten eine gespenstische Szenerie.

Gleich zu Beginn der Geschichte versteht Thomas Mann es meisterhaft wie ein Maler des magischen Realismus, die Szene erwartungsvoller Ankunft Hans Castorps in der großartigen Gebirgswelt des schönen Davoser Hochtals aufzubrechen. Einige absichtslos in die Unterhaltung eingestreute Bemerkungen Vetter Ziemßens schockieren den Neuankömmling Castorp und lassen den Leser Unheimliches erahnen:

> Am allerhöchsten liegt das Sanatorium Schatzalp dort drüben. Man kann es nicht sehen. Die müssen im Winter ihre Leichen per Bobschlitten herunterbefördern, weil dann die Wege nicht befahrbar sind«. »Ihre Leichen? Ach so! Na, höre mal!«, antwortet Hans Castorp. Und plötzlich geriet er ins Lachen [...]; »Auf dem Bobschlitten! Und das erzählst Du mir so in aller Gemütsruhe? (S. 17)

Und wenig später hören wir ähnlich Makabres von dem netten Zimmer, das Castorp zugewiesen wurde, oder vom Husten des Herrenreiters:

> Vorgestern ist hier eine Amerikanerin gestorben. Behrens meinte gleich, daß sie fertig sein würde, bis Du kämest, und daß du das Zimmer dann haben könntest (S. 20)

Es war Husten, offenbar, – eines Mannes Husten; aber ein Husten, der keinem anderen ähnelte, den Castorp jemals gehört hatte, ja, mit dem verglichen jeder andere ihm bekannte Husten eine prächtige und gesunde Lebensäußerung gewesen war, – ein Husten ganz ohne Lust und Liebe, der nicht in richtigen Stößen geschah, sondern nur wie ein schauerlich kraftloses Wühlen im Brei organischer Auflösung klang«.
»Ja«, sagte Joachim, »da sieht es böse aus. Ein österreichischer Aristokrat, weißt Du, eleganter Mann und ganz wie zum Herrenreiter geboren. (S. 21 f.)

Für den gutgezogenen Hans Castorp sind auch Zeichen gewissen Lebens an diesem Ort Signale des Verfalls, wenn auch mehr im Sinne des Verfalls guter Sitten oder Manieren, wenn wir etwa an das Ehepaar vom schlechten Russentisch denken, dessen Treiben mit den geräuschvollen Vorgängen hinter der Wand im Nebenzimmer Hans Castorp mächtig stört und das er nach einigem Hinhören mühsam mit den Worten kommentiert:

»Herrgott, Donnerwetter!«, dachte er, [...] »Nun, es sind Eheleute, in Gottes Namen, soweit ist die Sache in Ordnung«. (S. 58 f.)

Später treffen die beiden Vettern Dr. Krokowski, den Assistenten und Seelenarzt: Er sagte:

»Seien Sie uns willkommen, Herr Castorp! Möchten Sie sich rasch einleben und wohlfühlen in unserer Mitte«. Hans Castorp antwortete, indem er von den drei Wochen sprach, auch seines Examens erwähnte und hinzufügte, daß er, gottlob, ganz gesund sei. »Wahrhaftig?« fragte Dr. Krokowski, indem er seinen Kopf wie neckend schräg vorwärts stieß und sein Lächeln verstärkte [...]: »Aber dann sind Sie eine höchst studierenswerte Erscheinung! Mir ist nämlich ein ganz gesunder Mensch noch nicht vorgekommen«. (S. 27 f.)

Das ist keine harmlose, blumengeschmückte Touropa-Gebirgswelt, sondern je weiter wir lesen, verspüren wir Modergeruch, erblicken eine mit Chiffren des Verfalls kolorierte Szenerie vor der Kulisse des Berghofs.

Die Patienten

Wenn auch mit einem gewissen Zuschauervergnügen, so doch leicht fröstelnd nehmen wir die Patienten des Berghofs, soweit sie nicht zu den Hauptdarstellern gehören, zur Kenntnis. Es sind die Statisten dieses Abgesanges, eine Riege schon halb abgestorben erscheinender Personen, die sich der Dekadenz des Milieus völlig angepaßt zu haben scheinen.

Thomas Mann zeichnet sie als Karikaturen eigentlichen Menschseins, als auf Äußerlichkeiten reduziertes Leben, zunächst mittelst der ihm damals schon geläufigen Kunst repetitiver Personalcharakteristiken.

Die Stöhr in der schottischen Wollbluse mit ihren Bildungsschnitzern und Versprechern, die z. B. Agonje statt Agonie oder Kapazität statt Kalamität sagt, den buckligen Amateurphotographen aus Mexiko, den wulstlippigen Jüngling vom Verein halbe Lunge, jener lange Mensch mit gelichtetem Haar, der aus dem Sommernachtstraum spielen konnte, die Engländerin mit dem Hagebuttentee, Fräulein Levi, dünn und elfenbeinfarben, Fränzchen Oberdank, jenes glattgescheitelte Haustöchterchen, die blühende, lachlustige Marusja mit ihrem Orangentüchlein, die fette und leberfleckige Iltis, den Dulder Ferge und etliche mehr.

Die sprachliche Form erinnert an den von Thomas Mann sehr geschätzten Homer, an die »lilienarmige Hera«, den »fernhintreffenden Apoll«, den »erfindungsreichen Odysseus«, den »mutigen Renner Achill«, wenn auch mit dem Unterschied, daß der griechische Hörer etwas mit diesen Göttern oder Heroen anzufangen wußte.

Die Auftritte der Figuren in den einzelnen Kapiteln, ihre Stereotypien, beleben und strukturieren, sich ständig wiederholenden Tanzfiguren ähnlich, im *Zauberberg* die Szenerie. In gewissem Sinne gehört auch Clawdia Chauchat, deren schrägstehende Augen Thomas Mann einer russischen Tänzerin entliehen hat, hierher, eine geniale literarische Konstruktion, eine liebenswerte Kollage aus verschiedenen über die Kapitel verstreuten verlockenden Einzelteilen und verdrängten Kindheitserinnerungen. Sie trägt u. a. Züge der Marja Nikolajewna aus Jwan Sergejewitsch Turgenjews Novelle *Frühlingsfluten* (1871), deren Lektüre sich Thomas Mann laut Tagebucheintrag vom 15. Februar 1920 für den *Zauberberg* vorgenommen hatte. Zu welcher Gestalt sie sich dann in der Gefühlswelt des liebenden Hans Castorps verdichtet, das steht auf einem gänzlich anderen Blatt.

Man könnte meinen, der Leser sei nun im Bilde über die Menschen in einer Tuberkuloseheilstätte. Daß hier keine realistische Schilderung der Menschen in einem solchen Haus vorliegt, möchte ich aus der Erinnerung eigenen Erlebens kontrastierend darzustellen versuchen. Ich habe als Tuberkulosepatient und danach als Tuberkulosearzt vor 40 Jahren Patienten, Mitpatienten und Krankenpflegepersonal eines solchen Hauses in der Wirklichkeit eigentlich ganz anders erlebt:

– z. B. den berühmten deutschen Rennreiter, Olympiateilnehmer, dessen Tuberkulose durch Resektion eines Oberlappens geheilt wurde, in Fleisch und Blut mutmachendes Vorbild für andere Patienten, im ganzen Hause bekannt und beliebt,

– den Architekten, der mir bei der Visite mit Blick auf die Tannen des Schwarzwaldes wehmütig die Schönheit der sonnenbeglänzten Brühlschen Terrassen seiner fernen Heimatstadt Dresden schilderte, und wenig später einem operativen Eingriff erlag;

– einen deutschen Kaffeepflanzer aus Costa Rica, der gerade von einem operativen Eingriff genas, seiner Freude Ausdruck gab, rasch wieder im Geschäft sein zu können: »Wenn dort jemand erfährt, daß ich hier liege, bin ich bei meinen Geschäftsfreunden sofort erledigt«. Er bekam weniger Tage später eine transfusionsbedingte infektiöse Gelbsucht, die ihn für weitere Wochen ans Bett fesselte;

– eine ältere pensionierte Oberkonsistorialrätin, die sich mir bei meiner ersten Visite mit den Worten vorstellte: »Dort unten die Stadt, über der Stadt das Sanatorium, über den Mauern ich, alles mühelos mit Lift! Wenn ich will! Ich will aber nicht! Niemals werde ich mühelos wollen!«

– Oder ein junger Studienrat aus Hamburg, großartiger Literaturkenner, der mir zu meinem Abschied als fürstliches Geschenk der Patienten die Mittel für die Beschaffung der Hamburger Goethe-Ausgabe überreichte. Ich verdiente damals 350 DM pro Monat.

– viele Kriegsteilnehmer mit doppelseitiger kavernöser Lungentuberkulose, häufig bei gleichzeitig bestehender Zuckerkrankheit, trotz Chemotherapie Zustände schlechter Prognose. Eines Tages bat mich einer von ihnen, ein ärztlicher Kollege, als ich zur Tür herein kam, einen Augenblick der Sendung aus dem Radio Gehör zu schenken. Es wurde aus einem Buche vorgelesen, das sich in eindrücklicher Weise mit dem Verhältnis von Patienten und Pflegepersonal befaßte. Ich muß zugeben, daß dieser Text mich tief berührte. »Ist zufällig von mir« sagte mein Patient;

– und dann die Schwestern, die klassischen Stationsschwestern. Eine von ihnen war selbst schwer lungenkrank, mit einer durch die Haut hindurch offenen Kaverne, die alle zwei Tage von außen versorgt werden mußte. Sie führte ihre Patienten mit freundlicher Hand, war Abladeplatz für ihre Sorgen, stand von morgens bis abends zur Verfügung. Ich fühlte mich ihr, in scheuer, verehrungsvoller Distanz, kameradschaftlich in der Führung der uns anvertrauten Gruppe von Patienten verbunden.

Schauen Sie sich auch einmal die berufliche Zusammensetzung der Patienten einer deutschen Heilstätte für männliche Lungenkranke an, hier Friedrichsheim, Südbaden (13. November 1899 – Ende 1901):

I. Freiluftarbeiter: Tagelöhner 60, Maurer 22, Steinbrucharbeiter 19, Polizeibeamte 14, Zimmerleute 10, Holzarbeiter 9, Kutscher 8, Ausläufer 8, Fabrikaufseher 8, Getreidearbeiter 7, Knechte 7, Schiffer 4,

Landwirte 3, Schaffner 1, Jäger 1, Weichensteller 1, Bademeister 1, Gärtner 1, Kohlenlader 1, Ziegelarbeiter 1, Güterverlader 1.
II. Zimmerarbeiter: Kaufleute 37, Beamte 15, Maler 11, Diener 5, Barbiere 5, Uhrmacher 5, Techniker 5, Krankenwärter 4, Pförtner 4, Zeichner 4, Lehrer 2, Hausknechte 2, Photographen 1, Gefängnisaufseher 1, Bandagisten 1, Laboratoriumsgehilfen 1, Meßner 1.
III. Werkstättenarbeiter: Fabrikarbeiter 69, Schlosser 54, Schreiner 37, Eisendreher 35, Zigarrenmacher 34, Goldarbeiter 27, Schneider 16, Schriftsetzer 13, Former 12, Mechaniker 12, Weber 12, Schmiede 11, Tüncher 10, Tapezierer 10, Gasarbeiter 9, Maschinisten 9, Müller 8, Spinner 7, Gummidreher 7, Spängler 7, Schuhmacher 7, Metallgießer 7, Buchbinder 6, Steindrucker 6, Brauer u. Brenner 6, Färber 6, Küfer 5, Schleifer 5, Graveure 4, Gerber 4, Stellmacher 3, Drechsler 3, Monteure 3, Packer 3, Maschinenbauer 2, Bildhauer 2, Glaser 2, Stuhlmacher 2, Bürstenmacher 2, Töpfer 2, Blechner 2, Köche 1, Steinmetze 1, Hutarbeiter 1, Kunstwäscher 1, Lederarbeiter 1, Kürschner 1, Tapetendrucker 1, Möbelpolierer 1, Lackierer 1, Backsteinbrenner 1, Fleischer 1, Posamentierer 1, Papiermacher 1.
IV. Nachtarbeiter: Bäcker 6 und Kellner 1.

Wir entnehmen dieser Aufstellung:
Erstens, die bunte Mischung der Berufe: Die Tuberkulose erfaßte sie alle. Zweitens, die einfachen, klaren, aus heutiger Sicht oft tiefstapelnden Bezeichnungen manchmal altertümlichen Kolorits für die verschiedenen Berufe. Sie strahlen eine Solidität in der Arbeit aus und erwecken eine lebhafte Vorstellung von den Sorgen und Nöten dieser Menschen. Es waren vorwiegend Leute, für die die Tuberkulose ein schwerer Einschnitt in ihr Leben, in ihre Familien war. Diese Leute blieben flachlandverbunden, drängten so rasch wie möglich auf Gesundung, um an ihre Arbeitstätten und in ihre Familien zurückzukehren. Im *Zauberberg* repräsentiert allein Leutnant Joachim Ziemßen diese Gruppe.
Dies ist die realistische Gegenwelt, vor deren Hintergrund die personale Szenerie im Berghof künstlich gestaltete Trostlosigkeit ist, Menschen scheinrealistisch von Krankheit und Tod gebannt, ohne daß uns eine individuelle Anamnese, die diesen Menschen eigen und auch Kommunikationsbasis wäre, deutlich gemacht würde. Die Patienten des Berghofs, wie sie Hans Castorp insbesondere bei den gemeinsamen Mahlzeiten erlebt, sind eigens für die Szenerie des Abgesanges erfundene poetische Konstrukte. Man hat diese armen Karikaturen seinerzeit im ersten Hinblick ärztlicherseits vielfach mißverstanden, dem Autor sogar verunglimpfenden Zynismus gegenüber den Patienten vorgeworfen. Dies

geschah sicherlich zu Unrecht. Denn Thomas Mann war stets zu echter Betroffenheit fähig, wenn ihm bekannte Personen von der Krankheit ergriffen wurden.

Die Tuberkulose

Die Tuberkulose ist als lungenzerstörende, oft zum Tode führende Krankheit die das Leben im Berghof bestimmende unheimliche Macht. Sie läßt ihre Opfer über lange Zeit allmählich dahinschwinden, äußerlich wie blühendes Leben erscheinen, obwohl innerlich der Verfall längst begonnen hat.

Thomas Mann beschreibt in seinem Roman diese Krankheit zwar phänotypisch in vielen ihrer klinischen Erscheinungsformen zünftig und treffend, man denke etwa an Diagnose und Behandlung der Kehlkopftuberkulose bei Joachim Ziemßen, läßt ihr aber, bewußt oder unbewußt, weitgehend ihre ätio-pathogenetischen Geheimnisse. Er stellt sie nicht als eine berechenbare, naturwissenschaftlich faßbare, kausal determinierte Infektionskrankheit dar. Er wäre ohne weiteres in der Lage gewesen, über die Tuberkulose eine detaillierte Abhandlung zu schreiben. Man denke etwa an die Art, wie Thomas Mann im Kapitel »Forschungen« anhand des Biologielehrbuches von Oskar Hertwig über die damaligen Kenntnisse zur Entstehung des Lebens referiert. Manfred Eigen hat dies in seinem Buch *Stufen zum Leben* schon vor Jahren deutlich gemacht.

Man stelle sich vor, Thomas Mann hätte über die Tuberkulose in gleicher Weise referiert, z. B. Robert Kochs Werke gelesen und für uns zusammengefaßt. Er hätte z. B. dessen berühmte und spannende Ausführungen vom 24. März 1882 wählen können, als dieser der Berliner Physiologischen Gesellschaft die Entdeckung des Tuberkelbazillus und seine ätiologische Bedeutung mitteilte:

> Um zu beweisen, daß die Tuberkulose eine durch die Einwanderung der Bazillen veranlaßte und in erster Linie durch das Wachstum und die Vermehrung derselben bedingte parasitische Krankheit sei, mußten die Bazillen vom Körper isoliert, in Reinkulturen so lange fortgezüchtet werden, bis sie von jedem etwa noch anhangenden, dem tierischen Organismus entstammenden Krankheitsprodukt befreit sind, und schließlich durch die Übertragung der isolierten Bazillen auf Tiere dasselbe Krankheitsbild der Tuberkulose erzeugt werden, welches erfahrungsgemäß durch Impfung mit natürlich entstandenen Tuberkelstoffen erhalten wird.

Dieses bis heute gültige und aktuelle Prinzip, einer Mikrobe die Eigenschaft eines Erregers zuzuschreiben, wurde später auch das Koch-Henle'sche Postulat genannt. Henle war der Göttinger Lehrer von Koch. Man bedenke, die ganze therapeutisch und prophylaktisch so erfolgreiche Lehre von den Infektionskrankheiten hatte in diesem Satz ihren Urspung, fürwahr Erkenntnisse, die es wert gewesen wären, in einem Buch mit der Tuberkulose als vordersten Vordergrund mitgeteilt zu werden. Thomas Mann vermittelt medizinisches Wissen über die Tuberkulose in diesem Buch nur in erster Näherung, nicht aber im Grundsätzlichen, und dies wohl mit Absicht.

Ich behaupte, die Darstellung der Tuberkulose als Infektionskrankheit, hervorgerufen durch eine Mikrobe, die durch Tröpfchen oder Kuhmilch übertragen werden kann, die zu jener Zeit allein in Deutschland alljährlich ca. 100.000 Menschen zu Tode kommen ließ, hätte den *Zauberberg* in eine nüchterne Klinik verwandelt und die Krankheit auf einen somatischen Prozeß der Wechselwirkung zwischen Mikrobe und Organismus zurückgeführt, dessen Regeln, wenn auch damals wie heute noch nicht ganz bekannt, aber doch grundsätzlich erkennbar waren. Damit hätte die Tuberkulose in diesem Roman als Drohung und Vollstreckerin des Todes allerdings ihre Unheimlichkeit verloren. Thomas Mann hütete sich, so empfindet ein medizinischer Leser es, vor der einer Infektionskrankheit medizinisch gesehen eigentlich adäquaten, nämlich ätio-pathogenetisch bestimmten Sichtweise. Er durfte den *Zauberberg* in Hinblick auf sein Anliegen nicht entzaubern!

Im Kapitel »Forschungen« des Romans findet man u. a. einen Abschnitt über die tuberkulöse Entzündung im Gewebe (S. 401 f.). Christian Virchow, Davos, hat kürzlich durch Textvergleich nachgewiesen, daß dieser quasiwissenschaftliche Text ebenfalls dem Biologie-Lehrbuch von Oskar Hertwig entnommen ist und modifiziert wurde. Solche Textvergleiche machen deutlich, daß Thomas Mann nicht die Absicht verfolgt, dem gebildeten Leser naturwissenschaftlich-medizinische Ergebnisse zu verdeutlichen. Vielmehr setzt er eigene Akzente. Die geweblichen Strukturveränderungen der tuberkulösen Entzündung sind bei ihm nicht Ausdruck der immunologischen Abwehr der Infektion, wie in der Aschoff'schen Entzündungslehre, sondern er wertet sie lediglich als Ausdruck des unentrinnbaren somatischen Verfalls.

Hofrat Behrens

Es fällt nicht ganz leicht, Hofrat Behrens, den Chefarzt des Berghofes, als Zentralfigur des »vordersten Vordergrund[es]«, in ihren Verfremdungen darzustellen. Der damalige Davoser Lungenarzt Hofrat Dr. Adolf Volland war ein tüchtiger, beliebter und etwas schrulliger Arzt. Er erhielt den Titel Hofrat von Herzog Alexander von Sachsen-Weimar-Eisenach für seine Verdienste um die Bekämpfung der Tuberkulose, möglicherweise auch wegen der Heilung einer Prinzessin. Thomas Mann transferierte den Titel Hofrat von Dr. Volland, den Katja Mann in Davos kennenlernte, auf Dr. Behrens. Das Bild eines ungewöhnlich fähigen Chefarztes und von mir geachteten Lehrers habe ich aus meiner eigenen Sanatoriumszeit noch vor Augen. Thomas Mann selbst aber exkulpiert mich, wenn ich trotzdem eine Charakterisierung des Hofrates Behrens wage: Eine junge Ärztin, eine Frau Dr. Margarete Levy, Berlin, hatte sich 1925 in der erwähnten *Medizinischen Wochenschrift* im Gegensatz zu ihren Kollegen sehr positiv über den Roman geäußert.»Sie wolle aber nicht darauf eingehen, ob die Charakteristik des weit über Davos hinaus bekannten ›Hofrats Behrens‹ geschmackvoll sei.« Darauf antwortet Thomas Mann, die political incorrectness von Frau Levy bewundernd, in seinem Brief vom 17. Juli 1925:

> Was mich jedoch an den Bemerkungen der tapferen und wissenden Frau ein wenig entsetzt hat, ist die Art, in der sie, leichthin und als handle es sich um die selbstverständlichste Sache der Welt, eine Figur des Romans, den Chefarzt »Hofrat Behrens« mit der Person eines weit über Davos bekannten Lungenspezialisten, gemeint ist Dr. Jessen, der Leiter des Waldsanatoriums, identifiziert. Ueber meine Art der Menschenbeobachtung und -ausschlachtung sind so viele verleumderische Märchen, so viele Operngucker- und Belauerungsphantasien in Umlauf, daß mir die Einbürgerung weiterer solcher Legenden äußerst unwillkommen wäre. Ein »Beobachter« so roher und primitiver Art bin ich meiner Lebtage nicht gewesen; und sollte auch Hofrat Behrens« keineswegs das zynische Scheusal sein, das die Kritiker der Dtsch. Med. Wsch. und der Münchener Med. Wsch. aus ihm machen, sondern sollte er zu den sympathischsten Gestalten des Buches gehören, so bin ich doch nicht nur mir selbst die Feststellung schuldig, daß die Beziehungen dieser meiner Romanfigur zu der realen Person jenes »weit bekannten Spezialisten«, wenn überhaupt vorhanden, jedenfalls außerordentlich oberflächlich sind.

Er trifft hier eine ähnliche Feststellung wie in seinem frühen Essay *Bilse und ich* aus dem Jahre 1906. Und seine Frau Katja schreibt: »Die Germanisten vergleichen sowieso viel zu viel.« In unserem Roman fragt Settembrini Hans Castorp:

> Wieviel Monate haben unsere Minos und Rhadamanth [gemeint sind Behrens und Krokowski] ihnen aufgebrummt? Hans Castorp lachte erstaunt, wobei er sich zu erinnern suchte, wer Minos und Rhadamanth doch gleich noch gewesen seien. (S. 83)

Die beiden Brüder sind, wie man weiß, Söhne des Zeus und der Europa, Hüter der Gerechtigkeit auf Erden und deswegen beide auch Richter in der Unterwelt. Einige Autoren verpflanzen sie auch in das Elysium. Und damit sind wir in unserem *Zauberberg*, einer irdischen Mischung aus Unterwelt und Elysium.

Hofrat Behrens ist der Ordnungsfaktor in unserem Spiel. Er genießt großen unangefochtenen Respekt als fähiger Arzt, ist darüberhinaus ein grundgütiger Mensch, sagt oft das richtige Wort zur richtigen Zeit, dirigiert aber daneben die kleine Gesellschaft auch durch schnoddrige, oft zynische Bemerkungen. Ich erwähne das Wort, das in der Szene mit der sterbenden kleinen Huius fällt: »Stellen Sie sich nicht so an.« Man erinnere ferner seine makabre Schilderung der Verwesung einer Leiche, um Konsul Tienappel zu vertreiben, der aus dem Flachland kommend Hans Castorp besuchte. Hans Castorp verwechselt ihn manchmal mit einem »Entertainer«, der sich durch Schweinchenzeichnen, Vorgehen gegen störende Libertinage, Beschaffung eines Grammophons und dergleichen um das seelische Wohl seiner Patienten kümmert. Darauf kommt es einmal zu der jähzornigen Entladung:

> Wofür halten Sie mich? Für einen Hüttchenbesitzer? Ich bin Arzt! Ich bin nur Arzt, verstehen Sie mich?! Ich bin kein Kuppelonkel! Ich bin kein Signore Amoroso auf dem Toledo im schönen Neapel, verstehen Sie mich wohl?! Ich bin ein Diener der leidenden Menschheit! (S. 586 f.)

Diese Doppelbödigkeit, der echte ärztliche Kern in der Persönlichkeit des Hofrates, der ihn davor schützt, zu einer lächerlichen Figur zu werden, in Verbindung mit seinem äußerlichen Zynismus läßt ihn uns als Rhadamanthys, in diesem Falle nicht als Richter sondern als Hüter der Regeln unseres Spiels über Leben, Krankheit und Tod erscheinen.

Magisches Instrumentarium

In unserem Szenarium berühren wir nun eine weitere Sphäre. Die Schilderungen der medizinischen Instrumente, der therapeutischen Eingriffe und mancher Symptomatik mögen vom Autor einem Lehrbuch oder eigener Anschauung entnommen sein. Diese Dinge entbehren in unserem Buch aber nicht einer gewissen Magie. Sie verbreiten ein bengalisches Licht über unsere Bühne.

Ich nenne zunächst das Thermometer, *den zierlichen Erwerb:* Wir kennen alle die einfache Temperaturmessung mit einem Quecksilberthermometer. Was macht Thomas Mann daraus?

> Er nahm lächelnd das rote Etui vom Tisch und öffnete es. Schmuck wie ein Geschmeide lag das gläserne Gerät in die genau nach seiner Figur ausgesparten Vertiefung der roten Samtpolsterung gebettet [...] – Die Bezifferung war rot, der untere, verjüngte Teil mit spiegelig glänzendem Quecksilber gefüllt. Die Säule stand tief und kühl weit unter dem Normalgrade tierischer Wärme [...] Er nahm das zierliche Gerät aus dem Futteral, betrachtete es und ging mehrmals in Unruhe durch das Zimmer. Sein Herz klopfte rasch und stark. (S. 237 f.)

Und dann, als er die erhöhte Temperatur feststellte, heißt es:

> Er prüfte immer wieder die Aussage des Thermometers, die ihm mehrmals durch Blendung verlorenging und die er dann durch eifriges Drehen und Wenden des Instruments wiederherstellte: Sie lautete auf 37,6 und das am frühen Vormittag! Seine Bewegung war mächtig. (S. 248)

Ich nenne dann den Röntgenapparat: Vermutlich hat jeder von uns schon einmal vor einem solchen Gerät gestanden. Und es ist uns die Anweisung des Röntgenassistenten im Ohr: Bitte einmal tief einatmen! Atem anhalten! Ausatmen!

Wie liest es sich im Roman?

> Zwei Sekunden lang spielten fürchterliche Kräfte, deren Aufwand erforderlich war, um die Materie zu durchdringen, Ströme von Tausenden von Volt, von hunderttausend, Hans Castorp glaubte sich zu erinnern. Kaum zum Zwecke gebändigt suchten die Gewalten auf Nebenwegen sich Luft zu machen. Entladungen knallten wie Schüsse: es knatterte blau am Meßapparat. Irgendwo blinkte ein rotes Licht, einem Auge gleich, still und drohend in den Raum und eine Phiole in Joachims Rücken füllte sich grün. (S. 304 ff.)

Es wäre weiterhin auf die bauchigen Sauerstoff-Flaschen für die »finalen Stadien« zu verweisen, auf den »blauen Heinrich«, auf die Auskultation und Perkussion, auf den Pneumothorax. Alles Geräte oder Eingriffe, vom Autor durchaus wohl verstanden in ihren Mechanismen und ihren Funktionen, hier aber dargestellt mit einem Schuß Unheimlichkeit, versehen mit einer koboldartigen eigenen Wesenheit, die diese unheimliche Welt des Verfalls determinieren helfen. Hierhin gehört nun auch der »vorzügliche Liegestuhl«. Wir hören:

> Die unangenehmen Empfindungen jedoch wurden aufgewogen durch die große Bequemlichkeit seiner Lage, die schwer zu zergliedernden und fast geheimnisvollen Eigenschaften des Liegestuhls, die Hans Castorp beim ersten Versuche schon mit höchstem Beifall empfunden hatte und die sich wieder und wieder aufs glücklichste bewährten. Lag es an der Beschaffenheit der Polster, der richtigen Neigung der Rückenlehne, der passenden Höhe und Breite der Armstützen oder auch nur der zweckmäßigen Konsistenz der Nackenrolle, genug, es konnte für das Wohlsein ruhender Glieder überhaupt nicht humaner gesorgt sein als durch diesen vorzüglichen Liegestuhl. (S. 146)

Was sagt die Medizin dazu? 1854 verkündete Dr. Brehmer in Görbersdorf im Riesengebirge, später Inhaber der Brehmerschen Anstalten für Lungenleidende seine These. Die Lungenschwindsucht sei bei zielbewußter hygienisch-diätetischer Anstaltsbehandlung unter geeigneten klimatischen Verhältnissen (Höhenklima) heilbar. Seine Methode wurde ergänzt durch die von dem Posener Krankenhausarzt Kaczorowski vorgeschlagene Liegekur. Hinzu kam 1882 die Entdeckung des Erregers der Tuberkulose durch Robert Koch. Der Ruf nach Volksheilstätten wurde laut. Eine fast unglaublich hohe Zahl von Initiativen in der Gründung von Heilstätten kann man in jenen Jahren registrieren, private Geldgeber, die Kommunen, Heilstättenvereine, Johanniterorden, die Badische Anilin- und Soda-Fabrik, Majestäten, ferner Landesversicherungsanstalten und Krankenkassen, die letzteren Errungenschaften der Bismarck'schen Sozialgesetzgebung. Das soziale Bewußtsein der Bevölkerung wurde durch sie machtvoll angeregt, auch in diesem Fall. Am 21. November 1895 wurde ein beratender Ausschuß unter dem Vorsitz des Generals der Infanterie Grolman gegründet, der dann im nächsten Jahr die Gründung des *Deutschen Zentralkomitees zur Errichtung von Heilstätten für die Tuberkulose* durchsetzte. Seitens des kaiserlichen Gesundheitsamtes wurde im gleichen Jahr die Denkschrift *Ein Beitrag zur Beurteilung des Nutzens von Heilstätten für Lungenkranke* herausgegeben. Ein wichtiger Satz daraus:

> Allerdings wird es notwendig sein, Kranke mit fortgeschrittenen Leiden, denen eine nachhaltige Hilfe nach menschlichem Ermessen nicht mehr gewährt werden kann, von den hier in Rede stehenden Heilstätten fernzuhalten, vielmehr nur solche Personen der Anstaltsbehandlung zuzuführen, deren Leiden erst in den Anfängen sich zeigt, mithin noch Aussicht auf erhebliche Besserung, ja sogar Heilung bietet.

Hier ist bereits zwischen den Zeilen eine gewisse Skepsis über den Erfolg einer solchen Heilstättenbehandlung zu spüren. Interessanterweise hat diese Form der Heilbehandlung einschließlich Liegekur später eigentlich nie eine Wertbemessung erfahren, etwa durch Bildung von Vergleichsgruppen. Die Liegekur im Höhenklima war, wie wir heute sicher wissen, durchaus nicht in jedem Fall für den Patienten nützlich. Sie war gewissermaßen ein Fall für Bleulers »autistisches undisziplinertes Denken in der Medizin«.

Bildet nun der ›vorzügliche Liegestuhl‹ im Berghof unbesehen das Hauptrequisit des »vordersten Vordergrund[es]«, gewissermaßen die spezifische ruhigstellende Einrichtung, weshalb ein Tuberkulose-Patient seinen Aufenthalt in einem solchen Sanatorium nahm, so vermag der fachkundige Blick in der Relativierung der therapeutischen Bedeutung dieses Gerätes deutlich zu erkennen, daß Thomas Mann ihn zum *Symbol des Zauberbergs* macht. In diesem Stuhl läßt er Hans Castorp und seine Mitpatienten krank sein. Wir erleben zwar dann und wann manchen Aktionismus bei Hans Castorp, einen Skiausflug, seine Hilfsbereitschaft anderen Patienten gegenüber, seine trotzigen Widerreden gegen Settembrini und Naphta, aber er fügt sich dem ärztlichen Rat, die Kur fortzusetzen, jedesmal fast widerstandslos, schlafft ab und sinkt wieder zurück in den *vorzüglichen Liegestuhl*, in das Gerät, das dem Leben auf dem Zauberberg einen bestimmten Rhythmus aufzwingt, in der Hand die von ihm bevorzugte Zigarre Maria Mancini mit ihren Vorzügen, die in einem Gespräch mit Hofrat Behrens zu Worte kommen und zu einer der vielen kostbaren Miniaturen des Romans gehören (S. 356 ff.), ein Beispiel mikroskopischer Sichtweise, die Thomas Mann mit Marcel Proust verbindet. Im vorzüglichen Liegestuhl studierte er des nachts angesichts des gestirnten Himmels über ihm seitenlang im Biologiebuch Oskar Hertwigs die Entwicklungsmechanismen des Lebens. Aber um wieviel schöner und wie von selbst erschien das Leben dem von der anstrengenden Lektüre schließlich Erschöpften im anschließenden Traum:

> Er hatte die Seite hinunter gelesen, sein Kinn hatte die Brust erreicht, die Lider waren ihm über die einfachen blauen Augen gefallen. Er sah das Bild des Lebens, seinen blühenden Gliederbau, die fleischgetragene Schönheit. Sie hatte die Hände aus dem Nacken gelöst, und ihre Arme, die sie öffnete und an deren Innenseite, namentlich unter der zarten Haut des Ellbogengelenks, die Gefäße, die beiden Äste der großen Venen, sich bläulich abzeichneten, – diese Arme waren von unaussprechlicher Süßigkeit. Sie neigte sich ihm, neigte sich zu ihm, über ihn, er spürte ihren organischen Duft, spürte den Spitzenstoß ihres

Herzens. Heiße Zartheit umschlang seinen Hals und während er, vergehend vor Lust und Grauen seine Hände an ihre äußeren Oberarme legte, dorthin wo die den Triceps überspannende körnige Haut von wonniger Kühle war, fühlte er auf seinen Lippen die feuchte Ansaugung ihres Kußes (S. 402).

Der vorzügliche Liegestuhl: szenisches Requisit im Totentanzgeschehen der Berghofgesellschaft.

Die »Zauberbergkrankheit«.

Die »Zauberbergkrankheit« (Hellpach) ist modern gesprochen eine nosokomiale Erkrankung (gr. nosokomeion, das Krankenhaus), eine Erkrankung die man im Krankenhausmilieu erwirbt. Sie ist ein pathologischer Seelenzustand, der in der Sanatoriumsatmosphäre gedeiht und vor allem durch einen gelähmten Gesundungswillen gekennzeichnet ist.

Die »Zauberbergkrankheit« ist vor Thomas Mann schon von anderen Autoren beschrieben worden. U. a. lebte der Dichter Klabund als Patient in Davos. Er litt wie Joachim Ziemßen an Kehlkopftuberkulose. Thomas Mann kannte ihn. Er hatte bereits 1916 die Erzählung: *Die Krankheit* veröffentlicht. Sie hat eine Reihe von Zügen mit dem *Zauberberg* gemeinsam. Er schildert Davos 1916 als Ort der Verelendung junger Menschen, als Tatort frivolen Spiels mit einer schweren Krankheit.

In einem längeren Brief des Tuberkulosearztes Dr. Prüssian, Wiesbaden, aus dem Jahre 1920 mit ärztlichen Eindrücken aus Davos und Arosa heißt es:

> Man ist immer wieder erstaunt zu sehen, wie ein vielseitig gebildeter und geistig regsamer junger Mensch, mit dem man sich am Morgen über literarische oder philosophische Fragen eingehend unterhalten hat, am Nachmittag und am Abend stundenlang in raucherfüllten lärmenden Lokalen dem stumpfsinnigen Geschiebe des Tango oder Foxtrott zusieht oder sich selbst daran beteiligt. Und das monatelang, Tag für Tag!

Thomas Mann vermittelt in seinem Roman vielfach ähnliche Eindrücke. Sein Roman war namengebend für das, was man später als »Zauberbergkrankheit« bezeichnet hat.

Einer ihrer Züge ist in folgender Szene dargestellt: Hans Castorp, bereits Jahre auf dem Zauberberg, ist zu einem fanatischen Patienceleger geworden. Settembrini, der alte Mentor, trifft ihn einmal bei diesem Spiel an, möchte engagiert wie immer seine Sorgen über die politische

Entwicklung auf dem Balkan loswerden: Aber Castorp schaut kaum auf von den Karten. »›Sieben und Vier‹, sagte Hans Castorp, ›Acht und Drei. Bub, Dame, König. Es geht ja. Sie bringen mir Glück, Herr Settembrini‹«. Dieser frische, aufgeklärte Pädagoge, die eigentliche Lichtgestalt des Romans, verläßt seinen Zögling enttäuscht.

Der Alleingebliebene fand sich wenig später, ohne weiterzulegen, grübelnd und im Innersten grauenhaft berührt von dem nicht geheuren und schiefen Zustand, worin er die Welt befangen sah, von dem Grinsen des Dämons und Affengottes, unter dessen rat- und zügellose Herrschaft er sie geraten fand und des Name: »Der große Stumpfsinn« war (S. 891).

Obwohl ein guter Diagnostiker, verzichtet Thomas Mann in seinem Roman auf die Schilderung damals bereits unternommener Versuche, Abhilfe zu schaffen. So versuchte man seinerzeit mit medizinischer Psychologie der Zauberbergkrankheit beizukommen. Immerhin wurden dadurch den Praktikern in den Heilstätten Ansätze für eine psychotherapeutische Führung und Behandlung geboten.

Aus dem Institut für Hochgebirgsphysiologie und Tuberkuloseforschung in Davos erschien 1925 in der *Medizinischen Wochenschrift* eine stark beachtete Arbeit über den *Eindruck der Diagnose Lungentuberkulose auf den Kranken* von Erich Stern. Er charakterisierte detailliert verschiedene psychische Erkrankungstypen, die sich aber miteinander vereinigten und mischten: Den infantil gehobenen Typ, die Schock-Reaktion, den hypochondrischen Typ, den hoffnungsvollen Typ, die hysterische Reaktion, die aggravierende Reaktion, den religiös-fatalistischen Typ, den sich auflehnenden Typ, Schamreaktionen, die Reaktion mit Selbst- und Fremdvorwürfen, den indifferenten Typ.

Seines Erachtens handele es sich bei diesen Veränderungen sehr viel weniger um spezifische Auswirkungen der Tuberkulose als um rein psychische Reaktionen auf das Erlebnis der Krankheit, auf die Behandlungsweise des eigentümlichen Milieus, in welches diese Kranken versetzt würden. Daneben gab es die Ansätze der Freudschen Psychoanalyse. Und außerdem gab es Versuche, in die Heilverfahren eine Art Arbeitstherapie einzufügen. Wir registrieren, die damalige Medizin machte auf verschiedene Weise ernstzunehmende Versuche, das Leib-Seele-Problem, das psychosomatische Problem der Tuberkulosegenese und ihrer Behandlung im Sanatorium mit ihren schädlichen Folgen wenigstens medizinisch professionell zu formulieren.

Was machte Thomas Mann? So wie er auf die genaue naturwissenschaftliche Erörterung der Ätiopathogenese der somatischen Tuberkulose verzichtet, so verzichtet er auf die konkreten medizinischen Ansätze bei der Analyse des seelischen Geschehens bei den Patienten des Berghofes. Statt dessen parodiert er in diesem Falle einfach einen dieser Ansätze, nämlich den psychoanalytischen, der sich für so etwas ja auch gut eignete, auch hier mit dem Ziel, vermutete unheimliche Mechanismen der Krankheitsentfaltung heraufzubeschwören. Bestes Beispiel hierfür ist die Vorlesung Dr. Krokowskis vor dem Berghofpublikum (vgl. S. 180 ff).

Hans Castorp

Hans Castorp, der »einfache, ansprechende junge Mensch«, manchmal auch »das Sorgenkind des Lebens« genannt, läßt das Geschehen im Berghof 7 Jahre lang auf sich wirken und ist dadurch unentbehrlicher Spiegel der Ereignisse im Berghof für uns, zugleich ist er im Sinne des Wahlspruchs Settembrinis »placet experiri« bereit, sich jederzeit einem geistigen Abenteuer auszusetzen, ohne sich auf einen Standpunkt festzulegen, ob er nun mit Settembrini, Naphta, mit dem Hofrat oder mit Peeperkorn diskutiert. Er lernt zwar im Laufe der Jahre hinzu, gewinnt aber nicht an Charakter, der sich in Sturm und Zeit bewähren muß. Er steht unter Tuberkuloseverdacht und gehört damit auch zum »vordersten Vordergrund« des Romans.

In der Realität einer klinischen Ambulanz hätte man sich damals zunächst mit größtmöglicher Intensität – wie übrigens auch heute noch – darum bemüht, Tuberkelbakterien bei ihm nachzuweisen, aus dem Sputum, aus mehrtägigem Sammelsputum, aus dem morgendlichen Kehlkopfabstrich oder aus dem Magensaft, aus Bronchoskopiematerial, aus einer sogenannten Lavage, unter Umständen in Lungenbiopsien, mit empfindlichsten Methoden, im sogenannten Kultur- und Tierversuch. Nur so ist nämlich die exakte Diagnose einer aktiven Tuberkulose zu stellen.

Der behandelnde Arzt und ein von Genesungswillen geprägter Patient würden sich überdies bei unklarer Diagnose sehr rasch konsiliarischen Rates bedient haben, wie es Thomas Mann selbst vormachte, als Dr. Jessen, der Arzt seiner Frau, die nie eine Tuberkulose hatte, wie die Untersuchung der alten Röntgenbilder ergab, ihm vorschlug, eine Weile wegen unklarer Oberlappengeräusche oben zu bleiben. Sein Hausarzt in München befahl ihm damals, sofort zurückzukehren.

Bei Hans Castorp im Berghof erfahren wir nichts von solchen mikrobiologischen Untersuchungen geschweige denn von ihren Ergebnissen. Für den medizinischen Fachmann ist das Bestehen einer Tuberkulose bei ihm nicht gesichert.

Castorp scheint lediglich nosokomial, also krankenhausbedingt, als Folge seines Aufenthaltes in diesem Milieu, von der Zauberbergkrankheit erfaßt. Somatische Fehldiagnose, nosokomiale Erkrankung, 7 Jahre Davos, ein schreckliches Schicksal, nähme man es realistisch!

Dennoch vermag es die Kunst Thomas Manns, beim Leser die Vorstellung eines zweifellos kranken Mannes zu erwecken, der für ihn einfach in den Berghof hineingehört. Schon seine Anamnese prädestiniert ihn für den Berghof. Wir hören die Familienanamnese. Die spitz zulaufenden Finger und die gewölbten Nägel des Großvaters – Hans Castorp stellt die Ähnlichkeit mit seinen Fingern fest – deuten auf Anfälligkeit für Tuberkulose hin. Großvater und Vater starben an Lungenentzündungen, die Lunge scheint in der Familie ein empfindliches Organ zu sein. Hans Castorp ist blutarm, leicht ermüdbar. Man empfiehlt ihm, seinen Vetter Ziemßen im Hochgebirge zu besuchen. Willi Hellpach sagte in seinem Vortrag vom 26. September 1927:

> Und Hans Castorp fährt seinem Schicksal entgegen. Wirklich? Nein, das wäre falsch gesagt; das würde er tun, wenn er eine Figur Heinrich Manns wäre, dann führe er wohl irgendeinem Begebnis entgegen, das ihm Schicksal würde. Da er aber eine Figur Thomas Manns ist, so müssen wir sagen: Er fährt sein Schicksal hinauf nach Davos, sein in ihm präformiertes, latentes, das phthisische Schicksal seines Stammbaumes, das im Vetter Joachim Ziemßen schon halb manifest geworden ist, wie einst das latente neuropahtische Schicksal des Buddenbrook-Stammbaumes im Bruder Christian. Und das Sanatorium Berghof zu Davos besorgt gar nichts weiter, als mit gewohnter Routine dies latente Schicksal auszufalten, es zu manifestieren.

Der Kunstgriff der Verschleierung der Diagnose, die Verfremdung des medizinischen Sachverhalts, erlaubt es dem Autor, an der Person Hans Castorps das Geschehen im *Zauberberg* zeitlich anzubinden. Hans Castorp erhält, trotz aller Quirligkeit weitgehend zur Passivität verurteilt, als Beobachter der Szenerie zwar eine Chance vom Autor eingeräumt, die Schwächen dieser geschlossenen Gesellschaft zu erkennen, sie gewissermaßen permanent in Frage zu stellen, sogar eine Lösung der philosophischen Grundfrage der Beziehung zwischen Leben und Tod im Schneekapitel visionär zu empfinden und zu formulieren, die Verhaftung auf dem Zauberberg, sein von Jugend auf gesetztes Schicksal zu durchbrechen bleibt ihm jedoch verwehrt. Schließlich verlieren wir ihn im Getöse des ersten Weltkrieges, einer allerdings etwas merkwürdigen Bewährungsprobe, aus den Augen.

Sterben und Tod.

Wir kommen nun beim Aufspüren von Verfremdungen des »vordersten Vordergrund[es]« zu dem wohl schwierigsten Kapitel. Thomas Mann schreibt im Abschnitt »Fülle des Wohllauts«:

> [...] das ist nun freilich ein Unternehmen der kitzligsten Art und höchste Behutsamkeit der Intonation ist vonnöten, wenn nicht mehr verdorben als gefördert werden soll.

Und einem Brief vom 9. Januar 1925 an Arthur Schnitzler entnehmen wir:

> Es freut mich besonders, daß Sie an dem guten Joachim so teilnehmen, der ja gewiß der beste ist von dem ganzen Gelichter. Ich war aufrichtig traurig an dem Tage, wo ich ihn zur Ruhe gebracht hatte. – Und Humor des Todes! Ja, das Buch will eine Verspottung des Todes sein, eine antiromantische Desillusionierung und ein europäischer Ruf zum Leben. Es wird vielfach falsch gelesen.

Nach seinen schriftlichen Äußerungen kann man davon ausgehen, daß Thomas Mann durch Todesromantizismen, durch eine Art »Sympathie mit dem Tode«, wie sie etwa im *Tod in Venedig* oder im Kapitel »Fülle des Wohllauts« beim Hören des Schubert'schen Liedes vom Lindenbaum zum Ausdruck kommt, versucht hat, sich von solchen Gefühlen durch die Verspottung, die Verhöhnung, durch komische Darstellung des Todes durch das Werk zu befreien, mit dem Ziel, einen trotzigen Standpunkt zu gewinnen, von dem her gesehen durchaus analog dem lutherischen Osterlied *Christ lag in Todesbanden* (in der 4. Strophe: »Die Schrift hat verkündet das, wie ein Tod den anderen fraß, ein Spott aus dem Tod ist worden«) der Tod in der Gewichtung gegen das Leben in seine Schranken verwiesen wird.

Die Tuberkulose gehört zu den Seuchen, die Menschenleben in großer Zahl vernichten. Im Berghof wird an Tuberkulose gestorben. Im Rahmen einer besonderen Art der Hilfestellung, nämlich der medizinischen, erleben Ärzte, Schwestern und Pfleger das Sterben nicht als allgemeines Geschick des Menschen, sondern stets als konkretes Sterben einzelner, in ihrer Behandlung stehender Patienten. Sie setzen sich für deren Leben ein, mit medizinischer Methodik, mit ihrem ganzen Können. Sie begleiten darüberhinaus ihre Patienten mit mitmenschlichem Zuspruch in den Tod, sie wissen um die Trauer und Nöte der Angehörigen.

Ältere Tuberkuloseärzte – und ich stünde hier nicht, wenn ich mich nicht dazu zählen würde – wissen, wie damals manchmal in Tuberkuloseheilstätten gestorben wurde, kennen den grausamen Erstickungstod. Ärzte und Schwestern haben sich oft wochenlang vor allem darum zu kümmern, daß Nahrungsaufnahme, Darm-, Herz- und Nierenfunktion des Patienten intakt bleiben, daß die Erstickungsanfälle mit Sauerstoff und die Schmerzen mit Morphium gemildert werden, daß die Sekundärinfektionen beherrscht werden.

Über den Tod selbst sagt Hofrat Behrens uns Gemeingültiges, ohne Verfremdung. Vor dem Tode Joachim Ziemßens meint er zur Mutter:

> Ich kenne den Tod, ich bin ein alter Angestellter von ihm, man überschätzt ihn, glauben Sie mir! Ich kann Ihnen sagen, es ist fast gar nichts damit. Denn was unter Umständen an Schindereien vorhergeht, das kann man ja nicht gut zum Tode rechnen, es ist eine springlebendige Angelegenheit und kann zum Leben und zur Genesung führen. Aber vom Tode wüßte ihnen keiner der wiederkäme, was Rechtes zu erzählen, denn man erlebt ihn nicht […] (S. 750).

Dies war des Hofrats Art und Weise, Trost zu spenden. Beziehen wir uns auf die Berichte des kaiserlichen Gesundheitsamtes, so lag die Sterberate in den deutschen Tuberkuloseheilstätten um 1910, eine durchschnittliche Aufenthaltsdauer von 3 bis 4 Monaten zugrundegelegt, bei ca. 0,5%. Der Leser gewinnt demgegenüber den Eindruck, daß im Berghof viel gestorben wird. Der Autor liefert keine konkreten Zahlen. Prozentzahlen hätten die Situation entschärft, entmythologisiert. Er setzt auf den Eindruck bei den Lesern, insbesondere in dem Kapitel »Totentanz«, indem er an die serielle Darstellungsweise mittelalterlicher Totentänze anknüpft. Hans Castorp besuchte eine Reihe von Sterbenden und bringt ihnen Blumen. Aber auch in anderen Kapiteln des Romans wird gestorben.

Zunächst die Amerikanerin, dann die kleine Hujus, die sich vor der letzten Ölung verkriecht, dem toten Herrenreiter mit der hohen Oxygenrechnung im Totentanzkapitel folgen Leila Gernegroß, die einen Hortensienstock von Hans Castorp erhält, Fritz Rotbein, mit dem er über den europäischen Blumenhandel spricht, Teddy, der elegante Vierzehnjährige, Frau Mallinckrodt (»ihre Rasseweiblichkeit triumphierte über das Ekzem«), Frau Zimmermann, die Überfüllte, und schließlich Lauro, der zweite Sohn von Tous Les Deux. Später erleben wir Joachim Ziemßens Tod, besuchen den toten Mynheer Peeperkorn und erleben noch das Duell, in dem Leo Naphta sich selbst erschießt.

Möglicherweise kannte Thomas Mann Totentänze von den in den Kirchen Lübecks zu findenden Darstellungen, u. a. eventuell von dem berühmten Totentanz Bernt Notkes. Der älteste »la danse macabre« ist aus den Friedhofsarkaden der St. Innocents in Paris um das Jahr 1425 überliefert. Ursprünglich wurden wohl Märtyrern zum Andenken Schaustücke mit kurzen Wechselreden zwischen Tod und Mensch aufgeführt. Sie haben schließlich in den gemalten Totentänzen Gestalt angenommen.

Diese mittelalterlichen Totentänze waren in ihrer Aussage, wie Huizinga im *Herbst des Mittelalters* oder Walter Rehm in seinem Aufsatz über den *Ackermann von Böhmen* ausführten, fast einzig und allein von dem Gedanken des »memento mori« oder des »Der Tod ist der Sünde Sold« getragen.

Im Totentanzkapitel des *Zauberbergs* bei den Besuchen Hans Castorps ist die Restriktion noch größer. Wir vermissen nicht nur Züge der Trauer, des Trostes, der Erinnerung, Gedanken an das Ende der Leiden oder auch Lebenswillen, sondern es fehlt auch die selbstsüchtige Haltung, im Mittelalter immerhin noch bezogen auf Himmel und Hölle. Die präfinalen Stadien werden auch nicht durch ärztliche oder pflegerische Eingriffe gestört. Die Szenen hinterfragen das Sterben auch nicht. Es bleibt eine Beschreibung von Äußerlichkeiten und es wird gesprochen, wie eben zwischen fremden Menschen bei solchen quasi Kondolenzbesuchen miteinander gesprochen wird. Man vermeidet möglicherweise verletzenden Tiefgang. Im Kapitel »Totentanz« mag zwar etwas Spott im Spiele sein, eine falsche Wohlgeborgenheit zum Ausdruck kommen, im Grunde aber ist Sterben dargestellt, wie man es durchaus in der Realität antreffen kann. Thomas Mann ist ein zu großer Künstler, um sich nicht auch hier der Wirklichkeit verpflichtet zu fühlen. Diese Doppelbödigkeit empfindet ein Arzt besonders klar. Menschen sterben nicht theatralisch, statt »letzter Worte« sprechen sie wie immer. Sie bleiben in ihrer Welt, und Hans Castorp bezeugt seine Achtung demjenigen, der in ihr sein Schicksal erlitt und es, wie auch immer, meisterte und sei es, durch die Belebung des europäischen Blumenhandels wie im Falle von Fritz Rotbein. Ich vermag in der Schilderung der kleinen Welt der Sterbenden, die Hans Castorp bei seinem Rundgang mit der Überrreichung von Blumensträußen antrifft, jedenfalls keine fundamentale Verhöhnung des Todes zu empfinden. Deutlich zum Ausdruck kommt sie dann bei der Beschreibung des toten Joachim Ziemßen:

> Ein antiker Helm hätte diesem Haupte wohl angestanden, wie mehrere Besucher meinten, die sich zum Abschiede einfanden.
> Frau Stöhr weinte begeistert im Anblick der Form des ehemaligen Joachim. »Ein Held, ein Held!« rief sie mehrfach und verlangte, daß an seinem Grabe die »Erotika« von Beethoven gespielt werden müsse. »Schweigen Sie doch«, zischte Settembrini sie von der Seite her an. (S. 754 ff.)

Am 6. Juni 1925 sagt Thomas Mann in einer Tischrede bei der Feier des fünfzigsten Geburtstags:

> Wenn ich einen Wunsch für den Nachruhm meines Werkes habe, so ist es der, man möge davon sagen, daß es lebensfreundlich ist, obwohl es vom Tode weiß. Ja, es ist dem Tod verbunden, es weiß von ihm, aber es will dem Leben wohl. Es gibt zweierlei Lebensfreundlichkeit: eine die vom Tode nichts weiß; die ist recht einfältig und robust, und eine andere, die von ihm weiß und nur diese, meine ich, hat vollen geistigen Wert. Sie ist die Lebensfreundlichkeit der Künstler, Dichter und Schriftsteller.

Man ist versöhnt, wenn man so etwas vernimmt, auch wenn die überzeugende poetische Form hier, wie im Werk im Kapitel »Schnee«, durch ein direktes philosophisches Bekenntnis abgelöst wird. Aber der Autor weiß in Ausnahmefällen die Pflicht des Menschen durchaus dichterisch zu gestalten. Eindrucksvoll das Gespräch von Behrens mit Castorp über Ziemßens bevorstehenden Tod, bewegend aber vor allem die Szene mit Karen Karstedt. Die Vettern nehmen sich dieses todkranken jungen Mädchens auf Bitten von Behrens etwas näher an, gehen mit ihr, die ihnen dafür sehr dankbar ist, auch mal los. In der Szene auf dem Friedhof inmitten der vielen Gräber jugendlicher Toter aus aller Herren Länder – die Tuberkulose war eine Krankheit der Jugend – führt Karen Karstedt die beiden Vettern zu ihrem künftigen Grab. Hier wird bei aller feinen Brechung und Distanzierung durch den Sprachstil Thomas Manns ein Hauch von Erhabenheit spürbar, eine zarte wehmütige Melodie ertönt: »sie stand da, verschämt und bescheiden«. Wir erleben einen todgeweihten jungen Menschen, der seine Sachen ordnet und dem Tod gefaßt ins Auge schaut. Thomas Mann wußte durchaus, daß manche Menschen in Grenzsituationen weit über sich hinauswachsen können.

Ausklang

Thomas Mann fragte in seinem Artikel in der *Deutschen Medizinischen Wochenschrift* schließlich: »Und ich sollte Medizin und ärztlichen Stand verunglimpft haben?« Und dann ergänzt er den Satz, den ich Ihnen anfangs zitierte, charmant und mit ironisiertem Selbstbewußtsein:

> Immer habe ich unter Aerzten und Musikern meine besten Leser und Gönner gefunden. Und ob ich eines Tages, mit siebzig oder achtzig, den medizinischen Ehrendoktorhut in die Stirn drücken darf, das ist, meine Herren, keine Frage der Würdigkeit, sondern nur solche vitaler Ausdauer.

Die Tuberkulose, der ›vorderste Vordergrund‹ unseres Romans, ist schließlich durch die Chemotherapie besiegt worden. Ich zitiere hier den Schluß einer Rede des Mediziners Willi Hellpach aus Heidelberg, die er Mitte 1927, ca. 20 Jahre vor der Entdeckung einer wirksamen Chemotherapie gegen die Tuberkulose, über den *Zauberberg* gehalten hat:

> Die neueste Sprachwissenschaft hat sich an dem Erweis versucht, daß Kalypso, die in ihrem berühmten *Zauberberg* den Odysseus 7 Jahre festhielt, eine Todesgöttin war. Wir wollen es als ein Symbol nehmen, verpflichtend noch für den Arzt von heute und von immer: Es war die Göttin der Wissenschaft, es war Athene, die im Götterrate erzwang, daß der *Zauberberg* sich öffne, der unter dem Vorwand der Unsterblichkeit den Gefangenen dem Leben entzog, und ihn heimkehren lasse, angewiesen auf die eigene Leibes- und Seelenkraft, zu Besitztum, Herrschaft und Gattin, zu normalen Funktionen des irdischen Lebens.

Literaturhinweise

Die Zitate aus Thomas Mann *Der Zauberberg* wurden der Ausgabe in den *Gesammelten Werken in Einzelbänden*, hrsg. von Peter de Mendelssohn, Frankfurt am Main 1981, entnommen. Die Seitenzahlen wurden im Text in Klammern gesetzt.

Manfred Eigen: *Stufen zum Leben*. München/Zürich 1987; siehe auch: *Zwei Kulturen*. In: *Grenzübertritte. 3 Vorträge zur Deutschen Literatur*. Göttinger Universitätsreden 89. Göttingen 1991, S. 11 – 21.
Willi Hellpach: *Die »Zauberberg«-Krankheit*. In: *Medizinische Welt*. 22. Oktober 1927, S. 1425 – 1429.
Margarete Levy: *Bemerkungen zum »Zauberberg« von Thomas Mann*. In: *Deutsche medizinische Wochenschrift* , 15. Mai 1925, S. 1166.
Katja Mann: *Meine ungeschriebenen Memoiren*. Frankfurt am Main 1981.
Thomas Mann: *Vom Geist der Medizin*. In: *Deutsche medizinische Wochenschrift* vom 17. Juli 1925, S. 1205 – 1206.
Thomas Mann: *Tagebücher 1918 – 1921*, Frankfurt am Main 1979.
Thomas Mann: *Selbstkommentare: Der Zauberberg*. Informationen und Materialien zur Literatur, hrsg. von Hans Wysling unter Mitarbeit von Marianne Eich-Fischer. Frankfurt am Main 1995
Dr. Prüssian: *Aerztliche Reiseeindrücke aus Arosa und Davos*. In: *Münchener medizinische Wochenschrift* vom 6. August 1920, S. 939 – 941.
Dr. Prüssian: *Der Zauberberg*. In: *Münchener medizinische Wochenschrift* vom 24. April 1925, S. 696 – 697.

Walter Rehm: *Zur Gestaltung des Todesgedankens bei Petrarca und Johannes von Saaz* (1927). In: *»Der Ackermann aus Böhmen« des Johannes von Tepl und seine Zeit*, hrsg. von E. Schwarz, Darmstadt 1968, S. 31-59.

Dr. Schelenz: *Thomas Mann »Der Zauberberg« vom Standpunkte des Tuberkulosearztes gesehen.* In: *Deutsche medizinische Wochenschrift* vom 15. Mai 1925, S. 831 – 832.

Tuberkulosearbeiten aus dem Kaiserlichen Gesundheitsamtes. 2. Heft, 1904, Deutsche Heilstätten für Lungenkranke. Geschichte der deutschen Heilstättenbewegung. Ein Beitrag zur Beurteilung des Nutzens von Heilstätten für Lungenkranke, 1904, S. 1 – 23; S. 36 – 40.

Das Zauberberg-Symposium 1994 in Davos, hrsg. von Thomas Sprecher. Thomas Mann-Studien Band 11, Frankfurt am Main 1995.

Thomas Mann: *Das Gesetz*

VON

RUDOLF SMEND

Stammte die Erzählung nicht von Thomas Mann, würde man sie kaum zur Weltliteratur im prägnanten Sinn rechnen. Auch für den Thomas-Mann-Liebhaber gehört sie nicht zu den Texten, die er alle Jahre wieder liest, um sich an ihnen zu ergötzen, und aus denen er allmählich einiges auswendig kennt. In den Gesamtdarstellungen spielt sie allenfalls eine Nebenrolle. Aber Vorsicht! Thomas Mann selbst schätzte gerade dieses Opusculum als »etwas Geglücktes«, genauer: »in Leichtigkeit Geglücktes« (D 648).

Wir sind damit schon beim Ersten angelangt, das uns beschäftigen soll, nämlich der Entstehung des Stückes.

I.

Das Gesetz ist in Thomas Manns erzählerischem Werk insofern ein Unikum, als es auf Bestellung geschrieben wurde. Ganz einfach ging es dabei allerdings nicht zu.

Am Anfang stand ein Filmprojekt. Im Sommer 1942 versuchte ein aus Österreich stammender Agent namens Armin L. Robinson zusammen mit Liesl Frank, der Frau des mit Thomas Mann befreundeten Dichters Bruno Frank, bei Metro-Goldwyn-Mayer einen Episodenfilm über die Zehn Gebote zustandezubringen. Es kam zu mehreren Besprechungen, an denen Thomas Mann, in Pacific Palisades nicht weit von der Filmgesellschaft ansässig, teilnahm, aber zu keinem Ergebnis. Thomas Mann, der ohnehin etwas abschätzig von dem »10 Gebote-Propaganda-Film« gesprochen hatte (T 454), scheint das nicht besonders bedauert zu haben. Obwohl ein enthusiastischer Kinogänger, ist er als Drehbuchschreiber nie zum Erfolg gekommen.

Doch das gestorbene Filmprojekt feierte nach einigen Wochen als Buchprojekt seine Auferstehung. Bei einer Reise an die Ostküste wurde Thomas Mann am 24. November 1942 in seinem New Yorker Hotel erneut von Mr. Robinson ereilt. Das Tagebuch notiert lapidar: »Besprechung des 10 Gebote-Buches; Zusage eines Beitrags für 1000 Dollars.« (T 501) Gesprächiger ist der Bericht in der *Entstehung des Doktor Faustus*:

In unserem New Yorker Hotel suchte uns eines Tages der Agent Armin Robinson auf, um uns, recht bestechend, den Plan eines nicht nur auf englisch, sondern in vier, fünf anderen Sprachen noch zu veröffentlichenden Buches zu entwickeln, das den Titel »The Ten Commandments« führen sollte. Die Idee war moralisch-polemisch. Zehn international bekannte Schriftsteller sollten in dramatischen Erzählungen die verbrecherische Mißachtung des Sittengesetzes, jedes einzelnen der zehn Gebote behandeln, und von mir wünschte man, gegen ein Honorar von eintausend Dollars, eine kurze essayistische Einleitung zu dieser Sammlung. Man ist auf Reisen leichter empfänglich für solche von außen kommenden Arbeitsvorschläge als zu Hause. Ich sagte zu und unterzeichnete zwei Tage später in dem Bureau eines Rechtsanwalts, wo ich die ebenfalls zur Mitarbeit bereite Sigrid Undset traf, einen an Fußangeln und Widerhaken reichen Vertrag, den ich kaum gelesen hatte und mit dem ich ewig dauernde Rechte des Unternehmers auf eine Arbeit besiegelte, die noch nicht existierte, von deren Entwicklung ich keine Vorstellung hatte und mit der ich es weit ernster nehmen sollte, als der Anlaß forderte. Ist es leichtsinnig, ›die Katze im Sack zu kaufen‹, so ist, sie darin zu *ver*kaufen, noch weniger empfehlenswert. (E 136 f.)

Die nächste Erwähnung des Vorhabens im Tagebuch, unter dem 6. Dezember, noch in New York, lautet: »Häufung von Veranstaltungen, Besuchen, Übernahme von Geschäften, die mir Sorge machen. Schon zweite Hälfte Februar lectures in Californien. Zuvor, nach Abschluß des Joseph, Moses-Phantasie zu schreiben.« (T 505)

»Nach Abschluß des Joseph«: der erste Band des Riesenwerkes *Joseph und seine Brüder, Die Geschichten Jaakobs,* war 1933 erschienen, vom vierten, *Joseph, der Ernährer,* fehlten jetzt nur noch die letzten Seiten. »Bis Neujahr muß er fertig sein«, heißt es am 15. Dezember, »damit ich den Januar für die 1000 Dollar-Novelle frei habe.« (D 635)

»Moses-Phantasie«, »Novelle«: die Bestellung hatte doch auf eine »kurze essayistische Einleitung« gelautet! Zweifellos wäre er dazu imstande gewesen; Umfang und Rang seiner Essayistik sind uns ja durch die postumen Editionen noch eindrücklicher geworden, als sie es schon zu seinen Lebzeiten waren. Aber diesen Essay schrieb er nicht, sondern stattdessen eine Erzählung. Der Grund dafür wird weniger der allgemeine gewesen sein, daß er denn doch wohl noch lieber, wie er das nannte, »musizierte« als »redete«, als der besondere, der in der Sache und der Situation lag. Auf Genesis folgt Exodus, auf Joseph Mose. Was war natürlicher, als den Zehn-Gebote-Auftrag so zu erfüllen, daß die biblischägyptische Erzählung, von der Thomas Mann »noch warm war« (E 139), noch ein wenig weitergetrieben wurde? Das traf sich mit einer Gewohnheit, die er bei diesem Anlaß so umschrieb: »Immer nach Abschluß von etwas Großem gönne ich mir so etwas, was mir gar keine Mühe macht.« (D 636) Er gab auch gleich der künftigen Forschung Direktiven, indem er Beispiele nannte: *Der Weg zum Friedhof* nach *Buddenbrooks*, *Unordnung und frühes Leid* nach dem *Zauberberg* und *Die vertauschten Köpfe* nach *Lotte in Weimar* (D 637); später kam *Der Erwählte* nach *Doktor Faustus* hinzu (D III, 355). Unter all diesen ungleichen Paaren gehören *Joseph* und *Das Gesetz* stofflich am engsten zusammen. Aber »gar keine Mühe«? Doch immer noch mehr als bei manchem, der seine Sachen in ein paar Tagen und vielleicht Nächten herunterschreibt oder -tippt oder -diktiert! Und erstaunlicher Mann (erstaunlicher *Thomas Mann*), für den »so etwas« wie *Das Gesetz* Erholung bedeutet!

Bis Neujahr war der *Joseph* nicht fertig, aber doch kurz danach. Am 8. Januar 1943 der zufriedene Satz: »Mit dem Joseph bin ich früher fertig geworden, als die Welt mit dem Fascismus.« (T 521) Und gleich beginnt die neue Arbeit. Am 10., 11., 12. vermerkt das Tagebuch »Notizen, Exzerpte, Studien zum ›Gesetz‹«, am 13. schon »Versuche mit dem ›Gesetz‹« (T 522 f.), nachdem ein Brief vom 12. als Seitenzahl 25 – 30 und als Abschlußtermin Ende Januar genannt hat, aber im Blick auf das Thema noch sehr unbestimmt geblieben ist: »irgend eine Sinai-Phantasie« (D 635). Am 16. Januar heißt es zum letzten Mal »Notizen zum Mose«, und dann am 18.: »Begann vormittags den Moses zu schreiben.« »Am Moses geschrieben«, »weiter am Mose«, immer vormittags, das ist das Continuo in den folgenden Wochen, gelegentlich mit Hinzufügung der Kapitelzahlen, durch die man einen Eindruck von der Regelmäßigkeit dieses Produzierens bekommt. Eine Eintragung fällt aus der Reihe, indem sie lautet: »Interessierte Arbeit am Moses«, erfreulicherweise mit Kapitelzahl, nämlich XVIII, das ist das Kapitel, in dem Mose die Gebote auf die Tafeln schreibt. Das Ganze ist am 13. März fertig, also erheblich später als Ende Januar, aber da statt der zunächst veranschlagten 25 bis 30 Seiten 93 (natürlich handgeschrieben) dastehen, nach »einer für meine Arbeitsart kurzen Frist« (E 139). Am 14. März wird das Material zu *Joseph* einschließlich »Mose« verpackt und für die Nachwelt »beiseite geräumt«, und schon unter dem 15. lesen wir: »Durchsicht alter Papiere nach Material für ›Dr. Faust‹.« (T 549) Da wird es weniger Erholung geben.

Das Buch *The Ten Commandments* erscheint noch 1943, und in ihm als erstes erzählendes Stück, weit länger als alle übrigen, *Das Gesetz*, aber unter der abwegigen Überschrift *Thou Shalt Have No Other Gods Before Me*, als handle es sich allein um das erste Gebot. Davor steht ein Vorwort von Hermann Rauschning, mit passenden Sätzen Hitlers aus dessen angeblichen Tischgesprächen als negativem Bezugspunkt:

> Der Tag wird kommen, an dem ich den Geboten die neuen Gesetzestafeln entgegenhalten will. Und die Geschichte wird eines Tages unsere Bewegung anerkennen als die große Schlacht für die Befreiung der Menschheit, als Befreiung vom Fluch des Berges Sinai, vom dunklen Gestammel der Nomaden, die ihren eigenen gesunden Instinkten nicht mehr vertrauen konnten, die das Göttliche nicht mehr akzeptieren konnten außer in Form von Geboten, Dinge zu tun, die niemand mag. (12)

Längst bevor das Buch erscheint, am 25. April 1943, empfiehlt Thomas Mann es den »Deutschen Hörern« in seiner regelmäßigen Radiosendung als eine Abhandlung über die »blasphemische Schändung«, »die diesem Grundgesetz des Menschenanstandes heute von den Mächten zugefügt wird, gegen die eine der Religion und Humanität noch anhängliche Welt nach langem Zögern zu den Waffen gegriffen hat. Mit anderen Worten: Das Buch handelt vom Kriege und von dem, um was er geht. Daher die Nachfrage.« (D 639 f.)

In Wirklichkeit ist die Nachfrage trotz mehrerer Übersetzungen nicht sehr groß gewesen. Und Thomas Mann war über das Unternehmen und seine eigene Beteiligung offenkundig nicht glücklich. »Beunruhigend und beklemmend«, notiert er nach einem Gespräch mit dem Agenten Robinson schon vor dem Beginn der Arbeit (T 511), bei deren Beendigung erklärt er, die »praktische Verwendung des Dinges« sei ihm »noch dunkel«, und nach dem Erscheinen des Buches findet er es »im Ganzen nicht sehr gut« (D 643), ja, »quite a failure« (D 644); sein eigener Beitrag ist in seinen Augen »mit Abstand der beste«, manches andere »geradezu lächerlich und kompromittierend« (D 643). Angesichts des Robinson-Vertrages erreicht er nur mit einiger Mühe eine separate deutsche Ausgabe, die 1944 in Stockholm erscheint, zugleich mit einer von ihm besonders geschätzten Luxusausgabe in Los Angeles (D 646). Fortan führt *Das Gesetz* ein eigenes Dasein bzw. eins in den reinen Thomas-Mann-Sammlungen. Der Robinson-Band mit seinen zehn Erzählungen ist deutsch erst 1988 in der Reihe *Verboten und verbannt / Exil* der Fischer Bücherei erschienen.

II.

Die Erzählung folgt, mit einer Ausnahme, dem zeitlichen Ablauf. Sie ist in 20 kurze Kapitel übersichtlich eingeteilt und liest sich leicht. Wer

Thomas Mann nicht gewohnt ist, kann sie sich zunächst einmal von Gert Westphal vorlesen lassen, der das, am Vorlesestil des Autors geschult, fast makellos besorgt (3 Kassetten, 174 Minuten).

Es fällt auf, daß der Titel *Das Gesetz* heißt, das Tagebuch aber bald von Arbeit an »Mose« (oder »Moses«) berichtet. Etwas grob gesagt steht es damit so: *Das Gesetz* bezeichnet die Bestellung, »Mose« die Art, wie Thomas Mann sie ausgeführt hat. Das Verhältnis zwischen Mose und seinem Gesetz umschreiben prägnant die Sätze des für Thomas Mann eigentlich untypischen Anfangs. Ohne Nennung des Namens Mose (denn darüber steht ja »Das Gesetz«) geht es los:

»Seine Geburt war unordentlich, darum liebte er leidenschaftlich Ordnung, das Unverbrüchliche, Gebot und Verbot.« (Erster Absatz)

»Er tötete früh im Auflodern, darum wußte er besser als jeder Unerfahrene, daß Töten zwar köstlich, aber getötet zu haben höchst gräßlich ist, und daß du nicht töten sollst.« (Zweiter Absatz)

»Er war sinnenheiß, darum verlangte es ihn nach dem Geistigen, Reinen und Heiligen, dem Unsichtbaren, denn dieses schien ihm geistig, heilig und rein.« (Dritter Absatz)

Der vierte Absatz, doppelt so lang wie die ersten drei zusammen, berichtet, wie »er« dem Unsichtbaren begegnet, nämlich in der Gestalt (wenn man hier »Gestalt« sagen darf!) Jahwes, eines Nebengottes der Midianiter, eines Wüstenvolkes, zu dem er aus Ägypten, dem Land seiner Geburt, geflohen ist, weil er getötet hat. Mose (am Anfang des vierten Absatzes steht erstmals sein Name) ist tief beeindruckt. Die Unsichtbarkeit des Gottes scheint ihm »unermeßlicher Implikationen voll zu sein«. »In langen, schweren und heftigen Überlegungen« gelangt er zu der Überzeugung, daß dieser Gott derselbe ist wie der Gott Abrahams, Jizchaks und Jakobs, der Väter der in Ägypten versklavten Sippen, zu denen er, Mose, von Vaters Seite gehört. Daraufhin kehrt er nach Ägypten zurück und teilt diesen Leuten als Botschaft des neuen und alten Gottes mit, »daß er Lust habe zu ihrem Blut und unter Umständen einen Bund der Erwählung aus allen Völkern mit ihm zu schließen bereit sei, vorausgesetzt nämlich, daß es sich ihm in völliger Ausschließlichkeit verschwöre und eine Eidgenossenschaft aufrichte zum alleinigen, bildlosen Dienste des Unsichtbaren« (339).

Dieses erste Kapitel ist die eine Ausnahme von der zeitlichen Reihenfolge, die ich vorhin erwähnte. Danach greifen drei Kapitel zurück und erzählen von des Mose Herkunft und Jugend. Er ist halb Ägypter und halb »Ebräer«, Sohn einer Pharaonentochter und eines von jenen Sklaven, den sie verführte und der gleich darauf erschlagen wurde. Er wurde »ebräischen« Eltern zur Aufzucht gegeben, aber dann in ein vornehmes ägyptisches Internat gebracht, aus dem er nach zwei Jahren zur väterlichen Verwandtschaft floh. Auch dort blieb er nicht lange, denn der Totschlag, den er an einem der ägyptischen Unterdrücker seiner versklavten Verwandten beging, zwang ihn zu neuer Flucht, diesmal durch die Wüste zu den Midianitern, wo er eine Familie gründete und jenen Gott entdeckte.

Soweit die Vorgeschichte. Was in den Kapiteln 5 – 20 folgt, ist die Arbeit des aus Midian nach Ägypten Zurückgekehrten an dem dort versklavten Volk, dem künftigen Israel; eine wahre Sisyphusarbeit. Auf die erste Rede des Mose reagiert das Volk »mißtrauisch, halsstarrig und ängstlich«, und das bleibt seine Grundhaltung, auch wenn Abweichungen vorkommen, so nach dem Untergang der Ägypter im Schilfmeer, wo Mose »seine liebe Not« hatte, »zu verhindern, daß es ihn selber für einen Gott, für den hielt, den er verkündete« (361). Doch gleich danach geht das Murren wieder los, und das Letzte, was von dem »Pöbelvolk«, dem »Gehudel« erzählt wird, ist der Tanz um das Goldene Kalb mit seinen schrecklichen Folgen.

Dagegen Mose, der Erzieher und Bildner, ein stämmiger Mann mit breiten Handgelenken und einem in Richard Wagnerscher Leitmotivik ständig wiederkehrenden Fäusteschütteln seitlich der Schenkel, das seine eher unbeholfene Rede unterstreicht. Besser redet sein salbungsvoller Bruder Aaron, Schwester Mirjam begleitet mit der Pauke, und vor allem unterstützt die schlagkräftige Mannschaft des »strategischen Jünglings« Joschua – er trägt die Züge von Michelangelos »David« – die geistigen Bemühungen des Mose aufs wirkungsvollste.

Mose kommt in Ägypten zustatten, daß der Pharao, »sein heimlicher Lüsternheits-Großvater« (351), ihn nicht umbringen kann, weil ihm sonst seine Tochter einen Auftritt machen würde (352). Nach Austreibung und Rettung erobert das Volk, nunmehr Israel, »Gott führt Krieg« genannt, blutig von den Amalekitern die Oase Kadesch, wo Mose sein Erziehungswerk beginnt. Er bringt dem Volk, das noch »ein bloßer Rohstoff war aus Fleisch und Blut« (377), die sittlichen Grundbegriffe bei, die »Implikationen des unsichtbaren Gottes« (376). Das Volk sagt Amen dazu (383), aber Verlaß ist darauf offenkundig nicht, und Mose, der Ehemann, bietet selbst Anstoß, indem er mit einer üppigen Mohrin lebt. Als Aaron und Mirjam verlangen, daß er sich von ihr trennt, geschieht ein furchtbares Erdbeben mit vulkanischem Ausbruch des Sinai. Mose betrachtet das als Ruf auf diesen Berg, und dort oben meißelt er die Zehn Gebote, das »Ewig-Kurzgefaßte«, die »Quintessenz des Menschenanstandes« (393) auf zwei Steintafeln in einer Schrift, die er zu diesem Zweck erfindet. Der Vorgang wiederholt sich nach der Katastrophe mit dem Goldenen Kalb, und Mose schließt mit einer furiosen Fluchrede gegen den, der die Gebote außer Kraft setzen wird; was das Volk wiederum mit Amen quittiert, so daß das letzte Wort im *Gesetz* dasselbe ist wie im *Reineke Fuchs* Goethes. In der Luxusausgabe von 1944 steht das AMEN in Großbuchstaben abgesetzt unter dem Ganzen.

Die Fluchrede mitsamt dem Amen verliest Thomas Mann vollständig in der Radiosendung an die »deutschen Hörer« Ende April 1943. In der Art, wie sie auf das apokryphe Hitlerzitat im Vorwort des Sammelbandes zurückschlägt, entspricht sie ganz der Bestellung, auf die hin die »1000 Dollar-Novelle« geschrieben ist. Gilt das auch von dem, was vorangeht? Thomas Mann scheint mit dieser Frage gerechnet und sie sich auch selbst gestellt zu haben. Er ist »angenehm überrascht«, daß Mr. Robinson die Erzählung »nicht zu komisch« findet (BBF 324), und es fällt auf, daß er in damaligen Briefen und auch noch nach Jahren in der *Entstehung des Doktor Faustus* immer wieder betont, daß sie »nach vielen ironischen Scherzen« mit diesem »sehr ernsthaften Fluch« ende, der »wenigstens zum Schluß« keinen Zweifel lasse »an dem kämpferischen Sinn« des Ganzen (D 637, 651, 654, 656 f.).

Wenigstens zum Schluß! Aber auch dort fehlt (trotz D 651) die Ironie nicht völlig, und vorher durchzieht sie das Ganze, auch Mose und sein Tun sind nicht von ihr ausgenommen. Thomas Mann hat gern von einem »Voltaire'schen Element« in der Erzählung gesprochen (D 648 u. ö.), auch Anklänge an Heine lassen sich feststellen. Dem Leser wird weidlich Gelegenheit zum Schmunzeln geboten, von der Bezeichnung der ägyptischen Internatsinsassen als »Schnösel« (344; Thomas Mann wird an Salem und die Odenwaldschule gedacht haben, die Bildungsstätten seiner Söhne) über das Bäuchlein des midianitischen Schwagers Jethro (375) bis hin zu des Mose Worten an seinen göttlichen Herrn, als er sich an die schwere Arbeit macht, die im heiligen Zorn über das Goldene Kalb zerschmetterten Gesetzestafeln ein zweites Mal herzustellen:

> Laß mich nun die Tafeln erneuern, daß ich den Menschen dein Kurzgefaßtes herniederbringe. Am Ende war es ganz gut, daß ich die ersten im Zorn zerschmetterte. Es waren ohnedies ein paar ungeratene Lettern darin. Ich will dir nur gestehen, daß ich unterderhand daran dachte, als ich sie zerschmetterte. (404)

Es versteht sich, daß Thomas Mann dergleichen nicht aus der Bibel hatte – womit wir beim Verhältnis seiner Erzählung zu ihrer berühmten Vorlage wären.

III.

Eine amerikanische Leserin, die sich danach erkundigt hatte, beschied er:

> My source of information for this story, as well as for the whole Joseph series, was simply the Bible. I have tried to amplify the scanty information contained therein with my own fantasy. Of course, I have not let it reign without scientific direction, and in the case of the Moses story I could take advantage of the studies in orientology which I had made for the Joseph novel. It would lead too far to give you the titles of the scientific works I used, particularly as for the greater part they are German books. (D 649)

Was er der Amerikanerin nicht verriet, vertraute er seinem Tagebuch an. Zwischen Weihnachten 1942 und Mitte Januar 1943 hatte er konsultiert, und zwar in dieser Reihenfolge: Alfred Jeremias, *Das Alte Testament im Lichte des Alten Orients* (³1916), Sigmund Freud, *Der Mann Moses und die monotheistische Religion* (1939), Goethe, *Israel in der Wüste* (eine in die *Noten und Abhandlungen zu besserem Verständnis des West-östlichen Divans* eingegangene ältere Arbeit), Elias Auerbach, *Wüste und Gelobtes Land* (1932/36). Von diesen Autoren kann man nur zwei als Fachleute bezeichnen, aber auch sie waren Außenseiter: Jeremias, ein Leipziger Pfarrer, der strenge lutherische Orthodoxie mit einem materialreichen, aber methodisch ungezügelten Panbabylonismus verband, Auerbach – ich habe ihn noch gekannt – ein kraftvoller Zionist der ersten Stunde, der neben seiner Tätigkeit als Arzt in Haifa selbstbewußt Bücher über Biblisch-Historisches schrieb, die bei aller Vertrautheit mit dem Land und den Quellen und manchmal erfrischender Gesundheit des Urteils doch Werke eines Dilettanten sind. Er war schwer beleidigt, sich in der *Entstehung des Doktor Faustus* als »einen gewissen Auerbach« wiederzufinden, und Thomas Mann mußte ihm einen besänftigenden Brief schreiben, in dem er ihm in »Dankbarkeit« »bescheinigte«, daß er ihm in Sachen Kadesch und Alphabet »Kenntnisse und Anregungen« verdankte (D 657 f.). Auerbach betrachtete den Berliner Althistoriker Eduard Meyer als seinen Lehrer und war Anhänger seiner These, die Israeliten hätten sich lange in der Oase von Kadesch aufgehalten und seien dort von Mose mit ihren »grundlegenden religiös-politischen Institutionen« ausgestattet worden. Bei Meyer hatte er auch gelesen, die Buchstabenschrift müsse »von einer intelligenten Einzelpersönlichkeit geschaffen sein«; diese Persönlichkeit setzte Auerbach, anders als dann Thomas Mann, nicht ausdrücklich mit Mose gleich, aber immerhin erklärte er es für »wahrscheinlich, daß die Israeliten der mosaischen Zeit die Schöpfer der Buchstabenschrift«

seien – nicht, wie allgemein und auch von Meyer angenommen, die Phöniker (*Wüste und gelobtes Land* [1932] I, 143, vgl. 66 ff. und Eduard Meyer, *Geschichte des Altertums* [1931] II/2, ³1953, 73).

Es ließe sich noch weiteres nennen, wofür Thomas Mann sich bei Auerbach hätte bedanken können, so Jahwe als von Hause aus midianitische Gottheit (von Auerbach mit einem »vielleicht« versehen, *Wüste und Gelobtes Land* I, 63) oder die vereinfachte Grundform der Zehn Gebote (71). Aber man muß dem sofort hinzufügen, daß es Thomas Mann völlig gleichgültig war, woher solche Thesen kamen, wie sie begründet waren und welchen Grad historischer Wahrscheinlichkeit sie hatten. Er strich mit dem Bleistift an, was seinem jeweiligen Vorhaben dienlich war, verwendete es und entließ es möglichst rasch aus seinem Gedächtnis. Für ihn zählte das eigene Werk, sonst nichts. Er hat zwar selbst behauptet, es sei im *Joseph* und im »Mose« immer sein Prinzip gewesen, »genau den Angaben der Bibel zu folgen« (D 648), und seine Verehrerin Käte Hamburger hat dem in Übereinstimmung mit seiner eigenen Äußerung gegenüber jener Amerikanerin hinzugefügt, beide Male sei ein »historisch-wissenschaftlicher Geist« am Werk gewesen, und hat rühmend davon gesprochen, »wie genau die dichterische Ausgestaltung von der jeweiligen bibelkritischen Forschung oder Forschungshypothese gelenkt« gewesen sei, und hat das unter anderem damit belegt, daß Thomas Mann nur Joseph, nicht aber (wie Sigmund Freud) Mose mit dem Pharao Echnaton in Verbindung bringt (211). Aber das (übrigens für beide Fälle geltende) Fehlen einer wissenschaftlichen Begründung dürfte für Thomas Mann weniger maßgebend gewesen sein als der einfache Widerspruch, in den er mit sich selber gekommen wäre: er konnte den Echnaton nicht gut zum Zeitgenossen sowohl des Joseph als auch des Mose machen.

Bei Käte Hamburger steht auch der Satz: »[...] die Dichter brauchen sich um die philologische Aufschlüsselung des Textes ja nicht zu kümmern, und auch Thomas Mann tat dies natürlich nicht.« (192) Den Widerspruch zu der eben zitierten Zuerkennung eines »historisch-wissenschaftlichen Geistes« einmal beiseitegelassen: mag es auch »natürlich« sein, ein bißchen schade darf es der professionelle Alttestamentler doch wohl finden, daß Thomas Mann der großen Exegeten und Historiker seiner Zeit von Julius Wellhausen über Hermann Gunkel zu Martin Buber so gut wie nicht ansichtig geworden ist. Aber vielleicht wären sie ihm auch als die Schriftsteller, die sie waren, in die Quere gekommen. Was er brauchte, war weniger die bereits vorhandene schriftstellerische Gestaltung als das Rohmaterial, mit dem er schalten konnte. Wozu sich wiederum sagen ließe: gerade die, wie sehr auch immer hypothetische, Rekonstruktion der unseren Büchern zugrundeliegenden Vorformen und Textstufen durch die moderne Bibelwissenschaft hätte ihm womöglich einiges gerade für ihn Interessante geboten. Es hat nicht sollen sein, und wer will sagen, daß es nicht vielleicht gerade diese unbewußte oder auch bewußte Selbstbeschränkung gewesen ist, die die Synthese so möglich gemacht hat, wie wir sie vor uns sehen?

Zu dieser Synthese gehört als ihr Ausgangspunkt die doppelte Herkunft des Mose. In der Bibel ist er, unbeschadet der Adoption durch die Pharaonentochter, von Vater und Mutter her ein Hebräer, sogar ein Levit. Thomas Mann macht die Pharaonentochter zu seiner Mutter und verteidigt das damit, daß es immer noch gemäßigter ist als Freuds These von der rein ägyptischen Abstammung des Mose. Seine eigene Erfindung hält er für »historisch nicht beweisbar«, aber »wahrscheinlich«; sie bietet ihm »glückliche Möglichkeiten, das zugleich distanzierte und leidenschaftliche Verhältnis des Mannes zu den in Ägypten lebenden hebräischen Stämmen psychologisch zu begründen« (D 644). Wir haben damit nach der Ironie ein zweites Charakteristikum, durch das Thomas Manns Darstellung sich durchgehend von der biblischen unterscheidet: die Psychologie.

Eine nicht ganz hieb- und stichfeste Psychologie, wenn es überhaupt eine sein soll, liegt den drei Anfangs-Absätzen zugrunde, die ich zitiert habe. Folgt wirklich aus unordentlicher Geburt die Liebe zur Ordnung, aus dem Töten das Wissen, daß man nicht töten soll, und aus Sinnenhitze das Verlangen nach dem Geistigen und Unsichtbaren? Es könnte doch auch anders sein. Aber daß es so sein muß, sagt Thomas Mann ja nicht, sondern nur, daß es bei Mose so war. Und das Unsichtbare, genauer die Unsichtbarkeit des Gottes Jahwe aus Midian ist ein Schlüsselbegriff für alles Weitere. Denn darin liegen »unermeßliche Implikationen« (337), die Mose in seiner Gesetzgebung Schritt für Schritt entfaltet – genauer in zwei großen Schritten. Der zweite, den ersten überbietende erfolgt auf dem Sinai und hat nur, wenn man hier ›nur‹ sagen darf, die Zehn Gebote zum Inhalt, die große Quintessenz, die auf die beiden Tafeln gemeißelt wird. Die übrigen Vorschriften, deren regellose Einschaltung in den biblischen Erzählungszusammenhang Goethe so hübsch beklagt hat (231), werden in rigoroser Auswahl und sinnvoller Reihenfolge in einem ersten Schritt vorausgenommen, beim Aufenthalt in der Oase Kadesch. Zumindest dies darf Thomas Mann behaupten, daß er den Inhalt der Bücher Exodus und Leviticus in einen Zustand leichterer Lesbarkeit gebracht hat.

Etwas Weiteres und dem Inhalt nach Wichtigeres hat er behauptet, indem er das Ganze den »deutschen Hörern« gegenüber als eine »natürlich dargestellte Geschichte« bezeichnete (D 640), will sagen eine Geschichte, aus der das die biblische Vorlage doch so stark bestimmende Übernatürliche mehr oder weniger behutsam eliminiert ist. Die »langen, schweren und heftigen Überlegungen«, in denen Mose zur Überzeugung von der Identität Jahwes mit dem Gott der Väter kommt, treten an die Stelle der eindeutig als solche eingeführten Gottesrede aus dem brennenden Dornbusch im 3. Kapitel des Buches *Exodus*. Thomas Mann unterschlägt das nicht völlig; er läßt nämlich die »Überlegungen« des Mose zurückgehen auf seine Erschütterung durch »Eingebungen und Offenbarungen, die in einem gewissen Fall sogar sein Inneres verließen und als flammendes Außen-Gesicht, als wörtlich einschärfende Kundgebung und unausweichlicher Auftrag seine Seele heimsuchten« (338). Man wird dieses Verfahren wohl behutsam nennen dürfen. »Gott befahl ihm laut aus seiner Brust«, heißt es auf gleicher Linie, als es an die Herstellung der Gesetzestafeln geht (393). Beim Auszug aus Ägypten weiß Mose, daß starker Ostwind an einer bestimmten Stelle das Meer zurückzutreiben pflegt, so daß man trockenen Fußes hindurchgelangen kann, was denn auch geschieht, und zwar, wie Thomas Mann in wiederholter Behutsamkeit hinzufügt, »dank Jahwe's begünstigender Fügung« (359). Mose, der nach der Bibel auf dem Sinai vierzig Tage und vierzig Nächte kein Brot gegessen und kein Wasser getrunken hat (Ex. 34,28), wurde in Wirklichkeit heimlich von Joschua getränkt und gefüttert (396, 404). Die Wunder, die Aaron vor dem Pharao vollbringt, sind »gewisse Kunststücke«, die die »Magier« des Pharao auch beherrschen (350), das widerlich schmeckende Wasser einer Wüstenquelle reinigt Mose nicht durch ein Wunder, sondern durch »eine Art von Filter-Vorrichtung« (363). Von den zehn Plagen, die dem Auszug vorangehen, gilt in ähnlicher Weise: »etwas Unmögliches ist an keiner von ihnen« (355). Einen Sonderfall bildet ihr Abschluß, die Tötung der ägyptischen Erstgeburt, ein Ereignis, das Goethe, »eine umgekehrte sicilianische Vesper« genannt hat (234). Thomas Mann folgt Goethe, indem auch er von einer »Vesper-Nacht« spricht (358), folgt ihm aber vor allem in einer Motivierung der Tat auf Seiten der Israeliten, die sich bei Goethe so liest: man erschlägt »nur den Erstgeborenen, um, in einem Lande, wo die Erstgeburt so viele Rechte genießt, den Eigennutz der Nachgeborenen zu beschäftigen und der augenblicklichen Rache durch eine eilige Flucht entgehen zu können. Der Kunstgriff gelingt, man stößt die Mörder aus, statt sie zu bestrafen.« (234) Entsprechend Thomas Mann: »Tatsächlich scheint es, daß die Zweitgeborenen weniger eifrig waren, den Tod derer zu rächen, an deren Stelle sie rückten, als die Urheber ihrer Erhöhung zum Verschwinden anzuspornen.« (358) Nach dem biblischen Wortlaut (Ex. 12,23) ist es Jahwe, der die Erstgeburt schlägt, allerdings bedient er sich eines »Verderbers«, in einigen Übersetzungen (nicht der Luthers) »Würgengel« genannt. Thomas Mann überträgt die Tat nicht einfach wie Goethe auf die Israeliten, sondern auf Joschua, »dessen Verhältnis zu Mose unverkennbar demjenigen des Würgengels zu Jahwe ähnelt« (357), und seine kriegerische Schar. Was alle tun, ist, die von den Ägyptern entliehenen goldenen und silbernen Gefäße mitgehen zu heißen. »Meine Freunde!« wendet sich darauf der Erzähler an seine Leser: »Beim Auszuge aus Ägypten ist sowohl getötet wie auch gestohlen worden. Nach Mose's festem Willen sollte es jedoch das letzte Mal gewesen sein. Wie soll sich der Mensch auch der Unreinheit entwinden, ohne ihr ein letztes Opfer zu bringen, sich einmal noch gründlich dabei zu verunreinigen?« (359) Damit ist das ethische Thema der Erzählung berührt, auf das ja die Bestellung gelautet hatte.

IV.

Es ist für Thomas Mann nicht ganz ohne Beschwer gewesen. Er lebte ja wahrhaftig nie außerhalb seiner Zeit, aber er hatte doch auch seine Techniken, sich und sein Werk, das dessen bedurfte, nach außen abzuschirmen. »Weißt du«, sagte Frau Katja zu ihm nach dem Abschluß des *Joseph*, »der ›Joseph‹ ist, obgleich natürlich voller Beziehungen, doch, wenn man will, etwas eskäpistisch.« Sie riet ihm, nicht durch Fortsetzung des *Krull* in dieser Richtung fortzufahren, sondern den *Faustus* zu beginnen (115). Das eingeschobene *Gesetz* (fast möchte man mit dem Apostel Paulus sagen: »Das Gesetz ist dazwischen hineingekommen«, Röm. 5, 20) kann man ja nun nicht gerade »eskäpistisch« nennen, aber die Eleganz, mit der hier erzählt wird, verdeckt leicht die Schwierigkeit des gestellten, nein bestellten Themas.

Eine Woche vor dem Beginn der Niederschrift heißt es im Tagebuch: »Überlegungen zum ›Gesetz‹. Es ist im Grunde ein schlimmer Fall: Du sollst nicht töten, du sollst nicht begehren [...] und schicken sich nach der Eroberung von Kadesch zu der von Kanaan an.« (T 522) Thomas Mann idealisiert das Alte Testament nicht, wie er überhaupt nicht idealisiert. Mose kann das »Geistige, Reine und Heilige« nicht ohne List, Druck und Zwang, nicht ohne die militärische Härte des Joschua durchsetzen, und nebenbei kann er offenbar auch nicht ohne seine üppige Mohrin sein – die Geschwister Aaron und Mirjam, die ihm dagegen mit Moral kommen (übrigens einer vom biblischen Gesetz nicht gedeckten Moral), werden vom Himmel her ebenso ins Unrecht gesetzt wie anderswo die rechtgläubigen Freunde, die den Hiob belehren. Thomas Mann läßt, Ironie hin, Ironie her, nirgends einen Zweifel daran, wo seine Position in den biblischen Ambivalenzen liegt, ja daß es eigentlich gar keine Ambivalenzen sind. Man lese die Paraphrase des Liebesgebots als Ziel der

Unterweisung in Kadesch (383), oder man lese, wie Mose nach Mirjams Siegeslied »jeden weiteren Jubel über den Untergang der Ägypter« verbietet und dabei aus den Sprüchen des noch längst nicht lebenden Salomo (24,17) zitiert: »Du sollst dich des Falles deines Feindes nicht freuen; nicht sei dein Herz froh über sein Unglück.« (361) Aber damit hat Mose natürlich die Siegesgesänge nicht unterbunden, in Israel und sonst. Tötung und Diebstahl beim Auszug aus Ägypten sind nicht die letzten gewesen, und bei dem Schluß-Amen kann man sich mancherlei denken. In seiner vorangehenden Fluchrede hat Mose aus der Genesis zitiert: »Das Trachten des Menschenherzens ist böse von Jugend auf.« Das sagt Jahwe vor der Sintflut, und er wiederholt es nach der Sintflut (Gen. 6,5; 8,21) – nicht einmal diese härteste aller pädagogischen Maßnahmen hat daran etwas ändern können.

Wenn sich schon der göttliche Pädagoge an seiner Menschheit die Zähne ausgebissen hat, wie dann erst Mose am Volk Israel! (Zwischenbemerkung: den gelegentlichen Vorwurf eines antijüdischen Zuges in seiner Erzählung hat Thomas Mann damit zurückgewiesen, es handle sich »immer um allgemein Menschliches, für das das Jüdische nur repräsentativ« sei, D 650.) So finden wir kaum ein Motiv der biblischen Darstellung bei Thomas Mann so oft und eindringlich wiederholt und ausgeführt wie das, daß Mose ein »geplagter« Mensch gewesen ist, »geplagt über alle Menschen auf Erden« (362, 370, 372). Bei der Schilderung seiner Körperlichkeit denkt man gleich an Michelangelos sitzenden Mose in S. Pietro in Vincoli, aber Thomas Mann korrigiert: er habe nicht Michelangelos Mose im Auge gehabt, sondern Michelangelo selbst (D 644 ff., übrigens auch dessen Jeremia: D 647); darauf hätte den Leser auch schon bringen können, daß dem frühen Totschlag an einem Ägypter eine Schlägerei voranging, bei der sich der junge Mose einen Bruch des Nasenbeins zuzog, der durch sein ganzes Leben sichtbar blieb (344). Daß die Arbeit des Mose, am Vorbild Michelangelos orientiert, immer wieder als die eines Bildhauers beschrieben wird, als ein Bohren, Sprengen, Metzen, Formen (370, 377, 380, 384), hat zu der Vermutung geführt, Thomas Mann habe hintergründig auch an eins seiner zentralen Themen seit spätestens dem *Tonio Kröger* gedacht, das Verhältnis von Kunst und Leben, und also seine eigene Arbeit mit allen ihren Erfolgen und Vergeblichkeiten.

Sei dem wie ihm wolle! Die Absicht des Erzählers ist es gewesen, eine alte Geschichte von bleibender Bedeutung nachzuerzählen oder, wie er selbst sich gegenüber einem amerikanischen Kritiker ausdrückte, »to bring these far and legendary figures close to the modern reader in an intimate, natural and convincing manner« (D 646). Auf den ersten Blick ist das, gemessen an den beiden am ehesten vergleichbaren nacherzählenden Texten, am Reichtum des *Joseph* vorher und am tief Anrührenden des *Erwählten* danach, auf eine eher karge Weise geschehen. Aber je mehr man sich in diesen »mittleren« Text vertieft, desto mehr merkt man, wie dieser Nacherzähler, der kein berufsmäßiger Ausleger und also Prediger war, trotz und in aller Ironie und Artistik von der hier verhandelten Sache ergriffen gewesen ist. Er konnte empfindlich reagieren, wenn seinem Lebenswerk die »Christlichkeit« abgesprochen wurde. Gewiß ist bei ihm das Zeugnis vom Handeln des biblischen Gottes suspendiert. Aber das ist in großer Behutsamkeit vollzogen und verpflichtet niemanden zu gleichem Verfahren. Und es hindert auch nicht, daß sich bei Thomas Mann mühelos erheblich mehr Theologie entdecken läßt als bei arg vielen bezahlten Theologinnen und Theologen heute. Was *Das Gesetz* betrifft: mir scheint, daß diese Nacherzählung sich unter ihresgleichen als eine klassische heraushebt, und daß ich also im Unrecht gewesen sein könnte mit dem, was ich zu Anfang sagte: stammte sie nicht von Thomas Mann, gehörte sie kaum zur Weltliteratur im prägnanten Sinn. Ich jedenfalls gedenke sie jetzt zu dem zu nehmen, was ich alle Jahre, oder doch alle paar Jahre, wieder lese.

Literaturhinweise

Thomas Mann: *Das Gesetz*. In: *Späte Erzählungen* (Gesammelte Werke in Einzelbänden), Frankfurter Ausgabe. Frankfurt am Main 1981, S. 337 – 406 (nur mit Seitenzahl zitiert).

Thomas Mann: *Die Entstehung des Doktor Faustus*. In: *Rede und Antwort* (Gesammelte Werke in Einzelbänden), Frankfurter Ausgabe. Frankfurt am Main 1984, S. 130 – 288 (zitiert: E).

Thomas Mann: *Briefwechsel mit seinem Verleger Gottfried Bermann Fischer 1932-1955*, hrsg. von Peter de Mendelssohn. Frankfurt am Main 1973 (zitiert: BBF).

Thomas Mann: *Tagebücher 1940 – 1943*, hrsg. von Peter de Mendelssohn. Frankfurt am Main 1982 (zitiert: T).

Dichter über ihre Dichtungen, hrsg. von Rudolf Hirsch und Werner Vordtriede, Bd. 14: *Thomas Mann*, hrsg. von Hans Wysling unter Mitwirkung von Marianne Fischer, Teil II, München 1979 (zitiert: D), Teil III, München 1981 (zitiert: D III).

Katja Mann: *Meine ungeschriebenen Memoiren*. Frankfurt am Main 1974.

Die zehn Gebote. Zehn Erzählungen über Hitlers Krieg gegen die Moral, hrsg. von Armin L. Robinson. Frankfurt am Main 1988.

Johann Wolfgang Goethe: *West-östlicher Divan*. In: *Sämtliche Werke*, Bd. 3/I, hrsg. von Hendrik Birus. Frankfurt am Main 1994.
Käte Hamburger: *Thomas Manns biblisches Werk*, München 1981.
Hans Rudolf Vaget: *Das Gesetz*. In: *Thomas-Mann-Handbuch*, hrsg. von Helmut Koopmann. Stuttgart 1990, S. 605-610.

Gottfried Benn: *Ein Wort*

VON

JOACHIM RINGLEBEN

Daß sich ein Theologe, der immer auch Philologe, Liebhaber des Logos, ist, mit einem Text wie Gottfried Benns Gedicht »Ein Wort« beschäftigt, bedarf wohl keiner Begründung. Benn, der 1886 geborene Pfarrerssohn, studierte zwei Semester Theologie und Philologie, ehe er sich endgültig der Medizin zuwandte. Wer sich für Theologisches im Werke Benns interessiert, den verweise ich auf die exzellenten Arbeiten meines Kollegen Lothar Perlitt zu diesem Thema. Das Gedicht gelangt 1941 in einer hektographierten Fassung an Friedrich Wilhelm Oelze; die genaue Entstehungszeit ist nicht bekannt. Auf eine abweichende frühere Fassung ist noch einzugehen. Das Gedicht wurde von Hermann Heiß (1897-1966, Darmstadt) vertont.

Ein Wort

Ein Wort, ein Satz –: aus Chiffren steigen
erkanntes Leben, jäher Sinn,
die Sonne steht, die Sphären schweigen
und alles ballt sich zu ihm hin.

Ein Wort – ein Glanz, ein Flug, ein Feuer,
ein Flammenwurf, ein Sternenstrich –
und wieder Dunkel, ungeheuer,
im leeren Raum um Welt und Ich.
(GW III, 208)

Beim ersten Hören oder flüchtigen Überlesen bereits wird man sich dem jambischen Rhythmus und der bannenden Sprachgewalt des Gedichtes kaum entziehen können. Es nimmt uns von Anfang an in eine Bewegung hinein, getragen etwa von der Dynamik der Wörter ›steigen‹, ›jäh‹, ›sich ballen‹, die sich in der 2. Strophe noch verschärft, bis sie am Ende jäh wieder abbricht, wie ins Leere fällt und uns betroffen zurückläßt. Sogleich bemerkt man auch, daß diese Dynamik sich im Vorgang des Gedichtes immer wieder an Ruhepunkten aufstaut, um sich aus diesem

Innehalten nur um so lebendiger, mit größerer Energie fortzusetzen. Auf ihrem Gipfel, am Schluß des Gedichtes, endet diese unaufhaltsame Bewegtheit in einer Formulierung von großer Prägnanz auch nur, um über das Gedicht hinaus in uns weiter zu schwingen. Der Höhepunkt der Steigerung im Gedicht ist zugleich sein Übersichhinausgehen.

Wir spüren, hier ist nicht von irgendeinem beliebigen Wort die Rede; die Überschrift redet davon, was schon ein Wort, d. h. das Wort überhaupt, die Sprache, vor allem das Wort des Dichters ist und tut, schafft, bewirkt, ausrichtet – als ein Ereignis und ein Geschehen in letzter und reiner Bedeutsamkeit genommen. Stellen wir uns auf so etwas wie eine Metaphysik des Wortes ein (cf. IV 263, allgemein I 510-514).

In aller Vorläufigkeit noch mag man schon wahrnehmen: die 1. Strophe redet vom Wort als Handlung – in mächtigen Verben –, hat es mit seinem Wirken zu tun; die 2. Strophe beschreibt das Sein des Wortes – ohne jedes Verb –, hat es mit seiner Bewegtheit und seinem Zerfall zu tun. Unser hörendes und denkendes Lesen der beiden Strophen nacheinander und Vers für Vers soll der äußerlichen und unmaßgeblichen Gliederung folgen: I. Sprachhandlung und II. Wortereignis. Am Ende steht ein kurzer Ausblick (III.).

I. Sprachhandlung

Ein Wort, ein Satz –:

Es gibt so etwas: das zündende Wort, der schlagartig erhellende Satz, und wir sind der ursprünglichen Dynamik von Sprache auf der Spur (cf. I 590 f.). Dieser Beginn des Sprechens im Gedicht lenkt die Aufmerksamkeit auf das zumeist und zunächst Unbeachtete, weil unbefangen in Anspruch Genommene und im natürlichen Reden stets von sich weg Weisende, das »faszinierende Wort« (IV 156), den gelungenen Satz. Das Wort selbst zu nennen, unterbricht das gewöhnliche Sprechen. Dafür genügt bisweilen schon ein Wort; zumal nach Humboldt das Wort schon die ganze Sprache in sich enthält (Gesammelte Schriften [Leitzmann], Bd. 7, S. 58). Es reicht, solch ein Wort mit seiner Prägnanz irgendwo zu hören, und es nimmt uns mit. Das Wort, der Satz, damit ist eine Bahn eröffnet, ein Netz sich herstellender Bezüge, ein Ganzes von Verweisungen, ein All.

aus Chiffren steigen

Das aufgeladene Wort hat offenbarende Kraft; es ist das unwiderstehlich über sich hinaus Weisende, das mächtige Zeichen schwarzer Buchstaben, als Chiffre schon ein Mehr-als ..., als einzelnes schon an-deutend (cf. I 511). Aus solchen Worten »steigen« Erschließung, Erhellung, Erleuchtung. Ihre Evokation bringt zum Stehen (V. 3), ja zum Dasein im Schweigen (V. 3). Ein schlagartiges Aufsteigen von Helle, Weitblick, Orientierung, Horizonten. Im Nu des Eröffnungsgeschehens gibt es jähes Licht; die 2. Strophe bereitet sich vor. Ein Wort, ein Satz – sie ereignen sich wie eine Leuchtspur, ein Hellwerden und Freiwerden.

Dies Steigen, es kommt weither, denn jedes Wort trägt die Geschichte seiner Herkunft und seines Gebrauchs in sich aufgehoben: »Worte, Worte – Substantive! Sie brauchen nur die Schwingen zu öffnen und Jahrtausende entfallen ihrem Flug« (IV 13). Auch die Worte und Sätze dieses Gedichtes kommen von weither, wie sich zeigen wird, aus der durch die Jahrhunderte überlieferten Sprache, vom vorlängst gesprochenen Wort, dem Wort der Bibel und dem Wort Goethes.

aus Chiffren steigen
erkanntes Leben, jäher Sinn

Das »Dunkel des gelebten Augenblicks« (Ernst Bloch) wird erhellt; jedes Wort sagt: »Es werde Licht«. Der Sprache entsteigt das Leben als erkanntes (cf. III 424, 450; I 389 f.). In der Verdoppelung im Wort, im Echo des sinnvollen Lautes wird die dahinfließende, uns einhüllende und einschließende Lebensunmittelbarkeit transparent, findet geklärt zu sich, geht im Hauch des deutenden Wortes mit sich zusammen, wird mehr als bloß Dahingelebtes, – wird Sinn (cf. III 224). Im Wort übersteigt das Leben sich hin auf Bedeutsamkeit, wird menschlich (cf. I 405). Das treffende Wort, der evidente Satz, sie entlassen im Lautwerden aufsteigenden Sinn; jähe Schöpfung – Plato sprach vom ἐξαίφνης, Kierkegaard vom »Augenblick« – das Plötzliche, Unvermittelte, Spontane, der qualitative Sprung, die Schöpfung aus Nichts: Sinn blitzt auf, Einsicht, Erkenntnis, Transzendenz (cf. IV 267). Das Wort erschafft im Nu seines Erklingens das Leben noch einmal: als Ereignis von Sinnhaftigkeit. Eine transzendente Dimension bricht auf, wo dahinströmendes Leben im Wort zu sich kommt, und das Licht scheint in die Finsternis: »jäher Sinn«.

»Es *werde* Licht« (cf. III 228). Das Ereignis wirksamer und wirklicher Evidenz durch Sprache; mit unableitbarer, schöpferischer Macht geschieht im gelingenden Wort die Wiedergeburt des Seienden zur Unverborgenheit, von möglicher Wahrheit überstrahlt: »Und es *ward* Licht!« (1. Mos. 1, 3; cf. II 82).

Die Erinnerung an die Genesis der Bibel stellt sich hier unausweichlich ein. »Im Anfang war das Wort und nicht das Geschwätz, und am

Ende wird nicht die Propaganda sein, sondern wieder das Wort. Das Wort, das bindet und schließt, das Wort der Genesis, das die Feste absondert von den Nebeln und den Wassern, das Wort, das die Schöpfung trägt« (IV 176).

»Und Gott sprach« – das ist der Anfang der Schöpfung, das Wort dieses Sprechens der Anfang von allem. Gottes erstes Wort lautet: »Es werde Licht«! Zugleich geschieht es: »Und es ward Licht«. Sein Sprechen ist an sich selbst Licht. Was hier ausgesagt ist: Lichtwerden als Schöpfung, das spricht nur aus, daß Gott überhaupt redet.

Im Traditionsraum dieser biblischen Worte begreift Benns Gedicht, was Wort und Sprache sind (cf. IV 155 f. u. II 217, I 18 f.; 190 f.). Der Dichter spricht dem Poeten vom Anfang nach: »Dein Wort ist meines Fußes Leuchte« (Ps. 119, 105).

die Sonne steht, die Sphären schweigen.

Dieser Vers ist erhaben (cf. *Hamlet* V, 1; V. 249-251). Die Dynamik der bisherigen Verse wird dramatisch gestaut, schlägt um in Statik von großartiger Ruhe. In der gesteigerten Erfahrung des Wortgeschehens, seiner sein- und sinnstiftenden Macht, kommt der ontologische Rang der Sprache zur Manifestation. Alles steht und schweigt (cf. IV 263) wie beherrscht von höherer Macht, transzendentem Gesetz; es verliert jede Eigendynamik und ist nur ausgerichtet auf das bannende Wort: »alles […] zu ihm hin« (V. 4).

Die Macht des Wortes unterbricht – als ein Absolutes – den Naturkreislauf. Im Kraftfeld der apophantischen Rede gehorcht das Seiende einer neuen Schwerkraft. Sprache ist dies schöpferische Herausrufen, die unwiderstehliche Gewalt der E-vokation. Wieder stellt sich eine biblische Erinnerung ein: »der das Nichtseiende ruft, daß es sei« (Röm. 4, 17). Hier hält der Kosmos gleichsam den Atem an: vor dem sinnstiftenden Hauch des sprechenden Mundes.

Das ist vergleichbar dem Wunder, mit dem Josua die Sonne stillstehen ließ (Jos. 10, 12-14). Vergleichbar einem Aufhören der pythagoreischen Sphärenmusik. Als verliere die Sonne ihren göttlichen Glanz, gebe ihn ab an eine höhere Macht, und werde der göttergleiche Kosmos entmachtet; die numinose Sprache der Natur verstummt vor höherer Epiphanie. Natürliches Sonnenlicht und Sternenschein verblassen im übernatürlichen Licht der Sprache. Die Zeit steht still.

Auch in diesem Vers ist die Sprache der religiösen Vergangenheit Europas präsent. Die Dichtung Benns transzendiert, sie zitierend, Israel und Hellas, d. h. Geschichte und Natur. So weite Horizonte werden eröffnet, um die Sprache und die Dichtung zu begreifen.

Dazu dient auch ein leiser Anklang an die Dichtung Goethes, der seinerseits Schöpfungstradition und Kosmosschau verbunden hatte:

Die Sonne tönt nach alter Weise
In Brudersphären Wettgesang
(*Faust, Prolog im Himmel*).

Bei Benn ist Schöpfung als Sprache und als deren Thema präsent, noch im säkularen Wort. Schöpfungstheologie und poetische Wortmetaphysik verbinden sich.

und alles ballt sich zu ihm hin

Sprach-Schöpfung ist Ordnung des Chaos, Ausrichtung, Struktur, Abhängigkeit, Macht des Zieles.

»Zu ihm hin«: das ist die mitreißende Wirkung, die Anziehungskraft, die vom Wort ausgeht. Eine Umkehrung ist ausgesagt: das Unmittelbare (auch die natürliche Welt) wird abhängig, richtet sich aus auf das Wort, tritt ins Gravitationsfeld der Sprache, die als eine übernatürliche Welt alles in sich hineinzieht, in sich auf-hebt. Was als »Chiffre« ein Sichanbahnen, ein Hindeuten auf Zusammenhang ist, formiert sich neu im bannenden Wort: ein Licht fällt – wie von oben – über Alles, beleuchtet es neu und zeigt es im Glanz eines unverfügbaren Sinnes.

Das Wunder der Verdichtung des Seienden durch Sprache, des Wiedererstehens von Leben im Wort ist das Ereignis seines Wahrwerdens: »alles ballt sich zu ihm hin«.

Wo denn ereignet sich solche ursprüngliche Rede und wo scheint diese schöpferische Dynamik der Sprache auf? Wo ist der Ort verdichteten Sprechens, in dem und zu dem hin sich alles ballt?

Benns Gedicht deutet spätestens hier an: dieser Ort ist das Wort der Dichter. Ein Dichter, *der* Dichter unserer Sprache, hat es ihm vorgesprochen, Goethe:

Lied, es wird erschallen:
Schöpft des Dichters reine Hand,
Wasser wird sich ballen.
(*Westöstlicher Divan, Buch des Sängers, Lied und Gebilde*)

Auch hier das dichterische Tun als Gleichnis des Schöpfungshandelns (»ballen« (glomerare) geht auf Ovid zurück: *Metamorphosen* I, 34 f.; cf. XV, 251), so daß die Inspiration dem Moment der Schöpfung entspricht. Was ursprünglich göttliches Eingreifen ist, wird aber nun zum Hören auf die Sprache und *ihr* Sprechen. Wo es gelingt, ereignet sich eine Epiphanie des Seins: »Und alles ballt sich zu ihm hin.«

Also auch dies Wort vom Sich-Ballen entläßt bei genauem Hören seine Geschichte aus sich. *Vor* Benn hat sie noch ein Echo gehabt, bei Rilke.

> Unser ist das Wunder vom geballten
> Wasser, das der Magier vollbracht.
> Welche Freude, welche Macht,
> Leben, das dahinstürzt, aufzuhalten!
> *Für Hermann Haller* (1924)

Die Macht, das dahinstürzende Leben aufzuhalten, hat das Wort, wie Benns Gedicht sagt, indem im Wort der dichterischen Sprache »erkanntes Leben, jäher Sinn« (V. 2) aufleuchten und das Leben zu sich bringen. Des Dichters »reine Hand« vermag das Wunder geballten Wassers zu vollbringen, weil er ein Magier der Sprache ist. Man spürt diese »Magie« des Wortes in Benns ganzem Gedicht ständig: in seinem mitreißenden rhythmischen Schwung, in der siegelhaften Prägnanz seiner Satzschlüsse, im dramatischen Wechselspiel von Dynamik und Statik.

Was Rilke magisch nennen mochte, setzte Benn sich, dem Wunder der Sprache in leidendem Gehorsam ergeben, so vor:

> es gibt nur ein Begegnen: im Gedichte
> die Dinge mystisch bannen durch das Wort.
> (III 196)

Halten wir, am Ende der 1. Strophe angelangt, einen Moment inne und blicken wir zurück, so sprach sich uns mit diesem Gedicht im Vollzug seines Sprechens die Macht der Sprache selber zu. »Ein Wort, ein Satz« – sie enthalten, spricht der wahre Dichter, alles schon, was Faust, der das bloße Wort so hoch nicht schätzen kann, dem Wort als Logos vom Anfang nacheinander zuerkennt: den »Sinn« (Nous), die »Kraft« (Dynamis), die »Tat« (d. h. das absolute Setzen Fichtes).

II. Wortereignis

Die Wirkung des Wortes (nach der 1. Strophe) setzt den Blick auf ihre Genesis frei, die Handlung der Sprache den auf ihr Sein. Die Erkenntnis der Bewegung des Wortes erfährt sein ausströmendes Licht. Das gewordene Licht ist selbst noch die Gegenwart seines Werdens.

Darum der erneute Einsatz: »Ein Wort«: »Ein Wort – ein Glanz«, das entspricht dem Anfang: »Ein Wort, ein Satz«.

Es ist wie ein zweiter Ansatz des Sprechens über die Sprache, eine – nach neuem Atemholen – gesteigerte Wiederholung: von der Beschreibung zum Mitgerissenwerden, vom höchsten Punkt in die rasante Bahn (cf. IV 143). Darum werden Sprache und Stil hier eruptiv, eine Wortausschüttung, ein Lichtwurf, der uns wie ein großes Versprechen hinreißt (cf. IV 14 u. I 244).

Die Zeitlichkeit des Sprechens ist das Thema (cf. I 591). Das Phänomen des Lichtes steht auch dafür. Wie das Licht nur ist als Grenzwert des Materiellen, Stofflichkeit aufs Äußerste reduziert, Materialität im Übergang zum Nichtmateriellen, so auch die Sprache als lebendiges Ereignis dieses Übergangs (cf. I 511 u. 545). Im *Auf*klingen sinnlicher Laute – Sprechen als physikalisches Geschehen – ist doch die Stiftung von Sinn an deren *Ver*klingen gebunden – Sprechen als geistiges Ereignis. Die Zeitlichkeit des gesprochenen Wortes ist die existierende Dialektik von Sinnlichkeit, die im Vergehen mehr ist als sie selbst, nämlich Sinnhaftigkeit: »Ein Wort«.

– ein Glanz, ein Flug, ein Feuer,
ein Flammenwurf, ein Sternenstrich –

Die Steigerung der Dynamik reißt das Sprechen des Gedichtes dahin: ein Lichtstrom, der, sich aus sich selbst steigernd (cf. I 572), alles in seine Bahn zwingt, ein Energiestoß von Substantiven: leuchtendes, gleißendes, brennendes, verzehrendes Ereignis.

Und wie Ps.-Longin die Worte der Bibel vom Werden des Lichtes schlechthin erhaben fand (*Peri hypsous* 9,9), so findet dies Gedicht eine machtvolle, erhabene Anschauung vom Ereignis der Sprache.

Die Semantik des Wortfeldes von Licht und Feuer ist nicht unvertraut: wir reden vom glänzenden Wort, vom geflügelten, von einer feurigen, entflammenden Rede, gar einer Brandrede. Auch die Metaphorik des kreatürlichen Geistes spielt im Bereich der Lichtphänomene. Was die Form angeht: funkelnde Prägnanz oder auch der Glanz des Schönen – das Wort »schön« hängt wohl mit »licht, hell, glänzend, strahlend« etymologisch zusammen. Was den Geist selber angeht: die feurigen Flammen von Pfingsten – diesem großen Sprachereignis – oder auch die Lohe der Inspiration. Bei Luther steht: »da sind die wort eytel feur, licht und leben« (WA 7, 572, 18).

»ein Glanz, ein Flug, ein Feuer« – die Modalitäten – Goethe sprach von »den Taten und Leiden« des Lichtes (*Zur Farbenlehre*, Vorwort) – entfalten ein eigenes Leben, leuchten das Universum sprachlicher Dynamik aus.

»Glanz«, das läßt an das Schimmern der Schönheit denken, aber auch an Benns Kennzeichnung von Nietzsche und dessen Stil: »alles … zerrissen, die Inhalte zerstört, die Substanzen vernichtet, sich selbst verwundet und verstümmelt zu dem einen Ziel: die Bruchflächen funkeln zu lassen auf jede Gefahr und ohne Rücksicht auf die Ergebnisse – das war sein Weg« (I 489; cf. IV 154). »Flug« wiederholt das »steigen« von Vers 1 und redet von Intellekt und Leidenschaft: das Zielstrebige, Treffende, Zündende und Aufwühlende. »Feuer« erleuchtet und erwärmt, schmilzt ein und verwandelt.

»ein Glanz, ein Flug, ein Feuer«. Das ist Aufleuchten, Mitreißen, verzehrender Prozeß. Das sprachliche Wort scheint auf, zieht die ihm eigene Bahn, greift an, überwältigt, versehrt – ein Urelement.

»ein Flammenwurf, ein Sternenstrich –«

Dies korrespondiert dem 2. Vers: »erkanntes Leben, jäher Sinn«.

Auf den Höhepunkten großer Sprache kann das Wort sein wie ein Feuerstoß oder wie ein Komet, der alles überstrahlend seine kosmische Bahn zieht – schon vor dunklem Himmel, im schweigenden All –: ein Heils- oder Unheilszeichen.

Jedenfalls eine unaufhaltsame Dynamik, andrängende Glutmassen, blendender Lichtkontur: heiß und kalt, nah und fern. Und vor allem nicht verläßlich wie der Aufgang und Untergang der Sonne oder das ruhige Kreisen des Sternenhimmels. Das eigene Lichtgeben der Sprache tritt an die Stelle des natürlichen Sonnenfeuers und des durch den Raum strahlenden Sternenlichts.

Das kann es – nach der 1. Strophe –, weil die Leuchtkraft und Lichtspur der Sprache wie ein Abglanz von Gottes Schöpferwort ist. Jedes Wort, zumal des Dichters, als lichte Bahn vor dem schweigenden Dunkel dessen, was bloß der Fall ist, ist ein verheißungsvoller Hinweis, ein Versprechen der schöpferischen Macht desjenigen absoluten Wortes, das alles im Sein erhält.

»Ein Wort – ein Glanz, ein Flug, ein Feuer, / ein Flammenwurf, ein Sternenstrich – «, die Zeitlichkeit des nicht-absoluten Wortes, das Gesetz der lebendigen Sprache, die aufklingt, um zu verklingen und im Verklingen Geist ist, ist unverkennbar. Das Aufleuchten muß wieder vergehen, denn das strahlende Ereignis ist von Finsternis umgeben, unsere Sprache ringt sich dem Schweigen ab, dem sie unaufhaltsam wieder zufällt. Glanz, Flug, Feuer, Flammenwurf, Sternenstrich – das ist ein Ereignis von Sprache wie Feuerwerk. Im Geschehen unserer zeitlichen Worte inszeniert sich die Kunst: »zwischen dem Sein: nämlich zwischen seinem Dunkel und seinem Schimmer« – mit Nietzsche und Benn gesprochen – ein »Olymp des Scheins« (IV 164; cf. I 413 (1934); I 309 (1941); I 485 (1950); I 500 f. (1951) u. 543 (1952); dazu Nietzsche, Werke (Schlechta), Bd. II, S. 15 u. 1061; cf. Bd. I, S. 30).

An dieser Stelle möchte ich die Aufmerksamkeit auf eine Vorfassung des Gedichtes lenken. Sie trägt den bezeichnenden Titel: »Schöpfung«

(III 416) und stammt von 1928/29. Benn hat es zu Lebzeiten nicht wieder veröffentlicht.

Die 1. Strophe nimmt sich noch ziemlich anders aus als die von »Ein Wort«; das spätere Gedicht ist einheitlicher und thematisch mehr konzentriert.

Es geht in »Schöpfung« um so etwas wie den evolutionären Sprung der Hominisation: die Menschwerdung des Menschen: »Aus Dschungeln, krokodilverschlammten / [...] das erste Ich, das erste Wort« (V. 1 u. 4). Ichwerdung und Ursprung der Sprache werden in eins geschaut: »Ich« sagen können fällt zusammen damit, überhaupt etwas *sagen* zu können, d. h. das Wort, die Rede zu haben, der Sprache mächtig zu sein. Es geht um die »Schöpfung« des Menschen in der Entstehung der Sprache, des ichhaften und sinntragenden Wortes.

Darum beginnt die 2. Strophe programmatisch: »ein Wort, ein Ich« (V. 1). Das spätere Gedicht »Ein Wort« hat die Erwähnung des Ich zurückgenommen, denn es kommt überhaupt nur einmal vor (V. 4), dafür ist es aber unvergleichlich viel stärker betont; es ist jetzt das letzte Wort des Gedichtes überhaupt.

Im übrigen ist diese 2. Strophe hier der von »Ein Wort« auffallend ähnlich; die Einzelheiten brauchen jetzt nicht verglichen zu werden. Der Ton ist insgesamt 1929 aber noch zurückhaltender, vielleicht unentschiedener, jedenfalls nicht so entschieden, ja radikal, negativ. Wort und Sprache eröffnen hier zwar die Dimension des Humanen und Sinnhaften, es bleibt aber etwas Kontingentes: »woher, wohin – « (V. 3), in ihrer Herkunft unbestimmt wie in ihrem evolutionären Ziel. Wie es im *Johannes-Evangelium* vom Geist gesagt wird, so hier vom sprachlichen Wort: »Du weißt nicht, woher es kommt und wohin es geht« (3, 8). Hier ringt die Sprache sich stets dem Sinnfreien oder Sinnlosen, jedenfalls Noch-nicht-Sinnhaften ab und bleibt so stets auch vom Verlust des Sinnes bedroht, dem Sturz in das vom Sinn wieder Verlassene: »ins Ungeheuer / von leerem Raum«. So bleibt das Ich allein mit dem Wort, fragil, und sein Sprechen ist ein Linienziehen ins Leere. Die Rede: bestenfalls eine rätselhafte Spur, »Schöpfung« nur auf Widerruf.

Diese vage sich andeutenden, beunruhigenden Möglichkeiten sind nun in unserem Gedicht von 1941 zu manifester Bedrohlichkeit radikalisiert. Wir kehren zurück zur Lektüre von *»Ein Wort«*, 2. Strophe, die Verse 3 und 4.

und wieder Dunkel, ungeheuer,

Weil die Wörter von »ein Glanz« bis »Sternenstrich« auch wie eine Parenthese zu lesen sind, soll man hören: »Ein Wort [...] / und wieder

Dunkel«! Das Wort hat seine Wirkkraft nur transitorisch: wie ein Verheißungszeichen leuchtet es auf und versinkt, sein Strahlen ist in Wirklichkeit ein Verglühen und Verlöschen (cf. III 113 mit Shakespeare, *Midsummer-Night's Dream* I, 1; VV. 145-148 sowie Lk 17, 24; Mt 24, 27 mit Hamanns *Aesthetica in nuce*, Sämtliche Werke [Nadler], Bd. II, S. 208). Wovon es kündet und was es an sich selbst manifestiert, seine Transzendenz, zeigt sich nur, indem sie sich entzieht. Die Temporalität aller Rede, die, ausgesprochen, im Erklingen auch schon vorübergegangen ist, ist hier metaphysisch gewichtet: Wahrheit leuchtet auf, allenfalls, zieht vorüber, entzieht sich ins Ungreifbare, ins Undurchschaubare, ins Dunkle (cf. III 252). Der Stillstand der Sonne, das Schweigen des Alls (1. Str., V. 3), hier sind sie umgeschlagen in ungeheure Dunkelheit (2. Str., V. 3). Überhaupt bilden die jeweils in den ersten Vershälften *untereinander* stehenden Wörter: Satz – Leben – Sonne – Flammenwurf – Dunkel eine beziehungsreiche Kette; ähnlich die Hauptwörter jeweils in der zweiten Vershälfte: Chiffren – Sinn – schweigen – Ich. »Und wieder Dunkel« – das besagt: und jetzt erst recht!

Ein Dunkel, aus dem das Wort sich löst, wie eine creatio ex nihilo, und in das hinein es wieder verklingt (cf. III 499). Unsere Worte, unsere Sätze, nur ein Ansetzen, Anheben, Zielen und Zurückfallen, Verglimmen, Verstummen. Sie sind nur »Chiffren«, ein ohnmächtiges Verweisen über sich hinaus, ein bloßes »Zeichen […], deutungslos« (Hölderlin, *Mnemosyne* [2. Fassung], V.1), eine Spur von Licht. Das Wort fällt dahin zurück, woher es kam: ein Geheimnis, das uns sich versagt (cf. I 122).

»ungeheuer«: Ein Wort, ein Satz – ein Gewähren, das sich durchstreicht, ein Entbergen, das am Ende nur verbirgt, eine Verheißung, bestenfalls, ohne zur Erfüllung zu gelangen, »Licht an einem dunklen Ort« (2. Petr. 1, 19). Wo wir am menschlichsten sind, im Wort, da werden wir uns wieder weggenommen; wo das schweigende Sein ins Licht tritt, genau da überfällt uns wieder das Dunkel. Das ist ein Ungeheures, dem wir unentrinnlich ausgesetzt sind. Danach ist man in der Welt nicht mehr einfach zuhause (cf. IV 8). Genau wo das Wort endet, beginnt die ungeheuerliche Leere. Sprechen ist immer ein Versprechen, aber dann die Grenze, das Ende, leeres Dunkel (cf. I 517). Ein Wort, ein Satz – und »der Rest ist Schweigen« (III, 242; cf. *Hamlet* V, 2; 364 und II 207).

im leeren Raum um Welt und Ich.

Zurück bleibt die geschlossene Welt des Ich, von Dunkel, Leere und Nichts umgeben und bedroht (cf. II 99). Grenzen wir, wie unsere Sprache zu erfahren gibt, in ihrem Glanz und in ihrem Elend, ans Nichts, so ist das Ungeheure jenseits dieser Grenze, das, was das Begrenzte, d. h.

Welt und Ich, verdunkelt und nichtet. Mit dem Wort als einer vergehenden Chiffre, einem ausgehenden Licht (cf. III 233 u. Jes. 42, 3; Mt 12, 20), wird eine letzte Infragestellung von allem über die Verheißung mächtig, die an sich in der Sprache liegt (cf. III 499).

Dieser letzte Vers des Gedichtes steht in Antithese zum letzten Vers der 1. Strophe. Wie dort »ballt sich« genau in der Mitte steht, so hier »Raum um«. Redete jener Vers: »alles ballt sich zu ihm hin« von Ausrichtung, Ziel, Bedeutung, Zusammenhang und Konzentration, so zeigt dieser im Gegensatz dazu »Welt und Ich« mit sich allein gelassen, als isoliertes brutum factum, beziehungslos im Leeren.

Sind Wort und Satz im Dunkel verglüht, droht das All in kalte Zusammenhanglosigkeit auseinanderzufallen, so wie es nach Demokrit letztlich nur die Leere und die kalten Atome gibt. Sprache als das Aufhellende wäre demgegenüber gemeinschaftsstiftend, »Licht und Wärme« (cf. Humboldt, Bd.1, S. 2 ff.).

Das Dunkel und der leere Raum, sie scheinen die Wirklichkeit zu verschlucken; wirklich scheint nur das Wort mit seinem Aufklingen und wieder Verklingen zu sein – eine bedrohte Absolutheit (cf. I 548 u. 524).

Diese Bedrohtheit erinnert an den Schöpfungsglauben (cf. III 157); denn auch theologisch gibt es einen Zusammenhang von Wort und Leere, weil Gottes Schöpfung das Nichts zum Hintergrund hat, das darum in aller Geschöpflichkeit bleibend gegenwärtig ist. Keine Kreatur ohne diese ihr eingestiftete Nichtigkeit; geschöpfliches Sein ist Sein auf Widerruf. Zöge Gott sein allmächtiges Wort nur für ein Nu zurück, so versänke alles in das Nichts, dem es entstammt. Wir atmen in Gottes Schöpferhauch und wir sprechen im lebendigen Geist seines Wortes.

Wo dieser sich entzieht, brechen Dunkel, Verlassenheit und Sinnleere herein: »Und nach der sechsten Stunde ward eine Finsternis über das ganze Land [...] und (er) rief laut: [...] Mein Gott, mein Gott, warum hast du mich verlassen« (nach Mk. 15, 33 f.).

Ein Wort – ein Glanz, ein Flug, ein Feuer,
[...]
und wieder Dunkel, ungeheuer,
im leeren Raum um Welt und Ich.

Am Anfang, und nur anfänglich, das Wort, und am Ende: Erstorbenheit, Kälte des leeren Raums, das Nichts (cf. III 487 u. IV 309). Benns Gedicht erfährt die *Hälfte des Lebens* , den reifen Sommer und den Winter der Vereinsamung (cf. III 140; 299; 105, 345), schon an der Sprache (cf. I 421 u. II 117):

Allein: du mit den Worten
und das ist wirklich allein
(III 299; cf. III 135; 343; 158)

Die Bahn vom Wort zum bedrohenden Dunkel ist höchstens Verheißung von Sinn, der aber zuletzt transzendent bleibt, unzugänglich. So die Sprache zu erfahren, wirft den Sprechenden auf sich zurück (cf. III 196; 138; I 520), im »leeren Raum um Welt und Ich«, begrenzt ihn auf das Verhältnis zu sich, von Nacht und Nichts umgeben:

Ob Rosen, ob Schnee, ob Meere,
was alles erblühte, verblich.
Es gibt nur zwei Dinge: die Leere
und das gezeichnete Ich.
(III 342).

III. Ausblick

Was haben wir vernommen? – so fragen wir rückblickend. Worum geht es in diesem Gedicht?

Es handelt nicht von dem »Erlebnis und der Dichtung« (Dilthey), sondern davon, daß der Dichter auf die Sprache hört und dichtet, was er vernimmt. Fast jedes Wort in dem Gedicht aber redet nicht über die Erfahrung des Wortes, sondern evoziert diese an sich und durch sich selber und spricht so sie aus:

Wort als Ausdrucksfaktor / gänzlich anomal
(III 90).

Was nach Novalis gerade das Eigentümliche und Unbekannte der Sprache ist, »daß sie sich bloß um sich selbst bekümmert« (*Monolog*, Schriften [Samuel], Bd. 2, S. 672) – hier kommt es selber *zur Sprache*, wird Gedicht.

Das geschieht so, daß »Ein Wort« zunächst »ein Satz« wird (V. 1 f.), der weitere aus sich entläßt: »Ein Wort« am Anfang und es wird durch andere reichere Worte ausgelegt, weiter-gesprochen und so in seiner Wirkung und Bewegung zur Darstellung gebracht. Zweimal, zu Beginn jeder Strophe, wiederholt sich im Gedicht die produktive Spannung zwischen der Initialformel »Ein Wort« und ihrer Artikulation: aus dem bloßen Wort »Wort« steigen im Gedicht selbst, es realisierend, anschauliche Chiffren: erkanntes Wort, jäher Sinn von Sprache.

Insofern waltet eine eigentümliche Selbstbezüglichkeit in diesem Gedicht (cf. III 298): jedes weitere Wort verstärkt rückwirkend die Absolutheit des »Wortes« vom Anfang und hat zugleich an ihr teil, gewinnt seinen Nachdruck von daher. Diese Selbstbezüglichkeit hat überdies die spezifische Figur, daß der Dichter eigentlich nur von *seiner* Sprache redet (cf. III 59), das Gedicht also selber ausspricht, was es ist und tut, indem es als dieses Gedicht spricht.

Das Gedicht manifestiert an sich selber – und nur das Gedicht – eine aktuelle Einheit von Sein und Wirken – wie das Licht, das in ihm ausgesagt wird.

Zu vernehmen war, daß unser Wort und das wesentliche Wort der Dichtung als Rede vorübergeht, flüchtig ist, ja das Flüchtigste: ein Hauch, ein Wehn im Wind, und doch und gerade so das Aufleuchten eines unsäglichen Sinns, die Verheißung einer unbenennbaren Transzendenz. Dies wird in der Sprache der dichterischen Tradition zur Darstellung gebracht (cf. III 89), und mit den Spuren des Wortes, das uns in der Sprache der Bibel anvertraut ist. Jedes Wort verweist zurück und *fragt* so nach dem gültigen Wort und nach dem ewigen Wort (cf. III 311).

Wenn Gott sein Wort zurücknimmt, dann sinkt die Welt ins Chaos und Nichts zurück. Wenn die Sprache der Dichter verstummt, wird alles dunkel, auch wenn der Code und das Gerede bleiben; sie garnieren nur die Leere. Auch davon redet dies Gedicht und läßt einen betroffen und allein vor dem Geheimnis der Sprache zurück.

Dies Gedicht konfrontiert mit Benns Kunstverständnis. Dazu abschließend ein kurzer Ausblick.

Alle große Kunst dient »dem Gegenglück, dem Geist« (III, 140), hebt sich ab vom Gewahren des Nichts, vom Nihilismus. »[...] das Wesen ihrer inneren schöpferischen Substanz. Das Abgründige ist es, die Leere, das Kalte, Unmenschliche« (I 312; cf. I 592). »Kunst als Wirklichkeitserzeugung« (ebd.); das ist die »Ausdruckswelt« (I 351 u. 391 f.), und sie hat einen radikalen Pessimismus zu ihrer Bedingung (I 361). Dies ist Artistik, nach Nietzsche und für Benn, die Gestaltung vor dem Nichts, und Kunst »diese Oberflächlichkeit aus Tiefe, dieser Olymp des Scheins« (I 413).

Alle Kunst entstammt der »formfordernden Gewalt des Nichts« (I 438; IV 14 u. 17), vor dem sie ihre bedrohte Gebärde entfaltet (cf. I 525). Insofern herrscht »der tiefe Nihilismus, aber darüber die Transzendenz der schöpferischen Lust« (I 548; cf. 500). Hier wird, nach Nietzsche, »die Kunst die besondere Aufgabe des Lebens [...], die Transzendenz, die metaphysische Tätigkeit, zu der es uns verpflichtet« (IV 234; cf. 235; Nietzsche, Bd. I, S. 14 u. 131). Darum krönte Nietzsche alles mit den »drei rätselhaften Worten: Olymp des Scheins« (I 534 u. 500).

Also: »Aus all diesem kommt das Gedicht, das vielleicht eine dieser zerrissenen Stunden sammelt –: das absolute Gedicht, das Gedicht ohne

Glauben, das Gedicht ohne Hoffnung, das Gedicht an niemanden gerichtet, das Gedicht aus Worten, die Sie faszinierend montieren« (I 524; cf. 547 u. 592; cf. I 438).

Das ist, schonungslos gesehen, die Lage des Dichters, des Künstlers, der nur dem Gesetz der gültigen Form sich verpflichtet weiß, die dem Nichts einen prägnanten Kontur entgegenhält: »eine tiefe Melancholie, nahezu Nihilismus [...] eigentlich allem gegenüber, das sich nicht auflöst in das Schweigen von Gestaltung und Form« (I 136; cf. III 302; 291; IV 46 u. I 497; 543; III 291). Zuhause ist der Künstler nur »in den Reichen, wo das Unverlöschliche brennt, das nicht erhellt und nicht erwärmt, [...] und doch allein von jenem Reflex der Immortalität, der [...] von einer Vase oder einem geretteten Vers aus der *Form* sich hebt unantastbar und vollendet« (I 535). Form ist dem Nichts abgerungene Transzendenz, sie allein (cf. IV 165!). Auf sie als das eigentliche Faszinosum ist die ganze Anstrengung des Dichters gerichtet: dem vergänglichen Material der Sprache vollendete Verse abzugewinnen, d. h. im Flüchtigen Dauer darzustellen. Das ist die »Gestaltungssphäre« des Menschen: »Worte durch Beziehung und anordnendes Verwenden zu einer geistigen Welt eröffnen, Laute aneinanderketten, bis sie halten und Unzerstörbares besingen, dies ist ihre Tat« (II 132). Wo das im Gedicht gelingt, ist die Zeitlichkeit, in Form gebracht, aufgehoben:

nicht mehr Stirb und nicht mehr Werde:
formstill sieht ihn die Vollendung an
(III 135; cf. III 298 u. I 593).

So steht mit Benns Gedicht »*Ein Wort*« der Widerspruch der dichterischen Sprache, der auch einer der Kunst selbst ist, vor einem. Sie ist der »Olymp des Scheins« und *als solcher* das Haus des Seins und der Wahrheit. Der Dichter ist Hüter dieses Seins: »Was bleibet aber«, mit dem Hauch ihres Mundes »stiften die Dichter« es (cf. Hölderlin, *Andenken*, letzter Vers). Darum ist ihnen nur eines wichtig:

Alle haben den Himmel, die Liebe und das Grab,
damit wollen wir uns nicht befassen,
[...]
was aber neu ist, ist die Frage nach dem Satzbau
und die ist dringend:
warum drücken wir etwas aus?
(III 249; cf. II 233 mit Nietzsche, Bd. II, S. 960)

Literaturhinweise

Benn wird hier zitiert nach der Ausgabe: *Gesammelte Werke in vier Bänden* (Wellershof), mit römischer Bandzahl und arabischer Seitenzahl (III. Band: Gedichte), Wiesbaden ³1966.

Lothar Perlitt: *Verborgener und offenbarer Gott. Gottfried Benn vor der Gottesfrage.* In: L. Perlitt: *Allein mit dem Wort. Theologische Studien. Zum 65. Geburtstag hrsg. von Hermann Spieckermann.* Göttingen 1995, S. 315-332.

Lothar Perlitt: *Die Urgeschichte im Werk Gottfried Benns,* a. a. O, S. 333-360.

Lothar Perlitt: ›*Allein: du mit den Worten* ...‹, a. a. O., S. 361-368.

Albrecht Schöne: *Säkularisation als sprachbildende Kraft. Studien zur Dichtung deutscher Pfarrersöhne*. Göttingen ²1968, S. 225-267.

Über die Autoren
(alle Universität Göttingen)

Wilfried Barner, Professor für Neuere deutsche Literatur. Geboren 1937. Arbeitsschwerpunkte: Literatur vom Humanismus bis zur Goethezeit, besonders Lessing; Literatur nach 1945; Literaturtheorie, Wissenschaftsgeschichte, deutsch-antike Literaturbeziehungen.

Marianne Bergmann, Professorin für Klassische Archäologie. Geboren 1943. Arbeitsschwerpunkte: Römisches Porträt, antike Herrschersymbolik, spätantike Skulptur, griechisch-römisches Ägypten.

Uwe Diederichsen, Professor für Bürgerliches Recht, Zivilprozeßrecht, Handelsrecht und Juristische Methodenlehre. Geboren 1933. Arbeitsschwerpunkte: Familienrecht, Haftungsrecht, Namensrecht, Rechtstheorie.

Klaus Felgenhauer, Professor für Neurologie. Geboren 1933. Leiter der Neurologischen Universitätsklinik. Arbeitsschwerpunkte: Endzündliche Erkrankungen des Nervensystems, Labordiagnostik neurologischer und psychiatrischer Erkrankungen, Musik und Medizin.

Armin Paul Frank, Professor für Englische Philologie. Geboren 1935. Arbeitsschwerpunkte: Nordamerikanische Literatur, literarische Übersetzung, Internationalität nationaler Literaturen.

Ulrich Mölk, Professor für Romanische Philologie. Geboren 1937. Arbeitsschwerpunkte: Romanisches Mittelalter, Französische Literatur des 19. und 20. Jahrhunderts.

Ilona Ostner, Professorin für Vergleichende Sozialpolitik. Geboren 1947. Arbeitsschwerpunkte: Frauenarbeit und Frauenberufe in der Bundesrepublik; Methoden in der Frauenforschung; Sozialpolitik als Geschlechterpolitik; international vergleichende Familien- und Sozialpolitik.

Joachim Ringleben, Professor für Systematische Theologie. Geboren 1945. Arbeitsschwerpunkte: Sprachtheologie, Eschatologie, J. G. Hamann.

Albrecht Schöne, Professor em. der Deutschen Philologie. Geboren 1925. Arbeitsschwerpunkte: deutsche Literatur im Zeitalter des Barock und der Aufklärung, Goethezeit und Moderne; allgemeine Stilistik, Komparatistik.

Wolfgang Sellert, Professor für deutsche Rechtsgeschichte und Zivilrecht. Geboren 1935. Arbeitsschwerpunkte: Prozeßrechtsgeschichte, Strafrechtsgeschichte, rechtsgeschichtliche Ikonographie und Erbrecht.

Rudolf Smend, Professor der Theologie. Geboren 1932. Arbeitsschwerpunkte: Theologie des Alten Testaments, Geschichte der Bibelwissenschaft.

Reiner Thomssen, Professor Dr. med. Geboren 1930. Vorsteher der Abteilung Medizinische Mikrobiologie am Zentrum für Hygiene und Humangenetik Göttingen. Arbeitsschwerpunkte: Infektionskrankeiten insgesamt, virusbedingte Infektionskrankheiten, Impfstoffentwicklung, Bewertung von Schutzimpfungen.

Martin Vogel, Professor Dr. med. Geboren 1935. Direktor der Universitätsaugenklinik Göttingen. Arbeitsschwerpunkte: Ophthalmologische Pathologie, Diagnostik und Therapie von Tumoren des Auges, experimentelle Mikrochirurgie des Auges.

Bernd Weisbrod, Professor für Mittlere und Neuere Geschichte. Geboren 1946. Arbeitsschwerpunkte: Sozialgeschichte des viktorianischen England, deutsche Zeitgeschichte.

Ein Text und ein Leser
Weltliteratur für Liebhaber
Hrsg. von Wilfried Barner

231 Seiten, brosch.,
DM 29,–; ÖS 212,–; SFr 27,60
ISBN 3-89244-083-2

- *Klaus Nickau:* Sophokles – König Ödipus
- *Carl Joachim Classen:* Horaz – Satire II 7
- *Peter Bachmann:* Erzählungen aus Tausend und einer Nacht
- *Klaus Grubmüller:* Nibelungenlied
- *Jürgen v. Stackelberg:* La Fontaine – Fabeln
- *Wilfried Barner:* Gotthold Ephraim Lessing – Die Juden
- *Horst Turk:* Georg Büchner – Leonce und Lena
- *Christian Wagenknecht:* Johann Wolfgang Goethe – Faust, Zweiter Teil, Helena-Akt
- *Reinhard Lauer:* Lev N. Tolstoj – Anna Karenina
- *Fritz Paul:* Henrik Ibsen – Hedda Gabler
- *Fritz-Wilhelm Neumann:* James Joyce – Ulysses (15. »Circe«)
- *Dieter Steland:* Jean Giraudoux – La guerre de Troie n'aura pas lieu
- *Manfred Karnick:* Botho Strauß – Die Widmung

Selten richtet sich literaturwissenschaftliche Publikation ausdrücklich an Liebhaber – in der Regel ist doch, wenn es das Verhältnis zwischen Text und Leser zu klären gilt, weniger Erotik als vielmehr Esoterik angesagt. Hier liegt der Fall anders.
                    Martin Krumholz, Süddeutsche Zeitung

— WALLSTEIN VERLAG —

Christine Morgenroth

Die dritte Chance

Christine Morgenroth

Die dritte Chance

Therapie und Gesundung
von jugendlichen
Drogenabhängigen

VS VERLAG

Bibliografische Information der Deutschen Nationalbibliothek
Die Deutsche Nationalbibliothek verzeichnet diese Publikation in der
Deutschen Nationalbibliografie; detaillierte bibliografische Daten sind im Internet über
<http://dnb.d-nb.de> abrufbar.

1. Auflage 2010

Alle Rechte vorbehalten
© VS Verlag für Sozialwissenschaften | Springer Fachmedien Wiesbaden GmbH 2010

Lektorat: Kea S. Brahms

VS Verlag für Sozialwissenschaften ist eine Marke von Springer Fachmedien.
Springer Fachmedien ist Teil der Fachverlagsgruppe Springer Science+Business Media.
www.vs-verlag.de

Das Werk einschließlich aller seiner Teile ist urheberrechtlich geschützt. Jede
Verwertung außerhalb der engen Grenzen des Urheberrechtsgesetzes ist
ohne Zustimmung des Verlags unzulässig und strafbar. Das gilt insbesondere
für Vervielfältigungen, Übersetzungen, Mikroverfilmungen und die Einspeicherung und Verarbeitung in elektronischen Systemen.

Die Wiedergabe von Gebrauchsnamen, Handelsnamen, Warenbezeichnungen usw. in diesem
Werk berechtigt auch ohne besondere Kennzeichnung nicht zu der Annahme, dass solche
Namen im Sinne der Warenzeichen- und Markenschutz-Gesetzgebung als frei zu betrachten
wären und daher von jedermann benutzt werden dürften.

Umschlaggestaltung: KünkelLopka Medienentwicklung, Heidelberg
Gedruckt auf säurefreiem und chlorfrei gebleichtem Papier
Printed in Germany

ISBN 978-3-531-17504-1

Für Philip und Leonore, meine Jugend-Experten

Inhalt

Vorbemerkung und Danksagungen   11

1   Drogenabhängigkeit und Sozialforschung – Worum es hier geht   13
    1.1   Einführung: Problemaufriss zur Situation jugendlicher Drogenabhängiger   13
    1.2   Geschichte dieser Evaluationsstudie   22
    1.3   Wer sind diese Jugendlichen?   26
    1.4   Über die Notwendigkeit einer intersubjektiven Wende in der Qualitativen Sozialforschung   37

2   Tiefenhermeneutik und szenisches Verstehen im Forschungsprozess   45
    2.1   Die konkreten Forschungsschritte und methodischen Besonderheiten der vorliegenden Untersuchung   45
    2.2   Sprachspiele und individuelle Entwicklung   49
    2.3   Wie kann Sprachlosigkeit sprachlich analysiert werden?   54
    2.4   Evidenzerlebnisse zur Ergebnissicherung   56
    2.5   Szenisches Verstehen als Gegen-Übertragungsanalyse: Über die Gewalt des traumatischen Materials   59
    2.6   Betrachtung der Befunde unter der Perspektive positiver Entwicklungsfortschritte   65
    2.7   Was war nötig, um diese Entwicklung zu ermöglichen?   67
    2.8   Fazit   70

3   Adoleszenz – die zweite Individuation   73
    3.1   Maria – die Kindheitsgeschichte einer Drogenabhängigen   76
    3.2   Phasen der Adoleszenz und typische Entwicklungsverläufe   81
    3.3   Marias Veränderungsprozess nach der Therapie   87
    3.4   Differenzierung macht Geschlecht. Die Entwicklungsaufgaben in der weiblichen Adoleszenz   94
    3.5   Fazit   99

4	Teufelskreise der Abhängigkeit	101
4.1	Die Entwicklungsaufgaben der männlichen Adoleszenz	103
4.2	Alexander – eine Kindheit ohne Vater	106
4.3	Der abwesende Vater in seiner emotionalen Bedeutung	108
4.4	Therapieerfahrungen und Erfolge	112
4.5	Zukunft und verändertes Selbstbild	114
4.6	Die süchtige Suche – Psychodynamik der Abhängigkeit	116
4.7	Symbolbildung und Interaktionskonstellationen	124
4.8	Versuch einer Systematisierung: Intersubjektivität und Symbolbildung	126
5	Suchtkranke Eltern, drogenabhängige Jugendliche	135
5.1	Intergenerative Prozesse	135
5.2	Heimliche Regeln und wiederholte Muster	138
5.3	Rollenzuschreibungen für Kinder in Suchtfamilien	140
5.4	Omar – das Maskottchen der Junkie-Mutter	145
5.5	Selbstbilder und Zukunftsvorstellungen	151
5.6	Bedeutung der Rückfälle	155
5.7	„...dass ich ein Heimkind bin, sowas Abgestempeltes"	158
5.8	Männliche Geschlechtsidentität	162
6	Adoleszenz, Traumatisierung und Traumatransmission	169
6.1	Monotraumatisierungen in der Folge früher Beziehungsdefizite	172
6.2	Traumatransmission und transgenerationelle Schädigungen	183
6.3	Amelie – Vom Junkie zur Künstlerin	190
6.3.1	Eigene Lebensräume und kontrollierter Alkoholkonsum	194
6.3.2	Die Beziehung zur Mutter: von Familiengeheimnissen belastet	196
6.4	Familientherapie als notwendiger Schritt zur Unterbrechung intergenerativer Zirkel	203
6.5	Therapiebasierte Elternschule	206
7	Therapie-Erfahrungen: Bindungsfähigkeit entwickeln	209
7.1	Ein beispielhafter therapeutischer Ansatz in der Arbeit mit suchtkranken Jugendlichen: Teen Spirit Island	209
7.2	Wendepunkte (1): Mühsamer Weg zur Therapieentscheidung	217
7.3	Therapieerfahrungen auf Teen Spirit Island im Spiegel der Selbstzeugnisse	225

Inhalt 9

	7.3.1	Beschreibung von Abläufen im stationären Setting	226
	7.3.2	Enge Bindung an den Therapeuten in Einzeltherapie	229
	7.3.3	Kritische (Ent-)Wertungen	236
	7.3.4	Rückfall – eine paradoxe Therapieressource: „Nie wieder so was anfassen"	239
	7.3.5	Therapeutische Bedeutung der Gruppenerfahrung	248
7.4		Wendepunkte (2): „Klick": gemeinsame Sprache, neue Sprachspiele	255

8	Aggression und Beziehungs(-un)fähigkeit	261
8.1	Aggression und Autoaggression in der Adoleszenz	261
8.2	Aggression und selbstverletzendes Verhalten bei Mädchen	268
8.3	Gewalthandeln von Jungen und zuvor erfahrene Aggression	274
8.4	Aggressionsbedingte Probleme in der therapeutischen Beziehung	277
8.5	Alternatives Krisenmanagement und Symptomkontrolle	283
8.6	Wendepunkte (3): „Das Kochen ist total genial"	290
8.7	Kinderwunsch und Beziehungssehnsucht	293
8.8	Individuelle Genesungsschritte	295

9	Gewebeartige Persönlichkeitsbildung: Intersubjektivität in der Forschungsbeziehung	299
9.1	Störungen in der wissenschaftlichen Arbeit – Reaktive Enactments?	304
9.2	Projektive Identifizierung – Verwicklung in die Inszenierung	308
9.3	Das Interview als Übernahme emotionaler Muster	314
9.4	Das Konzept der intersubjektiven Triangulierung	317
9.5	Beziehungsqualität in der Forschungsdimension: Das Interview als Katharsis	319
9.6	Fazit: Welcher Erkenntnisgewinn ergibt sich daraus?	323

10	Die dritte Chance wird genutzt: Glanzvolle Erfolge und beachtliche Fortschritte im biografischen Verlauf	327
10.1	Was ist aus den Jugendlichen geworden, wie ging es weiter?	329
10.2	Was brauchen drogenabhängige Jugendliche, um zu gesunden?	341
	10.2.1 Eigene Motivation	343
	10.2.2 Entgiftung	344
	10.2.3 Individuelle Psychotherapie	344

10.2.4	Gruppentherapie und Gruppe als Container	349
10.2.5	Therapiestation als Lebensgemeinschaft	350
10.2.6	Bereitschaft der Eltern, die Therapie zu unterstützen	352
10.2.7	Therapiestation in haltender Funktion	353
10.2.8	Wachsende Kontinuität in der biografischen Entwicklung	354
10.3	Der Versuchung widerstehen lernen	355
10.3.1	Rückkehr in eine süchtige Gesellschaft	355
10.3.2	„Komm, lass mal was verändern!"	357

Literatur   363

Vorbemerkung und Danksagungen

Diese Untersuchung beschäftigt sich mit einem verstörenden Thema. Das Schicksal von Jugendlichen, die bereits als Kinder eine Drogen- oder Substanzabhängigkeit entwickeln, ist ihr Ausgangspunkt; die Frage, was aus ihnen wird, nachdem sie sich einer intensiven, monatelangen Behandlung unterzogen haben, das eigentliche Untersuchungsinteresse. Dieses Thema lässt niemanden unberührt. Es erzeugt Betroffenheit, die zu sachlichem Engagement werden muss; es benötigt eine hohe Bereitschaft, sich auch emotional einzulassen und dennoch um die erforderliche professionelle Distanz zu ringen – das führt zu einer Vielzahl von Umwegen, ja sogar zu Irrwegen, die aufgeklärt und konstruktiv gewendet werden müssen. Ein langer Atem und Geduld sind erforderlich, um diese kontinuierliche Forschung zu verwirklichen. Das macht neben professionellem Interesse auch ein hohes Maß an emotionaler Beteiligung, an Herzblut notwendig. Eine solche Untersuchung käme nicht ohne die Mitwirkung vieler Menschen zustande, für deren Beteiligung ich sehr dankbar bin.

An erster Stelle stehen natürlich die 18 Jugendlichen, die im Folgenden nur mit ihren zum Teil selbst gewählten anonymen Nicknames erscheinen. Ohne ihre Bereitschaft zu mehrfachen intensiven Gesprächen wäre gar nichts zustande gekommen. Ich hoffe, dass ich ihnen gerecht werden konnte und danke ihnen sehr für das Vertrauen.

Der Kinderklinik auf der Bult in Hannover, insbesondere dem Chefarzt Christian Schnetzer, den Oberärzten von Teen Spirit Island, zunächst Edelhart Thoms, dann Christoph Möller und vor allem der Diplompsychologin der Station aus den ersten Jahren, Betina Schumann, schulde ich Dank für die Bereitschaft, uns den Zugang zur Station zu ermöglichen. Frau Schumann war zudem federführend in der Herstellung der ersten Kontakte zu den Jugendlichen, was vieles erleichtert hat.

Der Vielzahl von Student/innen der Universität Hannover, die sich zum Teil über Jahre an das Projekt „Jugend und Rausch" gebunden haben, danke ich für ihre Ausdauer und intensive Mitarbeit in der Interviewphase und in den Interpretationsgruppen. Viele haben ausgezeichnete Fallrekonstruktionen im Rahmen ihrer wissenschaftlichen Abschlussarbeiten geschrieben. Sie erscheinen im Text namentlich, im Kontext der jeweiligen Fallstudien.

Den Kolleg/innen der „International research group for psychosocietal analysis" danke ich für das Engagement in vielen Interpretationssitzungen im Rahmen unserer jährlichen Treffen in Dubrovnik. Ihnen, namentlich Kirsten Weber und Henning Salling Olesen, Thomas Leithäuser und Birgit Volmerg, Mechthild Bereswill, Wendy Hollway und Lynn Froggett sowie Peter Redman, verdanke ich wertvolle Anregungen.

Frau Anja Meyerrose danke ich für intensive Schreibarbeiten, die ihr manchmal wegen der bedrückenden Sachverhalte nicht leichtgefallen sind.

Almut Koesling verdankt das Manuskript durch ihr vorzügliches Lektorat den letzten Schliff, sie hat ihm zu seiner jetzigen Form verholfen.

Oskar Negt danke ich von Herzen für seine über die Jahre anhaltende Ermutigung – er hat als ebenso geduldiger wie kundig-kritischer Erstleser viel zur Qualität des Manuskriptes beigetragen.

Hannover, im März 2010
Christine Morgenroth

1 Drogenabhängigkeit und Sozialforschung – Worum es hier geht

1.1 Einführung: Problemaufriss zur Situation jugendlicher Drogenabhängiger

Es ist davon auszugehen, dass zwischen 15 und 25% der Jugendlichen und jungen Erwachsenen Erfahrungen mit illegalen Drogen machen und dass Experimentierfreude und Risikobereitschaft im Jugendalter besonders stark ausgeprägt sind: Mit Rauschmitteln zu experimentieren ist geradezu ein Charakteristikum dieser Lebensphase. In Deutschland haben 27% der 12-25jährigen Cannabis konsumiert, männliche Jugendliche (30%) haben mehr Drogenerfahrung als weibliche (24%).[1] Epidemiologische Studien haben wiederholt gezeigt, dass die sogenannte Progression des Substanzkonsums bei fast allen Adoleszenten in einer konstanten Abfolge geschieht, wobei die späteren Stadien nur von einer Minderheit erreicht werden. Es beginnt mit Nikotin, gefolgt von Alkohol, dann werden Cannabis-Produkte probiert, bevor zu Amphetaminen und Ecstasy gegriffen wird. Kokain und, seltener, Heroin bilden den gefährlichen Abschluss dieser Entwicklung. Durch die gelungene Bewältigung normativer Lebensübergänge geben die meisten jungen Erwachsenen den Konsum illegaler Drogen bald wieder auf, spätestens dann, wenn sie in das Berufsleben einsteigen, eine Familie gründen oder sich anderweitig etablieren. Diejenigen konsumerfahrenen Jugendlichen, die diese Progression sehr schnell durchlaufen, die in einem sehr jungen Lebensalter mit dem Substanzmissbrauch begonnen haben und ebenso schnell intensive Konsummuster entwickeln, stellen eine besondere Gruppe dar: Gegenwärtig wird davon ausgegangen, dass etwa 10% aller Jugendlichen, die mit Drogen experimentieren, später ein manifestes Drogenproblem entwickeln.[2] Es ist daher zwischen Substanzgebrauch und Substanzmissbrauch zu unterscheiden.

---

[1] Vgl. Thomasius (2005) in Möller (2005), S. 14.
[2] Vgl. Möller (2005) in Möller (2005), S. 65.

Die Diagnose einer Abhängigkeitserkrankung erfolgt unter Bezug auf die Internationale Klassifikation für Psychische Störungen ICD 10, wenngleich die dort entwickelten Kriterien für Erwachsene gelten und kritisch zu hinterfragen ist, ob sie gleichermaßen für Jugendliche und für Kinder anwendbar sind. Newcomb und Bentler haben 1989 entwicklungsbezogene Kriterien für das Kinder- und Jugendalter definiert, mit deren Hilfe der Substanzmissbrauch vom experimentellen Gebrauch differentialdiagnostisch abgegrenzt werden kann.[3]

Das erste Kriterium sind die Substanz- und die Konsumumstände: Missbrauch liegt dann vor, wenn ein hohes gesundheitliches Risiko mit dem Substanzgebrauch verbunden ist. Große und mittlere Mengen werden über längere Zeit und in unangemessenen Situationen, z.B. in der Schule und im Straßenverkehr konsumiert. Zweitens gibt es in der Person liegende Kriterien: Von Missbrauch ist dann auszugehen, wenn die persönlichen und physiologischen Voraussetzungen für einen verantwortungsvollen Gebrauch psychotroper Substanzen nicht erfüllt werden, z.B. wenn durch den Konsum die altersgerechte Entwicklung behindert wird. Gibt es regelmäßigen Konsum vor der Pubertät, so sind in diesem Alter die nötigen Wissens- und Entscheidungskompetenzen des Kindes nicht ausgebildet, die eine Voraussetzung für verantwortungsvollen Gebrauch darstellen. Ein drittes Kriterium sind Reaktionen: Als Missbrauch sind alle Anzeichen einer körperlichen Abhängigkeit zu bewerten, substanzbedingte Einschränkungen psychosozialer Funktionen sowie die Unfähigkeit, ohne Substanzkonsum den Alltag zu bewältigen. Die Konsequenzen sind das vierte Kriterium, um Gebrauch von Missbrauch zu unterscheiden. Um Missbrauch handelt es sich dann, wenn die Gesundheit durch den Konsum erheblich beeinträchtigt und soziale Beziehungen negativ beeinflusst oder unmöglich werden, wenn mit dem Konsum Gewalttätigkeit einhergeht und/oder Rechtsbrüche erfolgen.

Es müssen demnach fünf aufeinanderfolgende Stadien des Substanzmissbrauchs unterschieden werden: die Entwicklung vom Gebrauch zum Missbrauch erfolgt über das Experimentalstadium, den regelmäßigen Konsum ohne Kontrollverlust, der in regelmäßigen Konsum mit Kontrollverlust übergeht; am Ende steht der abhängige Konsum multipler Substanzen.

Es besteht kein Zweifel an der Tatsache eines engen Zusammenhangs zwischen einer Suchterkrankung und vorangegangenen traumatischen Erlebnissen. Viele der diesbezüglichen Untersuchungen sind jedoch auf das Erwachsenenalter bezogen, d.h. die Suchtkranken sind erwachsene Patienten, die retrospektiv in ihren klinischen Therapien von Traumatisierungen berichten, die der Erkrankung

---

[3] vgl. hierzu genauer Thomasius (2005), S. 15 ff

vorausgehen.⁴ Die Gruppe Jugendlicher, die bereits als Kinder oder sehr junge Jugendliche in der Frühadoleszenz eine Abhängigkeitserkrankung entwickeln, stellt Sozialwissenschaftler/innen, Psychiater/innen und Suchtexperten/innen ebenso wie Mitarbeiter/innen der Jugendhilfe vor besondere Schwierigkeiten.⁵

Für die hier vorliegende Untersuchung soll daher in aller Kürze eine Ursachen-Trias beschrieben werden, die die Behandler/innen in stationären Einrichtungen vor überaus komplexe Aufgaben stellt. Damit ist gemeint, dass Sucht und Abhängigkeit sich aus dem Zusammenwirken von Persönlichkeit, von außen kommenden Einflüssen und substanzimmanenten Effekten, d.h. aus süchtiger Fehlhaltung, Milieufaktoren und pharmakologischer Wirkung auf Erleben und Verhalten entwickeln. Die Betrachtung der Entstehungsmechanismen von Suchterkrankungen geht also von einer multifaktoriellen Verursachung aus, daher ist von einer Ursachentrias der Drogenabhängigkeit zu sprechen. Es ist davon auszugehen, dass in vielen Fällen, in denen in späteren Lebensabschnitten eine Abhängigkeitserkrankung auftritt, ein frühes interpersonelles Entwicklungstrauma aus den allerersten Lebenszeiten vorliegt, das zumeist von nahen Bezugspersonen ausgeht. Diesen frühkindlichen traumatisierenden und Überwältigungserfahrungen ist das Kind hilflos ausgeliefert. Dabei ist nicht von einmaligen Vorfällen die Rede, sondern von wiederholten Ereignissen, die sich über die gesamte Kindheit und auch Jugend erstrecken. Die verheerenden Folgen von sexueller und körperlicher Gewalt in der Herkunftsfamilie sind häufig eingelassen in einen umfassenden traumatischen Entwicklungskontext, der durch emotionale Gewalt, mangelhafte Versorgung und unzureichende Beziehungsangebote charakterisiert ist. Beziehungs- oder Bindungstraumata sind allerdings nicht zwangsläufig an sexuelle oder körperliche Gewalt geknüpft; sie haben aber gewiss einen herausragenden Anteil daran, dass interpersonale Traumatisierungen in früher Kindheit und Jugend einen enorm hohen Risikofaktor für das spätere Auftreten einer reichhaltigen Anzahl von psychischen Erkrankungen und auffälligen, auf Störungen verweisende Verhaltensweisen darstellt. Die sich auf John Bowlby (1951) beziehende Bindungsforschung hat in den letzten 50 Jahren bemerkenswerte Ergebnisse zur Bedeutung einer stabilen emotionalen Bindung zu einer oder mehreren wichtigen Bezugspersonen während der Kindheit hervorgebracht. Dass

---

⁴ Kürzlich brachten Schäfer und Kraus als Herausgeber den hervorragenden Band „Trauma und Sucht. Konzepte, Diagnostik, Behandlung" heraus, 2006 erschienen bei Klett-Cotta, Stuttgart.
⁵ Auch der Begriff der Ko-Morbidität hilft nicht weiter, denn damit wird lediglich die Gleichzeitigkeit des Auftretens verschiedener psychiatrischer Krankheiten beschrieben. Wie aber bspw. die Suchterkrankung mit bestimmten Entwicklungsstörungen und psychiatrischen Krankheitsbildern anderer Art entwicklungsgeschichtlich verwoben ist, erschließt sich nicht durch die Feststellung ko-morbider Störungen.

nicht nur emotionale und körperliche Gewalt, sondern auch das Erfahren und Verarbeiten von Verlusten wichtiger Bindungspersonen einen traumatischen bzw. traumatisierenden Faktor darstellt, ist an dieser Stelle mehr als eine bloße Vermutung. Durch die extreme Flexibilisierung individueller Lebensgestaltung, durch Trennung von Partnern und wechselnde Partnerschaften, durch Tod oder Inhaftierung eines Elternteils haben Kinder oft instabile, diskontinuierliche Lebensbedingungen, in denen sie Bindungen eingehen, die ihnen wieder entzogen werden. Sie erleben diese Wechsel dann als Verlust ihrer Bindungspersonen, ihrer Liebesobjekte; der Wechsel der häuslichen Lebensumgebung wird vom Säugling und Kleinkind dann als ein schwerwiegender Verlust erlebt. Dessen Bedeutung ist umso tiefgreifender, je weniger eine stabile Kontinuität in den emotionalen Beziehungen gewährleistet ist. Das Aufwachsen unter sogenannten normalen Bedingungen mit mehr als einer kontinuierlich anwesenden Bezugsperson ist zumindest in Großstädten schon eher die Ausnahme als die Regel, aber selbstverständlich leiden nicht alle Kinder, die in früher Kindheit einen Elternteil oder doch zumindest den regelmäßigen Kontakt zu einem Elternteil verlieren, später an schweren emotionalen Erkrankungen. Es kann allerdings als gesichert gelten, dass traumatische Belastungen in der frühen Kindheit wie Misshandlungen, Vernachlässigung und Missbrauch schwerwiegende psychische Folgeerscheinungen nach sich ziehen. Da der Kern dieser frühen traumatischen Erfahrungen immer beziehungsbezogen ist, werden gestörte Beziehungserfahrungen sich daher auch in einer unzureichenden oder gestörten Fähigkeit ausdrücken, Beziehungen einzugehen, zu gestalten und zu halten. Daneben müssen aber die körperlichen, affektiven und neurophysiologischen ebenso wie die kognitiven Folgeerscheinungen früher Traumatisierungen berücksichtigt werden.

Allen Folgen von Einschränkungen in der frühesten Kindheit gemeinsam ist jedoch ihr nahezu vollständiger Ausschluss aus dem sprachlichen Symbolspektrum. Da die zentralen Einwirkungen häufig in einer Zeit ihren Anfang nehmen, in der dem Kind die Sprache noch gar nicht verfügbar ist, kann auch nicht in Sprache ausgedrückt werden, welche Erlebniszustände die Folgen sind. Die Dynamik aus der frühen Traumatisierung, der überwältigenden Erfahrung, bleibt ja seelisch präsent, wenngleich jenseits bewusster Gestaltungsmöglichkeiten. Sie findet oft ganz andere Wege, sich Geltung zu verschaffen. Dies stellt alle, die mit früh Traumatisierten arbeiten, vor besondere Herausforderungen. Annette Streeck-Fischer (2006) hat diesen Zusammenhang von Trauma und Entwicklung sehr eindrücklich herausgestellt.

1.1 Einführung: Problemaufriss zur Situation jugendlicher Drogenabhängiger

> „In der Therapie erschließt sich die Problematik nicht primär aufgrund von Gegenübertragungsreaktionen, sie wird nicht rekonstruiert. Die Problematik lässt sich auch nicht anhand eines Mangels an Ich-strukturellen Fähigkeiten erkennen. Sie dokumentiert sich vielmehr in beobachtbarem Verhalten und in umschriebenen Verhaltensweisen, impliziten, bewusstlosen Ausdrucksformen, die Aufschluss über die Realität vergangener und immer wieder aktualisierter Erfahrungen und Ereignisse vermitteln." (S. 2)

Es ist davon auszugehen, dass es bestimmte Zusammenhänge gibt zwischen dem Alter im Einwirkungsmoment des Traumas, der Schwere der Traumatisierung und der Verfügbarkeit protektiver Faktoren aus dem sozialen Umfeld. Schützend, also protektiv, wirken bleibende, stabile emotionale Beziehungen für das Kind. Das bedeutet, je jünger das Kind ist, je geringer der Entwicklungsstand und je größer das Ausmaß der Traumatisierung im Zusammenhang mit einem wenig protektiven sozialen Umfeld, desto schwerwiegender werden die Traumafolgen in der Entwicklung sein. Umgekehrt kann man sagen: Je älter das Kind, je geringer die Traumatisierung oder je kürzer die Einwirkungsdauer und je stärker die protektiven Faktoren des sozialen Umfeldes, desto geringer werden die Traumafolgen für die weitere Entwicklung sein. Grundsätzlich ist es Streeck-Fischer zu verdanken, dass nun die Sprachlosigkeit in der Realität sehr früher traumatischer Erfahrungen für die weitere Entwicklung anerkannt und die Bedeutung nichtsprachlicher Ausdrucksformen in der therapeutischen Arbeit mit Jugendlichen betont wird[6]. Diese traumatischen Erfahrungen sind als Realität in nicht-sprachlichen Handlungen, in Verkörperungen, Rückblendungen und allen anderen Formen der Konkretion permanent präsent. Traumatische Überwältigungserfahrungen werden also immer wieder reinszeniert; sie sind damit als Bestandteil der Erfahrungen im Hier und Jetzt buchstäblich verkörpert.

Dieser Sachverhalt hat natürlich in der Adoleszenz eine besondere Bedeutung, weil es in dieser entwicklungsintensiven Zeit nicht nur zu einer Wiederbelebung kindlicher Konflikte kommt; vielmehr werden die traumatischen Belastungen aus der Kindheit in dieser Entwicklungsphase besonders intensiv in Szene gesetzt, was mit einer erhöhten Gefahr verbunden ist, sie nicht nur im Bereich der innerseelischen Wiederholungen zu erleben (Flash-backs), sondern sie in der Gegenwart tatsächlich handelnd zu wiederholen. Diese Wiederholungen sind nur bedingt als Acting out (Ausagieren) zu begreifen: Da traumatische Belastungen aus lebensgeschichtlich sehr früher Zeit die Entwicklung der gesamten Person

---

[6] Ulrich Streeck (2000) hat die Bedeutung sprachlosen Enactments in den Therapien von Erwachsenen sehr anschaulich dargestellt und den nonverbalen Dialog einem szenischen Verstehen und innovativer Bahndlungspraxis zugänglich gemacht.

betreffen und sich in senso-motorischen, affektiv-kognitiven und neuro-biologischen Bereichen niederschlagen, kommt es zu besonders hartnäckig sich wiederholenden hirnphysiologisch verankerten Reaktionen, die sich körperlich ebenso wie auf der Handlungsebene ausdrücken und die gesamte weitere Entwicklung bestimmen. Diese unterliegt damit erheblichen Einschränkungen. Durch die oftmals völlige Ausgrenzung aus dem sprachlichen Symbolspektrum wird die Tendenz zur Reinszenierung – d.h. zur Wiederherstellung der ursprünglichen traumatischen Konstellation – verstärkt, die sich in intensiven, aber instabilen Beziehungen ebenso zeigt wie in einer Grenzverwischung zwischen Realität und Phantasie und außerdem höchst komplexe Folgen in der Verarbeitung und Aufnahme von Informationen zeigt. Die tiefen Spuren im Seelenleben, die früher Missbrauch und Überwältigungserfahrung mit Traumaqualität zur Folge haben, werden auf der Symptomebene bereits in der Kindheit sichtbar. Bettnässen, Haare ausreißen, Nägel kauen sind äußere symptomatische Zeichen; Entwicklungsstörungen, Verlangsamungen, Aufmerksamkeitsdefizite sind ebenfalls häufig in der Kindheit, oft schon im Kindergartenalter, spätestens mit Schuleintritt zu erkennen. Erhalten diese Kinder zu diesem frühen Zeitpunkt keine Hilfen oder Unterstützung, bleibt die traumatisierende Beziehungskonstellation erhalten oder verschärft sich sogar, dann stehen diese Kinder mit Beginn der Pubertät vor besonderen, oft extremen Schwierigkeiten.

Dies gilt vor allen Dingen dann, wenn körperliche Reifungsprozesse besonders früh einsetzen. Die hormonellen Überflutungen und die Veränderungen des Körpers stellen Herausforderungen dar, denen diese ohnehin besonders verletzlichen Kinder nicht gewachsen sind. Es fällt häufig in diese lebenszeitliche Spanne, dass erste aggressive Durchbrüche als fremd- oder selbstdestruktives Verhalten eingesetzt werden, weil der innere Spannungszustand und die damit verbundene Qual für die sehr jungen Jugendlichen kaum aushaltbar ist. Schon die normale Adoleszenz bringt für junge Menschen extreme Gefühle mit sich (von Himmelhoch jauchzend bis zu Tode betrübt), die subjektiv oft schwer erträglich erscheinen. Diese früh traumatisierten Jugendlichen jedoch geraten mit Beginn der Pubertät in für sie nicht mehr steuerbare Krisenerfahrungen. In dieser Entwicklungsphase experimentieren frühgeschädigte Kinder und Jugendliche mit vielen zugänglichen Mitteln, die sich zur Reduktion der Spannung einsetzen lassen. Hier kommt nun die Droge ins Spiel; die Art ihrer Verfügbarkeit, Modellverhalten durch die Erwachsenen, Drogengebrauch in der Peergroup werden hier maßgeblich und bahnen den jungen Menschen Erfahrungen, die subjektiv zunächst wie eine Rettung aus höchster Not erscheinen (der Rausch als himmlisches Entlastungserlebnis), die aber mittel- und in jedem Fall langfristig eine neue Problematik eröffnen, nämlich die körperliche Abhängigkeit. Oft finden Jugendliche schon als Kinder im elterlichen Verhalten das Verhaltensmodell für den Einsatz von Substanzen zur Stimmungsregulation. Eltern halten Alkohol und oft auch andere Drogen im Haus verfügbar, verführen somit geradezu zum Konsum, wenngleich unbeabsichtigt. Durch das elterliche Verhalten im Umgang mit legalen (erst recht mit illegalen) Drogen wird den Jugendlichen deutlich: Solche Substanzen können im Konfliktfall, unter Stress oder bei Problemen zur Regulation von Stimmungen eingesetzt werden. Leicht kombiniert sich daher der psychische Druck, die innere Qual und die Reinszenierung von ursprünglich traumatischen Beziehungserfahrungen mit dem Verhalten der Erwachsenen sowie der unmittelbaren Verfügbarkeit der Drogen zu einem destruktiven Cocktail, dessen zerstörerische Qualität die Jugendlichen aber verleugnen, weil aktuell die Entlastungsfunktion im Vordergrund steht.

Aber selbst wenn Drogen nicht im unmittelbaren Umfeld verfügbar sind oder angeboten werden, ist bei Jugendlichen mit frühkindlicher Traumatisierungserfahrung zu erwarten, dass ihre Anfälligkeit für Drogenmissbrauch abhängig ist von der Anzahl der Risikofaktoren in ihrem Leben: Sexueller Missbrauch, körperliche Misshandlungen, andere Gewalterfahrungen, Beziehungsverluste, psychische Erkrankungen oder Kriminalität der Eltern stehen als deutliche Risikofaktoren für späteren Drogenkonsum bzw. Drogenabhängigkeit in einem signifikanten Zusammenhang, und zwar im Sinne einer Dosis-Wirkungsbeziehung. Je höher die Risikofaktoren in der Lebensgeschichte, je mehr traumatisierende Erfahrungen vorliegen, desto höher die Wahrscheinlichkeit einer späteren Suchterkrankung.[7] Interpersonale Traumatisierungen[8], so der eindeutige Schluss daraus, wirken sich in besonderer Weise prägend auf die psychische Konstitution und gesamte Persönlichkeitsentwicklung aus; die Betroffenen werden, je früher die Traumatisierung erfolgte, desto stärker ein ganzes Spektrum psychischer Beeinträchtigungen aufweisen.[9] Die frühen negativen Beziehungserfahrungen führen zu Rückkopplungsprozessen negativer Art, die als unspezifische Vulnerabilitätsfaktoren wirken und die Gefahr des Suchtmittelmissbrauchs erhöhen.

---

[7] Vgl. hierzu die ausgezeichnete Zusammenstellung des bislang vorliegenden empirischen Materials bei Schäfer (2006), S. 18.
[8] Damit sind traumatische Erfahrungen gemeint, die im Rahmen einer emotional bedeutenden Beziehung stattfinden und durch eine erwachsene Bindungsperson initiiert werden. Davon abzugrenzen sind traumatisierende Erfahrungen durch Krankenhausaufenthalte oder Unfälle, die als von außen kommende Katastrophen beschrieben werden.
[9] Bereits Van der Kolk (1987) und auch Grave (2004) haben auf der Basis von Befunden aus der Bindungsforschung auf diese Zusammenhänge hingewiesen.

Statistisch lässt sich zeigen, dass bereits das Vorliegen eines einzelnen Risikofaktors die Gefahr eines frühen Einstiegs in den Konsum illegaler Drogen im Alter von unter 14 Jahren um das Zwei- bis Vierfache erhöht. Die Kulmination von Risikofaktoren lässt also auch die Gefahr der Abhängigkeitserkrankungen drastisch ansteigen. Als besonders aussagekräftig sei hier die an 700 weiblichen erwachsenen Zwillingspaaren durchgeführte Zwillingsuntersuchung aus dem Jahre 2000 von Kendler u.a. angeführt, die nach Belastungen, besonders nach sexuellem Missbrauch, im Alter von unter 16 Jahren fragt: Es fanden sich deutliche Zusammenhänge zwischen sexuellen Missbrauchserlebnissen und einem breiten Spektrum psychischer Erkrankungen, was nicht überrascht. Bei der Gruppe mit vollzogenem Geschlechtsverkehr durch den Täter war die Wahrscheinlichkeit einer späteren Depression, einer generalisierten Angststörung oder Bulimie jeweils 2,6fach bis 4,2fach erhöht. Die stärksten Zusammenhänge zeigten sich jedoch zu Suchterkrankungen.

> „So war in dieser Gruppe die Wahrscheinlichkeit einer späteren Alkoholabhängigkeit 6,5fach, die einer späteren Drogenabhängigkeit 6,6fach erhöht. Während zwischen Missbrauch ohne intimen Körperkontakt und den restlichen Störungen keine Zusammenhänge mehr festzustellen waren, zeigten sich mit Suchterkrankungen nach wie vor signifikante Zusammenhänge. Die Wahrscheinlichkeit einer Alkoholabhängigkeit blieb auch in dieser Gruppe 3,2fach, die einer Drogenabhängigkeit 3,6fach erhöht."[10]

Kinder und Jugendliche mit frühen Entwicklungstraumata geraten in der Folge dieser Traumatisierungen und auf der Basis der daraus resultierenden Entwicklungsstörungen mit der beginnenden Pubertät in heftige Krisen, die sie als quälenden inneren Druck empfinden. Um sich davon zu entlasten, sind sie auf der Suche nach Strategien, Personen und Handlungsweisen, die ihnen dabei helfen können. Häufig sind diese Handlungen von explosiver Aggression, gegen sich selbst, gegen andere Menschen oder die Gegenstände der Umgebung gerichtete Gewalt. Dorothy Doctors (2004, in Streeck-Fischer 2004) interpretiert diese Handlungsweisen als „Selfmanagement" und betont dessen hohe Funktionalität: die Jugendlichen selbst empfinden ja eine Mischung aus Entlastung und Autonomie. Dass sie sich dabei hoch aggressiver Handlungsweisen bedienen, ist in diesem Zusammenhang nicht überraschend. Die entlastende Funktion von selbstverletzendem Verhalten oder von hoch risikobehafteten Verhaltensweisen (Sensation seeking, zum Beispiel U-Bahn-Surfen oder andere hoch riskante Freizeitbeschäf-

---

[10] Ingo Schäfer (2006), S. 21.

tigungen), aber eben auch der riskante Konsum von legalen wie illegalen Drogen gehören in diesen Zusammenhang. Alle diese Verhaltensweisen stellen aber immer auch eine nicht-sprachliche Botschaft an die Erwachsenen dar, sind auch als eine dramatische Inszenierung von inneren Erfahrungswelten zu verstehen, die die Jugendlichen mit Hilfe von Sprache nicht zum Ausdruck bringen können und die sie daher durch Handlungen inszenieren müssen.

Die misslungenen Dialoge in der frühen Interaktion zwischen Mutter und Kind, wie sie die Säuglingsforschung in der Folge von Stern (1985/1996, 1992/1998), Dornes (1993) und Bindungsforschern wie Fonagy und Target (2004) untersucht haben, hinterlassen für das Kind das Gefühl, als Objekt benutzt worden zu sein, traumatischen Überwältigungen und Angriffen ausgesetzt gewesen zu sein; diese haben sich körperlich ebenso wie emotional und kognitiv eingeprägt, so dass sie in der Adoleszenz zu selbst- und fremddestruktiven Verhaltensweisen führen können, die als Copingstrategien, als Bewältigungsmuster zu verstehen sind. All das ist neben der subjektiv empfundenen Entlastung durch den „Ausbruch" auch gleichzeitig als non-verbale Botschaft zu begreifen. Diesen Botschaften allein mit Restriktionen zu begegnen, verfehlt ihren Sinn und kann daher nichts bewirken.

„Traumatische Erfahrungen gehen mit Seelen-Blindheit (Shengold 1995) einher. Statt ihre Erfahrungen mitzuteilen, drücken sich die Jugendlichen handelnd aus – weibliche Jugendliche eher in Opfer-, männliche Jugendliche eher in Täterpositionen. Ihre Botschaften erscheinen als wieder inszenierte oder konkretisierte Vergegenwärtigungen vergangener traumatischer Erfahrungen, die mitunter erst wie Puzzleteile zusammengefügt werden müssen, um einen Sinn zu ergeben. Betroffene Jugendliche können ihre psychische Blindheit nur überwinden, wenn sie eine Person finden, die mit ihnen diese verschiedenen Teile erkennt und zusammenfügt."[11]

Die körperliche Abhängigkeit von legalen oder illegalen Substanzen führt in der Folge in relativ kurzer Zeit und in Abhängigkeit vom Alter der Jugendlichen zu beträchtlichen zusätzlichen körperlichen, psychosozialen und mentalen Problemen. Körperliche Erkrankungen wie Geschlechtskrankheiten, HIV oder Hepatitis werden wahrscheinlicher, Beschaffungskriminalität nimmt zu, die Integration in eine gewalttätige Clique tut ein Übriges, um die Auswirkung der Entwicklungsstörung voranzutreiben. Im Zuge dieser Veränderungen steigt auch die Wahrscheinlichkeit von weiteren Traumatisierungen. Mädchen, aber auch Jungen, erfahren Vergewaltigungen oder werden zur Prostitution gezwungen, viele gera-

---

[11] Streeck-Fischer (2006), S. 6.

ten durch Fehldosierungen sogar mehrfach in Lebensgefahr. Jungen werden schon bei vergleichsweise geringer Frustration gewalttätig oder Opfer der Gewaltausbrüche anderer. Generell steigt bei drogenabhängigen Jugendlichen die Gefahr, sexuell missbraucht zu werden; oft zieht jedoch auch ein sexueller Missbrauch einen Anstieg des Konsums und damit die Drogenabhängigkeit erst nach sich[12].

Als erstes Zwischenergebnis ist festzuhalten: Viele Jugendliche experimentieren mit legalen und illegalen Substanzen und die wenigsten von ihnen erkranken dauerhaft. Im Gegensatz dazu ist eine schwere Drogenabhängigkeit im Jugendalter eine schwere Erkrankung, die als Folge früh erfahrener Traumatisierungen zu verstehen ist. Diese bewirken eine übergreifende Verletzlichkeit der seelischen und körperlichen Strukturen, was wiederum die Gefahr und die Anfälligkeit für spätere Traumatisierungen erhöht.

1.2 Geschichte dieser Evaluationsstudie

Die vorliegende Evaluationsstudie zur biografischen Entwicklung von drogenabhängigen Jugendlichen ist das Ergebnis eines mehrjährigen Forschungsprozesses, der im Jahr 2000 begonnen hat; an diesem Projekt waren ca. 40 Studierende mehr oder weniger kontinuierlich beteiligt. Natürlich ist es in erster Linie der Bereitschaft der 18 Interviewees zu danken, sich diesen biographischen Interviews mehrfach zu öffnen und ihre Zeit und Bereitschaft zur Verfügung zu stellen, ihre Lebensgeschichte zu erzählen. Genauso bemerkenswert ist es aber auch, dass so viele Studierende der Studiengänge Sozialpsychologie und Sozialwissenschaften der Universität Hannover über einen langen Zeitraum ihre Arbeitskraft, ihr Engagement, ihre Lebenszeit bereitgestellt haben, um die aufwändigen Forschungsschritte einer qualitativen Biographieforschung zu realisieren.

Das gesamte Forschungsvorhaben beruht ursprünglich auf einer Forschungs-Idee. Es begann mit der Einrichtung einer Therapiestation für drogenabhängige Kinder und Jugendliche in der Kinderklinik „Auf der Bult" in Hannover, die 1999 ihre Arbeit aufnahm und unter dem Namen „Teen Spirit Island" bald eine beachtliche öffentliche Aufmerksamkeit erzielte, weil sie sich damals als erste Einrichtung dieser besonderen Zielgruppe widmete und einen ganzheitlichen, institutionenübergreifenden Ansatz entwickelte[13]. Der damalige Oberarzt

---

[12] Dieser Zusammenhang wird in Kapitel 6 detailliert auch an empirischem Material untersucht werden.
[13] Der besondere Therapieansatz dieser Station Teen Spirit Island wird in Kapitel 7.1 über Therapie-Erfahrungen genauer dargestellt.

1.2 Geschichte dieser Evaluationsstudie

und Initiator, Dr. E. Thoms, installierte von Beginn an einen Wissenschaftlichen Beirat, der die Arbeit der Therapiestation aus verschiedenen Perspektiven fachlich begleiten sollte. Kennzeichnend für die Beiratsarbeit ist nicht nur die Bereitschaft, sich mehrfach im Jahr zu begleitenden Sitzungen zusammenzufinden, die Beiratsmitglieder verpflichten sich auch, das Projekt im Rahmen ihrer Möglichkeiten aktiv zu unterstützen.

Als Gründungsmitglied dieses Beirats und später auch als dessen Vorsitzende erschien der von mir erwartete Beitrag aus der Sozialpsychologie zunächst äußerst vage. Zwar waren mit Einrichtung des Modellprojekts Teen Sprit Island sehr viele Spendengelder eingeworben worden, diese waren aber alle in den Aufbau der Institution geflossen, so dass für eine Begleitforschung keine Mittel mehr zur Verfügung standen. So entstand die Idee einer Therapie-Evaluation, die vorhandenes fachliches Wissen am Institut für Soziologie und Sozialpsychologie der Universität Hannover, studentische Interessen und engagierte Arbeitsenergie zusammenfügte und einen dauerhaften Arbeitszusammenhang konstituierte: Das Konzept einer qualitativen wissenschaftlichen Begleitforschung mit einem narrativ-biographischen Ansatz. Über den Zeitraum von zwei Semestern bot ich Vorbereitungsseminare im üblichen Vorlesungsangebot des Hauptstudiums am Sozialpsychologischen Institut an, die unter dem Titel „Jugend und Rausch" im ersten Semester eine Einführung in psychologische, psychoanalytische und sozialwissenschaftliche Theorien des Jugendalters sowie der psychoanalytischen Suchttheorien bot. Im zweiten Semester folgte eine Einführung in Ansätze und Probleme der qualitativen Sozialforschung. Die Teilnahme an beiden Vorbereitungsseminaren war für die Studierenden verbindliche Voraussetzung, um dann an der in Aussicht gestellten qualitativen Begleitforschung mitwirken zu können.

In den darauf folgenden Semesterferien wurden in mehreren Blockseminaren die Fragestellung und Interview-Leitfäden entwickelt; zudem erfolgte eine intensive Schulung der Studierenden zur Interviewführung. Allein zwei ganze Tage wurde die Interviewführung von narrativen Interviews trainiert und unter Supervision reflektiert. Die Studierenden arbeiteten hier bereits in Vierergruppen und interviewten sich wechselseitig, jeweils von zwei Beobachtern mit unterschiedlichen Aufgaben begleitet, so dass sie konkret Erfahrungen in beiden Positionen, als Interviewee und Interviewer/in machen konnten.

Fand die Vorbereitung bis hierher noch vergleichsweise praxisfern statt (das meint fern der konkreten Praxis der Therapiestation Teen Spirit Island), so begann jetzt die Phase der eigentlichen Erhebung. Im Jahre 2000 wurden in einer kompakten Interviewwelle die ersten zehn Absolventen der Therapiestation, die also mindestens acht Monate stationärer Therapie hinter sich hatten, mit dem

Ende ihrer Therapie erstmalig interviewt. Für jede/n Jugendliche/n wurde eine Arbeitsgruppe von vier Studierenden zusammengestellt, die in eigenständiger Verantwortung für die Begleitung dieses Falles zuständig waren und blieben. Diese Vierergruppe stellte den Kontakt zu den/r Jugendlichen her, führte das Interview, übernahm die Transkription, erstellte ein inhaltsanalytisches Protokoll, begann mit den Auswertungen, stellte erste Hypothesen zum Fall auf, macht 9-12 Monate später das zweite Interview, zu dem dieselben Arbeitsschritte nötig waren und gegebenenfalls nach einer entsprechenden Zeitspanne auch ein drittes Interview.

Die Vierergruppen erwiesen sich als sinnvoll und arbeitsfähig, weil sie eine kontinuierliche Fallbegleitung auch dann gewährleisteten, wenn eine Studentin oder ein Student das Studienfach wechselte oder vorzeitig das Studium beendete. Sie dienten jedoch auch dazu, personelle Kontinuität bereit zu stellen und hinreichend Arbeitskraft zur Verfügung zu haben, denn narrative Interviews erbringen häufig eine hohe Menge an Material, dessen Transkription und weitere Bearbeitung sehr viel Sorgfalt und vor allen Dingen auch personelle Kapazität benötigt. Soviel Engagement und Motivation und soviel konkreter Arbeitseinsatz ist jedoch selbst von den engagiertesten Studierenden nur für eine bestimmte Zeit aufzubringen. Es mussten also Wege gefunden werden, die Studierenden zu honorieren, auch wenn dafür keinerlei finanzielle Mittel zur Verfügung standen. Ich verband also die Arbeit an der qualitativen Begleitforschung für alle Studierenden mit dem Angebot, eine Diplomarbeit, Magisterarbeit oder gegebenenfalls auch Dissertation im Rahmen dieses Projektes schreiben zu können. Viele Studierende nahmen dieses Angebot mit Begeisterung auf, so dass ein konkreter Vorteil auch für sie mit dieser Forschung verknüpft war, indem jede/r von ihnen am Ende eine eigene wissenschaftliche Arbeit in den Händen hielt, die für die eigene Biographie und für den eigenen wissenschaftlichen Werdegang von Nutzen sein kann. Die Hoffnung, dass dieses persönliche Interesse zu einer verstärkten Bindung an das Projekt führen und das notwendige Durchhaltevermögen stabilisieren würde, hat sich mit wenigen Ausnahmen bestätigt. Für mich als Initiatorin der Begleitforschung und als Hochschullehrerin in Verantwortung für einen qualifizierten Studienabschluss der Studierenden ließen sich auf diese Weise mehrere anspruchsvolle Aufgaben miteinander verbinden. So wurden die tiefenhermeneutisch arbeitenden Interpretationsseminare, die wöchentlich stattfanden, zu intensiven Studienabschlussbegleitungsseminaren, obgleich sie primär dem Begleitforschungsprojekt bzw. der Interpretation der dort zu erarbeitenden Fälle gewidmet waren. Die Studierenden hatten auf diese Weise mehrere Vorteile: Sie konnten eine gründliche theoretische Vorbereitung mit der Partizipation an ei-

1.2 Geschichte dieser Evaluationsstudie

nem sie interessierenden Forschungsprojekt verbinden und gleichzeitig eine intensiv begleitete Abschlussförderung ihres Studiums erfahren. Die Liste der auf diese Weise entstandenen Magisterarbeiten findet sich, entsprechend gekennzeichnet, in der Literaturübersicht.[14]

Jedoch haben auch die anderen Beteiligten an dieser Begleitforschung Vorteile. Zu allererst seien die Jugendlichen selbst erwähnt. Einige von ihnen drücken das oft erst im zweiten oder gar dritten Interview direkt aus. Sie fühlen sich aufgewertet durch das wissenschaftliche Interesse an ihrem Werdegang, sie erfahren eine Art narzisstischer Gratifikation durch die Beteiligung an diesem Forschungsprojekt. Sie lassen ihre eigene Geschichte noch einmal Revue passieren und haben die Chance, ihre weitere Entwicklung, die nächsten Schritte, die Erfolge, aber auch die Sorgen und Rückschläge zu reflektieren, und zwar gemeinsam mit Menschen, die sich für sie interessieren, die aber keine besonderen eigenen Ansprüche an die Entwicklung der Jugendlichen richten, die keine Erwartungen haben, die nicht kommentieren, nicht be- oder gar verurteilen, wenn es Rückfälle gibt oder Entwicklungen als problematisch angesehen werden. Die Forscher/innen haben keine Kontrollfunktion; das unterscheidet sie grundlegend von den Therapeut/innen, den Bezugspersonen auf der Station und den sozialpädagogischen Betreuungsbeziehungen, die meistens daran anschließen; es unterscheidet sie aber auch von Familienangehörigen oder Freunden. Dieser zweckfrei interessierte und zugewandte Blick, den die jungen Forscherinnen und Forscher gemeinsam mit den Jugendlichen auf deren Lebensgeschichte und weitere Entwicklung werfen, stellt auch zwischen Interviewees und Interviewten eine Art Beziehung her, die von den Interviewees, den jugendlichen Probandinnen und Probanden manchmal als hilfreich und oft auch stützend erlebt wird.

Ein Nebeneffekt einer solchen Begleitforschung kann darin bestehen, dem Team der Mitarbeiter/innen einer solchen schwierigen Station retrospektiv einen Spiegel über die eigene Arbeit zu geben und deren Schwierigkeiten, vor allem aber auch deren Erfolge im nachtherapeutischen, nachstationären Bereich sichtbar zu machen, indem ihnen wichtige Ergebnisse dieser Forschung zur Verfügung gestellt werden. Grundsätzlich ist diese qualitative Begleitforschung in Ziel, Inhalt und Form dem Therapieprojekt Teen Spirit Island verpflichtet und will zu seiner Etablierung und Unterstützung beitragen.[15]

---

[14] Im Rahmen beider Befragungswellen sind zahlreiche Diplom- und Magisterarbeiten geschrieben worden.
[15] Last but not least sei erwähnt, dass die Begleitforschung über viele Jahre die inhaltliche Schwerpunktsetzung meiner Lehrveranstaltungen prägte, die sich in dieser Zeit immer im Umfeld von Jugend, Sucht,

Eine solche projektorientierte Organisation von Studienprozessen ist auch dem Gedanken einer Verbindung von Theorie und Praxis verpflichtet. Konkret war es mein Anliegen, die sozialwissenschaftlichen Kompetenzen und die empirischen Forschungsansätze einer analytischen Sozialpsychologie mit den Erfordernissen einer kommunalen Einrichtung zu verbinden und das akademische Fachwissen in den Dienst einer innovativen Praxis zu stellen. Diese Verzahnung von akademischen Einrichtungen und Institutionen mit praktischer Zielsetzung in Kommune und Region gibt es meines Erachtens viel zu selten; dabei stellt gerade eine derartige Verbindung für alle Beteiligten eine äußerst fruchtbare und konstruktive Form von Arbeitsbündnis zur Verfügung. Das vorliegende Projekt zeigt, wie mit einem Minimum an finanziellem Aufwand ein Maximum an persönlichem Gewinn hervorgebracht werden kann (Abschlussarbeiten). Der entscheidende Nutzen liegt aber in den Ergebnissen dieser Studie, die diesem Modellprojekt zur Verfügung gestellt werden können und zu seiner Evaluation beitragen. Unter dieser „synergetischen" Perspektive gibt es dann tatsächlich nur „Gewinner".

Im Folgenden werden die 18 Jugendlichen, deren Interviews den empirischen Kern dieser Untersuchung bilden, einzeln vorgestellt.

1.3 Wer sind diese Jugendlichen?

Sie sind eine Gruppe junger Menschen, die in einem sehr jungen Alter, teilweise noch als Kinder, mit dem Gebrauch chemischer Substanzen begonnen haben; schnell wird Missbrauch aus diesen Experimenten und bald körperliche Abhängigkeit schwerster Art. Jede Lebensgeschichte ist einzigartig, auch absolut singulär in der besonderen Art von Belastungen, die sie für die Jugendlichen seit frühester Kindheit mit sich gebracht hat.

Gleichwohl lassen sich auch gewisse Parallelen, Ähnlichkeiten und wiederkehrende Motive erkennen. In allen Herkunftsfamilien spielen Drogen und Abhängigkeiten wenigstens für ein Elternteil eine wichtige Rolle, teilweise werden beide Eltern als abhängig geschildert. Oft handelt es sich um legale Drogen wie Alkohol, nicht selten aber sind die Eltern selbst von illegalen Substanzen abhängig. In früher Kindheit haben viele Jugendliche den Verlust eines Elternteils zu beklagen, folgende Abbrüche wichtiger Beziehungen bestimmen ihr weiteres

---

Trauma, qualitativen und psychoanalytischen Methoden in der Sozialforschung (Tiefenhermeneutik) bewegten.

1.3 Wer sind diese Jugendlichen?

Leben. Zum Zeitpunkt des Untersuchungsbeginns leben 14 der insgesamt 18 Elternpaare dauerhaft getrennt. Vier der Jugendlichen haben ihre leiblichen Väter niemals kennengelernt und sind in einer Ein-Eltern-Konstellation groß geworden. Viele sind schon in früher Kindheit und spätestens mit dem Eintritt in die Schule in vielfacher Hinsicht auffällig und zeigen typische Symptome. Demgemäß machen viele von ihnen schon als Kinder Erfahrungen mit Therapieeinrichtungen und Beratungsstellen. Die auffälligen Symptome wie Essstörungen und selbstverletzendes Verhalten bei Mädchen oder soziale Unangepasstheit, rebellisches Verhalten und Aggressionsausbrüche bei den Jungen sind sehr früh sichtbar.

So beginnen sie mit dem Gebrauch von legalen und illegalen Substanzen teilweise bereits mit sieben oder acht Jahren. Ihre frühen Beziehungs- und Bindungsstörungen und die damit verbundenen traumatischen Deprivationserfahrungen machen sie anfällig für jede Art von Betäubung – sie greifen auch nach Beziehungsangeboten zur Kompensation, oftmals zu den falschen: Viele Jungen haben sexuellen Missbrauch erlebt, Mädchen geraten auf der Suche nach emotionaler Unterstützung in verfrühte sexuelle Beziehungen und ausbeuterische Zusammenhänge, gelegentlich auch in heilsversprechende Sekten, die Drogen einsetzen, um die Kinder zu halten oder sexuell gefügig zu machen. Die zunehmende körperliche Abhängigkeit behindert weitere Entwicklungsschritte, auch die kognitiven Potentiale geraten damit notwendig unter den zerstörerischen Einfluss der Drogen.

Drogenbeschaffung bestimmt den Lebensalltag der 10-14jährigen – mit allen kriminellen und ausbeuterischen Begleiterscheinungen. Weitere Erfahrungen monotraumatischer Qualität hängen mit diesem riskanten Lebensstil zwangsläufig zusammen: Vergewaltigungen und Überdosierungen sind eine ständige Gefahr. Aufgrund ihrer mentalen sowie kognitiven Unreife haben diese Kinder und Jugendlichen kein Empfinden für die Schwere ihrer Erkrankung, die Tiefe ihrer Problematik. So sind sie oftmals schon jahrelang in schwerster Abhängigkeit, bevor sie, meist durch Initiative von Ärzten, Eltern, manchmal auch Freunden, mit einer Drogenberatungsstelle in Kontakt kommen und von Teen Spirit Island erfahren.

Insgesamt 18 Jugendliche, jeweils neun Mädchen und neun Jungen, haben am Ende ihrer stationären Therapie mit uns mindestens ein erstes biografisches Interview geführt. Insgesamt liegen bislang 39 Interviews vor, einige Jugendliche haben bis zu viermal mit uns gesprochen, bei einigen (5) ist es bei dem ersten Interview geblieben.[16]

---

[16] Über die Gründe dafür kann hier nur spekuliert werden. Nicht immer bedeutet das zwangsläufig eine Rückkehr in die Drogenszene. Manche kamen auch aus anderen Bundesländern, wechselten ihre Handynummern oder waren aus anderen Gründen für die Forschungsgruppe nicht mehr erreichbar.

Diese allgemeine Übersicht beantwortet die Frage noch nicht ausreichend, wer diese Jugendlichen sind, die an der Untersuchung beteiligt waren. Daher werden im Folgenden die befragten Jugendlichen in knappen Skizzen vorgestellt. Die Vorstellung orientiert sich an dieser Stelle an der biografischen Vorgeschichte, die in die Sucht führte, und zwar anhand der Kriterien:

- Kurzgeschichte der familiären Voraussetzungen
- Drogengeschichte (Einstiegsalter, Wahl d. Substanz)
- (Mono)-Traumatisierungen

Die Bedingungen, die zu ihrer Erkrankung geführt haben, sollen am Anfang stehen, soweit sie aus den Interviews zu rekonstruieren ist. Im abschließenden 10. Kapitel des Buches (Glanzvolle Erfolge und beachtliche Fortschritte) wird auch die Geschichte ihrer Nachreifung, ihrer Erfolge und Entwicklungsschritte erzählt – so klein sie bei manchen auch sein mögen, andere haben beachtliche Entwicklungen erlebt. Zunächst aber werden die Jugendlichen anhand ihrer Lebensgeschichte vorgestellt, wie sie sich bis zum Beginn der Therapie rekonstruieren ließ.

Die biografischen Interviews der ersten Befragungswelle wurden in den Jahren 2000 bis 2002 geführt.

1. Tim (Erstinterview 6/2002, drei Interviews) stammt aus einer norddeutschen Kleinstadt, in der er mit seinen sehr leistungsorientierten, fleißigen Eltern im eigenen Haus lebt, gemeinsam mit dem Bruder, der geboren wurde, als Tim acht Jahre alt war. Die Eltern lassen sich scheiden, als Tim 13 Jahre alt ist. Beide Kinder gelten als schwierig, Tim entwickelt früh Tics (Grimassieren) und Sprachprobleme, die sich nach der Geburt des Bruders zu einem schweren Stottern ausweiten, gepaart mit nachlassenden Schulleistungen. Nikotin beginnt er mit elf Jahren zu rauchen. Ein über längere Zeit anhaltender sexueller Missbrauch durch einen Feuerwehrmann beginnt mit 12 Jahren und hält mehr als ein Jahr lang an, danach nimmt sein Gebrauch auch von illegalen Drogen drastisch zu. Durch den Drogenkonsum wird Tim zunehmend aggressiv, er greift seine Mutter sogar körperlich an. Er belügt und bestiehlt seine Eltern und Freunde, fällt als gewalttätig auf und handelt mit Drogen. Dennoch behält er in gewissen Bereichen die Kontrolle über sein Leben: Durch Reduktion des Drogenkonsums gelingt ihm der Hauptschulabschluss. In diese Zeit fällt jedoch auch der Beginn des Kokaingebrauchs, um seine Leistungsfähigkeit zu steigern. Während er erst bei der Mutter, dann beim Vater lebt, entwickelt sich eine massive Konsumsteigerung: Seine kommunikativen Fähigkeiten und sozialen Kontakte sinken, Drogen konsumiert er allein zuhause, sein Stottern ist auf dem Höhepunkt. Tim beginnt die Therapie in Teen Spirit Island mit 16 Jahren und durchläuft sie sieben Monate lang erfolgreich ohne Rückfall; er arbeitet an seinen Aggressionen, seiner Angst vor dem aggressiven Kontrollverlust. Er verlässt die Therapieeinrichtung nach acht Monaten auf Anraten des Behandlungsteams, um eine Ausbildung als Zweiradmechaniker zu beginnen.

2. Svenja (Erstinterview 6/2000, zwei Interviews) kommt aus einer intakten Familie, zu der auch ein jüngerer Bruder gehört; sie hat eine symbiotisch-unaufgelöste Beziehung zur Mutter und eine sehr enge Bindung an den Vater, der unerwartet plötzlich an einem Gehirntumor stirbt, als sie 13 Jahre alt ist. In dieser Zeit beginnt sie Cannabis zu rauchen und geht schnell zu anderen Drogen und Heroin über: Sie setzt Drogen ein, um sich autonom zu fühlen, von der Mutter abzulösen und den Verlust des Vaters zu verschmerzen. Mit 17 Jahren kommt Svenja in die Therapie, kann sich gut auf die neue Umgebung einlassen und wird zu einer kooperativen Patientin, die für andere, trotz eines Rückfalls, durch ihre integrativen Bemühungen Modellcharakter hat. Auch die Mutter arbeitet intensiv in der Familientherapie mit. Nach Therapieende kehrt Svenja ins Elternhaus zurück, setzt sich Ziele (Führerschein, erweiterten Abschluss für die Sekundarstufe II, Praktikum und Job) und will clean bleiben.

3. Jenny (Erstinterview 5/2001, kein Folgeinterview) lebt mit der Mutter, der jüngeren Schwester und später dann dem Freund der Mutter in einer Kleinstadt im östlichen Niedersachsen. Mit neun Jahren greift sie regelmäßig zu Zigaretten, mit elf raucht sie Cannabis, mit 12 konsumiert sie zahlreiche andere illegalen Drogen. Mit 13 Jahren hat sie eine sexuelle Beziehung zu einem gewalttätigen Dealer, die Integration in dessen ebenfalls gewalttätige Clique ist für sie von großer emotionaler Bedeutung. In dieser Zeit wird sie von der hilflosen Mutter bei der Polizei angezeigt und für sieben Monate in einer Kinder- und Jugendlichenpsychiatrie untergebracht. Sie kann ihre Aggressionen nur schlecht kontrollieren und will sich durch aggressives Verhalten Anerkennung in der männlichen Clique verschaffen. Nachdem sie eine junge Frau aus Südosteuropa schwer verletzt hat, beschränkt sie sich später bei ihren Prügelein auf Männer. Nach verschiedenen lebensbedrohlichen Krisen kommt sie zu Teen Spirit Island, weil ihre Mutter sie nicht mehr aufnimmt, und bleibt dort elf Monate ohne Unterbrechung und ohne Rückfall.

4. Peter (Erstinterview 1/2002, zwei Interviews) stammt aus einer Familie, in der beide Eltern, Mutter und Stiefvater, Gelegenheitstrinker sind. Der Stiefvater ist gewalttätig gegen seine Frau, oft auch gegen Peter. Der beginnt mit acht Jahren regelmäßig Alkohol zu trinken, wird Mitglied einer kriminellen Clique und hat mit neun Jahren ein Register von 19 Straftaten. In diesem Alter hat er extrem frühe eigene und traumatische sexuelle Erfahrungen; zudem versucht er erfolglos, seine Schwester vor einer Vergewaltigung zu schützen. Er wird als Zehnjähriger in die Kinder- und Jugendpsychiatrie eingewiesen und verbringt die nächsten sechs Jahre in verschiedenen Heimen. Dort wechseln suizidale Phasen mit schweren Aggressionsausbrüchen, insgesamt dreimal wird er Opfer sexueller Gewalt durch Männer, jedoch wird ihm erst spät Glauben geschenkt. Mit 17 wieder bei der Familie, finden häufige Schlägereien mit dem Stiefvater statt, erneut begeht Peter Straftaten. Schließlich wird er vor die Alternative Therapie oder Gefängnis gestellt und entscheidet sich für Teen Spirit Island. Dort startet er mit erheblichem Untergewicht und beträchtlichen Entwicklungsrückständen und bleibt neun Monate. Eine Unterbrechung erfolgt durch eine kurze und verbotene Liebesbeziehung, die er aber aufgibt. Er erfüllt alle sanktionierenden Auflagen und kann zwei Wochen später die Therapie fortsetzen. Während der Therapiezeit entwickelt er eine starke Bindung an die Therapeuten, die er ausgiebig nutzt. Er hätte gern noch mehr Therapie gehabt. Der Abschied fällt ihm schwer, auch wenn er stolz ist, eine eigene Wohnung zu beziehen.

5. Lou (Erstinterview 8/2001, zwei Interviews) lebt seit ihrem dritten Lebensjahr mit der berufstätigen Mutter allein; ihr Vater, zu dem sie nur sporadisch Kontakt hat, war früher Alkoholiker. Zunächst eine gute Schülerin, die gut allein zurecht kommt, lassen ihre Leistungen auf dem Gymnasium plötzlich nach. Mit 12 Jahren beginnt sie zu rauchen (Nikotin) und wird depressiv, ein Jahr später beginnt sie regelmäßig Alkohol zu trinken. Die Mutter steht der Entwicklung hilflos gegenüber, bald kommt das Symptom des zwanghaften Rückzugs von Menschen dazu, Lou geht nicht mehr zur Schule. Nur unter Alkohol gelingt es ihr, ihre innere Leere, Depersonalisierungs- und Fremdheitsgefühle zu überwinden. Ein Schulpsychologe sorgt mit Zustimmung der Mutter für den Wechsel zu Teen Spirit Island, wo sie insgesamt zehn Monate bleibt und lernt, ohne Alkohol aus sich herauszukommen, lebendig und authentisch zu sein. Sie möchte die Schule abschließen und den Führerschein machen.

6. Ole (Erstinterview 6/2001, zwei Interviews) wächst in einer norddeutschen Großstadt auf und lebt bis zum 15. Lebensjahr mit seinem elf Jahre älteren Halbbruder aus der ersten Ehe der Mutter und seinem zwei Jahre jüngeren Bruder bei seinen Eltern, die beide in sozialen Berufen tätig sind. Ole ist im Alter von 7-11 Jahren Mitglied in einem Segelverein, vermutlich kommt er auch dort erstmals mit Drogen in Kontakt: mit sieben Jahren beginnt er Zigaretten zu rauchen, mit neun seinen ersten Joint, mit elf konsumiert er Kokain. In diese Zeit fällt auch ein sexueller Missbrauch. Nach einem heftigen und gewalttätigen Streit mit der Mutter und dem Bruder zieht er mit 14 Jahren in eine andere, größere Stadt in eine betreute Wohngemeinschaft und lebt vom Dealen. Einsamkeit und Bindungslosigkeit zeichnen seine Biografie aus, die er durch aufgeblähtes Machoverhalten verbirgt. Am Ende des 15. Lebensjahres kommt er auf eigenen Wunsch zu Teen Spirit Island, hat dort beträchtliche Anpassungsschwierigkeiten und kann sich nur bedingt auf die Beziehung zu den Therapeuten einlassen. Er sinnt auf Rache an dem Missbraucher und plant eine Anzeige gegen ihn. Schulabschluss und dann eine weiterführende Schule sind seine Ziele. Er wird nach 12 Monaten entlassen. Beide Eltern waren aktiv an der Familientherapie beteiligt.

7. Daniela (Erstinterview 5/2001, zwei Interviews) kommt aus einem kleinen Ort im Harz aus einer Familie, in der beide Eltern voll berufstätig sind; sie hat einen sieben Jahre älteren Bruder. Kaum jemand kümmert sich um sie, außer zum Bruder hat sie keine engen Beziehungen. Sie wächst sehr einsam auf und hat als enge Vertraute der Kindheit und frühen Jugendzeit allein ihre Kuscheltiere, später eine innige Beziehung zu ihrer Katze. Das familiäre Klima ist durch die Gewaltausbrüche des Vaters geprägt, die Mutter ist alkoholabhängig und kaum in der Lage, Haushaltsführung, Berufstätigkeit und Sorge um die Kinder miteinander zu vereinbaren. Schon früh (mit etwa acht Jahren) fühlt sich Daniela für den Haushalt verantwortlich. Ihre Suchtgeschichte beginnt damit, dass sie bereits mit neun Jahren Zigaretten raucht und gelegentlich hochprozentigen Alkohol trinkt, den sie durch die Gewohnheiten der Mutter zuhause vorfindet. Daniela findet Entspannung und Entlastung dadurch und unbemerkt gleitet sie in die Abhängigkeit hinein. Mit 14 hat sie eine für sie überwältigend positive Liebesbeziehung, nach deren Scheitern nimmt sie exzessiv alle verfügbaren Drogen und durchläuft monatelang verschiedene Heime, Kinder- und Jugendlichenpsychiatrien. Zu Teen Spirit Island kommt sie eher unfreiwillig und wenig motiviert, daher überraschen auch ihre beiden schweren Rückfälle nicht. Daniela lebt ständig am Abgrund. Bei einem Rückfall trinkt sie sich ins Koma und kann nur knapp gerettet werden. Danach steigt ihr Therapieengagement, sie will sich verändern, treibt viel Sport, ist sehr stolz auf ihre starke Muskulatur, genießt ihr neues Köpergefühl ebenso wie die Anerkennung, die sie in Therapie und Patient/innengruppe erfährt. Nach Therapieabschluss plant sie, in einer eigenen Wohnung zu leben.

8. Maria (Erstinterview 3/2001, drei Interviews) kommt aus einer Familie der oberen Mittelschicht und lebt mit Mutter, Bruder und Stiefvater zusammen. Ihr leiblicher Vater hat die Familie in Marias zweiten Lebensjahr verlassen, seither gibt es keinen Kontakt zu ihm. Die Beziehung zum Stiefvater ist belastet und äußerst ambivalent. Mit ca. sieben Jahren beginnt sie mit selbstverletzenden Verhaltensweisen, um Aggressionen abzubauen, in dieselbe Zeit fällt eine plötzliche Schul- und Sprachverweigerung, deretwegen sie zwei Jahre in Therapie ist, jedoch verbietet der Stiefvater ihr, dort über familiäre Dinge zu sprechen. Die hochaggressive Beziehung der Eltern zueinander führt zu einer emotionalen Abkehr von den Kindern, zumindest der Stiefvater nimmt auch regelmäßig Psychopharmaka ein. Maria fühlt sich schuldig an den Streits der Eltern. Mit 12 Jahren beginnt sie zunächst mit Alkohol und geht dann innerhalb kürzester Zeit zu Cannabis, LSD und Exctasy über, die Drogen bestimmen ihr Leben zwischen dem 13. und 15. Lebensjahr. Ein Kinderarzt, den Maria aufsucht, um vom Stiefvater wegzukommen, veranlasst den Kontakt zu Teen Spirit Island. Hier hat sie zunächst große Schwierigkeiten, sich einzulassen, bricht anfangs zweimal ab und ist erst nach mehr als drei Monaten wirklich selbst entschieden, von den Drogen loszukommen; der enge Kontakt zu ihrer Therapeutin hat daran großen Anteil. Der enge symptomatische Zusammenhang zwischen Selbstverletzung und Drogenkonsum wird überdeutlich – nach dem Drogenentzug hat sie sich während der Behandlung deutlich mehr geschnitten. Mit Ende der stationären Therapie geht sie eine feste Liebesbindung an einen Mitpatienten ein, will die Beziehung zu ihrer Mutter klären, die 10. Klasse abschließen und eine Ausbildung zur Erzieherin beginnen.

Die zweite Befragungswelle beginnt im Jahr 2004.

9. Jaqui (Erstinterview 11/2004, kein Folgeinterview) kommt aus einer Stadt an der Küste und wächst bis zu ihrem fünften Lebensjahr als einziges Kind einer alleinerziehenden und schwer alkoholkranken Mutter auf, die mit Jaquis Einschulung zwar den Alkohol aufgibt, diesen Stoff jedoch durch eine zwanghafte Bindung an eine christliche Sekte ersetzt. Daher steht sie als Mutter eher noch weniger zur Verfügung, zumal sie noch zwei weitere Kinder zur Welt bringt, von deren Vätern im Interview nicht gesprochen wird. Jaqui verlässt diese Familie mit elf Jahren und zieht zu einer Tante und deren Mann aufs Land, wo sie in der

Schule zwei gute Jahre verbringt, jedoch auch damit beginnt, regelmäßig Alkohol zu trinken. Heimaufenthalte und Therapieversuche folgen, scheitern aber. Mit 14 lebt sie mit einem Freund zusammen, der den Lebensunterhalt für beide durch Diebstähle gewährleistet und den sie zum Drogenkonsum führt. Sie selbst braucht immer mehr Drogen, um ihre quälenden Einsamkeitsgefühle, aber auch ihre Aggressionen zu bändigen. Mit 17 erkennt sie durch Gespräche mit einer Ärztin den Grad ihrer Abhängigkeit und kommt zu Teen Spirit Island, wo sie zu ihrer eigenen Überraschung sechs Monate lang bleibt, bevor sie ohne klare Perspektive in ihre Heimatstadt zurückgeht.

10. Sven (Erstinterview 12/2004, zwei Interviews) ist das älteste Kind einer psychisch kranken Mutter und eines beruflich sehr erfolgreichen (und daher häufig abwesenden) Vaters, die beide streng gläubige Baptisten sind. Die Eltern führen eine turbulente und konfliktreiche, jedoch stabile Ehe. Sven hat eine Außenseiter- und Opfergeschichte, er schielt stark und wird oft gehänselt, als Kind wehrt er sich nicht dagegen. Das ändert sich mit der Vorpubertät, er zeigt aggressive Verhaltensauffälligkeiten und beginnt mit 13 den Konsum von Cannabis und Pilzen, bald nimmt er alles bis auf Heroin; er braucht die Drogen, um sich stark zu fühlen, sein Selbstwertgefühl aufzubauen und auch, um seinen heftigen Aggressionen Ausdruck zu geben. Die Beziehung zu seiner Mutter ist distanziert (sie macht ihn für ihre Probleme verantwortlich, und er fühlt sich schuldig), die zu seinem Vater aus der Distanz aggressiv aufgeladen. Die Beziehung zu seiner knapp zwei Jahre jüngeren Schwester ist sehr innig, beide stützen sich gegenseitig und freuen sich an der Geburt des jüngsten Bruders (als Sven 14 Jahre alt ist), dem gegenüber sie wie ein Elternpaar erscheinen. Seine Entscheidung zur Therapie, die er im Alter von 16 Jahren trifft, wird von den Eltern sehr unterstützt, sie beteiligen sich auch regelmäßig an der Familientherapie, die von Teen Spirit Island angeboten wird. Sven hat zwei dreimonatige Aufenthalte dort und ist dann, nach verschiedenen Rückfällen, jeweils zu einer betreuten, drogenfreien Wohngemeinschaft gewechselt.[17] Die regelmäßige Tagesstruktur, Anleitung zur Gestaltung des Alltags und vor allem neue Körpererfahrungen durch Sport und Klettern sind hilfreich für ihn. Weniger die Therapeuten als die Gruppe der gleichaltrigen anderen Patienten stellen für Sven eine stabile Unterstützung dar. Er möchte langsam den Umzug in eine eigene Wohnung vorbereiten, zumal er bald volljährig wird.

---

[17] Es handelt sich um die Einrichtung eines Drogenhilfeträgers (STEP) und der städtischen Jugendhilfe. Step Kids arbeitet von Beginn an eng mit Teen Spirit Island zusammen.

11. Antonia (Erstinterview 3/2005, zwei Interviews), Tochter von Psychotherapeuten, betont ihre Unabhängigkeit und ihren Perfektionismus. Nach der Scheidung der Eltern, als sie fünf Jahre alt ist, bleibt sie mit drei Brüdern bei Mutter und Stiefvater. Antonias Störungen beginnen früh, mit elf Jahren entwickelt sie eine Essstörung, mit zwölf starke Depressionen, der Drogeneinstieg erfolgt mit 13 Jahren, mehrfach trinkt sie bis zum Koma. Mit 14 zieht sie zum Vater, weil sie von der Mutter hinausgeworfen wird, dort sackt sie jedoch tiefer ab und nimmt auch Heroin. Eine neunmonatige Psychoanalyse verschlimmert ihren Zustand, psychotisch geworden, kommt sie in die geschlossene Psychiatrie. Von dort erfolgt die Verbindung zu Teen Spirit Island, wo sie sich sofort einen Sonderstatus als einzige Patientin des Oberarztes sichert. Darauf ist sie sehr stolz. Neben ihren Wahnvorstellungen leidet sie unter ungebändigten Aggressionsschüben, die sie häufig in selbstverletzenden Verhaltensweisen gegen sich selbst richtet, aber auch als Appell an andere einsetzt – aber sie bleibt und hält durch. Antonia lernt, ihre Aggressionen in sportliche Aktivität zu transformieren und daraus entwickelt sich im Anschluss an ein Praktikum ihr Berufswunsch: Ausbildung zur Kauffrau im Fitnessstudio.

12. Philip (Erstinterview 2/2005, kein Folgeinterview): Nach der Scheidung der Eltern, als er fünf Jahre alt ist, lebt er mit der jüngeren Schwester bei der alkoholabhängigen Mutter, der Kontakt zum Vater ist sehr sporadisch. Philip beginnt mit ca. 12 Jahren mit dem Rauchen von Cannabis und dem Konsum von Pilzen, weil seine Freunde das auch tun; er fühlt sich beruhigt und befreit beim Rauchen, muss dann an nichts mehr denken. Parallel zu der Ruhigstellung erfolgen gemeinsam mit den anderen Jungen aggressive Ausbrüche, bei denen sie durch den Ort ziehen. Er lässt dann offenbar Dampf ab. Obwohl Philip schnell in völlige Abhängigkeit gerät, bleibt er durch konzentrierte Arbeitsphasen, zu denen er sich zwingt, ein recht guter Schüler und schließt sogar die Realschule ab. Er hat ein raffiniertes System von Täuschungsmanövern, sozialer Fassadenhaftigkeit und intelligenten Auswegen entwickelt, mit dem er sich durchmogelt. Philips Mutter erkennt zwar seine Abhängigkeit, erlaubt ihm aber den Konsum daheim, damit er nicht auffällt. Philip seinerseits beobachtet das Suchtverhalten seiner Mutter. Es gibt eine offenkundige Abstimmung zwischen Mutter und Sohn: Sie tolerieren wechselseitig ihre Süchte, und seit Philips Entzug ist auch die Mutter trocken. Zeitweilig lockert das Ende von Philips Drogenkonsum die Kollision mit der Mutter, sie hat jetzt sogar einen Freund. Beide Eltern sind sehr bemüht um Philip und nehmen an den familientherapeutischen Sitzungen teil. Zu Teen Spirit Island ist Philip gekommen, nachdem er in einer Klinik vor Ort zur Entgiftung war, in

1.3 Wer sind diese Jugendlichen?

der ihm dringend eine Langzeittherapie empfohlen wurde, solange er noch nicht 18 Jahre alt ist. Daraufhin hat nach sorgfältigen Recherchen Teen Spirit Island ausgewählt, weil diese Einrichtung die größten Freiheiten versprach und es ihm dort am wenigsten wie im Gefängnis erschien.

13. Felix (Erstinterview 12/2004, kein Folgeinterview) kommt aus einer Millionenstadt, wo er mit beiden Eltern lebt. Bereits als Kind verhaltensauffällig (neun unfreiwillige Schulwechsel) beginnt er früh mit Alkoholkonsum, mit 13 raucht er dann Cannabis und nimmt Kokain. Sein Gebrauch steigert sich schnell, mit 16 Jahren hat er eine beachtliche Karriere – auch als Dealer – hinter sich. Sein Vater, selbst alkoholabhängig, findet Drogen in Felix' Zimmer, spült sie in der Toilette herunter und benachrichtigt die Polizei. Damit beginnen Felix' Aufenthalte in verschiedenen Einrichtungen der Jugendhilfe. Obwohl er immer wieder versucht, clean zu werden, wird er rückfällig, was er vor dem Vater verbirgt, der Mutter jedoch vertrauensvoll mitteilt. Sie steht dem Drogenkonsum des Sohnes hilflos gegenüber, seine Offenheit bekommt dadurch fast etwas Höhnisches, Sadistisches. Zeitweilig lebt er abgemagert auf der Straße wie ein typischer Junkie. Die Mutter unterstützt ihn dabei, nach Hannover zu Teen Spirit Island zu gehen, wo er sich für sechs Monate aufhält, um dann zu Step Kids zu wechseln, wo er zum Zeitpunkt des Erstinterviews noch lebt.

14. Jill (Erstinterview 2/2005, zwei Interviews) ist erst 13 Jahre alt, als sie die Therapie bei Teen Spirit Island nach acht Monaten abschließt. Sie kommt aus einer Familie, in der beide Eltern alkoholabhängig sind, ihre Kindheit steht unter dem Zeichen roher Gewaltausübung des Vaters. Nach der Scheidung der Eltern bleiben Jill und ihr vier Jahre jüngerer Bruder zunächst bei der Mutter; der Vater, inzwischen mit eine neuen Frau verheiratet und seither praktizierender Zeuge Jehovas, erstreitet, da angeblich alkoholfrei, das Sorgerecht für die Kinder. Die alkoholbedingte Gewalt-Tortur setzt sich fort. Jill beginnt spätestens mit elf Jahren regelmäßig Alkohol aus den Vorräten der Eltern zu trinken. Sie sucht Schutz bei wesentlich älteren Freunden, die sich später als satanistische Gruppe herausstellen, Drogen nehmen und einsetzen, um junge Mädchen abhängig zu machen und offenkundig sexuell auszubeuten. Sie kommt, inzwischen polytoxikoman, in ein Heim, hält aber den Kontakt zur Gruppe weiterhin aufrecht und wird von dort mit Stoff versorgt. Offenbar prostituiert sie sich auch, um ihren Konsum zu finanzieren. Vergewaltigungen der jungen Mädchen, während diese im Vollrausch und bewusstlos sind, scheinen an der Tagesordnung zu sein. Eine Betreuerin des Jugendamtes findet die Zwölfjährige in erbärmlichem Zustand, das Jugendamt ebenso wie das Akut-Krankenhaus schlagen Psychiatrie oder Teen Spirit Island vor. Weil Drogenabhängigkeit, selbstverletzendes Verhalten und völlige Orientierungslosigkeit zusammenkommen, entscheidet sie sich wegen der umfassenden Behandlungsangebote für Teen Spirit Island. Hier läuft sie bereits nach vier Wochen erstmals fort und hat einen gefährlichen Rückfall mit Heroin, erst danach entwickelt sie eine eigene Motivation zur Therapie, die sie dann auch durchhält.

15. Marion (Erstinterview 1/2005, zwei Interviews) kommt aus einer norddeutschen Kleinstadt, in der sie mit der älteren Schwester, einem zur Gewalt neigenden Vater und einer emotional schwachen Mutter lebt. Schon früh ist sie verhaltensauffällig, schwänzt die Schule (seit sie neun oder zehn Jahre alt ist), kommt wegen selbstverletzenden Verhaltens für ein ganzes Jahr in eine offene psychiatrische Einrichtung. Da ist sie bereits seit längerem drogenabhängig und in engem Kontakt mit einer Gruppe älterer Menschen, die selbst Drogen benutzen und einsetzen, um junge Mädchen sexuell zu missbrauchen. Allerdings gibt es auch Hinweise auf sexuellen Missbrauch durch den Vater. Marion kann sich sprachlich kaum ausdrücken, spricht fragmentarisch, mit langen Pausen, einsilbig und nur in Stichworten; ihre Angst vor Menschen ist so groß, dass sie auch das Interview nur in Gegenwart ihres Betreuers zu führen wagt.

16. Alexander (Erstinterview 2/2005, kein Folgeinterview) stammt aus einer ländlichen Gegend in Schleswig-Holstein und wächst in einem reinen Frauenhaushalt auf – mit seiner Mutter, deren Mutter und einer mit ihm fast gleichaltrigen Tante, sein aus Lateinamerika stammender Vater ist bis zu Alexanders 13. Lebensjahr im Gefängnis. Früh lebt er Aggressionsprobleme mit einer Peergroup aus, mit der er seit dem 10.Lebensjahr zusammen ist und mit der er auch Drogen konsumiert; zahlreiche kriminelle Delikte gehen einem Vorfall voraus, bei dem er im Alter von 13 Jahren einen Jungen mit einer Eisenstange fast tot schlägt, weil dieser seine Mutter beleidigt hatte. Zur selben Zeit kommt sein Vater aus dem Gefängnis, Alexander zieht zeitweilig zu ihm und beide rauchen Cannabis – zur Therapie auf Teen Spirit Island kommt er mit 17 Jahren als Alternative zum Gefängnis.

17. Omar (Erstinterview 1/2005, bislang zwei weitere Interviews) ist der Sohn eines gewalttätigen Schwarzafrikaners und einer von Beginn an alleinerziehenden heroinabhängigen und sich selbstverletzenden Mutter, deren Borderlinestörung seit langem diagnostiziert ist. Als er mit ca. 15 Jahren auf Initiative eines Drogenberaters, der auch schon seine Mutter kennt, zu Teen Spirit Island kommt, hat er zusammen mit seiner Schwester verschiedene Heimaufenthalte hinter sich, die zu seiner doppelten Stigmatisierung führen: als Farbiger und als Heimkind. Dass er seinen Vater nicht kennt, beschäftigt ihn sehr. Mit ca. zehn Jahren kommt er in der Schule über die Peers mit Drogen in Kontakt und wird schnell schwer abhängig; Mutter und Sohn konsumieren häufig gemeinsam. Den Drogenkonsum für sich selbst und die Mutter finanziert Omar als Dealer, auch sonst erweist er sich als höchst parentifiziert: Er sorgt nach Kräften für das Wohlbefinden der Mutter und idealisiert sie und die symbiotische Beziehung der beiden so weitreichend, dass er die insgesamt mehr als fünf Jahre Heimaufenthalte zunächst völlig ausblendet. Seine Zeitorientierung ist minimal. Aggressive Kontrollverluste und schwere Abhängigkeitssymptome, Schlaflosigkeit und Wahnvorstellungen kennzeichnen den Zustand, dessentwegen er sich zur Therapie entschließt.

18. Amelie (Erstinterview 2/2004, drei weitere Interviews) Nach der Scheidung der Eltern in ihrem dritten Lebensjahr lebt sie mit dem jüngeren Bruder bei der – offenbar schwer gestörten und traumatisierten – Mutter, in engem Kontakt auch zu den Großeltern mütterlicherseits. Es gibt dort problematische Familiengeheimnisse, die u.a. in den alkoholbedingten Tod einer Tante und den Suizid des Großvaters münden, als Amelie etwa 12 Jahre alt ist. In dieser Zeit hat sie bereits eine schwere Essstörung entwickelt, Selbstverletzung und Drogen gehören durch ihre Clique zum Alltag, vor allem Alkohol, später dann bis auf Heroin auch alles andere. Äußerlich bleibt sie unauffällig, schafft einen sehr guten Realschulabschluss und beginnt eine Lehre zur Hotelkauffrau. Sie konsumiert heimlich, bis sie durch eine Überdosis in Lebensgefahr gerät und ein Klinikaufenthalt ihre Sucht ans Tageslicht bringt. So kommt sie zu Teen Spirit Island, wo sie, mit einem schweren Rückfall, neun Monate bleibt.

1.4 Über die Notwendigkeit einer intersubjektiven Wende in der Qualitativen Sozialforschung

Diese kurzen Lebensgeschichten beschreiben den biografischen Werdegang der Jugendlichen unserer Untersuchungsgruppe, reduziert auf äußerst knappe Informationen. Die folgenden Überlegungen beziehen sich auf den Untersuchungsansatz, der im nächsten Kapitel ausführlich entwickelt und an empirischem Material verdeutlicht werden soll. An dieser Stelle wird vorerst nur ein Schlaglicht geworfen auf die Besonderheiten und die damit verbundenen besonderen Anforderungen an unsere Untersuchung.

In diesen Lebensgeschichten werden selbst in der kurzen Form besondere Phänomene und Symptome beschrieben, z.b. selbstverletzendes Verhalten und andere affektive Kontrollverluste, über die unsere jugendlichen Interviewpartner/innen nicht sprechen können. Durch traumatische Erfahrungen bedingt wurden sie aus dem alltäglichen Sprachgebrauch und dem expliziten Bewusstsein ausgeschlossen.

Wir mussten davon ausgehen, dass die Interviewpartner/innen besondere Jugendliche sind, die unter sehr belastenden Bedingungen der frühen Kindheit aufgewachsen sind, die in ihrer Entwicklung früh zu chemischen Substanzen greifen, die schnell eine eigene Wirkung entfalten. Das führt zu vielfachen Beeinträchtigungen in der Entwicklung. Gleichzeitig entwickeln diese jungen Leute eine bewundernswerte Energie, sie haben Talente und sind faszinierende Überlebenskünstler/innen. Eine qualitative Forschung, die der Frage nachgeht, ob und wie eine stationäre Behandlung wirkt, muss diesen Besonderheiten gerecht werden.

Es muss also in jedem Arbeitsschritt berücksichtigt werden, dass die jeweils vorliegenden Narrative eine dem gerade erreichten Stand der Bewältigung entsprechende retrospektive biographische Selbstdeutung sind. Das bedeutet konkret: Gesagtes und Ausgespartes stehen in einem unauflöslichen und äußerst spezifischen Verhältnis zueinander. Die Belastungen, das Entsetzen, das Grauen, das häufig im Kern dieser Lebensgeschichten liegt, gehen zumeist nicht in den manifesten Erzähltext der Interviews ein, jedenfalls nicht in den des ersten Interviews. Es ist jedoch davon auszugehen, dass in einer solchen kommunikativen Situation wie den Interviews auch das Ausgesparte eine gewisse Dynamik entfaltet und das Nicht-Besprochene eine Wirkung entfaltet. Auch wenn die Qualität der Reinszenierung in einem Interview nicht annähernd mit der Reinszenierung in einer therapeutischen Beziehung verglichen werden kann, so besteht doch eine hohe Wahrscheinlichkeit, dass auch im Interview gelegentlich Reinszenierungen frühkindlicher Muster auftreten werden.

In der aktuell geführten Intersubjektivitätsdiskussion (vgl. zusammenfassend Altmeyer und Thomä, H. 2006), die schulenübergreifende integrative Konzepte entwickelte, wird mit Nachdruck darauf verwiesen, dass Ich-Entwicklung und Subjektwerdung auf das Engste mit interpersonalen Erfahrungen verbunden sind. Wirklich zu verstehen, was Menschen miteinander tun und wie sie sich miteinander abstimmen, folgt im intersubjektiven Verständnis Erkenntnissen, die zunächst von der Säuglingsforschung betont worden sind. Sie zeigt, dass die Beziehung zwischen dem Kind und der Mutter von Anbeginn an einer präzisen Feinabstimmung folgt, die zur Regulierung der Affekte dient und die vom Kind aktiv mitbestimmt wird. Psychische Realität und Struktur sind also Ergebnis intersubjektiver

1.4 Eine intersubjektive Wende

Erfahrungen, die lebenslang wirken und weiterentwickelt werden. Um diese Feinabstimmung zu ermöglichen und zu verfeinern, werden symbolische Formen gebildet. Je nach theoretischem Ansatz wird von Symbolisierung, Mentalisierung oder Repräsentation gesprochen; gemeint ist damit der Vorgang lebenslang anhaltender Transformation psychischer Inhalte sowie deren Vervielfältigung und die Organisation ihrer Repräsentationen durch interaktive, emotional bedeutsame Erfahrungen. Diese intersubjektiven Abstimmungsprozesse können verbal-gestisch ebenso erfolgen wie auf höchstem intellektuellem Niveau.

Als Vertreter der relationalen Analyse betrachtet Stephen Mitchell (2003) einen Interaktionsvorgang des Selbst mit dem anderen als einen bestimmten interaktiven Modus. Vier charakteristische Modi hat er aufgrund ihrer unterschiedlichen Komplexität voneinander unterschieden und sie in einer **Hierarchie der Interaktionen** gefasst. Sie bauen aufeinander auf im Grad ihrer Reife und Differenziertheit, die im individuellen Bewusstsein ihren Ausdruck finden, dass der andere Mensch als Getrennter anerkannt und dennoch als bedeutungsvoll für die eigene Identität, das eigene Selbstgefühl wahrgenommen wird. In ihrer Funktionsweise für subjektive Wahrnehmung und Interaktion bedingen sie sich wechselseitig, greifen ineinander und kommentieren sich. Die Interaktionsmodi werden im Folgenden kurz dargestellt

Das **nichtreflexive Verhalten** (Modus 1) beschreibt, was Menschen miteinander tun; vorsymbolische, d.h. hier vor allem nichtsprachlich vermittelte Verhaltensweisen bestimmen eine reziproke Einflussnahme und wechselseitige Regulierung, die ausschließlich durch Handeln erfolgt und durch diese Handlungen ein Beziehungsfeld strukturieren, indem das Selbst und der Andere noch gar nicht als voneinander Getrennte wahrgenommen werden können.

Ein Zustand **affektiver Durchlässigkeit** (Modus 2) betrifft das geteilte Erleben intensiver Gefühlszustände, ohne dass ein Selbst durch klare psychische Grenzen vom anderen verlässlich unterschieden wäre. Die jeweiligen Ich-Grenzen sind in diesem interaktiven Modus gleichsam noch durchlässig; fundamentale Gefühle folgen primärprozesshaftem Erleben und Funktionieren. „Bei starken emotionalen Erlebnissen wird nicht unabhängig voneinander registriert, was *ich* fühle und was *du* fühlst, sondern eher das Gefühl einer Einheit, die ich in ihrer Gesamtheit als eine Erfahrung von mir selbst erlebe." (Mitchell 2003, S. 106)

Konfigurationen des **Selbst-mit-dem-Anderen** (Modus 3) bezeichnen Erlebnisformen, die das Selbst in Beziehung zu anderen strukturieren (Ich ist Sohn meines Vaters und der darauf basierenden Identifikationen, aber Ich ist ebenso Sohn meiner Mutter und der daraus erwachsenden Identifikationen). Das Selbst ist also „vielfältig strukturiert ..., es besteht ... aus diskontinuierlichen multiplen

Strukturen, die von einem trügerischen Gefühl von Kontinuität und Kohärenz zusammengehalten werden" (Mitchell 2003, S. 107).

Mit dem Begriff der **Intersubjektivität** (Modus 4) wird ein reifer Zustand der wechselseitigen Bezogenheit beschrieben. Individuation und Autonomie sind nicht länger die alleinigen erstrebenswerten Entwicklungsziele. Weil es nach dieser Auffassung kein einzelnes Subjekt ohne den anderen gibt, ergibt sich hieraus auch das Ziel, sich „ein Gefühl von eigener Subjektivität und Handlungsfähigkeit zu entwickeln, und zwar in einem Kontext von Bezogenheit, der es erlaubt, von einer Mutter (oder einem Analytiker) anerkannt zu werden und sich mit einer Mutter (oder einem Analytiker) zu identifizieren, die (oder der) selbst ein Subjekt aus eigenem Recht ist." (Mitchell 2003, S. 110)

Übertragen auf die Beziehung zwischen Selbst und Anderen sagt Mitchell:

„Im ersten Modus hat der Andere Anteil an den wiederkehrenden, häufig der Stabilisierung dienenden Interaktionsmustern, die weder symbolisiert noch reflektiert werden können. Im zweiten Modus hat der Andere Anteil an einer affektiven Verbindung, die unter Umständen eine bestimmte Gefühlserfahrung erst ermöglicht. Im dritten Modus hat der Andere zwar eine eigenständige symbolische Repräsentanz, aber bloß unter dem Aspekt bestimmter Funktionen, wie der des Spiegelns, der Erregung, der Befriedigung usw. Nur im vierten Modus ist der Andere als eigenständiges Subjekt in der seelischen Struktur repräsentiert." (2000, S. 107)

Gerade junge Menschen in der Adoleszenz experimentieren mit sich selbst in Beziehung zu anderen auf die vielfältigste Weise: Das gilt für suchtkranke Jugendliche, die lange Zeit unter dem Einfluss chemischer Substanzen gestanden haben oder noch stehen, mit besonderer Intensität. Sie inszenieren mehr und anderes als sie sprachlich ausdrücken, genauer: Das, was sie sagen und das, was sie zeigen oder durch Verhalten inszenieren, passt oftmals nicht zusammen, hat gelegentlich geradezu gegenteiligen Charakter. Gezeigtes Verhalten, die Rede von diesem Verhalten und die sprachliche Ausdrucksfähigkeit ganz allgemein sind daher gleichermaßen auf ihren Mitteilungscharakter hin zu befragen, alle Ebenen der Mitteilung sind auf ihre Kontingenz hin zu prüfen. Eine qualitative Forschung, welche ein psychoanalytisches Verständnis von Subjektivität mit einer Hermeneutik verbindet, die auch Dimensionen des Unbewussten in die Untersuchung einbezieht, kann und muss sich auf diese Ansätze der Intersubjektivität in besonderer Weise beziehen, wenngleich dies m.W. noch nirgendwo explizit geschieht. Natürlich ist ein Interview immer auch eine Begegnung zwischen zwei eigenständigen Menschen, die ihre jeweils hochspezifische Persönlichkeit, Kommunikationsfähigkeit und damit subjektive Struktur in die Situation

1.4 Eine intersubjektive Wende

einbringen. In einer solche Betrachtung wird das Interview zwangsläufig als eine kommunikative Situation betont, in der zweifellos beide, Interviewee und Interviewer/in, gleichermaßen und gleichrangig an der Gestaltung des kommunikativen Prozesses beteiligt sind (vgl. hierzu die vorzüglichen Überlegungen zum „Interview als Tätigkeit", als lebendige Kommunikation zwischen zwei Menschen, von Harry Hermans (2000), in Uwe Flick u.a.

Wird die Tatsache beständig stattfindender interpersoneller Feinabstimmung als signifikant und zutreffend auch für qualitative Untersuchungsprozesse vorausgesetzt, löst sich damit umgehend die Entgegensetzung zwischen den Positionen der Forschenden und der Forschungsobjekte auf (die bereits seit langem aus anderen Gründen mehr als kritisch betrachtet werden). Gleichwohl gibt es unterschiedliche kommunikative Kompetenzen; auch die jeweiligen Interessen, die an das Gespräch herangetragen werden, unterscheiden sich. Diese Differenz wird nicht geleugnet, es geht mehr um die Beachtung der Feinabstimmungen, der Beziehungsanteile im Gespräch: Wer sagt was in welchem Modus? Und wer bewirkt was durch welche interaktive Geste?

Das Wissen um die unbezweifelbare Tatsache, dass Kommunikation auch in wesentlichen Inhalten nonverbal stattfindet, dass sie interagiert, ja inszeniert wird, verlangt eine grundlegende Wende in der qualitativen Sozialforschung. Die Erkenntnisse über interpersonelle Mikroprozesse in der Interaktion sind für die vorliegende Untersuchung methodisch bedeutungsvoll geworden. Die bislang hierzu existierenden theoretischen Konzepte dienen als Leitlinie für die Überprüfung der möglichen „Untersuchungs-Instrumente" und ihrer Anwendung. Die Frage ist hier: Ob und wie weitreichend lassen sich neben den verbalen Aussagen des Interviewtextes die nonverbalen Interaktionsformen mit ihrer Hilfe erkennen und dokumentieren bzw. einer hermeneutischen Arbeit zugänglich machen? Wie sind diese nonverbalen, interaktiven Inszenierungen, die sich teilweise sprachlich, aber häufig auch jenseits der sprachlichen Äußerungen abspielen, mit Hilfe eines Instrumentes zu untersuchen, das ausschließlich auf Sprache angewiesen ist, einem narrativen Interview? Es stellt sich daher die Aufgabe, die Intersubjektivitätstheorien forschungspraktisch umzusetzen, zu operationalisieren. In jedem Schritt der Untersuchung ist somit die Beachtung und Realisierung dieser interaktiven Dimension zu gewährleisten; das Setting muss dementsprechend offen gestaltet sein, damit die Phase der Datengewinnung sich beziehungsorientiert, kommunikativ und lebendig entwickeln kann. Zudem besteht ein besonders hoher Anspruch, die Vielzahl der die Interaktion beeinflussenden Faktoren sorgfältig zu dokumentieren.

Auch in der Phase der Auswertung des vorliegenden Materials spielt der intersubjektive, beziehungsorientierte Umgang mit dem Material eine herausragende Rolle. Die Schwierigkeiten einer „intersubjektiven Hermeneutik" werden im folgenden Kapitel in Verbindung mit der Fallanalyse einer Jugendlichen im Mittelpunkt stehen. Bereits hier sei angedeutet, dass vor allem die Zugänge zu den präverbalen Interaktionsmodi eine besondere Beachtung der Gegenübertragungsreaktionen verlangt, also der emotionalen Antworten der Interviewer auf die Interviewee. Somit wird sowohl für den beforschten Prozess als auch für den Forschungsprozess selbst methodisch das Phänomen der „doppelten Hermeneutik" (Giddens, A. 1976) bedeutungsvoll: Das Selbstverständnis der Menschen, die sich als Probanden einer Forschung zur Verfügung stellen (wir nennen sie Interviewees) wird zum zentralen Gegenstand einer verstehenden Bemühung durch die Forschungsgruppe, die sich auf ein eigenes Selbst-Verstehen einlassen muss, um das Fremdverstehen möglich zu machen, das wiederum, im besten denkbaren Fall, das Selbstverstehen der Interviewees unterstützt und voranbringt. Da die Untersuchung als Längsschnitt angelegt ist, werden Einsichten aus dem ersten Gespräch nach der Bearbeitung durch die Interpretationsgruppe dem Interviewee zugänglich gemacht, wenn das nächste Interview stattfindet.

Diese komplexen kommunikativen Vorgänge in der Interviewsituation benötigen ein relativ strenges und strukturiertes Setting und durchgehend regelgeleitete Arbeitsbedingungen in der Auswertung, um für den Forschungsprozess nutzbar gemacht werden zu können. Diese komplexen Verfahren der hermeneutischen Arbeit sind als kommunikative Validierung zu verstehen (vgl. Leithäuser und Volmerg 1988). Durch Gruppeninterpretationen oder mehrschichtiges kaskadenartiges Interpretationsvorgehen wird der Beliebigkeit individueller, oftmals projektiv überfrachteter Einzelinterpretationen begegnet. Die Geltungssicherung erfolgt in einem gemeinsamen Interpretationsvorgang und ist tendenziell fortlaufend, nicht abschließbar. Die Ergebnisse solcher hermeneutischer Einigungsprozesse sind somit immer für alle Beteiligten als vorläufige zu charakterisieren. In unserem Projektzusammenhang bedeutet kommunikative Validierung mehr als nur die überindividuelle interpretative Lesart eines Textes zu erarbeiten. Der Prozess der kommunikativen Ergebnissicherung bezieht sich auch auf eine gemeinschaftlich zu leistende Aufklärung starker Gegenübertragungsreaktionen der Interpret/innen. Solche Gegenübertragungen sind teilweise auch als Überspringen der Affekte auf Gruppenprozesse und Gruppendynamik in der Interpretationsgruppe aufgetreten. So drohte einmal eine langjährige Freundschaft zu zerspringen, als zwei Bearbeiterinnen sich im Fall von Peter nicht darüber einigen konnten, ob sein gelegentlicher Griff zum Alkohol als Reinszenierung von Sucht-

1.4 Eine intersubjektive Wende

strukturen oder als wachsende Ich-Stärke in der Fähigkeit des kontrollierten Konsums zu werten sei. Die Frage, ob dieses Zerwürfnis, d.h. das Zerbrechen einer Freundschaft und die Spaltung der Arbeitsgruppe, die daraufhin erfolgte, möglicherweise etwas über die Falldynamik aussagt, konnte die Aufmerksamkeit der Interpretationsgruppe zurücklenken auf die durchgehende Ambivalenz in seiner biografischen Erzählung. Durch sorgfältiges Betrachten der Gegenübertragungsreaktionen und ihrer Folgen wurde der gruppendynamisch hoch brisante Prozess zurückgelenkt und als Instrument zum tiefer reichenden Fallverstehen nutzbar gemacht – und die Freundschaft der beiden Forscherinnen im Hier und Jetzt gerettet.

Dieses Beispiel vermittelt einen ersten Eindruck davon, wie intensiv diese Interpretationsarbeit auf die subjektiven Kapazitäten der Interpretinnen angewiesen ist. Ihr Einfühlungsvermögen, zumeist als Potential für interpretative Arbeiten genutzt, führt sie aber gelegentlich in ein szenisches Mitagieren, das nicht immer durchschaut und aufgelöst werden kann und so bisweilen in riskante Ersatzspiele mündet.

Die Studierenden haben ihre Subjektivität eingebracht auch in Gestalt ihrer Begeisterung, ihres Engagements, ihrer langfristigen Bindung an das Projekt und durch die Leidenschaft, mit der sie in die Fallbearbeitung eingedrungen sind. Dass die Studierenden dabei ein hohes Maß an empathischer Kompetenz erworben haben, das szenische Verstehen mehr als nur in der Theorie beherrschen, sorgsam mit Texten umgehen können und exzellente Interviewerinnen und Interviewer sind – das alles sind erfreuliche Nebenprodukte dieses Forschungsprojektes.

Fazit: Die zentrale Fragestellung der gesamten Untersuchung zielt auf die Möglichkeit der Veränderung von subjektiver Struktur. Genauer: Wir gehen davon aus, dass die Therapie auf Teen Spirit Island dazu beiträgt, diesen in ihren Entwicklungschancen sehr eingeschränkten Jugendlichen eine Chance zum Nachreifen zu geben. Ob und wie diese Veränderungen sich in den lebensgeschichtlichen Erzählungen der Jugendlichen ausdrücken, soll über die Interviews im Längsschnitt nachvollzogen werden. Es war damit zu rechnen, dass in den biografischen Erzählungen die Veränderung in der früh geschädigten subjektiven Struktur ihren Ausdruck finden wird. Verbale Ausdrucksformen, der Stil der Erzählung, aber auch die Sicht auf sich selbst und die anderen werden sich in dem Maße verändern, in dem reifere, angemessenere Ausdrucksformen zur Verfügung stehen. Die Einsicht, dass sich derartige Veränderungen nur interpersonell, also in emotional bedeutsamen Beziehungen vollziehen können, verdankt sich auch den Erkenntnissen der Intersubjektivitätskonzepte. Dass darüber hinaus einige dieser Fragen der Subjektivität der Forscherinnen und Forscher notwendigerweise bedürfen, um zu einer Antwort, vielleicht auch nur zu einer vorläufigen Ahnung vorzudringen, ist Gegenstand der folgenden methodologischen Reflexionen.

2 Tiefenhermeneutik und szenisches Verstehen im Forschungsprozess

Die Frage nach Veränderungen subjektiver Struktur nach einer intensiven stationären Behandlung von drogenabhängigen Jugendlichen und der Ausdruck, den diese Veränderung in den lebensgeschichtlichen Erzählungen erfährt, bestimmen Fokus und Zielrichtung der Untersuchung. Gegenstand der folgenden method(olog)ischen Reflexionen ist die Frage, wie die Erhebung und vor allem die Auswertung angelegt sind. Sind im einleitenden Kapitel eher kursorische Ausführungen zum Ansatz dieser Untersuchung erfolgt, soll im folgenden Kapitel an einem konkreten Beispiel die tiefenhermeneutische Methode erläutert werden.

2.1 Die konkreten Forschungsschritte und methodischen Besonderheiten der vorliegenden Untersuchung

Das erste leitfadengestützte narrative Interview wird am Ende des stationären Aufenthalts in Teen Spirit Island geführt. Es dient der grundlegenden Erfassung der Geschichte des Jugendlichen, ihrer oder seiner Therapieerfahrung und weiteren Plänen. Es ist in fünf Schritte gegliedert, an denen sich der Leitfaden orientiert; entsprechende Impulse sollen dazu dienen, möglichst für jeden Abschnitt eine eigene Erzählung hervorzubringen. Das Interview beginnt mit der Aufforderung, den Tagesablauf in Teen Spirit Island im Hier und Jetzt zu schildern, es geht dann in einem großen Bogen lebensgeschichtlich zurück und fragt nach den Anfängen dieser Biographie („Was erinnerst du aus deiner Kindheit?"), macht einen kleineren Bogen zu dem Beginn der Abhängigkeitserkrankung („Wann hast du mit Drogen begonnen?"), fragt nach konkreten Substanzen und Entwicklungsschritten bis hin zu der Frage nach der Motivation, einen Ausstieg zu suchen, thematisiert die Selbsteinschätzung der Jugendlichen („Wie konnte es zu der Erkrankungen kommen, welche Funktion hat die Droge?"), kommt wieder zurück in die Gegenwart und fragt nach konkreten therapeutischen Erfahrungen und Erfolgen, um dann, spätestens mit der imaginativen Frage nach den drei Wünschen („Stell dir vor, eine Fee kommt und erfüllt dir drei Wünsche, welche wären das?"), auf die Zukunft zu verweisen und den Jugendlichen die Möglichkeit zu geben, auf Projekte, Pläne und Zukunftsvorstellungen einzugehen. Mit diesen Fragestellungen, die in Gestalt von Erzählimpulsen eingebracht werden, wird dem Grundgedanken Rechnung getragen, dass die Jugendlichen ihr Leben in Gestalt bestimmter Erzählungen und Erzählbögen denken, fühlen und präsentieren wollen. Daher sind Erzählanreize, die diese Selbstbezüglichkeit betonen, besonders um die Frage von Selbstbildern und konkreten Beziehungen, bzw. Beziehungsabbrüchen in den jeweiligen Lebensphasen fokussiert.

Stellt das erste Interview die Materialbasis dar, die einem relativ konkreten Leitfaden folgt, sind das zweite und auch die weiteren Interviews sehr stark an der Auswertung dieses ersten Interviews ausgerichtet: Gemäß der Prozess- und Beziehungsorientierung und der Annahme, dass jede Entwicklungsphase eine besondere Dynamik aufweisen wird, durch die sich auch die jeweiligen Lebenserzählungen verändern, sind die Interviewerinnen und Interviewer im zweiten und dritten Interview gehalten, die Leitfäden an den konkreten Fall anzupassen. Das bedeutet, an die bereits vorliegenden Auswertungen aus dem ersten Interview anzuknüpfen, bspw. zu sagen: „Als wir das letzte Mal gesprochen haben, hattest du folgende Pläne, was ist daraus geworden?" Aber auch: „Wie lebst du heute? Wie siehst du heute die Geschichte deiner Abhängigkeitserkrankung? Welche Beziehung zu deinen Eltern besteht heute?" All diese Erzählanreize werden eingeleitet durch kurze Bezüge auf das erste Interview: „Damals stand im Mittelpunkt ..." oder: „Seinerzeit hat dich das und das bewegt ...". Dieses Zurückkommen auf bestimmte Erzählanreize, die bereits im ersten Interview gegeben wurden bzw. auf Erzählstränge, die von den Jugendlichen selbst entwickelt wurden, erweist sich als besonders fruchtbar, um darauf aufmerksam zu werden, welche Entwicklungen sich wie vollziehen. Zudem wird es von den Jugendlichen als eine Form der anerkennenden Wertschätzung erlebt, dass die Interviewer/in sich Details aus der Lebensgeschichte gemerkt hat und darauf zurückkommt. Das gilt besonders für die Frage nach dem Selbstbild und die assoziativen Antworten auf die Frage nach den drei Wünschen.

Unmittelbar im Anschluss an das Interview verfassen beide Interviewer ein von uns so genanntes „subjektives Protokoll", das Umgebungsbedingungen, zusätzliche Informationen ohne Bandmitschnitt, vor allem aber ihre persönlichen Eindrücke enthält. Als Beispiel sei im Folgenden ein Protokoll zitiert, das eine Studentin nach dem ersten Interview mit Marion niedergeschrieben hat:

2.1 Konkrete Forschungsschritte und methodische Besonderheiten 47

„Das Interview fand in den Räumen der Therapiestation statt und ich war neugierig, freudig gespannt und aufgeregt. Unsere Interviewee Marion kam herein, fast ein Kind, klein, blass, schüchtern. Sie ist in Begleitung ihres Betreuers, der neben ihr wie ein Hüne wirkt. Er setzt sich wortlos in eine Ecke und bleibt dort, stumm, die ganze Zeit über.

Marion ist nicht sehr gesprächig, um genau zu sein: Sie ist absolut wortkarg, einsilbig, gibt nur sehr knappe Antworten auf klare Fragen. Von Erzählung keine Spur. Ich spüre ein in mir beständig wachsendes Unbehagen aufsteigen, so viele klare Fragen habe ich nicht vorbereitet und in der Situation fällt es mir schwer, sie spontan zu formulieren. Zudem schaut sie bei jeder Frage wie hilfesuchend zu ihrem Betreuer, der manchmal ermutigend nickt. Mir kommt es vor, als ob sie ihn um Erlaubnis fragt zu antworten. Ich fühle mich aufdringlich, unhöflich, aber auch selbst unter starker Kontrolle. Es entstehen lange Pausen, grauenvoll lang, kaum auszuhalten der Druck, die Spannung lastet wie ein Bleimantel auf uns allen. Ich suche verzweifelt nach Möglichkeiten, diese quälenden Zeiten zu verkürzen, leichter zu machen. Erfolglos.

Ich werde mutlos, sehe mich als grottenschlechte Interviewerin und bin absolut sicher, ein völlig untaugliches Interview geführt zu haben. Dabei habe ich Schuldgefühle, dieses Kind so zu bedrängen und gleichzeitig schäme ich mich, so ein mageres Ergebnis abzuliefern: Ein Interview, das nur aus langen Pausen, aus schwarzen Löchern besteht."

Diese Protokolle erweisen sich oft als überaus wichtige Begleitquelle, weil sie die gesamte Situation zu erfassen suchen, dabei die emotionale Qualität, die spontane Gegenübertragungsreaktion der Interviewer/in festhalten und bestimmte Beobachtungen detailliert notieren, die allein durch das Tonband nicht erfasst (oder aber fehlgedeutet) werden können, z.B. charakteristische Bewegungen und körpersprachliche Eigenheiten.

Die Interviews, die zwischen 45 und 90 Minuten lang sind, werden nach festgelegten Transkriptionsregeln verschriftlicht. Nach der Transkription wird ein sequenzanalytisch angelegtes Protokoll erstellt, mit dessen Hilfe das umfangreiche Material auch weiteren Textverarbeitungsmethoden zugänglich gemacht werden kann. In diesem sequenzanalytischen Protokoll werden inhaltlich abgrenzbare Textsequenzen definiert, Seiten und Zeilenzahlen festgelegt, Kernsätze von besonderer Bedeutung gekennzeichnet, jeder definierten Sequenz ein Titel gegeben, der später zu bestimmten Kategorien und Codes verdichtet wird. Bereits hier werden in „Memos" Einfälle, Probleme, Interpretationsideen und Verweise festgehalten (vgl. hierzu z.B. Glaser/Strauss 1967).

Den sequenzanalytischen Protokollen folgt die hermeneutisch-interpretative Arbeit. Einzelne Textstellen, die entweder inhaltlich oder vom Gesprächsverlauf her von besonderer Bedeutung sind, werden einer tiefenhermeneutischen Textinterpretation unterzogen, ein regelgeleitetes Verfahren der kommunikativen Validierung (vgl. Lorenzer 1986, Leithäuser und Volmerg 1988; Morgenroth 1990; Bereswill, Morgenroth und Redman 2010). Der Text wird als Träger von subjektiver Struktur und subjektiven Ausdrucks der Textproduzenten verstanden; hierbei spielen auch nicht-bewusste Themen und Beziehungsvorgänge eine Rolle, die im Laufe des Interpretationsprozesses durch eine psychoanalytische Hermeneutik zu erschließen sind.

Die Interpretationsarbeit wird wiederum in Gruppen geleistet, dabei übernimmt jeweils ein Gruppenmitglied die Diskussionsleitung, und ein weiteres ist für die Verschriftlichung der Interpretationsarbeit zuständig. Am Ende dieses relativ streng regelgeleiteten und arbeitsintensiven Verfahrens steht die analytische Rekonstruktion einer bestimmten Falldynamik, die nicht allein eine Rekonstruktion biographischer Verläufe liefert, sondern die ein Verstehen der zugrunde liegenden, teilweise pathogenen Muster ermöglicht. Ziel ist es daher, die destruktive Dynamik zu erschließen, die in die Sucht führte; erst mit diesem Verständnis wird es möglich, Veränderungen der subjektiven Struktur aufzuzeigen, die während der Therapie erfolgten, und sodann die Integration dieser Veränderungsprozesse in einen veränderten Alltag und seine Bewältigung nachzuvollziehen. Wenn die Folgeinterviews stattfinden, liegt die Zeit der stationären Therapie teilweise Jahre zurück, es hat sich also im Lebensalltag zu beweisen, ob die Veränderungen in subjektiver Struktur zu mehr Lebenstüchtigkeit und Realitätsvermögen geführt haben.

Hier lässt sich die Frage aufwerfen, ob solche Nachweise von Veränderungen im Lebenslauf drogenabhängiger Jugendlicher tatsächlich so komplexer Forschungsmethoden und derart strenger Regularien bedürfen? Die Antwort lautet eindeutig: Ja, die Schaffung eines Interpretationsrahmens mit einer vergleichsweise straffen Struktur und klaren Regeln erweist sich aus verschiedenen Gründen als notwendig. Zum einen können studentische Mitarbeiterinnen und Mitarbeiter nur in begrenztem Umfang Forschungssupervisionen in Anspruch nehmen, haben aber bislang lediglich geringe Erfahrungen mit Interviewführungen und hermeneutischem Umgang mit empirischem Material. Als gewichtiger erweist sich aber die besondere Qualität der vorliegenden Materialien, die häufig emotionale Reaktionen in den Bearbeiter/innen auslösen, deren Stärke wir zunächst unterschätzt haben. Das bedarf an dieser Stelle einer Erklärung: Es handelt sich um lebensgeschichtliche Erzählungen von jungen Menschen, die seit frühester Kindheit schwer traumatisiert worden sind. Ihre Lebensgeschichten sind charakterisiert durch schwerste Entbehrungen, seelische Verletzungen und häufig inhumane Lebensbedingungen – sie können als Geschichten von Überlebenden gefasst werden. Bei lebensgeschichtlich frühen Traumatisierungen in den ersten drei Lebensjahren sind diese als konkrete Erinnerungen sprachlich ohnehin nicht repräsentiert, sondern werden durch bestimmte wiederholte Dramatisierungen und Re-Inszenierungen zum Ausdruck gebracht. Die Droge, mit ihren verheerenden körperlichen Wirkungen, bringt zudem Veränderungen im neurophysiologischen Bereich mit sich. Die häufig in diesen Lebensgeschichten zu findenden späteren (Mono-) Traumatisierungen, die auf das Symptombild der posttraumatischen Belastungsstörungen hindeuten, sind ebenfalls häufig aus dem alltäglichen Sprachgebrauch und dem expliziten Bewusstsein ausgeschlossen. Die in den Interviews vorliegenden Narrative sind also eine dem gerade erreichten Stand der Bewältigung der traumatischen Erfahrung sowie dem individuellen Entwicklungsstand entsprechende retrospektive biographische Selbstdeutung.

Für die studentischen Mitarbeiter/innen besteht also eine überaus realistische Gefahr, sich in diesen Erzählungen zu verlieren, von den Schicksalen emotional sehr heftig betroffen zu werden. Sie benötigen daher intensive Begleitung bei der Be- und Verarbeitung der Erfahrungen. Ein transparentes und strikt gehandhabtes Reglement stellt dabei ein verlässliches Strukturgerüst zur Verfügung.

2.2 Sprachspiele und individuelle Entwicklung

Sozialpsychologische Forschung ist auf Beschreibungen, auf sprachlichen Ausdruck angewiesen. Jugendliche, besonders Jugendliche mit schweren Persönlichkeitsstörungen, drücken sich gerade in Bezug auf konflikthafte Themen oft nicht mithilfe der Sprache aus, sondern teilen sich durch ihr Handeln mit. Mit den Begriffen Enactment und Re-Inszenierung sind Ausdrucksformen bezeichnet, in denen die zentralen Konflikte, auch die traumatische Qualität von Erfahrungen immer wieder neu, aber sprachlos gestaltet wird, vorzugsweise in Beziehungen; mit Mimikry hingegen wird auf eine Haltung äußerlicher sozialer Anpassung verwiesen, die Ich- und Über-Ich-Reifung vorgibt, die jedoch nicht von reifer Struktur getragen ist und daher unter veränderten Bedingungen sofort wieder verloren gehen kann (vgl. hierzu Streeck-Fischer 2006, S. 52). Wie aber finden diese Themen, die als nonverbale Handlungen in Erscheinung treten, ihren Eingang in die Interviews? Diese Frage ist von entscheidender Bedeutung für unser Vorgehen, sie wurde von Interview zu Interview immer wichtiger. Das bedeutet für die Forschung, die durch Handeln inszenierte Botschaft, ein szenisches Agieren mit strukturgleichen Wiederholungen, muss erst einmal entschlüsselt werden. Die Fähigkeit zur sprachlichen (oder auch anderen) Symbolisierung ist bei den drogenabhängigen Jugendlichen oft gar nicht oder nur gering ausgebildet, auch sie muss erst entwickelt werden.

Lange vor dem gegenwärtigen Paradigmenwechsel zur Intersubjektivität in der Psychoanalyse (vgl. Altmeyer und Thomä 2005) hat sich Alfred Lorenzer (1970, 1972, 1974) mit dem Wechselverhältnis von innerer Natur und sozialkulturellen Eingriffen beschäftigt. Seine Theorie stellt den Versuch dar, Sprache, Interaktion und körperliche (Trieb-)Prozesse im Kontext ihrer gesellschaftlichen Normierung zusammen zu denken. Seine theoretischen Überlegungen zur Rolle der Sprache in der Subjektkonstitution sowie seine Gedanken zu Möglichkeiten der Rekonstruktion verdrängter Zusammenhänge in (auch literarischen) Texten stellen theoretische Konzepte zur Verfügung, die für qualitative empirische Forschung von großer Bedeutung sind und sich dort bewährt haben. Lorenzer ringt seit seinen ersten wissenschaftlichen Publikationen in den 1960er Jahren um eine interaktionstheoretische Erweiterung der Psychoanalyse, wenig beachtet jenseits der fachwissenschaftlichen Öffentlichkeit: Sein Ansatz galt als zu hermetisch.

In seiner Auffassung ist Sprache in konkreter gesellschaftlicher Praxis verankert und als dialektische Einheit von Sprachgebrauch, Lebenspraxis und Weltverständnis zu verstehen: Mit Bezug auf die Sprachphilosophie Wittgensteins wird dieser Zusammenhang als Sprachspiel beschrieben. Das Sprachspiel wird als der Punkt definiert, an dem subjektive Strukturen mit den objektiven Strukturen vermittelbar werden. Sprache und Bewusstsein sind in diesem Verständnis von Sprachspielen untrennbar mit gesellschaftlicher Praxis verklammert. Daher wird die Konstitution von Sprachspielen als Teil der Entstehung subjektiver Strukturen unter objektiven Bedingungen formulierbar. Anders gesagt: Individuelle Struktur ist immer interaktiv vermittelt und von Anfang an sozial bezogen.

Bevor jedoch die Symbolebene der Sprache und damit die Verwendung von Sprachspielen möglich wird, gehen vorsprachliche Erfahrungen voraus. Die präverbalen Interaktionen zwischen Mutter und Kind charakterisiert Lorenzer als „bestimmte Interaktionsform"[18]: Das sind spezifische Niederschläge (Engramme) von konkreten Interaktions-Spielen. Das Kind speichert in seinem Gedächtnissystem das Ergebnis dieses organismischen Zusammenspiels zwischen Mutter und Baby; was als individueller Entwicklungsfortschritt in früher Kindheit erscheint, muss nach Lorenzer gleichzeitig als Niederschlag sozialer Verkehrsformen im

---

[18] Stern(1995, S. 82) nennt diese präverbalen Repräsentanzen RIGs, generalisierte Interaktionsrepräsentanzen; mit diesem Begriff werden reale Abläufe aus Sicht des Säuglings erfasst. Später entwickelt er den Begriff des „schema-of-being-with", die aus verschiedenen Komponenten zusammengesetzt sind und auch stärker die begleitenden Affekte beachten.

2.2 Sprachspiele und individuelle Entwicklung

Subjekt verstanden werden. Alfred Lorenzers frühe interaktionstheoretische Erweiterung der Psychoanalyse aus den 70er Jahren nimmt hellsichtig moderne Konzepte vorweg und lässt sich umstandslos mit den Erkenntnissen verbinden, die aus der neuen Bindungstheorie (vgl. P. Fonagy 2003), aus der modernen Säuglingsforschung (vgl. zusammenfassend Dornes 2004) und den aktuellen Ansätzen zur Intersubjektivität in der „relationalen Psychoanalyse" (Stephen A. Mitchell 2000, deutsch 2003) vorliegen. Ihnen allen ist die Auffassung gemeinsam, dass frühkindliche Entwicklung in hohem Maß von der Qualität der Beziehungs- und Bindungserfahrungen abhängt, in die es eingebunden ist, also von der emotionalen Angemessenheit, mit der die Bezugspersonen auf die Bedürfnisse des Kindes reagieren. Wenn also Störungen in der vorsprachlichen Interaktion zwischen Mutter und Kind auftreten, wenn z.B. Vernachlässigung oder Gewalt die Beziehung bestimmen, weil die Mutter aufgrund eigener Einschränkungen nicht in der Lage ist, auf die Bedürfnisse des Kindes angemessen zu antworten, dann ist die so konstituierte „bestimmte Interaktionsform" bereits durch Beschädigung charakterisiert. Die Dimension des Präsymbolischen ist von pathogener Qualität und behält im subjektiven Erleben, weil symbolisch nicht fassbar, den Charakter von unbeeinflussbaren, schicksalhaften, grauenhaft quälenden Zuständen, für die es keine Sprache gibt. Das interaktive Geschehen zwischen dem Kind und seinen Bezugspersonen enthält jene „Gifte", die in jegliche spätere Entwicklung mit eingehen und diese auch bestimmen. Unabhängig davon, welchen Lauf die weitere Entwicklung nimmt, bleiben diese Grauenszustände in ihrer Primärqualität im Kernselbst erhalten, das durch die bestimmte Interaktionsform konstituiert ist.

Durch den Spracherwerb werden die bestimmten Interaktionsformen (als vorsprachliche Praxis) mit den entsprechenden Sprachfiguren verknüpft, sie werden zu „symbolischen Interaktionsformen". Das Kind hat wiederholt erfahren, dass, wenn es seine Arme ausstreckt, es von der Mutter hochgenommen wird. Dieser Vorgang ist mit einem Lächeln verbunden, vielleicht mit der Bemerkung, „Ja, du willst auf den Arm". Später verknüpft das Kind dieselbe Geste mit dem Zweiwortsatz „Mama Arm"; die symbolische Interaktionsform ist dann erreicht, wenn nur noch die beiden Worte ausreichen, um für Mutter und Kind den darin enthaltenen Wunsch deutlich werden zu lassen und seine Befriedigung zu bewirken. Die Sprache (symbolische Interaktionsform) enthält symbolisch für beide die komplette Abfolge von Wunsch, Wahrnehmung und Befriedigung (bestimmte Interaktionsform). Somit wird das Kind unabhängig von der Geste, seine kommunikative Praxis wird durch die sprachliche Symbolisierung um ein Vielfaches differenzierter. In einem funktionsfähigen Sprachspiel teilen die an einer Interaktion Beteiligten die vorsprachlichen Interaktionsanteile sowie die konkrete Form ihrer Versprachlichung miteinander. Wenn Jill heute um ein Therapiegespräch bittet, wenn es ihr nicht gut geht, dann setzt sie nun, in Erwartung der stützenden, entlastenden Wirkung der Therapiestunde, diese sprachliche Symbolisierung ein (Wunsch), anstatt sich selbst zu verletzen oder durch einen Drogenrückfall zu betäuben, ein Verhalten, das sie früher eingesetzt hat, um durch konkretes Handeln (Enactment) die fürsorgliche Aktivität der Betreuer manipulativ zu erzwingen. Wenn solche Verhaltensabläufe sich als Enactments so stark erhalten haben, lässt das eine Vermutung zu, zu welch drastischen Mitteln Jill als Kleinkind greifen musste, um die Aufmerksamkeit ihrer Mutter zu erringen.

Die symbolische Interaktion durch Sprache birgt u.U. ebenfalls die Pathologie einer frühen Störung und trägt sie dann weiter: In Familien, in denen offene Gewalt eine Rolle spielt, kennt das Kind ja nur diese Realität als normale, die dann auch in die sprachlichen Symbolisierungsprozesse eingeht. Das erzeugt einen Zustand der „Seelenblindheit": Dann kann nicht reflektiert werden über etwas, das als gleichermaßen bestimmte und symbolische Interaktionsform intrapsychische und soziale Normalität ist, wovon es daher keine Distanzierung gibt (vgl. Streeck-Fischer 2006, S. 57).

Der Idealfall des vollständigen Sprachspiels ist die Verbindung von bestimmter und symbolischer Interaktionsform mit einer Sprachfigur. Es gibt jedoch auch Störungen und Beeinträchtigungen des intakten Sprachspiels: Mit dem Begriff der Sprachzerstörung wird eine charakteristische Aufspaltung vormals intakter Sprachspiele beschrieben. Die Zerstörung erfolgt unter Konfliktdruck in Form einer Desymbolisierung: Eine einmal erreichte Fähigkeit zur Symbolisierung durch Sprache wird im Bereich eines bestimmten Themas, das sich im Inneren des Individuums als Konflikt darstellt, zurückgenommen. Zu diesen Konfliktbereichen gehören vorrangig die Folgen traumatischen Erlebens – Dissoziationen, die weitreichenden Vermeidungen und Verleugnungen sind als Überlebensstrategie notwendig, um die Konfrontation mit traumatischem Material zu kontrollieren, das dann intrusiv doch immer wieder auftaucht (vgl. hierzu Fischer/Riedesser 2003). Sie werden auch als Ausgrenzungen, Aussparungen aus der sprachlichen Symbolebene wirksam, als blinde Flecken entziehen sie sich der sprachlichen Darstellung und damit jeglicher Metakommunikation.

Einmal in Sprachfiguren symbolisierte Repräsentanzen, die aus dem sprachlichen Zusammenhang wieder ausgeschlossen werden, werden von Lorenzer als „Klischees" bezeichnet. Auch wenn sie von der bewusstseinsnahen Symbolisierung ferngehalten werden, behalten sie doch ihre energetisch-dynamische Rele-

2.2 Sprachspiele und individuelle Entwicklung

vanz: Als blindes, der Selbstreflexion nicht zugängliches Agieren und Reagieren wirken sie weiterhin verhaltenssteuernd. Klischees bedürfen daher immer eines szenischen Arrangements zu ihrer Auslösung (Trigger). Im Bereich der klischeebestimmten szenischen Abläufe bleibt die Person weitgehend abhängig von der unbewussten Dynamik und kann sich aus eigener Kraft nicht aus der Macht des Reiz-Reaktions-Schemas befreien, es sei denn durch sorgfältiges Vermeiden der auslösenden Situationen, mit dem damit verbundenen Ergebnis der Ich-Einschränkungen. Einmal als szenisches Muster etabliert, schleift es sich immer weiter ein und führt zu Chronifizierungen der stereotypen Verhaltensmuster: An die Stelle flexibler Anpassungsfähigkeit tritt unwandelbare Starre, die wir heute in den Beschreibungen der typischen Enactments und szenischen Re-Inszenierungen gerade bei Patienten mit schweren Persönlichkeitsstörungen beschrieben finden (vgl. Streeck 2000).[19] Klischeehafte Desymbolisierung hat also ein zwanghaftes Verhalten ohne Sprache und Bewusstsein zur Folge.

Eine qualitativ andere Sprachzerstörung und Desymbolisierung vollzieht sich, wenn die Einheit von Interaktionsform und Sprachfigur verloren geht. Dann wird das sprachliche Zeichen zu einer Hülse, die keine emotionale Bedeutung, das heißt keinen Bezug zur Interaktionsform als (einstmals) reale Beziehungserfahrung mehr besitzt: Das Symbol wird in diesem Vorgang gleichsam zurückverwandelt in ein leeres sprachliches Zeichen, das keine Symbolkraft mehr besitzt. Die Verwandlung von Symbolen in Zeichen ist gleichbedeutend mit einer wachsenden Vergegenständlichung, mit der das Bezeichnete von seinem Bedeutungszusammenhang isoliert wird. Die Objektrepräsentanzen verlieren damit mehr und mehr ihren Beziehungscharakter. Das bedeutet, die Desymbolisierung durch Isolierung des Bezeichneten unterbricht den Bezug zur interaktiven Situation, das hat einen Verlust an szenischer Prägnanz zur Folge, denn die Sprachfigur hat ihren Bezug zu Erfahrung und sozialer Einbindung eingebüßt. Die Sprache ist platt, formelhaft, unlebendig. Viele Jugendliche sprechen in den späteren Interviews davon, dass sie eine neue Sprache gelernt haben, wohingegen sie vor der Therapie nur eine zotige Ausdrucksweise kannten, wenn sie über sich und ihre Gefühle sprechen wollten. Sie benutzten dann Sprachhülsen, die Dahinter liegendes ahnen lassen, vielleicht sogar benennen, aber die Aussage enthält kaum eine emotionale Qualität. Zeichenhafte Desymbolisierung führt demnach zu einer Sprache ohne

---

[19] Wenngleich in dieser kurzen Skizze die Determiniertheit klischeebestimmten Verhaltens betont wird, so ist doch das neurotische (das ist das klischeebestimmte, desymbolisierte) menschliche Verhalten stets auch mit symbolvermitteltem Handeln durchsetzt. Das Ich nimmt in verschiedenen Formen, z.B. durch Rationalisierungen und sekundäre Überarbeitungen, Stellung zu den zwanghaften szenischen Reproduktionen.

Handlung und emotionale Bedeutung. Sie ist das sprachliche Pendant zu dem Mimikry-Verhalten, das äußerliche Anpassung und Verständnis vorgibt, aber innerlich ohne Reife und Struktur bleibt und daher jederzeit kippen kann.

2.3 Wie kann Sprachlosigkeit sprachlich analysiert werden?

Viele der drogenabhängigen Jugendlichen hatten seit frühester Kindheit derart ungünstige Entwicklungsbedingungen, dass sie für viele ihrer existentiellen Probleme noch keine symbolische Form, keine Sprache haben entwickeln können: Sie blieben, vor allem im Bereich der zentralen Konfliktthemen und schweren Traumatisierungen, buchstäblich sprachlos. Im Unterschied zu Lorenzers Idee, durch deutende Rekonstruktion in der psychoanalytischen Behandlung die Desymbolisierung durch Sprachzerstörung und den damit verbundenen Ausschluss aus der Kommunikation rückgängig zu machen, stehen wir hier vor dem Problem, dass die Störungen der Adoleszenten lebensgeschichtlich so früh stattfanden, dass sie nicht oder bestenfalls erheblich verzerrt in den sprachlichen Ausdruck gelangen; sie sind also präsymbolisch geblieben. Daher geht es in der Untersuchung auch weniger um Rekonstruktion von Sprachspielen, sondern vielmehr um das Nachvollziehen eines Prozesses, der die besondere Form eines verspäteten Spracherwerbs aufweist, in dem eine Sprache zum Ausdruck bestimmter Gefühlszustände erst noch entwickelt werden muss.

Das bedeutet für eine qualitative Forschung, die mit narrativen Interviews arbeitet, eine besondere Herausforderung, denn viele wichtige Themen werden wegen der geschilderten Probleme von den jugendlichen Interviewees ja gerade nicht sprachlich ausgedrückt, haben vermutlich noch gar nicht das Stadium der bestimmten Interaktionsform verlassen. Was ausgedrückt werden soll, vollzieht sich daher ausschließlich im Modus präsymbolischer Interaktion und nichtreflektierten Verhaltens. Gleichwohl sprechen sie und verfügen über eine besondere Sprache, deren Kommunikationsfunktion sich jedoch von der der Interviewer/innen massiv unterscheidet. Was die Interviewees emotional wirklich bewegt, kommunizieren sie über peinigende Affekte und Gefühle, die sie bei sich selbst, oft aber auch im Anderen erzeugen.

Die Arbeitsschritte des tiefenhermeneutischen Textverstehens bleiben daher nicht bei der Rekonstruktion des manifesten Textes (logisches Verstehen) und dem nacherlebenden Verständnis der besondere Art und Weise des Kommunikationsstiles (psychologisches Verstehen – wie wird gesprochen?) stehen, vielmehr wird der genuin psychoanalytische Verstehensmodus, das „szenische Verstehen", in den Dienst der Textinterpretation gestellt. Das szenische Verstehen folgt der Frage, warum an diesem Punkt gerade so und nicht anders gesprochen wird und verfolgt das Ziel, auch unbewusste Dimensionen der biographischen Erzählung zu erschließen. Damit nähert sich die hermeneutische Arbeit in Form, Inhalt und Methode der klinischen, therapeutischen Situation an, auch wenn sie ein anderes Ziel verfolgt. Das Ziel der klinischen Arbeit ist ja die Auflösung der Blockierungen und der pathogenen Knoten im Sinne ihrer Integration, also Veränderung im weitesten Sinne, Heilung des Patienten. Ganz im Gegensatz dazu geht es hier in den Arbeitsschritten des Textverstehens nicht um die Veränderung subjektiver Struktur selbst, vielmehr um das Verstehen eben dieser Struktur auf einer tieferen, das dynamisch Unbewusste einschließenden Ebene. Lediglich die Instrumente, mit denen sich dieses Verstehen vollzieht, sind einander ähnlich: Sie wollen die dem präsentierten Narrativ zugrunde liegenden unbewussten Szenen erfassen. Es sind die intersubjektiven, kommunikativen Fähigkeiten der Empathie, der passageren Identifikation, der Übertragung und auch der Gegen-Übertragung, die hier wie dort zum Einsatz kommen. Die Arbeit mit der eigenen Subjektivität, wie sie in der Gegen-Übertragungsanalyse bedeutungsvoll wird, steht auch bei der tiefenhermeneutischen Interpretation im Dienst des szenischen Verstehens einer bestimmten Textstelle oder biographischen Dynamik.

Nun bedarf diese Art der interpretatorischen Arbeit gewiss einer ganz besonderen Haltung und Vorsicht, um die Gegen-Übertragungsanalyse[20], also die emotionalen Reaktionen auf den Text oder den Fall, wie sie in der Interpretationsgruppe auftauchen, zum wirksamen Instrument für das tiefergehende Verständnis eines Falles werden zu lassen; zu naheliegend ist die Gefahr, die Interpretation durch die narzisstische Dynamik einzelner Interpreten oder der ganzen Interpretationsgruppe idiosynkratisch zu trüben. Da diese von uns interviewten schwer traumatisierten Jugendlichen häufig einen enormen seelischen Ballast mit sich herumschleppen in Gestalt von Themen, die in jeder ihrer Aussagen (wenngleich unausgesprochen) virulent sind, treten bei der Textinterpretation äußerst starke Übertragungsgefühle auf. Diese starken emotionalen Stellungnahmen für die Interpretationsgruppe als eine subjektive Reaktion auf den Fall verstehbar zu machen und nicht als eine Wahrheit über den Fall misszuverstehen, ist einer der

---

[20] Dieser Ausdruck ist nur bedingt passend. Gemeint ist die emotionale Reaktion der Interpretationsgruppe auf den Text, den das Interview Paar hervorgebracht hat. Diese emotionale Reaktion ist eher als indirekte Gegen-Übertragung zu verstehen, eine Übertragung auf den Text, die nicht in lebendiger Interaktion gestaltet ist, sich aber auf diese bezogen vollzieht. Im Folgenden werde ich daher die oben genutzte Schreibweise nutzen, um die subjektive, passagere Identifikation der Interpretinnen auf den Text zu kennzeichnen (vgl. auch Morgenroth 2010).

komplexesten Arbeitsschritte in diesem Zusammenhang. Den Interpretinnen und Interpreten muss es nämlich gelingen, ihre emotionalen Reaktionen auf den Text als bloßes Instrument zu nutzen, bestenfalls als Wegweiser zu begreifen und ein Gespür dafür zu entwickeln, wann das Abgespaltene, der verpönte Lebensentwurf oder der traumatisierte Anteil aus der Lebensgeschichte des Jugendlichen in ihnen eine Wirksamkeit zu entfalten beginnt, die nur auf der Basis von Empathie bzw. vorübergehender Identifikation überhaupt möglich wird. Das sind Gefühlsantworten, die sich einstellen, weil die Bearbeiterinnen ein spezifisches Fall-Wissen besitzen. Gegen-Übertragung ist damit nicht beliebig, sondern immer an die spezifischen Informationen aus dem Fall gebunden. Die Mitarbeiterinnen drücken diese emotionalen Zustände verbal aus, sie finden Worte und Bilder für diese präverbalen, exkommunizierten Bedeutungen, wie sie von den Jugendlichen kryptisch codiert werden. Auf diese Weise, indem sie ihr subjektives Erleben als ihre Übertragungsgefühle auf den Text in Sprache bringen können, verleihen sie den sprachlosen Inszenierungen ihre Sprache. Die Interpretationsgruppe wird durch die Übertragung zum Sprachrohr, zur Bühne, zum Forum der Jugendlichen, die für ihre lebensgeschichtlichen Verwerfungen keine Sprache mehr haben oder noch niemals eine vollständige Sprache besaßen. Eine kleine Anekdote aus der Interpretationsgruppe, die die Interviews mit Tim bearbeiteten, mag das illustrieren. Als wieder einmal die Interpretation ins Schwimmen kam, weil die Geschichte dieses Jugendlichen so schwer zu fassen und gleichzeitig so hoffnungslos traurig war, assoziierten die Interpret/innen Rettungsboote und Rettungsringe, die sie Tim zuwerfen wollten und an die er sich in seiner Verzweiflung klammern konnte. Tatsächlich blieb seine verzweifelte Suche nach Rettern durch alle Interviews hindurch konstant, ebenso wie seine Enttäuschungserlebnisse mit diesen Rettern.[21]

2.4 Evidenzerlebnisse zur Ergebnissicherung

Evidenzerlebnisse dienen der Sicherung des Verstehens fremdpsychischer Vorgänge und vollziehen sich in einer Form der Gestaltbildung im Verstehenden. Sie markieren den Wechsel vom ahnungsvollen Noch-nicht-ganz-Verstandenen zum Aha-Erlebnis: „Jetzt verstehe ich es." In diesem Moment wird ein innerer Spannungszustand gelöst, der sich im Verstehenden solange hält, wie die Gestalt noch nicht geschlossen ist.

---

[21] Ich danke Almuth Koesling für die mündliche Mitteilung dieser Beobachtung.

2.4 Evidenzerlebnisse zur Ergebnissicherung

„Solange die Wahrnehmung noch nicht zu einer geschlossenen Gestalt zusammengefügt ist, besteht für die synthetische Funktion des Ich ein Leistungszwang, der ein bestimmtes Quantum neutralisierter Energie erfordert. Dieses Quantum wird frei, wenn die Gestalt geschlossen wurde." (Lorenzer 1976, S. 86)

Im Verstehensprozess kann das wie ein Blitzschlag plötzlichen Begreifens auftreten, welches wie aus dem Kopf der Interpreten hervorzubrechen scheint und nachträglich wieder am Text, am Fall gesichert werden muss, aus dem es erwächst. In gewisser Analogie zum analytischen Prozess entsteht das Evidenzerlebnis in der Textinterpretation durch einen plötzlichen Zusammenschluss aller vorhandenen Informationen und Interpretationsergebnisse, die sich zu einer Sprach- und Sinngestalt in der Wahrnehmung des Analytikers und der Interpreten zusammenfinden zu einem sinnhaften Ganzen. Dieser Vorgang ist während der interpretativen Arbeit auf der Ebene des Erlebens ein deutlicher qualitativer Sprung. Er setzt die genaue Kenntnis der Sprache und Dynamiken des Patienten bzw. der Interviewee voraus, weil Analytiker/in und Interpret/in nicht nur die gesprochenen Inhalte verstehen wollen (die durch die Zugehörigkeit zu derselben Sprachgemeinschaft möglich wird), sondern die darüber hinaus die spezifischen Bedeutungsnuancen, die „irrealen Sinngebilde" (Lorenzer 1976, S. 93) erschließen will, die nur aus dem Gesamt von Sprache und Symbolsystem zu entwickeln sind.

„Einzelbedeutung, Aussage, Gespräch und umfassendere Sinnzusammenhänge werden erst durchsichtig im Rahmen der ‚Sprache' des Patienten, die letztlich die Artikulation seiner Lebenserfahrungen ist. ... Die Individualität, die erkannt werden soll, ist die >Eigentümlichkeit< des Symbolsystems des Patienten insgesamt." (Lorenzer 1976, S. 95)

Diese Evidenzerlebnisse sammeln sich im Laufe der interpretatorischen Arbeit an und führen zu verdichteten Gestalten, hier genauer zu detaillierten Hypothesen, die als aktuelle Komplettierung der Verstehensprozesse die Schritte des logischen Verstehens präzisieren und nachvollziehen und schrittweise auch die Ebene der unbewussten Bedeutungen, wie sie sich im „Hier und Jetzt" des Interview-Textes darstellen, zugänglich machen. Diese Vorgänge führen in der historischen Komplettierung zum Verständnis der in der Lebensgeschichte früh entstandenen Muster, Ausschlüsse und Traumatisierungen, der zentralen „Originalvorfälle". Im therapeutischen Prozess führt das Zusammenspiel von szenischem Verstehen (Erkennen einer aktuellen Übertragungsszene), aktueller Komplettierung (Verknüpfung der Szenen, denen jeweils ähnliche Interaktionsmuster des

Analysanden zugrunde liegen) sowie den Deutungen des Analytikers (die Erinnerungslücken des Analysanden schließen) zu einer historischen Komplettierung, da im Laufe der Behandlung auch alte, infantile Szenen wiedererinnert und einbezogen werden können.

Das zweite Evidenzerlebnis des szenischen Verstehens stellt sich dann ein, wenn die Szenen der Gegenwart sinnvoll mit denen der Vergangenheit verknüpft werden können. Auch hier entsteht die Gestaltbildung zunächst durch die Wahrnehmung des Analytikers, der gemäß dem Behandlungsfortschritt diese Deutungen platzieren wird, in denen Aktuelles mit Vergangenem sich verbindet. „Die Deutung stellt die Verknüpfung her, indem sie feststellt, dass die gegenwärtige Szene >wie< eine frühere Szene ist, weil die ‚Situation' identisch ist." (Lorenzer 1976, S. 184) Evidenzerlebnisse durch Wie-damals-Deutungen stellen den wichtigsten Sicherungspunkt der analytischen Arbeit dar – er trägt im Patienten zu einer weiteren Welle von Erinnerungen bei und führt zu einem tieferen Verständnis seiner gegenwärtigen Probleme, die ihm als Wiederholungen früherer Konfliktmuster zugänglich werden. Das bedeutet, der analytische und interpretatorische Prozess des Verstehens, Deutens und Wiedererinnerns muss so lange voranschreiten, bis er zum lebensgeschichtlichen Ort der Desymbolisierung vordringt – oft noch Originalszene oder -vorfall genannt – von dem das neurotische oder leidensintensive Verhaltensmuster abstammt. Nur in ihr wird die vollständige, durch keine Abwehr mehr verstümmelte situative Bedeutung der (in der Gegenwart desymbolisierten) Interaktionsformen sichtbar.

Wie sind diese Erkenntnisse auf hermeneutische Arbeit in Forschungszusammenhängen zu übertragen? Hier kann ja nicht in lebendiger Interaktion die Reaktion des Patienten die Richtigkeit der Deutung bestätigen. Allerdings gibt es derartige Evidenzerlebnisse ersatzweise in der Interpretations-Gruppe – als „Aha-Erlebnisse" durch Gestaltschließung in den Momenten, in denen ein Verstehen des Ganzen möglich wird. Das aktuelle Evidenzerlebnis in der Interpretationsgruppe muss jedoch gesichert werden, es kann sich nicht selbst genügen. Die Sicherung geschieht durch beständige Rückführung der Interpretation auf die Texte – in der hermeneutischen Arbeit werden dann die aktuellen Narrationen des Interviews mit Themen verwoben, die sich auf historische Elemente der Lebensgeschichte beziehen: Aussagen zur Geschichte, Aussagen über aktuelle Therapieerfahrungen und gegenwärtige Lebensgestaltung und auch das Verhalten im Interview. Das sind erkenntnissichernde Textbezüge, die die Evidenz bestätigen können.

In einer als Längsschnitt angelegten Untersuchung besteht darüber hinaus die Möglichkeit, dem/r Interviewee derartige Interpretationen im nächsten Interview vorsichtig vorzustellen. Solche Rückkopplung der Deutungen durch thematische Rückführung in den Folgeinterviews muss natürlich mit äußerster Behutsamkeit geschehen, kann dann aber auch für die Interviewee noch einmal einen weiteren Schritt zum Verstehen und Durcharbeiten der eigenen Lebensgeschichte werden!

Im Folgenden wird dies am Beispiel einer Gegen-Übertragungsanalyse anschaulich gemacht.

2.5 Szenisches Verstehen als Gegen-Übertragungsanalyse: Über die Gewalt des traumatischen Materials

Die Arbeit mit Interviews, die ehemals drogenabhängige Jugendliche nach Abschluss ihrer stationären Therapie in jährlichen Abständen mit uns geführt haben, stellt eine Herausforderung auf vielen Ebenen dar. Nicht die kleinste ist die der professionell angemessenen Art, mit der Tatsache umzugehen, dass die Sprache der Jugendlichen, ohnehin geprägt durch einen gewissen Jugend-Slang, immer auch ein Gradmesser ist für den nicht beabsichtigten, unbewussten Ausdruck der zugrundeliegenden Problematik (aus frühester Zeit) und die besondere Art und Weise, wie die Interviewee in ihrer Entwicklung vorangeschritten ist. Wie bereits ausgeführt, soll die Untersuchung von Sprache bzw. des je spezifischen Sprachspiels ein Licht auf diese Thematik werfen.

In einem narrativen Interview, das als Beziehungsgeschehen begriffen und gestaltet wird, sind an diesem Spiel beide, Interviewerin und Interviewee beteiligt. Diese Beteiligung setzt sich unter bestimmten Bedingungen bis in die Interpretationsgruppen fort, denn angesichts der zugrundeliegenden Problematik und der Themen im manifesten Text ist es praktisch unmöglich, distanziert zu bleiben und nüchtern auf den Text zu schauen.

Der nachstehende Textausschnitt vermag diese vielfachen intersubjektiven Verschränkungen zu verdeutlichen. Er stammt aus dem zweiten Interview mit Marion, deren Geschichte durch ihre besondere Jugendlichkeit (14 Jahre bei Therapieende), frühes selbstverletzendes Verhalten und sehr frühen Drogeneinstieg gekennzeichnet ist. Sie kommt aus einer niedersächsischen Kleinstadt. Im Alter von zwölf Jahren hat sie begonnen, Drogen zu konsumieren, vorrangig Cannabis und Ecstacy, gelegentlich „ein bisschen Koks". In dieser Zeit lebt sie mit Vater und Mutter sowie ihrer fünf Jahre älteren Schwester zusammen. Sie gibt an, Probleme mit Eltern und Freunden gehabt zu haben. Ihre Drogensucht finanziert sie anfangs von dem Taschengeld, dass sie von der Mutter bekommt. Später bestiehlt sie diese, dann kommen „andere Sachen" hinzu, die sie allerdings nicht näher benennen möchte. Als sie ca. 13 Jahre alt ist, bringt ihre Mutter sie in einer geschlossenen psychiatrischen Einrichtung unter. Dort bleibt sie ein Jahr lang und wird wegen ihrer massiven Selbstverletzungstendenzen behandelt, macht jedoch keine Drogentherapie. Da es Zweifel daran gibt, dass sie „draußen" zurechtkommt, entscheidet sie selbst, dass sie zu Teen Spirit Island gehen möchte. Bei Teen Spirit Island bleibt sie dreieinhalb Monate und lebt seitdem in einem Heilpädagogischen Kinderheim, wo sie bis zur Selbständigkeit (d.h. bis zu ihrer Volljährigkeit) betreut werden wird. Auf die Frage nach ihren Zukunftsplänen antwortet sie, sie wolle wieder zur Schule gehen und ihren Abschluss machen. Berufswünsche habe sie noch keine. Sie wünscht sich, dass es ihr „weiterhin so gut geht" und dass sie „weiterhin so gut damit umgehen kann". Was genau „damit" gemeint ist, wird von ihr nicht näher erläutert. Später wird deutlich, dass sie auf der Suche nach einer haltenden Peergroup in eine Gruppe von wesentlich älteren Drogenabhängigen geraten ist, die junge Mädchen, fast noch Kinder, mit Drogen bis zur Bewusstlosigkeit vollpumpen, um sie dann sexuell zu missbrauchen.

Im ersten Interview, zu dem sie mit ihrem Betreuer kam, hat sie kaum gesprochen. Es war ein Interview der langen Pausen gewesen, das quälende Gefühle (vor allem Gefühle der Insuffizienz bei den Bearbeiterinnen) ausgelöst hatte. Nun kommen die Interviewerinnen im zweiten Interview auf die Frage zurück, wie Marion rückblickend den Beginn ihrer Drogenkarriere sieht. Sie beschreibt ihr Konsummuster, woraufhin eine Interviewerin nachfragt, wie die Eltern darauf reagiert haben.

Int.1.: Und wie ließ sich das vor deinen Eltern verbergen?
Marion: Das musste ich überhaupt nich verbergen, weil eigentlich (...) sie haben´s so nach´n paar Wochen gleich mitgekricht, auch dass ich nich mehr zur Schule gegangen bin und dann (...) dann kam halt erst `Ja, wenn du dies und das nich machst´ und so denn wird da halt irgendwas passieren, aber eigentlich...Und dann ging das halt immer so weiter und ich hab nich richtig aufgehört. (...) Ja und dann haben sie denn auch nix mehr gesagt (...) Joah.
Int.1: Was, sie haben nichts gesagt?
Marion: (...) Ja, sie haben mich einfach so machen lassen, was ich wollte, irgendwie.
Int.1: Mhm.
Int.2: Waren deine Eltern denn zuhause? Waren die beide (...) Oder waren die berufstätig?
Marion: Ja, die gehen beide arbeiten. Deswegen, die haben denn auch nich so viel Zeit für mich (unverständlich) gehabt, glaub´ich.
Int.2: Was machen die?

2.5 Szenisches Verstehen als Gegen-Übertragungsanalyse

Marion: Meine Mutter is im Altenheim und mein Vater is so'n Chemiearbeiter in'ner Fabrik.
Int.1: Also Vollzeit berufstätig.
Marion: Ja.
Int.1: Quasi von morgens bis abends an der Arbeit.
Marion: *Ja, meine Mutter ist, die ist nur halbtags, aber (...) Ja (...)*[22]

Marion spricht über eine Zeit, in der sie 11, knapp 12 Jahre alt war, seit Monaten die Schule schwänzte und Drogen nahm. Die Eltern haben das durchaus bemerkt, sie auch verbal konfrontiert, ihren Ermahnungen jedoch keine Taten folgen lassen. Marion hat ihr Verhalten fortgesetzt und die Eltern haben es hingenommen. Das Kind blieb sich selbst überlassen.

Die erste Interviewerin, sprachlos geworden, brummt Mhm (vielleicht nachdenklich, betroffen), da greift die zweite ein und fragt danach, was die Eltern tun, ob sie zuhause sind oder beide berufstätig. Sofort bestätigt Marion, dass beide berufstätig sind und daher wenig Zeit für sie haben. Auf die Nachfrage der zweiten Interviewerin nach konkreten Angaben erfahren wir, die Mutter ist im Altenheim tätig, der Vater Chemiearbeiter. Die Frage nach dem Arbeitsumfang, („Vollzeit?") wird zunächst bejaht, die Interviewerin unterstreicht noch etwas dramatisch (also von morgens bis abends!).

Hier endet die von der Bearbeiterin/Interviewerin ausgewählte Textstelle. Auf Nachfrage der Interpretationsgruppe wird der inhaltlich entscheidende „letzte" Satz nachgeliefert (im Interviewtext *kursiv*). Zunächst bestätigt Marion die Aussage, um dann sachlich zu korrigieren, die Mutter sei nur halbtags beschäftigt, „aber ..." der Satz bleibt unvollständig und gibt Raum für Phantasien. Wo ist die Mutter? Ist sie viel außer Haus, auch wenn sie nur halbtags arbeitet? Marion erlebt sie offenbar als nicht präsent, daher die erste Bestätigung (ganztägig außer Haus).

Was erfahren wir aus dieser Textstelle?
Die Eltern verhalten sich gleichgültig gegenüber den offenkundigen Zeichen der Tochter, dass etwas nicht stimmt. Die Interviewerinnen reagieren darauf mit einer Nachfrage, die gleichzeitig eine Erklärung anbietet: Sie bringen die Berufstätigkeit der Eltern ins Spiel. Fast erleichtert greift Marion das Thema auf und bestätigt, dass deswegen keine Zeit für sie geblieben ist. Sie weiß auch ungefähr anzugeben, was und wo die Eltern arbeiten, nur beim Umfang wird sie unsicher. Fast erscheint es so, als sei es gleichgültig, was genau und wie lange die Eltern

---

[22] **Text**: Marion II, (Z. 106-123) Codes: **elterliche Gleichgültigkeit**; Drogeneinstieg

arbeiten, wichtig ist, dass sie arbeiten und damit eine Erklärung vorliegt, warum sie so gleichgültig sind und die Tochter, die noch ein Kind ist, gewähren lassen. Das psychologische Verstehen, im Nachempfinden der Szene im Text, verdeutlicht zunächst die Aktivität der Interviewerinnen: Sie suchen nach einer Erklärung für die Gleichgültigkeit, an der sie dann auch mit Nachdruck festhalten, sie gewissermaßen immer weiter ausgestalten. Marion nimmt diese Erklärung auch gern an, sie spielt das Spiel mit, das die Interviewerinnen beginnen. Dennoch gibt es Hinweise, dass es nicht ihr eigenes Spiel ist (sie glaubt nur, dass es so war, sie bestätigt zunächst die Vollzeittätigkeit der Mutter, um dann zu korrigieren).

An dieser Stelle steigt die Interpretationsgruppe ein und fragt nach: Warum bringt die Interviewerin das Erklärungskonzept ein – und warum schneidet sie die Sequenz im Text so zu, dass die entscheidende Korrektur fehlt? Doch nur, um das Konzept zu bestätigen, plausibel zu machen: Wenn beide Eltern vollzeit berufstätig sind, dann ist das eine (befriedigende) Erklärung für ihre Gleichgültigkeit. Die Interviewerinnen arbeiten also mit einem Erklärungskonzept, das sie (unbewusst) im Hinter-Kopf haben. Warum? Weil es so selbstverständlich ist, dass berufstätige Eltern ihre Kinder vernachlässigen? Dem ist nicht so. Gleichwohl scheint es hier zu genügen. Immer dringlicher wird die Frage, was hier geschehen ist. Offenbar haben die Interviewerinnen etwas abzuwehren. Was, wenn sie sich den vollen Umfang der Bedeutung des Gesagten auch emotional vergegenwärtigen würden? Eltern lassen eine Elfjährige die Schule schwänzen, Drogen nehmen, in eine missbrauchende Clique abgleiten. Was, wenn sie spüren würden, was diese Gleichgültigkeit anrichtet? Die Interviewerinnen halten an ihrem Erklärungskonzept so nachhaltig fest, um sich (und Marion) vor etwas zu schützen. Aber wovor?

Die erste Erklärung liegt in der Erfahrung, die sie in dem ersten Interview mit Marion gemacht haben: Aus Angst vor den langen, quälenden Pausen. Aber wodurch wurden diese schwer erträglichen Schweigephasen ausgelöst? Die Interviewerinnen beschreiben ein lastendes, dumpfes Schweigen, das gekoppelt ist an ein trostloses, hoffnungsloses Nichts-Gefühl, sie bezeichnen diese Phasen als „schwarze Löcher" und geraten selbst kurzfristig in fürchterliche Zustände.[23] Wir

---

[23] Von diesen Erlebnissen und Wahrnehmungen wissen wir aus den subjektiven Protokollen, die zusammen mit dem Forschungstagebuch eine besondere Quelle darstellen: Interviewerinnen notieren während resp. unmittelbar nach den Interviews alle Beobachtungen, Gefühle und zusätzlichen Eindrücke, die ihr eigenes Erleben bestimmt haben. Diese subjektiven Wahrnehmungen sind durch ihre zeitnahe Abfassung ein Korrektiv und eine Ergänzung zu den Tonbandmitschnitten.

2.5 Szenisches Verstehen als Gegen-Übertragungsanalyse

dürfen hier im Erleben der Interviewerinnen eine Annäherung an die Zustände vermuten, denen auch Marion ausgesetzt ist. Wir wissen von ihr, dass sie neben ihrer Drogenabhängigkeit exzessiv in selbstverletzendem Verhalten Zuflucht sucht, um bestimmte unerträgliche Zustände zu beenden. Die tiefen Schnitte, die sie sich zufügt, sind ihr Mittel, aus solchen Zuständen einen Ausweg zu finden.

Die Angst der Interviewerinnen vor diesen schwarzen Löchern treibt sie in ein aktives Gestalten der Interviewsituation: Die Interviewerinnen wollen Gefühle der Hilflosigkeit und des Ausgeliefertseins vermeiden. Ein theoretische Konstruktion (Berufstätigkeit der Eltern) tritt an die Stelle des schwarzen quälenden Nichts. Marion greift den ihr zugespielten Ball auf, spürt die darin enthaltene Entlastung: Sie spielt das Spiel mit, nutzt aber das Konzept und die damit verbundenen Sprachspiele (in der Bedeutung: „in modernen Familien ist es üblich, dass beide Eltern arbeiten. Meist geht das auch gut, unglücklicherweise kommen manchmal die Kinder zu kurz") eher nachlässig, gleichmütig. Es kommt ihr nicht auf den Inhalt an (die Ungenauigkeit ihrer Angaben unterstreicht das). Es kommt ihr darauf an, dass etwas anderes passiert als die „schwarzen Löcher", die für sie einen direkten Zugang zur traumatischen Szene darstellen und eine dissoziative Vermeidung und Abspaltung vom Erleben zur Folge haben. In der ausgewählten Sequenz spaltet sie auch, jedoch mit einer anderen Qualität, denn sie behandelt die angebotene Erklärung kognitiv bestätigend, hält sie aber von Emotionen frei. Die mögliche affektive Bedeutung vermeiden auch die beiden Interviewerinnen, indem sie das Konzept anbieten.

In der Interpretations-Gruppe jedoch, deren Mitglieder ohne unmittelbaren Handlungsdruck und daher emotional distanzierter sind und sich somit geschützter mit dem Text beschäftigen können, entbrennen nun heftige Emotionen, vor allem Wut auf die Eltern und eine bodenlose Empörung, ja verzweifelte Fassungslosigkeit breiten sich aus („Wie können Eltern eine Elfjährige so vernachlässigen"?); dieser Affekt richtet sich nun zeitweilig projektiv und vorwurfsvoll gegen die Interviewerinnen („Wie konntet ihr denn das Konzept so offenkundig als Abwehr benutzen? Wie unprofessionell! Ihr konntet die Gefühle nicht aushalten, ihr habt euch selbst geschützt!"). Das bedeutet, in der Interpretations-Gruppe kommt die volle Wucht der – vermutlich – abgespaltenen, dissoziierten Gefühle zum Ausbruch: Wie soll sich ein Kind schon fühlen, das derart ignoriert, vernachlässigt wird? Verzweifelt, wütend, hoffnungslos. Damals könnte Marion in solche Zustände geraten sein, die sie sprachlich nicht ausdrücken konnte; sie beginnt statt dessen, Inszenierungen, sprechende Szenen zu gestalten (Selbstverletzendes Verhalten, Schuleschwänzen, Drogen), aber selbst diese massiven Zeichen werden nicht verstanden, führen nicht zu anteilnehmender Fürsorglichkeit der Eltern. Sie muss daher weiter provozieren, die Dramatik eskalieren und sucht Schutz und Trost in Ersatzfamilien (zunächst der Peergroup, in der es zu Drogengebrauch und sexuellem Missbrauch kommt).

Die beiden Interviewerinnen agieren im Interesse des Schutzes vor dem Trauma, es ist, als hielten sich alle an einen unausgesprochenen heimlichen Vertrag: „Wir berühren das Thema nicht, es bleibt unausgesprochen. Stattdessen sprechen wir über etwas anderes!" In der Interviewsituation der zweiten Begegnung zeigt sich daher, wie Marion inzwischen in der Lage ist, eine andere Ebene der Interaktion zu beleben, die sprachliche Formen beinhaltet und daher weitaus differenzierter, kommunikativer ist, als sie es im ersten Interview war. Natürlich muss sie ihre zentralen Verletzungen weiterhin schützen. Dass die Interviewerinnen darauf eingehen, kann als Ausdruck ihrer Empathiefähigkeit gelten (sie spüren das Schutzbedürfnis und gehen taktvoll damit um – beide haben sich auch intensiv mit dem Fall, dem ersten Interview und der zentralen Bedeutung der schwarzen Löcher durch die Pausen – beschäftigt). Das Angebot, eine theoretische Konstruktion vorzuschlagen, die eine „äußerliche" Erklärung für das unangemessene Elternverhalten liefert, kann auf dieser Ebene also eine „intersubjektive Feinabstimmung" zwischen Marion und den beiden Interviewerinnen darstellen, in der die subtilen Signale berücksichtigt werden, die von Marion ausgehen.

Auf Marions Seite imponiert jedoch vor allem die seit dem ersten Interview gewachsene Fähigkeit, mit Sprache zu spielen und Beziehung zuzulassen, wirkliche Begegnung zu riskieren. Sie geht auf Fragen mehr als nur einsilbig ein, antwortet mit kleinen Erzählungen (die an die Stelle der Pausen treten), das Interview gewinnt die Qualität eines Gespräches. Dass nur eine kleine Dosis Affekt dabei sein darf, muss respektiert werden, zu groß ist noch die damit verbundene Gefahr.

Wir gehen davon aus, dass Marion in ihrer Kindheit schweren Belastungen ausgesetzt war, deren Folgen sich zunächst in selbstverletzendem Verhalten, dann in den anderen Symptomen ausgedrückt haben. Den Spuren des Deprivationstraumas sind wir hier gefolgt (Gleichgültigkeit, Vernachlässigung der Elfjährigen). Körperliche und sexuelle Gewalt durch den Vater sowie später in der Clique sind uns bekannt, wenngleich sie in der Interpretations-Gruppe nicht vorrangig diskutiert werden. Marion ist hier als „die junge Schweigerin" bekannt geworden. Doch auch ohne Detailkenntnisse entfaltet sich die Gewalt, die sie erfahren hat, die destruktive Energie, mit der sie in ihrem Leben kämpft, wie bei einer Kaskade auch in jeder Stufe der Begegnung mit ihr. Sie tritt auf, wenn die beiden Interviewerinnen die langen Perioden des Schweigens im ersten Interview als kaum aushaltbar beschreiben (und wie sie anschließend, bezogen auf ihr eigenes Projekt, die Magisterarbeit, in eine tiefe Hoffnungslosigkeit stürzen). Sie wird spürbar im zweiten Interview, als die beiden Interviewerinnen diese Pausen, die schwarzen Löcher unbedingt vermeiden wollen und hocherfreut auf Marions neuerworbene Sprachfähigkeit fokussieren (auch wenn sie deren Zeichenhaftigkeit erahnen). Der heimliche Pakt des Schweigens ist inhaltlich transformiert: Wir schweigen nur über bestimmte Themen, andere dürfen sein! Die traumatische Gewalt entfaltet sich in vollem Umfang in der Interpretations-Gruppe, was nicht verwundert, denn hier ist keine Marion präsent, die geschützt werden muss. Hier wird eine große Menge Affekt entwickelt, Wut (auf die Eltern und die Interviewerinnen), verzweifelter Unglaube über so viel Ignoranz, so viel kindliches Leid.

2.6 Betrachtung der Befunde unter der Perspektive positiver Entwicklungsfortschritte

Ich möchte mit einer Analyse des Sprachspiels beginnen, das sich in der vorgestellten Passage entfaltet. Zunächst gibt es keine Sprache, das traumatische Element bleibt vollkommen exkommuniziert aus dem sprachlichen Zusammenhang. Da Marion schwerste Traumatisierungen erlebt hat, von frühkindlicher Deprivation über Gewalt durch den Vater, Gleichgültigkeit von beiden Eltern sowie sexuelle Gewalt durch die Peergroup, bei der sie Schutz sucht und sich anbinden will, ist ihr Sprachvermögen äußerst begrenzt – besser gesagt: ihre Fähigkeit, sich mit Hilfe sprachlicher Symbole auszudrücken. Wenn ihre innere Struktur völlig durchsetzt ist mit traumatischem Material, muss sie alle Kräfte daran setzen, den Kontakt zu den Auslösern zu vermeiden, sie wird also dissoziieren. Die unvermeidliche Wiederkehr des Verdrängten, die anhaltende Virulenz des Ausgegrenzten bleibt aber erkennbar: Marion inszeniert buchstäblich an und mit Hilfe ihres Körpers. Dieser ersetzt ihr die Sprache, an ihm vollzieht sie die Botschaften. Noch im ersten Interview ist das am quälenden Schweigen, den Pausen, den schwarzen Löchern zu spüren. Die Sprache, die sie darüber hinaus benutzt, ist knapp, unlebendig, fast belanglos. Sie setzt sie im Sinne von Zeichen ein, die kaum eine emotionale Bedeutung haben. Der Bezug zu ihrem Erleben, zu den signifikanten Belangen ihres Lebens, bleibt ausgespart. Davon bleibt im Umfeld des traumatischen Erlebens auch im zweiten Interview eine Spur erhalten. Hier allerdings hat sich Marions Fähigkeit zur sprachlichen Kommunikation insgesamt enorm erweitert, lediglich die dissoziative Trennung zwischen den Fakten und ihrer emotionalen Bedeutung ist als Schutzmechanismus noch nötig geblieben. Dort, wo kognitive Dissonanzen unaufgelöst bleiben, wo rasche Themenwechsel erfolgen, wo gleichmütige Bemerkungen dramatische Themen begleiten, gibt es Hinweise auf diese Aufspaltung, die Tatsachenwissen von seiner affektiven Bedeutung fernhält. Das traumatische Material kommt in diesen Momenten bereits in den Blick, d.h. in die Verfügung sprachlichen Ausdrucks, es hat aber nicht die Qualität der bestimmten Interaktionsform, transportiert nicht die volle katastrophische Bedeutung der Szene. Durch die Nutzung von Sprache als bloße Zeichen schützt sich Marion vor dem Erleben der Re-Traumatisierung. Hier zeigt sich, im Sinne von Lorenzer, keine Desymbolisierung als Zerstörung eines vormals intakten Sprachspiels; vielmehr ist Marion erst auf dem Weg, aus den Verheerungen herauszufinden, indem sie, jeweils gemäß ihrer emotionalen Kräfte, eine Sprache (und andere symbolische Ausdrucksformen) entwickelt, sie muss ihr Sprachspiel erst noch kreieren.

Sie geht der Gefahr aus dem Wege, durch das Interview und bestimmte Themen getriggert zu werden, indem sie diese aktiv vermeidet, ohne aber dabei aus der Beziehung zu gehen. Sie umgeht die narzisstische Kränkung, sie gerät gar nicht erst in den Zustand einer Selbstwertstörung, indem sie ein anderes ihr angebotenes Konzept nutzt, um die Vorgänge – vorläufig – zu erklären. Gewiss, sie redet sich so auch die Vergangenheit ein wenig schön, aber darauf kommt es ihr gar nicht an. Im Vordergrund steht die Vermeidung des Triggers, so deutet sie Wahrheit auch um, rekontextualisiert die Bedeutung der elterlichen Gleichgültigkeit (es ist die Berufstätigkeit, nicht die Ablehnung des Kindes). Zudem vermeidet Marion durch diesen veränderten Kontext die Kränkung, derart unzureichende Eltern zu haben, die ihr immenses Leid zugefügt haben. In der aktuellen Situation des Interviews aber zeigt sie ihre wachsende Geschicklichkeit, einem möglichen Trigger auszuweichen – und damit nicht in den Kreislauf von Re-Traumatisierungen hineinzugeraten.[24]

Auch unter der Perspektive der Interaktionsstile zeigt sich im Verlauf der Studie eine deutliche Veränderung: während Marion im ersten Interview nahezu ausschließlich im ersten Modus der präverbalen Inszenierung bleibt, soweit es das traumatische Material betraf, ist sie im zweiten Interview in der Lage, die Interviewerinnen im Modus der affektiven Durchlässigkeit kommunikativ zu erreichen und den nötigen Schutz von ihnen zu bekommen (z.B. der heimliche Schweigepakt das traumatische Material betreffend). Mehr noch, sie kann sogar die Interessen der Interviewerinnen berücksichtigen, die ja Worte, Sätze, Ge-

---

[24] Vgl. hierzu die Ausführungen in Kapitel 4, Teufelskreise der Abhängigkeit

schichten von ihr hören wollen. Andere Menschen werden also wahrgenommen und mit ihren eigenen Ansprüchen beachtet.

Unter dem Blickwinkel des Bindungsverhaltens stellen wir folgendes fest: Aus Marions Geschichte ist ein desorganisiertes Bindungsmuster erkennbar, das z.b. zu der übergroßen Nähe und anklammerndem Verhalten führte, das sie gegenüber den Männern ihrer Clique entwickelte. Das geht soweit, sogar offensichtliche Missbrauchserfahrungen emotional zu negieren, nur um die Beziehung zur Clique nicht zu gefährden. Im ersten Interview benötigte sie noch die Präsenz ihres Betreuers, um sich auf das Gespräch einlassen zu können. Ihr inneres Arbeitsmodell von Beziehung läßt sie eine negative Erfahrung befürchten, von den Menschen dieser Welt erwartet sie nichts Gutes. Ein knappes Jahr später fühlt sie sich fähig, die soziale Situation „Interview" selbst zu gestalten und mögliche Gefahrenzonen aktiv zu umschiffen, ihr Bindungsmuster ist dabei, sich zu verändern, durch die verlässliche alternative Erfahrung von Kontinuität und ständiger Verfügbarkeit eines emotional zugänglichen Erwachsenen.

2.7 Was war nötig, um diese Entwicklung zu ermöglichen?

Um die Analyse auf den ganzen Fall zu übertragen, gehe ich nun über die Deutung einer einzelnen Textstelle hinaus.

Was Marion durch Therapie und Heimaufenthalt zum Zeitpunkt des zweiten Interviews erreicht hat, ist nahezu spektakulär. Bezogen auf aktuelle Veränderungen sagt sie: *„Naja, also dass ich was schaffen will und so, auch mit der Schule und dass ich das hinkriegen will überhaupt, das war früher alles gar nicht mehr da so, weiß ich nicht, ich denk jetzt über irgendwelche Sachen nach, die haben mich vorher überhaupt nicht so interessiert, das ist alles mögliche, ich weiß nicht, Probleme von andern oder ich, eigentlich alles, das war mir früher egal ... ja es geht halt viel halt viel besser jetzt, meistens, also wenn's mir nicht gut geht, dann kann ich das auch gleich sagen"* (2. Interview, Seite 10).

Sie setzt sich Ziele und arbeitet ernsthaft daran, diese Ziele zu erreichen; sie ist nachdenklich, entwickelt eigene Werte und setzt sich auf dieser Grundlage für andere Kinder ein: Das macht sehr deutlich, dass sie vom Opfer gewalttätiger Übergriffe zu einer jungen Frau von 15 Jahren geworden ist, die sich für die Probleme von anderen nicht nur interessiert, sondern die auch aktiv eingreift, wenn andere Menschen in Gefahr sind. So wird sie etwa überaus ärgerlich, als sie sieht, dass auf dem Schulhof einem Kind erst Zigaretten und dann ein Joint angeboten wird. Sie konfrontiert den Täter und sorgt bei den Betreuern dafür, dass die Kleinen beschützt werden. Das ist eine anrührende Szene, denn da geschieht genau das, was ihr selbst gefehlt hat: Dass Erwachsene oder ältere Menschen mit Verantwortungsbewusstsein genau hinsehen auf das, was mit jungen Menschen wie Marion passiert. Zu dieser Entwicklung passt auch ihr Berufswunsch: *„ Ich weiß nicht Gärtner oder sowas mit Blumen oder so, das würd mir glaub ich schon Spaß machen ... naja oder mit Tieren würd ich auch gerne was machen, vielleicht auch so in Kindergarten oder so, also da überleg ich auch im Moment schon"* (2. Interview, Seite 12).

Gefragt, wie sie sich ihre Zukunft vorstellt, sieht sie sich in einem Jahr an dem Punkt, dass sie sich konkret mit einem Beruf auseinandersetzt und vermutlich schon in der zum Heim gehörigen Wohnung lebt, in der sie das selbstständige Leben lernen soll. In drei Jahren sieht sie sich in einer eigenen Wohnung, aber auf keinen Fall in der Nähe der Mutter, weil sie dort zuviel an die früheren Zeiten erinnert werden würde. Weitere fünf Jahre später kann sie kein konkretes Bild entwickeln, ist sich aber sicher, dass sie keinen Kontakt mehr haben wird zu den Menschen von früher, *„weil ich kann mir bei manchen von denen überhaupt nich vorstellen, dass sie sich jemals da ändern werden und ich weiß es halt auch nich, es kann sein, dass da manche jetzt schon im Knast sind halt, weil die war´n doch schon sehr weiß nicht, krank"* (2. Interview, Seite 13).

Vor diesem Hintergrund bekommen Marions Berufswünsche eine noch größere Bedeutung: Der Wunsch nach Umgang mit Blumen, mit Tieren oder mit Kindern im Sinne einer beruflichen Perspektive zeigt, dass sie sich in der Lage fühlt, einen pfleglichen Umgang mit verletzlichen Lebewesen zu praktizieren und offenbar auch einen Wunsch danach verspürt, so, als ob an diesen Wesen dann etwas wieder gutgemacht werden könnte von dem, was ihr selbst angetan worden ist oder was in ihrem Leben die Erwachsenen versäumt haben. Auch der visionäre Wunsch nach Normalität erscheint vor diesem Hintergrund noch einmal in einem anderen Licht wenn sie sich einen *„Beruf, Kinder, Geld verdienen und ein eigenes Haus, also Arbeit"* wünscht. Wenn es ihr gelungen ist, ihre Geschichte zu vergessen, dann sagt das auch, sie möchte ein ganz normales Frauenleben, Erwachsenenleben, Familienleben haben, mit Verantwortung für sich und die Kinder, mit einem richtigen Beruf, der ihr ein ausreichendes Einkommen sichert und so dazu beiträgt, dass sie ein solches Leben auch in eigener Verantwortung führen kann. Das ist eine Perspektive, die ihr während der Drogenzeit nicht verfügbar gewesen ist.

Marion erweist sich heute als bindungs- und beziehungsfähig. In der Ablösung von den destruktiven und pathologischen Bindungen aus ihrer Herkunftsfamilie ist einzig die Beziehung zur Schwester übrig geblieben. Die beiden jungen Mädchen sehen sich regelmäßig und haben einen Kontakt, mit dem es beiden gut

2.7 Was war nötig, um diese Entwicklung zu ermöglichen?

geht. Marion kann sich aber auch auf die Betreuer in dem Heim einlassen und hat befriedigende Beziehungen zu den Kindern und Jugendlichen ihrer Gruppe; in der Schule hat sie engen Kontakt zu Gleichaltrigen und auch eine gute Freundin jenseits aller Drogenzusammenhänge gefunden. Wenn es ihr schlecht geht, nimmt sie Kontakt zu ihrer Therapeutin von Teen Spirit Island auf, hier erweisen sich die einmal geknüpften Bindungen als stabil und tragfähig und werden, wie alles Gelernte, als innerer struktureller Reichtum von Marion weiterhin praktiziert. Das meint vor allen Dingen den Umgang mit Suchtdruck und Krisensituationen, denn hier hat Marion gelernt, durch Sport und andere Aktivitäten, in denen sie ihren Körper spürt, das Management dieser Krisen konstruktiv zu wenden. Im Gegensatz zu selbstverletzendem Verhalten und Drogengebrauch hat sie jetzt eine angemessen fürsorgliche Aufmerksamkeit für ihren Körper, der sie ihre Kräfte, aber auch deren Erschöpfung spüren lässt, der ihr Signale gibt darüber, dass dieser Körper ihr gehört und nur ihr zur Verfügung steht. Die Rückgewinnung von Kontrolle über ihren Körper symbolisiert auch die Wiedererlangung von Kontrolle über ihr Leben, die ohne die Verfügung über ihren Körper nicht denkbar wäre. Daher sind alle Formen der Abgrenzung, der aktiven Grenzziehung gegen die Ansprüche anderer und der selbstbestimmten Definition dessen, was in ihrem Leben heute für sie wichtig ist und was sie unter ihrer eigenen Regie erreichen will, von größter Bedeutung und signalisieren äußerst günstige Prognosen. Dies wird unterstrichen durch den erstaunlichen Wandel ihrer verbalen Ausdrucksfähigkeit, der zwischen dem ersten und dem zweiten Interview stattgefunden hat.[25]

Werden die wissenschaftlichen Kriterien für eine Gesundung bei schweren Persönlichkeitsstörungen herangezogen (vgl. Kernberg 1996), so lassen sich im Falle Marions eindeutige Erfolge feststellen: eine deutlich nachlassende Angst, zunehmendes Zeitgefühl, sogar Zukunftsplanung und realistische Zielsetzungen, starke Empathie und Verantwortungsgefühl für andere Menschen und eine Fähigkeit, sich auf Beziehungen einzulassen, ohne die eigenen Grenzen dabei zu gefährden. Ein Horizont von eigenen Werten wird ebenso erkennbar wie die Achtung vor den Interessen und Lebensbezügen anderer.

---

[25] Es ist darüber nachzudenken, ob die Tatsache, dass zwei junge Interviewerinnen einem Mädchen wie Marion sehr viel mehr Vertrauen einflößen und die seinerzeitige Anwesenheit des männlichen Betreuers während des ersten Interviews in diesem Sinne ein großes Hindernis gewesen sein mag. Darüber können wir an dieser Stelle nur spekulieren, ich würde jedoch vermuten, dass die sprunghaft gewachsene Eloquenz und sprachliche Ausdrucksfähigkeit von Marion vor allem mit ihrem persönlichen Entwicklungsprozess in Verbindung steht. Das zeigt sich auch in der Tatsache, dass sie ihren Betreuer während des zweiten Interviews nicht mehr benötigt.

Die entscheidende Voraussetzung für diese Entwicklung war gewiss die Entscheidung, das pathologische Milieu ihrer Clique sowie der gewalttätigen Eltern (Vater aktiv, Mutter passiv gewalttätig) zu verlassen. Im Therapiesetting auf Teen Spirit Island, das eine starke Struktur mit permanenter emotionaler Verfügbarkeit der Bezugsbetreuer/innen verbindet, hat sie durch therapeutisch begleitete Nachreifung genügend Motivation aufbauen können, um in der Fortsetzung im heilpädagogischen Kinderheim die dortigen Beziehungsangebote in vollem Umfang zu nutzen. Die Trennung der Eltern kann ebenfalls als ein Resultat der Veränderungen in Marions Umgang mit der Herkunftsfamilie verstanden werden: Während die Mutter das familientherapeutische Angebot auf Teen Spirit Island nutzt und sich vom Vater trennt, separiert der Vater sich von allen Familienmitgliedern und setzt seinen Alkoholmissbrauch fort. Daraufhin bricht Marion den Kontakt zu ihm vollständig ab.

Die intensive Vernetzung aller therapeutischen Angebote spielt in Marions Genesungsprozess eine hervorragende Rolle: Auch vom Kinderheim aus kann sie bei Bedarf die Therapie bei der bekannten Therapeutin fortsetzen, Rückfälle werden sofort bearbeitet und sind kein Anlass, die Beziehung abzubrechen, auch der neue Betreuer im Heim steht loyal hinter dem vernetzten Konzept und unterstützt Marion entsprechend. Diese Erfahrung der absoluten Verlässlichkeit ermöglicht Marion eine allmähliche Revision ihres inneren Arbeitsmodells von Bindungsbeziehungen; sie entwickelt Vertrauen zu unterstützenden Menschen. Natürlich wird sie weiterhin eine erhöhte Vulnerabilität gegenüber den Themen und Vorgängen besitzen, die sie mit den traumatischen Erfahrungen verbindet. Jedoch zeigt sich klar, wie sehr die emotionale Verfügbarkeit von (professionellen) Bezugspersonen im Fall von Marion zu einer Chance geworden sind, Nachreifungsprozesse zu ermöglichen, die erst die Voraussetzung dafür schaffen, reifere Symbolisierungsformen zu erwerben und die Traumata zu verarbeiten.

2.8 Fazit

Abschließend möchte ich noch einmal auf die gewalttätige Qualität des Textmaterials zurückkommen:

Die traumatische Qualität unterschiedlicher Gewalterfahrungen bestimmt die Lebensgeschichte und die Struktur von Marions Persönlichkeit, alle ihre Störungen und Symptome eingeschlossen. Und diese Gewalt hat eine durchdringende Virulenz, trotz der Fortschritte in ihrer Fähigkeit, damit umzugehen. Gerade durch die gewachsene Sprachfähigkeit und ihre kompetentere, wenngleich

2.8 Fazit

noch reduzierte Nutzung von Sprachspielen ist eine herkömmliche qualitative Hermeneutik, die nicht die wechselseitigen interaktiven Beeinflussungen beachtet und daher die unbewussten Dimensionen aussparen muss, nicht in der Lage, dieser Gewalt auf die Spur zu kommen. Die durch inhaltsanalytische Arbeitsschritte definierten „Codes" (Drogeneinstieg und familiäre Gleichgültigkeit) könnten nahelegen, das Erklärungskonzept „elterliche Berufstätigkeit" als hinreichend zu betrachten, vielleicht Marions Bedürfnis zu sehen, die Eltern zu schützen und sich vor Fremden nicht als „Nestbeschmutzerin" zu zeigen oder als „abgelehntes, missbrauchtes Kind".

Erst durch die Untersuchung der Interaktion zwischen den Interviewerinnen und Marion, aus dem Verständnis der quälenden Pausen als „sprechende Szenen", aus der Frage nach den Ursachen, die eine offenkundige Widersprüchlichkeit unwidersprochen gelten lassen, und zwar auf der Seite von Marion ebenso wie auf derjenigen der Interviewerinnen, kommt Licht in den Dschungel der Abwehrprozesse, die in der Situation des Interviews auch ein subtil aufeinander abgestimmtes Interaktionsspiel darstellen, das dem Schutz von Marion dient.

Erst durch die Übertragungsgefühle der Interviewerinnen und in der Interpretationsgruppe wird die in den Pausen steckende traumatische Qualität wahrnehmbar, erst jetzt werden die Pausen als Enactments, als Interaktionszeichen begreifbar. Und weiter noch, erst durch die Übertragungsreaktionen der Interpretationsgruppe auf den Text wird in Annäherungen deutlich, was da abgewehrt wird, nämlich heftige, bedrohliche Affekte. Die exkommunizierten Affekte und die mit ihnen verbundenen, sie triggernden Themen entfalten auf der Ebene der Übertragungsgefühle eine nachhaltige Wirkung. Die Annäherung daran setzte die Bereitschaft sowohl der beiden Interviewerinnen als auch der Interpretationsgruppe voraus, sich auf die besondere Substruktur, die Subtexte ebenso einzulassen wie auf ein wiederholendes Re-enactment (z.B. Beschuldigung der Interviewerinnen durch die Interpretationsgruppe) oder aber anstelle von Marion die abgespaltenen exkommunizierten Affekte zu empfinden. All das setzt die Bereitschaft voraus, kommunikativ eine Ersatzstruktur im Hier-und-Jetzt zu schaffen, in der ausgesprochen und nachgefühlt werden kann, was (in seiner emotionalen Bedeutung für die Interviewee) noch verborgen bleiben muss.

Ich erinnere mich an ähnliche Sitzungen von Interpretationsgruppen, die mit den Pausen im ersten Interview befasst waren (und der Überzeugung der Interviewerinnen, versagt zu haben); in diesem Zusammenhang kamen wir auf ähnlichem Wege zu präzisen Vermutungen über die Art der traumatischen Erfahrungen, die Marion hinter sich hat. Als im zweiten Interview sich eine Vielzahl dieser Vermutungen im manifesten Text, also durch Marion ausgesprochen, bestätigten, waren die Interviewerinnen auf das Äußerste überrascht: Sie hatten den eigenen Arbeitsergebnissen, den eigenen kommunikativen Kräften und der Fähigkeit zu szenischem Verstehen selbst nicht genügend Glauben geschenkt.

Aber wie sich auch hier zeigt: Das Trauma und seine Abkömmlinge setzen sich mit großer Gewalt durch, wenn man ihre Sprache und die präverbalen, präsymbolischen Inszenierungen, die ihrer Abwehr dienen, zu deuten versteht.

3 Adoleszenz – die zweite Individuation

Es ist mehr als 60 Jahre her, dass der Psychoanalytiker Erikson seine Vorstellung von der Dynamik menschlicher Entwicklung in das Bild von fortlaufender, einem epigenetischen Prinzip folgender Reifungsschritte fasste, und sie unter dem Titel „Identität und Lebenszyklus" als das lebenslange Ringen um die persönliche Identität zusammenfügte. In diesem Lebenszyklus hat er der Phase des Jugendalters im Wesentlichen die Aufgabe zugewiesen, den Konflikt zwischen der Herausbildung einer Ich-Identität und einer drohenden Identitätsdiffusion zu bewältigen. Viel zitiert wurde sein Verständnis dieser Phase der Identitätsfindung als eine psychosoziale Karenzzeit, mit deren Abschluss der junge Mensch neben der individuellen psychosexuellen Entwicklung auch in der Gesellschaft diejenige Nische findet, die wie für ihn gemacht ist (vgl. Erikson 1966/1959, S. 106f). Von einer solchen idealtypisch formulierten Aufgabenstellung sind Jugendliche, die in einem sehr frühen Stadium ihres Lebenszyklus drogenabhängig werden, weit entfernt. Häufig meinen sie sogar, diese wie für sie gemachte Nische bereits gefunden zu haben, indem sie in ihrem Selbstentwurf die Clique ihrer drogenabhängigen Mitkonsumenten als ihre eigentliche Heimat begreifen und aus ihrer Situation heraus auch keine Vorstellung von einem anderen Leben mehr zu entwickeln imstande sind. Die Nische ist dann eine der dauerhaften Marginalisierung und ein subjektives Akzeptieren dieses Zustandes. Junge Menschen, die sich zu einem frühen Zeitpunkt ihrer Abhängigkeit in Behandlung begeben, haben zumindest eine Idee davon entwickelt oder sich erhalten, dass auch ein anderes Leben möglich sein muss. Gleichwohl geraten natürlich auch sie in bestimmte lebensaltersspezifische Entwicklungsschübe, hormonelle und körperliche Veränderungen, die sie in ihren Lebensentwurf und in ihr Selbstverständnis einarbeiten müssen, die integriert werden wollen.

Häufig findet sich in der psychoanalytischen Literatur die Adoleszenz beschrieben als „zweite Chance" oder als zweite seelische Geburt. Das Bild der seelischen Geburt bezieht sich auf Mahler, Pine und Bergmann (1975), die die psychische Geburt des Menschen unabhängig von der körperlichen Geburt als Separationsprozess – von der Symbiose zur Individuation – begreifen. Die zweite, seelische Geburt oder auch die zweite Chance besteht während der Adoleszenz darin, Konflikte aus der frühen Kindheit zu rekapitulieren und, falls sie nur unbefriedigende Lösungen gefunden haben, nach neuen Lösungsmöglichkeiten zu suchen. Sie stellt also einen weiteren, einen zweiten Schritt zur Individuation dar (vgl. Blos, 2001, S. 23, Fendt, 2000, S. 91). In der psychodynamisch orientierten Entwicklungspsychologie besteht Einigkeit in der Auffassung, dass die enormen Anforderungen, die mit der Pubertät und der Adoleszenz verknüpft sind, in einem weiteren Reifungsprozess zu bewältigen sind, der an die frühen Stadien der psychosexuellen Entwicklung direkt anknüpft. Alle Formen der Erregung, Spannung, Befriedigung und auch der Abwehr, die während der psychosexuellen Entwicklung in der Säuglingszeit und der frühen Kindheit eine zentrale Bedeutung gehabt haben, werden wieder wachgerufen. Die genitale Triebreifung während der Pubertät führt zum Wiedererstarken der ödipalen Situation, in der dem Jugendlichen nun endgültig bewusst wird, dass er aus der geschlechtlicherotischen Beziehung seiner Eltern ausgeschlossen ist; jedoch kann er weder die Größenphantasien bemühen, die er im Alter von vier oder fünf Jahren zur kompensatorischen Bewältigung der ödipalen Phase nutzte, noch kann er die durch Verdrängung und Sublimierung erreichte Sicherheit aus der Latenzzeit wiedererlangen. Der Jugendliche ist auf dem schwierigen Weg der Loslösung und Individuation, der Trennung von seinen Eltern als Liebesobjekten, damit befasst, diese zu verlassen, ohne dass ihm bereits neue Liebesobjekte zur Verfügung stehen (vgl. hierzu auch Mertens 1996, S. 165).

Während in der ersten Phase der Individuation die Unterscheidung zwischen Ich und Nicht-Ich, zwischen Selbst und Nicht-Selbst vollzogen wird, ist das zweite Individuationserlebnis während der Adoleszenz komplexer und stellt den Jugendlichen vor größere Anforderungen. Erhebliche Stimmungsschwankungen, riskante Experimente, radikale Rebellion und das Ausprobieren der eigenen Grenzen im Kampf gegen die Eltern sind Elemente dieser Selbstfindung. Oftmals geht der Ich-Identität die Feststellung dessen, was alles Nicht-Ich ist, voraus. Während dieses Ablösungsprozesses treten Gefühle von Isolierung, Vereinsamung und Verwirrung auf, die als äußerst unangenehm empfunden werden. Im Unterschied zu Eriksons epigenetischer Auffassung, nach der in der späten Adoleszenz der Abschluss einer Entwicklung erreicht ist, wird Identität neuerdings als ein nicht abschließbarer, lebenslanger Prozess begriffen. Werner Bohleber (1999; 2004) rechtfertigt den Begriff der Identität für ein psychoanalytisches Entwicklungskonzept und vertritt die Auffassung, dass Identität nicht qualitativ durch Rollenübernahmen oder Charakterzüge zu definieren sei.

3 Adoleszenz – die zweite Individuation

„Vielmehr ist sie eine nie abgeschlossene psychische Konstruktion, die aus reflexiven Vergleichsprozessen besteht. Verglichen werden zentrale Selbstrepräsentanzen auf der einen Seite mit sozialen Rollen, Handlungen, Gefühlen, erzählten Geschichten, Objekten bis hin zu Träumen auf der anderen Seite. Identitätsbildung ist insofern stets ein nachträglicher Akt, dem äußere reale oder innere mentale Handlungen vorausgehen. Diese Struktur der Identitätsarbeit ist mit dem Konzept des intermediären Raums von Winnicott verwandt, weil sie eine Mittelstellung zwischen der inneren Welt und der äußeren Realität einnimmt. Sie ist ein Teil von beidem. In einer ähnlichen Auffassung spricht Christopher Bollas (1992, dt.2000) davon, dass wir alle >intermediates< seien. Identitätsarbeit des Ichs ist in diesem Sinne die Schaffung einer Balance zwischen äußeren Erwartungen, gesellschaftlichem Rollenverhalten und der inneren Wirklichkeit, den Identifizierungen, den Abkömmlingen unbewusster Phantasien und idiosynkratischen Wünschen. ... Bei einer solchen Konzeption von Identität wird diese sich nicht mehr als ein fest verfügbares Bewusstsein eines einheitlichen Ganzen reifizieren oder an eine Selbstrepräsentanz binden, die Identität gleichsam erzeugen könnte. Identitätserleben ist vielmehr ein Mittel, der Beziehung zum eigenen Selbst und zu seinen Objekten eine spezifische Form zu verleihen. Es vollzieht sich ein dialogischer Vergleichsprozess, bei dem das Subjekt sein Selbst quasi durch das Objekt `hindurchgehen´ lässt und diesen Vorgang metakognitiv auf einer höheren Ebene reflektiert. Dabei ist das Vergleichen in eine interaktive Szene eingebunden, entweder real in einer sozialen Handlung oder innerlich mental." (Streeck-Fischer 2004, S. 231).

Für die Frage, welche Veränderungsprozesse jugendliche Drogenabhängige während und nach einer Therapie durchlaufen, ist dieses Konzept von zentraler Bedeutung, gerade weil es die – jugendphasenspezifische – Dialektik zwischen Innen und Außen, zwischen innerseelischen Vorgängen und äußeren, gesellschaftlich-sozialen Erfahrungen beachtet und zum zentralen Entwicklungsmotor bestimmt. Dieses Verständnis von adoleszenter Entwicklung setzt die Spätwirkungen früher Traumatisierungen nicht außer Kraft;[26] aber es betont doch das konzeptuelle Potential, positive Erfahrungen in späteren Lebensphasen in das Selbstverständnis des Subjekts zu integrieren und durch korrigierende emotionale Beziehungserlebnisse eine langsame Veränderung subjektiver Struktur zu ermöglichen. Die Lebensgeschichte von Maria, einem jungen Mädchen aus „gutem Hause", soll einiges davon verdeutlichen.

---

[26] Zur Bedeutung früher Traumatisierungen auf die weitere Entwicklung wird in Zusammenhang der Kapitel 5 und 6 detailliert eingegangen.

3.1 Maria – die Kindheitsgeschichte einer Drogenabhängigen[27]

Maria ist in einer norddeutschen Großstadt geboren, in der sie mit ihrer Mutter und ihrem zwei Jahre älteren Bruder durchgehend lebt. Die Mutter hat sich von Marias leiblichem Vater sehr früh getrennt und ist mit ihren beiden Kindern zu einem anderen Mann gezogen. *„Mein Vater, der ist in unsere Familie gekommen, da war ich noch ganz klein, da war ich vielleicht drei oder zwei, weiß gar nicht so genau"* (3. Interview, Zeile 534). Als sie sieben Jahre alt ist, werden beide Kinder von dem zweiten Mann ihrer Mutter adoptiert, auch an diesen Zeitpunkt kann sie sich nicht genau erinnern. Die Beziehung zum Adoptivvater erweist sich als äußerst spannungsreich, der Mann lehnt die Kinder ab und hätte lieber mit der Mutter alleine gelebt, dennoch wird von ihnen erwartet, dass sie ihn Papa nennen. *„Da haben wir voll geweint, weil wir das nicht wollten, haben es aber doch gemacht"* (1. Interview, Zeile 312). Obwohl er die Kinder ablehnt, stellt er doch strenge Normen auf und erwartet deren Einhaltung. So möchte Maria den Kontakt zu ihrem leiblichen Vater wieder aufnehmen; das wird jedoch von ihrem Adoptivvater verboten. Auch als Maria später eine vertrauensvolle Beziehung zu ihrem Mathematiklehrer aufbaut, wird das von ihrem Stiefvater missbilligt.

Verschiedene einschneidende Veränderungen finden in ihrem siebten Lebensjahr statt. Maria begründet diese mit einem Aufenthalt in einem Landschulheim, von dieser Fahrt kehrt sie ihrer Erinnerung nach völlig verändert nach Hause zurück. Das zuvor lebhafte, fröhliche Kind, das gerne in die Schule ging und ihren damaligen Lehrer sehr gerne mochte, verweigert den Schulbesuch und spricht zwei Wochen lang kein Wort. Diese Wesensveränderung wird für die Eltern Anlass für die erste Therapie, die Maria als sehr unangenehm erlebt, da ihr vom Stiefvater verboten wird, etwas von der Familie zu erzählen. Die Behandlung bleibt daher erfolglos und wird nach zwei Jahren abgebrochen, *„und dann war ich zwei Jahre umsonst in der Therapie"* (1. Interview, Zeile 150). In dieses Alter fällt der Beginn ihres selbstverletzenden Verhaltens. *„So richtig Selbstverletzung habe ich mit sieben, acht angefangen, das war ganz unbewusst eher, das war mehr so Herdplatte anfassen, Bügeleisen, was man gut erklären konnte"* (3. Interview, Zeile 702). Die Selbstverletzungen bieten Maria eine Möglichkeit, mit ihren Aggressionen umzugehen, *„also eine Art Aggressionen abzuladen, die aufgestaut sind, die man ja sonst nich rauslässt, ich habe das gemacht, wenn ich traurig oder aggressiv war"* (1.

---

[27] Mit Maria liegen drei Interviews vor, die vom August 2001 bis Januar 2003 geführt wurden. Die Ausarbeitungen wurden von Johanna Gossel und Carsten Linnemüller durchgeführt und in zwei Magisterarbeiten dargestellt.

3.1 Maria – die Kindheitsgeschichte einer Drogenabhängigen

Interview, Zeile 278). Seitdem zieht sich die Tendenz zu selbstverletzendem Verhalten durch Marias Biographie.

Das Familienleben ist von emotionaler und räumlicher Abwesenheit der Eltern geprägt. Der Adoptivvater ist in seinem Beruf als Schulleiter eines Gymnasiums sehr beansprucht und um sein gesellschaftliches Ansehen bemüht. Obwohl er selbst nach Aussage der Tochter substanzabhängig ist (Medikamente, möglicherweise Opiate), bagatellisiert er Marias Drogenkonsum, *„mein Vater sagt, ab und zu Joint rauchen, mach doch, is mir egal, so nach dem Motto, is okay, ja, wieder alles unter den Teppich gekehrt"* (1. Interview, Zeile 122). Auch die Mutter ist in ihrem Beruf als Ärztin in einer Klinik sehr ambitioniert und zeitlich eingebunden. Maria und die Mutter sehen sich selten, manchmal findet über Wochen kein wirklicher Kontakt statt und wenn, *„dann kam alles auf den Tisch, was ich in den ganzen drei Wochen wieder falsch gemacht habe und dann haben wir uns gestritten"* (1. Interview, Zeile 66). Die Eltern erscheinen sehr mit sich beschäftigt, ihre Ehe ist gekennzeichnet durch heftige Streitereien und differierende Wertvorstellungen, *„meine Eltern, also wenn sie mal da waren, haben sie sich die Köppe eingeschlagen, haben sich voll gestritten"* (1. Interview, Zeile 76). Einig sind sie sich offenbar im Desinteresse gegenüber den Kindern, wenn Maria mit ihrer Mutter reden möchte, dann sagt ihr Vater, *„lass doch mal deine Mutter in Ruhe, die muss so viel arbeiten"* (3. Interview, Zeile 732). Maria leidet unter der Vorstellung, die Verursacherin der Auseinandersetzungen zu sein. Wenn sich die Eltern streiten, *„dann saß ich in meinem Zimmer und habe geheult, weil sich meine Eltern wegen mir gestritten haben"* (3. Interview, Zeile 548).

Zunächst findet sie Trost und Unterstützung in der Beziehung zu ihrem Bruder, die beiden Kinder rücken zusammen, bis Maria etwa zwölf Jahre alt ist und der Bruder sich aus uns unbekannten Gründen von ihr distanziert. In dieser Zeit beginnt Maria mit dem Alkoholkonsum. Noch im Alter von 13 Jahren geht sie zu Drogen wie Cannabis, LSD und Ecstasy über. Parallel dazu verletzt sie sich selbst durch Schnitte und begründet beides, den Drogenkonsum und die Selbstverletzung, mit Depression und der Suche nach Trost, die sie direkten Zusammenhang mit ihrem familiären Hintergrund bringt. *„Ich kannte es nicht, mit Problemen zu meinen Eltern zu gehen, weil ich hatte überhaupt kein richtiges Verhältnis zu meinen Eltern. Ich hab nich mit ihnen geredet, und die wollten auch nicht mit mir reden."* (3. Interview, Zeile 463) Zwei Jahre bevor sie zu Teen Spirit Island kommt, zwischen dem 13. und dem 15. Lebensjahr, lebt Maria in ihrer Familie, die ein Milieu schafft, in der fast alle Substanzen benutzen, um ihr Leben zu organisieren: der Adoptivvater ist abhängig von Medikamenten, Maria vermutet sogar eine Abhängigkeit vin Morphium; der Alkoholkonsum ihres Bruders steigt an und sie selbst ist drogenabhängig. Ihre Mutter, mit der Situation völlig überfordert, *„wird sehr krank"* (1. Interview, Zeile 88). In dieser Zeit läuft Maria mehrfach von zuhause fort, die von ihr gewünschte Unterstützung des Jugendamtes (sie möchte in eine betreute Wohngemeinschaft ziehen und wird in diesem Wunsch von der Mutter bestärkt) scheitert am Vater, da dieser für die anfallenden Kosten nicht aufkommen will. Im Vordergrund steht seine Angst, dass die Drogenabhängigkeit der Tochter seinem Ruf schaden könnte. Maria besucht auf Wunsch der Eltern das Gymnasium; während der achten Klasse wird der Schulbesuch unregelmäßig, in der neunten Klasse geht sie so gut wie gar nicht mehr zum Unterricht, ihr Tagesablauf ist von der Frage geprägt, wie sie ihre Drogen beschaffen kann. *„Ich bin irgendwann aufgestanden, bin dann losgegangen, damals ging es darum, wo es guten Stoff gibt und wie teuer er ist, auf jeden Fall war ich ein Jahr nicht in der Schule."* (2.Interview, Zeile 239). Sie bestiehlt ihre Eltern, ein Lehrer macht die Eltern auf den Drogenkonsum der Tochter aufmerksam, dennoch reagieren die Eltern – aus der Sicht der Tochter – beide nur mit Ignoranz, Verleugnung und gespielter Unwissenheit.

Der Auslöser, sich Hilfe zu suchen, ist Marias Wunsch, Abstand von ihrem Adoptivvater zu gewinnen. Sie bittet ihre Mutter darum, eine vierwöchige Kur machen zu dürfen. Der Kinderarzt, der daraufhin konsultiert wird, schickt Mutter und Tochter zur Drogenberatungsstelle Prisma und wenige Tage später beginnt Maria die Therapie in Teen Spirit Island. Sie ist nicht wirklich motiviert, nach zweieinhalb Wochen läuft sie das erste Mal weg, und nach drei Monaten lässt Maria sich offiziell vorzeitig entlassen. Doch schon nach 24 Stunden zuhause bittet Maria um eine erneute Aufnahme bei Teen Spirit Island. Sie sagt über diesen Aufenthalt bei ihren Eltern lediglich, dass es *„unerträglich war und meine Eltern mir ohne mein Wissen Diazepam verabreicht haben"* (1. Interview, Zeile 194). Aus diesem Grund muss sie auf Teen Spirit Island erneut mit der A-Phase beginnen; sie empfindet das als hart, kalt, ungerecht und trostlos, weil die Betreuer wegen des Diazepams annehmen (müssen), dass sie einen Rückfall hatte. Nach vier „schlimmen" Wochen erreicht sie zum zweiten Mal die B-Phase – erst jetzt setzt sie sich selbst das Ziel, die Therapie erfolgreich zu beenden. *„Dann in der B-Phase wurde es wirklich gut, da dachte ich, da ist so ein Schnitt, ich will jetzt hier sein, ich will das hier schaffen"* (1. Interview, Zeile 212). Von besonderer Bedeutung ist das Vertrauensverhältnis, das Maria zu ihrer Bezugsperson entwickelt und das auch in Phasen des Streites bestehen bleibt. Diese Erfahrung ist für Maria ungewöhnlich und ungeheuer bedeutungsvoll: *„Zwischen einigen Betreuern und mir da hat sich eine Beziehung aufgebaut, die ich zu meinen Eltern nie hatte ... so miteinander reden ... dass sie immer da waren, wenn es mir schlecht ging ... dass man lernt darüber zu spre-*

chen und weiß, der hört einem zu und der nicht sagt, ich hab genug andere Sachen zu tun." (1. Interview, Zeile 236) Nach dem körperlichen Drogenentzug tritt das Symptom der Selbstverletzung in den Vordergrund, und Maria schämt sich dafür, dass sie noch nach sechs Monaten dem Bedürfnis, sich zu schneiden, nicht widerstehen kann. Das Schneiden wird zum Ersatz für die Drogen, „wenn ich keine Drogen hatte, hatte ich so einen Druck, dass ich den gar nicht anders losgeworden bin, reden konnte ich damals gar nicht und dann habe ich geritzt, weil mir das in der Zeit am besten getan hat, wenn ich keine Drogen hatte, habe ich geritzt, also habe ich bei Teen Spirit Island mehr geritzt" (3. Interview, Zeile 437). Insgesamt ist Maria zehn Monate in stationärer Therapie, von denen sie die letzte Zeit als sehr positiv erinnert. Sie begründet das mit einer wachsenden Eigenständigkeit und dem Beginn ihrer Liebesbeziehung zu ihrem Freund, den sie in TSI kennengelernt hat.

In der Zwischenzeit haben sich ihre Eltern räumlich getrennt, mit Entlassung aus der stationären Therapie wohnt Maria zunächst bei ihrer Mutter, der Bruder bleibt beim Vater. Maria hatte sich diese Trennung bzw. eine solche Lebensform immer gewünscht, und die Mutter hatte sie immer wieder versprochen. Dennoch gibt es viel Streit zwischen den beiden, *„ja ich glaub das war echt die schlimmste Zeit als ich mit meiner Mutter zusammen gewohnt habe"* (2.*Interview, Zeile 287).* Auch die Vorwürfe des Adoptivvaters sind schwer zu ertragen, der ihr die alleinige Schuld am Auszug der Mutter gibt. So dauert diese Phase auch nur drei Monate an, bis Maria in eine vom Jugendamt betreute Wohngemeinschaft umzieht und die Mutter zurück zum Vater geht, der nun Maria vorwirft, dass er nicht nur die Umzugskosten zu tragen, sondern auch den Aufenthalt in der Wohngemeinschaft zu finanzieren hat. *„Ich konnte es meinem Vater einfach nicht recht machen, ich war bei TSI, mein Vater fand´s Scheiße, dann bin ich mit meiner Mutter zusamengezogen, mein Vater gab mir die Schuld dafür, ich bin in die WG gezogen, das hat zuviel gekostet."* (3. Interview, Zeile 621)

Nach Beendigung der stationären Therapie besucht Maria die zehnte Klasse eines Gymnasiums und hat sich zum Ziel gesetzt, einen guten Abschluss zu erreichen. Dafür muss sie natürlich regelmäßig am Unterricht teilnehmen und merkt, wie viel Anstrengung sie das kostet. Es ist nicht selten, dass sie nicht mehr als zwei Stunden in der Schule durchhält und dann gehen muss. Dennoch knüpft sie Freundschaften zu Gleichaltrigen, hält gleichzeitig den Kontakt zu Teen Spirit Island, nimmt dort die ambulante Therapie bei ihrer Therapeutin wahr und spürt sehr deutlich, wie sehr sie das dortige Leben vermisst. Trotz der Einsamkeit, die sie empfindet, nimmt sie keine Drogen, aber mit dem selbstverletzenden Verhalten kann sie nicht aufhören: *„Ritzen, das is so ein anderes Thema als Drogen, also das* *is nich so wie mit den Drogen, das kriege ich nich so gut hin, ich glaube ich ritze öfter als in TSI"* (2. Interview, Zeile 229). Über ihre Therapeutin bekommt sie einen Praktikumsplatz in einem Kinderheim in einer nahegelegenen Kleinstadt vermittelt, verlässt die Schule mit einem qualifizierten Realschulabschluss und bezieht ihre erste eigene Wohnung in der Nähe des Kinderheims; auf das erreichte ist sie sehr stolz. Die Betreuung der Kinder macht Maria großes Vergnügen und es gelingt ihr, acht Stunden am Tag zu arbeiten und sich mit ihrer neuen Aufgabe positiv zu identifizieren: *„Unser Kleinster ist sechs."* (3. Interview, Zeile 22) Sie besucht eine Fahrschule und arbeitet auf den Führerschein hin. Bislang verbrachte sie möglichst viel Zeit mit ihrem Freund, der jedoch langsam wieder in einen stärkeren Konsum abrutscht. In der kleinen Stadt, in der sie jetzt lebt, verändert sich diese Beziehung deutlich, Maria fühlt sich inzwischen sogar gestört, wenn der junge Mann sich in ihrer Wohnung aufhält und nach eineinhalb Jahren trennt sie sich von ihm. Obwohl ihr Freund sie regelmäßig anruft und darum bittet, die Beziehung wieder aufzunehmen, bleibt sie bei ihrer Entscheidung, sie möchte jetzt *„Single sein, alles genießen und einfach Ruhe haben"* (3. Interview, Zeile 941).

Fast zwei Jahre nach Abschluss der stationären Therapie, zum Zeitpunkt des dritten Interviews, ist Maria drogenfrei und hat sich auch *„ganz lange nicht mehr, bestimmt schon seit einem halben Jahr nicht mehr geritzt"* (3. Interview, Zeile 287). Die ambulante Therapie findet nur noch alle sechs Wochen statt, aber die Gespräche sind ihr sehr wichtig. Wenn es Maria schlecht geht, was nur noch selten vorkommt, dann weiß sie inzwischen, wie sie mit dieser Situation umgehen kann, *„telefonieren, joggen, mit Kollegen unterhalten ... ich finde immer irgendwen zum reden"* (3. Interview, Zeile 144). Zu diesem Zeitpunkt kann sich Maria kaum vorstellen, sich erneut selbst zu verletzen: *„Das hat sich irgendwie so eingependelt, ich habe gar nicht mehr diese Gedanken, dass ich mich jetzt unbedingt ritzen muss."* (3. Interview, Zeile 297) Nach dem Praktikum, hat Maria bereits eine Zusage für einen Ausbildungsplatz zur Erzieherin. Darauf ist sie sehr stolz, sie will in der kleinen Stadt bleiben, um einen Kontakt zur Drogenszene zu vermeiden: *„Wegen meiner Vergangenheit möchte ich nich zurück, weil da halt noch Leute wohnen, hier hab ich überhaupt keinen Kontakt zu denen und das ist gut, ich komme nicht in Versuchung und das gefällt mir hier."* (3. Interview, Zeile 209f)

3.2 Phasen der Adoleszenz und typische Entwicklungsverläufe

Die Kindheit und Jugend eines Mädchens wie Maria vollziehen sich unter belastenden Bedingungen, die jeden einzelnen Entwicklungsschritt prägen. Wenn im Folgenden die „normalen", durchschnittlich zu erwartenden Phasen der Adoleszenz beschrieben werden, dann soll dies eine Vorstellung von den Entwicklungsaufgaben vermitteln, die jeder Jugendliche zu bewältigen hat.

Die sogenannte Latenzperiode umfasst das 6. bis 10. Lebensjahr; sie beginnt mit dem „Untergang des Ödipus-Komplexes" und schließt die konfliktreiche Zeit der ersten psychosexuellen Entwicklungsphasen ab. Indem das Kind die Tatsache akzeptiert, dass eine Liebesbeziehung zu einem Elternteil unmöglich ist, intensivieren sich seine psychischen Abwehrmechanismen. Das führt zur Aufgabe der frühen Objektbesetzungen, die durch Identifizierungen ersetzt werden (vgl. Freud 1924, S. 245f.). Die Latenzperiode steht also weniger unter dem Einfluss libidinöser trieborientierter Energien, unter anderem auch deshalb, weil das Ich und das sich entwickelnde Über-Ich erhebliche Kontrollen über die Triebenergien ausüben. Durch die kognitiven Entwicklungsprozesse und die Entdeckung neuer Befriedigungs- und Anpassungsmöglichkeiten erringt das Kind die Fähigkeit zur Sublimierung, die Triebenergie wird also auf ein neues, nichtsexuelles Ziel umgeleitet. Das führt dazu, dass intellektuelle, motorische, soziale und moralische Fähigkeiten zunehmen und insgesamt zu einer Stärkung des Selbstwertgefühls beitragen, das nun nicht mehr allein von der Bestätigung durch die Eltern abhängt, sondern auch vom kindlichen Glauben an das eigene Können getragen wird. Durch stabile Identifizierungen wird das Kind von den Objektbesetzungen und ihrer wechselnden Intensität und Qualität unabhängiger (vgl. Blos 2001, S. 68), denn die elterlichen Forderungen und Verbote sind verinnerlicht worden. Daraus ist das Über-Ich entstanden, das Kind ist nun in der Phase der Latenz nicht mehr so stark von äußeren Verboten und Regeln durch die Eltern abhängig, sondern wird bereits von seiner eigenen inneren moralischen Instanz geleitet. Es ist nötig, die Latenzperiode intensiv und ausgiebig zu erleben; ihre Verkürzung wird ebenso wie eine deutliche Verlängerung spätere Entwicklungen entscheidend beeinträchtigen.

Viele drogenabhängige Jugendliche haben durch ihre frühen Störungen bereits in dieser Zeit mit deutlichen Einschränkungen zu kämpfen und können daher die Reifungs- und Konsolidierungschancen der Latenzphase nicht hinreichend nutzen. In Marias Entwicklung fällt bereits in diese Zeit der Beginn ihres selbstverletzenden Verhaltens, nachdem sie ihren leiblichen Vater verloren und einen ambivalenten Adoptivvater zu akzeptieren hat. Sie erscheint in ihren Erzählungen als ein intelligentes und experimentierfreudiges Kind, das sich sehr auf Leistung ausrichtet. Der plötzliche Leistungsabfall und vor allem die Wesensveränderungen nach dem Landschulaufenthalt verweisen auf verstörende und belastende Erlebnisse. Der erste Therapieversuch im Alter von sieben, acht Jahren wird durch einen strukturellen Double-Bind (sie darf nicht über die Familie sprechen) von vornherein blockiert. Sie steht unter einem solchen Druck, dass sie bereits in dieser Zeit mit selbstverletzendem Verhalten beginnt, das sie in kluger Tarnung als Unfälle und zufällige Verletzungen erscheinen lässt. Sie zeigt also auch im Umgang mit diesem Symptom Verhaltensweisen, die sie reifer und kognitiv entwickelter erscheinen lassen, als in diesem Alter zu erwarten wäre.

Die Präadoleszenz (10. bis 12. Lebensjahr) ist durch eine Zunahme des Triebdrucks gekennzeichnet, die sich durch eine erhöhte sexuelle Erregbarkeit zum Ausdruck bringt. Die libidinösen Energien haben allerdings noch kein neues Triebziel gefunden; kennzeichnend für diese Zeit ist die Regression der Kinder und Jugendlichen auf ein prägenitales Niveau. Beim Jungen zeigt sich dies vor allem in der Beschäftigung mit analen, oralen und urethralen Interessen, beim Mädchen findet häufig eine Wiederbelebung der Beziehung zur präödipalen Mutter statt (vgl. Tyson and Tyson 1997, S. 73). Da direkte Triebbefriedigung aufgrund der noch kindhaften Lebensweise, aber auch aufgrund der moralischen Über-Ich-Verbote nicht möglich ist, sucht das Ich nach Abwehrformen: Typisch für diese Phase ist auf der Verhaltensebene das zielbewusste Sammeln von Gegenständen, Münzen, Zeitschriften, Unterschriften, Ablenkungen, die den Charakter von Besessenheit annehmen können. Allerdings können die Abwehrmaßnahmen vorübergehend auch zu Angstzuständen führen oder andere nervöse Ausdrucksformen annehmen (wie Nägel knabbern, Stottern) oder sogar zu somatischen Spannungsventilen werden (z.B. Kopfschmerzen). In diese Phase fällt eine überaus heftige Abgrenzung vom anderen Geschlecht, die vor allen Dingen bei Jungen als ausgesprochen mädchenfeindliche Einstellung auftritt, wodurch sie die wieder auftauchenden Kastrationsängste zu bewältigen versuchen. Bei den Mädchen kommt es gelegentlich zu einem Aktivitätsschub mit „jungenhaftem" Benehmen. In klassischer Auffassung wird dies als Verleugnung der eigenen Weiblichkeit verstanden und gilt als Reaktion auf einen ungelösten Kindheitskonflikt, vornehmlich im Zusammenhang mit Penisneid (Blos 2001, S. 74). Jüngere, feministische Auffassungen erklären das klinisch unstrittig auftauchende Phänomen von „jungenhaften Mädchen" eher als freies Experimentieren mit vorgegebenen Geschlechtsrollen, als Verneinung des weiblichen Geschlechtsrollenstereotyps, aber auch als Ablehnung der mütterlich omnipotenten Überwältigungsphantasie.

Maria ist während dieser Zeit, die als Präadoleszenz bestimmt ist, eng mit ihrem zwei Jahre jüngeren Bruder verbunden, bis dieser sich abwendet, weil er nichts mehr mit Mädchen zu tun haben will. Die Eltern sind kaum präsent, karrierebewusst, beruflich sehr engagiert, vor allem aber verstrickt in einer ebenso ambivalenten wie aggressiv getönten Beziehung. Die Tochter wird zum Sündenbock für elterliche Unzufriedenheit, dies wird vor allem in der Beziehung zum Adoptivvater spürbar. Elterliches Verhalten im Umgang mit Drogen (Bagatellisierung) in Verbindung mit Desinteresse und Ambivalenz stellen für eine Jugendliche, die stabile Unterstützung und emotional verfügbare Eltern braucht, um mit ihren regressiven Zuständen fertig zu werden, eine extreme Belastung dar. In dieser Zeit beginnt Maria, nachdem sie bereits das selbstverletzende Verhalten zur Spannungsreduktion einsetzt, zunächst Alkohol zu trinken, um bald zu dem Konsum illegaler Drogen überzugehen.

Die Hinwendung zu außerfamiliären libidinösen Objekten kennzeichnet die Frühadoleszenz vom 13. bis zum 15. Lebensjahr. Die reale Trennung von den frühen Liebesobjekten verstärkt sich jetzt (Blos 2001, S. 91). Die starke Kontrolle, die das Über-Ich auf das Verhalten der Jugendlichen bislang ausübt, nimmt in dieser Zeit stetig ab; das erklärt sich aus der emotionalen Ablösung von den Eltern. Wenn der Jugendliche sich in der frühen Adoleszenz von seinen Eltern zurückzieht, sind davon auch seine Objektrepräsentanzen und die internalisierten moralischen Gebote betroffen. Werte, Maßstäbe und moralische Gesetze haben sich aus dem Einflussbereich der elterlichen Autorität gelöst, sind Ich-gerecht geworden und nun innerhalb des Ichs bereits autonom wirksam. Durch den Abzug der Objektbesetzungen und den sich vergrößernden Abstand zwischen Ich und Über-Ich kommt es zu einer Verarmung des Ichs. Das äußert sich beim Adoleszenten in Gefühlen der Leere oder des inneren Aufruhrs; häufig erleichtern sich die Jugendlichen durch Externalisierungen in der Außenwelt (Blos 2001, S. 92). Indem die ursprünglichen Liebesbindungen außer Kraft gesetzt werden, steigt die Dringlichkeit einer Bindung an neue Objekte. Freunde und Freundinnen bekommen folgerichtig in dieser Zeit eine große Bedeutung, sie werden nach narzisstischem Schema ausgewählt. Der (gleichgeschlechtliche) Freund oder die Freundin haben oft Eigenschaften, die der/die Jugendliche selbst gern hätte. In der Freundschaft hat er dann die Möglichkeit, an diesen Eigenschaften stellvertretend teilzuhaben, ja, sie zu besetzen. Freud betont diesen Vorgang für die Entwicklung des Ich-Ideals: „Große Beiträge von wesentlich homosexueller Libido wurden so zur Bildung des narzisstischen Ich-Ideals herangezogen und finden in der Erhaltung desselben Ableitung und Befriedigung." (Freud 1914, S. 62). In der männlichen Entwicklung werden diese Freundschaftsbeziehungen gelegentlich homoerotisch aufgeladen, die Angst vor diesen erotischen Gefühlen kann dann zu einem abrupten Beziehungsabbruch führen. Die typische Form der Idealisierung bei Mädchen ist in der Schwärmerei zu sehen. Der „Schwarm" kann männlichen wie weiblichen Geschlechts sein, die Schwärmerei enthält vor allem masochistische und passive Züge, es handelt sich um ein Zwischenstadium zwischen der phallischen Einstellung der Präadoleszenz und der Entwicklung zur Weiblichkeit. Dieses bisexuelle Zwischenstadium ist laut Blos (2001, S. 99f) bei Mädchen jedoch bewusstseinsnäher als bei Jungen, was sich zum Beispiel daran zeigt, dass sich der Junge in dieser Zeit seiner weiblichen Anteile schämt, während das Mädchen seine Männlichkeit oft gerne betont.

In Marias Entwicklung ist diese Zeit ganz und gar durch die Drogen geprägt, Beschaffung und Konsum bestimmen ihren Tagesablauf. Ihre körperliche Abhängigkeit von den Drogen bleibt offenbar den Eltern ebenso verborgen wie ihre Abwesenheit in der Schule. Sie läuft von daheim fort und orientiert sich an Wohngemeinschaften von Jugendlichen, möchte in eine therapeutische WG ziehen, sucht Hilfe beim Jugendamt. Inwieweit hier jugendlicher Protest gegen elterliche Erwartungen mit hineinspielt, ist schwer zu sagen. Mehr im Vordergrund liegt ihr offenkundiges Hilfebegehren, das jedoch vom Vater boykottiert wird. Ein weitreichendes Versagen elterlicher Fürsorge, ein Defizit an Aufmerksamkeit gegenüber der Tochter sind erkennbar. Möglicherweise führt der bürgerliche Status der Eltern bei den Institutionen der Jugendhilfe dazu, die Dringlichkeit und Ernsthaftigkeit von Marias Hilferuf zu unterschätzen. Die Mutter ahnt mehr als der Adoptivvater von den Problemen, setzt sich jedoch nicht gegen den Ehemann durch.

Erst als Maria sich gemeinsam mit der Mutter an einen Kinderarzt wendet, also selbst die Initiative ergreift, um sich aktiv vom Adoptivvater zu distanzieren, beginnt sie die erste stationäre Behandlung auf Teen Spirit Island.

Als eigentliche Adoleszenz wird die Zeit vom 15. bis 17. Lebensjahr bezeichnet. Im Mittelpunkt dieser Phase der Adoleszenz steht die heterosexuelle Objektbesetzung, d.h. erste ernstere Liebesbeziehungen[28] prägen diese Entwicklungspha-

---

[28] In der psychoanalytisch orientierten älteren Literatur wird hier üblicherweise von der gegengeschlechtlichen Partnerwahl gesprochen, die als Indiz dafür gilt, dass die bisexuellen Experimente überwunden und eine stabile Geschlechtsidentität errungen wurde. Diese Auffassung folgt der heterosexuellen Norm als dominanter und vor allem als einzig angemessener sexueller Orientierung. Ich möchte betonen, dass es in dieser Zeit um die stabile Objektwahl geht, die auf der Basis einer sich stabilisierenden Geschlechtsidentität erfolgt; die Erfahrung ernsthafter Beziehungen außerhalb der Familie und über die Peergroup hinausgehend erscheint mir bedeutsamer als die Gegengeschlechtlichkeit.

3.2 Phasen der Adoleszenz und typische Entwicklungsverläufe

se. Damit diese erreicht werden kann, muss es gelingen, die bereits beschriebenen narzisstischen und bisexuellen Besetzungen aufzugeben. Bevor der Adoleszente zu einer reifen stabilen Liebesbeziehung fähig wird, ist eine Reihe von Veränderungen notwendig, wobei die Gefühlsreifung nicht von möglichst vielen sexuellen Erfahrungen abhängt: die Hauptprobleme liegen in den Besetzungsverschiebungen. Bei beiden Geschlechtern ist eine deutliche Zunahme des Narzissmus festzustellen. Weil die kindlichen Objektbesetzungen ihre Bedeutung verlieren, kommt es zeitweilig zu einer Überschätzung des Selbst, einer erhöhten Selbstwahrnehmung, zu einer extremen Empfindlichkeit und Selbstbezogenheit, gelegentlich tritt ein narzisstischer Rückzug auf sich Selbst und ein Verlust der Realitätsprüfung ein (Blos 2001, S. 107).

Die reale Ablösung der libidinösen Besetzungen von den Eltern führt zu einer Veränderung der Objektrepräsentanzen, die dann das gegenwärtige Verhalten des Adoleszenten seinen Eltern und ihren Vertretern gegenüber bestimmen. Es kommt gelegentlich zu Verwechslungen der guten und bösen Introjekte mit den tatsächlichen Eltern und ihrem wirklichen Verhalten. Indem der Objektrepräsentanz die Energien entzogen werden, werden die Eltern als Ursprung der libidinösen Befriedigung beseitigt. Daraus resultiert folgerichtig beim Adoleszenten ein enormer Objekthunger, der permanente Veränderungen, oberflächliche Bindungen und verschiedenste Identifizierungen zur Folge hat. Viele Adoleszente, die in dieser Zeit eine Neigung haben, wahllos Essen und Getränke in sich hineinzustopfen bzw. zu -schütten, geben auf diese Weise nicht nur physischen Bedürfnissen einen Ausdruck, sondern die Essattacken gehen einher mit dem Steigen und Fallen des Objekthungers und seiner Inkorporierungsfunktion. Das Hungergefühl und das Bedürfnis nach Nahrung nimmt in dem Moment ab, in dem ein sinnvolles und befriedigendes Objekt gefunden ist. Der oralen Gier kommt Blos zufolge innerhalb des Trennungsprozess eine entscheidende Bedeutung zu (Blos 2001, S. 108).[29]

Die Zunahme des Narzissmus führt zu einer Entidealisierung der Eltern, die zuvor überschätzt, idealisiert und unrealistisch überhöht betrachtet wurden, jetzt neigt der Adoleszente dazu, sie zu unterschätzen und sie wie gefallene Idole zu behandeln. Dies zeigt sich an dem arroganten und rebellischen Verhalten des Jugendlichen, nicht nur im Widerstand gegen seine Eltern, sondern auch gegen Lehrer und andere Autoritätspersonen, ebenso wird die Übertretung sämtlicher Gesetze reizvoll. Die narzisstische Libido, die sonst auf die internalisierten Eltern

---

[29] Ich folge hier in dieser modellhaften Darlegung adoleszenter Entwicklungsphasen Peter Blos, im vollen Bewusstsein seiner an triebtheoretischen Grundsätzen orientierten und somit durchaus einseitigen Darstellung, die aber den Vorzug großer Übersichtlichkeit hat.

gerichtet war, steht nun dem Ich zur Verfügung. Diese Besetzungsverschiebung muss das Ich letztlich in die Lage versetzen, sich aufgrund von tatsächlichen Leistungen soviel narzisstische Zufuhr zu sichern, wie es für die Aufrechterhaltung seiner Selbstachtung benötigt. In den tatsächlichen Liebesverhältnissen des Jugendlichen nimmt die Identifizierung eine hervorragende Stellung ein. „Diese stürmischen und wenig haltbaren Liebesbindungen der Pubertät sind Identifizierungen der primitivsten Art, wie wir sie etwa in der ersten Entwicklung des Kleinkindes vor Beginn aller Objektliebe kennen." (Anna Freud 1936, zit. n. Blos 2001, S. 115) Mit dieser Identifizierung wird eine völlige libidinöse Regression zum Narzissmus verhindert. Für die eigentliche Adoleszenz in der Zeit zwischen 15 und 17 Jahren ist sowohl die Wiederbelebung des Ödipuskomplexes als auch die endgültige Ablösung von den primären Liebesobjekten kennzeichnend. Der Adoleszente erlebt zum einen Trauer über den Verlust der Eltern, auf der anderen Seite nimmt nun das Verliebtsein einen hohen Stellenwert ein. Durch die heterosexuelle Objektliebe wird die Bisexualität aufgegeben, die in den vorhergehenden Phasen eine ständige Gegenbesetzung erforderlich machte. Jetzt können die bisexuellen Elemente in der heterosexuellen Liebe erfüllt werden, indem der Partner diese gegengeschlechtliche Komponente erhält.

Die Partnerwahl orientiert sich in dieser Phase der radikalen Ablösung von den Eltern häufig an Trotz- und Rachebindungen. Der Partner wird also nicht aus Liebe gewählt, sondern aus Rache an den Eltern, er ist das Gegenteil von dem, was die Eltern sich wünschen. Damit dient die Partnerwahl dazu, die Eltern zu verletzen und sie dafür zu bestrafen, dass sie die Liebesbedürfnisse des Kindes nicht mehr befriedigen können. Mit Bezug auf die Auflösung des Ödipuskomplexes betont Blos, dass es sich um einen äußerst langsamen Prozess handelt, der bis in die Spätadoleszenz hineinreichen kann. Darüber hinaus sagt er sogar, dass der Verzicht auf ödipale Phantasien erst dann erreicht werden kann, wenn das Individuum selbst eine eigene Familie gegründet hat (Blos 2001, S. 125 f.).

In Marias Entwicklungsgeschichte fällt in diese Phase der eigentlichen Adoleszenz ihr fast einjähriger Aufenthalt in Teen Spirit Island, den sie aus eigenem Wunsch beginnt und nach anfänglichen Schwierigkeiten auch erfolgreich beendet. Hier entwickeln sich intensive emotionale Beziehungen zu ihrer Therapeutin, ebenso wie zu anderen Mitarbeitern der Therapiestation. Die Gruppe der Patienten wird außerordentlich wichtig für sie, bestimmt ihr Erleben und prägt ihre Wahrnehmung. Maria entdeckt und entwickelt ihre Beziehungsfähigkeit außerhalb der familiären Bezüge; auch die Liebesbeziehung zu einem Mitpatienten, die noch lange nach Abschluss der stationären Therapie anhält, unterstreicht diesen positiven Entwicklungsschritt. Der Drogenentzug führt zunächst zu einer Symptomverschärfung auf der Ebene selbstverletzenden Verhaltens, sie verändert aber im Laufe der Zeit ihr Selbstmanagement in diesen druckvollen Situationen deutlich, sucht dann Gespräche oder treibt Sport. Nach Verlassen der Therapiestation zieht sie zunächst allein mit der Mutter zusammen in eine gemeinsame Wohnung, ein lang gehegter kindlicher Wunsch scheint in Erfüllung zu gehen. Aber die erhoffte Versorgung und Bemutterung bleiben aus, vielmehr mündet dieser Versuch einer Wiedergutmachung, wie er wohl mütterlicherseits gemeint ist, in ein völliges Fiasko, bis es wiederum durch Maria selbst zu einer Veränderung kommt: Sie verlässt die Mutter, um erst in eine Wohngemeinschaft zu ziehen und dann, nach einem längeren Praktikum, eine Berufsausbildung in einer Kleinstadt zu beginnen. Sie hat sich auf diese Weise aus dem elterlichen Einfluss entfernt und eine radikale Trennung, auch von ihren unerfüllten Hoffnungen, vorgenommen.

3.3 Marias Veränderungsprozess nach der Therapie

Die junge Frau hat also eine beträchtliche Entwicklung zurückgelegt. Das wird auch an den Antworten deutlich, mit denen sie auf die „Zauberfrage" am Ende der jeweiligen Interviews eingeht. Die Frage lautet: „Wenn du drei Wünsche frei hättest, was würdest du dir wünschen?" Im ersten Interview sagt sie dazu:

> *„Meinen Motorradführerschein machen, ich will unbedingt ein Motorrad haben, am liebsten 'ne Ducati und rot bitte, das ist mein größter Traum, mein aller aller größter, und dann möcht ich 'ne Ausbildung machen, ich weiß aber noch nicht, Polizistin, Krankenschwester, und dann möcht ich auch mal wieder von meiner Mutter ausziehn und dann wünsch ich mir, wenn ich alt bin und ganz viel Geld habe, dann nehme ich mir mein Motorrad, nehm mir'n Rucksack und dann fahr ich weg, einfach so und komme nich mehr wieder, dann erkunde ich mal die Welt und kuck so, wie es in andern Ländern aussieht, eh, ja, bis ich tot, bis ich tot umfalle, weil, wenn ich dann schon so alt bin."* (1. Interview, Zeile 405f)

Im zweiten Interview sagt sie auf dieselbe Frage ein knappes Jahr später:

> *„Wenn ich drei Wünsche frei hätte, dann würde ich mir als allererstes wünschen, dass ich meinen Abschluss gut hinkriege, als zweites würde ich, ganz klar, dass ich meinen Führerschein, aber der dritte, ich überlege zwischen, dass ich mit meinem Freund zusammenbleibe oder sich das Verhältnis zu meinen Eltern bessert."* (2. Interview, Zeile 505f)

Zum Zeitpunkt des zweiten Interviews steckt sie gerade in den Prüfungen um den erweiterten Abschluss zu schaffen, das Verhältnis zu ihrem Freund ist schwieriger geworden und das zu den Eltern eher distanziert. Im dritten Interview sagt sie:

> *„Auf jeden Fall Erzieher, erstmal meinen Führerschein schaffen, ne größere Wohnung irgendwann mal und ich will nicht mit jemandem zusammenziehen, ich will erstmal keinen Freund mehr haben, und 'n Kind, ja, vielleicht mit 30. Mädchen würd ich aber zurückgeben, Jungen sind im allgemeinen niedlicher als Mädchen, vor allem ganz klein, ich weiß auch nicht warum. Drei Wünsche, ja, ich will'n Hund, ich will die A-Klasse von Mercedes, Wunsch zwei, und drei, ich will meine Ausbildung machen, das sind meine drei Wünsche."* (3. Interview, Zeile 930f)

Durch alle drei Interviews ziehen sich thematisch die Zukunftsperspektive, eine Ausbildung und der Führerschein. Damit lehnt sie sich an familiäre Werte an. Maria kommt aus einer erfolgs- und leistungsorientierten Familie der oberen Mittelschicht, in der Leistung gesellschaftliche Anerkennung bringt und beruflicher Erfolg ein Kriterium für den Wert einer Person darstellt. Führerschein und vielleicht auch das Motorrad stehen für Unabhängigkeit, Beweglichkeit. Mit Hilfe dieses Zertifikats, wie zuvor mit dem erweiterten Realschulabschluss, öffnen sich Maria Türen zu Lebensformen, die sie unabhängig von Eltern und Institutionen sein lassen. Das Beziehungsthema bleibt konstant, verändert allerdings seine Qualität. Taucht es im ersten Interview als Thema der Ablösung von der Mutter auf, *„und dann möchte ich auch mal wieder von meiner Mutter ausziehen"* (1. Interview, Zeile 421), steht es im zweiten Interview im Zusammenhang von Fragen, *„ich überlege zwischen, dass ich mit meinem Freund zusammenbleibe oder sich das Verhältnis zu meinen Eltern bessert"*. Die Beziehungen ihres Lebens sind also unsicher und fraglich, aber bedeutungsvoll, wohingegen Maria im dritten Interview eindeutig eine Lebensform als Single befürwortet, da sie sich gerade mit einigem Stolz vergegenwärtigt, dass es ihr möglich ist, alleine zu leben – aber auch ein Kind zu haben kann sie sich jetzt vorstellen. Sie hat eine Idee von ihrer eigenen Zukunft entwickelt, der sie sich annähern kann. Es zeigt sich, dass letztlich die Ablösung aus vereinnahmenden und ambivalenten Beziehungen Vorrang hat. Maria gelingt die Lösung von den Eltern, sie beendet aktiv eine für sie nicht länger entwickelungsfördernde Liebesbeziehung, weil deren destruktiver Charakter eine Wiederholung von Enttäuschungen signalisiert.[30]

---

[30] Der Junge klammert sich sehr an sie und hat zudem wieder mit aktivem Drogenkonsum begonnen. Maria erkennt klar, dass diese Beziehung sie beengt und gefährdet.

3.3 Marias Veränderungsprozess nach der Therapie

Alle drei Wünsche zeigen, dass sich Marias Zeitvorstellungen und Lebensperspektiven ausdifferenziert haben und sie zwischen Vergangenheit, Gegenwart und Zukunft deutlich zu unterscheiden vermag. Gerade die kurze Zusammenfassung der drei Wünsche zum Ende des dritten Interviews lässt ihren Humor aufblitzen, es hat etwas Augenzwinkerndes, wenn sie ihre Beziehungswünsche auf einen Hund projiziert, ihre Erfolgs- und Leistungsorientierung sich in der Mercedes A-Klasse ausdrücken (ein ausgesprochen bürgerliches Statussymbol). Die Berufsausbildung ist vorrangig und treibt sie voran, dieses Ziel verfolgt sie mit Nachhaltigkeit, es setzt ihre Kräfte frei und motiviert sie, auch in schwierigen Zeiten durchzuhalten. Der Abschluss einer selbstgewählten Ausbildung steht im Zentrum ihrer Lebensorganisation, seit sie Teen Spirit Island verlassen hat. Und tatsächlich wird ja auch erst mit dem Abschluss einer fundierten Berufsausbildung eine Unabhängigkeit von elterlicher oder anderer Unterstützung möglich sein. Offenbar ist diese Unabhängigkeit von stützenden Beziehungen ein heimliches Ziel, das Maria so nicht ausdrücklich formuliert, das aber dennoch eine wichtige Rolle spielt.

Die Traumphantasie am Ende des ersten Interviews verdient in diesem Zusammenhang eine tiefere Betrachtung. Schließlich bieten auch Tagträume einen nahezu unverstellten Zugang zu dynamisch unbewussten Inhalten. Sie sagt:

> *„Meinen Motorradführerschein machen, ich will unbedingt ein Motorrad haben, am liebsten 'ne Ducati und rot bitte, das ist mein größter Traum, mein aller aller größter, und dann möcht ich 'ne Ausbildung machen, ich weiß aber noch nicht, Polizistin, Krankenschwester, und dann möcht ich auch mal wieder von meiner Mutter ausziehn und dann wünsch ich mir, wenn ich alt bin und ganz viel Geld habe, dann nehme ich mir mein Motorrad, nehm mir 'n Rucksack und dann fahr ich weg, einfach so und komme nich mehr wieder, dann erkundige ich mal die Welt und kuck so, wie es in andern Ländern aussieht, eh, ja, bis ich tot, bis ich tot umfalle, weil, wenn ich dann schon so alt bin."* (1. Interview, Zeile 405f)

Auch hier steht die Vorstellung von Ablösung im Zentrum, die Lösung von der Mutter bzw. von der Herkunftsfamilie, die dann möglich wird, wenn Maria sich ihr Motorrad nimmt, einen Rucksack packt und die Welt erkundet, in die Welt hinauszieht, um herauszufinden, wie es in anderen Ländern aussieht, bis sie tot umfällt. Diese Freiheit wird aber erst dann möglich sein, wenn sie alt ist und ganz viel Geld verdient hat. Sie muss selbst erst alt werden, um wegzugehen. Bis dahin darf sie der Mutter nicht zur Last fallen, ihr keine Sorgen machen. Auch Marias Selbstwertproblematik scheint auf: Erst im hohen Alter hat sie sich den Wert erarbeitet, der sie dazu berechtigt, auf eigenen Beinen zu stehen und nach eigenen Wünschen zu handeln. In der Gegenwart wird ihr dieser Wert von der Mutter und offenbar auch vom Vater nicht zugestanden. Und Marias eigene narzisstische Ressourcen bleiben abgespalten; sie treten erst in diesem Traum zutage, in dem sie grenzen- und schwerelos in die Welt zieht. Sie muss erst tun, was von ihr erwartet wird, um sich diesen Traum zu erfüllen. Das Thema, erst Leistung erbringen zu müssen, um geliebt zu werden und sich selbst als wertvoll und eigenständig zu fühlen, durchzieht ihre Lebensgeschichte und stellt einen Glaubenssatz dar. Somit zeigt sie sich weiterhin gebunden an die Erwartungen der Mutter, die zuallererst erfüllt werden müssen. Doch der Traum offenbart zugleich auch Marias Bindungslosigkeit, Menschen spielen in ihm keine Rolle (und im darauffolgenden Interview verneint sie auch den Wunsch nach einer Familie und lebendigen Beziehungen). Dieser Objektmangel reflektiert die frühen Kindheitserfahrungen und baut auf ihnen auf. Allerdings hat Maria jetzt die Not des Kindes, das sie damals war, überwunden; sie hat sich aus den unbefriedigenden abhängigen Beziehungen heraus entwickelt, heute will sie auf niemanden mehr angewiesen sein.

Verschiedene Motivstränge sind in dieser Phantasie miteinander verwoben. Das rote Motorrad gemahnt an Cannabis-seelige Hippie-Träume, wie sie im Film Easy Rider ihren Ausdruck finden; es kann aber auch als Phallussymbol, als typisch männliche Ich-Erweiterung gelten, als Selbstwertvergrößerung mit Hilfe einer tollen Maschine zwischen den Beinen. Es muss an dieser Stelle offen bleiben, ob es der „ganz andere" Vater ist, der hier idealisiert wird und mit dem sie sich positiv identifiziert (vielleicht ihr leiblicher Vater, zu dem der Kontakt auch nach mehreren Versuchen nicht wieder hergestellt werden konnte) oder die „ganz andere" Männlichkeit, die im Kontrast steht zu dem, wie der Adoptivvater ihr Männlichkeit vorgelebt hat. Oder verschafft sich in diesem Bild eine gegenläufige, sich unmittelbar von der Mutter abgrenzende „phallische" Weiblichkeit einen Ausdruck? Die arbeitswütige Ärztin jedenfalls verbindet sich assoziativ nicht mit dem Bild einer motorradfahrenden Weltenbummlerin – eher schon zeigt sich das Bild einer selbstbewussten jungen Frau, die sich „männliche" Freiheiten nimmt.

Wie auch immer, es ist eine Zukunftsvision, die sich hier andeutet, ein Vorgriff auf ein gelebtes Leben, das sich für die nunmehr 17jährige Maria von ihrem gegenwärtigen Alltagsleben deutlich unterscheidet, aber ein ideales Ziel markiert: frei und unabhängig zu sein und die Welt zu „erkundigen". Dass sie diese unbeschränkte Neugierde auf die Welt erst im hohen Alter aufbringen darf, wirft ein Licht auf die Entwicklungsstörungen in frühester Zeit. Die Lust an der Welterkundung ist kennzeichnend für die erste Ablösungsphase aus der Symbiose und fällt in die Zeit zwischen dem 10. und 15. Lebensmonat, in dem das soge-

3.3 Marias Veränderungsprozess nach der Therapie

nannte „Liebesverhältnis mit der Welt" sich abspielt (vgl. Mahler 1980, S. 93). Immerhin braucht das Kind, bindungstheoretisch gesprochen, eine sichere Basis, von der aus es die Welt angstfrei erkunden kann. In Marias Traumphantasie ist offenkundig eine sichere Basis vorhanden: Sie hat sie sich selbst erworben, selber erarbeitet (genügend Geld verdient, d.h. genügend Leistung erbracht) und darf es sich daher erlauben, dieses vergnügliche Abenteuer zu beginnen.

Wie eng müssen die emotionalen Verhältnisse ihrer frühen Kindheit gewesen sein, wenn sie noch heute eine derartige unbeschwerte Erkundungsphase erst in die Lebenszeit des hohen Alters verlegt? Inhaltlich ist die Ablösung verknüpft mit Tod – sie wird in der Welt herumreisen solange, bis sie tot umfällt. Ist das eine Erlösungsphantasie, lustvoll die Welt erkunden, bis zum Tod, bis zur Auflösung, bis zum Ende? Also im Sinne eines guten Selbstwertgefühls sich die Freiheit zu nehmen, das zu tun, wo die Lust hindrängt, das voll auszukosten, um dann einen schönen Tod zu sterben (tot umfallen)? Oder geht die assoziative Verknüpfung in eine andere Richtung, Ablösung mit Hilfe von männlichen Identifikationen bedeutet den Tod und bringt den Tod, hinauszuziehen in die Welt und diese zu erkunden wird das emotionale Sterben der Beziehungen zur Folge haben?

Im Zuge der weiteren Entwicklung, über die Maria uns berichtet, macht sie tatsächliche Schritte in die reale Welt. Sie verlässt die Großstadt ihrer Kindheit und lässt sich nieder in einem kleinen Ort, weit entfernt von dem frustrierenden familiären Milieu und der Drogenszene. Sie hat sich von schädlichen, destruktiven Beziehungen getrennt und schaut sich nach neuen, besseren Lebensmöglichkeiten um. Sie genießt ihre eigene Wohnung, in der Zukunft ist eine neue Beziehung, in Gestalt eines Vaters für ein Kind, nicht völlig ausgeschlossen, bestimmt aber nicht ihre gegenwärtigen Erwartungen und Realitätsbezüge. Tatsächlich ist sie auf ihrem Weg in einer neuen Welt schon um einiges vorangekommen. Die düsteren Seiten ihres Lebens liegen verhältnismäßig weit zurück, Drogen braucht sie nicht mehr und seit Monaten schon hat sie sich nicht mehr selbst verletzt.[31] Maria weiß nun Krisensituationen anders als durch selbstverletzendes Verhalten und Dogengebrauch zu bewältigen, wenn sie betont, dass immer jemand zum Reden da ist, dass sie telefoniert, Kontakt zu ihren Arbeitskolleg/innen sucht und joggt, wenn es ihr nicht gut geht. Das zeigt eindrucksvoll, wie umfassend sich ihr aktiver Umgang mit seelischen Krisen verändert hat. Sie hört auf ihren Körper und nimmt seine Signale wahr, ja, sie nutzt ihn zum Ausdruck von Aggressionen,

---

[31] Sehr selten trinkt sie nach eigener Aussage mit Freunden ein Bier, zieht gelegentlich an einem Joint, zweimal im Jahr, wie sie betont. Sie ist davon überzeugt, dass sie kontrolliert mit diesen Situationen umgehen kann.

zum Abbau von inneren Spannungen. Sie weiß, dass sie einen beruhigenden Kontakt zu einem ihr angenehmen Menschen selbst herstellen kann, wenn sie sich einsam fühlt. Sie kann heute über ihre Krisen und über ihre Zustände von Unglück und Unbehagen sprechen, sie findet Worte für diesen Zustand gegenüber Menschen, denen sie vertraut (etwas, wozu sie früher nicht in der Lage war und was sie durch szenisches Agieren zum Ausdruck gebracht hat – eben durch tiefe selbstverletzende Schnitte und Drogenkonsum). Maria kann also die Gegenwart anderer Menschen inzwischen positiv für sich nutzen und Beziehungen dosiert gestalten. Die Erfahrungen in Teen Spirit Island haben ihr ganz offenkundig Nachreifungsprozesse ermöglicht, und zwar vor allen Dingen auf der Ebene alternativer Beziehungserfahrungen (*„es war immer jemand da zum Reden, wenn ich das brauchte"*). Die Erfahrung, dass Beziehungen stabil sind und erhalten bleiben, selbst wenn es Rückschläge gibt und Streit, betont Maria immer wieder als besonders wichtig in ihrem therapeutischen Prozess. Diese alternativen Erlebnisse haben also tatsächlich die Welt ihrer inneren Objekte verändert; durch veränderte Objektrepräsentanzen wurde die Voraussetzung geschaffen, auch die Selbstrepräsentanzen in einen Umgestaltungsprozess zu bringen, an dessen Ende ein deutlich stabileres Selbstwertgefühl steht, ein realistischer Bezug zu den eigenen Möglichkeiten im Bereich von Kompetenz und Leistung und ein Wunsch nach Autonomie, d.h. nach selbständiger Lebensgestaltung, der nicht eine bloße Flucht vor destruktiven Beziehungen oder qualvollen inneren Zuständen ist.[32]

Als eine Phase der Konsolidierung gilt die Spätadoleszenz, welche die Zeit vom 18. bis zum 20. Lebensjahr umfasst. Waren die vorangegangenen Phasen der Adoleszenz durch heftiges Gefühlschaos charakterisiert, so zeichnet sich nun eine zunehmende Konstanz der Gefühle beim Jugendlichen ab. Es gibt eine größere Einheitlichkeit der Affekt- und Willensprozesse, der Jugendliche ist nun vermehrt fähig, Kompromisse und Aufschub ohne größere Probleme zu ertragen. Die Triebstruktur ist nicht mehr ambivalent, wie in der vorangehenden Zeit, der Jugendliche gelangt zu einer irreversiblen sexuellen Einstellung (genitales Primat) und die libidinöse Besetzung anderer Personen gewinnt an Eindeutigkeit (Blos 2001, S. 149f.). Diese Lebensphase der Spätadoleszenz ist durch aktive Identitätsarbeit gekennzeichnet. Die Entwicklungsaufgabe besteht in der Ausarbeitung eines einheitlichen Ichs, „das dahin wirkt, dass das partielle Zurückbleiben durch Arbeit, Liebe und Ideologie mit stabilen Ausdrucksformen verschmilzt und dabei sozialen Ausdruck und soziale Anerkennung hervorruft" (Blos 2001, S. 151).

---

[32]Ausarbeitungen zur Fallstudie von Maria liegen vor von Johanna Gossel und Carsten Linnemöller

3.3 Marias Veränderungsprozess nach der Therapie

Die Spätadoleszenz geht mit vergrößerten Chancen, aber auch mit Risiken einher. Dem jungen Menschen stehen durch Reifung der psychischen Strukturen neue Bewältigungsmöglichkeiten zur Verfügung, die ihm bei der Lösung früherer Konflikte helfen. Allerdings fällt in die Spätadoleszenz ein entscheidender Wendepunkt, der sie besonders krisenanfällig sein lässt: Die Furcht vor dem Eintritt ins Erwachsenenleben und die Angst vor der Unfähigkeit, die damit verbundenen Reifungsaufgaben zu bewältigen, können zu Aufschubversuchen in Gestalt der verlängerten Adoleszenz führen oder auch neurotische Symptombildungen zur Folge haben. Diese können sich in Handlungen wie Gewalt gegen andere Menschen oder in autoaggressiver Gewalt ausdrücken, die in Form von Depressionen oder Suizidalität auftreten kann (Fendt 2000, S. 92).

Marias Entwicklung in der Zeit nach der intensiven stationären Therapie zeigt sehr deutlich, dass sie aufgrund der erheblichen Störungen, die eine Folge von traumatischen Objektverlusten und Erfahrungen von emotionaler Gewalt[33] in ihrer frühen Kindheit sind, die Latenzzeit nicht zur Entwicklung ihrer kognitiven und emotionalen Fähigkeiten nutzen konnte; vielmehr treten in dieser Phase bereits die ersten manifesten Symptome auf. Insofern kann auch die beginnende Adoleszenz nicht als zweite Chance genutzt werden. Im Gegenteil, die anbrausenden hormonellen Herausforderungen verstärken die Ausweich- und Abwehrbemühungen, Alkohol und Drogen werden zum einzig wirksamen Mittel, die Beziehungsdefizite als erträglich erscheinen zu lassen, sodass innerhalb kürzester Zeit zu den Symptomen der Persönlichkeitsstörung (Selbstverletzung und Depression) die körperliche Abhängigkeit von den Drogen hinzukommt, die jede Chance zur weiteren Verarbeitung noch stärker trübt und unmöglich macht. Die „zweite Chance" muss in Marias Biographie zunächst ungenutzt bleiben.

Erst die stationäre Therapie und die intensiven Beziehungserfahrungen lassen sie in einem Alter, das genau dem der Spätadoleszenz entspricht, deren Entwicklungsaufgaben annehmen. Die Chance der therapeutischen Bearbeitung, die sie intensiv ergriff, lässt sie zum Abschluss der Adoleszenz als junge Frau erscheinen, die sich autonom in ihrem Leben bewegt, sich von destruktiven Beziehungen abgrenzt, die mit Krisen konstruktiv umgeht und die ihre Sucht als fortwährende Gefahr erkennt. Maria ist eine junge Frau, die über eine soziale, personale und sexuelle Identität verfügt, die beziehungsfähig ist und die durch ihre beruflichen Interessen klare Ziele in ihrem Leben verfolgt. Somit kann sie selbst-

---

[33] Hier ist zunächst an den Verlust des leiblichen Vaters zu erinnern; schwerer aber wiegt die darauf folgende familiäre Situation, gekennzeichnet durch einen den Kindern gegenüber hochambivalenten Adoptivvater und eine nur bedingt emotional verfügbare Mutter, sowie eine durch permanente verbale Aggressionen charakterisierte Beziehung zwischen Mutter und Adoptivvater.

bewusst den nächsten individuellen Herausforderungen entgegensehen, die in der Literatur als Postadoleszenz bezeichnet werden. Nun werden einzelne Bestandteile der Persönlichkeit gefestigt und integriert. Die Identitätsarbeit konzentriert sich in diesem Zeitraum auf konkrete Lebensbewältigung, jetzt stehen Berufsplanung, langfristige Partnerschaften, Elternschaft und auch die Bereitschaft zu gesellschaftlicher Verantwortung an. Maria denkt über diese nächsten Schritte bereits genau nach, definiert Gefährdungsbereiche (Liebesbeziehungen) und vertagt Elternschaft auf einen späteren Zeitpunkt, weil sie sich auf ihre berufliche Ausbildung als Erzieherin konzentriert, in der Beziehungsarbeit im Zentrum steht.

3.4 Differenzierung macht Geschlecht. Die Entwicklungsaufgaben in der weiblichen Adoleszenz

Verlassen wir an dieser Stelle noch einmal den Fall und die eindrucksvolle Entwicklung von Maria und werfen einen Blick darauf, welche Aspekte eine nach Geschlecht differenzierende Betrachtung der Adoleszenz ins Zentrum stellt. Die großen Entwicklungsaufgaben der Jugendzeit stellen sich für Mädchen wie Jungen grundsätzlich ähnlich. Körperliche Veränderungen müssen integriert werden, die jeweilige männlich bzw. weibliche Geschlechtsidentität bedarf einer Entwicklung, die Aufnahme intimer Liebesbeziehungen setzt die Ablösung von den Eltern voraus, und die wachsende Bedeutung von Ausbildung und Beruf, die mit der Entwicklung eigener, von den Eltern unabhängiger Werte einhergeht, bestimmt die Orientierung. Allerdings unterscheiden sich die Bedingungen und Zielrichtungen der Entwicklung beträchtlich: In einer Welt, deren Ordnungs- und Symbolsystem zweigeschlechtlich organisiert ist, spielt das jeweilige körperliche Geschlecht eine bedeutende Rolle und beeinflusst jeden Entwicklungsschritt. Durch geschlechtsspezifische Sozialisationsprozesse, durch zweigeschlechtliche Zuschreibungen und durch die Tatsache, dass sämtliche soziale Erfahrung und Interaktion durch asymmetrische Geschlechterverhältnisse geprägt sind (doing gender) erweisen sich die Entwicklungsverläufe von Mädchen und Jungen als sehr unterschiedlich.

Die Wurzeln hierfür liegen bereits in der mit Geschlechtsbedeutungen aufgeladenen Beziehung, die Eltern zu ihrem Säugling und dem Kleinkind entwickeln; zum Teil fußen diese bereits auf vorgeburtlichen Imaginationen der Eltern, die ihre Beziehung zum Kind prägen und formen. Spätestens mit dem Einsetzen der Pubertät und den damit verbundenen körperlichen Veränderungen erfahren

3.4 Die Entwicklungsaufgaben in der weiblichen Adoleszenz

Mädchen eine fundamentale Veränderung ihrer eigenen Körperlichkeit, sie spüren und erleben, dass sie anders wahrgenommen werden als Jungen. Mädchen erleben „eine befremdliche, von eigenen inneren Impulsen unabhängige Sexualisierung ihres Körpers: Was sie für andere darstellt, hat keine Beziehung zu dem, was sie selbst fühlt oder tut" (Hagemann-White 1993, S. 71). Die Veränderungen werden also zunächst als etwas begriffen, das andere an den Mädchen wahrnehmen. Wann es und unter welchen Bedingungen den Mädchen gelingt, sich den eigenen Körper und auch die Geschlechtsidentität positiv anzueignen und eine bejahende Einstellung zu ihm zu bekommen, hängt von sehr vielen verschiedenen Faktoren ab.

Eine wichtige Rolle spielen gesellschaftlich dominante und gültige Weiblichkeitsdefinitionen und Körperbilder, aber auch die Bewertung durch Freundinnen und, vor allem, das Verhältnis der Mutter zu ihrem eigenen Körper und zu weiblicher Körperlichkeit haben einen bedeutsamen Einfluss. Eine positive Einstellung dem eigenen Körper gegenüber finden Mädchen also im Wesentlichen über äußere Faktoren. Das mag damit zusammenhängen, dass die gesellschaftlichen Weiblichkeitsideale gerade bei jungen Frauen extrem normativ sind und in restriktiver Weise von den jungen Mädchen befolgt werden. Hinzu kommt, dass die körperliche Entwicklung und die Gestaltung des Körpers durch Kleidung den Eindruck von mehr Reife erweckt als tatsächlich vorhanden ist. Gleichwohl wird das Gestaltungsergebnis sehr offen präsentiert. Das führt fast zwangsläufig dazu, dass die Reaktionen auf den wohlgestalteten weiblichen Körper und seine unbefangen-naive Zurschaustellung die mentalen und kognitiven Integrationsmöglichkeiten des jungen Mädchens übersteigen.

Häufig gelingt den Mädchen in der Adoleszenz ein wohlmeinender Blick auf den eigenen Körper erst dann, wenn sie innerhalb einer Liebesbeziehung Wertschätzung für ihren Körper erfahren. Das Eingehen intimer Beziehungen beginnt in dieser Zeit eine wichtige Rolle zu spielen; wie weit es wirkliche erotische und Bindungsbedürfnisse sind oder ob nicht das Eingehen sexueller Beziehungen teilweise als notwendige Bedingung betrachtet wird, um ernst genommen zu werden und damit als Erwachsene zu gelten, ist gewiss im Einzelfall zu bestimmen. Unstrittig ist jedoch, dass die ersten sexuellen Erfahrungen von Mädchen zumeist stark durch das Mutter-Tochter-Verhältnis beeinflusst sind. Erste sexuelle Kontakte etablieren zunehmende Abgrenzungs- und Trennungsprozesse, andererseits bleibt eine enge Bindung an die Mutter bestehen, weshalb deren Reaktion und Verhaltensweisen weiterhin emotional große Bedeutung haben. Die Einstellung der Mutter gegenüber weiblicher und männlicher Sexualität und ihre eigenen Wünsche, Phantasien und Ängste haben auf das sexuelle Erleben der

Tochter einen bedeutenden Einfluss (Flaake 2001, S. 155). Durch die intime Beziehung zu einem eigenen Partner verdeutlicht die Tochter nachdrücklich die Ablösung aus dem kindlichen Status, sie begibt sich mit der Mutter auf dieselbe Ebene, ist ihr endlich ebenbürtig. Die britische Psychoanalytikerin Dinora Pines gibt in diesem Zusammenhang zu bedenken: „Meiner Erfahrung nach machen heranwachsende Mädchen, die sich frühzeitig auf heterosexuelle Beziehungen einlassen, von ihrem Körper Gebrauch, um den ganz frühen Kontakt zwischen Mutter und Kind erneut zu erleben." (Pines, 1997, S. 105) Diese Aussage bestätigt zweierlei: sowohl die regressiven Tendenzen der Adoleszenz, Rückkehr zur symbiotisch-verschmolzenen Beziehung zur Mutter, allerdings auf der Ebene und mit den Mitteln einer jungen Frau unbewusst realisiert – in der erotischen Beziehung zu einem Mann. Die dann zweitens leicht zu einer Überforderung werden kann, weil vermutlich die notwendige mentale Reife für eine ernsthafte langfristige Liebesbeziehung noch gar nicht vorhanden ist und die junge Frau seelisch noch mit Themen der Bindung an bzw. Ablösung von ihrer Mutter beschäftigt ist.

Als Motivatoren für frühe intime Beziehungen darf auch der Einfluss der Peergroup und der Klassengemeinschaften nicht unterschätzt werden. Die Freundinnen können etwa das Tempo zur Aufnahme sexueller Erfahrungen durchaus beschleunigen, was im Einzelfall dazu führen kann, dass Mädchen sich selbst unter Druck setzen und sich auf sexuelle Erfahrungen einlassen, um mit den anderen Mädchen mithalten zu können. Ist das der Fall und ist die Adoleszente psychisch noch nicht bereit dafür, können solche frühen sexuellen Kontakte als wenig kontrollierbare, überwältigende Grenzverletzungen erlebt werden und damit eine traumatisierende Wirkung haben.

Eine selbstbewusste und selbstgesteuerte Gestaltung sexueller Beziehungen kann also dann gelingen, wenn ein Mädchen die positive Anerkennung der eigenen Körperlichkeit durch gleichgeschlechtliche Erwachsene erhält, vorrangig vermutlich durch die Mutter. Fehlt diese Wertschätzung, wird sie vom Mädchen oft in der Beziehung zu Männern gesucht: Die damit verbundene Gefahr von Abhängigkeitsbeziehungen liegt auf der Hand (vgl. hierzu Flaake 2001, S. 171). Obgleich die Mutter weiterhin von großer Bedeutung für die Jugendliche ist, liegt doch die entscheidende Entwicklungsaufgabe des Mädchens in der Ablösung von ihr. Dieser Prozess ist schmerzhaft und außerordentlich widersprüchlich. So kann es einerseits zu harten Abgrenzungen kommen, etwa durch Entwertung der Mutter, andererseits werden starke Nähewünsche und Verbundenheitsbedürfnisse sichtbar.

3.4 Die Entwicklungsaufgaben in der weiblichen Adoleszenz

Aggressive Impulse spielen dabei eine wichtige Rolle, die Aggressionen erwachsen aus Enttäuschungen des Mädchens an der Mutter, wenn sie bemerkt, dass deren Fähigkeiten begrenzt sind und eine realistischere Einschätzung mütterlicher Macht an die Stelle der kindlichen Idealisierung tritt. Karin Flaake betont, dass auch außerordentlich heftige Aggressionen durchaus nicht zwangsläufig zu Ablösungen führen müssen, statt dessen zeige sich darin oftmals eine Verkehrung der alten Abhängigkeit in ihr Gegenteil (Flaake 2001, S. 82). Diese Wendung ins Gegenteil bedeutet nicht Freiheit, sondern erzeugt eine umso stärkere Bindung, da auf diese Weise die alten Gefühle unerkannt konserviert werden und ein eigener Weg verstellt bleibt. Können jedoch diese Aggressionen in konstruktiver Weise zur Auflösung der Abhängigkeit und im Interesse der Autonomieentwicklung genutzt werden, stehen sie im Dienst der inneren Ablösung von der Mutter. Aggression trägt hier zur Entwicklungsdynamik bei und hilft der Tochter, aus der schwierigen Beziehung zur Mutter herauszufinden. Allerdings steht auch die Mutter vor der Herausforderung, die Tochter loszulassen und sich von ihr abzugrenzen.

Die Ablösung der Tochter vom Vater unterliegt einer anderen Dynamik. Die körperlichen Veränderungen der Tochter und die erneut auftauchenden sexuellen Phantasien und Wünsche auf beiden Seiten machen eine reale Distanz dringend erforderlich. Die Väter erleben hierbei häufig Gefühle von Trauer, ihnen wird das eigene Älterwerden bewusst und die auf die Tochter gerichteten sexuellen Wünsche und Phantasien lösen Verwirrung und Ängste aus. Besondere Strenge, das Verbot, einen Freund zu haben oder dramatisierte Warnungen vor sexuellen Gefahren wie Vergewaltigung stellen häufig unbewusst die Strafe dafür dar, dass die Tochter sich vom Vater abwendet, um eine eigene Sexualität zu leben. Häufig sind Väter mit dieser Situation überfordert und können kein Gleichgewicht zwischen Abgrenzung von der Tochter und gleichzeitiger Anerkennung in liebevoller Beziehung erreichen. Dann kommt es entweder zur abrupten Abwendung von oder zu einer übergroßen Nähe zu der Tochter. Oft ist auch beides im Wechsel vorhanden. Die auf die Tochter gerichteten erotischen Phantasien bleiben hierbei erhalten, und eine innere Abgrenzung kann somit auf beiden Seiten nicht stattfinden (Flaake 2001, S. 204). Die Voraussetzung dafür, dass diese innere Abgrenzung erfolgt, wäre nach Wolfgang Mertens dann gegeben, wenn der Vater sich darum bemüht „sich dem ödipalen Konflikt zu stellen, anstatt ihn mit der Tochter auszuagieren, ihn zu vermeiden oder andere interpersonale Abwehrstrategien zu verwenden" (Mertens 1996, S. 140).

Kehren wir noch einmal zu dem Fall zurück, der im Zentrum dieses Kapitels steht. Marias Kindheit und Jugend steht unter dem Eindruck eines erheblichen

Defizits an Mütterlichkeit – die Mutter ist mit ihrer schwierigen Liebesbeziehung und ihrem Beruf sehr beschäftigt. Der leibliche Vater ist emotional und real verschwunden (auch wenn sie sich sehr um einen Kontakt bemüht) für den Adoptivvater ist sie der Sündenbock, auf dem projektiv alle Missgeschicke seiner Ehe abgeladen werden. Maria verfügt demnach nicht über eine stabile Vaterfigur, im Gegenteil. Des Vaters Botschaften sind widersprüchlich und ungerecht, er fordert Leistung und Anpassung des Mädchens, behält aber darüber hinaus eine aggressiv-ablehnende Haltung ihr gegenüber. So bleibt sie in einer Idealisierung der Beziehung zur Mutter, die in der Wirklichkeit einer gelebten Beziehung wenig Präsenz zeigt. Daher muss das kurze Experiment nach Abschluss der Therapie scheitern, bei dem die beiden Frauen eine gemeinsame Wohnung bewohnen, nachdem die Mutter sich vom Vater getrennt hat.

Aufgrund dieser Strukturen ist es fast zwingend, dass die Jugendliche eine besondere Gefährdung und Verletzlichkeit bereits mitbringt, wenn sie in Kontakt mit Drogen kommt. Sie hat dabei kaum eine innere Freiheit, mit den Substanzen „spielerisch" zu experimentieren. Sie wird die Wirkung der Drogen zunächst als Entlastung erlebt haben. Damit ist der Weg gebahnt, die Droge als Ersatz für Beziehungen einzusetzen und das immer ersehnte und schmerzlich vermisste omnipräsente, immer verfügbare Objekt gefunden zu haben. Dazu passt, dass sie später, noch in der Klinik, eine langdauernde Liebesbeziehung zu einem Mitpatienten eingeht, deren symbiotische Qualität zunächst für beide den Charakter einer erlösenden Wiedergutmachung gewinnt. Nach dem Entzug von der Droge wird die seelische Leere erneut schmerzlich spürbar. Hier ist der Flucht- und Surrogatcharakter auch der Liebesbeziehung unübersehbar.

Umso bemerkenswerter ist dann Marias Ablösung auch aus dieser Beziehung. Ihre Therapeutin hatte bereits früher besorgt darauf hingewirkt – da hat sich Maria gegen diese Bevormundung gewehrt und die Bedeutung der Liebe noch betont (*„wir sind schon 15 Monate zusammen und bleiben es auch!"*). Erst später wird ihr selbst spürbar, dass sie eine neue Abhängigkeit in ihrem Leben etabliert hat, gegen die sie dann aus eigenem Entschluss heraus eine klare Abgrenzung vornimmt. Vorerst kann sie sich keine neue Beziehung vorstellen; berufliche Ziele und Freundschaften aus diesem Zusammenhang erscheinen ihr gegenwärtig hilfreicher und gesünder. Auch aus dieser Perspektive wird also sichtbar, wie sehr Maria um ihre Autonomie kämpft und dabei äußerst erfolgreich ist: Sie will keine Ersatzstrukturen mehr aufrechterhalten.

Gerade ihr Umgang mit den visionären Zukunftsvorstellungen zeigt ihre Entwicklung auch als ein erfolgreiches Identitätsprojekt, das sich nach einem sehr schwierigen Weg jetzt in einem selbstgewissen Prozess eigenständiger Gestaltung ihres Lebens befindet und die Adoleszenz für sie zu einem „Möglichkeitsraum" wird (Vera King 2002), der sie in ihrer Ich-Identität stabilisiert. Maria hatte nicht die Voraussetzungen, die Adoleszenz als zweite Chance zur Korrektur nutzen zu können. Sie benötigte umfangreiche institutionelle, therapeutische Hilfe, die ihr eine andere, eine dritte Chance geboten hat.

3.5 Fazit

Die Entwicklung dieser jungen Frau vermag über die spezifischen Bedingungen des Einzelfalles hinaus auch zu verdeutlichen, in wie große Turbulenzen Jugendliche während der Adoleszenz geraten und um wie vieles schwieriger diese Turbulenzen zu bewältigen sind, wenn eine stabile emotionale Basis fehlt, die in der Frühzeit ihre Wurzeln haben muss. Die aufgrund früher Traumatisierungen und/oder emotionaler Versagungen mitgebrachte Verletzlichkeit stellt eine teilweise verheerende Hypothek für die weiteren Entwicklungsschritte dar, die zu bewältigen sind.

Gleichwohl zeigt gerade die Entwicklung im Fall von Maria, die hier exemplarisch vorgestellt wird, wie entscheidend die Angebote an hochvernetzter, institutionalisierter Hilfe sind und wie sehr sie von der Jugendlichen angenommen und tatsächlich zu einer postadoleszenten dritten Chance ausgebaut werden. Die Voraussetzung hierzu ist, auch das ist möglicherweise verallgemeinerbar, eine kontinuierliche therapeutische Begleitung auch über die Zeit des stationären Aufenthaltes hinaus, denn durch diese therapeutische Beziehung konnte Maria tatsächlich tief in die Bearbeitung voradoleszenter Defizite einsteigen und sich auf Dauer „gehalten" fühlen. Erst durch diesen Halt war es ihr möglich, eine „sichere Basis" für ihr weiteres Leben nachholend zu entwickeln. Entscheidenden Anteil daran hatte die anhaltende Unterstützung durch die Therapeutin bzw. das Behandlungsteam bei der Verfolgung und Verwirklichung der von der Jugendlichen selbstgewählten Ziele, im vorliegenden Fall vor allem die Berufsausbildung.

Dennoch ist eine gendersensible Betrachtung unumgänglich; erst durch sie wird die Aufmerksamkeit auf Besonderheiten und Unterschiede gelenkt, die zwischen der weiblichen und der männlichen Entwicklung zu beachten sind. Daher wird im nächsten Kapitel, das sich mit charakteristischen Teufelskreisen der Abhängigkeit befasst und dabei der Rückfallgefahr besondere Aufmerksamkeit widmet, mit Alexander ein männlicher Adoleszent im Zentrum stehen.

4 Teufelskreise der Abhängigkeit

Besonders bei den Jungen unserer Untersuchungsgruppe steht in ihrer Selbstwahrnehmung sexueller Missbrauch in der frühen Adoleszenz bei fast allen zunächst im Vordergrund ihrer Problematik, soweit sie verbal zugänglich ist. In diesen Fällen haben wir es mit typischen negativen Rückkopplungsprozessen zu tun, die spätere traumatische Ereignisse (Mono-Trauma) auf früh traumatisierende Entwicklungsbedingungen und daraus erwachsende Bindungsstörungen folgen lassen.

Diese Ereignisse lassen sich klinisch fast immer als typische post-traumatische Belastungsstörungen diagnostizieren, die mit ihren teilweise schweren Symptomen noch zu den bislang geschilderten Schwierigkeiten hinzukommen und wiederum in der Folge die Gefahr des Drogenmissbrauchs zur „Selbstmedikation" erhöhen. Folgt man dem ökologisch-dialektischen Verlaufsmodell von Traumatisierungsprozessen (vgl. Fischer und Riedesser 2003), so müssen die Folgen einer Traumatisierung in einer zeitlichen Abfolge untersucht werden. Zunächst bedarf es der Differenzierung zwischen der traumatischen Situation, die das Traumaschema hervorbringt, und der traumatischen Reaktion, die dem natürlichen Verarbeitungsprozess dient und etwa ein halbes Jahr andauern kann. Die oder der Traumatisierte tritt dann in den traumatischen Prozess ein, wenn die traumatische Reaktion nicht zu einer Integration der traumatischen Erfahrung führt; an die Stelle der Verarbeitung tritt die Abwehr durch Entwicklung eines trauma-kompensatorischen Schemas, das zu Chronifizierungserscheinungen führt und damit den Einstieg in die post-traumatische Belastungsstörung mit ihren klassischen Symptomen (Vermeidung, Intrusion, Hyperarousal) darstellt.[34] Solche späteren monotraumatischen Erlebnisse, die auf frühe Entwicklungsbedingungen mit Traumaqualität treffen, müssen innerhalb einer doppelten Verschränkung betrachtet werden. Die neue (mono-)traumatische Situation, etwa eine Vergewaltigung, geschieht auf der Grundlage eines traumakompensatorischen Schemas, das zur Bearbeitung und als Überlebensstrategie der frühen

---

[34] vgl. hierzu Gottfried Fischer und Peter Riedesser, Lehrbuch für Psychotraumatologie, Basel und München 2003, 3. Auflage

traumatischen Bedingungen gedient hat. Ich möchte diese Verschränkung an einem Beispiel verdeutlichen: Die 16jährige Daniela reißt nach wenigen Wochen der Behandlung auf Teen Spirit Island aus, wird rückfällig, sucht heterosexuellen Kontakt zu zwei Männern, mit denen sie sich mit mehreren Flaschen Wodka betrinkt, bis sie ohnmächtig und offenbar dann auch vergewaltigt wird. Sie folgt bei diesem Rückfall ihrem ursprünglichen traumakompensatorischen Schema (sich durch Aktivität und Fürsorge für Erwachsene nützlich zu machen). Dieses traumakompensatorische Schema (Parentifizierungsverhalten) diente ursprünglich der Bewältigung des frühen Kindheitstraumas: In diesem Fall war es die Suche nach Schutz und Aufmerksamkeit oder liebevoller Geborgenheit, die sich im sexualisierten Kontakt mit zwei Männern ausgedrückt hat. Dieses ursprünglich als Traumakompensation ausgebildete Schema bringt sie als Ausreißerin von Teen Spirit Island in eine lebensbedrohliche Situation (Alkoholkoma plus Vergewaltigung), die eine direkte Wiederholung des Ursprungstraumas auf einer anderen Ebene und in einem anderen situativen Kontext darstellt: Opfer von Gewalt und missbräuchlichen Übergriffen der Bezugspersonen zu sein. In solchen Zusammenhängen zeigt sich, wie verhängnisvoll diese Rückkopplungsschleifen sich auswirken und wie gleichzeitig präzise sie auf der Handlungsebene szenisch das ursprüngliche Problem wiederholen. Unter solchen Extrembedingungen ist nicht damit zu rechnen, dass eine erneute Traumatisierung durch eigene Verarbeitungskräfte integriert werden kann. Ganz im Gegenteil: es ist auch hier von einer wachsenden Tendenz auszugehen, dass die Wechsel von intrusiven und vermeidenden Zuständen die Gefahr erhöhen, erneut zu Drogen als Selbstmedikation zu greifen und damit den verhängnisvollen Zirkel zu verstärken.

Im Folgenden soll die biografische Falldarstellung von Alexander einige zentrale Aspekte dieser Problematik verdeutlichen. Er ist früh verhaltensauffällig, wächst vaterlos und ohne männliche Bezugsperson auf, in seinem familiären Umfeld ist Cannabisgebrauch zumindest üblich, so dass er in eine sehr schnelle Progression gerät; Verführung zum Gebrauch von Drogen durch Familie und Peergroup legen diese Entwicklung nahe. Für ihn spielt der Umgang mit Aggressionen eine zentrale Rolle.

Bevor jedoch Alexanders Geschichte erzählt wird, soll in einem Rückgriff auf die Thematik des vorangegangenen Kapitels noch ein knapper Exkurs zu typischen Entwicklungsaufgaben und Problemen der männlichen Adoleszenz erfolgen.

4.1 Die Entwicklungsaufgaben der männlichen Adoleszenz

Wie oben bereits skizziert, ist die Adoleszenz eine Lebensphase, in der jeder Mensch stürmischen Veränderungen ausgesetzt ist. Die zweite Individuationsphase dient dazu, infantile Identifizierungen zu modifizieren, sie zu akzeptieren, abzulehnen oder sie zu verdrängen und schrittweise eine eigene konfliktfreie Identität zu entwickeln. Bohleber (2004, S. 230) betont, dass Identität nicht durch bestimmte Rollenübernahmen oder Charakterzüge definiert werden kann, vielmehr handelt es sich eher um eine nicht abzuschließende psychische Konstruktion, die aus reflexiven Vergleichsprozessen zusammengesetzt ist. Hierbei werden zentrale Selbstrepräsentanzen auf der einen Seite mit sozialen Rollen, Handlungen, Gefühlen, erzählten Geschichten, Objekten oder auch Träumen auf der anderen Seite verglichen und auf einander bezogen. Identität ist also ein fortgesetzt stattfindender psychischer Konstruktionsprozess auf der Basis von Selbstreflektion. Was in dieser Entwicklungsphase geschieht, differenziert sich, wenn die Betrachtung in Abhängigkeit vom Geschlecht erfolgt.

Während der ersten Individuationsphase erlangt der Junge eine relative Unabhängigkeit von der emotional und real versorgenden Mutter. Dem Vater kommt in dieser Phase die wichtige Aufgabe zu, dem Sohn als Identifikationsobjekt zur Verfügung zu stehen. Seine Anwesenheit erleichtert es dem Jungen, sich aus dem engen dyadischen Liebesverhältnis zur Mutter zu befreien. Auch wenn die Beziehung zum Vater nicht völlig konfliktfrei ist, was insbesondere durch die ödipale Rivalität um die Mutter zum Ausdruck kommt, liebt der Sohn den Vater und möchte so sein wie er. Die Identifizierung mit dem Vater bleibt bis zur Adoleszenz bestehen und ist eine wesentliche Voraussetzung für die Entwicklung der männlichen Geschlechtsidentität. Bis zur mittleren Adoleszenz bleibt die Vater-Sohn-Beziehung unbefangen und emotional innig, wohingegen die Beziehung zur Mutter sich bereits mit der einsetzenden Adoleszenz als äußerst konfliktreich erweist. Der Heranwachsende beginnt sich von der umsorgenden Mutter seiner Kindheit abzulösen, das wird in heftigen Abwehrreaktionen 11- bis 13-jähriger Jungen gegenüber allem Weiblichen besonders deutlich. Jungen fühlen sich in diesem Alter Mädchen unterlegen, insbesondere weil gleichaltrige Mädchen in diesem Alter schon weiter entwickelt sind als die Jungen. Dies wird individuell oftmals als Minderwertigkeit gegenüber den doch eigentlich als das „schwächere" Geschlecht angesehenen Mädchen gewertet. Um die Bedrohung der eigenen Männlichkeit zu kompensieren, wird alles Männliche überbetont und Frauen und Mädchen abgewertet. Der Vater dient dem Sohn in dieser Zeit, wie in der ersten Individuationsphase auch, als Verbündeter gegen die Mutter und damit gegen

Frauen im Allgemeinen. In dieser Phase wird die Idealisierung des Vaters noch einmal intensiviert, um die männlichen Attribute aufzuwerten. Durch die starke Idealisierung der Männlichkeit können die Jungen ein starkes und mächtiges Männlichkeitsbild aufrecht erhalten und Schwächen und Ängste verleugnen, worauf Louise J. Kaplan verweist (1988, S. 199). In der Phase der mittleren Adoleszenz, im Alter von 15 bis 17 Jahren, entgeht auch der Vater der Entidentifizierung nicht; sie findet ihren Ausdruck in sehr heftigen Entwertungen und aggressiven Kämpfen. Die Jugendlichen verspüren das heftige Bedürfnis, sich auch vom gleichgeschlechtlichen Elternteil abzulösen, um eine eigene männliche Identität zu entwickeln. Dieser Prozess setzt jedoch erst ein, wenn der Junge bereits eine relative Unabhängigkeit von der Mutter erreicht hat. Der Sohn beginnt nun, sich innerlich von seinem Vater zu lösen, indem er die übersteigerte Idealisierung auf ein realistisches Maß zurückschraubt. Er kommt nicht umhin, den Vater so zu sehen, wie er tatsächlich ist, mit allen Stärken und Schwächen. Er muss also den Wunsch aufgeben, sich weiterhin in der imaginierten väterlichen Vollkommenheit zu spiegeln.

In dieser Phase verbessert sich die Beziehung zur Mutter wieder, die dem Sohn einen gewissen Schutz in der Auseinandersetzung mit dem Vater bieten kann. Marga Kreckel charakterisiert den Vater-Sohn-Konflikt als durch starke innere Zerrissenheit geprägt. Der heranwachsende Sohn möchte die Liebe zum Vater bewahren und ihm gegenüber loyal sein, andererseits hat er jedoch den ausgeprägten Wunsch nach einer unabhängigen Identität mit dazugehörigen eigenen Erkenntnissen, Gefühlen, Idealen. Das bringt den Jugendlichen in massive Loyalitätskonflikte. In der Praxis wird dieser innere Kampf zum Beispiel daran deutlich, dass der Sohn den Vater lieber lautstark beschimpft, anstatt ihm seine positiven Gefühle zu zeigen. Gegensätzliche Loyalitäten haben starken inneren Konflikt zur Folge. Wenn der Vater eine stabile Persönlichkeit besitzt und dem Sohn eine solide Beziehung bietet, kann dieser sich ohne Schuldgefühle und Verlustängste vom Vater ablösen, um später eine gleichberechtigte Beziehung zu ihm zu finden (Kreckel 1996, S. 187).

Es gibt allerdings zahlreiche Konfliktdimensionen, die die Ablösung erschweren: Beispielsweise kann der Wert des Vaters ins Unermessliche steigen, wenn dieser dem Sohn nicht zur Verfügung steht. Der Vater wird in diesem Fall vom Sohn beliebig phantasiert und idealisiert, denn der Junge bekommt keine Gelegenheit, hinter die Fassaden des wirklichen Vaters zu schauen und diesen realistisch einzuschätzen (vgl. Kreckel, S. 68). Auch Wolfgang Mertens (1996) gibt zu bedenken, dass die mangelnde Präsenz des Vaters zu einem überhöhten Vaterbild führen kann. Für den Sohn hat das den Nachteil, dass er in der Adoleszenz mit einem höheren Konfliktpotential zu kämpfen hat, um sich von dem idealisierten Vater innerlich ablösen zu können und eine eigene Geschlechtsidentität zu entwickeln.

Neben der überhöhten Vater-Idealisierung sind drei weitere Konfliktkonstellationen zwischen Vater und Sohn denkbar, die den Sohn an einer konstruktiven Ablösung vom Vater hindern. Diese Konflikte beruhen alle auf einer ambivalenten Haltung des Vaters gegenüber dem Sohn. Der Vater kann zum Beispiel den Sohn lieben, aber auch seine Konkurrenz fürchten. Das ist ein aggressiver Konflikt, der Vater verspürt Eifersucht und Neid seinem Sohn gegenüber. Ein weiterer Konflikt ist die Ambivalenz des Vaters, der einerseits den Wunsch hat, von seinem Sohn geliebt zu werden und gleichzeitig Angst vor der erotischen Anziehung seines Sohnes verspürt. Hier steht die Angst vor als homosexuell und feminin betrachteten „Schwächen" im Vordergrund. Wenn zusätzlich die Beziehung zwischen Vater und Mutter gestört ist, intensiviert sich dieser libidinöse Konflikt, da der Sohn die Beziehung zur Mutter ersetzen soll, wodurch sich die Gefahr des Vater-Sohn-Inzests erhöht. Das ist für den Vater der narzisstische Konflikt. Als drittes besteht ein weiterer narzisstischer Konflikt, wenn ein Vater mit einem geringen Selbstwertgefühl die wachsende Selbstständigkeit des Sohnes unter Umständen nicht ertragen kann. Sie gefährdet das Selbstwertgefühl des Vaters, wenn ihm die narzisstische Zufuhr durch den Sohn verloren geht und er seine Person durch den adoleszenten Rebellen herabgesetzt sieht. Oftmals versuchen diese Väter im narzisstischen Konflikt verzweifelt, die eigene Entidealisierung zu verhindern, um ihr Selbstwertgefühl zu schützen. Diese Problemkonstellationen in der Beziehung mit dem Vater können dem Entidealisierungs- und Ablösungsprozess extrem entgegenstehen, ihn sogar verhindern. Die Versuchung für den Sohn ist groß, auf das eigene Leben zu verzichten, um Konflikten mit dem Vater aus dem Weg zu gehen. Ist das Selbstwertgefühl des Sohnes geschwächt, erhöht sich die Wahrscheinlichkeit einer passiven Unterwerfung. Der Sohn verdrängt in diesem Fall die Kritik am Vater und kann als guter Sohn weiterhin väterliche Liebe und Schutz in Anspruch nehmen.

Die nachfolgende Fallgeschichte von Alexander unterstreicht die Schwierigkeiten, die ein abwesender, kaum existierender Vater für die biografische Entwicklung eines Jungen bedeuten kann.

4.2 Alexander – eine Kindheit ohne Vater

Alexander ist zum Zeitpunkt des Interviews 17 Jahre alt und unterzieht sich seit etwa einem Jahr einer Therapie[35]. Nach einer Entgiftung ist er für acht Monate zu Step Kids gekommen (einer Einrichtung der Jugendhilfe, die eng mit der Therapiestation Teen Spirit Island zusammenarbeitet) und hat dann, nachdem er sich bei Step Kids ohne therapeutische Hilfe nicht halten konnte, den Weg zu Teen Spirit Island gefunden, wo er sich viereinhalb Monate lang der üblichen stationären Behandlung unterzogen hat.

Alexander stammt aus einer kleinen, eher ländlichen Stadt in Schleswig-Holstein, und wächst ausschließlich mit Frauen auf. Er lebt mit seiner Mutter und deren Mutter sowie einer mit ihm nahezu gleichaltrigen und einer etwa 25-jährigen Tante zusammen in einem großen Haus. Die Familie hat offenbar große Schulden. Während seiner Kindheit und Jugend spielt sein Vater keine Rolle; wie sich später herausstellt, hat der zum Zeitpunkt des Interviews 38jährige 19 Jahre seines Lebens im Gefängnis verbracht. 13 Jahre lang gibt es überhaupt keinen Kontakt zu diesem Vater. Außer einem Bruder seines Vaters, einem sehr sportlichen Football-Spieler, kennt Alexander keinen weiteren Verwandten von Vaters Seite Allein dessen inzwischen fünfjährige Tochter aus einer neuen Beziehung, lernt er kennen, als er mit 15 ½ Jahren einmal die Sommerferien beim Vater verlebt.

Die Kindheit auf dem Land mit vielen Tieren verbringt Alexander vielfach allein oder mit seiner Tante, weil Mutter ebenso wie die Großmutter sehr viel arbeiten müssen und offenbar auch des Nachts häufig nicht zuhause sind. Zunächst ist noch eine andere Tante gelegentlich für ihn da, aber er fühlte sich früh sehr selbstständig, bereits mit neun Jahren *„da wollt ich schon gar keinen mehr, der auf mich aufpasste oder dachte, ich, ich kann das alles selber so, ich brauch keinen mehr, so."* (1.Interview, S. 3) Mit zehn Jahren sucht Alexander sich eine Gruppe von Freunden, die deutlich älter sind als er und die alle über Drogenerfahrungen verfügen *„weil ich immer mit Älteren schon abhing"* (1. Interview, S. 3). Diese veranlassen ihn dazu, bereits mit zehn Jahren Cannabis zu konsumieren. Die entspannende und aufheiternde, stimmungsaufhellende Wirkung gefällt ihm, der Ort, an dem er konsumiert, ist der Schulhof. Mit dieser Gruppe kommt er in immer intensiveren Kontakt, schnell reicht die Wirkung von Cannabis nicht mehr aus und

---

[35] Von Alexander liegt nur ein Interview vor, das am 8.2.05 auf Teen Spirit Island geführt wurde, einen Tag vor seiner Entlassung aus der stationären Therapie.

4.2 Alexander – eine Kindheit ohne Vater

er geht über zu Ecstasy und Kokain, auch Crack nimmt er ab und zu, *„so außer Heroin hab ich alles genommen so, was ich kriegen konnte"* (1. Interview, S. 4).

Der Junge ist, außer in seiner Peergroup, weitgehend sich selbst überlassen. Schon als kleines Kind zeigt er Verhaltensauffälligkeiten: Es beginnt mit Klingelstreichen, später wirft er Nachbarn Hundekot vor die Türen und zerstört Fenster, *„so als kleines Kind und so, dann war ich nachher so älter und dann dacht ich mir, oh, du kannst ja auch noch mehr Mist bauen"* (1. Interview, S. 6). Zwar konfrontiert seine Mutter ihn verbal, sie findet aber keinen Zugang zu ihm, er läßt sich durch ihre kraftlosen Einwände nicht beirren. Schnell steigern sich seine kriminellen Delikte, er bricht Läden auf und stiehlt Alkohol, dann Autos, deren technische Ausstattung er verkauft; er bricht in Lagerhäuser ebenso ein wie in Geschäfte für hochwertige Kleidung, um sich Geld zu beschaffen und er *„damit halt wieder ein auf dicke Hose machen kann so halt, hier ich hab das Geld, ich kann mir das leisten und dies leisten"* (1. Interview, S. 6). Erstaunlicherweise hält er sich in dieser Zeit recht gut in der Schule, sein Notendurchschnitt ist 2,1, wie er stolz betont. In der sechsten Klasse übernimmt der Drogenkonsum jedoch endgültig die Regie über sein Leben, Alexander lässt in der Schule nach, schläft im Unterricht ein, macht keine Hausaufgaben mehr und schwänzt. Ein wohlmeinender Lehrer und der stellvertretende Direktor erkennen seine Probleme und sprechen ihn an, bieten ihm darüber hinaus verschiedene Hilfen an, aber *„ich hab dann nachher nur noch drauf geschissen"* (1. Interview, S. 7). Seine Leistung sackt rapide ab, schließlich muss er eine Klasse wiederholen. Irgendwann geht er gar nicht mehr zur Schule, mit 17 Jahren ist er mehr als zwei Jahre der Schule fern geblieben.

Inzwischen ist er Mitglied einer festen Clique von vier Jugendlichen, die regelmäßige Beutezüge starten und immer aggressivere Formen finden, sich Geltung zu verschaffen. Schließlich kommen zu Diebstahl, Kreditkartenbetrug, Raub und Sachbeschädigung auch unerlaubter Schusswaffenbesitz, Messerstecherei und ein versuchter Totschlag hinzu. Irgendwann erfährt Alexander, dass er von der Polizei gesucht wird und *„dann bin ich halt zur Polizeistelle gegangen, von mir aus, alleine so, und denn halt, hab ich gesagt, das kann so nich weitergehen so, und dann wollt ich Therapie machen"* (1. Interview, S. 9). Wegen des Kreditkartenbetrugs wird Alexander zu zahlreichen Arbeitsstunden verurteilt, wäre er volljährig gewesen, hätte er wohl für fünf Jahre ins Gefängnis gemusst. Seine Entscheidung für eine Therapie klingt also weitaus einsichtsvoller, als sie für ihn wohl tatsächlich gewesen ist: Die Alternative zur Therapiestation Teen Spirit Island wäre das Gefängnis gewesen.

Aggressives Verhalten aus der Opfer- wie aus der Täterperspektive ist ihm seit seiner Kindheit vertraut, er konnte sich jedoch mit niemandem darüber austauschen.

„Ja, so halt, ich musste halt viel auf meine eigene Kappe machen, ich hab auch nie über meine Probleme mit irgendjemandem geredet oder mit meiner Mutter so, wie man das halt so, jeder macht, so wenn er das erste Mal so auf's Maul kriegt oder so 'ne Sachen. (Interviewerin: Wann war das?) *Ooh, wann hab ich das erste Mal? Ich glaub, mit sieben hab ich das erste Mal, aber von einem 12jährigen, hatt' ich denn so auf die Fresse gekriegt, so, weil ich hab ihn irgendwie provoziert, ich dachte meine Freunde helfen mir und ey nichts war, ja, dann hab ich, aber was heißt, keiner gemerkt so, ich hab gesagt, ich bin hingefallen mit dem Fahrrad, ich wollte halt nich meiner Mutter noch erzählen, ja, ich hab da auf die Fresse gekriegt"* (1. Interview, S. 5).

Er ist also noch ein sehr junges Kind, als er in Kontakt mit einer gewaltbereiten Clique kommt und sich an älteren Jungen orientiert. Unschwer lässt sich die Provokation als der Versuch erkennen, sich vor der Gleichaltrigengruppe zu profilieren, seine Kräfte zu messen und den anderen zu imponieren. Noch hat es nicht zwingend mit Gewaltausbrüchen zu tun, wenn er seine Aggressionen auszuprobieren sucht. Aber er wird enttäuscht, erfährt keine Unterstützung, läuft bei denen, deren Unterstützung er benötigt, ins Leere, verhält sich aber hier schon „wie ein richtiger Mann" und vertraut sich seiner Mutter nicht an. Aber woher weiß ein Junge wie Alexander, was „männliches" Verhalten ist? Er hat vermutlich nur seine Phantasien, seine Idealisierungen, seine Stereotypen, denen er zügellos folgt. In seiner Phantasie sind mit solchen Verhaltensweisen Stärke, energischen Kraft und Zugehörigkeit verbunden – Gewalthandeln ist dabei eher ein Nebenergebnis. Daher entscheidet er sich wohl auch dagegen, seine Bezugspersonen zu informieren; er erfindet sogar listige Ausreden, um die Blessuren zu erklären, die er davonträgt. Alexanders kindliche Impulsivität und aggressiven Kontrollverluste steigern sich, finden in seiner Clique auch keine Begrenzung. Im Gegenteil: Mit etwa 13 Jahren schlägt er einen anderen Jungen im Affekt mit einer Eisenstange halbtot, als der ihn Hurensohn nennt – eine Beleidigung seiner Mutter lässt ihn rot sehen.

4.3 Der abwesende Vater in seiner emotionalen Bedeutung

Alexander erinnert keine lebendige Beziehung zu seinem Vater, der während der Kindheit des Sohnes im Gefängnis saß. Trotz dieses Mangels an väterlichen Erfahrungen spielt dieser Mann eine erstaunlich große Rolle, und zwar im Sinne eines negativ idealisierten Modells. Mehrfach betont Alexander, wie ähnlich sie

4.3 Der abwesende Vater in seiner emotionalen Bedeutung

sich sind und dass der Vater die gleiche Karriere hinter sich hat, wie er selbst sie vor sich sieht. Erst im Alter von 13 Jahren trifft er ihn das erste Mal: Der Vater kommt aus dem Gefängnis und besucht den Sohn in der Schule, die er früher selbst besucht hat. Die Lehrer kennen also auch den Vater und informieren Alexander über dessen Jugendsünden.

„Aber mein Lehrer hat mir denn nach dem Besuch alles erzählt so, was er auf der Schule auch für Scheiße schon gemacht hat, das ist fast genau das gleiche jetzt wie ich so, was ich mache und da hab ich mir, hab ich mir schon an den Kopf gefasst so das erste Mal, weil, so, weil ich halt so viele Sachen nachgemacht hab von meinem Vater, aber das im Unterbewusstsein, ich wusste das ja gar nicht so, so, keine Ahnung also, hatte schon Ähnlichkeit mit meinem Vater so" (1. Interview, S. 9). Diese überraschende Begegnung und die Eröffnungen der Lehrer geben Alexander gleichsam ein Spiegelbild seiner selbst, er erkennt eine Art Wesensgleichheit mit dem ihm unbekannten Vater, die ihn zutiefst verwirrt. Aber er fühlt sich hingezogen zu diesem Mann, möchte seinen Vater kennenlernen, ihm nahe sein. Nach der ersten Begegnung bemüht er sich um einen intensiveren Kontakt, „weil ich dachte, er wär so nett und er hat mir irgendwelche Versprechungen gemacht und dann bin ich zu ihm gezogen und dann hab ich gemerkt, er kifft auch und er hat früher aber noch harte Drogen genommen, Koks und so alles und hat auch nur Scheiß gebaut, ja ich weiß nicht, und dann hab ich mit ihm zusammen gekifft und irgendwann gab's keine Drogen mehr und dann haben wir uns gestritten und dann hat er mich rausgeschmissen (1. Interview, S. 9). Der anfänglich sehnsüchtigen Idealisierung folgt also ein harter Aufprall in der Realität: In dem Moment, in dem es kein Geld für Drogen mehr gibt, wirft der Vater den Sohn aus dem Haus, weil er in ihm einen Konkurrenten um den vorhandenen Stoff sieht. Die Ähnlichkeit geht also noch viel weiter, als es Alexander zunächst gedacht hatte: Auch des Vaters Leben dreht sich ausschließlich um die Beschaffung von Drogen – Beziehungen sind dem nachgeordnet.

Dieses Erlebnis muss ihn sehr erschüttern; danach steigt auch Alexanders Drogenkonsum drastisch an,

„denn, wenn ich Koks hatte, jeden Tag hab ich auch immer zwei Gramm gezogen so, und Dinger hab ich dann immer so fünf Stück genommen am Tag und so'ne Suchen, ja, halt so wie ich das bekommen hab, hab ich das auch genommen, immer soviel wie geht [...] das einzigste Problem war halt dieses Beschaffen von Drogen, mehr hab ich da in dem Moment nich gesehen, es gab keine Probleme für mich, außer halt, wenn ich denn mal für kurze Zeit nüchtern war, dann hatte ich Probleme mit meiner Mama, mit meinem Vater, mit dem, mit dem, ja und denn da Schulden und hier Schulden, aber wenn ich dann wieder auf Drogen war, hab ich das gar

nicht mehr gesehen, also während der Drogenzeit gab´s nur Drogenprobleme, so also das Beschaffen" (1. Interview, S. 11).

Er beschreibt den schnellen Anstieg seines Konsums, der zu einem Leben führt, das gänzlich durch die Drogenbeschaffung bestimmt ist, alles ist auf die Momentwahrnehmung zusammengeschrumpft. Die wenigen nüchternen Momente führen ihm seine Probleme vor Augen, nur ein weiteres Motiv, so schnell wie möglich wegzutauchen in den nächsten Rausch.

Die Clique ersetzt ihm die Bindung an seine Familie, vor allem an einen Vater. Seine vier engsten Freunde sind drogenabhängig wie er selbst auch und bilden auch in der Beschaffungskriminalität miteinander eine verschworene Gemeinschaft. Auf diese Weise rutscht Alexander immer tiefer in die Drogenszene ab, bis er offenbar eines Tages selbst bemerkt, dass ihm das Leben entgleitet und er eine Ahnung davon bekommt, dass er etwas verändern muss. Er formuliert das folgendermaßen.

„Naja, hab ich gesagt, das kann so nicht weitergehen, Jungs, laß mal was verändern. Das irgendwie so´n Entzug durchmachen so, und denn meinten die Andern, ja, ja, und wo ich mich drum gekümmert hab so, ich war der Einzigste, wo ich mich drum gekümmert hab, dann hab ich für alle Vier aber ´nen Platz, also mich drum gekümmert und dann hatten, die wollten uns auch aufnehmen, (....) und das war auch so Entzug halt, da hab ich denn vier Plätze gehabt so, wo wir also hätten hinkönnen, ja, aber denn is keiner mitgekommen, ja, ich bin dann alleine dahin." (1. Interview, S. 11)

Während dieser Äußerungen sind auf dem Band erstaunliche Geräusche zu hören; die Interviewerin beschreibt das als „klopfendes Geräusch auf Sitzfläche, Fingergelenke der geballten Fäuste, sitzt dabei eher gebeugt, stemmt sich kraftvoll mit beiden Fäusten zwischen den Oberschenkeln gegen den Stuhlsitz aus Holz, das gibt laute Geräusche". Diese Zeichen körperliches Anspannung und die damit verbundenen Geräusche durchziehen das gesamte Interview, immer wieder zeigt Alexander dieses Verhalten, dessen Bedeutung an anderer Stelle eine genauere Beachtung verdient.

Inhaltlich ist diese Textstelle sehr aufschlussreich. Alexander ist also derjenige, der sich um einen Entzug für alle vier Freunde kümmert, auch Aktivitäten entwickelt und dabei erfolgreich ist, auch wenn letztlich keiner der Freunde mitkommen will. Schlussendlich geht er allein und macht einen Entzug von Crack. Er ist offenbar wirklich motiviert, und seine Entscheidung, etwas in seinem Leben zu verändern, ist ernsthafter und fundierter, als es seine lockere Sprache zunächst vermuten lässt (*„lass mal was verändern"*). Er wendet viel Energie auf

4.3 Der abwesende Vater in seiner emotionalen Bedeutung

und strengt sich an für diese Veränderung, die er mit seinen Freunden gemeinsam anstrebt. Diese enttäuschen ihn allerdings tief, wissen seine Bemühungen nicht zu schätzen, lassen ihn unter Vorwänden abblitzen, sind eben nicht so ernsthaft zu Entzug und Therapie entschlossen wie Alexander. Wenn er diese merkwürdigen Geräusche im Interview produziert, die auch mit einer charakteristischen „körperlichen Anstrengung" verbunden sind (wenn er sich im Sitzen hochstemmt), befindet er sich wahrscheinlich in einem heftigen Ambivalenzkonflikt, denn er muss doch verärgert, wütend, enttäuscht sein über seine Freunde. Davon spricht er aber nicht, stattdessen presst er seinen Körper vom Stuhl hoch. Wir können annehmen, dass er emotional zwischen Enttäuschung über die Freunde, Angst vor Einsamkeit im Entzug und dem Motiv zur Veränderung gefangen ist. Diese verschiedenen Gefühle und seine Unfähigkeit, sie im Interview auszudrücken oder gar zu sortieren, sie in einen sinnvollen Zusammenhang zu bringen, lassen seinen inneren Druck steigen. Enttäuschungswut hat er bislang anders ausgedrückt, er hat provoziert, bis es eine Schlägerei gab, er hat agiert. Jetzt lässt er lediglich seine eigenen Knochen krachen.

Von der Entzugsstation des Krankenhauses geht Alexander direkt zu Step Kids. Dieser Schritt erweist sich aber als verfrüht – wie so häufig wird er aufgrund seiner Intelligenz und seiner enormen Anpassungsfähigkeit für stabiler gehalten als er ist. Während dieser acht Monate bei Step Kids wird er mehrfach rückfällig und bemüht sich vergeblich um einen Platz bei Teen Spirit Island. Nach acht Monaten Wartezeit (um einen Therapieplatz zu bekommen) verlässt er Step Kids und geht zurück nach Hause, mit der Auflage, dort clean zu bleiben. Obwohl ihm das nicht gelingt, hält er den Kontakt zu Teen Spirit Island, um auf der Warteliste für den Therapieplatz zu bleiben. Fast gibt er die Hoffnung auf, inzwischen hat er bei seiner Mutter sein gewohntes Leben zusammen mit den alten Freunden wieder aufgenommen, bis er eines Tages erfährt, dass der Platz bei Teen Spirit Island frei geworden ist.

> *„Da kam meine Mutter abends, TSI hat angerufen, du kannst da hin, ja und da hab ich natürlich richtig doof geguckt, weil ich schon gar keinen Bock mehr hatte und alles schon wieder aufgegeben hatte, so, naja und denn hab ich gesagt, ja ich weiß nich Mama, ob ich, ob ich da hingehe, ich überleg mir das und da meinte sie, ja, überleg dir das aber gut, so, ja, und dunn hab ich mir das überlegt, und dann hab ich mir gedacht, ne, du gehst da doch hin, denn, hab dann aber wieder gekifft so, du hast schon wieder gleich 'n Tag, tagtäglich mit deiner Mutter Finen geraucht, du gehst da jetzt hin, das bringt nix, wenn du das nich machst, dann kommst du da nie von weg* (1. Interview, S. 13).

Hier zeigt sich, wie schwer die erneute Entscheidung für Alexander ist. Er hat schon fast wieder das Motiv verloren und sich in der generationenübergreifenden Drogengemeinschaft der Familie und der Clique wieder eingerichtet. Er zögert, ringt mit sich und nach einem längeren Schwanken gelangt er zu der Überzeugung, den Therapieplatz anzunehmen. In diesem Moment ergreift er die Chance, aus der heimatlichen Drogenszene auszusteigen und sich gleichzeitig aus der Verschlingung mit den Frauen zu lösen. Die Entscheidung, den angebotenen Therapieplatz anzunehmen, bekommt die Qualität einer grundsätzlichen Lebensentscheidung. Indem Alexander beschließt, die Therapie anzutreten, entscheidet er sich gegen das Altvertraute: den Freundeskreis und die Nähe zu seinen weiblichen Verwandten, die ihm Halt und Unterstützung bei einem Leben zwischen Verwöhnung, Konsum und Aggressionsausbrüchen gewähren.

4.4 Therapieerfahrungen und Erfolge

In der A-Phase werden Alexanders Entzugssymptome medikamentös behandelt, dafür ist er dankbar: *„Und ich bin froh, dass die mir die gegeben haben, so, weil sonst hätt ich glaub ich schon abgebrochen"* (1. Interview, S. 14). Auf Teen Spirit Island läuft er zunächst unauffällig mit, hat aber dennoch Probleme sich einzulassen. *„Es war komisch, weil zuerst bin ich zu gar keinem gegangen, ich hab gar keinem vertraut und denn hatte ich eine Person, das war mein Therapeut, ja, mit dem hab ich denn halt nur ab und zu geredet über meine Probleme und das war dann halt so komisch, so halt einen Ansprechpartner zu haben* (1. Interview, S. 15).Sein Misstrauen gegenüber dieser neuen Welt mit Regeln und Umgangsformen, die ihm fremd und unverständlich sind, lassen ihn zunächst zurückhaltend und vorsichtig sein. Er gibt seine Deckung nicht so schnell auf. Dass für Alexander eine männliche Bezugsperson zur Verfügung steht, ist für ihn eine absolut neue, spektakuläre Erfahrung.

Auf die Frage, wodurch und wie ihm Teen Spirit Island geholfen hat, sagt er:

„Also TSI hat mir geholfen mit meinen Aggressionen umzugehen, so und mit meinem Suchtverhalten, so dass ich halt, wenn ich Suchtdruck habe, mir Hilfe hole, als erstes, anstatt gleich zu Alkohol oder zum Kiffen oder halt die Drogen zu ziehen so, ich würd halt heute zu meinem Therapeuten, würd ich anrufen, oder ich würd halt mit meiner Mutter, könnt ich jetzt drüber reden oder mit meiner Tante, so, bei den Dreien könnt ich mir auf jeden Fall Hilfe holen." Interviewerin: *„Mit den Aggressionen, wie würdest du damit umgehen?"* *„Oh, uff, also das war so, ich war immer aggressiv, immer wenn mich einer dumm angeguckt hat, da bin ich hingegangen und hab ihn auch angemacht und hab ihn gefragt, warum er mich so anguckt, und dann*

4.4 Therapieerfahrungen und Erfolge

> *gab es natürlich oft Schlägereien und hier war ich auch schon sehr aggressiv so, mh, ja, aber weiß nich, jetzt hab ich so damit Umgehen gelernt, so dass, wenn ich aggressiv werde, dass es mir gar nichts bringt, die Betreuer haben mich denn immer nur noch denn links liegen gelassen so und haben sich gar nich denn, so, ich konnte die anschrein, die haben sich darum gar nich geschert, die haben denn nur halt irgendwas gesagt, wenn´s zu weit ging, dann haben die gesagt, du gehst jetzt auf´s Zimmer oder so, oder du gehst jetzt erstmal, kurz raus (Fingergelenke knacken lautstark), du läufst hier 'ne Runde um´s Haus so, ja, und da hab ich dann gemerkt, dann, damit komm ich gar nich weiter, damit pöbel ich nur gegen eine Wand an, aber die prallt das alles wieder ab und das fällt alles einfach zu Boden, ja, und wenn ich normal rede und diskutiere so, da komm ich mit weiter, so, das hat mir so, haben die mir so beigebracht, weil, die haben mich dann einfach links liegen gelassen, das war ganz gut, und dann mach ich so´n Kampfsport, wo ich auch halt Aggressionen rauslassen kann, wo ich mich richtig auspowern kann, weil ich bin, hab halt viel Energie, so, ich hatte auch schon die Befürchtung, ich bin hyperaktiv, so, aber der Arzt meint, ne, is nich so, das is einfach so, du nimmst jetzt keine Drogen mehr, du merkst jetzt einfach was du für Energie hast so, damit musst du halt umgehen und halt irgendwas draus machen, weil ich halt ziemlich sportlich bin und sehr gern Fußball spiele, Basketball, ich mag auch Boxen gern, dieses Thai-Boxen, halt so´ne Sachen."* (1. Interview, S. 20).

Alexander beschreibt sehr anschaulich, welche Wirkung das Verhalten der Therapeut/innen auf ihn hat, als er realisiert, dass er die Aggressionen als Mittel der Beziehungsgestaltung hier nicht einsetzen kann. Die für ihn so selbstverständliche Externalisierung innerer Zustände läuft auf der Therapiestation ins Leere; somit ist er mit seinen inneren Zustände direkt konfrontiert, kann ihnen nicht ausweichen und lernt, dass die Therapeut/innen sich nicht verwickeln lassen, dass sie auf seine Aggressionen nicht mit kämpferischen Beziehungsangeboten, sondern reagieren, ihn vielmehr abprallen lassen, sodass seine Aggressionen dort *„einfach zu Boden fallen"*. Erwachsene, die standhalten, bewirken, dass er auf sich selbst zurückgeworfen ist. Aber er wird nicht allein gelassen, denn der Therapeut spricht mit Alexander, sie entwickeln gemeinsam alternative Umgangsformen für seine Wut. Sie ist also als destruktives Agieren nicht gestattet, aber als Affekt ist sie wahrgenommen, Alexander wird für seine Gefühle nicht verurteilt. Voller Erstaunen reagiert der Jugendliche auf diese neue Beziehungserfahrung, die ihn auch aufregt – denn nicht umsonst knacken hier wieder seine Gelenke und die unterdrückte Spannung, die sich in diesen Gesten ausdrückt, platzt sogar auf dem Tonband hörbar aus ihm heraus. Zudem beschreibt er anschaulich und überzeugend sein neues Wissen darum, wie er durch Sport und andere körperliche Betätigungen mit inneren Spannungen und Aggressionen fertigwerden kann, indem er sie auf konstruktive Weise ausdrückt. In seiner Selbstbeschreibung (*„ich bin halt ziemlich sportlich und hab viel Energie"*) steckt ein positiver Ansatz, den er weiterentwickeln kann. Besonders die männlichen Therapeuten und Ärzte wirken auf ihn beruhigend, er zitiert sie mit Achtung und Anerkennung, ihre Aussagen haben auf ihn eine beruhigende, entängstigende Wirkung.

Alexander saugt diese alternativen Beziehungserfahrungen zu emotional stützenden Männern förmlich auf, und sie schaffen wohl auch die Voraussetzung dazu, dass er sich auf eine Freundschaft zu einem gleichaltrigen Jungen einlassen kann. Eher beiläufig erwähnt er den jungen Mann, mit dem er das Zimmer auf Teen Spirit Island teilt und der eine Woche früher entlassen wird als er.

> *„Da war ich ziemlich traurig so, weil ich mit ihm halt so viel durchgezogen hab, ja, mit ihm war das anders, wir haben uns hier kennengelernt, ich hab hier so gelernt zu reden, er hat auch gelernt so'n bisschen was zu erzählen und dann haben wir uns halt immer so geredet wie's damals war, was wir für Blödsinn gemacht haben, dass es sich gar nicht gelohnt hat und so ja, und weiß nich, wir haben uns halt so hochgeputscht anstatt uns runterzuziehen, wir haben gesagt, komm wir schaffen das, is nich lange, wir ziehn das durch, was sind sechs Monate, so, das is doch nix, und jetzt bin ich noch nich mal sechs Monate hier und hab's schon fast geschafft."* (1. Interview, S. 18).

Auch hier schildert Alexander eine neue Erfahrung. Emotional berührt von der Trennung drückt er das auch verbal aus. Er schildert die Qualität einer Beziehung, in der Offenheit und gegenseitige Unterstützung ein Vertrauen schaffen, von den Drogen loszukommen. Die beiden jungen Männer haben sich aufgebaut, anstatt sich „runterzuziehen". Dass er konstruktive Beziehungen zu Männern aufbauen kann, von ihnen auf unverzerrte Weise akzeptierend gespiegelt wird und dadurch einen Zugang zu seinen Gefühlen und Affekten bekommt, ist eine beträchtliche Veränderung für ihn, der ja an männlichen Freunden bislang nur seine Drogenclique kannte.

4.5 Zukunft und verändertes Selbstbild

Gleichwohl ist er noch unsicher hinsichtlich der Tragfähigkeit dieser neuen Strukturen. Gefragt, wie er sich vorstellt außerhalb von Teen Spirit Island zu leben, sagt er sehr ehrlich: *„Ja das is halt sehr komisch, ich hab irgendwo Angst (presst die Hände zusammen und schluckt dabei) aber irgendwo auch nicht, so, ich freu mich hier herauszukommen, aber irgendwo auch nich so. Aber ich sag das hier nich so, dass ich irgendwie, ich sag immer nur, ich freu mich, ich freu mich so, naja, aber irgendwie hab ich auch Angst, weil hier drin ist man geschützt, man is in einem ganz andern Rahmen so, man ist fast wie in 'ner andern Welt. (wieder knacken seine Gelenke hörbar).* (1. In-

4.5 Zukunft und verändertes Selbstbild

terview, S. 20) Das ist einer der aufrichtigsten Momente im ganzen Interview: Alexander gibt Auskunft über seinen wirklichen inneren Zustand, er benennt die außerordentlich starken Ambivalenzen, die er in sich spürt. Er freut sich auf die Freiheiten und das Ende der doch auch stark reglementierten Lebensform auf Teen Spirit Island, gleichzeitig thematisiert er auch die Angst, was wohl geschehen wird, wenn er diese geschützte Welt wieder verlässt.

Seine angstvolle und realitätsbezogene Ambivalenz wird auch deutlich in seinen Zukunftsplänen. Am liebsten würde er in der Nähe der Therapiestation bleiben und hier zur Schule gehen, eine Ausbildung beginnen, aber noch ist nichts geklärt, vermutlich muss er in die Kleinstadt in Schleswig-Holstein zurückkehren, weil das dortige Sozialamt eine weitere Finanzierung der Therapie in einem anderen Bundesland verweigert.

Zum Ende der Therapie hat sich sein Selbstbild deutlich verändert:

„Oh, jetzt, oh, wie ich mich jetzt sehe, das ist immer schlecht zu sagen, so, ich, ich seh, ich vergleich mich immer mit früher, dass ich früher richtig so'n Arschloch war, so auf gut Deutsch, so, und jetzt geht´s wieder so und ich hab früher auch ganz anders geredet, ich hab mit Erwachsenen, so mit Autoritätspersonen hab ich geredet, als wenn das so die letzten Arschlöcher sind, ich hab immer die beleidigt, ich hab so halt geredet, wie man mit meinen Freunden so halt, außerhalb, dass bei den Autoritätspersonen noch Beleidigungen dazu kamen, ja, komisch, und jetzt red ich, jetzt kann ich so wieder normal reden, so vernünftig und red auch mit meinen Freunden vernünftig (1. Interview, S. 25).

Er ist kein „Arschloch" mehr, kann sich mit Worten ausdrücken und er macht einen Unterschied zwischen der „Jugendsprache" und der „Erwachsenensprache". Die Differenzen im sprachlichen Umgang stehen für eine veränderte Erfahrung: Alexander hat ein Gefühl für die Unterschiede zwischen jugendlichen Freundschaften und der Beziehung zu Erwachsenen entwickelt, weil er die Erfahrung gemacht hat, dass ihm mit Wertschätzung und Respekt begegnet wurde. Er respektiert (einige) Erwachsene als Autoritäten, die ihm etwas geben können, das er annimmt, ohne es aggressiv abzuwehren. Da es in seiner Familie keinerlei verlässliche Grenzen zwischen den Generationen gibt, ist diese Entwicklung fast als spektakulär zu bezeichnen. Alexander gibt in seinem vergleichenden Rückblick ebenfalls ein Gefühl für Zeitdimension, für Entwicklung, für den Unterschied zwischen Vergangenheit und Gegenwart zu erkennen.

Ein Bewusstsein für Zeit, Abläufe und logische Abfolgen zeigt sich auch in seiner Antwort auf die „Utopiefrage" (Wenn du drei Wünsche frei hättest):

"Ja, das wär, super wär das, wenn ich so Hauptschule und Realschulabschluss gebacken krieg, denn wär so mein zweiter Wunsch, wär super, wenn ich 'ne Ausbildung habe und die gebacken krieg, ja wenn ich das schaffe, sag ich's mal lieber so, wenn ich das schaffe und denn mein drittes Ziel wär so einen richtig schönen Urlaub machen, weil ich hab jetzt noch nie 'n Urlaub gemacht, so'n richtig schönen Urlaub, denn auch, den auch zu genießen und wiederzukommen und zu wissen, ja, du hast dein Auto, du hast deinen Abschluß, du hast deine Ausbildung, du hast was geschafft, so mein Wunschziel, so, so die drei Sachen, das wär echt so und halt, okay, ein Ziel, was aber fast unmöglich ist so, halt nich rückfällig werden, das wär so'n, so'n so'n richtiges Ziel so, nie wieder sowas anfassen" (stemmt sich kraftvoll mit beiden Fäusten gegen den Stuhlsitz und die üblichen Geräusche). (1. Interview, S. 26).

Alexander resümiert, dass er bislang jemand war, der alles abgebrochen und der nichts zu Ende gebracht hat. Insofern sind seine Wunschfantasien bemerkenswert: Er will Projekte abschließen. Erst die Schulabschlüsse, dann den Führerschein, dann eine Ausbildung – und wenn das alles geschafft ist, möchte er einen richtig schönen Urlaub machen, gleichsam als Belohnung. Das klingt realitätsbezogen und vernünftig.

Dennoch erscheint er skeptisch und das gehört womöglich auch zu seiner Realitätstüchtigkeit. Er hat selbst tiefe Zweifel, ob er clean bleiben kann und betrachtet es als fast unmöglich, nicht rückfällig zu werden, Drogen nie wieder anzufassen. Drogenfreiheit bleibt eine Utopie für Alexander[36].

4.6 Die süchtige Suche – Psychodynamik der Abhängigkeit

Die beschriebene Ursachentrias von frühem Entwicklungstrauma, Sucht als Selbstmedikationsversuch und darauffolgender Mono-Traumatisierung im Zusammenhang mit mentalen und psychosozialen Problemen in der Folge der Suchterkrankung kann nur eine Ahnung davon vermitteln, wie vielschichtig und komplex die jeweiligen Bedingungszusammenhänge einer jugendlichen Drogenabhängigkeit sind. Niemals, das zeigt auch die Biografie von Alexander, handelt es sich um einfache Kausalitäten. Grundsätzlich gehen aber die genannten Probleme mit Schwierigkeiten der Identitätsfindung, vor allem aber mit Schwierigkei-

---

[36] Tatsächlich kommt kein zweites Interview zustande, weil Alexander zurück nach Schleswig-Holstein geht, von wo aus er sich weiterhin intensiv, aber erfolglos, um eine Rückkehr in den Zusammenhang von Teen Spirit Island bemüht. Schließlich reißt der Kontakt ab, trotz großer Anstrengungen der Interviewerinnen, Alexander doch noch ausfindig zu machen. Regina Erdsiek hat die Bearbeitung dieses Falles übernommen und eine Magisterarbeit vorgelegt mit dem Titel: Zwanghafter Drogenkonsum und pathologische Realität. Eine Einzelfallanalyse biografischer Rahmenbedingungen. Ms. Hannover 2006.

ten der Regulation des Selbstwertgefühls einher. Der amerikanische Psychoanalytiker Leon Wurmser begreift den Drogenkonsum als Zwangserkrankung und geht davon aus, dass dem Drogenmissbrauch eine schwere Psychopathologie zugrunde liegt. Zum Ausbruch der Erkrankung kommt es durch die Aktivierung eines lebenslang schlummernden schweren Konfliktes um Omnipotenz und Grandiosität, Sinnhaftigkeit und Vertrauen.[37] Begleitet wird diese Krise von intensiven Gefühlen wie Desillusionierung und Wut, Depressionen und Angst sowie von spezifischen Formen der Abwehr. Die Aktivierung dieser Krise führt unvermeidlich zu einer schweren seelischen Belastung, aus der die süchtige Suche nach Erleichterung erwächst. Diese Erleichterung verschafft sich die/der zwanghaft Abhängige auf vielerlei Weise, z.B. durch unkontrollierte Gewalttätigkeit, Fressattacken, Glücksspiel, starken Alkoholkonsum oder Promiskuität. Die Wahl einer Droge ist eine zusätzliche Möglichkeit, diese Suche nach Erleichterung zu einem vorläufigen Ende zu bringen. Die gefundene Substanz wird von der Konsumentin zu Zwecken der Selbstmedikation eingesetzt, der eintretende Effekt wird dann in der Folge wie eine Selbstheilung wahrgenommen. Die Festigung der Ursachen dieses Suchtsyndroms geschieht in einem fortwährenden Teufelskreis, der sich aus sieben einzelnen Schritten zusammensetzt und daher von Wurmser als Heptade bezeichnet wird. Diese systematisch aufeinander fußenden sieben Schritte stellen bereits jeder für sich eine Kompromisslösung dar (Wurmser 1997, 133f). Es handelt sich um eine wiederkehrende, zirkuläre Aneinanderreihung von Konflikten, welche durch die akute Krise reaktiviert wird und eine sich selbst antreibende und sich selbst verstärkende Kraft besitzt.

Im Fall von Alexander ist eine frühe Bindungsstörung erkennbar, die mit einer mangelnden Impulskontrolle einhergeht. Die fehlende männliche Bezugsperson in seiner Entwicklung führt zu einer Identifikation mit schädigenden männlichen Peers, die seine instabile Selbstwertorganisation durch äußere Stabilisatoren unterstützen. Die Drogen gehören in jedem seiner sozialen Bezugssysteme zur selbstverständlichen Alltagspraxis, sodaß sie sich ihm als chemische „Unterstützung" geradezu aufdrängen. Besonders deutlich wird das in Bezug auf die Phase, in der Alexander eine massive emotionale Enttäuschung durch den lang entbehrten Vater erlebte, nachdem es zu dem ersehnten Kontakt mit ihm kam, der aber schnell wieder abbrach. Daraufhin rutscht Alexander direkt in einen maßlos steigenden Konsum ab. Ihm stehen keine anderen Bewältigungsmöglichkeiten zur Verfügung, mit dieser Enttäuschung durch seinen idealisierten Vater umzugehen.

---

[37] Vgl. Wurmser 1997, S. 125.

Im Folgenden wird das Konzept der Heptade nach Wurmser knapp erläutert, um die Dynamik des Teufelskreises zu beschreiben, in dem Jugendliche wie Alexander stecken – ebenso wie alle Suchtkranken. Am Anfang der Heptade steht die narzisstische Krise mit ihren tiefen Konflikten um Selbstwertgefühl und Macht. Hier beginnt die süchtige Suche und der Kreislauf wird in Gang gesetzt. Die narzisstische Krise stellt einen Zusammenbruch der Erwartungen hinsichtlich des Selbstwertgefühls, der Selbstachtung sowie der Macht und Kontrolle innerer und äußerer Beschränkungen dar. Zudem reaktiviert sie archaische narzisstische Konflikte. Die Aktivierung einer solchen Krise tritt oftmals zuerst in der Adoleszenz auf und wiederholt sich dann, wenn Konflikte und Störungen mit einer bestimmten äußeren Situation korrespondieren und die Droge als ein scheinbares Mittel zur Problemlösung zur Verfügung steht. Solche Auslöser können das Zusammentreffen von Familienkrisen mit Problemen der Pubertät, Vernachlässigung, Enttäuschung in einer Liebesbeziehung oder auch in Freundschaften sein.

Diese narzisstische Krise hat eine Affektregression zur Folge, eine Totalisierung und Radikalisierung der Gefühle bildet die zweite Komponente der Heptade. Bei Drogenabhängigen sind Grundaffekte wie Enttäuschung, Desillusionierung, Einsamkeit, Verzweiflung, Wut und Scham das direkte Ergebnis einer narzisstischen Frustration. Die/der Betroffene wird schlagartig von unkontrollierbaren Gefühlen überwältigt, deren Bedrohung darin liegt, dass diese Gefühle ineinander fließen und nicht klar von einander unterschieden werden können. Charakteristisch für die regressive Qualität ist die überwiegend körperliche Wahrnehmung dieser Affekte, die kaum sprachlich zum Ausdruck gebracht werden können. Diese Affektregression wird von den Betroffenen als vage, aber allumfassende Spannung erlebt, auch als Sehnsucht nach Risiko und Aufregung. Gerade verbotene Handlungen stellen einen Versuch dar, sich von dem fast ausschließlich körperlichen Unbehagen, das als sehr qualvoll erlebt wird, zu befreien. Die Affektregression kann als eine Form der Abwehr zu einer Generalisierung von Wahrnehmungen und Erkenntnissen führen, etwa zur Verallgemeinerung einer Ungerechtigkeit oder einer seelischen Verletzung über die Situation hinaus, in der sie stattfindet. Sie wird als für das gesamte Leben gültig angesehen, gefühlt. Die Zurückweisung in einer Liebesbeziehung wird dann als eine Zurückweisung auf immer und ewig und durch alle potentiellen Liebespartner erlebt. Diese Generalisierung erleichtert den Konsument/innen, sich als völlig schlecht oder totales Opfer zu fühlen. Sie dient also der Abwehr und damit der Flucht aus einer leidvollen und erdrückenden Wirklichkeit voller Ambivalenzen, die kaum zu ertragen sind. Zu einem Zusammenbruch der Affektabwehr kommt es, wenn die/der Betroffene von den archaischen Effekten überflutet wird, sie kann mit den

4.6 Die süchtige Suche – Psychodynamik der Abhängigkeit

ihr zur Verfügung stehenden Ressourcen diese Flut nicht bewältigen. Als Ersatz für untauglich gewordene Abwehrformen wird nun die Droge eingesetzt, sie wird als Hilfe und Schutz begriffen, die die Funktion eines neuen Bewältigungsmechanismus´ übernimmt.

Der dritte Schritt in der Heptade ist durch Verleugnung und Spaltung charakterisiert, mit deren Hilfe die unerträglichen Affekte abgewehrt werden sollen. Mit „Verleugnung" wird ein Vorgang bezeichnet, mit dem die Bedeutung oder die Implikation dessen, was in die Wahrnehmung kommt, missachtet wird, vorrangig im affektiven Bereich. Aber auch Grenzen und Restriktionen der sozialen Zusammenhänge werden verleugnet, was sich in Verhaltensweisen zeigt, die in der Gesellschaft viel Unverständnis und Ablehnung auslösen. Es kann aber bei den Abhängigkeitserkrankten auch zu einer Verleugnung des gesamten Gewissens kommen, dabei werden die drei Hauptfunktionen des Über-Ichs, das Verbieten, das Beobachten und die Idealbildung, zeitweilig völlig aufgehoben. Oder aber die kognitive Realität wird verleugnet, wobei innere von äußerer Realität abgetrennt und entfremdet wird. Hier ist der Einstieg in die Spaltung oder auch in andere dissoziative Abwehrformen zu sehen. Als „Spaltung" wird ein inneres Auseinanderklaffen von Funktionen beschrieben – die Polarisierung in „nur Gut" und „nur Böse" gehört hierher –, das nicht nur auf das Ich beschränkt bleibt, sondern die ganze Persönlichkeit betreffen kann. Der Vorgang der Spaltung kann sich aber auch auf die gesamte Realitätsprüfung beziehen und dann die Wahrnehmung der Objekte und des Selbst beeinträchtigen, die Wahrnehmung von Zeit und Raum sowie der Selbst- und Objektrepräsentanzen einschränken. Das Ziel dieser Spaltungsvorgänge liegt darin, narzisstische Verletzungen abzuwehren, die narzisstische Krise zu überwinden und die zusammengebrochene Affektabwehr wieder aufzubauen.

Fast immer münden diese verschiedenen Abwehrformen ein in konkrete Handlungen, ein gewaltiger Aktionsdrang sucht für die inneren Konflikte eine Lösung in der Außenwelt: Die Externalisierung ist der vierte Schritt in der Heptade. Gewalttätigkeit, Drogenkonsum und alle Variationen des Brechens sozialer Regeln sind Bestandteil solcher Externalisierungen. Ein konflikthaftes inneres Geschehen wird in die Außenwelt geworfen und dort nicht nur re-inszeniert, sondern auch „gelöst". Dazu werden bestimmte Mittel eingesetzt: chemische Substanzen, aber auch Rituale. Entscheidend ist die „magische Macht, mit der eine Sache ausgestattet wird; dieser ‚Sache' wird die Kontrolle über das Selbst, über das innere Leben, über die Gefühle anheim gestellt" (Wurmser 1997, S. 175). Das Ziel besteht also darin, eine „magische Kontrolle" über die unkontrollierbaren Affekte zu erlangen, um somit die narzisstische Illusion von Macht und Kontrolle wiederherzustellen. Der Drogenkonsum selbst stellt dabei eine besondere Form der Abwehr durch eine Handlung dar. Durch die Einnahme der Substanz wird die Furcht vor dem traumatischen Zustand und den überwältigenden Affekten abgewehrt. Die Externalisierung von Empfindungen verhindert jedoch den Bezug auf Werte und Normen; Gefühle zu Menschen können weder abstrahiert noch symbolisiert werden, stattdessen nimmt die Droge die Funktion des ersehnten Problemlösers ein und ersetzt Werte, Ideale und Beziehungen. Als Folge sind archaische Schuld- und Schamgefühle bei den Betroffenen besonders stark ausgeprägt. Wirkt die Droge einerseits als magischer Schutz gegen Vergeltung und Demütigung, so ist sie andererseits zugleich ein beschämender Beweis für eigene Schwäche und eigenes Versagen. Neben ihrer Funktion als Abwehr dient die Externalisierung aber auch dem Ausdruck von Aggressionen. Oftmals richtet der Süchtige diese gegen eine andere Person mit der bewussten Absicht, sie leiden zu lassen oder Rache zu nehmen. Hier wird die entmenschlichende Qualität deutlich, die allen Externalisierungen innewohnt, selbst innig geliebte Menschen werden wie Gegenstände benutzt. Bei Handlungen zu Abwehrzwecken wird auf Bedürfnisse und Besitztümer des benutzten Menschen keinerlei Rücksicht genommen. (vgl. Wurmser 1997, S. 180)

Alexander spricht noch gegen Ende der stationären Therapie eigentümlich unberührt von seinen Aggressions- und Gewaltausbrüchen. Ein akuter Vorfall in der Berufsschule, es hatte eine Messerstecherei unter Jugendlichen seines Alters gegeben, wird von Alexander als Reflexreaktion charakterisiert: *„Er hat überhaupt nich überlegt, es war so 'ne Reflexreaktion* (1. Interview, S. 22). Interessant ist auch die Art und Weise, wie Alexander über seine eigene schwere Gewalttat spricht. Gefragt von der Interviewerin, was ihn mit 15 Jahren zwei Monate Dauerarrest eingebracht hat, antwortet er:

„Das war versuchter Totschlag, so, da hab ich auf einen mit 'ner Eisenstange eingehauen so, und den wollt ich aber auch so irgendwie im Bewusstsein, irgendwie wollt ich dem richtig wehtun so, und ich hab immer weiter gehaun, immer weiter gehaun, und irgendwann war'n meine Arme so taub, da konnt ich nich mehr und dann hab ich aufgehört, naja, und dann wär er fast gestorben ... ich kannte den vom Namen her und so und der hatte mich halt beleidigt und denn, bei mir ist das so, wenn mich einer Hurensohn nennt, den könnt ich auch jetzt noch ... da könnt ich auch jetzt noch durchdrehn, da würd ich platzen und dann hab ich ihn halt geschlagen, naja und also, meine Mutter is die Beste so für mich, das is halt mein Ein und Alles so, die hat mich immer, die hat mich immer unterstützt, egal was für'n Mist ich gebaut hab, na und wenn einer meine Mutter oder meine Tante beleidigt so, denn so das war, das war einfach so, so gesagt mein Pech, dass die Stange da lag, sonst hätt ich das gar nich gemacht mit der Stange, sondern nur

4.6 Die süchtige Suche – Psychodynamik der Abhängigkeit

mit den Händen, tja aber ich hab dann gleich zur Stange gegriffen, immer rauf da und allein deswegen bin ich zwei Monate abgegangen, da war ich 15 (1. Interview, S. 23).

Alexander erzählt diesen Vorfall im Interview ohne jedes Schuldgefühl, ohne Mitleid für sein Opfer, noch immer ist er empört über die Beleidigung und rechtfertigt auch in der Erzählung seinen Wutanfall und seine schwere Gewalttat, er betrachtet es als sein Pech, dass eine Stange bereit liegt; sonst hätte er den Beleidiger mit bloßen Händen niedergerungen. Auch im Anschluss an diesen Kontrollverlust beschreibt er kein Unrechtsbewusstsein, kein Mitleid mit seinem Opfer. Darin zeigen sich Ansätze der „Entmenschlichung", von der Wurmser spricht: Er kannte den anderen nur flüchtig, dem Namen nach. Aber er schlägt ihn so lange, bis seine eigenen Arme taub werden und ihn zum Aufhören zwingen. Nicht der Schmerz des anderen ist ihm erinnerlich, sondern nur der eigene. Der Andere wird als lebendige Person völlig ausgeblendet. Dass eine Beleidigung seiner Mutter ihn derart provozieren kann, ist gewiss mehr als nur eine Schutzbehauptung, sondern bringt unter anderem seine überaus intensive emotionale Bindung an die Mutter, aber auch an die anderen Frauen seiner Familie zum Ausdruck.

Alexander schildert also „Reflexreaktionen", in denen das Denken völlig ausgeblendet ist, noch Jahre und viele Therapiestunden später fast völlig unbeteiligt, er zeigt kein Mitgefühl mit dem Opfer, dessen Leiden und Schmerzen. Die Dehumanisierung, die Entmenschlichung, die er psychisch an dem anderen Jungen vorgenommen hat, als er auf ihn einschlug, ist noch nicht aufgehoben. Die Welle von Hass, die in seinem Aggressionsausbruch in ihm hochkocht, muss noch immer gezügelt werden, er spricht nicht darüber in einem als-ob-Modus, in einer Form, die das beunruhigende Geschehen von einer Metaebene aus betrachtet und damit den Raum für die Abwägung von Folgen öffnet, ein Bedauern oder Erschrecken vor dem eigenen Affekt zulässt. Diese Seite seiner Persönlichkeit erscheint weitgehend unberührt, unbearbeitet.

Was sich hier bei Alexander als unbearbeiteter aggressiver Anteil zeigt, entspricht auch den von Wurmser beschriebenen Schritten in der Heptade, denn die Aggression ist die fünfte Komponente dieses siebenteiligen Teufelskreises. Sie äußert sich oftmals im Niederreißen von Grenzen, dem Verstoß gegen soziale Regeln, in Gewalttätigkeit gegen andere oder in Selbstzerstörung. Üblicherweise ist sie narzisstisch motiviert, sie resultiert jedoch in den meisten Fällen aus schweren, durch Gewalt hervorgerufenen Traumata in der Zeit des Heranwachsens, bei einer Minderheit kann sie aber auch auf extremer narzisstischer Verwöhnung und Verführung beruhen. Die von den Süchtigen angewandten Formen der Abwehr von Aggression bestehen hauptsächlich in einer Wendung gegen das Selbst sowie einer aggressiven Verkehrung vom Passiven zum Aktiven, z.B. bei Gewalthandlungen sowie deren Ungültigmachen durch magische Handlungen und Projektionen. Der Durchbruch archaischer Aggressionsformen, meist in Gestalt blinder Wut und dementsprechend rasenden Handlungsweisen von zerstörerischen Ausmaßen, wird in den meisten Fällen nur durch plötzliche Spaltung des Über-Ichs – das ist der sechste Schritt in der Heptade – und durch Außerkraftsetzen bestimmter Funktionen des Über-Ichs ermöglicht. Diese Spaltung äußert sich in rapiden Schwankungen zwischen Anerkennung sozialer Standards und ihrem bewussten oder unbewussten Verleugnen und außer Kraft setzen. Es erfolgt ein abrupter Wechsel von einem reiferen Funktionieren des Gewissens und Verantwortungsgefühl zu einem wesentlich primitiveren Funktionsniveau. Die Spaltung des Über-Ichs wird sehr deutlich in der Beschreibung Alexanders, er habe dem anderen Jungen bewusst weh tun wollen, aber auch in der nachträglichen Rechtfertigung, die Alexander seinem aggressiven Verhalten gibt, mit dem er jemanden fast umgebracht hätte.

Oftmals erscheint es so, als ob die Über-Ich-Funktion unter dem Ansturm narzisstischer Forderungen völlig zusammengebrochen und unwirksam geworden sei, tatsächlich bleiben aber rudimentäre ber-Ich-Anteile erhalten, die im Dienst des narzisstischen Wunsches stehen, der externalisierten Scham zu entgehen. Diese massive Über-Ich-Spaltung findet sich laut Wurmser bei fast allen zwanghaften Drogenkonsumenten, jedoch wesentlich milder bei Abhängigen von Nikotin oder Alkohol als bei den Konsumenten illegaler Drogen.

Am Ende dieses Teufelskreises stehen an der siebten Stelle die Lust, die Entspannung, die zu einer Wiederherstellung eines stabilen, ausgeglichenen Selbstwertgefühls führen. Dieser mit Hilfe der Droge erreichte Zustand ist die Erlangung einer regressiven narzisstischen Selbstzufriedenheit. Die zwanghaft Drogenabhängigen verspüren zu diesem Zeitpunkt ein entspanntes Glücksgefühl sowie eine Befriedigung, die durch das „Zusammenspiel von Kompromisslösungen zwischen verschiedenen Trieben und vielfältigen Abwehrformen hervorgerufen werden" (Wurmser 1997, S. 133). Jetzt scheint die narzisstische Krise, die zum Zusammenbruch des Selbstwertgefühls geführt hatte, mit Hilfe der Droge (oder anderer Formen der Externalisierung) überwunden zu sein. Jedoch findet der Zustand des High-Seins, mit seinen Entspannungen und narzisstischen Gratifikationen, mit abklingender Wirkung der chemischen Substanz ein unweigerliches Ende. Das Wiedererwachen bei Nachlassen der Drogenwirkung trifft die Konsumenten jedoch voller Scham und Schuldgefühle an über das, was hinter ihnen liegt und was sie insbesondere im Stadium des Ausagierens von Aggressi-

4.6 Die süchtige Suche – Psychodynamik der Abhängigkeit

onen und Externalisierung getan haben. Damit ist der nächste krisenhafte narzisstische Einbruch oft schon vorprogrammiert. Die Abhängigen kommen jedoch nach Durchlaufen des Kreislaufs nicht wieder am ursprünglichen Ausgangspunkt an, sondern auf einem noch niedrigeren Niveau ihrer Selbstachtung und ihres Selbstwertgefühls.

Wurmser stellt mit den sieben Schritten dieses Teufelskreises einen „kleinen" Zyklus dar, um damit den komplexen Zyklus des zwanghaften Drogenkonsums als Erkrankung auf der Basis einer Persönlichkeitsstörung in seiner teuflischen Zwangsläufigkeit verstehbar zu machen. Das Modell erscheint mir jedoch ebenso geeignet, um die jeweils kleineren Zyklen zu beschreiben, in denen jeder Drogenabhängige sich befindet, insbesondere im Rahmen therapeutischer Bemühungen oder auch beim kalten Entzug auf eigene Initiative.

Da jeder dieser kleinen Zyklen im Teufelskreis der Heptade mit einer narzisstischen Krise, d.h. mit einer Enttäuschungsreaktion, einem Einbruch des Selbstwertgefühls beginnt, erweist sich diese siebenfache Schrittfolge in dem Teufelskreis als äußerst geeignet und anschlussfähig für die qualitative empirische Forschung. Die relative Formalisierung der Schrittfolge und der logische Bezug der einzelnen Schritte untereinander, ermöglicht im tiefenhermeneutischen Arbeitsprozess einen gleichsam „diagnostischen Blick" auf die Schilderungen von Rückfällen bzw. auf dem Umgang mit Enttäuschungs- und Krisenreaktionen. Wenn also im ersten Interview nach Einstiegsmomenten für Drogenerfahrung gefragt wird und während des Therapieverlaufs auch zum Thema wird, wie mit Suchtdruck oder Rückfällen umgegangen wird, so können im zweiten und dritten Interview die Antworten auf Fragen nach dem Umgang mit Krisensituationen Indikatoren dafür bereitstellen, in welchem Maße die Interviewte alternative Formen gefunden hat, mit Suchtdruck, mit Enttäuschungen, also mit Selbstwertkrisen umzugehen, mit Situationen, die zu Zeiten aktiven Konsums letztlich immer zum Gebrauch der Droge bzw. zu einem Rückfall geführt haben.

Im Fall Alexanders wird sehr klar, dass er verschiedene Konzepte erarbeitet hat, mit denen er einem akuten Suchtdruck, der ja gemeinhin in Krisensituationen auftritt, begegnen kann. Er lernt, mit Suchtdruck umzugehen, indem er sich durch körperliche Aktivitäten ablenkt, er betreibt Kampfsport und setzt suggestive Techniken ein: *„Ich hab da nich dran gedacht so, ich dachte, wenn du nich dran denkst, ist es viel einfacher für dich, so (laute Geräusche) wenn man immer über Drogen nachdenkt, dann baut man auch schneller Rückfälle oder kriegt schneller Suchtdruck"* (1. Interview, S. 15).

Der „Teufelskreis" der zwanghaften Abhängigkeit zeigt also auf, wie jemand, der einmal in eine Substanzabhängigkeit hineingeraten ist, diese Substanz im Sinne eines Selbstmanagements immer wieder verwendet, um mit Krisensituationen zurechtzukommen und dabei das krisenhafte Geschehen, die narzisstische Krise und den Einbruch des Selbstwertgefühls immer weiter vorantreibt, was in der Logik dieses sich selbst verstärkenden Systems auch den Griff zur Droge immer zwingender erscheinen lässt. Der Abhängige dreht sich damit immer tiefer in die Verstrickungen seines Abhängigkeitssystems hinein. So betrachtet, erscheint der Vorgang wie eine fatale destruktive Spirale, aus der es kein Entrinnen gibt und in der die Droge auf jeder Stufe eingesetzt werden kann. Es muss aber ebenso nachdrücklich betont werden, dass der Teufelskreis der Heptade auch auf jeder einzelnen Stufe eine Unterbrechung erfahren kann. Ob und wann das geschieht, hängt von der Qualität der therapeutischen Beziehungen, dem Stand des Nachreifungsprozesses und auch der vorhandenen sozialen Unterstützung ab, die der Jugendliche im Verlauf der Krise erlebt. Eine große Rolle dabei spielt auch, auf welche inneren Ressourcen er zurückgreifen kann. In Alexanders Entwicklung imponiert zum Beispiel seine immer wieder in Erscheinung tretende anhaltende Motivation zur Veränderung, zum Aufsuchen von therapeutischer Hilfe. Auch unter sehr schwierigen Bedingungen hält er letztlich an diesem Motiv fest, indem er geht allein ohne seine Freunde in die Klink geht und später den Therapieplatz annimmt). Seine deutlich gewachsene Bereitschaft, sich gerade auf Beziehungen zu Männern einzulassen, wie sie sich in der vertrauensvollen Beziehung zu seinem Therapeuten ausdrückt, verweist auf seine zunehmende Fähigkeit, reale Beziehungserfahrung zuzulassen, um sie zum Aufbau inner Strukturen zu nutzen.

4.7 Symbolbildung und Interaktionskonstellationen

Das vorliegende Kapitel sollte aufzeigen, wie bestimmte Formen der Traumatisierung in früher Kindheit in einen fatalen Verstrickungszusammenhang mit Techniken des Selbstmanagements geraten, zu denen unter anderem auch die süchtige Suche gehört, in deren Folge spätere traumatische Erlebnisse auftreten. Diese traumatischen Erlebnisse führen zu den quälenden Symptomen wie Flashbacks, die die Jugendlichen zu Beginn der Behandlung zeigen. All diesen Vorgängen gemeinsam ist ein nahezu vollständiger Ausschluss aus sprachlichen Symbolbildungsprozessen. Das liegt für die Frühtraumatisierungen, d.h. die Störungen aus der Zeit der frühesten Kindheit, bereits aufgrund der präverbalen Entwicklungsstufe auf der Hand. Viele dieser Gewalt- und Vernachlässigungserfahrungen sind in einer Zeit in die seelische Struktur eingeschrieben worden, in

4.7 Symbolbildung und Interaktionskonstellationen

der Sprache entweder noch gar nicht zur Verfügung stand oder die kognitiven und emotionalen Reifungsprozesse sich in einem Stadium befunden haben, in dem die sprachlichen Entwicklungsmöglichkeiten noch nicht ausreichten, das Erleben sprachlich im expliziten Gedächtnis abzuspeichern. So bleiben Frühtraumatisierte lebenslang bestimmten Trigger-Situationen ausgeliefert, d.h. Auslöseereignissen, die aufgrund eines bestimmten oder mehrerer Bestandteile eine Wiedererinnerung des traumatischen Geschehens in zwanghafter Wiederholungsmanier bewirken. Sie haben Flashbacks, die sich aber im Erleben nicht zuordnen oder gar in einen biographischen Sinnzusammenhang einordnen lassen. Derselbe Zustand des hilflosen Ausgeliefertseins gilt für die charakteristischen Folgen eines späteren traumatischen Ereignisses, wie sie für die posttraumatische Belastungsstörung gut dokumentiert sind. Auch hier sind zur Bewältigung lebensbedrohlicher Erlebnisse und extremer Stressereignisse Fragmentierung und andere dissoziative Überlebensstrategien eingesetzt worden, mit denen bisherige biographische Zusammenhänge aufgesprengt und Sinnkontexte zerstört werden. Somit wird es unmöglich, dem Flashback oder der unkontrollierbaren Gefühlsüberschwemmung eine kontextbezogene Situation zuzuordnen, die vielleicht nicht wahrheitsgemäß korrekt, aber doch sinngemäß auf die biographische Entwicklung bezogen ist und die Brücke zwischen Vergangenheit und Gegenwart durch aktive Erinnerung aufrechterhält.

Die Ausgrenzung aus dem sprachlichen Symbolspektrum, die für die Entwicklungstraumatisierungen ebenso charakteristisch ist wie für die späteren traumatischen Prozesse, legt es nahe, auch den Einstieg in die Sucht als eine Form des dem Überleben geschuldeten Handelns zu begreifen. Welche fatalen Eigendynamiken damit in Bewegung gesetzt werden, vermag die Heptade, der Teufelskreis zwanghaften Suchtverhaltens eindrücklich darzustellen. Doch auch hier steht das Handeln, die Wiederholung durch Reinszenierung, strukturell und zeitlich weit vor jeglichem sprachlichen Ausdruck. Das gilt nicht nur für die Tumulte und Dramen, die im Stadium der Externalisierung so im Vordergrund stehen, es gilt für den gesamten „Teufelskreis" der Heptade.

Da jedoch diese Inszenierungen eine große Rolle spielen und unstrittig ist, dass Jugendlichen mit derart schweren Störungen keine „inneren Werkzeuge" zur Verfügung stehen, mit denen sie die Störungselemente und Leidenszustände auszudrücken, können sie demzufolge auch nicht über sie nachdenken, nicht auf Zusammenhänge und Kausalitäten reflektieren. Die Geschehnisse vollziehen sich gleichsam „hinter ihrem Rücken" und entziehen sich einem (selbst-)reflexiven Zugang. Im Falle Alexanders zeigt sich dies, wenn er seinen Gewaltausbruch als eine Art der Reflexhandlung beschreibt, die ohne jegliches Nachdenken erfolgt.

4.8 Versuch einer Systematisierung: Intersubjektivität und Symbolbildung

Die Dialektik zwischen Innen und Außen, intrapsychischer Struktur und gesellschaftlicher Einflussnahme ist daher zentraler Gegenstand eines wie immer ausdifferenzierten Erfahrungsbegriffes. Die Wissenschaften vom Psychischen, vornehmlich die Psychoanalyse, haben sich mit dieser Frage ebenso befasst, ausgehend von der Subjekt-Seite. Sie bringen Wissen über die Funktionsweise des Innerseelischen im Subjekt hervor.

Die Wahrnehmung intrapsychischer Inhalte und Vorgänge können wir als rein innerseelische Erfahrung bezeichnen. Diese Vorgänge gehen über das reine Denken hinaus und betreffen Gefühle, Körperwahrnehmungen, Bilder und Phantasien. Es liegt auf der Hand, dass sich eine erkenntnistheoretische Frage stellt: Wie kann ich erkennen, was innerseelisch, mental in mir vorgeht? Und mit welchen Mitteln kann ich mentale Vorgänge bei anderen Menschen erkennen, die über reine Kognitionen hinausgehen? Schon um diese Frage überhaupt zu stellen, benötigen wir Symbole. Worte, Begriffe, jegliche Sprache ist immer auch Symbolbildung, sie drückt etwas Konkretes (Stuhl) symbolisch durch ein Zeichen aus, das an die Stelle des Konkreten tritt. Das Wort Stuhl ersetzt in der Verständigung den konkreten Stuhl.

Sigmund Freud (1900) erweiterte den Symbolbegriff auf das Unbewusste. Er sagt, grob vereinfacht, das unbewusste Thema, der verdrängte Konflikt wird symbolisch ausgedrückt, vor allem im Traum. Dann wird in der triebtheoretischen Variante schnell jeder längliche Gegenstand ein Phallus-Symbol und jede Öffnung eine Vagina. Von Erfahrung spricht er nicht in einem Konzeptsinn, meint aber emotional bedeutsame Erlebnisformen, die zu einer Veränderung der Besetzungsökonomie und Libidoverteilung führen.

Zum psychoanalytischen Symbolbegriff ließe sich natürlich sehr viel mehr sagen, hier muss die kurze Bemerkung genügen: er hat sich in den letzten Jahren erheblich verändert. Das hat mit der Entwicklung in der psychoanalytischen Theoriebildung zu tun, die nach Triebtheorie, Objektbeziehungstheorie und Selbstpsychologie jetzt (unter anderen durch Bezug auf die Bindungsforschung) stark auf die Untersuchung interaktionaler Vorgänge fokussiert und damit der Bedeutung des Intersubjektiven einen großen Stellenwert gibt. Eine breite Darlegung der mentalen Repräsentationen, unter der Perspektive des Symbolischen hat jüngst Heinrich Deserno (2006, S. 345-358) vorgenommen. Ursprünglich als Stellvertreter für einen unbewussten Sinn (Freud) wird das Symbol heute verstanden als eigenständige psychische Realität, die durch Symbolbildung erst

4.8 Versuch einer Systematisierung: Intersubjektivität und Symbolbildung 127

erschaffen, aufrechterhalten und verändert wird. Desernos Ansatz unterscheidet ebenfalls vier eigenständige Symbolsysteme, die untereinander in ständiger Verbindung stehen:

1. Das **sensomotorisch-interaktive** System beruht auf einer präsymbolischen Matrix mit überwiegend physiologischer Regulation; sein Ziel ist die Vermeidung von Unlust. Die Objekte sind nicht oder kaum differenziert, es gibt eine wechselseitige gestische Beeinflussung bei der Gefahr von Desorganisation und Traumatisierung durch Unterversorgung oder Überstimulation. Stellen wir theorievergleichende Bezüge her, so finden wir bei Winnicott (1951/1976) die Übergangsobjekte und bei Alfred Lorenzer die bestimmte Interaktionsform. In den Schriften von Stephen Mitchell wäre hier der erste Interaktionsmodus des nonreflexiven Verhaltens zu nennen, wohingegen eine neurobiologische Perspektive die Tätigkeiten des limbischen Systems betont. Um es jedoch hier zu konkretisieren, soll es am Beispiel des Ärgeraffektes illustriert werden:

Wenn der Affekt aufsteigt, wird jemand in diesem Modus agierend einfach den anderen schlagen, reguliert allein durch Instinkte und Triebe und ohne sich im geringsten der Umgebung bewusst zu sein und ohne darüber nachzudenken. Der Schlag wird geführt, ohne zwischen belebten und unbelebten Zielen, zwischen Innen und Außen, zwischen sich selbst und einem anderen Menschen zu unterscheiden.

2. **Expressiv-präsentativ-symbolisches** System: Auf der Basis einer Gleichsetzung sind Symbol und Symbolisiertes nicht getrennt, ebenso werden Sinnlichkeit und Denken als ungeschieden erlebt. Die mentalen Vorgänge erfolgen im Modus des Primärprozesses (Zeitlosigkeit, keine Negation) mit ausgeprägt nonverbalen (mimisch-gestischen) und sehr einfachen sprachlichen Ausdrucksformen, das Denken ist konkretistisch. Muster und „Gestalten" dominieren die Wahrnehmung, beleitet von großer sinnlich-taktiler Sensibilität. Eine theorievergleichende Perspektive findet bei Lorenzer die sinnlich-symbolischen Interaktionsformen; bei Mitchell findet sich die Entsprechung zum zweiten Interaktionsmodus, dem der affektiven Permeabilität. Neurobiologische Perspektiven richten sich auf Aktivitäten der rechten Hirnhälfte.

Im Falle von Ärger nimmt man das Gefühl durchaus wahr und bezieht es sofort auf die andere Person, die etwas mürrisch blickend vor mir sitzt. Es ist mir jedoch unklar, wessen Ärger es ist und ich nehme automatisch an, es muss von meinem Gegenüber kommen, dabei bin ich nicht in der Lage, die möglichen Ursachen in Betracht zu ziehen oder zu differenzieren, ob das Gefühl nun von mir oder meinem Gegenüber kommt, das ist letztlich gleichgültig.

3. Im **sprachlich-diskursiven System** werden sprachsymbolische Interaktionsformen (Lorenzer) verwendet. Ein Bewusstsein für zeitliche Kontinuität führt zu einer verlässlichen Unterscheidung von Vergangenheit, Gegenwart und Zukunft, auch andere Aspekte des Realitätsprinzips werden beherrscht. Das Denken ist analytisch-denotativ bei formal-begrifflicher Logik; eine Unterscheidung von Interpretation, Interpretiertem und Mitteln/Trägern der Interpretation ist möglich. Konsequenzen und Wahlmöglichkeiten werden eingeschätzt und entsprechend realisiert. In den Interaktionshierarchien (Mitchell) findet sich hier der dritte Modus der Konfiguration des Selbst-mit-anderen, wohingegen eine neurobiologische Perspektive die Aktivitäten der linken Hirnhälfte fokussiert.

Bei Ärger wird in diesem Modus Folgendes geschehen: ich bin des Gefühls gewahr und schaue auch nach Ursachen und frage, ob sie in mir liegen, oder ob die andere sie verursacht hat, überlege, ob ein den Ärger rechtfertigender Vorfall vorausgegangen ist. Falls ja, gebe ich dem eine persönliche Interpretation (das ist eine Form der Selbsterfahrung, die den anderen berücksichtigt) d.h. ich bin jetzt bloß ärgerlich, weil ich durch ihn provoziert wurde. Ich war verletzt und deswegen habe ich weiter gestritten. Ich will aufhören, zeige aber meinen Ärger durch Worte und Handeln, indem ich sage: Ich gehe jetzt!

4. **Reflexiv-kommunikatives System (Diskurs-Formationen)**: Hier sind die vorausgehenden symbolischen Modi integriert, sodass eine intersubjektiv-symbolische Verständigung über ein kommunikatives Realitätsprinzip vorherrscht. Übersetzungsleistungen zwischen den Systemen sind möglich im Sinne zunehmender Verdeutlichung, Entkörperlichung, Verzeitlichung, die sich in zwei unterschiedlichen Diskursformationen zeigen: In der Kunst sind sie dominant expressiv, wohingegen sie in der Wissenschaft dominant logisch auftreten. Die Neurobiologie betont in diesem Zusammenhang komplexe Verschaltungen im Großhirn.

Im Fall von Ärger erkenne ich beispielsweise meine eigenen Schwachpunkte im aggressiven Szenario (1) Modus, Zustand von Hilflosigkeit begründet in einem frühen Trauma), schaue nach Selbstschutz, indem ich mich schnellstmöglich aus der aggressiven Situation zurückziehe (2), später schreibe ich einen kurzen Brief, indem ich mein Verhalten erkläre (3) so dass wir in einigen Tagen gemeinsam die Realität überprüfen können: Was ist geschehen und warum? – wir erörtern das auf der Basis unseres Wissens übereinander und den Charakter unserer

4.8 Versuch einer Systematisierung: Intersubjektivität und Symbolbildung

Beziehung, beziehen vielleicht Konzepte und Theorien mit ein und nutzen unsere emotionalen und kognitiven Erfahrungen. Auf dieser Basis kann das schwierige Geschehen betrachtet werden. Im innerpsychischen Raum beider Beteiligten ist die interaktive Bedeutung und die Bedeutung desselben Vorgangs für die andere Beteiligte innerlich repräsentiert als ein Gedanke, als ein Bild des anderen, des eigenen Selbst und der Situation. Beide Beteiligte sind fähig, den Vorgang intern zu reproduzieren und die Wahrnehmungen des anderen darin einzuschließen.

Übertragen auf die Beziehung zwischen einem Selbst und Anderen möchte ich hier die treffende Aussage von Mitchell wiederholen:

„Im ersten Modus hat der Andere Anteil an den wiederkehrenden, häufig der Stabilisierung dienenden Interaktionsmustern, die weder symbolisiert noch reflektiert werden können. Im Zweiten Modus hat der Andere Anteil an einer affektiven Verbindung, die unter Umständen eine bestimmte Gefühlserfahrung erst ermöglicht. Im dritten Modus hat der Andere zwar eine eigenständige symbolische Repräsentanz, aber bloß unter dem Aspekt bestimmter Funktionen, wie der des Spiegelns, der Erregung, der Befriedigung usw. Nur im vierten Modus ist der Andere als eigenständiges Subjekt in der seelischen Struktur repräsentiert." (2000, S. 107)

Symbolsysteme sind durch Interaktion und Intersubjektivität (also: in Beziehung und in Abhängigkeit von anderen) entwickelt und können nur in dieser Abhängigkeit, in diesem interaktiven Bezug aufrecht erhalten oder verändert werden. Symbolisierung als psychische Leistung ist daher beziehungsabhängig und dient von Beginn an der Affektregulierung und der Verknüpfung von Kognitionen und Affekten. Die von Deserno präsentierten Überlegungen sind ein überaus erhellender Versuch, neue Erkenntnisse aus psychoanalytischer Modellbildung, neurophysiologischer und kognitionswissenschaftlicher Forschung zusammenzuführen. Das „legt ein Modell nahe, das aus vier Symbolssystemen besteht, die nebeneinander aktiv sein können. Sie bestimmen darüber, dass ein sprachlicher Ausdruck nicht in erster Linie sprachsymbolische Bedeutung haben muss, sondern auch unter der Dominanz der sensomotorischen Protosymbolik oder der präsentativen Symbolik stehen kann." (Deserno 2006, S. 356)

Wenn also Sprache als Mittel der Symbolbildung und als Mittel der Herstellung von Zusammenhang versagt bzw. nicht verfügbar ist, wird das Kriterium der Rückeroberung sprachlicher Symbolbildungsprozesse zu einem zentralen Kriterium für Nachreifungsvorgänge. Hierzu ist das Herstellen von tragenden Bindungen, d.h. von lebendigen Beziehungen, das entscheidende Instrument, das Entwicklung, Reifung und Heilung erst möglich macht. Die auch in den therapeutischen Prozessen stattfindenden Acting-outs auf der Handlungsebene und die Reinszenierungen pathologischer Muster werden im Leben der jungen Drogenabhängigen vielleicht erstmals durch andere Menschen in ihrer Bedeutung in Worte gefasst und in ihrer Bedeutung, die sie auch für andere Menschen haben, gespiegelt. Wenn also die Therapeutin sagt: „Ich kann mir vorstellen, was du für Qualen durchgemacht hast und wie sehr du unter Druck gestanden haben musst, wenn du so sehr mit der Faust gegen die Wand schlägst, dass dir die Adern platzen" (wie im Fall von Jenny geschehen), dann wird hier das Verhalten nicht verurteilt, sondern es wird auf eine verständnisvolle Weise in die Worte der erwachsenen Bezugspersonen gekleidet und damit der Jugendlichen selbst auf einer anderen als der ihr bislang zugänglichen Ebene verstehbar. D.h. das eigene Verhalten, so pathologisch es sein mag, findet in den Augen der anderen und durch die Worte der anderen, die bindungsbasiert sind, eine verbale Ausdrucksform, die den Jugendlichen selbst nicht möglich ist. Erst auf diese Weise werden Ausdrucksformen durch verschiedene Prozesse der erfahrungsbezogenen Aneignung verinnerlicht. Es wird sich im Einzelfall zeigen, dass und wie die therapeutischen Deutungen von den Jugendlichen über Identifikationsprozesse oder andere Internalisierungsformen verinnerlicht werden, sodass diese Fremddeutungen später zu Selbstdeutungen werden können zu führen, die wiederum zu einer alternativen Bildung innerer Selbstrepräsentanzen beitragen können.[38]

Forschungslogisch stehen wir natürlich vor einer großen methodologischen Herausforderung: Wie können wir mit Hilfe sprachlicher Methoden – den narrativen Interviews – Problembereichen nahekommen, die aus Sprachzusammenhängen exkommuniziert wurden. Das auf Alfred Lorenzer zurückgehende tiefenhermeneutische Verfahren (Lorenzer 1979, 1972 sowie 1986) schafft durch seine Übertragung des explizit psychoanalytischen hermeneutischen Modus des szenischen Verstehens auf nicht-klinische Zusammenhänge, die Möglichkeit, das aus dem gängigen alltäglichen Sprachgebrauch ausgeklammerte „Exkommunizierte" durch empathische Übertragungsprozesse und Gegenübertragungsanalysen zugänglich zu machen. Verkürzt gesagt, ist es Lorenzer ein Anliegen, die „Sprachspiele" im spezifischen Rahmen ihrer „Zerstörung" verstehbar zu machen und in ihrer Rekonstruktion wieder in die menschlichen Lebensentwürfe hineinzuholen, was aufgrund gesellschaftlicher Praktiken und Zwänge aus ihnen mit Hilfe neurotischer Konfliktverarbeitungsmuster ausgegrenzt wird. Sprachzerstörung, die Aufspaltung des Sprachspiels als Desymbolisierung, hat für Lorenzer immer auch die Bedeutung eines Unterdrückungsaktes des Subjekts unter

---

[38] Das ist der Hintergrund unserer Überlegungen im Leitfaden, immer wieder nach den Selbstbildern und Selbsteinschätzungen der Jugendlichen zu fragen.

4.8 Versuch einer Systematisierung: Intersubjektivität und Symbolbildung   131

dem normativen Druck gesellschaftlicher Anforderungen. Wenn also mit Hilfe des szenischen Verstehens der „normale" neurotische Exkommunikationsvorgang rückgängig gemacht werden kann und dies zu einer Rekonstruktion von Sprachspielen führt, ist daher zu prüfen, ob nicht dasselbe Verfahren auch zu einer Rekonstruktion nicht-sprachlicher Ausgrenzungsprozesse geeignet ist, die unter extremem Druck, nämlich innerhalb von Traumatisierungsprozessen erfolgt sind.

Um dies noch einmal am konkreten Fall zu verdeutlichen, soll erneut Alexanders eigentümliche Körpersprache betrachtet werden („Knochenknacken" hatten die Interviewerinnen die geräuschvollen Stemmübungen im Sitzen bezeichnet, die nicht nur mechanische Geräusche verursachen, sondern tatsächlich knackende Geräusche in den Gelenken verursachen). Dieses verstörende Phänomen kann unter Berücksichtigung der unterschiedlichen Symbolsysteme auch als nichtsprachlicher Ausdruck einer Szene, eines bestimmten Interaktionsmodus sowie einer sensomotorisch-interaktiven Wiederholung verstanden werden. Wenn er in der von ihm geschilderten Gewaltszene unverstellt einen Ausbruch von Aggressionen erlebt, die ihn überschwemmen, sodass er ohne zu zögern zuschlägt und keinen Ausweg mehr sieht, sein Verhalten zu stoppen, agiert er vollständig im ersten Modus von Interaktion und Symbolsystem. In der Interviewsituation werden diese Themen sprachlich berührt, seine Erinnerung daran geweckt, er kommt mit bestimmten Affekten akut in Kontakt. Die genauen Beobachtungen der Interviewerinnen und die exakte Protokollierung der Situationen, in denen diese Laut-Zeichen auftreten, ermöglichen nun eine detaillierte Analyse des jeweiligen konkreten Kontextes: Was ist der Inhalt seiner Äußerungen, worüber spricht er gerade? Mit dieser Untersuchungsperspektive wird es möglich, Zusammenhänge zwischen verbalisiertem Inhalt, emotionaler Spannung und Körpersprache zu untersuchen. Es erscheint mehr als wahrscheinlich, dass das „Knochenknacken", an die Stelle eines ungezügelten Aggressionsausbruchs tritt. Alexander setzt diese selbstmanipulativen Techniken im Sinne einer Affektkontrolle ein. Somit zeigt sich auch aus dieser Perspektive, dass es Alexander jetzt gelingt, eine symbolische Form der Aggressionsabfuhr zu nutzen, auch wenn diese noch nahezu selbständig neben der sprachlich-diskursiven steht und beide sich kaum berühren. Es gibt in dem Interview als Szene aber eine direkte, zeitliche Schnittstelle zwischen dem inhaltlichen Thema und dem präverbalen Ausdruck des zugehörigen inneren Zustandes als eine Form der Symbolisierung dieses Affektes. Damals musste er unter Affektdruck zuschlagen, heute kann er darüber sprechen (affektlos) und den Affekt wenigstens körperlich, aber kontrolliert, zu einer Art der szenischen Begleitmusik werden lassen. Das kann als ein beträchtlicher Fortschritt gelten.

Mit Hilfe des szenischen Verstehens unter Berücksichtigung der Interaktions- und Symbolisierungsmodi werden auch diejenigen Sprachfiguren verstehbar, mit denen die Jugendlichen im Prozess nachträglicher Reifungsschritte gleichsam zu einem Späterwerb sprachlicher Symbolbildung gelangen, indem sie sich mit der Sprache der Therapeuten und der Institution identifizieren. Gelegentlich klingen Passagen in den Interviews etwas hölzern und hören sich wie Sprachschablonen an. Oder, wie einige Studierende es einmal nannten, „wie Therapiegeplapper", das eine strategisch eingesetzte Anpassungsstrategie an sozialpädagogisches Kauderwelsch sein kann, da die Jugendlichen, institutionenerfahren wie sie sind, genau das sagen, was die Pädagogen hören wollen.

„Drogen, das brauch ich gar nicht mehr, weil, jetzt bin ich vier, fünf Monate hier und ich hab's gemerkt, dass es auch ohne geht, dass man ohne Spass haben kann, man kann ohne weggehen, man kann auch ohne Drogen sich mit Freu8nden treffen...und Mädchen kennenlernen und all so'ne Sachen halt, hab ich hier erst kennengelernt." (1. Interview, S. 2)

Diese Passage stammt ebenfalls von Alexander, der hier sehr sozial erwünscht erzählt. Dennoch spricht er in diesen Zeilen auch mit Stolz, vielleicht ein wenig prahlerisch und ohne Erfahrungen in der Praxis. Die Tauglichkeit seines „Wissens" und ob er es in seiner Lebenspraxis umsetzen kann, muss sich erst noch beweisen. Hier kann sich aber ebenso gut ein echter Wunsch zeigen, ein Beschwören der Möglichkeit, dass es ihm gelingen kann und wird. Diese Passage kann aber auch als ein ernstgemeinter Versuch gelesen werden, mit Hilfe der sprachlichen Formen, die zunächst durch andere angeboten werden, einen Ausdruck für eigene innere Zustände zu finden. Erstmals wird die eigene Biografie, die sich als eine Geschichte schwerster Überwältigungserfahrungen und heftigster Traumatisierungen erweist, in einen sinnvollen Zusammenhang eingeordnet und in Erzählungen eingebunden.

Das ist mehr als eine Re-Konstruktion von Sprachspielen; es ist vor allem eine selbstständige Konstruktion, ein erstmaliger Entwurf der Lebensgeschichte unter eigener Regie, mit den Mitteln eigener Sinndefinitionen erzählt, d.h. ein erster Versuch, die Aufeinanderfolge schwerst beeinträchtigender Ereignisse in einen autonom entwickelten Sinnzusammenhang zu stellen. Vielleicht ist dabei die Betonung des Selbstentworfenen und der Autonomie wichtiger als die Rekonstruktion von Wahrheit. Für eine subjektive Heilungsgeschichte – oder, vorsichtiger formuliert: Nachreifungsgeschichte – ist die Plausibilität, die gefühlte Wahrscheinlichkeit bedeutungsvoller als historische Wahrheit. So kann es also in

4.8 Versuch einer Systematisierung: Intersubjektivität und Symbolbildung

dieser Untersuchung nicht um eine Rekonstruktion dessen gehen, was tatsächlich geschehen ist: vielmehr ist in der Analyse der Interviews und der darin sichtbaren Entwicklungsprozesse darauf zu achten, wie der autonome Zugang dieser jungen Menschen auf ihre eigene Geschichte sich verändert, wie Einsichten in krisenhafte Zuspitzungen wachsen, wie sich das Vermögen entwickelt, sich alternativer Formen des Krisenmanagements zu bedienen. Vor allem aber, und das bedarf besonderer Betonung, müssen die Veränderungen der Verbalisierungsmöglichkeiten beachtet werden. Was wird wie ausgedrückt und welchem Bedeutungszusammenhang zugeordnet? Diesem sprachlichen Entwurf eigener Geschichte, die Vergangenheit verstehbar macht, Gegenwart erträglich sein und Zukunft wünschenswert erscheinen lässt, wird in der hermeneutischen Arbeit mit den Interviews besondere Aufmerksamkeit gewidmet.

5 Suchtkranke Eltern, drogenabhängige Jugendliche

5.1 Intergenerative Prozesse

In den Familien unserer Untersuchungsgruppe tritt gehäuft eine intergenerationale Problematik der Abhängigkeit auf. Mehr als zwei Drittel der Jugendlichen berichten von einer Abhängigkeitserkrankung der Eltern oder wenigstens eines Elternteils. Aus diesem Grund soll hier erörtert werden, ob und wie die Drogenabhängigkeit der Kinder im Zusammenhang mit der elterlichen Suchtkrankung zu verstehen ist. Meistens wird von einem sehr lockeren, d.h. missbräuchlichen Umgang mit Alkohol, wenn nicht von einer Alkoholabhängigkeit gesprochen, seltener ist von illegalen Drogen die Rede.

Unter Alkoholismus wird die Abhängigkeit von der Substanz Alkohol verstanden. Nach neuesten Schätzungen sind in Deutschland circa 1,7 Millionen Menschen vom Alkoholmissbrauch und ebenso viele von einer Alkoholabhängigkeit betroffen (IFT München, zitiert nach: Merfert-Diete 2006, S. 10). Die Symptome der Alkoholabhängigkeit unterscheiden sich nicht wesentlich von denen anderer Substanzabhängigkeiten; typisch sind etwa der zwanghafte Konsum, ein fortschreitender Verlust der Kontrolle, Abwehrmechanismen wie Verdrängen, Verleugnen oder Bagatellisieren des Suchtverhaltens, Entzugserscheinungen bei Reduktion der Substanzmenge sowie der Toleranzerwerb: Es benötigt immer größere Mengen, um den gewünschten Effekt zu erzielen. Die Zahlen allein zeigen, dass Suchtkranke, insbesondere Alkoholabhängige, keine gesellschaftliche Randgruppe mehr sind. Etwa 2,6 Millionen Kinder unter achtzehn Jahren leben gegenwärtig mit alkoholkranken Eltern zusammen, etwa 40.000 bis 60.000 Kinder leben in Familien, in denen zumindest ein Elternteil drogenabhängig ist. Die Zahl der Betroffenen beträgt also etwa sechs bis acht Millionen (diese Zahl schließt die angenommene Anzahl von etwa sechs Millionen heute erwachsener Kinder ein, die vormals in süchtigen Familien gelebt haben).

Ein großes Verdienst in der Untersuchung intergenerativer Zusammenhänge von Sucht und Suchterkrankungsrisiko kommt Lachner und Wittchen zu, die

1997 eine epidemiologische Untersuchung herausgegeben haben, in der bestätigt wird, dass die familiäre Belastung durch die elterliche Sucht außerordentlich hoch ist: Sie zeigt, dass die Kinder von Suchtkranken in weitaus höherem Maße gefährdet sind, an einer psychischen Erkrankung und/oder einer Suchtkrankheit zu erkranken. Ein weiteres Indiz intergenerativer Weitergabe von Suchtproblemen ist die Partnerwahl: Kinder suchtkranker Eltern wählen häufig einen suchtkranken Partner, der ihnen die Fortsetzung koabhängigen Verhaltens ermöglicht. So unstrittig der intergenerative Zusammenhang bei Suchterkrankungen zwischen Eltern und Kindern durch empirische Untersuchungen belegt ist, so wenig sagt die Tatsache, dass er besteht, darüber aus, wie er im Einzelnen zustande kommt. Eine erste Hypothese dazu formuliert Arno Gruen, wenn er schreibt: „Unser Überleben als Kind hängt davon ab, dass wir uns mit unseren Eltern arrangieren, und zwar auch und vor allem dann, wenn die Eltern tatsächlich kalt und gleichgültig oder grausam und unterdrückend sind." (Gruen 2005, 14) Aus seiner emotionalen und faktischen Abhängigkeit heraus neigt das Kind dazu, die Eltern als nur gut zu empfinden, selbst dann, wenn sie sich falsch und verletzend verhalten. So beginnt das Kind, die lieblosen Handlungen der Eltern zu akzeptieren und später sich selbst die Schuld für dieses elterliche Verhalten zu geben. „Die Folge ist eine Identifikation mit den Eltern. Das Eigene wird als etwas Fremdes verworfen, stattdessen übernehmen wir die kindfeindliche Haltung der Eltern." (Gruen 2005, 14) Tatsächliches elterliches Versagen, kindliche Abhängigkeit und damit verbundene Verletzlichkeit, Schuldzuschreibung und Schuldübernahme sowie Identifikationen mit den Eltern können also aus einer psychodynamisch argumentierenden Perspektive Folgen elterlicher Suchterkrankung sein. Bislang gibt es dazu wenig empirische Untersuchungen (vgl. aber Arenz-Greiving 2003, sowie Watzl und Rockstroh 1997).

Unstrittig ist, dass die Abhängigkeit eines Elternteils grundlegende Veränderungsprozesse in der Familie auslöst, die bei allen Familienmitgliedern zu großen Krisen führen. Gesellschaftliche Isolation, finanzielle Probleme – häufig durch den Verlust des Arbeitsplatzes infolge Abhängigkeit – dominieren nach außen, Scham und Schuldzuweisung aller Familienmitglieder verstärken die Tendenz zur sozialen Isolation, der/die Süchtige und seine/ihre Probleme dominieren in immer größerem Umfang die Wirklichkeit der Familie, der die Kinder aufgrund ihres Alters und ihrer faktischen Abhängigkeit nicht entfliehen können. Selbstredend müssen verschiedene differenzierende Faktoren in Betracht gezogen werden: So macht es einen Unterschied, ob die Suchtabhängigkeit eines Elternteils erst im Laufe der Kindheit eintritt oder das Kind bereits in eine Familienstruktur geboren wird, die von Abhängigkeit geprägt ist. Ebenso ist es von ent-

5.1 Intergenerative Prozesse

scheidender Bedeutung, ob beide Eltern abhängig sind oder nur ein Elternteil. Oft geht der abhängige Elternteil eine maßlos überfordernde Beziehung zu dem Kind ein; dadurch wird großer Stress ständiger Bestandteil der Eltern-Kind-Beziehung. Der Abhängige leugnet und bagatellisiert die Probleme und neigt zu überschwänglicher Wiedergutmachung, um der Realität aus dem Wege zu gehen. Es findet also keine offene Auseinandersetzung mit der Suchterkrankung statt, die gleichwohl den Familienalltag bestimmt. *„Während meiner Schulzeit muss ich die ganze Zeit daran denken, wie es wohl zuhause aussieht, wenn ich heimkomme."* (Arenz-Greiving 2003, 16) Aufgrund der mangelnden Fürsorge, der Stimmungsschwankungen und des fortgesetzten Substanzkonsums bietet sich den Kindern ein wenig verlässliches, verwirrendes Bild. Das führt zu einer dauerhaften Aufmerksamkeit, zu permanenter Beobachtung der Situation, um die Stimmungsschwankungen der Eltern einschätzen und ihnen aus dem Weg gehen zu können oder sie anderweitig kompensierbar zu machen. Anstelle von Zuneigung und Akzeptanz empfinden die Kinder Angst und Unsicherheit und leiden unter den fortwährenden Missverständnissen, Manipulationen und Lügen ebenso sehr wie unter dem Schweigen. Ist die Beziehung zu dem suchtkranken Elternteil ambivalent und enttäuschend, so ist doch auch die Beziehung zum koabhängig agierenden Elternteil beeinträchtigt. Das Kind kann keinen Respekt entwickeln, sondern empfindet oft Verachtung dafür, dass auch das nicht abhängige Elternteil nicht in der Lage ist, sich angemessen zur Sucht des Partners bzw. elterlich gegenüber dem Kind zu verhalten. Gerade aufgrund der vermeintlichen Nicht-Abhängigkeit des äußerlich gesunden Elternteils fühlt das Kind sich auch durch dieses vernachlässigt und hat ambivalente Gefühle, allen voran Wut, weil es sich hilflos fühlt, und auch das gesunde Elternteil nichts tut, das Problem zu lösen. Das Kind befindet sich also in einem Status der permanenten Überforderung, ihm fehlt ein Zugang zu kindgerechten Erfahrungen und angemessenen Entwicklungsschritten, stattdessen übernehmen sie Pflichten und Aufgaben, die eigentlich den Eltern zukommen. Sie versorgen ihre Geschwister, beruhigen die Mutter, holen den Notarzt oder erfinden Lügengeschichten gegenüber den Nachbarn, um das abhängige Elternteil zu schützen.

Es ist davon auszugehen, dass in suchtabhängigen Familien Gewalt eine große Rolle spielt. Geschätzte dreißig Prozent aller Kinder aus Suchtfamilien werden körperlich misshandelt (diese Angabe ist eine Dunkelziffer, vermutlich sind die Zahlen faktisch sehr viel höher). Wenn negative Zuwendung die einzige Form der erfahrenen Zuwendung ist, also körperliche Gewalt an die Stelle zärtlicher Zuneigung tritt, besteht die Gefahr einer pathogenen Entwicklung, die hier mit der Introjektion eines „pervers-guten Objektes" (vgl. Sachsse 1994) nur angedeutet werden kann. Die Kinder können sich nicht gegen die Gewalt wehren, also versuchen sie durch dissoziative Abwehrreaktionen sich vor der Misshandlung zu schützen, sie zumindest seelisch nicht wahrzunehmen. Nach einer gewissen Zeit empfinden sie die Gewalttaten als normal oder gar verdient und fühlen sich mitschuldig, was die Auswirkungen auf Persönlichkeitsentwicklung und seelische Strukturbildung nur umso schwerwiegender sein lässt. Wie gravierend die Folgen des Zusammenspiels von elterlicher Sucht und Gewalterfahrung sich in der psychischen Struktur niederschlagen, selbst dann, wenn der Vater inzwischen einen Entzug gemacht hat und seit fünf Jahren trocken lebt, beschreibt eine Dreiundzwanzigjährige folgendermaßen:

> „Leider ist es nicht so einfach, man kann Dinge aus seinem Gehirn nicht löschen und vergessen kann man sie sowieso nicht. Die Vergangenheit beeinflusst die Zukunft, meine Vergangenheit hat meine Zukunft zerstört. Auch heute habe ich Albträume, bekomme Weinkrämpfe, habe Angst vor Fremden, noch immer ist in mir das Gefühl der Wertlosigkeit. Ich bin wertlos, das ist der Gedanke, der mich mein Leben lang begleitet." (zitiert nach: http://www.nacoa.de/)

5.2 Heimliche Regeln und wiederholte Muster

Die Funktionsweisen einer suchtkranken Familie folgen voraussagbaren, beobachtbaren Mustern, die sich fast als regelhaft bezeichnen lassen. Wegscheider und Black (1988) haben diese Art von Regelwerk beschrieben, in dem das oberste Gebot lautet: „Sprich mit niemandem über innerfamiliäre Probleme, weder innerhalb noch außerhalb der Familie!" Werden Probleme wahrgenommen, werden sie verdrängt, dissoziativ abgespalten oder bagatellisiert. Eine bestimmte Form der Externalisierung hat mit Schuldzuweisungen nach außen zu tun (weil der Arbeitgeber so streng ist, muss der Papa manchmal mehr trinken, als ihm gut tut). Weil die Eltern die Krankheit verleugnen und geheim halten, sind auch die Kinder zum Schweigen verurteilt. Aus diesem Schweigen gibt es keinen Ausweg. Gravierende Wahrnehmungsstörungen sind später im Jugendalter die Folge; die Kinder trauen ihren eigenen Wahrnehmungen nicht mehr. Somit werden nicht nur die suchtkranken Eltern, sondern auch die Kinder und Jugendlichen in die Isolation gezwungen.

Das zweite Gebot lautet: „Zeige keine Gefühle!" Da die Eltern behaupten, dass alles in Ordnung sei, sind auch reaktive Gefühlszustände nicht erwünscht. So, wie die Eltern ihre Gefühle verleugnen, werden auch die Kinder gezwungen,

5.2 Heimliche Regeln und wiederholte Muster

den Zugang zu ihren Gefühlen zu versperren. Das führt dazu, dass auch positive, konstruktive Gefühle verleugnet werden.

„Schenke niemandem Vertrauen oder: Misstraue jedermann!" – so lautet die nächste Regel im Familienalltag suchtabhängiger Eltern. *„Immer nur Misstrauen überall. Zuhause musste ich immer Misstrauen hegen um zurechtzukommen, und so habe ich von außen immer nur Misstrauen mir gegenüber erlebt. Ich war allen Leuten gegenüber auch misstrauisch, das hat sich aufs Selbstwertgefühl ausgewirkt. Das war auch so eine Regel. Ich habe das von außen so erfahren, die haben mir nicht geglaubt, also musste man mir misstrauen. Ich bin kein Mensch, dem man vertrauen kann, und dann hab ich das auch zuhause erlebt. Der Welt muss man misstrauen."* (Arenz-Greving 2003, 25)

Ein weiteres Gebot lässt sich so ausdrücken: „Habe dich immer und vollständig unter Kontrolle!" Das bedeutet, Kinder dürfen nicht von der Norm abweichen, müssen schnell erwachsen werden, damit sie für sich selbst und möglichst auch für Eltern und Geschwister Verantwortung übernehmen können, im hauswirtschaftlichen Bereich Hilfe leisten und den Eltern wenig abverlangen. Damit in Zusammenhang steht eine weitere Regel, die lautet: „Sei niemals egoistisch!" Für die Kinder bedeutet das, sich nicht ernst und wichtig zu nehmen. Um nicht lästig zu fallen, verleugnen sie daher sich und ihre Bedürfnisse in einem hohen Umfang. Denken sie dennoch an eigene Wünsche und Bedürfnisse, empfinden sie Schuldgefühle. Sie entwickeln ihr Selbstwertgefühl eher darüber, dass sie sich um die Eltern kümmern und sich patent im Haushalt zur Verfügung stellen. Nicht kindgerechte Entwicklung, sondern praktische Funktionalität im Interesse der elterlichen Sucht sind die Maximen, unter denen diese Kinder aufwachsen. Sie sind bereits in der frühen Kindheit kleine Erwachsene und reduzieren sich selbst auf Hilfsbereitschaft und Anpassung.

Das letzte Gebot besagt: „Alles soll bleiben, wie es ist!" Das stellt eine dauerhafte Fesselung kindlicher Entwicklung dar, denn jeder Impuls, mit dem es gegen die genannten Regeln verstoßen würde, wird durch Ausschluss aus dem Familienzusammenhang bedroht. So muss den Verhaltensveränderungen sofort begegnet werden, denn das Kind fühlt sich in der Verantwortung, die Balance zu halten, die nicht angegriffen oder zerstört werden darf, weil dies namenlose Angst auslösen würde, und zwar bei allen Beteiligten. Die letzte Regel hält das familiäre System auf seiner pathologischen Grundlage zusammen. Sie impliziert, dass eine Befreiung von Pflichten oder dem Nicht-Einhalten dieser Regeln, gar eine Entlastung völlig undenkbar erscheint.

Da Kinder sich mit ihren Eltern identifizieren wollen und dies aufgrund ihrer emotionalen Abhängigkeit auch müssen, verinnerlichen sie Regelsätze und

Gebote, die auf vielfältige Weise nonverbal durch Liebesentzug, aber auch verbal und durch direkte Sanktionen bei Verletzungen unauslöschlich internalisiert werden. Damit wird jeder Regelverstoß zu einer existenziellen Bedrohung, und wird als Angriff auf die Eltern erlebt. Da diese vitalen Lebensimpulse jedoch in jedem Kind fortwährend auftauchen, ist das Kind besonders anfällig dafür, Schuldgefühle zu entwickeln und wird aufgrund dieser Schuldgefühle eine erhöhte Anpassungsbereitschaft zeigen. Das ist der innerpsychische Zusammenhang, der bei Kindern suchtabhängiger Eltern zu einer prekären Persönlichkeitsorganisation führt, die ihre Verletzlichkeit erhöht, ihrerseits entweder abhängig zu werden oder sich mit abhängigen Partnern zusammenzutun. Unbewusst sind sie lebenslang bereit, den verinnerlichten Geboten Folge zu leisten.

5.3 Rollenzuschreibungen für Kinder in Suchtfamilien

Die Suchtabhängigkeit der Eltern führt zu einer dramatischen Situation für die Kinder. Dieses Familiendrama findet naturgemäß, wie jede Tragödie, mit bestimmten Rollenzuschreibungen statt. Für diese Rollenzuschreibungen haben Wegscheider und Black (1988) vier signifikante Rollenmuster beschrieben, die im Folgenden dargestellt werden.

1. Der Held oder der Verantwortungsbewusste: Die Helden sind oft das älteste Kind oder Einzelkind und übernehmen Aufgaben, die normalerweise Elternsache sind. Ihr Verhalten ist übermäßig leistungsorientiert. Als Älteste oder Einzige müssen sie besonders viel Energie darauf verwenden, überhaupt von den Eltern wahrgenommen zu werden oder Zustimmung und Anerkennung von ihnen zu erlangen. Durch ihr extrem ausgeprägtes Verantwortungsgefühl erscheinen sie frühreif und werden als überaus vernünftig beschrieben. Sie erlauben sich nicht, ihre regressiven Bedürfnisse auszudrücken, da sie in dieser Familienstruktur ohnehin keinen Platz haben. Die Helferrolle und die damit verbundenen Werte werden zur Leitorientierung dieser Kinder, indem sie helfen, nehmen sie ihren eigenen Kummer nicht wahr. Die verantwortungsbewussten Helfer nehmen später Berufskarrieren, in denen sie die Helferrolle weiter ausbauen können. Sie gehen in die Medizin, Krankenpflege, Sozialarbeit oder auch die Seelsorge. Diese Orientierung darauf, anderen zu helfen, kann als Kompensationsversuch verstanden werden. Besonders Mädchen sind anfällig für dieses Rollenmuster, sie gehen in diese sozialen Berufe und suchen sich häufig abhängige Partnerbeziehungen. Besonders nachteilige Folgen für die verantwortungsbewussten Heldin-

5.3 Rollenzuschreibungen für Kinder in Suchtfamilien 141

nen und Helden hat das Kontrollbedürfnis, das ja aus der Angst heraus wächst, irgendwann von unkontrollierten Gefühlen überwältigt zu werden. Das wirkt sich besonders problematisch in Partnerschaften aus, die Helden haben kein Vertrauen und können somit keine gleichberechtigten Partnerschaften führen. Üblicherweise isolieren sie sich zunehmend. Ebenso sind sie durch ihr extrem ausgeprägtes Verantwortungsbewusstsein eher durch Koabhängigkeit gefährdet. Auch in der Arbeitswelt werden bestimmte Folgen in Erscheinung treten. Durch die hohe Leistungsorientierung entsteht ein ungesund hoher Stresspegel, der gesundheitsgefährdene Formen und Ausmaße annehmen kann.

2. Das ausagierende Kind als schwarzes Schaf oder Sündenbock: Häufig finden sich die zweiten oder mittleren Kinder in diesem Rollenmuster, das durch auffälliges und unangemessenes, provokatives Verhalten imponiert. Das schwarze Schaf lenkt durch diese problematischen Verhaltensweisen die Aufmerksamkeit auf sich und damit von den Missständen innerhalb der Familie ab. Dadurch, dass sich die negative Aufmerksamkeit auf das schwarze Schaf richtet, wirkt es für das gesamte Familiensystem entlastend. Dieses Rollenmuster bleibt jedoch nicht ohne Preis, den das Kind zu zahlen hat. Oft gibt es schon Störungsanzeichen in frühster Kindheit. Das Kind nässt ein oder ist sozial auffällig, hat z.B. Disziplinprobleme in der Schule. Später wird das Mädchen früh schwanger oder neigt zu dissozialem Verhalten. Das schwarze Schaf versucht also, weiterhin Aufmerksamkeit und Beachtung durch negatives Verhalten zu erregen, um dadurch ein wenig Zuwendung zu bekommen. Viele Außenstehende betrachten das als Belastung für die Familie – was sich ihrem Blick entzieht, ist die Tatsache, dass das Kind durch das negative Verhalten soziale Aufmerksamkeit bündelt und damit vom Elternhaus ablenkt. Es trägt dadurch dazu bei, das Gleichgewicht in der Familie aufrecht zu erhalten. Es steht im Gegensatz zum verantwortungsbewussten Helden, indem es das Interesse der Eltern nicht durch positives Engagement zu wecken versucht, sondern durch trotziges, feindseliges und provokatives Verhalten. Es sieht all die Ansprüche und Forderungen, die die abhängigen Erwachsenen an das Kind richten, aber es fühlt sich von ihnen überrollt und überlastet. Gefühle von Verlassensein, Zurückgewiesenwerden und Wertlosigkeit machen sich in dem Kind breit, das die Rolle des Sündenbocks übernimmt. Innerlich empfindet es starke Wut, die zur Trägerin weiterer provokativer Ausbrüche wird. Das führt zu immer höherer Risikobereitschaft und lässt den Sündenbock gleichgültig gegenüber den möglichen Folgen werden. Mit diesem Verhalten ist eine beträchtliche Suizidgefährdung verbunden. Der „Sündenbock" agiert selbstdestruktiv, indem er seinen Schmerz zum Beispiel mit Drogen betäubt. Gelegentlich führt

das provokative Verhalten eines solchen Kindes dazu, dass die Suchtkrankheit der Eltern doch erkannt wird. Das kann dann geschehen, wenn das Kind in therapeutische Zusammenhänge gerät und die Eltern sich an der Therapie beteiligen. Sehr viel häufiger als durch Familientherapie ist aber die Zukunft dieser Kinder ist geprägt von Kriminalität, Suchterkrankungen und beträchtlichen sozialen Schwierigkeiten.

3. Das stille, fügsame Kind, der verlorene Träumer: Auch von diesem Rollenmuster im familiären Drama sind überwiegend mittlere oder dritte Kinder betroffen. Sie gehören in die Gruppe der Einzelgänger und Tagträumer, leben sehr zurückgezogen und bleiben überwiegend unauffällig. Von Außenstehenden werden sie oft für ihr angepasstes, problemloses Verhalten gelobt. Sie sind „pflegeleicht". Auch die verlorenen Träumer fühlen sich wertlos und ohne Bedeutung für die Eltern, beugen sich aber dieser Situation, in der sie sich nun einmal befinden und passen sich an. Sie geben sich von vornherein geschlagen und versuchen weder etwas zu verbessern, noch es erträglicher zu machen. Durch ihre Schweigsamkeit beteiligen sie sich nicht an den Tumulten innerhalb der Familie, aber sie unterdrücken, wie die anderen auch, ihre eigenen Empfindungen und Bedürfnisse, um die anderen nicht zu belasten. Sie flüchten in eine Art von Traumwelt, und da sich niemand für sie interessiert, wird auch das nicht bemerkt. Eigentlich haben diese Kinder keinen Platz in der Familie. Die „verlorenen Träumer" oder die stillen Kinder gehen freiwillig in die Isolation und entziehen sich auf diese Weise der Suchtfamilie. Ihr Grundgefühl ist geprägt durch Minderwertigkeit, Einsamkeit und Hoffnungslosigkeit, die auch das weitere Leben prägt. Sie leiden später häufig unter Beziehungsstörungen, da sie nur ungern Veränderungen eingehen, nur ein geringes Maß an Spontaneität aufweisen und kaum Lebensfreude empfinden können. In ihrer Zurückgezogenheit fällt es ihnen schwer, Entscheidungen zu treffen. Die Träumer haben oft Schwierigkeiten mit Sexualität, sie können sich nicht auf Nähe und Intimität einlassen, selbst Freundschaften vermeiden sie, sobald sie die Stufe der Oberflächlichkeit verlassen haben.

4. Der Clown ist oftmals das letztgeborene Kind. Lange noch entspricht es dem Kindchenschema und wird als liebreizend, süß und nett empfunden. Durch seine lustigen Kaspereien nimmt es die Spannung aus der Familie und lenkt von der depressiven Grundhaltung der Suchtfamilie ab. Dieses Kind tut alles, um jemanden zum Lachen zu bringen oder Aufmerksamkeit zu bekommen. Daraus wird oft ein innerer Zwang, diese Rolle auszufüllen, weshalb später häufig die Heiterkeit als aufgesetzt empfunden wird. Dennoch ist der „Clown" in der Regel sehr

beliebt; obwohl er keine wirkliche Anerkennung für sein Selbstsein erhält, sondern für die Leistung, den Clown darzustellen. In der Schule oder auch in der Kindergruppe zeigt sich dieses Kind oft hyperaktiv, es kann sich nur kurzzeitig konzentrieren, reagiert aber hypersensibel auf die familiären Spannungen. Häufig wird diese Hyperaktivität von den Ärzten falsch diagnostiziert mit ADHS; so bekommt der Clown bereits in früher Kindheit Medikamente, die die Gefahr einer Abhängigkeitserkrankung erhöhen. Da dieses Kind die Anerkennung, die es erhält, wenn es eine Gesellschaft zum Lachen bringt, für sein Selbstwertgefühl benötigt, findet es oft keine Grenze und weiß nicht, wann Zeit ist Schluss zu machen. Es ist auch Animateur in Situationen, in denen das unangemessen wird. Das führt dazu, dass es gemieden wird und sich in die Einsamkeit zurückgedrängt fühlt. Gelegentlich bleibt ein solcher Clown bis ins Erwachsenenalter emotional gestört und unreif: Das erlernte Verhalten wird zu einem beengenden, starren Abwehrmechanismus.

Alle vier Rollenmuster im familiären Drama der Suchtfamilien zeigen bestimmte Charakteristika: Verleugnung, Kontrollverhalten, Perfektionismus, manipulatives Verhalten und Selbstbezogenheit stehen im Vordergrund. Alter, Geschlecht, soziale Stellung der Familie und persönlicher Reifegrad bestimmen natürlich, inwieweit trotz dieser Rolle eine gewisse Flexibilität sich ausbildet oder ob das Muster erstarrt. Bei allen vier Rollenmustern ist aber unschwer zu erkennen, dass der Suchtkreislauf sich unweigerlich fortsetzt. Die Kinder wissen zunächst nicht, woher ihre Schwierigkeiten kommen und worauf sie beruhen. Oftmals haben sie noch nicht einmal die Idee, dass ihre Probleme und Schwierigkeiten mit der Suchterkrankung ihrer Eltern zusammenhängen, da sie von frühester Kindheit an nichts anderes kennen gelernt haben als die pathologischen Gebote (s.o.) und die Strukturlosigkeit einer Suchtfamilie. [39]

Wir können also festhalten, dass Suchtabhängigkeit bei einem oder gar bei beiden Elternteilen einschneidende Folgen für die Entwicklung der Kinder hat. Diese Folgen liegen zum einen auf der Ebene des Modelllernens: In Konflikt- und Krisensituationen greifen Kinder aus Suchtfamilien auf erlernte Bewältigungsstrategien zurück. Diese Coping-Strategien sind auf das Lernen am Modell durch Imitation und Identifikation zurückzuführen. Demnach dienen die Eltern als Modell im Sinne sozialen Lernens (vgl. Bandura 1979, 31). Hier findet sich eine direkte

---

[39] Die verschiedenen Regeln und Rollenmuster, denen in Suchtfamilien gefolgt wird, sind selbstverständlich nur als verdichtete Beschreibungen empirischer Realität zu verstehen. Jedes Kind und jede Familie bildet höchst spezifische eigene Muster aus, die gegebenenfalls eine Mischung aus verschiedenen Rollenmustern und Gebotsformulierungen darstellen.

Parallele zwischen elterlicher und späterer eigener Suchterkrankung. Meist sind aber die Einschränkungen und Schädigungen der Kinder sehr viel komplexer, als sich durch das theoretische Konzept des Modelllernens erfassen lässt.

Elterliche Sucht beeinträchtigt zuallererst die elterliche Beziehungsfähigkeit, die Fähigkeit von Mutter und Vater, in angemessener Weise auf die Bedürfnisse ihres Kindes zu reagieren und sich auf das Kind einzustellen, weil die Eltern durch die eigene Sucht ihre Umwelt absolut selbstbezogen wahrnehmen und in dieser Weise auf ihre Mitmenschen reagieren. Diese durch Sucht gestörte Elterlichkeit, vor allem die Empathieunfähigkeit der Eltern, führt zu Störungen der kindlichen Entwicklung. Diese Entwicklungsstörungen lassen sich am ehesten als Bindungsstörungen beschreiben. Mit welchen Symptomen die Kinder und Jugendlichen auf die unzureichende und unangemessene Versorgung durch die Eltern reagieren, kann sehr unterschiedlich sein und zeigt sich beispielsweise durch Schwierigkeiten im emotionalen und sozialen Bereich, durch aggressives und trotziges Verhalten, aber auch durch Rückzug, fortlaufende psychosomatische Störungen, und alle möglichen Formen von Angst.

Zudem kann sich eine Entwicklungsstörung in Lern- und Schulschwierigkeiten ausdrücken, in einem emotional labilen und unangemessenen Sozialverhalten, sie kann sich in Formen der Überanpassung zeigen und in klinischen Symptomen wie Stottern, Schlafstörungen, Delinquenz, Hospitalismus sowie einer frühen Drogen- und Alkoholsucht äußern. Nicht selten sind Beeinträchtigungen der Kinder im sprachlichen Bereich, auffällig häufig tritt selbstverletzendes Verhalten auf, durchgängig muss ein äußerst geringes Selbstwertgefühl mit Hilfe starker Abwehrmechanismen vor weiteren Abwertungen geschützt werden. Zum verhältnismäßig einfach nachzuvollziehenden Modelllernen sind also auch weitere ursächliche Zusammenhänge bei der Entstehung von Suchterkrankungen im Jugendalter zu berücksichtigen. Die Entwicklungs- und Bindungsstörungen und das äußerst geringe Selbstwertgefühl führen zu unangemessenen Autonomieversuchen und misslingenden Konfliktlösungsansätzen, aber auch die Kompensation narzisstischer Defizite ist von Bedeutung, wenn man die Entstehungsgeschichte einer Sucht bei Kindern aus Suchtfamilien nachvollziehen will. Der narzisstische Verlust, der darin besteht, dass die Eltern sich nicht ausreichend zur Verfügung gestellt haben und sie das Kind nicht angemessen spiegeln konnten, kann zu den oben beschriebenen Störungen führen, die das Kind früh in den Drogenkonsum führen. Es befindet sich in einer dramatischen Defizitspirale, in der die Flucht in einen drogeninduzierten Rauschzustand ein Mittel der Selbstbehandlung wird und dem Ziel einer Heilung dient.

5.4 Omar – das Maskottchen der Junkie-Mutter

Die Komplexität eines Bedingungsgefüges, das in die kindliche Suchtabhängigkeit einmündet, soll im Folgenden exemplarisch an der Biografie von Omar dargestellt werden, der mit einer achtzehn Monate älteren Schwester als Kind einer ehemals heroinabhängigen, weiterhin Cannabis konsumierenden Mutter aufwächst und der mehrere Jahre in Institutionen der Jugendhilfe verbracht hat, bevor er aufgrund seiner Cannabis- und Alkoholabhängigkeit mit siebzehn Jahren zu Teen Spirit Island kommt. Eine Ein-Eltern-Familie, mütterliche Suchterkrankung (und dahinter liegende Persönlichkeitsstörung) sowie Vaterlosigkeit als besondere Problematik werden in dieser Falldarstellung berücksichtigt.

5.4 Omar – das Maskottchen der Junkie-Mutter

Omar ist zum Zeitpunkt des 1. Interviews 17 Jahre alt und lebt seit fünf Monaten in der betreuten therapeutischen Wohngemeinschaft von Step Kids, der Nachfolgeeinrichtung für Teen Spirit Island.[40] Sein Alltagserleben ist in dieser Zeit durch die Eindrücke und Angebote bei Step Kids geprägt, da der stationäre Aufenthalt in TSI schon mehr als fünf Monate hinter ihm liegt. Omar ist froh darüber, dass er viele Leute von Teen Spirit Island auch bei Step Kids wiedergetroffen hat und dass es insgesamt weniger streng zugeht, obwohl er die Schule besucht und sein Tagesablauf noch immer sehr geregelt ist: *„Mir geht's gut, dass ich die Schule jetzt hinkrieg, ich kann mich hinsetzen und lernen, das ging früher gar nicht"* (1. Interview, S. 1). Er spürt, dass er die Unterstützung der Betreuer braucht, um seinen anfänglichen Widerstand gegen den Schulbesuch zu überwinden, *„dann hab ich mich an die Sachen rangesetzt so, und langsam klappt es, ich hab gute Zensuren und es ist schon ganz schön"* (1. Interview, S. 1). Er macht den Eindruck eines jungen Mannes, der auf dem Weg in die Verselbständigung ist und darauf wartet in die Adaptions-WG umzuziehen, bis er dann später seine eigene Wohnung hat. Er betont sofort den besonderen Umgang bei Step Kids mit Rückfällen, die zwar sanktioniert werden – *„du kriegst eine gelbe Karte, das heißt du darfst nicht telefonieren, und du hast Einschränkungen, du musst im Haus bleiben, du kannst jetzt nicht rausgehen zu Freunden oder irgendwas und du bleibst erstmal im Haus für zwei bis drei Wochen"* (1. Interview, S. 2) –, betont aber ebenfalls, dass die Schwere der Sanktion von den Gründen für den Rückfall abhängt. Wenn es schwierige familiäre Konflikte oder persönliche Zusammenbrüche gibt, wird mit mehr Verständnis darauf eingegangen.

---

[40] Mit Omar wurden drei Interviews geführt: am 12.01.2005 sowie am 28.12.2005 und im Dezember 2006.

Anders dagegen, wenn *"jemand einfach Bock hat sich zuzuballern und einfach breit sein will so"* (1. Interview, S. 2). Er selbst erlebt Suchtdruck,

> *"wenn grade was in der Familie schief läuft so, mehr, das geht mir mehr so, so Probleme, die sich häufen und ich werd in diesem Moment gar nicht damit fertig, dann krieg ich Suchtdruck oder ich hab kein Bock auf irgendwas und jemand sagt, du musst das jetzt machen und du musst jetzt drauf hören, die, vielleicht meint er´s nett mit dir, aber du musst, weißt ganz, dass das richtig ist was der sagt, aber du willst das gar nicht machen so, wenn alles vor dir ist und du weißt gar nicht, wie du das hinkriegen sollst, dann krieg ich meistens Suchtdruck"* (1. Interview, S. 2).

Sehr klar wird hier zum Ausdruck gebracht, dass familiäre Probleme für ihn ebenso wie Überforderungen und Hilflosigkeit Suchtdruck erzeugen. Das bedeutet, dass er die Droge gebraucht hat, um mit diesen Krisensituationen, die auch sein Selbstwertgefühl massiv tangieren, fertig zu werden.

Als Zeitpunkt des Einstiegs in die Drogenszene benennt Omar einen Schulwechsel von der Sonderschule auf eine andere Schule – es bleibt offen, welche – da trifft er „Kollegen", was in der Jugendsprache soviel wie Kumpels oder Freunde bedeutet:

> *„Ich glaub schon am zweiten Tag, wo ich auf die neue Schule gegangen bin und hab da mal meinen ersten Kopf geraucht und, ja, erstmal komisches Gefühl, aber so die Verbindung zwischen den Leuten, die wurde immer enger so, egal, ob du jetzt auf Party gehst oder sonst wohin gehst, jedenfalls wenn du irgendwo allein bist und du brauchst Hilfe, Familie oder so, waren die da so, und das waren eigentlich die Leute, die ich kenne von der 4. oder 5. Klasse bis zur 9. ..... keine Ahnung, das ging dann immer weiter, ham die was getrunken, ham auch nebenbei gekifft so, dann mal einer Pilze mitgebracht, ich wollte eigentlich einfach, so einfach mal alles ausprobieren, alles nich so, ich hab so meine Mutter, die hat Heroin früher genommen und es war auch so´n Problem so, sie hat gekifft, ich hab gekifft und es war alles so´n bisschen durcheinander und irgendwann haben wir zusammen gekifft und jetzt macht sie sich Vorwürfe ihr ganzes Leben lang, warum sie nicht Nein gesagt hat, warum sie nicht selber stark genug war oder so, naja, weiß nicht"* (1. Interview, S. 3).[41]

Diese Textstelle verdeutlicht, wie verworren und chaotisch es in seinem Leben zugegangen ist. Ganz offensichtlich gerät er in eine Gruppe von Jugendlichen, in der abwechslungsreich konsumiert wird. Durch den Konsum erwirbt er ein Zugehörigkeitsgefühl, auf das er dringend angewiesen ist. Diese jungen Leute sind da, wenn er Probleme hat und Hilfe braucht, und das erhöht die Verführung zum

---

[41] Nach eigener Aussage ist er 14 Jahre alt, als er das erste Mal kifft, das kann aber wiederum mit den Angaben der 4. und 5. Klasse nicht übereinstimmen.

5.4 Omar – das Maskottchen der Junkie-Mutter

Konsum. Dieser geschieht demnach unter Anpassungsdruck und aus dem Wunsch heraus, kein Außenseiter zu sein. Doch auch die innere Gefahr und Grenze des Drogenkonsums kommt sofort ins Spiel durch die Information, dass seine Mutter früher heroinabhängig war und dass sie – zumindest als Omar in diesen Kreisen verkehrt – selber auch Cannabis konsumiert. Omar unterliegt so einem doppelten Sog zum Konsum, durch die Clique und durch die Mutter. Das führt in eine rasante Abhängigkeitsentwicklung, die innerhalb von eineinhalb Jahren schwerste Symptome zeitigt, die ihn selbst in eine heftige Krise stürzen. Er bekämpft die Symptome durch noch mehr Drogen: *„Ich konnte nicht schlafen und wir hatten nicht viel Geld so für Drogen oder sonstiges und immer, also es gab Tage oder Wochen, wo's einfach nichts gab, wo [unsere Stadt] tot war im Gegensatz zu Drogen und weiß nich, hab rumtelefoniert, hab mir irgendwas fit gemacht (...), das war dann schon halb zwei oder so und dann konnt ich mir noch meine Tüte rauchen und schlafen gehn, nächsten Morgen ging die Aktion wieder los so."* (1. Interview, S. 6).

Bis er auf den Gedanken kommt, zur Drobs zu gehen, zu dem Berater, den er aus der Drogenberatung kennt, die seine Mutter vor schon Jahren in Anspruch genommen hat. *„Ich hab zu dem gesagt, hier keine Ahnung, ich brauch 'ne Entgiftung, ich brauch irgendwas, was mir so'n bisschen weiterhilft, ich kann nich einschlafen, ich kann gar nichts, ich hab voll die Aggressionen, das ging einfach so in meinem Kopf ab dass, ich hab's schreien gehört, meine Mutter hat mit mir geredet, hab ich einfach nur so laute Töne aus, merkwür', jetzt, ja, hab ich auch so, kein Bock mir irgend'ne Scheiße anzuhören, ob das jetzt richtig war oder nicht, ich konnt mir gar nichts anhörn"* (1. Interview, S. 6).

Noch lange nach diesem Vorfall wird aus der Art seines Berichtes deutlich, in welcher Notlage sich Omar seinerzeit befunden hat, überflutet von psychotischen Bildern. Dieser Drogenberater erkennt die Situation und veranlasst, dass Omar umgehend einen Platz bei Teen Spirit Island bekommt.

Die erste Zeit dort beschreibt er in der für ihn typischen wasserfallartigen Sprechweise zunächst als schwierig. Letztlich haben ihm die Medikamente geholfen, die Zeit zu überstehen: *„Ja ja, Medikamente im Allgemeinen so, ich weiß nicht ganz genau, bei mir war's mal so gegen Aggressionen und gegen üble Lebhaftigkeit so, weiß nicht, weil ich so'n impulsiver Mensch bin und mir da irgendwas nich gepasst hat, bin ich so'n bisschen an die Decke gegangen und deswegen ham die mir so'n bisschen was verschrieben, dass ich besser damit umgehn kann, wenn du nichts zu Rauchen hast, dann ist es ja noch 'n bisschen doller so, und wenn du Suchtdruck hast."* (1. Interview, S. 7).

Omar akzeptiert also die Medikation, auch wenn er *„total breit"* dabei ist. Er schildert den geregelten Tagesablauf und die verschiedenen Therapieformen, („Männer-TZI", eine themenzentrierte Jungengruppe, Gruppentherapie, Morgenrunden, Abendrunden, Einzelsitzungen mit dem persönlichen Therapeuten, Notfallplan, wenn er Suchtdruck spürt) als etwas ihm zunächst sehr Fremdes, dennoch wird deutlich, dass die Konsequenz, mit der diese Regeln eingehalten werden, ihm gut tut. Die folgende Textpassage illustriert seine Schwierigkeiten, sich an geregelte Abläufe zu halten:

> *„Ja, es gab auf TSI, es gab viele Probleme, es gab erstmal das Problem Zimmer aufräumen, ich hab, ich glaube die ersten fünf Wochen so, jedesmal kam irgendjemand rein, hat mir einen erzählt, dann, komm mal, dein Zimmer drei Wäschekörbe, dein Bett nich gemacht, was ist das denn und solche Sachen so, ich bin da bisschen unordentlich, aber ich krieg das jetzt auch einigermaßen hin und später hab ich dann 'nen Plan gekriegt, pünktlich aufstehen, keine Ahnung, kleine Dienste so richtig machen, so übernehmen und naja Putzminister und solche Sachen und für jedes Mal, wenn ich mein Zimmer vernünftig im Plan geschafft hab, krieg ich immer 'n Lachen und zum Schluß des Monats wird das kontrolliert und dann konnt ich mit meinem Bezug(stherapeuten) rausgehen, Eis essen oder so, die hat mir dann was ausgegeben, das war ganz cool"* (das sagt er lachend) (1. Interview, S. 8).

Einfachste Sozialisationstechniken muss Omar also erst lernen, das teilt er mit fast allen anderen Jugendlichen auf Teen Spirit Island; es ist jedoch bemerkenswert, mit welch aufmerksamer Genauigkeit er die eigenen Schritte beschreibt, die ihn von der chaotischen Unordnung, die er sich selbst attestiert, bis hin zur geregelten Einhaltung und Abarbeitung eines Planes führen.

Auf Teen Spirit Island lernt er auch mit seinen Aggressionen umzugehen, konkret erfährt er, dass aggressives Verhalten konsequent beantwortet und sanktioniert wird. Einmal kommt er in einen heftigen Streit mit einem Betreuer, der ihm keine neue Zigarette geben will, als ihm die ursprünglich zugeteilte durch Nachlässigkeit in den Grill gefallen ist. Die Verweigerung dieser Ersatzzigarette führt bei Omar zu einem völligen Kontrollverlust, er beschimpft den Therapeuten heftig (*„blöder Wichser"*), der daraufhin drei Tage im Ruheraum anordnet.

> *„Ruheraum ist so so so, mal klarzukommen, du kannst dir jetzt überlegen, gehst du jetzt nach Haus, haust du ab, sagt du, das war jetzt meine Therapie, fertig, oder du überlegst nochmal über die Sachen, sprichst mit den, den du beleidigt hast und sagst, was falsch daran war und so'n bisschen einzusehen, ist heftig, ich konnte so meine Bettdecke, Kissen, Radio mitnehmen und hab da gesessen, ich war von der Gruppe ganz weg so und das war schon ganz schön angestrengt, ich war drei Tage da, das ist voll lange"* (1. Interview, S. 11).

Omar betont nachdrücklich, dass diese Sanktion ihm zu schaffen macht (er überlegt sogar, die Therapie abzubrechen) und es schwierig ist, sie durchzustehen (drei Tage allein, das ist *„voll lange"*); dennoch klingt zwischen den Zeilen deut-

5.4 Omar – das Maskottchen der Junkie-Mutter

lich eine Art von Anerkennung und Respekt vor der Haltung der Therapeuten und Betreuer, die ihm vermutlich erstmals in seinem Leben das Gefühl geben, dass konsequentes Verhalten tatsächlich im Dienste des Wohlseins des Jugendlichen steht und nicht bloße Kontrolle oder autoritäre Abgrenzung ist. Das betont er auch als positiv auf TSI, *"dass die mir gezeigt haben so, wenn du über deine Probleme redest und das nicht immer alles so runterschlucken musst, dann geht´s dir besser und wir verstehen das auch und wir können versuchen für dich ´n Weg zu finden und wie auch, wenn du jetzt draussen bist, ausgezogen bist, kannst du bei uns anrufen, wenn´s dir schlecht geht, du kannst dich mit uns treffen, wenn´s dir schlecht geht, und du hast deine Einzeltherapie so mit deinem Therapeuten und wir unterstützen dich."* (1. Interview, S. 8). Dieses kontinuierliche Beziehungsangebot beeindruckt ihn, besonders aber das wachsende Vertrauen in die Ernsthaftigkeit des Angebotes: andere Menschen, erwachsene Vertrauenspersonen kümmern sich um seine Probleme, wenn er sie ausdrückt.

Aber was genau drückt Omar eigentlich aus? Im ersten wie im zweiten Interview ist er ungeheuer gesprächig, beschreibt auf das Detaillierteste Tagesabläufe, Hintergründe und Vorkommnisse, und dennoch verschwimmen die Konturen in diesen schwallartigen Wortströmen, vieles ist nur angedeutet und bleibt Fragment. So sagt er über seinen familiären Hintergrund: *"Also das Familienleben war ganz schön, also wenn man in die Familie reinguckt, von Außen, sah es schön aus, aber wenn du mehr darin bist und mehr so mitkriegst, was da eigentlich los ist, weil es ging eigentlich immer so, geht´s darum so Geldprobleme"* (1. Interview, S. 5).

Äußerlich wirkte es durchaus akzeptabel, aber von innen miterlebt stellt es sich anders dar. Erst nach und nach entfaltet sich in Fragmenten eine äußerst problematische Familien- und Lebensgeschichte; auf der Faktenebene berichtet er, dass er mit seiner Mutter und seiner ein Jahr älteren Schwester in einer sozial schwachen Gegend einer niedersächsischen Industriestadt in einem Hochhaus lebt. Der Vater ist Schwarzafrikaner und hat die Familie verlassen, als die beiden Kinder noch klein waren. Dennoch hat der Vater durch seine Hautfarbe eine unmissverständliche Erbschaft für die Kinder hinterlassen, die Omar auch als Markierung und als Stigmatisierung empfindet. Er kann sich an seinen Vater nicht erinnern und hat keinerlei Kontakt zu ihm, deutlich wird auch, dass er einen Vater oder eine Vaterfigur in seinem Leben sehr vermisst hat. Die Mutter ist vor der Geburt der Kinder heroinabhängig, hat eine ausgeprägte Borderline-Störung und konsumiert gegenwärtig zumindest Alkohol und Cannabis. Offenkundig ist sie unfähig ihren Beruf auszuüben – sie ist Erzieherin – und lebt seit Jahren von Sozialhilfe. Das macht die Finanzierung des Drogenkonsums für Mutter und Sohn gleichermaßen schwierig. Omar deutet an, dass er die benötigten 10 oder 15 Euro pro Tag durch *„Verticken"* zusammengebracht hat, er dealt, um seine Mutter und sich selbst mit Stoff zu sorgen. Auf diese Weise kann er seine Mutter entlasten, denn *„so krieg ich´s selbst hin"* (1. Interview, S. 4). Das ist schon eine bemerkenswerte Motivation, die erklärlicher wird in folgender Textpassage zur intensiven, wenngleich ambivalenten Bindung zwischen Mutter und Sohn: *„Mit meiner Mutter hab ich mich immer eigentlich gut verstanden, sie hat mich immer eher so ´mh so in Arm genommen, wie gegenüber meiner Schwester, die dies, sollte nicht ungerecht, ungerecht erscheinen so, aber die hat mir so, ich war der Kleinere, sie ist jetzt 18, ich bin 17 und ihr kleiner Kuschelbär und keine Ahnung, was Mütter so machen und das war ganz schön heftig so, jetzt mag ich das natürlich nich mehr so dolle, also ich mag meine Mutter, aber ich mag es nicht so, sie verhätschelt mich auch nicht mehr so"* (1. Interview, S. 5).

Omar beschreibt sich als Kuschelbär der Mutter, der verhätschelt wird und der als kleiner Junge die darin liegende Zuwendung durchaus erkennt. Er ist sogar in Sorge darüber, dass die Mutter ihn vielleicht ungerecht vorzieht gegenüber der Schwester. Da aber beide Kinder keine Ahnung davon haben, wie „richtige Mütter" sich verhalten, lässt er das auch lange über das angemessene Alter hinaus zu, aber *„das komische ist, wenn Kollegen kommen und einen kiffen und dann hängen die und sie so, oh mein Kuschelbär ist wieder da und so, das war ´n bisschen groben, weiß ich nicht"* (alle lachen) (1. Interview, S. 5).

Die Mutter respektiert Omars Grenzen offenkundig nicht und beschämt und demütigt ihren Sohn vor dessen Freunden, wenn sie ihn als ihren „Kuschelbären" bezeichnet. Der Kommentar, *„das war ganz schön heftig so"*, deutet auf eine beträchtliche Ambivalenz von Omar selbst hin. Der 17jährige Sohn versorgt die Mutter nicht nur mit entlastender Alltagsorganisation, er versorgt die Mutter vor allen Dingen mit emotionaler Präsenz und Kuschelbär-Einheiten. Von seinem Therapeuten eindringlich auf diese Problematik hingewiesen (*„ich kenn das Drogenproblem von deiner Mutter, du hast selbst ein Drogenproblem, du musst beides einsehen und du darfst dein Drogenproblem nicht von dem deiner Mutter abhängig machen, du solltest dich von ihr abgrenzen, abgrenzen"*), da antwortet Omar: *„Was, das ist meine Mutter, das kann ich nicht machen, ich war immer für die da, ich kann jetzt nicht sagen, ja, Ma, das geht nicht, ich muss jetzt so´n bisschen mein eigenes Ding schaffen."* (1. Interview, S. 8). Wenn das Kind für die Mutter da sein muss und sich nicht ablösen darf, weil die Mutter die Hilfe des Kindes braucht, dann ist das eine Rollenverkehrung, die den Begriff der Parentifizierung (vgl. Hirsch 1996) nahelegt. Elterlich für die eigenen Eltern sein zu müssen bedeutet für Kinder auch eine völlige Verwirrung und Verwischung von Generationengrenzen. So liegt es an dieser Stelle auch nahe darüber nachzudenken, ob neben dem zweifellos vorhandenen emotionalen Missbrauch es auch eine Form des erotischen oder sexuellen Missbrauchs gegeben hat. Dazu gibt es aber konkret in keinem der Interviews verbale Informationen.[42] Omar leidet allerdings unter seiner Vaterlosigkeit. Oft betont er, dass er sich immer einen Vater gewünscht hat und dass er sich mit den wechselnden Partnern, die seine Mutter ins Haus brachte, gerne positiv identifiziert hätte. In dieser Zeit der häufig wechselnden Männer im Haus sind beide Kinder voller Aggressionen, sie streiten und schlagen sich, und er sagt selbst, dass sie anstrengende und überbordende Kinder waren, die es jedem Freund der Mutter auch schwer gemacht hätten, zu bleiben. Mit einigem Verständnis äußert er sich darüber, dass die Freunde der Mutter, wohl meistens selber aus der Drogenszene stammend, kein Interesse hatten, sich diesen beiden Kindern, *„die voll Terror schieben"*, nicht widmen wollten, ihnen kein Vaterersatz sein wollten. Omar lässt keine Eifersucht erkennen, sondern eher die tiefe Sehnsucht nach einem männlichen Menschen, der sich ihm väterlich zuwendet, *„hab ich mir das gewünscht 'n Vater zu haben und nich wirklich war einer da so (er klopft auf den Tisch dabei), also es war ab und zu mal einer da, den ich auch mochte, dann ging der wieder, Stress, überhaupt, Familie, Mutter keine Arbeit, es war nicht was Festes, was auf jeden Fall bleibt und wo man sich auf denjenigen verlassen kann, es war nie so 'ne Vertrauensbasis"* (1. Interview, S. 5).

Ihm fehlt die feste männliche väterliche Bezugsperson, der Mutter fehlt der feste männliche Partner, und beide, Mutter und Sohn, scheinen ihre jeweiligen Defizite miteinander und aneinander symbiotisch verwoben zu haben.

5.5 Selbstbilder und Zukunftsvorstellungen

Das führt direkt zu der Frage, wie sich Omars Bild von sich selbst während der Therapie auf Teen Spirit Island und bei Step Kids verändert hat. Im ersten Interview betont er, wie viele Fähigkeiten er an sich entdeckt hat, die er vorher nicht kannte. Er hat 14 Kilo abgenommen und inzwischen hat er eine Freundin, mit der er seit mehreren Monaten zusammen ist. Er kann sich offenbar gegen den Drogen- und Alkoholmissbrauch anderer besser abgrenzen; wenn er jetzt User in der U-Bahn sieht, stört ihn das nicht, im Gegenteil: Er vergegenwärtigt sich, dass er schon ein Jahr und zwei Monate lang nicht mehr gekifft hat. Ob er sich von seiner Mutter besser abgrenzen kann, bleibt fraglich, er sagt dazu, *„dass ich so über, mit*

---

[42] In der Interpretationsgruppe tauchte dieser Gedanke – der Möglichkeit eines sexuellen Missbrauchs durch die Mutter – immer wieder auf im Kontext der „Kuschelbärsequenz" und der eigentümlichen Idealisierung der Mutter.

meiner Mutter so gut klarkomme, so wie´s sein soll, nicht zu doll, aber auch nicht so wenig so, dass is in Ordnung" (1. Interview, S. 9). Das kennzeichnet einen fortwährenden Konflikt, denn seine Mutter gehört zu der Gruppe der User, denen Omar jetzt aus genügender Distanz begegnen kann, ohne Suchtdruck zu verspüren. Wenn er heute sagt, er möchte mit seiner Mutter „*richtig*" klarkommen, dann impliziert das aus der Perspektive der Drogenabstinenz einen gehörigen Abstand zu ihr. Aus der Perspektive der Beziehungsgestaltung betrachtet, kann es auch bedeuten, dass er sich aus der symbiotischen Verklammerung mit der Mutter löst und sich gegen ihre Übergriffe abgrenzt, ohne den Kontakt zu ihr gänzlich aufzugeben. Omar ist stolz auf seine Existenz als jemand, der auf Drogen verzichten kann und der gelernt hat zu leben, ohne die ganze Zeit *„dicht zu sein, wenn du die ganze Zeit dicht bist, du siehst gar nich, weiß ich nich, du kriegst auch nich die ganzen Sachen mit, die die anderen Leute nett meinen, du, wenn du sagst, dir, oh korrekt, so zwei Minuten später bist schon mit deinem Kopf irgendwo anders, ich kann mich mehr so in die Sachen reinversetzen so und mehr drüber nachdenken, mehr mitfühlen so, is auf jeden Fall was anderes (er klopft dabei auf den Tisch)"* (1. Interview, S. 10). Hier beschreibt Omar die Funktion des Drogengebrauchs als Abgrenzung gegenüber den Beziehungsangeboten und Beziehungszumutungen von anderen Menschen. Weder das Positive noch das Negative in Beziehungen nimmt er unter Drogeneinfluss wahr – jetzt, seit 14 Monaten clean, entwickelt er Empathie für andere und denkt über sich und andere und die Beziehung zwischen ihnen nach. Dann wird ihm deutlich, dass sein Selbstbewusstsein durch die Therapie zugenommen hat und er sich selbst viel besser kennt. Er weiß, dass er Stärke besitzt und auch eine starke Ausstrahlung hat. Inzwischen weiß er auch, dass *„dahinter auch noch was anderes steckt so, dass ich leicht verletzbar bin, so wenn mir jemand irgendwas erzählt, was mir richtig an die Nieren geht, dann tut mir das auch weh."* (1.Interview, S. 12) Heute kann er die Verletzung zulassen, ohne aggressiv zu werden oder sich mit einer „*Mauer, Blockade, wie es sein soll, davor gesetzt*", gegen die Beziehungzumutungen zur Wehr zu setzen. Er selber sieht, dass Beleidigungen und Schlägereien, also aggressive Ausbrüche die Funktion *„einer Schutzeinrichtung vor mir selber"* (1. Interview, S. 10) besitzen. Sein Selbstreflektionsvermögen und seine Introspektionsfähigkeit sind hier, nach seiner eigenen Aussage, deutlich gewachsen.

Auf die Frage nach den „drei Wünschen"[43] sagt er:

„Also mein erster Wunsch, ich möchte, dass ich mit meiner Freundin zusammenbleibe, dass alles weiterhin gut klappt, mein zweiter Wunsch wäre, dass ich den Hauptschulabschluss, ich

---

[43] Mit dieser Frage werden projektiv-prospektiv und auf der Basis freier Assoziationen Ich-Identität und subektive Struktur, wie sie sich bislang entwickelt haben, auf die Zukunft übertragen.

5.5 Selbstbilder und Zukunftsvorstellungen

bin grad beim Hauptschulabschluss ..... es klappt ganz gut und ich möchte auf jeden Fall diesen M-Test schaffen, weil ich da noch einiges zu tun habe und das wär auch sehr schön, und irgendwie mein Leben mit meiner Freundin, mit meiner Familie so, also nicht mit Familie zusammen wohnen, und mit meiner Freundin zusammenziehen später und das einfach geschissen zu kriegen, morgens aufzustehen und zur Arbeit zu gehen, mit'm Lächeln zur Arbeit zu gehen, weiß ich nich, auch wenns um sieben Uhr morgens ist, dass du dann nach Haus kommst, freust dich, dass da, da ist deine Freundin, Frau, keine Ahnung, ... ja, dass es mir einfach gut geht, auch ohne dass ich die ganze Zeit was trinken muss"(lacht, klopft auf den Tisch)". (1. Interview, S. 10).

Zehn Monate später, er hat inzwischen einen schweren Rückfall gehabt und ist wieder stationär bei Teen Spirit Island aufgenommen, sagt er auf dieselbe Frage:

„Also ich glaube, den ersten Wunsch, den ich gern erfüllt haben möchte, ist, dass ich in meiner Wohnung sitze und meinen Abschluss fertig habe, dass ich dann zuhause sitze und wahrscheinlich, an dem Tag werd ich auch 'n Bier trinken, aber ich werd auf jeden Fall sagen, korrekt, dass du´s geschafft hast, und dann kann ich mir auf jeden Fall auf die Schulter klopfen (es folgen längere Ausführungen darüber, wie kränkend es ist, wenn er für realschulfähig gehalten wird, dann aber nach einem halben Jahr verschwindet und nach drei, vier Anläufen den Abschluss nicht schafft und dann in irgendeinen Werkstattkurs geschoben wird), dann ist es schon ein bisschen schwer, damit klarzukommen, ja, das wäre mein erster Wunsch. Hab ich noch mehr Wünsche? Ja bestimmt, ja, einen geregelten Tagesablauf so, morgens aufstehn, entweder zur Schule oder zur Arbeit gehn, dass alles so läuft und mein dritter Wunsch wär, dass ich mh, das mit dem Kiffen hinkriege so, weil das ist die letzte Chance, die ich hier habe, und ich habe auch nicht vor, mir noch irgendwo 'ne Chance zu nehmen, so von wegen Therapie zu machen oder so." (2. Interview, S. 18).

Beide Male sind der Schulabschluss und der geregelte Tagesablauf von großer Bedeutung in seinen Äußerungen; beides sind sehr realitätsbezogene Wünsche, die seinen weiteren Lebensweg, seine Fähigkeit betreffen, sein Leben autonom zu gestalten. Er möchte stolz auf sich sein können, wenn er diese Ziele erreicht hat, die Voraussetzung dafür ist natürlich in seinem Falle unabdingbar: Mit jeglichem Drogengebrauch aufzuhören. Er hat die Erfahrung gemacht, dass auch nach einer langen Phase der Abstinenz der Absturz sehr schnell erfolgen kann und er weiß, dass es schwer ist und die therapeutische Arbeit fast wieder so lange dauert wie beim ersten Mal.

Im dritten Interview antwortet Omar auf die Frage, was er sich wünscht, wenn er drei Wünsche frei hätte: „Ja gut, dann hätte ich auf jeden Fall gerne die Frau, mit der ich mir das vorstelle, mit der gern zusammen zu sein. So also, meine Traumfrau, so mäßig. ... Einfach meine Liebe so, und eine hübsche Tochter. Ja, das ist auf jeden Fall ein Wunsch. Ich möchte beruflich Erfolge sehen, so Erfolge haben, so. Also, ich möchte fest stehen, nicht dieses Wackelprodukt, was ich und alle Leute, die ich eigentlich kenne, so abgeben, so. ... Ja, und mein nächster Wunsch wäre eigentlich so, dass das mit meiner Mutter weiterhin so korrekt klappt, also, meine Familie, dass es der weiterhin gut geht, besonders meine Mutter, weil sie hat sich's eigentlich einmal verdient." (3. Interview, S. 46)

Ein Teil der Wünsche aus den ersten beiden Interviews ist für Omar inzwischen Wirklichkeit geworden: Er hat es tatsächlich geschafft, nach den schweren Rückfällen, die wiederum behandlungsbedürftig waren, dieses Mal drogenfrei zu bleiben, und er bewohnt seit fast einem Jahr eine eigene Wohnung. Sehr deutlich wird seine Sehnsucht nach einer festen Beziehung, und bemerkenswert in diesem Zusammenhang ist, dass er sich sowohl eine Frau als auch eine Familie mit Kind wünscht, das heißt, seine Vision vom Erwachsensein bewegt sich jetzt in Richtung Partnerschaft, Familiengründung und sogar auch Elternschaft. Omar sehnt sich noch immer nach stabilen, strukturgebenden, haltenden Zusammenhängen, wie sie in einer Familie gegeben sind, und er ist nun bereit und fühlt sich emotional in der Lage, selbst eine Familie zu gründen. Dieser Schritt hat eine weit reichende Ablösung von der Mutter zur Folge – vielleicht aber auch bereits zur Voraussetzung.[44] Omar ist inzwischen von seiner Mutter emotional sehr weit entfernt und hat erkannt, dass ein zu enger Kontakt zu ihr für sie beide schädlich ist. Er hat in seiner neuen Wohnumgebung, einem sehr eigenwilligen Hochhaus mit aufregenden, turbulenten und ungewöhnlichen und eigensinnigen Bewohnern, eine für ihn hinreichend Halt gebende Umgebung gefunden und hat zu einigen Nachbarn geradezu freundschaftliche Beziehungen aufgebaut. Gleichwohl spielt in seinen magischen Wünschen das Wohlergehen der Mutter eine herausragende Rolle. Er gibt ihr seine guten Wünsche mit auf den Weg und beschreibt die für ihn offenkundig wichtige Hoffnung, dass es ihr weiterhin gut gehen möge. In seinem fast mitleidsvoll formulierten Satz, dass sie es sich auch verdient habe, dass sie jetzt einmal dran ist, scheint die alte Parentifizierung noch durch, mit der er jahrelang emotionale Verantwortung für das Wohlergehen der Mutter übernommen hat. Dennoch ist die Akzentsetzung eine deutlich andere: Sein eigenes Wohlergehen, seine eigene Familiengründung stehen für ihn an erster Stelle.

Das Ziel, eine berufliche Sicherheit und eine feste Berufstätigkeit zu erlangen, drückt sich im zweiten Wunsch aus und deuten auf ein für ihn noch ungelöstes Problem. Nachdem er zweimal den Schulabschluss verfehlt hat, steht er

---

[44] Wir wissen aus dem dritten Interview von der Mutter, dass sie einen Entzug sowie eine borderlinespezifische Therapie gemacht hat, mit ihrem neuen Freund aufs Land gezogen ist, sich dort aktiv dem Landleben widmet, ein Pferd versorgt und sich einen Lebenstraum, einen Lebenswunsch erfüllt hat.

nun vor einem dritten Anlauf, und er weiß sehr wohl, dass er nun Erfolge zeigen muss. Ihm scheint das durchaus bewusst zu sein, auch wenn ihm bislang noch die Kräfte fehlen, die zu einer Realisierung dieses Wunsches nötig wären. Es erweckt den Anschein, dass Omar, inzwischen fast zwanzig Jahre alt, seine vitalen Lebensenergien darauf konzentriert, ungelöste emotionale Konflikte als persönlichkeitsstrukturierende Überhänge aus seiner Kindheit in den Griff zu bekommen. Dabei ist er zweifellos durchaus erfolgreich, allerdings zehren diese Bemühungen auch seine vorhandenen Energien weitgehend auf: clean zu bleiben, seinen Tagesablauf zu organisieren und sich selbst Struktur zu geben. Letzteres erreicht er vorwiegend durch sein Fitnessprogramm, das er mit Verlässlichkeit und Ausdauer fortsetzt. Er wird dadurch zu einem attraktiven, sich seines männlichen Körpers stolz bewussten jungen Mann und hat sich somit weit vom niedlichen „Kuschelbären" entfernt.

5.6 Bedeutung der Rückfälle

Trotz mancher Erfolge auf seinem Weg aus der Sucht hat Omar – wie viele andere suchtkranke Jugendliche auch – verschiedene schwere Rückfälle zu bewältigen, die zumeist durch ein krisenhaftes Erleben ausgelöst werden. Wir haben also konkret nach den letzten Krisenauslösern gefragt, die ihn in einen Rückfall geführt haben, der ihn gegenwärtig wieder dort sein lässt wo er angefangen hat, nämlich bei Teen Spirit Island? Er erzählt die Geschichte relativ kurz und knapp, er sei bei Step Kids nicht *„rausgeschmissen"* worden, *„ich bin da rausgegangen so, hab meine Tasche gepackt, mit 'nem Kollegen weggefahren, so was wie Urlaub, das war mehr so einfach 'n bisschen entspannen, so 'n bisschen wie, ich weiß nicht, wir haben die ganze Zeit nur gesoffen, irgendwie hatte auch dann, irgendwie kein Bock mehr"* (2. Interview, S. 1). Dieser Freund hatte eine große Bedeutung für ihn, *„mit dem ich mich hier schon gut verstanden habe, zu Step Kids gekommen, dann sind wir zusammen auf ein Zimmer gekommen, das hat so'n kleines bisschen seine Vorgeschichte, wir haben die gleichen Interessen, wir machen beide auch viel Sport, Fussballspiele und so, wir sind eigentlich so'n bisschen wie Brüder, und dann komm ich von der Schule wieder und hör so, er hat abgebrochen"* (2. Interview, S. 3). Der Therapieabbruch des Freundes veranlasst ihn also ebenfalls von Step Kids wegzugehen, die beiden Jungen sind dann mehrere Wochen unterwegs, zunächst in Hannover, bis ihnen das Geld ausgeht und Omar dem Angebot seiner Mutter folgt, die ihm nahelegt, zu ihr zurückzukommen. Das geht natürlich nicht lange gut, es fehlt Geld und es gibt Probleme und Ärger, so dass er ihr anbietet, in ein Asylanten- oder Obdachlosenheim zu gehen oder zu versuchen, eine eigene Wohnung zu bekommen. Die Probleme sind für ihn jedoch unlösbar und so entschließt er sich, den Kontakt zu Step Kids bzw. Teen Spirit Island wieder aufzunehmen: *„Ich hab auch mit Step Kids Kontakt weiter gehalten*[45] *und die ham gesagt, wenn du da raus willst, versuchen wir dir zu helfen und weiß nicht, das Kiffen ging mir so auf'n Sack, dass es mich schon irgendwie angeekelt hat und dadurch hab ich Herrn Möller angerufen und der meinte, ich nehm dich nicht wieder auf so, und dann hab ich ihn nochmal angerufen und hab ihn davon versucht zu überzeugen wie wichtig mir das ist, dass ich darunter leide, dass ich zuhause bin und darunter leide, dass ich Drogen nehmen muss und überhaupt mit dieser ganzen Situation klarzukommen und er hat mir das irgendwie dann doch noch geglaubt, so dass da irgendein Wille ist, dass er mich nochmal aufnehmen kann oder will."* (2. Interview, S. 4).

Omar empfindet eine Art von Dankbarkeit für diese letzte Chance, die er auf Teen Spirit Island bekommt und er nimmt es ernst, was Dr. Möller ihm sagt, dass er nämlich diese Chance nutzen muss, denn *„TSI ist sehr gefragt, und viele andere wollen auch gern einen Platz haben, oder vielen andern geht es auch schlechter als mir so und wenn ich hier rumeiere, dann klau ich ja jemand anderem den Platz und das ist auch nicht korrekt so"* (2. Interview, Seite 5). Dem Abbruch bei Step Kids voraus geht noch das Ende seiner kurzen Liebesbeziehung zu der Freundin, die er auf Teen Spirit Island kennengelernt hat. Hier hat es offenbar eine kurze Episode gegeben, in der sich eine Wiederholung der Beziehung zur Mutter anzubahnen drohte: Die Freundin ist sehr schnell rückfällig geworden, hat manipuliert, betrogen und gelogen und sich an Verabredungen mit ihm nicht gehalten. Omar versucht lange, ihr zu helfen, weil er der *„cleanere von beiden"* ist, muss dann aber einsehen, dass sie nicht bereit ist den Weg zu gehen, für den er sich entschieden hat, und kurz darauf kommt es zu einem abrupten Abbruch der Beziehung im Zusammenhang mit einem ihrer Rückfälle.

Omars Gefährdungen haben mit Beziehungen zu tun: Die Identifikation mit dem Freund bringt ihn dazu bei Step Kids aufzuhören und unter ähnlichen Umständen beginnt er auch wieder mit dem Cannabis-Konsum. Noch bevor Omar mit seiner Mutter in einen Dauerrausch gerät, beschreibt er sehr genau, wie er nach dem Abbruch bei Step Kids mit einer Gruppe von Jugendlichen zusammen ist, und es ihm zwei Wochen lang gelingt, dem Konsumangebot zu widerstehen. Eines Tages aber:

---

[45] Eine der Regeln in der Einrichtung besagt, dass bei Rückfällen die Einrichtung verlassenwerden muss; wenn aber die Jugendlichen sich regelmäßig melden und ihren ernsthaften Wunsch zu erkennen geben, weiter an sich zu arbeiten, können sie dann mit einem vereinfachten Wiederaufnahmeverfahren rechnen. Daher ist das Halten des Kontaktes durch die Jugendlichen von großer Bedeutung für den therapeutischen Prozess.

5.6 Bedeutung der Rückfälle

> *„Da bin ich mitgekommen, eigentlich nur so, um mit dabei zu stehen, so'n bisschen mit rumzuhängen, dann hab ich aber 'n paar Mal gezogen ..... und dann ging's mir so Scheiße, ich weiß nicht, ich hab ungefähr nach zehn Minuten überstanden, da oben in dieser Wohnung zu stehen, dann bin ich in mein Bett gegangen, da hat sich erstmal alles gedreht also, wenn ich den übelsten Absturz hätte und dann bin ich kotzen gegangen und trotzdem am nächsten Tag hab ich wieder geraucht, das is 'n Ding, was ich selber, auch wenn ich jetzt nach hinten, nach hinten kucke, nich verstehe so, das hat eigentlich, so, wenn dir einer in die Fresse schlägt, is es genau das gleiche, du gehst auch nich hin und, komm schlag mich nochmal, das war einfach, ich hab das schon gemerkt und ich hab auch gemerkt, Scheiße, jetzt haste einen geraucht und naja, mein Herz schlägt doller und mein Herz schlägt doller und du hast dir jetzt alles verbaut und das tut auch verdammt weh, aber das, das macht es auch wieder so'n bisschen wieder weg so, wenn, wenn ich kiffe und dann denk ich nich viel über die Sachen nach, sondern mach die einfach und denk nich viel drüber nach, was ich sage, sondern sag das einfach, das is 'n bisschen dumm."* (2. Interview, S. 6).

Verblüffend genau beschreibt Omar hier den Teufelskreis, in dem er sich als Abhängiger befindet: Er widersteht eine ganze Zeit, aber der Wunsch, dazu zu gehören und dabei zu sein bringt ihn dann doch dazu, ein paar Züge zu nehmen. Diese Angst stellt ihn vor eine Herausforderung, die er noch nicht bewältigen kann, sie löst in ihm Gefühle aus, die für ihn unerträglich sind, so dass er sich entschließt, ein paar Züge zu rauchen. Der Absturz und das körperliche Elend, das er dann empfindet, beschreibt er sehr plastisch. Dass er dieses Elend dann mit einer erneuten Dosis Cannabis zu bekämpfen versucht, entzieht sich seinem eigenen Verständnis. Omar spürt, dass der Konsum einem autoaggressiven Akt gleichkommt, er hat ein schlechtes Gewissen und nimmt auch den Schmerz und die Scham des Scheiterns wahr. Und all diese aufwühlenden und beschämenden Gefühle bekämpft er, indem er wiederum Cannabis raucht, weil die Probleme sich dann leichter anfühlen und die Skrupel und Zweifel an seinem Selbstwertgefühl für einen kurzen Moment verschwunden sind. Seine Selbststeuerung verläßt ihn also an dem Punkt, an dem er mit seinen drängenden Problemen – hier dem des Dazugehörens, das für ihn immer fraglich war – in Kontakt kommt. Seit er auf Teen Spirit Island zurück ist, helfen ihm die transparenten Regeln und die teilweise strengen Anforderungen dabei, sich selbst und seinen Halt wiederzufinden.

Sehr eindrucksvoll beschreibt er, warum er Weihnachten nicht nach Hause darf. Der Oberarzt hatte ihm die Rückreise untersagt mit der Begründung, die Verführung sei zu groß und er könne sicherlich der kiffenden Mutter noch nicht widerstehen.

> *„Ja, ich wär gern gefahren, Herr Möller meinte, dass das nich gut so ist und ich hab ihn auch angemeckert, ich durfte ihn auch anschrein, aber er meinte, dass er dabei bleibt,*

dafür durfte ich am 26. mit meiner Mutter, die hat mich morgens abgeholt, so bis abends was unternehmen" (2. Interview, S. 8).

In seinem Therapeuten, Dr. Möller, hat er jemanden gefunden, der ihm Widerstand entgegen bringt und der Normen festsetzt, bei denen er auch bleibt, und der es erträgt, wenn Omar aggressiv wird und sich wehrt. Gleichzeitig ist es aber wichtig für Omar zu erfahren, dass es eine Art von Gegenleistung gibt, wenn er sich mit dem Verzicht arrangiert. Diese Standfestigkeit eines wohlwollenden kritischen Erwachsenen ihm gegenüber hat ihm ein Leben lang gefehlt. Dieses Standing ermöglicht ihm, in den Therapieeinrichtungen Teen Spirit Island und Step Kids eine Art der Nachreifung zu erleben, die auf der Erfahrung eines Familienersatzes beruht. Gerade indem er die Standfestigkeit und Strenge der Bezugspersonen in den Einrichtungen in Momenten der Krise und des Konflikts erfährt, lernt er auch schätzen, dass sie in seinem eigenen Interesse und zu seinem Wohlsein erfolgen, begreift, dass sie fürsorglich gemeint sind. Und so betont Omar, er habe *"viel darüber nachgedacht, was eigentlich falsch gelaufen ist, auch viel das bereut habe, was ich gesagt habe mit Step Kids, die hab ich ziemlich vermisst so, das Schlimmste ist eigentlich so, dass zum Schluss Step Kids meine Familie so, die Betreuer war'n ein Stück meiner Familie und die Patienten Freunde, Kollegen kann man auch sagen"* (2. Interview, S. 9). Diese Beziehungserfahrung mit wohlmeinenden Erwachsenen, die ihn auf angemessene Weise begrenzen können, macht es ihm auch möglich, sich aus der symbiotischen Verschlingung der Beziehung zu seiner Mutter zu lösen: *"Ich bin jetzt sehr abgegrenzt von ihr so, ich weiß, ich hab meine Mutter lieb und lieb sie über alles, aber bei uns gehn die Wege so auseinander, ich will clean werden und ich wollte auch clean werden kurz danach wieder, meine Mutter hat das nich hingekriegt so, deswegen trennen sich die Wege da so'n bisschen und ich muss irgendwie damit lernen umzugehen, dass es einfach meine Mutter ist und ich nicht auf dem Weg, nicht viel mit ihr mich treffen kann."* (2. Interview, S. 2).

5.7 „...dass ich ein Heimkind bin, sowas Abgestempeltes"

Der Aufmerksamkeit der Interviewer ist es zu verdanken, dass eine besondere Facette in Omars Leben, die seine gesamte Kindheit und Jugend betrifft, erst im zweiten Interview etwas deutlicher zu Tage tritt. Im ersten Interview war beiläufig erwähnt worden, die Mutter habe sich ca. 15 bis 20 Therapien bzw. Entgiftungen unterzogen und es tauchte die Frage auf, wo die Kinder in dieser Zeit der Entgiftungen geblieben sind.

5.7 „…dass ich ein Heimkind bin, sowas Abgestempeltes" 159

> *Interviewer: „Ich hab dann einfach mal gedacht, Omar ist 18, das bedeutet dann ja rein rechnerisch circa ein Aufenthalt in der Therapie pro Lebensjahr, da mach ich mich, oder da haben wir uns gefragt, als ihr klein wart, als ihr Kinder wart, ist deine Mutter da auch schon entgiften gegangen und wenn ja, wo seid ihr da gewesen?"*
>
> *Omar: „Also, als wir klein warn, ich kann mich noch erinnern, dass wir in 'nem Frauenhaus war'n, das hat aber mehr mit 'ner Geschichte zu tun, dass irgendein früherer Mann, von früher, hat sie geschlagen und sonst welche Sachen gemacht und deswegen war'n wir in diesem Frauenhaus, dann hatte meine Mutter die Pflichten, die sie hatte, auf uns aufzupassen oder auf jeden Fall, dass wir irgendwo hin, wo wir sicher und gut aufgehoben sind, die hat sie voll erfüllt, die war'n entweder bei einer Freundin von ihr, einer sehr guten Freundin im Kindergarten oder so, ich kenn die auch schon seitdem ich klein bin, bei ihr war'n wir ….. dann war ich aber auch, war ich ja auch im Heim und da ist es auch ziemlich oft vorgekommen, da war ich gut aufgehoben so, in der Zeit war sie dann in Therapie oder so auch wegen ihrem Borderline-Syndrom und deswegen war sie auch in mehreren Therapien, ich weiß nicht wie man das erklären kann, auf jeden Fall war sie sehr oft entweder weg oder sehr oft brauchte sie Hilfe so'n bisschen, weil sie in der Situation nich mehr klargekommen ist mit meiner Schwester, wenn wir uns gestritten haben, jetzt lieben wir uns über alles und früher war es einfach nur, wenn sie ein Messer hatte, musste ich laufen, das war auf jeden Fall heftig und damit ist sie nicht klargekommen, was ich aber auch verstehen kann"* (2. Interview, S. 10).

Hinweise auf Gewalt durchziehen diese Textstelle, zunächst einmal ist die Mutter ein Opfer der aggressiven Übergriffe eines Mannes, von dem sie geschlagen wird, so dass sie in ein Frauenhaus flüchtet. Dann betont Omar, dass seine Mutter ihren mütterlichen Pflichten immer voll und ganz nachgekommen ist, dass die Kinder bei einer Freundin untergebracht waren und gelegentlich auch in ein Heim kamen, wenn die Mutter wegen ihrer Borderline-Persönlichkeitsstörung über längere Zeit in Behandlung war. Dann wieder erscheint die Mutter als Opfer ihrer Krankheit, des Borderline-Syndroms, weil sie daraufhin Hilfe braucht und mit den Kindern überfordert ist. Die letzten Sätze dieses Absatzes lassen offen, wer wem droht, ob die Schwester den Bruder mit dem Messer verfolgt und die Mutter hilflos daneben steht, oder ob es die Mutter ist, die ein Messer in der Hand hat und der Junge sehen muss wie er davon kommt, weil sie die Nerven zu verlieren droht. Es war *„auf jeden Fall heftig"* und das ist, aus dem Erleben des Jungen gesprochen, mehr als verständlich, gleichgültig, ob die Mutter oder die Schwester zum Messer greift. Die Mutter jedenfalls kommt nicht zurecht und das nötigt dem Sohn Verständnis ab. Was aber ist hier genau gemeint? Kommt die Mutter nun nicht damit zurecht, dass ihre Kinder sich so heftig streiten und die Schwester den Bruder mit dem Messer bedroht, oder kommt die Mutter nicht damit zurecht, dass sie selbst ihren eigenen Impulsdurchbrüchen nicht Einhalt gebieten kann? Gleichgültig, womit die Mutter nicht zurechtkommt, sie ist hilflos und kann den eigenen und/oder fremden Gewaltdurchbrüchen keine Grenzen setzen. Ihr Sohn aber, gemäß der Lebensaufgabe, die er übernommen hat, bringt Verständnis für sie auf. Wieder sind es die Interviewer, die vom Thema „Mutter als Opfer" zurückführen zu Omar und seiner Lebensgeschichte.

> *Interviewer: „Darf ich fragen, mit dem Heim, wann das war und wie lang das war?"*
> *Omar: „Also ich war fünf Jahre im Heim, fünf Jahre ja, ich weiß nicht genau in welchem Alter ich dahin gekommen bin, ich war noch im Kindergarten und ziemlich schäbig, weiß nicht (es folgt eine Aufzählung verschiedener Orte) ich bin immer gewechselt, weil es ziemlich schwer war mit Omar klarzukommen, so wie sich herausgestellt hat, weil ich hatte auch schon immer meinen eigenen Kopf und so hab ich auch nich gern auf irgendwelche Leute gehört, die mir eigentlich fremd sind und weiß ich nicht so, kann man nicht wirklich erklären, das muss erstmal, nachdem ich im Heim war und mir von so'n paar Leuten anhör'n musste, dass ich 'n Heimkind bin, hatte ich keinen Bock mehr und hab gesagt, was, ich bin kein Heimkind, ich liebe meine Mutter und meine Mutter liebt mich, es geht bloß grade nich so, das kann ich dir nich so erklär'n, ich war auch der einzigste Schwarze in diesem Dorf, die, verkackten Dorf so, war 'n bisschen schäbig, weiß ich nicht so, mich hat das, auf mir hat das mehr gelastet, nich, dass ich da wohnen muss, sondern dass ich ein Heimkind bin so, so was Abgestempeltes, so was, das hat mir ziemlich weh getan so."* (2. Interview, S. 11).

Seine doppelte Stigmatisierung wird hier in schmerzhafter Intensität deutlich: die Hautfarbe, deretwegen er gehänselt und verunglimpft wird, ebenso wie sein Status als Heimkind.

Die Einweisung in das Heim erfolgt unter traumatischen Umständen an einem besonders schönen Tag: Es findet eine Veranstaltung des Kindergartens statt, die zu einer Übernachtungsparty führen sollte, auf die alle Kinder sich sehr gefreut haben. Während dieser Veranstaltung kommen Mitarbeiter des Jugendamtes, um Omar und seine Schwester mitzunehmen.

> *„Deswegen war es 'n bisschen tragisch (lacht), meine Mutter hat ziemlich viel geweint, meine Schwester hat auch geweint und ich war von der ganzen Sache irgendwie überrollt, konnte nicht weinen, konnte nichts fühlen, ich hab aber auch nicht viel darüber nachgedacht, ich hab auf jeden Fall die ganze Zeit dem Jugendamt die Schuld gegeben, was auch viel damit zu tun hat, ich würde niemals meiner Mutter irgendwelche Schuld geben so."* (2. Interview, S. 11).

Trotz der traumatischen Qualität, die diese Trennung für den Jungen bis heute hat, schützt er seine Mutter bzw. seine idealisierende Liebe zur Mutter durch eindeutige Schuldzuweisungen an das Jugendamt: *„Also meine Mutter hätte niemals freiwillig so mich oder meine Schwester irgendwie weggegeben."* (2. Interview, S. 11) Das ist seine tiefe Überzeugung, an der er festhält, er braucht sie als Überlebenshilfe.

5.7 „...dass ich ein Heimkind bin, sowas Abgestempeltes"

Die idealisierte symbiotische Beziehung zu seiner Mutter steht in vollständigem Kontrast zu einer höchst problematischen Fantasiebeziehung zu seinem leiblichen Vater, an den er keine eigenen Erinnerungen hat und den er nicht kennt. Vielleicht ist es gerade dadurch besonders schwierig für den Sohn, allein durch die Hautfarbe immer wieder auf den Vater – und damit vor allem auf sein Fehlen – verwiesen zu werden. Omar ist lange bewusst, dass er unter dem Mangel an einer männlichen Vaterfigur leidet und er drückt das folgendermaßen aus:

> „Eigentlich hab ich auf meinen richtigen Vater gewartet, meinen richtigen Vater, der auch meine Hautfarbe hat, der auch das Päckchen zu tragen hat, was ich trage, hört sich vielleicht 'n bisschen überspitzt an, is aber irgendwie in eine Richtung so und da hab ich auf ihn gewartet, da kam aber nie was [...] und dadurch bin ich auch so'n bisschen enttäuscht gewesen so, aber auch mehr enttäuscht von meinem richtigen Vater, weil es ist ja, eigentlich so seine Rolle gewesen, und da was zu unternehmen so, dadurch, dass er meine Mutter allein gelassen hat mit zwei Kindern, das ist nicht korrekt so, das ist, sie hatte einfach ihre Wohnung so, und sie hat uns beide, die einfach nur Kinder sein wollten und 'n bisschen gestresst haben und dann denk ich, dass es dadurch ziemlich schwer war für sie [...] meine Mutter hatte wahnsinnige Angst vor ihm, weil da sind früher viele Geschichten gelaufen so irgendwie, ich weiß nur, dass er sie auch geschlagen hat, dann hat er ganz früher, ganz früher, da war ich noch ziemlich klein, das hat sie mir vor ungefähr sieben, acht Monaten gesagt so, dass er 'n Tape geschrieben, geschickt hat aus Afrika so auf Englisch, wo drauf geschrieben ist, dass er auch so'n bisschen koksabhängig war, was ich daraus deuten kann, dass er irgendwelche zwei Menschen geschlagen, getötet hat irgendwie so'n bisschen alles rum, und dann auch schon von der Statur, wer er ist und von der Statur, was er so hergibt so, hat meine Mutter ziemliche Angst vor ihm, wenn sie ihm gegenüberstehe, stehen würde, könnte sie gar nicht so ihm in die Augen kucken oder mit ihm reden oder solche Sachen ... weil, ich möchte ihn, also ich möchte immer noch, ich möchte gerne so wissen, was da wirklich alles so ver, gelaufen ist und ich möchte irgendwie, dass er zu der ganzen Sache, wenn er Scheiße baut, auch so'n bisschen dazu steht [...] und hoffentlich dass er noch lebt und dass ich ihn nochmal zu Gesicht bekomme so in der Hinsicht." (2. Interview, S. 13).

Die vorhandenen Informationen über seinen Vater bekommt Omar von seiner Mutter, und was er von seinem Vater weiß, ermöglicht ihm nicht, diesen Mann zu bewundern. In den Augen der Mutter ist der Vater so gewälttätig, dass sie bis zum heutigen Tage wahnsinnige Angst vor ihm hat. Sie deutet an, dass er drogenabhängig ist und sogar jemanden getötet haben könnte. Auch von der Seite seines Vaters ist also Drogenabhängigkeit und Gewalt in Gestalt von aggressiven Kontrollverlusten im Spiel. Gleichwohl besteht Omar darauf, dass er das Recht hat zu wissen, wer sein Vater ist und auch ihn und seine Sicht der Dinge zu hören. Ganz besonders wichtig ist es ihm, seinem leiblichen Vater ins Gesicht zu sehen und ihn zu veranlassen, sich zu seinen Taten zu bekennen, wenn er sie begangen hat. In dem letzten Satz („*hoffentlich, dass er noch lebt und dass ich ihn nochmal zu Gesicht bekomme*") schwingt neben der Neugier und dem Wunsch nach Vergewisserung auch eine Sehnsucht mit, ein ungestilltes Verlangen, seinem leiblichen Vater einmal offen zu begegnen. Dennoch: Er idealisiert diesen Vater nicht, er ersehnt keine Rückkehr und persönliche Begegnung im Sinne einer Familienzusammenführung.[46] Es ist ein Interesse an Aufklärung und Vergewisserung, natürlich glaubt Omar seiner Mutter und trotzdem bleibt das dringende Bedürfnis, sich persönlich und durch eigenen Augenschein zu vergewissern.

5.8 Männliche Geschlechtsidentität

Aufgrund des fehlenden Vaters stellt sich natürlich die Frage, wie Omar überhaupt eine männliche Geschlechtsidentität hat entwickeln können und welche Vorstellungen von Männlichkeit generell und von seiner eigenen Männlichkeit im Besonderen er hervorbringen konnte. Er hat eine überaus enge Beziehung zu seiner Mutter, eine aggressiv aufgeladene, konfrontative Beziehung zu seiner Schwester, zumindest in der Kindheit, die völlige Distanz zu seinem Vater und eine Vielzahl flüchtiger Beziehungen zu potentiellen Vaterfigurendurch die Männerfreundschaften seiner Mutter. So dürfen wir vermuten, dass seine Vorstellung von Männlichkeit in erster Linie durch die Abgrenzung von Weiblichkeit charakterisiert ist.

Die große Bedeutung, die der männliche Therapeut bei Teen Spirit Island für ihn gewinnt hat, aber auch die Bedeutung des Freundes, mit dem zusammen er die Behandlung bei Step Kids abbricht, weisen darauf hin, dass sein Nachholbedarf an Kontakt zu männlichen Bezugspersonen außerordentlich groß ist. Darauf basiert seine Bereitschaft, eine starke männliche Vaterfigur auch dann zu akzeptieren, wenn sie Sanktionen verhängt und schmerzvolle Begrenzungen setzt. Es war schon bei seinem ersten Aufenthalt in Teen Spirit Island auffällig, dass er die drei Tage Strafe im Ruheraum hinnahm und ihren Sinn anerkannte (s.o.). In Omars Geschichte fehlen alle Möglichkeiten zur Triangulierung, wie sie in einer gesunden Kindheit stattfinden, so dass er keine Chance hatte, sich aus der Beziehung zu seiner Mutter zu lösen. Die Beziehung zur Mutter stellt für ihn bis heute eine verführerische Bedrohung dar; die Verführung bezieht sich jetzt in erster

---

[46] Für den Fall, dass sie sich treffen, betont Omar, dass er kein Interesse hat, eine heile Vater-Sohn-Beziehung vorzuspielen, „*von wegen, komm wir geh´n jetzt Eis essen und du bist jetzt mein Vater so, da ist das Interesse nicht da, da ist eher das Interesse da, was geht eigentlich, was ist passiert, warum ist das so passiert?*" (2. Interview, S. 14)

5.8 Männliche Geschlechtsidentität

Linie auf den Cannabis- und Drogengebrauch. Omar weiß aber, dass die beiderseitige übergroße Liebe für ihn eine immerwährende Gefahr darstellt, solange seine Mutter ihren Lebensstil nicht ändert und nicht – ebenso wie er – auf Drogen verzichtet. Triangulierung, also die Lösung aus der Zweierbeziehung zur Mutter, konnte für Omar nur in der Fantasie erfolgen, sein fantasierter Vater jedoch ist derjenige, der ihm als gewalttätiger Schuft vor Augen ist. Gleichzeitig ist Omars Anderssein nicht nur durch das Geschlecht, sondern auch durch die Hautfarbe definiert. Er unterscheidet sich von der Mutter sowohl durch sein Geschlecht als auch durch seine Hautfarbe. Zudem ist ihm der verführerische Sog, den eine ihn verschlingende Beziehung zur Mutter auf ihn ausübt, immer präsent. Das mag auch erklären, warum er gegen Ende des zweiten Interviews sehr heftig auf die erneute Frage nach dem Kosenamen Kuschelbär reagiert, den ihm die Mutter gegeben hatte. Er will zunächst die Passage aus dem ersten Interview gestrichen haben, will verhindern, dass irgendjemand davon erfährt und ist dabei sehr aufgeregt. Erst nach wortreichen Erklärungen und Beruhigungen durch die beiden Interviewer/innen beruhigt festzustellen: *„Nein, nein, war ja nur'ne Frage am Rande, vielleicht bin ich ja Omar, der Kuschelbär genannt wird und Drogen nimmt."* (2. Interview, S. 16). Hier deutet sich die wachsende Akzeptanz seiner eigenen Lebensgeschichte an, zu der er gelernt hat zu stehen, weil es der Wahrheit entspricht: seine Mutter hat ihn Kuschelbär genannt.

„Bist du immer noch ein Kuschelbär? Omar: Nein, es hat eine ganz andere Ebene unsere Beziehung, ich, auch in der letzten Zeit, in der ich zuhause bin oder auch davor, bin ich eher jemand gewesen, der früher aus der Rolle schon schnell wieder rausgesprungen ist und mehr so, wie geht's dir Mama und auch die Ehrlichkeit, die Wahrheit hinter dem zu suchen und, wie geht's dir wirklich so, ich weiß, dass du ein Drogenproblem hast, früher hat sie noch geritzt, ich weiß das und was ist los, also ich möchte gerne wissen wie es dir wirklich geht und nicht irgendwas" (2. Interview, S. 17).

Dieses entschiedene Nein kennzeichnet nun eine ganz andere Qualität der Beziehung, darin erkennt er seine heutige Identität auf dem Weg zu einer wirklichen Ablösung von der Mutter. Omar ist jetzt in der Lage, sich von einer ihm zugewiesenen Rolle zu distanzieren und die Zuschreibungen und Zumutungen durch seine Mutter zu konterkarieren mit einem aufrichtigen Interesse an ihrer Person und an ihren Problemen. Ähnlich, wie er auch vom Vater erwartet, dass er sich zu seinen Taten bekennt, so erwartet er von seiner Mutter, dass sie ihren tatsächlichen Problemen, ihrer schweren Borderline-Störung und ihrer Drogenabhängigkeit, ins Gesicht sieht und sie nicht zu beschönigen sucht.

An dieser Stelle soll noch einmal daran erinnert werden, dass Omar mit Beginn seines ersten Teen Spirit Island-Aufenthaltes begonnen hat seinen Körper zu gestalten, indem er aktiv Sport betreibt.[47] Es sieht so aus, als ob er sich seinen eigenen Körper durch diese Aktivitäten aneignet und ihm durch das sportliche Training und durch den Gewichtsverlust alles Weibliche abzutrainieren versucht. Das Bild vom Kuschelbären impliziert einen weichen warmen niedlichen kleinen Jungen, der Capoeira-Kämpfer und Fussballspieler, der gut trainierte junge Mann, der sich in seinem Männerkörper zu beheimaten beginnt, hat nichts mehr von einem Kuschelbären, von diesem goldigen Spielzeug der Erwachsenen. Eine definierte, starke Muskulatur hat auch etwas mit Grenzsetzungen zu tun, Omar begrenzt auf diese Weise seinen Körper, er entwickelt nachholend ein neues Körperschema für seinen Selbstentwurf. Abgrenzung ist sein gegenwärtiges Hauptanliegen. Er fühlt sich in der Lage, alleine zurecht zu kommen, weil es sein eigenes Anliegen ist, sich nicht verführen, nicht mitreißen zu lassen durch den Drogenkonsum anderer Menschen.

Die dauerhafte Vaterlosigkeit hatte für Omar eine idealisierend-symbiotische Beziehung zur Mutter zur Folge, von der er sich nun nachdrücklich ablöst. Das ist eine wesentliche Voraussetzung zur Entwicklung einer eigenständigen männlichen Geschlechtsidentität, die nicht durch mütterliche Zuschreibungen (verniedlichend: Kuschelbär) bestimmt ist. Die inzwischen offenbar drogenfrei in einer festen Partnerschaft lebende Mutter, schafft für diesen Entwicklungsschritt Omars durch ihre offenkundige Betonung von weiblicher Identität und einem „normalen" weiblichen Beziehungsleben günstige Voraussetzungen. Omar betont seinen Willen zur Separation, zur Ablösung; er muss sich seiner eigenen Grenzen fortwährend vergewissern.

Der Umgang mit seiner Aggressivität ist ebenfalls eine Frage der Selbstkontrolle geworden. Er will sich weder mit Drogen noch durch Medikamente manipulieren, sondern selbst die Kontrolle über seine Gefühle und Gefühlsausbrüche gewinnen. Das scheint ihm auch zunehmend besser zu gelingen. Wenn er früher aufgrund seiner Hautfarbe häufig zum Außenseiter wurde oder weitreichende Diskriminierungen erlebte und darauf mit heftiger Aggression reagiert hat (wenn er zum Beispiel als „Nigger" angepöbelt wurde), geht er solchen Situationen heute aus dem Weg oder verweist selbstbewusst auf seine deutsche Nationalität. Sein Wunsch nach einer Liebesbeziehung mag noch regressive Züge tragen, wenn er sich in ihrem Entwurf hauptsächlich auf Versorgung, körperliche Nähe und Trost

---

[47] Nicht nur kommt er mit der Medikation gut zurecht, er nimmt beträchtlich ab, nutzt die Fitnessangebote, beginnt Fussball zu spielen, betreibt Capoeira, eine brasilianische Kampfsportart, die nicht nur Aggressionen abzubauen erlaubt, sondern auch eine Art tänzerischen Ausdruck beinhaltet.

5.8 Männliche Geschlechtsidentität

bezieht, dennoch steckt in der Vorstellung, die ihn als Familienvater zeigt, mehr als nur eine kompensatorische Wiederholungsphantasie. Auf seiner großen Zuneigung zu Kindern, die sich auch in der Beziehung zu seinem Neffen immer wieder zeigt, beruht auch sein Berufswunsch: Er möchte Erzieher werden. Dieser Berufswunsch drückt für Omar, wie bei vielen anderen jungen Drogenabhängigen auch, sicherlich den Wunsch aus, mit eigenen Kindern oder beruflich mit den Kindern anderer etwas Gutes zu erleben, vielleicht stellvertretend etwas wiedergutzumachen und durch die Arbeit mit Kindern Dinge zu erleben, die ihm selber in seiner Kindheit vorenthalten blieben. Dass Omars spontane Beziehungsfähigkeit, seine außerordentliche soziale Offenheit und seine Empathiefähigkeit dazu sehr gute Voraussetzungen darstellen, weiß er inzwischen selbst. Der Wunsch, seinen Vater kennen zu lernen, sich mit ihm auszutauschen und ihn an seine moralischen Verpflichtungen zu erinnern, der noch im zweiten Interview eine zentrale Rolle spielt, ist im dritten Gespräch stark in den Hintergrund getreten. Er hat sich offenbar damit abgefunden, dass dieser Mann für ihn als Sohn überhaupt nicht zur Verfügung steht. Omar hat daraus seine Schlüsse gezogen und ist vermutlich umso bereiter, die symbolischen Angebote durch seine männlichen Therapeuten und andere ihn akzeptierende und wertschätzende Männer anzunehmen. Diese Beziehungen können ihm dabei behilflich sein, das enorme Defizit, das der abwesende Vater für seine Identitätsbildung und seine Persönlichkeitsstruktur bedeutet, zu schließen. Gerade die intensive Beziehung zu dem männlichen Interviewer zeigt, wie geschickt Omar diese Angebote zu nutzen versteht.

Omar hat gewiss besonders schwierige Voraussetzungen in seinem Leben vorgefunden, sein Umfeld ist besonders wenig unterstützend. Die Tatsache, dass er ohne Vater großwerden musste, macht ihn dabei nicht zum Ausnahmefall. Dass seine Mutter schon vor seiner Geburt drogenabhängig war und sie mit zwei Kindern und ihrer eigenen Substanz-Abhängigkeit zurecht kommen musste, hatte zur Folge, dass für Omar nicht einmal das Minimum an protektiven Faktoren zur Verfügung stand. Es ist nicht überraschend, dass die Mutter sich nicht auf den familientherapeutischen Zusammenhang einlässt. Angesichts dieser extrem ungünstigen sozialen Bedingungen ist es umso bedeutsamer, wie Omar sich entwickelt hat. Sein Hauptthema ist die Individuation und Separation aus der Symbiose mit der Mutter und nach ca. zweijähriger Therapie, die einen mehrmonatigen schweren Rückfall einschließt, deuten sich beträchtliche Veränderungen an. Allein auf der sprachlichen Ebene ist erkennbar, wieviel mehr Omar in der Lage ist, Zusammenhänge zu sehen, zu gestalten und auch zum Ausdruck zu bringen. Noch immer spricht er schwallartig und sehr intensiv, dennoch hat sich vieles verändert. Im Unterschied zum ersten Interview, in dem seine Sprache zerrissen, fragmentarisch und nahezu unverständlich erscheint, entstehen im zweiten Interview zusammenhängende längere Erzählungen, abgeschlossene Sätze. Die eigenartigen Tic-ähnlichen Begleiterscheinungen, wie das Klopfen auf den Tisch, haben völlig aufgehört. Das deutet auf eine weitreichende Integration seiner Ich-Fähigkeiten hin, auf gewachsenes Introspektionsvermögen und die Fähigkeit, von einer Metaebene aus soziale Interaktionen, also Intersubjektivität, zu reflektieren. Dies alles macht ihm selbst verstehbar, warum es für ihn besser sein wird, alleine zu leben: Aus einer Art Selbstschutz muss er sich vor jeglicher Verführung bewahren. Omar kann als exemplarischer Fall für besondere lebensgeschichtliche Belastungen gelten. Offen geblieben ist in der bisherigen Fallrekonstruktion die Problematik der Aggressivität, es gibt nur wenige Andeutungen in den beiden ersten Interviews, die aber den Rückschluss zulassen, dass weiterhin eine ausgeprägte Aggressionsproblematik besteht, die wenig in die verbale Darstellung einfließt, was darauf hindeutet, dass sie noch nicht Teil seines Selbstbildes und Selbstkonzeptes geworden ist. Diese Thematik verdient möglicherweise eine genauere Betrachtung, auch unter der Perspektive der Vaterlosigkeit bzw. des spezifischen Vaterintrojekts, das mit Gewalt aufgeladen ist.

In der Lebensgeschichte Omars zeigen sich zweifellos die schädigenden, destruktiven Auswirkungen elterlicher Sucht. Was hat es ihm ermöglicht, überhaupt so weit zu kommen? Die überaus symbiotisch-idealisierte Beziehung zwischen ihm und seiner Mutter ist wohl auch geeignet gewesen, ihm die Idee einer Liebeserfahrung zu vermitteln. Zum zweiten hat seine attraktive Erscheinung seit Kinderzeiten dazu geführt, ihm Anerkennung und Zuneigung zu verschaffen. Auch seine zweifellos vorhandene Intelligenz sowie seine Hingabebereitschaft in Beziehungen stellen in seinem Fall eine Ressource dar. Gleichwohl zeigen sich erhebliche Einschränkungen in seiner Entwicklung. Diese lassen sich ganz besonders an seinen kognitiven Defiziten festmachen, die dazu geführen, dass er zeitweilig die Sonderschule besucht (möglicherweise auch aufgrund von falscher Diagnostik), die aber auch immer noch wirksam sind: Es ist ihm bislang nicht gelungen, erfolgreich seinen Hauptschulabschluss nachzuholen, auch wenn er in diesen Zusammenhängen viel Unterstützung bekommt. Zweifellos hat er auch andere als chemische Coping-Strategien entwickelt. An vorderster Stelle steht der Sport, der ihm gleichzeitig zu männlicher Identität verhilft. Jedoch stellt weiterhin jeglicher Kontakt zu seiner Mutter eine Rückfallgefährdung dar. Folglich hat Omar sich entschieden, trotz immer wieder ausgedrückter großer Liebe zu ihr bzw. zwischen beiden, den Kontakt zu ihr überaus reduziert zu halten. Er ist somit aus der Versorgerrolle befreit, muss nicht mehr der heldenhafte kleine Junge sein, der sich um seine Mutter kümmert, und entgeht aufgrund der räumli-

5.8 Männliche Geschlechtsidentität

chen Trennung den verführerischen Auslösesituationen, die jeder Kontakt mit seiner Mutter nach wie vor für ihn darstellt.

Die symbiotische Verstrickung mit der Mutter, die durch die Absenz des Vaters noch verschärft wird, wurde früher durch heftige Aggressionsdurchbrüche konterkariert. Heute kann Omar sich durch eine Entscheidung zur Distanz und Separation auf seine auch triangulären Entwicklungsdefizite einlassen und sie bearbeiten. In seinem Fall steht also mit dem Lernen von angemessener Beziehungsfähigkeit die Beziehungs- und Bindungsstörung im Zentrum der therapeutischen Nachreifungsarbeit. Um die Komplexität solcher Verstrickungen noch zu steigern, sei zum Schluss der Gedanke angerissen, dass Omars Verhalten der Parentifizierung, das heißt, der Verzicht auf eigene Bedürfnisse zugunsten der Versorgung der Mutter, für ihn möglicherweise sogar einen Schutz dargestellt hat: Er konnte niemals so vollständig dekompensieren, wie er es am Beispiel seiner Mutter fortwährend vor Augen hatte. Indem er in der Rolle des verantwortungsvollen Helden auch für ihr Wohl sorgte, musste er seinen Kopf frei behalten, und das hat ihn womöglich davon abgehalten, selbst zu härteren Drogen zu greifen. Diese Besonderheit kann als Glück im Unglück bezeichnet werden, ohne dabei sarkastisch zu sein, denn diese Konstellation hat ihm doch ein beträchtliches Maß an Selbstkontrolle und Eigensteuerung ermöglicht.

6 Adoleszenz, Traumatisierung und Traumatransmission

Dass Kinder in hohem Maße durch das familiäre Umfeld in ihrer Entwicklung geprägt werden, ist eine fast banale Aussage; hier soll sie jedoch spezifiziert werden auf familiäre Einflüsse, die für das Kind traumatisierend sind. Das ist im vorstehenden Kapitel am Beispiel von Familien aufgezeigt worden, die durch die Abhängigkeit eines oder beider Elternteile von einer legalen oder illegalen Substanz geprägt sind. Aber auch Traumatisierungen in der biografischen Entwicklung der Eltern selbst können eine schwere Belastung für die nächste Generation darstellen und zu spezifischen Symptombildungen führen. Da viele Jugendliche in unserer Untersuchungsgruppe unaufgefordert davon sprechen, dass die Eltern ebenfalls Suchtprobleme haben, müsste dem intergenerationalen Aspekt einer Suchterkrankung eine wesentlich größere Aufmerksamkeit gewidmet werden. Dies ist besonders dringlich, wenn über Ausstiege aus diesen Zirkeln der Abhängigkeit und entsprechende therapeutische Interventionen und sozialpolitische Strategien nachgedacht wird. Denn auch suchtabhängige Eltern haben eine dramatische Vorgeschichte, die vermutlich der Erfahrung ihrer Kinder ähnlich ist. Auch wenn sich die „Beschädigungen" in der Elterngeneration bereits verhärtet und tiefer in die Charakterstruktur eingegraben haben, benötigen sie doch dieselbe Aufmerksamkeit und dasselbe Verständnis wie ihre Kinder. Auf die Bedeutung der Familientherapie auf Teen Spirit Island wird daher am Schluss dieses Kapitels spezifisch eingegangen. Unstrittig ist jedoch, dass derart durch Sucht und/oder eigene Traumatisierung eingeschränkte Eltern auch für ihre Kinder nur bedingt emotional verfügbar sein können. Das elterliche Verhalten ist häufig durch ungenügende Beelterung, unzureichende Spiegelung, mangelndes Containment gekennzeichnet; in vielen Fällen geht das mit Vernachlässigung oder Gewaltausbrüchen gegenüber den Kindern einher. Das sind Verhaltensweisen, die als wiederkehrende zu einem kumulativen Trauma führen, auch dann, wenn jede einzelne Handlung selbst nicht traumatisierend gewesen ist oder wäre. Derart kumulativ traumatisierte Kinder, die also in der frühen Kindheit ein Beziehungstrauma erleiden, sind in ihren Entwicklungsmöglichkeiten massiv eingeschränkt. Da diese Schädigungen bereits vor der Sprachentwicklung erfolgten (oder die traumatischen Einwirkungen so stark waren, dass sie dissoziativ abgewehrt werden mussten) wird die traumatische Erfahrung aus allen Möglichkeiten der Versprachlichung ausgegrenzt. Die Folge davon ist ein charakteristischer Ausdruck auf der Verhaltensebene. Die Jugendlichen drücken sich durch Re-Inszenierungen auf der Beziehungsebene aus, sie handeln agierend, dabei sind sie sich der Qualität ihrer interaktiven Entgleisungen oft überhaupt nicht bewusst – die Spuren dieser Enactments werden jedoch für die Adressaten als heftige Gegenübertragung oft spürbar, sichtbar.[48]

Kinder mit derartigen familiären Belastungen wiederholen gewissermaßen bewusstlos die Folgen solcher Erfahrungen in konkreten Interaktionen mit ahnungslosen Anderen; sie sind in einer großen Gefahr, auch in ihrer weiteren Entwicklung immer wieder in Situationen zu geraten, in denen sie erneut Opfer werden, sich in körperlicher und seelischer Gefahr befinden und/oder auf's Neue traumatisiert werden. Viele beziehungstraumatisierte Kinder entwickeln auf der Beziehungsebene charakteristische Kompensationsmechanismen – sie suchen nach Ersatzerlbnissen für unzureichende Bindungserfahrungen, verlorene Liebesobjekte oder schlimme Enttäuschungen durch die erwachsenen Verantwortlichen. Ausgestattet mit Basiserfahrungen, die ihre Entwicklung oftmals extrem beeinträchtigen, sind sie in der frühen Adoleszenz intensiv auf der Suche nach einem Ausgleich für ihre beeinträchtigten Beziehungsmöglichkeiten und suchen unbewusst agierend einen solchen Ausgleich auf allen zugänglichen Wegen. Der spezifische Weg in die Sucht wird auf diese Weise oftmals allzu leicht geebnet: Das elterliche Modell, die leichte Verfügbarkeit der Substanzen und die kurzfristige Entlastung, mit Hilfe chemischer Beeinflussung aus den Leidenszuständen qua eigener Kraft herauszufinden, spielen dabei eine nahezu gleichrangige Rolle.

Diese Jugendlichen sind verzweifelt auf der Suche nach Mitteln, ihre innere Not durch das Aufgreifen von Beziehungsangeboten zu mildern, die Liebe und Anerkennung versprechen, die den (später suchtkranken) Jugendlichen aber zum Objekt schwerer sexueller Missbrauchshandlungen werden lassen. Viele der Jugendlichen, die in Teen Spirit Island behandelt werden, sind nicht allein drogenabhängig, sondern haben zudem affektive Störungen und leiden an den Symptomen einer posttraumatischen Belastungsstörung, die aus spezifischen Traumatisierungen erwachsen. Gerade die Defizite an Erfahrungen in guten Beziehungen und die daraus folgende Sehnsucht, ja der Hunger nach liebevoller Zuwendung, nach angemessenen Bindungserfahrungen macht diese vorgeschädig-

---

[48] vgl. hierzu die Ausführungen in Kapitel 1

ten jungen Menschen zu leichten Opfern. So sind viele der Jungen unserer Untersuchungsgruppe nach ihrer oft problematischen frühen Kindheit sexuell durch erwachsene Männer missbraucht worden, an die sie in irgendeiner Weiser väterlich-elterliche Erwartungen gerichtet haben und die ihnen auch in pädagogischer Verantwortung gegenüber getreten sind: ein Feuerwehrmann, der die Jungen bei der freiwilligen Feuerwehr ausbildete (Tim), der Segellehrer (Ole), Erzieher in der sozialpädagogischen Heimen (Peter). Mädchen werden häufig sexuell ausgebeutet in den Peergroups, denen sie sich bei ihrer Suche nach nahen Beziehungen anschließen (Marion, Jenny).

Der folgende Abschnitt ist den Folgen sexuellen Missbrauchs – hier bei einem Jungen – gewidmet, einer besonders schweren Form der Mono-Traumatisierung in der Latenzphase der Kindheit. Auch wenn fast alle suchtkranken Jugendlichen Symptome einer Posttraumatischen Belastungsstörung zeigen, so sind doch nicht alle auf sexuellen Missbrauch zurückzuführen. Die hochbelastete Lebensgeschichte diese Jugendlichen führt sie immer wieder in extrem gefährliche Situationen, die sie nicht selten in Lebensgefahr bringen. Die Entscheidung, zwei Fälle sexuellen Missbrauchs an Jungen vorzustellen, fällt auch vor dem Hintergrund, dass sexueller Missbrauch für Mädchen wie Jungen sehr häufig mit späterem Substanzmissbrauch korreliert. Das Risiko, nach sexuellen Missbrauch später eine Abhängigkeit von legalen oder illegalen Drogen zu entwickeln, liegt deutlich (ca. 6,6fach) über dem Risiko entsprechender nichtbelasteter Kontrollgruppen (vgl. hierzu Schäfer 2006, 19ff). Es muss daher vermutet werden, dass die missbrauchten Jugendlichen – um die Symptome der Posttraumatischen Belastungsstörung zu bekämpfen – besonders schnell zu einem missbräuchlichen Umgang mit verfügbaren chemischen Substanzen neigen werden, der dann aufgrund der entsprechenden Dispositionen direkt in die Abhängigkeit führt; verschiedene Untersuchungen verweisen auf diese Zusammenhänge. (z.B. Harrison, P.A., Edwall, G.E. et al., 1990, zitiert nach Schäfer 2006, 29). Schäfer zeigt auf, dass in einer Stichprobe von 1227 Jungen in Suchtbehandlung die sexuell missbrauchten einen deutlichen früheren Einstieg in die Alkohol- und Drogenabhängigkeit aufwiesen (vgl. ebenda, 29).

Auch in den biographischen Erzählungen der Jugendlichen unserer Untersuchungsgruppe wird dieser Zusammenhang sehr deutlich. Wie sehr während der Interviews die Überwältigungserfahrung durchschlägt, wenn die Jugendlichen auf dieses Trauma zu sprechen kommen (und das geschieht manchmal beiläufig und unspektakulär) – unterstreicht mit Nachdruck, eine wie große Bedeutung diesen mono-traumatischen Erfahrungen zukommt. Gerade die Veränderungen im verbalen und realen Umgang mit diesen Themen können bei der

Betrachtung im Längsschnitt einen Eindruck davon vermitteln, wie tiefgreifend die seelische Beschädigung durch den Missbrauch ist, wie mühevoll und schmerzhaft die Bearbeitung und wie fragil die Möglichkeiten der Integration dieser Erlebnisse sind. Die Art und Weise, wie sie im Interview in Worte gefasst werden und wie sich dieser sprachliche Ausdruck verändert, kann Hinweise darauf geben, welche Schritte auf dem Weg zur Integration des Traumas bereits erfolgreich gewesen sind.

6.1 Monotraumatisierungen in der Folge früher Beziehungsdefizite

Im Folgenden wird am Beispiel der Biografien von zwei jungen Männern, Tim und Ole, die nachhaltige Wirkung sexuellen Missbrauchs in der Kindheit thematisiert, dabei sollen auch die Schwierigkeiten, die bei der Behandlung auftreten, verdeutlicht werden.

Tim, von dem drei Interviews vorliegen, erwähnt den sexuellen Missbrauch unaufgefordert bereits im ersten Interview. Er wird im Alter von etwa 12 Jahren gemeinsam mit zwei Freunden von einem Feuerwehrmann missbraucht, den die drei gern besucht haben und der sich ihnen zunächst väterlich begegnet ist. Sie erhalten Zuwendung, Geschenke, auch Geld und es gibt aufregende gemeinsame Unternehmungen. So stellt sich eine Abhängigkeit her, die darauf basiert, dass der Mann dem Jungen einen Ausgleich für seine emotionalen Defizite verspricht, also seine Bedürftigkeit ausbeutet. Tim lässt eine gewisse Ambivalenz erkennen, wenn er feststellt *„manchmal konnte man den ab, manchmal nicht"* (2. Interview, Z. 915). Er erwähnt auch aggressive Ausbrüche, mit denen sich die Jungen gelegentlich in der Wohnung des Täters austoben und dabei beträchtlichen Schaden anrichten. Aber trotz allem, er geht immer wieder hin, wahrscheinlich auch, weil der Täter keine körperliche Gewalt anwendet. Es klingt, als sei er sich selbst ein Rätsel mit diesem Verhalten, wenn er beschreibt: *„Einmal musste ich das mit angucken, wie er das mit einem gemacht hat (...) Ehm, dann hat er´s danach selber mit mir gemacht* (1. Interview, Z. 736). Dieser nüchterne Bericht ist für seine Verhältnisse recht flüssig erzählt (Tim stottert unterschiedlich intensiv), es wirkt an dieser Stelle, als habe er sich von seinen Gefühlen gänzlich abgekoppelt, als seien sie eingefroren worden. Während er spricht, kommen ihm aber Zweifel, warum er diesen Mann freiwillig wieder und wieder besuchte, auch wenn er sich des Missbrauchs durchaus bewusst war. Vielleicht wird ihm aber an dieser Stelle auch bewusst, dass seine beiden Zuhörerinnen sich über sein damaliges Verhalten

6.1 Monotraumatisierungen in der Folge früher Beziehungsdefizite

wundern könnten, und er kommt dem Erklärungsbedarf nach, den er bei den Interviewerinnen vermutet: *„Ich weiß auch nicht, ich bin sogar noch hingegangen, als/als das als er das mit, eh, mit/mit/mit mir gemacht hat."* (1. Interview, Z. 927) Tims emotionale Beteiligung steigt an, erkennbar am heftigeren Stottern. Ist es möglich, dass er dadurch in Kontakt mit seinen eigenen Gefühlen kommt, dass er das Thema, die Erklärung, den Interviewerinnen zuliebe ausführt? Dann wäre die ansteigende Emotion ein Ausdruck seiner Fähigkeit, in einem inneren „Rollenwechsel" empathisch die Bedürfnisse seines Gegenübers zu imaginieren und entsprechend zu reagieren – und dabei mit seinen eigenen Affekten in Kontakt zu kommen.

Direkt zum Abschluss der stationären Therapie lässt Tim eine gewisse Entschlossenheit erkennen, den Täter anzuzeigen: *„Ja, um/um ihn fertigzumachen, weil ich bin nicht der einzige, dem das passiert, also mein/meinen Freunden ist es auch passiert"* (1. Interview, Z.734) Deutlich ist sein Ärger spürbar, ein Bemühen um Gerechtigkeit, das sich aber vor allem daran festmacht, dass er sich auch für seine Freunde einsetzt, bei denen er die Verletzung und Erniedrigung offenbar leichter wahrnehmen kann, als dass er des Folgen des Missbrauchs bei sich selbst feststellt. Ist er allein es womöglich nicht wert, den Täter anzuzeigen? In jedem Fall ist Tim nicht abgekoppelt von seinen Gefühlen, er spricht darüber, ohne zu dissoziieren.

Ein Jahr später (zum Zeitpunkt des zweiten Interviews) begegnet Tim dem Täter, der heute als Busfahrer arbeitet, mehrfach im Bus – der Missbrauch liegt inzwischen mehr als fünf Jahre zurück. Den Plan, ihn anzuzeigen, hat er inzwischen aufgegeben: *„Ich glaub, das ist zu spät.... Das macht mir auch zu schaffen, aber was soll, was soll ich dagegen noch machen, jetzt noch zur Polizei gehen? ..."(Lange Pause)* (2. Interview, Z. 841

In dieser Stelle klingen Hilflosigkeit und Passivität an, Tim fühlt sich nicht mehr energisch und aktiv genug – was auch daran liegen mag, dass er nicht mehr die intensive Unterstützung durch die Therapiegruppe und seine Therapeutin erfährt, die ihn sehr aktiviert haben. Jetzt muss er sich wieder vor dem Täter schützen, erlebt sich erneut ausgeliefert und sucht ihn dennoch „freiwillig" auf – darin steckt eine Wiederholung der ambivalenten Beziehungsstruktur, die auch den Missbrauch begleitet hat. Gleichwohl bleiben die bedrohlichen Aspekte in seinem Erleben sehr präsent, und wenn Tim im Interview über seine Gefühle im Bus spricht, als er plötzlich dem Täter gegenübersteht, werden Angst und Ausgeliefertsein sehr lebhaft spürbar und übertragen sich in bedrückender Intensität auf die Interviewerinnen: *„Nja, ja, da kam halt wieder alles hoch. Also da wurde ich wieder aggressiv und wütend. Am liebsten wär ich z/z/z/zw/zw/zwischen Lenk/zwischen*

Lenkrad und dann und Baum und so, hat ich echt/echts/s/s/solche Gedanken, wollte ich die Tür r/r/rausspringen und so, a/a/alles solche Gedanken" (2. Interview, Z. 857)

Erkennbar wird Tim hier auf intrusive Weise von Material aus der Missbrauchsszene überflutet. Er ist äußerst aufgeregt, kaum in der Lage, sich verbal auszudrücken, so sehr stottert er an kaum einer anderen Stelle im Interview. Aufgrund dieser Erregung und der durch das Stottern unvollständigen Sätze ergibt sich logisch kein unmittelbarer Sinn des Gesagten, und dennoch übermittelt sich eine sehr eindrucksvolle Mitteilung. Emotional wird einerseits seine Aufregung spürbar, die hier ein Höchstmaß erreicht. In der Intensität des Stotterns wird auch Tims Versuch erkennbar, seinen Gefühlsausbruch zu kontrollieren, er kämpft gegen den Verlust seiner Steuerungsfähigkeit an. Er will in einem Interview nicht zu viel von sich selbst preisgeben und müht sich sehr um eine angemessene Darstellungsform. Die zerrissenen Sätze und zerstückelten Worte geben jedoch einen präzisen Eindruck von seinem seelischen Zustand, verweisen vielleicht auf sein dissoziiertes Erleben – die traumatische Qualität dieser Erinnerung soll nicht seiner Kontrolle entgleiten und überflutet ihn dennoch längst. Dieser Überwältigung kann er nichts entgegensetzen, er agiert hilflos wie unter einem Zwang, genau wie damals. Seine Gedanken und Gefühle sind in einem unentwirrbaren Aufruhr. Was seinerzeit in den Missbrauchssituationen geschah, hochambivalente Gefühle, die Gleichzeitigkeit von verführerischer Anziehung, großer Angst und immenser Wut sind durch die unerwartete Begegnung im Bus plötzlich wieder da, ebenso die Gefühle von Hilflosigkeit und Ausgeliefertsein, die er durch Wut und Aggression abwehrt. Und während er versucht, den Interviewerinnen dieses Wiedererleben im Bus zu schildern, gerät er wiederum in den Strudel dieser bedrohlichen Affekte. Es ist wie mit den russischen Puppen, die in ihrem Bauch eine scheinbar endlose Reihe von gleich aussehenden, aber immer kleiner werdenden Puppen enthalten. Wenn sie nebeneinander stehen, haben sie eine Ordnung wie die Orgelpfeifen, die letzte ist die Kleinste.

Mit traumatischem Material verhält es sich insofern ähnlich, als es auch implizit aufgerufen werden kann, im „Bauch" einer bestimmten Information kann sich der Trigger verbergen, der plötzlich wirksam wird. Der Unterschied zum Bild der russischen Puppen liegt jedoch darin, dass jedes Materialfragment aus der traumatischen Situation immer gleich groß, bedrohlich, entsetzlich bleibt: Es wird nicht kleiner, sondern reiht sich in endloser Folge immer gleich bleibender, gleich bedrohlicher Zustände, die eben nicht den Charakter von Erinnerungen bekommen, sondern anhaltende Aktualität besitzen. Kurz: Die affektive Qualität, die die traumatische Situation besaß, bleibt so lange die Gleiche, wie das Trauma nicht bearbeitet, nicht integriert worden ist. Damit zerstört das Trauma das Zeit-

6.1 Monotraumatisierungen in der Folge früher Beziehungsdefizite

erleben, es gibt keine Vergangenheit, die erinnert und schwächer werden kann, und es gibt keine Zukunft die frei ist von diesen Überwältigungen, es gibt nur die quälende Gegenwärtigkeit des traumatischen Erlebens, denn das Trauma ist zeitlos. Genau das findet seinen Ausdruck in Tims von Entsetzen getriebener Äußerung zu der Wiederbegegnung mit dem Täter im Bus.

Dennoch übermittelt er eindeutig eine sehr zugespitzte Aussage über seine Affekte und damit verbundene Handlungsmotive: Er will dem Täter, jetzt Busfahrer, in das Lenkrad greifen, um den Bus gegen einen Baum zu steuern und auf diese Weise den Täter bestrafen, ihn vernichten, ihn töten. Er spürt jetzt eine mordlustige, tödliche Aggression gegen den Täter. Oder will er aus dem fahrenden Bus, aus der Tür springen, um sich selbst zu töten, um der affektiven Überwältigung zu entgehen?

Die fragmentierten Satzfetzen lassen hier verschiedene Deutungen zu, sie sind – grammatikalisch – nicht sinnhaft zu ordnen, es sind nicht reflektierte, nichtsymbolische Relikte, die gewissermaßen unverdaut an die Oberfläche strudeln. Die Grenzen zwischen Tim und den anderen Menschen, dem Täter/Busfahrer, den Interviewerinnen brechen ein, er differenziert nicht mehr, will er den Busfahrer töten oder sich selbst, will er die Interviewerinnen wirklich in diese destruktive Überflutung einbeziehen, sie teilhaben lassen? Es kann keine eindeutige Antwort auf diese Fragen geben, er hat seine Steuerungsfähigkeit eingebüßt. Dennoch bzw. gerade deswegen wird der Horror spürbar, der ihn ergriffen hat. Die Aggression wird so stark, dass Mord und Selbsttötung im Erleben nicht mehr unterscheidbar sind. Für einen Moment hat Tims Erzählung, die zum traumatischen Horror wird, den tiefsten Stand der Auflösung subjektiver Strukturen erreicht. Sie verlässt das sprachliche Niveau, das emotionale Erleben befindet sich in einem Zustand jenseits der Verbalisierbarkeit.

Tim gewinnt aber schnell den Bezug zur gegenwärtigen Situation des Interviews zurück und macht deutlich, dass er selbst in dem Bus sitzt. Er spricht im Konjunktiv (*„am liebsten wär´ ich...")* und kennzeichnet seine inneren Vorgänge als *Gedanken* – er distanziert sich auf diese Weise von der Aktualität der überwältigenden Affekte. Das deutet darauf hin, dass er nicht gänzlich die Kontrolle verloren hat oder jedenfalls erfolgreich dagegen ankämpft. Somit klingt es wahrscheinlicher, dass er im aggressiven Zustand daran denkt, den Täter zu bestrafen, nicht aber auch sich selbst zu töten. Nein, er habe Gedanken, selbst zuvor aus der Tür zu springen, sich also in Sicherheit zu bringen, bevor der Bus gegen den Baum fährt: „Echt/echts/s/s/solche Gedanken, wollte ich die Tür r/r/rausspringen." Das gibt der aufgeregten Erzählung eine entscheidende Wendung. Tim etabliert eine

Grenze zwischen sich und dem Täter, die bedrohliche Grenzauflösung und der damit zwingend verbundene Ich-Selbst-Verlust ist damit abgewendet

Tatsächlich spricht Tim zwar von Wut und einer aggressiven Attacke – diese Gefühle kann er verbalisieren (*„wurde ich wieder aggressiv und wütend"*). Auch wenn die Aggression im Vordergrund steht, sind seine Affekte aber mindestens ebenso intensiv von Angst und Ohnmacht geprägt, die ihn in eine chaotische Panik gleiten lassen. Er ist außer sich, sein Denken fragmentiert und „unlogisch", nur seinem emotionalen Aufruhr folgend. Auch der Täter verliert seine klare personale Kontur, allein Tim und seine in Tumulten befindlichen Gefühlszustände sind präsent. In diesem Zustand verliert er die Kontrolle über seine inneren Vorgänge ebenso wie den Bezug zur gegenwärtigen Realität: Warum steigt er nicht einfach aus? Es scheint keine Option für ihn zu sein, den Bus wieder zu verlassen. Ebensowenig bedenkt er, den fraglichen Bus zu meiden und dadurch jetzt für seine eigene Sicherheit Sorge zu tragen: Das schließt den Schutz vor bekannten Auslöser-Situationen ein. Das geschieht jedoch nicht; vielmehr stellt er sich als völlig ausgeliefert dar, er hat keine Chance, die Situation zu beeinflussen und sich selbst zu schützen. Es ist wahrscheinlich, dass er sich auch in der Missbrauchssituation ähnlich überwältigt und handlungsunfähig gefühlt hat, in einer ausweglosen Falle gefangen, gegen die er in ohnmächtiger Wut antobt und Rache nehmen will – in seiner Phantasie.

In der Realität hat er damals wie heute resigniert und sich der anhaltenden Macht des Täters unterworfen, die ihn weiterhin bedrohen wird (*„was soll ich dagegen noch machen, jetzt noch zur Polizei gehen?"*).

Tims Leben ist durch einen frühen Mangel an verlässlicher emotionaler Unterstützung gekennzeichnet, entsprechende Erfahrungen thematisiert er in allen drei Interviews. Dieser Mangel hat ihn direkt in die Arme des Täters getrieben.[49] Der sexuelle Missbrauch durch einen Erwachsenen, dem er vertraute, hat tiefe Beschädigungen hinterlassen, die als traumatische Spuren in der Interviewerzählung erkennbar werden. Sind die spürbare Intrusion, der schnelle und weitreichende Kontrollverlust, die Regression auf wenig reife, nicht reflexive und affektiv durchlässige Modi der Interaktion nun Zeichen für eine mangelnde Integration des Traumas? So könnte es gesehen werden. Angesichts der Schwere und Gewaltsamkeit des traumatischen Materials, ist jedoch die Geschwindigkeit, mit der Tim wieder situationsangemessene Erzählweisen und soziale Interaktion

---

[49] Eine sehr gelungene Fallrekonstruktion hat Ute Mönnig zu diesem Fall vorgelegt in einer Magisterarbeit mit dem Titel „Trauma und Beziehung. Eine biographische Fallstudie", Ms. 2007. Die Diplomarbeit von Martina Windeler „Psychodynamische Ursachen des zwanghaften Drogenkonsums. Eine qualitative Fallanalyse", Ms. 2003, befasst sich ebenfalls mit dem Fall Tim.

6.1 Monotraumatisierungen in der Folge früher Beziehungsdefizite

möglich sind, ein Hinweis auf eine insgesamt wachsende Verfügung über seine mentalen Vorgänge. Auch wenn sie kurzfristig außer Kontrolle geraten, findet er zurück in eine realitätsbezogene innere Balance. Aus dieser Perspektive betrachtet ist die Haltung, auf eine Anzeige gegen den Täter zu verzichten, weniger Passivität und Hilflosigkeit als eine effiziente Maßnahme zum Selbstschutz – und als solche eine kompetente Entscheidung.

Auch Ole hat die Erfahrung eines sexuellen Missbrauchs gemacht. Er kommt in einem Segelverein mit Drogen in Kontakt, mit sieben Jahren raucht er Zigaretten, mit neun seinen ersten Joint, mit elf Jahren konsumiert er Kokain. In diesem Segelverein findet auch der von ihm im Interview nicht näher beschriebene sexuelle Missbrauch durch den dortigen Sport- und Segellehrer statt. Einsamkeit und Bindungslosigkeit sind hervorstechende Charakteristika in Oles Biografie: Er ist nicht in engem vertrauensvollen Kontakt mit den Menschen, denen er begegnet. Er kennzeichnet sich selbst: *„Na ja, ich bin eh so'n Paranoiker"* (1. Interview Z. 553). Den Missbrauch benennt er bereits im ersten Interview zu Anfang des Gesprächs als einen Grund dafür, Drogen zu nehmen: *„Falsche Freunde, zuhause lief nichts mehr, sexueller Mißbrauch und ich weiß nicht"* (1. Interview, Zeile 169f). Auf Nachfragen erzählt er knapp, dass die Eltern zwar Anzeige gegen den Segellehrer erstattet haben, er, Ole, aber nicht bereit war, auszusagen. Es bleibt eigentümlich offen, was im Kontext der Anzeige geschehen ist und warum Ole sich weigert, eine Aussage zu machen. Es ist nicht ungewöhnlich, dass sexuell missbrauchte Kinder sich ihren Eltern nicht oder nur ansatzweise anvertrauen, häufig werden die Opfer erniedrigt und erpresst, die Handlungen geheim zu halten.

Schuld und Schamgefühle sowie ein beschädigtes Selbstwertgefühl sind unter den langfristigen Folgen des sexuellen Missbrauchs eher die Regel als die Ausnahme. Zudem haben die Opfer nicht selten Angst, ihre Familien zu verlieren oder ihnen zu schaden (vgl. hierzu Fischer und Riedesser 2003, S. 265f). Oles Aussagen lassen hier keine Rekonstruktion des Geschehens zu.

Auf die Frage, wie er heute zu der Anzeige steht, sagt er lachend:

> *„Ha, ich zeig ihn an, ja ja, ich bin grade dabei, mir rechtliche Hilfe dazu zu holen und meine Eltern sind im Rechtsschutz und wir haben jetzt nachgefragt, ob das auch auf mich zugreift und dann, gewisse Gerichtspsychologen, die dabei sind, weil das, weil man da doch ganz schön viel aussagen muss, dann mal kucken, den bring ich hinter Gitter, auf jeden Fall, das ist das Klarste, glaub ich, in meinem Leben, das ist Genugtuung, weil, wenn er nur für drei Monate oder so in Knast kommt, aber, wenn da n Kinderficker reinkommt in den Knast, dann sind die ganz schön am Arsch oder besser gesagt im Arsch, hah"* (lacht) (1. Interview, Zeile 212f).

Er will mit der Hilfe von elterlichem Rechtsschutz den Mann nicht nur anzeigen, sondern hinter Gitter bringen. Er sieht ein großes Verfahren vor sich, in dem er aussagt, dafür will er Unterstützung beanspruchen. Den Täter ins Gefängnis zu bringen ist „das klarste" Ziel in seinem Leben. Auch nur kurze Zeit der Inhaftierung würde reichen, um ihm, Ole, Genugtuung zu verschaffen, denn den Rest (seiner Rache) werden die Mitgefangenen besorgen, wie Ole mit seinen Anspielungen auf die sexuelle Misshandlung von Sexualstraftätern im Gefängnis andeutet.

Wie er das sagt, klingt ein wenig großspurig und angeberisch. Ole ist ein schmächtiger 16jähriger Junge, aber in seiner Ausdrucksweise ist das ICH sehr bedeutend. Wenn er sagt *„Ich zeig ihn an"*, wird Ole größer, er bläht sich auf, wenn er an die geplante Anzeige denkt. In den Äußerungen über den Täter fällt seine höhnische, aggressive Sprache auf. Wenn er von einem *„Kinderficker"* spricht, so findet er durch die vulgäre Begrifflichkeit Worte für das, was ihm in der Missbrauchssituation widerfahren ist: Die Sprache legt eine anale Vergewaltigung nahe. In der Folge schwelgt er geradezu in Rachephantasien, gestaltet sie irritierend detailliert aus, verschafft sich dadurch erklärtermaßen Genugtuung. Mit höhnischem Lachen unterstreicht er seine Racheimpulse, die Vorstellung, dass dem Mann im Gefängnis dasselbe widerfahren wird, was er ihm angetan hat, lässt Ole voller Genugtuung sein.

Wenn er diese Rache, die Verurteilung des Vergewaltigers als sein klarstes Projekt in seinem Leben bezeichnet, dann ist er dabei, sich aus einer Opferposition zu lösen. Indem Ole ein Gerichtsurteil anstrebt, kann er die gesellschaftliche Anerkennung seiner eigenen Verletzung erreichen. Indem Ole sein eigenes Rachebedürfnis als durch die anderen Häftlinge vollzogen imaginiert und den Vergewaltiger, den Täter, in der Opferposition phantasiert, nutzt er damit eine Möglichkeit, sich aus dem passiven Opfer, dem Schlimmes angetan wird, in eine gesellschaftlich akzeptierte Position zu bringen, in der er seine Handlungsfähigkeit wiedererlangt hat und dabei seine aggressiven Impulse an andere delegiert. Er wird dadurch zum aktiven Gestalter der Vorgänge, in dieser Phantasie und mit ihrer Hilfe gewinnt er die Kontrolle zurück. Ole präsentiert sich tatsächlich in den wenigen Sätzen als in einer dynamischen Entwicklung begriffen: von einem sexuell missbrauchten Jungen, der nicht in der Lage ist, über das Erlebte zu sprechen, wird er zu einem jungen Mann mit klaren Handlungszielen, die zur Verurteilung des Vergewaltigers führen sollen. Das klingt zunächst klar und überzeugend – wenn da nicht bemerkenswerte Untertöne und Subtexte wären. Warum wirkt der erste Teil so aufgebläht und überzogen (er spricht wie ein unangefochtener Machthaber in seinem Reich)? Wenn Ole sich so grandios überhöht, deutet

6.1 Monotraumatisierungen in der Folge früher Beziehungsdefizite

das auf eine Abwehr des Gegenteiligen hin – darauf, wie klein er sich fühlt. Welche Rolle spielt der Hohn in seinem Gelächter, worauf verweist dieses Lachen? Und schwingt da nicht fast eine sadistische Lust mit, wenn er sich das Vergewaltigungsszenario im Gefängnis ausmalt? Auch hier mag eine Verkehrung ins Gegenteil den „Lustaffekt" bewirkt haben, die höhnische Freude spricht dem Täter aber menschliche Eigenschaften fast ab: er zahlt in der Phantasie zurück, was er selbst empfunden haben mag in der ausbeuterischen Beziehung.

Bei allem irritiert, dass er in diesen Phantasien selbst nicht viel tut. Er ist voller aggressiver Impulse, aber setzt sie nicht selbst um, er imaginiert sich an anderer Stelle als den einflussreichen Kerl vom Kiez, der die Schmutzarbeit an andere delegiert: *„Ich prügle mich nicht. ... auch nicht in der Arschlochzeit*[50]*. Da hab ich dann prügeln lassen."* (1. Interview, Zeile 452)

Was ist zehn Monate später daraus geworden? Im zweiten Interview spricht er von sich aus gar nicht mehr darüber. Auf die Frage, was aus der Anzeige geworden ist, sagt Ole:

„Hab ich nicht getan". Wie geht´s dir heute damit, fragt die Interviewerin. „Natürlich fühle ich mich damit nich wohl, aber ich kann´s nich abändern, ich kann´s nich abändern, das ist schwer zu erklären, ich kann´s nich abändern, aber ich hab mich damit zufrieden gegeben. Erstens, ich kann diesen Menschen auch nich verändern, ich kann ja nich hingehen und sagen, verändere dich, sonst würde ich das gleiche anprangern, was ich bei anderen Leuten anprangere, und das wär Doppelmoraligkeit und das will ich ja nich, weil das eben auch zuviel passiert, zuviel Doppelmoraligkeit. Um, und um das einfach zu entgehen, sag ich ganz einfach, es war so, es is so, ich hoffe, dass dieser Mensch irgendwie draus lernt und ich hoffe, dass dieser Mensch es nich mehr macht oder wenn er immer noch eben krank is, von diesem Dämon besetzt, dass er einfach eingesperrt wird, das hoff ich, aber ich will, will jetzt nich ... ich bin nich rachedürstig, sowieso nicht, gar nich, gar nich, weil sonst würd ich mich eben wieder auf die ... naja keine Anzeige eben. Die Polizei weiß es ja, also deswegen, sonst hätte ich ´ne Anzeige gemacht. Weil das hätte sein müssen. Aber sie wissen, er ist aktig, aktig, äh, aktenkundig. Dann geb ich das aus der Hand, dann ist es eben nicht mehr mein Ding, ich versuch, mich davon freizumachern..." (2. Interview, Zeile 1440-1482)

Was sagt er hier? Ole hat den Täter nicht angezeigt. Damit fühlt er sich nicht wohl, das ist aber nicht zu ändern. Damit müsste er an den Täter die Forderung richten, sich zu verändern. Das erschiene ihm aber als Doppelmoral, die er ablehnt. Er hofft auf die Einsichtsfähigkeit des Täters oder auf seine Hospitalisierung, wenn er psychisch krank ist. Keinesfalls will er rachsüchtig sein, so beteuert er.

---

[50] Der Begriff bezieht sich auf die Beschreibung seines Selbstgefühls und Selbstbildes zu der Zeit, als er ein Junkie war. Da bezeichnet er sich selbst als „Arschloch".

Wie spricht er? Auch in diesem Abschnitt fällt sein Wortreichtum auf, die Sprache wirkt gehetzt, fast beschwörend. Dieser Eindruck entsteht durch mehrfache Wiederholungen, allein dreimal betont er „*ich kann's nich abändern*" und „*ich bin nicht rachedürstig*". Der Exkurs zur Doppelmoral bleibt zunächst düster: Ole thematisiert eine moralische Ebene (wenn er unterstellt, er müsse an den Täter appellieren, sein Verhalten zu ändern). Es ist wohl anzunehmen, dass er derartige Appelle am eigenen Leibe, bezogen auf seine Sucht, allzu häufig erlebt hat – und konsequent ablehnt. In Bezug auf sexuellen Missbrauch von Kindern geht es jedoch weniger um Moral als um ein kriminelles Vergehen. Ole unterscheidet das hier nicht: Sucht er nach einer Legitimation, den Täter nicht anzuzeigen? Und wenn ja, warum das?

Gibt es eine Komplizenschaft zwischen den beiden? Wodurch ist diese entstanden? Beide tun Verbotenes und werden dafür von der Gesellschaft kritisiert, abgelehnt, sanktioniert und separiert – Ole in der Psychiatrie, Täter im Gefängnis. Insofern teilen sie etwas, haben etwas Gleiches miteinander. Womöglich fühlt sich Ole mit dem Täter verbunden, er sitzt mit ihm im selben Boot.

Das bringt Ole in eine widersprüchliche Position: Wenn er einen Wert für sich selbst beansprucht, dann muss auch bereit sein, ihn gegenüber anderen gelten zu lassen, das ist eine abstrakte moralische Grundlage jeglicher Gesellschaft. Wenn er nun (durch eine Anzeige) zur moralischen Veränderung oder gar Verurteilung des Missbrauchers beiträgt, würde er das als Doppelmoral empfinden, die er ablehnt. Aus dem Dilemma findet er keinen unmittelbaren Ausweg. Es ist bestürzend, dass er hier nicht auf den gravierenden Unterschied der Positionen von Täter und Opfer zu sprechen kommt. Offenbar vermeidet Ole strikt, sich selbst als Opfer zu begreifen; darauf verweist auch hier der grandiose Gestus, mit dem er seine Aussagen unterlegt.

Also hält er sich zurück, hofft aber, „*dass dieser Mensch irgendwas draus lernt*" und hofft, „*dass dieser Mensch es nicht mehr macht*". Der Verweis auf Lernfähigkeit und Einsicht beim Täter erscheint matt, wenig angemessen, wenn wir seine vorherige Wut bedenken. Was ist in diesem Jahr zwischen den beiden Interviews geschehen? Wenn wir – hypothetisch – davon ausgehen, dass Ole mit dem Täter identifiziert ist, sich als gleich mit ihm begreift aufgrund einer Erkrankung, dann wird jedoch verstehbar, dass Oles Sucht als Erkrankung gleichgesetzt wird mit der krankhaften Störung eines Täters, der Kinder missbraucht. Dann wird auch die nächste Wendung seiner Erzählung nachvollziehbar. Denn wenn der Täter krank ist (unterstellt: unheilbar krank „*von diesem Dämon besetzt*"), dann muss er hospitalisiert werden („*eingesperrt*").

6.1 Monotraumatisierungen in der Folge früher Beziehungsdefizite

Auf diese Weise re-definiert er den Sachverhalt, setzt neue Akzente, Ole geht von einer kriminellen Handlung auf Krankheit, von Thematisierung der kriminellen Handlung auf Delegation der notwendigen Folgen an andere und er selbst zieht sich zurück aus der zuvor angekündigten Verantwortung, den Täter zur Rechenschaft zu ziehen, so als ob er mit diesem Missbrauch nichts mehr zu tun hat.

Die Überantwortung der Verantwortung an die Polizei ist ihm dennoch wichtig, er weiß, dass der Fall aktenkundig ist und somit die Polizei moralisch und faktisch das Fehlverhalten und die kriminellen Handlungen des Täters verfolgen muss.

Hat Ole damit einen Schritt getan, sich von den Beschädigungen durch den Missbrauch zu lösen? Hier deutet er ein Ziel an, er will frei werden von den Folgen des sexuellen Missbrauchs. Sofort spürt er den nächsten Widerspruch, in den er sich verwickelt, weil er sich davon nicht befreien kann. Das Szenario ist als Flashback ständig präsent, Erinnerungen tauchen auf – wie er es an anderer Stelle andeutet, sind beliebige Szenen im Fernsehen oder Gesprächsfetzen in der Lage, die Flashbacks auszulösen. Ole versucht, sich damit zu arrangieren, indem er es akzeptiert, in dem er das Geschehen als zu ihm gehörig zu betrachten versucht. Es ist geschehen und er kann es nicht mehr verändern. Damit ist es ein aufgezwungener Teil seiner seelischen und auch seiner körperlichen Struktur geworden. Die Passage, in der er von den Folgewirkungen spricht, bringt sein Unglück und sein Unvermögen, diese Erfahrungen zu integrieren, darin auf schreckliche Weise deutlich zum Ausdruck. Das Geschehene ist nicht integrierbar, auch wenn er weiß, dass es zu ihm gehört, bleibt es fremd und wird als ich-dyston erlebt.

„Ich kann natürlich die Gefühle, die mir damals durch den Kopf gingen und durch den Körper gingen und die mir jetzt ... auch noch manchmal durch den Kopf gehen, wenn ich so'ne Sachen irgendwie im Fernsehen sehe. ... Es ist natürlich, aber es is nich mehr, ich kann mich davon, ja auch nicht, grenzen, weil es is ein Teil von mir, es gehört zu mir. Und ich kann's nicht mehr ... verändern. Und ich will es auch nicht verändern, weil's zu mir gehört." (2. Interview, Zeile 1485-1490)

Es ist mehr ein Stammeln, keine zusammenhängenden Sätze, es sind Fragmente, und wenn Ole mit ihnen in Kontakt kommt, verliert er seine Eloquenz, spricht zerfasert, zerrissen. Auch wenn er weiß, dass er von Vergangenem spricht, so kann er das nicht fühlen, er kann sich nicht abgrenzen davon. Wenn er nun versucht, sich das Geschehene akzeptierend anzueignen, so drückt die eine weitreichende Hilflosigkeit im Umgang mit den Gewalterfahrungen aus. Gewiss, er versucht dem Akzeptieren dessen, was war, eine positive Wendung zugeben, indem er betont, dass er annehmen will, was sich ohnehin nicht ändern lässt. Und dennoch, die Aufrechterhaltung der Folgen der Tat im Erleben des Opfers, in der psychischen Struktur des Opfers, womöglich durch Introjektion des Täters, setzt sich fort. Insofern macht es durchaus Sinn, wenn Ole einerseits sagt, diese Erfahrungen seien nun Teil seiner seelischen Struktur und gleichzeitig betont, dass er an dem Verursacher dieses Unglücks nicht mehr interessiert ist, ja, dass er sogar soweit geht zu sagen, er würde einfach vorbeigehen, wenn er ihm auf der Straße begegnete. *„Wenn ich ihn sehen würde, ich ... wenn ich ihn sehen würde, also ich glaube, ich würd´ nichts sagen, einfach nur vorbeigehen ... vorbei. Es ist einfach ... Es ist vorbei."* (2. Interview, Zeile 1512)

Dass er drei Mal hintereinander betont, „es ist vorbei", verweist auf die Intensität des Wunsches, dass es tatsächlich in der Realität vorbei sein möge. In der äußeren Realität ist es ja auch tatsächlich vorbei. Dass Oles innere Realität immer noch von dieser Gewalt bestimmt ist und dass sie ihn nicht loslässt, ist für ihn ohnehin kaum akzeptabel. Dies mag es sein, was ihn hindert, den Täter anzuzeigen: Er weiß, dass auf Aussagen und notwendige Beschreibungen des Tathergangs für ihn, das Opfer, eine Menge emotionale Energie zu verwenden wäre und dass es unausweichlich wäre, sich mit dem Geschehen innerlich zu konfrontieren. Flashbacks, das Wiederaufleben der traumatischen Situation, würden unweigerlich die Folge sein. Davor schützt er sich, wenn er auf eine Anzeige verzichtet. Es muss also an dieser Stelle offen bleiben, ob es Ole tatsächlich gelungen ist, das traumatische Erlebnis dahingehend zu integrieren, dass er es als Teil seiner biographischen Erfahrung, als Teil seiner subjektiven Struktur begreift und lernt, damit zu leben, oder ob er aus der emotionalen Not heraus zu einer bemerkenswerten Abwehrstrategie der Verkehrung ins Gegenteil greift, indem er sich aktiv zu eigen macht, was ihm passiv angetan wurde. Es bleibt offen, ob das hohe Maß an aggressiver Energie, an unintegrierter Wut, die in Ole noch immer brodelt, inzwischen, zur Zeit des zweiten. Interviews, in Gestalt einer detailliert ausgearbeiteten paranoiden Phantasien über Weltverschwörung und politische Konspirationen ihren Ausdruck findet.

Diese Möglichkeit beinhaltet, dass Ole im Zustand der Abstinenz von Drogen seine Verrücktheit, seine psychotische, paranoide Seite ihm hilft, seine psychotischen Ängste auszuhalten. Im Zustand der „ungeschützten" Abstinenz war ja sein verachtungsvoller, kalter Hohn, verbunden mit Grandiosität, auffällig. Noch im ersten Interview, das in der Klinik stattfand, war er ja in dieser Weise aufgetreten und hat es den Interviewerinnen schwer gemacht, Zugang zu ihm zu finden, er hatte sie eher abgestoßen. Aus den Notizen der Interviewerinnen geht hervor, dass er in der zweiten

Begegnung weicher, zugänglicher, sympathischer wirkte, wenngleich auch offener „durchgeknallt" war – der Kontakt zu ihm war aber dichter und angenehmer.

Welche Schlussfolgerungen lassen sich daraus entwickeln?

Diese beiden jungen Männer, Tim und Ole, sind erkennbar durch die Erfahrung des sexuellen Missbrauchs geprägt worden, die Schädigungen sind spürbar präsent, auch wenn beide darum ringen, sie zu meistern. Gerade für Tim sind Hilflosigkeit und intrusive Überwältigung auf erschütternde Weise auch in der Interviewsituation aufgetreten. Dennoch sind beide bereit und in der Lage, sich verbal mit den Geschehnissen auseinanderzusetzen, sie irgendwie in die eigene Lebensgeschichte einzuweben, eine narrative Ebene in der Auseinandersetzung mit dieser Beschädigung zu erreichen. Die Vermeidung von Auslösereizen führt in beiden Fällen dazu, dass sie auf eine Anzeige verzichten; die Angst davor, dem Täter erneut ausgeliefert zu sein während der gerichtlichen Verfahren erscheint beiden Jugendlichen zu belastend. Ole und Tim sind weit davon entfernt, diese Erlebnisse verarbeitet zu haben – die noch sehr stark ihr gegenwärtiges Erleben bestimmen. In welchem Zusammenhang der sexuelle Missbrauch zu der Drogenabhängigkeit der beiden Jugendlichen steht, lässt sich keinesfalls eindeutig bestimmen; festzuhalten ist vielmehr, dass es sich um ein multifaktorielle Bedingungsgefüge im Kontext früher Suchterkrankung handelt, in welchem der sexuelle Missbrauch einen wesentlichen Faktor darstellt.

6.2 Traumatransmission und transgenerationelle Schädigungen

Einen ganz anderen Stellenwert in diesem hochkomplexen Netz von Einflüssen und Bedingungen haben „elterninduzierte" Faktoren, die in einigen Fällen deutliche Hinweise darauf geben, dass die Eltern der von uns Befragten selbst mit schweren Problemen belastet sind, die sie mithilfe von Substanzen bekämpfen.

Ihr Substanzmissbrauch mündet in klinische Störungen oder führt zu vielfältigen Formen der emotionalen Instrumentalisierung ihrer Kinder. Diese generationenübergreifende Symptomatik wird von einigen Jugendlichen auch eindrücklich beschrieben: *"Meine Mutter hat das ja auch immer so, hm, hm, sie haut manchmal, sie hat solche Anfälle manchmal, also das hat jetzt, sie hat keine Psychose oder so, aber manchmal, wenn sie austickt, dann haut sie ihren Kopf immer gegen die Wand und dann, der kleine Bruder, eineinhalb, wo er letztens hier war, da hat Mama so gesagt, ja, hier mal aufpassen und dann sitzt der wirklich so und dann haut er hinten seinen Kopf gegen, ich denke so, nein, ey, die sind doch krank ey"* (2. Interview, Seite 21).

Diese von Jill geschilderte Szene ereignet sich bei einem Besuch ihrer Mutter, die den kleinen Bruder bei sich hat. Wie krank die Mutter ist, wird an dieser Stelle sehr plastisch beschrieben: Sie erlebt Anfälle von aggressiver Überflutung, während derer sie sich selbst verletzt, indem sie mit dem Kopf gegen die Wand schlägt. Die Beobachtung, dass der kaum dem Säuglingsalter entwachsene kleine Bruder bereits dasselbe Symptom zeigt, löst Entsetzen in Jill aus. Ihre Schlussfolgerung ist korrekt: Es handelt sich um eine Krankheit, die weitergegeben wird, tiefgreifende Beschädigungen der seelischen Struktur der Mutter machen sich in fast identischer Art und Weise beim Kind bemerkbar, sie finden in denselben Symptomen ihren Ausdruck.[51]

Wege der Weitergabe elterlicher Traumata sind vor allem im Bereich der Holocaust-Überlebenden erforscht worden, die ihre grauenhaften Opfererfahrungen oft unter den Bann eines sogenannten „Pakts des Schweigens" stellten. Aber diese schwersttraumatisierten Eltern konnten nicht gegen die Beschädigungen ihrer inneren Struktur anschweigen – etwas davon hat sich doch auf die Kinder übertragen. Auch innerfamiliäre Gewalterfahrungen und besonders sexueller Missbrauch haben eine inzwischen gut dokumentierte Tendenz, sich über Generationen hinweg in Familien niederzuschlagen, als würde es „sozio-genetisch" weitergegeben.

Was passiert in der Psyche der Kinder und wie muss die Beziehungsstruktur zwischen Eltern und Kindern gestaltet sein, damit eine solche Weitergabe geschehen kann?

Traumatisierte Eltern werden auf der Grundlage ihrer eigenen Beeinträchtigungen kaum oder nur sehr eingeschränkt in der Lage sein, auf die Bedürfnisse ihrer Kinder angemessen zu reagieren, sie werden häufig bei der emotionalen Mikroabstimmung versagen und als reflektierender Spiegel der kindlichen Emotionen durch eigene Wahrnehmungsverzerrungen nur entstellte Informationen über die Bedeutung von Gefühlen zurückgeben. Sie werden also die für die kindliche Entwicklung so wichtige Funktion des Containing kaum hinreichend bieten können, weil die kindlichen Bedürfnisse und Affekte in ihrer Unmittelbarkeit an die eigenen abgespaltenen Ängste rühren, womöglich als Trigger für bedrohliche Flashbacks wirken und daher ignoriert und verleugnet werden müssen. Dieses

---

[51] Die Schlussfolgerung („*die sind doch krank, ey*") schließt Jill als Tochter dieser Mutter in gewisser Weise ein, und dennoch bezieht sie eine andere Position, denn sie ist jetzt diejenige, die das, was vor sich geht, erkennt, die von einer Metaebene auf die Geschehnisse schaut und nach und nach begreift, welchen schädigenden Einfluss die Krankheit der Mutter auf ihr eigenes Leben gehabt haben muss.

6.2 Traumatransmission und transgenerationelle Schädigungen

Containing ist für die psychische Entwicklung des Säuglings und Kleinkinds von ungemein großer Bedeutung. Es geschieht dabei etwa Folgendes:

> „Wenn ein Säugling unerträgliche Angst hat, versucht er, sie durch Projektion in die Mutter zu bewältigen. Die Reaktion der Mutter besteht darin, die Angst zu erkennen und alles zu tun, was nötig ist, um das Leiden zu lindern. Der Säugling erlebt dies, als habe er etwas Unerträgliches in sein Objekt hineinprojiziert, das aber in der Lage ist, es in sich zu bewahren und damit fertig zu werden. Er reintrojiziert dann nicht seine ursprüngliche Angst, sondern eine Angst, die dadurch, dass die Mutter sie in sich aufgenommen (contained) hat, modifiziert worden ist. Er introjiziert gleichzeitig ein Objekt, das fähig ist, Angst in sich zu bewahren und mit ihr fertig zu werden. Ein solches „Containment" der Angst durch ein äußeres, verstehendes Objekt ist die Grundlage psychischer Stabilität. Diese psychische Stabilität kann (...) beeinträchtigt werden. Es ist möglich, dass die Mutter die projizierte Angst des Säuglings nicht zu ertragen vermag und er eine noch größere Angst introjiziert als die, die er projiziert hat." (Hinshelwood 1993, S. 353)

Traumatisierte Eltern, vor allem Mütter, werden schwerlich in der Lage sein, dieses Containment in hinreichendem Umfang und notwendiger Qualität zur Verfügung zu stellen. Oft erfolgt sogar eine Art der Umkehrung, indem die Eltern Halt und Trost bei ihren Kinder suchen, sie aus ihrer eigenen narzisstischen Bedürftigkeit heraus emotional aussaugen und auf diese Weise die kindlichen Entwicklungsmöglichkeiten beschneiden. Das Kind verzichtet in der Folge auf die Befriedigung seiner eigenen emotionalen Bedürfnisse und beginnt, das bedürftige Elternteil zu stützen und emotional zu versorgen, obwohl es damit indirekt weiterhin nach elterlicher Fürsorge sucht. Das Kind muss aber gleichsam erst die Elterlichkeit der Eltern durch eigene Anstrengung erzeugen, während die Eltern sich auf die stützende Kooperation des Kindes verlassen, ja sogar darauf angewiesen sind. Hirsch beschreibt diesen Vorgang als sehr weitreichend:

„Nicht nur das implantative Eindringen, sondern auch eine Aneignung der Lebendigkeit findet statt: Die narzisstischen (d.h. bedürftigen) Eltern nehmen sich von dem Kind, was ihnen Lust verschafft, und sind wütend, wenn es sich entfernt." (Hirsch 2004, S. 60)

Es gibt vier zentrale Mechanismen, mit denen Eltern in diesen Prozessen ihre Kinder mit der eigenen Traumatisierung seelisch infizieren, die Ilany Kogan in der psychoanalytischen Arbeit mit Holocaust-Opfern der zweiten und dritten Generation herausgearbeitet hat (vgl. Kogan 1998, S. 245ff):

1. Traumatisierung des Kindes durch seine Ausbeutung für die Wiederholung des elterlichen Traumas: Die unverarbeiteten, nicht verbalisierbaren und für sich nicht „containbaren" elterlichen Affekte werden auf dem Weg der projektiven Identifizierung unbewusst mit den Kindern geteilt. Die Extremtraumatisierten leiden unter einem Zwang, die traumatischen Ereignisse zu wiederholen; damit werden die Kinder aufgrund des elterlichen Verhaltens dazu veranlasst, ihrerseits das Trauma der Eltern zu wiederholen. Diese Wiederholung verklammert die Generationen unauflöslich miteinander und verwischt die Generationengrenzen. Das zeigt sich auch an den fürsorglichen Verhaltensweisen der Kinder gegenüber ihren Eltern, die als Parentifizierung beschrieben werden: Kinder sind elterlich zu den eigenen Eltern, entbehren aber selbst den Schutz und die Fürsorge, die sie aufgrund ihrer Entwicklung benötigen.

2. Eine Traumatisierung aufgrund emotionaler Unzugänglichkeit der Eltern ist die Folge der unbewussten Rollenumkehr; das Kind wird trotz seiner Zurücknahme eigener Bedürfnisse und seiner Fürsorge von den verstörten Eltern nicht wahrgenommen, seine vielfältigen Bemühungen prallen ab wie an einer Betonmauer. Damit ist das Kind auf seine eigenen unerfüllten Bedürfnisse umso mehr zurückgeworfen. Um diese Situation zu verstehen und ihr einen Sinn zu geben, entwickelt das Kind

3. bestimmte Phantasien über das elterliche Trauma, über das nicht oder nur punktuell gesprochen wird. Das Kind füllt in der Phantasie die Lücken, ergänzt die verstümmelten Erzählungen oder imaginiert sich Erklärungen in einer Mischung aus Beobachtung der elterlichen Verhaltensweisen und eigenem Wissen, das aus späteren Entwicklungsphasen stammt, etwa in der Schule mitgeteilt wurde. Oftmals kommt es auf diesem Wege zu äußerst präzisen Rekonstruktionen der elterlichen Traumata, indem das Kind diese in der Phantasie wiederbelebt und somit auch mit der erschütternden emotionalen Qualität in direkten Kontakt kommt, auch wenn es sich dabei um eine Traumatisierung in der Phantasie handelt.

4. Diese Beeinträchtigung kann in einem engen Zusammenhang zu der Traumatisierung durch Selbstverlust stehen. Traumatisierte Eltern schließen sich gelegentlich überaus eng an ihre Kinder an und benutzen sie als Ersatz, um die eigene beschädigte Selbststruktur wieder auszugleichen. Das Kind wird zum Selbstobjekt der Eltern; es kann auf diese Weise keine eigene Identität entwickeln, wird sich als unwirklich und entfremdet erleben und führt ein Leben, das keine entwi-

ckelte Individualität erlaubt, sondern sich anfühlt, als wäre es das Leben eines anderen.

Diese Wege der Trauma-Transmission betonen die unbewusste und teilweise auch bewusste Aktivität der Eltern ihren Kindern gegenüber. Es gilt in jedem Fall, dass auf dem Wege der Projektion und Introjektion innerseelische Inhalte der Eltern in die intrapsychische Struktur der Kinder gelangen. Dabei spielt naturgemäß die Empfangsbereitschaft der Kinder aufgrund ihrer Abhängigkeit von den Eltern eine große Rolle. Wie die Kinder diese unverdauten und unverdaulichen Trauma-Anteile in ihre innere Struktur zu integrieren versuchen, unterliegt der spezifischen Aktivität der Kinder der zweiten Generation nach dem Ursprungstrauma der Eltern.[52]

Mit diesen Fragen hat sich, auf die Folgen des Holocaust bezogen, als erste Judith Kestenberg beschäftigt, auf sie geht der Begriff der Transposition zurück, der die inhaltliche Weitergabe traumatischer Themen oder traumatischen Materials von einer Generation auf die nächste bezeichnet. Da die Kinder einen Ausgleich für die Verluste der Eltern schaffen sollen, bekommen sie z.B. die Rollen ermordeter Verwandter, Geschwister, Kinder zugewiesen, über die jedoch nicht gesprochen wird. In der so entstehenden Atmosphäre eines geheimnisgeschwängerten Schweigens entwickeln die Kinder nicht nur ein überaus konkrete Phantasien über die möglichen Hintergründe des elterlichen Traumas (s.o.), sondern oftmals versuchen sie das diffuse, namenlose Entsetzen und Unglück durch eigene Fehlleistungen oder Inszenierungen konkret zu wiederholen – vielleicht, weil eine konkrete Erfahrung besser zu verkraften ist als die unheimliche, namenlose Gefahr. Dies stellt demnach eine Konkretisierung (Kogan 1998) des unfasslichen elterlichen Traumas dar durch die Wiederholung im kindlichen Erlebnisraum und durch kindliche Re-Inszenierung auf der Verhaltensebene. Mit der Konkretisierung soll psychisches Leid verhindert werden. Sie tritt bei Menschen auf, die die traumatischen Aspekte aus dem Leben ihrer Eltern agieren, ohne zu verstehen, was sie damit tun. Somit wird die Konkretisierung ein durch Verhalten inszenierter Ausdruck dafür, jemanden ins Leben zurückzuholen oder aber den Tod von anderen zu verursachen, sie hat eine existentielle Dimension: „Sie umfasst daher nicht nur den Versuch von Nachkommen, die Opfer zu retten, sondern auch den Wunsch, sie aufgrund der Identifizierung mit dem Aggressor zu vernichten." (Kogan 1998, S. 249)

---

[52] Hier wird eine in der Holocaust-Forschung übliche Begrifflichkeit aufgegriffen, mit der die erste Generation die Holocaust-Überlebenden selbst sind, und die Bezeichnung der weiteren Generationen sich in der Folge an dieser ersten Generation orientiert.

Kogan gibt ein eindrückliches und verstörendes Beispiel von ihrem Patienten Isaac, der den Namen seines Großvaters trägt. Dieser Großvater wurde in Polen von den Nazis ermordet, während seine Frau und der Sohn (Isaacs Großmutter und sein Vater) sich im Schrank versteckt hielten und alles mit ansehen und hören mussten. Über dieses Unheil wurde geschwiegen. Isaac wuchs in engem Kontakt mit der leidenden Großmutter auf, entwickelte früh schwere Depressionen und psychotische Episoden und wollte sich während des Militärdienstes mit seiner Waffe erschießen. Der zuvor von ihm benachrichtigte Vater kam jedoch rechtzeitig, wollte dem Sohn die Waffe entreißen – dabei schoss der Sohn auf seinen Vater und verletzte ihn schwer. Der ermordete Großvater – wiederbelebt in seinem Enkel gleichen Namens – mahnte den Vater fortwährend an seine Überlebensschuld, die auto-aggressive Attacke des jungen Isaac erscheint wie eine Rache des Alten an seinem Sohn und gleichzeitig als wütende Attacke des Enkel-Sohnes auf seinen Vater, der über seine Trauer und Schuldgefühle niemals gesprochen hatte. Die Bereitschaft des Enkels zum Selbstmord, in welchem sich in unheimlicher Verdichtung das familiäre Drama in der dritten Generation konkretisiert, zeigt die extreme Schwierigkeit eines Lebens nach einer solchen traumatischen Überwältigung (vgl. Kogan 1998, S. 148ff)

Mit der Konkretisierung als Verhaltensphänomen wird eine mentale Symbolisierung des traumatischen Materials auf Dauer unmöglich; das Trauma wird vielmehr im potentiell unendlichen Wiederholungszirkel verbleiben und damit über Generationen wirksam werden. Eine Zurückeroberung der verlorenen Symbolisierungsfähigkeit wird daher im Zentrum jeder psychodynamisch orientierten Therapie stehen:

> „Eine psychoanalytische Psychotherapie Traumatisierter wird heute die Wiedergewinnung der Symbolisierungsfähigkeit, die das Trauma beeinträchtigt oder zerstört hatte, in das Zentrum rücken. Dadurch erhält die therapeutische Beziehung die Qualität der entwicklungsfördernden frühen Mutter-Kind-Beziehung, in der Winnicotts „holding" eine haltende Umgebung bedeutet und Symbolisierung mit dem Konzept des „Containing" verbunden wird, indem nicht symbolisierte Inhalte und insbesondere Affekte modifiziert und benannt an den Patienten zurückgegeben werden." (Hirsch 2004, S. 6)

Es ist nicht auszuschließen, dass viele der jugendlichen Drogenabhängigen ähnliche Probleme haben, die aus einer schweren, vielleicht traumatischen Lebensgeschichte ihrer Eltern stammen. Allerdings sind diese Aspekte der lebensgeschichtlichen Erschwernisse in den Interviews selten offen thematisiert worden. Einige der Jugendlichen erwähnen die psychiatrischen Diagnosen der Eltern so etwa Omar, der mitfühlend von seiner „Borderline-Mutter" spricht; andere erzählen von dem offen destruktiven Verhalten ihrer Mütter, das den therapeutischen Behandlungsprozess unterläuft, wie Jill, deren Mutter sie einlädt, um mit ihr gemeinsam zu trinken.[53]

Elterliche Traumatisierungen und Inhalte der elterlichen Störungen können sich auf vielfältigen Wegen auf die nächste Generation auswirken und somit eine generationenübergreifende Wirkung erzeugen. Das elterliche Trauma kann sich beispielsweise in desorganisierten Bindungsstilen als destruktiver Selbstanteil äußern, es kann als Täterintrojekt nach spezifischen traumatischen Misshandlungen auftreten oder auch als Identifikation mit dem Aggressor. Gewiss ist die Weitergabe eines elterlichen Traumas mit Hilfe unserer Methode, die mit den Jugendlichen als Interviewpartner/innen arbeitet, nur schwer eindeutig zu identifizieren: Wir finden jedoch Hinweise auf die Transmission eines elterlichen Traumas. Dabei ist nicht auszuschließen, dass ein solcher Hintergrund vermutlich wesentlich häufiger vorliegt, als es die manifesten Texte der Interviews wiedergeben. Aber selbst dort gibt es deutliche Hinweise, z.B. wenn Mütter mit einer Borderline-Störung (wie in Omars Fall) ihr Kind in die Drogenabhängigkeit geradezu hineintreiben, indem sie ein entsprechendes Modell abgibt (bei Problemen eine chemische Lösung suchen), den Sohn zum gemeinsamen Konsum einladen sowie das Kind als Dealer einsetzen.

Unsere biographischen Interviews stellen aber die Jugendlichen und ihre Entwicklungsprozesse ins Zentrum. Wenn sie in diesem Zusammenhang in einem der Interviews die traumatische Schädigung ihrer Eltern thematisieren, setzt das bereits eine immense Entwicklung ihrer Introspektionsfähigkeit sowie ihrer Mentalisierungsfähigkeit voraus. Nicht alle sind so weit gekommen, aber auch nicht alle öffnen sich in der Interview-Situation den Interviewern derart weit. Sie müssen bereits ein Stadium der inneren Differenzierung zwischen Selbst und Objekt erreicht haben und eine angemessene Separation von ihren realen Eltern und Bindungspersonen in der Gegenwart erreicht haben, möglichst noch in gegenwärtig stabilen guten Beziehungen leben, bevor sie genügend innere Distanz besitzen, sich ohne dabei selbst getriggert zu werden und ohne Schuldzuweisun-

---

[53] Generell zeichnet sich ab, dass solche lebensgeschichtlich dramatischen und belastenden Informationen aus der Herkunftsfamilie selten in dem ersten Interview berichtet werden. Vielmehr ist auffällig, dass von Gespräch zu Gespräch die Details aus den Biographien farbiger, deutlicher und präziser erzählt werden. Oft machen erst die Informationen aus dem dritten Interview deutlich, was im ersten Interview noch unverstehbar und apokryph erscheint. Es muss hier noch offen bleiben, ob das ein Resultat der wachsenden Bindung an die Interviewer ist (also ein Ergebnis der Forschungsbeziehung) oder ob der Therapie- und Wachstumsprozess derartige Veränderungen bewirkt hat, die zu mehr verbaler Symbolisierungsfähigkeit geführt haben.

gen, dem Trauma der Eltern zuwenden zu können und darüber im Gespräch mit einem Fremden Rechenschaft ablegen zu können. Es setzt darüber hinaus voraus, dass sie genügend Einfühlungsvermögen besitzen, sich in die Situation der Eltern zu einem Zeitpunkt hineinzuversetzen, als die Interviewees selbst noch sehr jung und daher überaus verletzlich waren, d.h. sie müssen fähig sein, Empathie mit dem damaligen Befinden der Eltern entwickeln. Kurzum: Die Thematisierung des elterlichen Traumas im Licht der eigenen Geschichte von Beschädigungen setzt eine über Jahre sich entwickelnde Heilung der alten Wunden bereits voraus.

Es ist daher nicht überraschend, dass die spezifischen elterlichen Traumata und schädigenden Lebensbedingungen in den Lebenserzählungen der Jugendlichen kaum eine Rolle spielen, so dass wir hierfür nur wenig biographische Anhaltspunkte besitzen. Eine Ausnahme jedoch ist Amelie, deren Biografie wir daher auch genauer betrachten wollen.

6.3 Amelie – Vom Junkie zur Künstlerin

Amelie[54] lebte mit ihren Eltern und ihrem ein Jahr jüngeren Bruder in einem Dorf in einer badischen Kleinstadt, bis die Eltern sich trennen, als sie drei Jahre alt ist. Nach der Scheidung bleiben beide Kinder bei der Mutter, die berufstätig ist und als Krankenschwester auch Schichtdienste zu arbeiten hat. Die Kinder verbringen daher viel Zeit bei den Großeltern. Amelie beschreibt das Verhältnis zu ihrer Mutter als schwierig, sie *„kam mir halt immer sehr labil vor und nich so belastbar"* (1. Interview, Zeile 6). Das Verhältnis zum Bruder ist ausgesprochen eng, Amelie bemuttert ihn: *„Also immer so mehr die Mutterrolle eingenommen für ihn und mich halt so um ihn gekümmert, anstatt mich mal um mich selbst zu kümmern"* (1. Interview, Zeile 7). Zum Zeitpunkt des ersten Interviews ist Amelie 18 Jahre alt und befindet sich kurz vor Therapieende in der Einrichtung Teen Spirit Island. Zu diesem Zeitpunkt befinden sich sowohl die Mutter als auch der Bruder ebenfalls in psychotherapeutischer Behandlung, der Bruder unter anderem wegen Drogenproblemen und Schwierigkeiten im Umgang mit Aggressionen. Amelies Vater, ein gelernter

---

[54] Von Amelie liegt ungewöhnlich umfangreiches Interviewmaterial vor, die einen Zeitraum von drei Jahren und vier Gespräche umfassen. Das erste Interview wurde im Februar 04 geführt, das zweite im Dezember 04, das dritte im August 05 und das letzte Gespräch, das nahezu Interviewcharakter hatte, im August 06. Die Interviewerin hatte mit Amelie auf deren ausdrücklichen Wunsch vereinbart, ihr die Transkripte und Ausarbeitungen zum Lesen zu geben. Bei der letzten Übergabe ergab sich das vierte Gespräch, das nicht auf Band dokumentiert wurde, aber von der Interviewerin, Angela Aldag, als Gedächtnisprotokoll verschriftlicht wurde. Sie hat auch eine Magisterarbeit verfasst, in deren Zentrum der Fall Amelie steht.

6.3 Amelie – Vom Junkie zur Künstlerin

Metzger, dessen Alter sie mit Anfang 60 angibt, war mit Amelies Mutter in zweiter Ehe verheiratet. Aus der ersten Ehe stammen zwei Stiefbrüder, zu denen sie nur einen losen Kontakt hält. Zu seiner Tochter steht der Vater in regelmäßiger Verbindung. Eine Schwester ihrer Mutter ist kurz vor dem Zeitpunkt des ersten Interviews an den Folgen ihrer schweren Alkoholerkrankung gestorben.

Im dritten Interview erwähnt Amelie, dass sie im Alter von sechs Jahren von einem Mann sexuell belästigt wurde, *„da war, ja da bin ich mal, sexuell belästigt worden von so 'nem Arschloch"* (3. Interview, Zeile 1302), woraufhin ihre Mutter sie zu einem Psychologen und einer Kindertherapie bringt, um mögliche Folgen dieses Übergriffs von vornherein therapeutisch aufzufangen. Etwa in dieselbe Zeit fällt der Suizid ihres Großvaters mütterlicherseits (er suizidiert sich nach der Einnahme von Schlaftabletten, indem er sich eine Plastiktüte über den Kopf zieht.). Amelie erwähnt diese Ereignisse nur kurz und kommt zu ihren eigenen Entwicklungen zurück, indem sie sagt, *„im Grunde war's dann ja auch in meinem Prozess so, dass ich gar kein Leuten vertraut hab"* (3. Interview, Zeile 313). Von der Seite ihrer Mutter besteht offenkundig eine sehr hohe familiäre Belastung, nicht nur durch den Suizid des Großvaters und den alkoholbedingten Tod der Tante; im dritten Interview spricht Amelie auch von dem Leidensweg des Bruders, der eine Zeit lang bei den Großeltern lebte und dort schwere Misshandlungen erleiden musste, *„dass sie meinen Bruder in den Keller gesperrt haben für'n Jahr und nur zum Essen rausgelassen und all solche Schoten (lächelt), weiß nicht, das sind halt Sachen, die schon immer, schon gespürt hab, dass da halt kranke Sachen in meiner Familie war'n und aber niemand hat drüber geredet"* (3. Interview, Zeile 1370f). Es gibt also Familiengeheimnisse, die augenscheinlich mit den Großeltern zusammenhängen. Nicht nur der brutale Suizid des Großvaters, auch die schwere Misshandlung des Bruders verweisen auf gewalttätige Übergriffe.[55] Es entsteht der Eindruck einer zerrissenen Kindheit und Jugend, wenig stabile und verlässliche Unterstützung für Amelie und ihren Bruder, stattdessen eine Vielzahl von einschneidenden Details, deren Bedeutung sich zunächst kaum erschließen lässt.

Amelie selbst entwickelt in der frühen Adoleszenz zwischen elf und 13 Jahren eine schwere Bulimie, deretwegen sie in dieser Zeit psychotherapeutisch behandelt wird. In dieselbe Zeit fällt der Beginn ihres Alkoholkonsums und wahrscheinlich auch ihrer Selbstverletzungen.[56] In dieser Phase der frühen Adoleszenz

---

[55] Selbst wenn Amelie hier nicht wortgetreu die Geschichte der Familie wiedergibt, so will sie doch etwas Bedeutsames mitteilen. Es bleibt der Eindruck von Gewalt in der großelterlichen Familie haften!
[56] Das „Ritzen", schließlich eines ihrer Hauptsymptome, bleibt in der Darstellung des manifesten Textes über die Interviews hinweg eher nebensächlich, gewiss aber hat sie es im Alter von 13 Jahren bereits praktiziert.

steckt sie in einer verdichteten Krisenproblematik. Während ihr Bruder sein Aggressionsproblem durch Ausagieren „lautstark" inszeniert, richtet Amelie die Aggressionen gegen sich selbst und bleibt über lange Strecken äußerlich verhältnismäßig unauffällig. Mit 15 lernt sie ihren ersten Freund kennen, mit dessen Hilfe sie ihr Heimat-Dorf verlässt und in der nächstgelegenen Großstadt die Szene der Diskotheken erkundet und dabei Jugendliche kennenlernt, die alle Drogen konsumieren. In dieser Zeit nimmt sie selbst das erste Mal Ecstasy. Mit 16 Jahren hat sie einen neuen Freund, mit dem sie dann auch andere Drogen wie Kokain und Chrystal konsumiert, Alkohol bleibt jedoch ihr kontinuierlicher „Beikonsum". Eine Clique von wesentlich älteren Jugendlichen stärkt ihr Selbstwertgefühl: *„Da hab ich dann irgendwie gedacht, ich hab Leute gefunden, ne, die hören mir zu, die sind nich angekotzt von mir"* (1. Interview, Zeile 752). Aufgrund ihres negativen Selbstbildes unterstellt Amelie auch anderen eine negative Sichtweise ihrer Person. Es ist daher nicht verwunderlich, wenn sie in dieser Clique auch zu härteren Drogen wie Ecstasy, Kokain und anderen Substanzen greift, um dazuzugehören. Mit 16 Jahren gibt es außer Heroin keine Droge, die sie noch nicht konsumiert hat.

Trotz dieser körperlich wie seelisch äußerst belastenden Situation beendet Amelie zu dieser Zeit die Schule mit einem *„super Realschulabschluss"* (1. Interview, Zeile 110) und beginnt eine Ausbildung zur Hotelfachfrau bei einem angesehenen Unternehmen. Sie findet auch hier schnell Kontakt zur Szene, bald konsumiert sie wieder größere Mengen und nimmt regelmäßig Kokain und Chrystal. Da Amelie nicht mit Geld umgehen kann, klaut sie in Kaufhäusern und bestiehlt auch die Eltern, um ihren Konsum zu finanzieren. Mit einem gewissen Stolz berichtet sie, dass sie niemals erwischt worden ist. Während der Arbeitszeit bleibt sie clean, so dass in ihrem professionellen Umfeld ihre persönliche Problematik lange Zeit verborgen bleibt, bis es zu einem Schlüsselerlebnis kommt: Aufgrund einer Überdosis gerät sie in einen lebensbedrohlichen Zustand, *„ich lag im Bett und hab gar nichts mehr gesehen, war entweder alles blau oder alles grün oder alles rot, Scheiße Alter, ich konnt noch nich mal aufstehn was zu trinken holen, gar nix, Notarzt rufen, mein Gott, da hab ich echt schon Schiss gehabt, dass ich abkratze, ehrlich so"* (1. Interview, Zeile 161f). Aus eigener Initiative sucht Amelie Hilfe bei einer Beratungsstelle, deren Mitarbeiter sie sofort in ein Krankenhaus überweisen. In dieser Klinik kümmern sich die Mutter und der behandelnde Arzt um einen Platz bei Teen Spirit Island, der auch vier Tage später frei wird. Im Vorgespräch macht Amelie ernsthaft deutlich, dass sie nicht weiß, wie ihr Leben weitergehen soll und dass sie Angst hat, *„abzunippeln"* (1. Interview, Zeile 244). Erst zu diesem Zeitpunkt erfährt die Mutter das ganze Ausmaß von Amelies Drogenkonsum. Amelie beginnt die Therapie auf Teen Spirit Island, bricht aber nach einigen Wo-

6.3 Amelie – Vom Junkie zur Künstlerin

chen ab, um schließlich aufgrund eines weiteren „Wendeerlebnisses" (vgl. Abschnitt 7.2) zurückzukehren: *„Konnt ich wiederkommen, ich war so glücklich"* (1. Interview, Seite 9). Sie wird von den anderen Jugendlichen begeistert empfangen und lässt sich jetzt wirklich auf den therapeutischen Prozess ein, der in eine mehrwöchige schwere Depression übergeht: *„Und da hab ich endlich mal das alles rausgelassen, was eigentlich so scheiße in mir ist, diesen ganzen Selbsthass, den ich hatte, dann diese ganze Wut, dieses Elend und dieses einfach so, dieser ganze Scheiß, der in mir drin ist, und den ich auch weggedrückt hab, die ganze Zeit, den hab ich rausgelassen* (1. Interview, Seite 9).

Sie geht vollständig in diese Gefühle hinein, sie will keine Medikamente und kein Entspannungsbad, sie will wirklich fühlen, was in ihr ist: *„Ich wollt das einfach nur irgendwie aushalten, nur mal fühlen, einfach fühlen, wie schlecht es einem gehen kann"* (1. Interview, S. 10). Ihr geht es so schlecht, dass sie sogar um eine Überstellung in die geschlossene Abteilung bittet, weil sie denkt, es nicht aushalten zu können. Sie bekommt viel Unterstützung, erreicht die B-Phase, freut sich darauf und hat, nachdem sie diese Krise in der Depression überwunden hat, eine ausgesprochene Hochstimmung, beschreibt sich fast manisch-euphorisch im Anschluss an die Depression: *„Hab das ganze Glück gespürt und wie toll das dann sein kann, und dann hatt´ ich Träume und Vorstellungen, was ich alles machen kann und dann, übergesprudelt also förmlich"* (1. Interview, S. 10). Erstmals in ihrem Leben spürt sie, dass sie auch ohne Drogen glücklich sein kann, wenn sie sich selbst annimmt. Amelie akzeptiert sich selbst in ihrer Persönlichkeit und auch in ihrem Körper, sie erkennt ihre lebhaften (*„ich kann ja schon ziemlich platzraubend sein in meiner Art einfach"*) und ihre zarten und verletzlichen Seiten, die häufig zu ihrer Anpassung an andere geführt haben.

Nach dem neunmonatigen Aufenthalt in Teen Spirit Island wechselt Amelie in die Wohngruppe Step Kids, fühlt sich dort aber nicht wohl, und schon das zweite Interview wird in ihrer eigenen Wohnung geführt. Allerdings hält sie den Kontakt zu Teen Spirit Island über die Einzeltherapie; die Bindung an ihren Therapeuten ist außerordentlich eng. Ihm gegenüber bespricht sie auch offen die Tatsache, dass sie gelegentlich zum Vergnügen Alkohol mit einer Freundin trinkt.

Zwei Jahre später lebt sie in einer beglückenden gleichgeschlechtlichen Partnerschaft, hat ihre Identität als Künstlerin (Malerin) gefunden und ist zufrieden mit ihrer drogenfreien Lebensweise. Amelie hat ihr Selbstvertrauen, ihr Selbstwertgefühl stabilisiert und ihren Wert in sich selber gefunden, ohne erst für Andere Sorge tragen zu müssen. Sie hat also aus den symbiotischen und parentifizierenden Mustern herausgefunden; der Weg zu Selbstsorge und Selbstausdruck führt sie in die Malerei, die jetzt ganz ihre Selbstdefinition und Identität bestimmt. Diese konkrete und in Realität verwurzelte Wunschdimension des drogenfreien Alltagslebens und der beglückenden Bejahung dieser Lebensform steht in einem positiven Kontrast zu dem dritten Wunsch im 1. Interview, in dem sie sagt:

> [...] „mein dritter Wunsch wär, ja das ist ganz weit hinten, aber ich möchte, wenn ich mein Leben ja jetzt regulär einfach beende, also nich einfach durch Drogen irgendwie beende, sondern durch, wenn ich halt wirklich sterbe, wenn es dann sein soll, möcht ich zufrieden sein, ich möchte nich das Gefühl haben, irgendwas nich gemacht zu haben, was ich mir gewünscht hab, ich möcht halt wirklich, halt soviel wie möglich ausprobiert haben und geguckt haben, einfach sagen, mein Leben war gut, ich kann jetzt zur Ruhe gehn, das is mein dritter Wunsch (letzteres sagt sie lächelnd) (1. Interview, S. 31).

Diese Passage berührt beim Lesen sehr tief. Sie spricht über eine Phantasie von ihrer Todesstunde und, gewiss ungewöhnlich für eine 18jährige, es ist ihr Lebenswunsch, zufrieden zu sterben. Sie beschreibt das zufriedene Sterben als Ergebnis eines zufriedenen Lebens, in dem sie alles getan hat, was sie tun wollte. Dies einen jungen Menschen mit Amelies Geschichte am Ende einer intensiven neunmonatigen Therapiezeit sagen zu hören, ist gewiss außergewöhnlich. Sie nimmt damit ein Lebensthema wieder auf, nämlich das der existentiellen Bedrohung, der Gratwanderung zwischen Leben und Sterben, zwischen Lebendigkeit und Unlebendigkeit. Sie entwirft eine Vision, die von ebenso großer Schlichtheit ist, wie sie außergewöhnliche Vitalität beinhaltet. Sie möchte sagen können „*mein Leben war gut*". Die qualvollen Zustände, den inneren Druck, die ständige Angst vor Unzulänglichkeiten und die krisenhaften Einbrüche des Selbstwertgefühls hat sie hinter sich gelassen, reale Bitternisse und Zumutungen muss sie nicht mehr bekämpfen, und sie hegt ihretwegen keinen Groll mehr. Stattdessen hat sie ein befriedigendes, vielleicht abenteuerliches und anregendes Leben gelebt, das dann friedlich einem Ende zugeht. Diese Wunschvision einer 18jährigen ist auch von lebensbejahender Reife.

6.3.1 Eigene Lebensräume und kontrollierter Alkoholkonsum

Amelie hat sich mit einer Vielzahl von symptomatischen Problemen auseinanderzusetzen. Von den illegalen Drogen hat sie sich mit Abschluss der Therapie gründlich und endgültig verabschiedet, jedoch ist sie sicher, dass sie kontrolliert Alkohol trinken kann. Sie gewinnt ihre Sicherheit aus der Kenntnis ihrer Problematik und aus der Erfahrung, inzwischen über genügend alternative Handlungsoptionen zu verfügen. Noch in der Zeit auf Teen Spirit Island hat sie gelernt, durch eine aktuelle Krise hindurchzugehen und die schlechten Gefühle zuzulassen. Mit ihrer Leistungsorientierung hat sie sich früher immer abverlangt, allein mit allen Schwierigkeiten fertig zu werden, niemanden wissen zu lassen, wie schlecht es ihr geht, und vor allen Dingen auch sich dies selbst gegenüber nicht im vollen Umfang einzugestehen. Am Ende der Behandlung in Teen Spirit Island sagt sie auf die Frage, wie sie denn jetzt damit umgehen will, wenn es ihr nicht gut geht: *"Das Wichtigste is halt, was ich vorher nicht gemacht hab nach meiner Arbeit, das zuzulassen sozusagen, jetzt bist du für dich und jetzt kann es dir auch Scheiße gehn und nicht einfach für mich selber, vor mir selber die Show weiter durchzuziehen."* Und etwas später sagt sie, *"ich bin ja sowieso noch hier an TSI gebunden, erstmal an ambulante Therapie, das werde ich natürlich auskosten bis zum letzten Tropfen, ist ja Therapie"* (1. Interview, S. 26). Selbstwahrnehmung, Akzeptanz der Krise und Vergegenwärtigung von Bindungserfahrungen sind Elemente, mit denen Amelie in Zukunft ihr Krisenmanagement handhaben will. Das bestätigt sie auch im zweiten Interview, indem sie sagt, *"also sobald ich merke, dass es mir schlecht geht, dann rufe ich halt irgendwen an und telefoniere halt nur oder ich fahr nach Hause, leih mir irgendein Video aus."* (2. Interview, Zeile 474f.) Sie sagt weiter, sie habe sich, *"halt so das Prinzip gesetzt, sobald mir´s, wenn´s mir halt schlecht geht, keinen Alkohol, und jetzt so zuhause alleine sowieso nicht".* Ihr ist also bewusst, dass sie Alkohol nicht während einer Krise einsetzen darf – und offenkundig hält sie sich auch daran.

Diese Entwicklung setzt sich im dritten Interview fort, das interessanterweise mit einer Beschreibung ihrer veränderten Wohnverhältnisse beginnt. Amelie hat ihre Wohnung nun so eingerichtet, dass sie nicht ein für plötzlichen Besuch vorzeigbares Projekt ist, sondern für sie eine praktische und für ihre Bedürfnisse angemessen eingerichtete Rückzugsmöglichkeit. So hat sie jetzt ihr Schlafzimmer medienfrei, nur mit ihrer Staffelei als wirklichen Rückzugsort für Ruhe und Entspannung vorgesehen (vgl. 3. Interview, Zeile 211ff). Auf die Frage nach dem Umgang mit schwierigen Situationen und Krisen sagt sie: *"Ja, wenn ich überfordert bin, das war ja immer schon so, dass ich mich schnell überfordert hab und dann tritt halt so diese Depression ein, dass ich halt gar nicht mehr sehe, was ich alles gut mache, sondern dass dann eben alles einfach nur schlecht ist ne, und mittlerweile krieg ich das halt auch viel schneller mit, wenn ich mich überforder, also kann ich schon vorbeugen, im Grunde"* (3. Interview, Zeile 610f.) An anderer Stelle konkretisiert sie das am Beispiel des Impulses zur Selbstverletzung: *"Vor zwei Wochen, da ging´s mir schlecht, da hatte ich das Bedürfnis zu ritzen, aber da hab ich (sie steht auf, holt ein Blatt Papier in Rot- und Schwarztönen) das gemalt dann, zu dem Zeitpunkt hatte ich halt keine andere Leinwand, da hab ich das Foto übermalt, ja, ich bin auch sehr froh darüber, dass ich das irgendwie dann anders gemacht habe, dann ne, sind die Energien anders abgeflossen* (3. Interview, Zeile 1200). Die Interviewerin beschreibt in ihrem subjektiven Protokoll, dass Amelie ein wildes Bild in Rot- und Schwarztönen zeigt, auf dem sehr deutlich zum Ausdruck kommt, in welchem verstörenden Gefühlsaufruhr die Malerin zu diesem Zeitpunkt gewesen sein muss. Statt ihre Notlage und ihre inneren Unglückszustände als reale Verletzungen (die Schnitte bei der Selbstverletzung) zu inszenieren, bringt Amelie diesen Zustand jetzt als Malerin auf die Leinwand. Der künstlerische Ausdruck ist ihr neues Medium, ihr Leiden auszudrücken und Schritt für Schritt zu integrieren.[57]

6.3.2 Die Beziehung zur Mutter: von Familiengeheimnissen belastet

Amelie hält zu beiden Eltern einen kontinuierlichen Kontakt, der zur Mutter ist aber offenkundig intensiver. Die Beziehung zur Mutter spielt in ihrer Therapie und auch in den Interviews eine besondere Rolle. Zunächst zeichnet Amelie das Bild einer Frau, die sehr mit sich selbst beschäftigt ist, die ihre Labilität und offenbar auch depressiven Anteile recht unverstellt zum Ausdruck bringt. Dies veranlasst Amelie schon seit frühester Kindheit, sehr viel Rücksicht auf die Mutter zu nehmen und auch eine gewisse Fürsorge gegenüber dem ein Jahr jüngeren Bruder zu entwickeln. Die Mutter scheint die Vielzahl von Amelies schweren Symptomen wohl wahrgenommen, aber in der ganzen Bedeutung nicht an sich heranzulassen zu haben. So gibt es die vorsorgliche kindertherapeutische Behandlung nach dem sexuellen Übergriff mit sechs Jahren, es ist auch die Mutter, die wegen der Essstörung auf einer ambulanten Therapie besteht – ebenso ist es die Mutter, die Amelie nach dem lebensbedrohlichen Schlüsselerlebnis ins Krankenhaus bringt und dafür sorgt, dass die Behandlung bei Teen Spirit Island beginnen kann. D.h. vor allen Dingen die Mutter ist in Kontakt mit ihrer Tochter und auch interessiert an deren Wohlergehen, jedoch imponiert eine gewisse Oberflächlichkeit und Bereitschaft, die Delegation zur Lösung der Probleme an Institutionen und Helfersysteme abzugeben. Im ersten Interview fällt eine Sequenz auf, die an dieser Stelle ausführlich zitiert werden soll. Nach etwa sechsmonatiger Therapie ist Amelie nach Hause gefahren:

„Ja, ich sollte halt Weihnachten auch nach Hause fahren, aber das hat nicht funktioniert, da gab's dann Stress mit meiner Mutter (seufzt, holt tief Luft), weil ich weiß gar nicht, ich hab wohl irgendwelche Sachen in mir gehabt, die sie auch gedacht hat immer also, ich hab dann

---

[57] Amelie betreibt auch die Malerei mit der ihr eigenen Konsequenz, besucht Workshops, bildet sich fort in diesem Bereich und plant auch ein kulturelles Jahr, das sie ganz der Kunst widmen will.

6.3 Amelie – Vom Junkie zur Künstlerin

hier auch ange-, hhh, also, ich hab vorher schon mal geritzt, aber ich hab dann halt hier wieder angefangen zu ritzen und einfach gesagt, dass ich halt einfach Lust hätte mir meinen Körper aufzuschlitzen und solche Sachen, hab ich dann halt wirklich ausgesprochen, weil das raussollte, neh, und sie sagt immer, in vielen Sachen, die ich sage, da sieht sie sich wieder und das hat sie angekotzt, weil sie meinte dann halt, dass wär ihrs und nicht meins (spricht schnell, mit verstellter Stimme), aber nun ne, meine Güte, ich mein, ich komm ja nun mal von ihr ne, und das hab ich mitgekriegt, ich meine, Kinder kriegen soviel mit und das war ja auch mehr Unterbewusstsein, dass ich das mitgekriegt hab, ich hab ja nich irgendwelche Telefonate belauscht oder so, sie hat ja auch nie drüber gesprochen und trotzdem wusst ich's und da hat sie sich, meiner Meinung nach, hat sie 'n Vorwurf draus gemacht und war natürlich auch verzweifelt halt ne dann auch, hat dann ja auch gesehen, wo es mir auch wirklich schlecht hier ging und dann –"

Interviewerin unterbrechend: „Hat sie dir denn dann den Vorwurf gemacht, dass du was für sie auslebst oder dass du ihr auch was wegnimmst oder wie?" Amelie: „*Ja, ich denke mal, dass sie einfach auch eifersüchtig oder neidisch war, dass ich das sagen konnte und sie hat's nich gemacht, ne, dass sie's einfach nicht ausleben konnte, sondern dass sie es weggedrückt hat –* Interviewerin: Also bist du praktisch einen Schritt weitergegangen als deine Mutter es konnte? Amelie: „*Ja, bin ich auch, meiner Meinung nach jetzt immer noch, sie macht ja auch Therapie, ambulante Therapie und verarbeitet wirklich viel, sie hat ja, sie lebt ja auch schon viel länger als ich und verarbeitet da total viel von ihren Eltern und von ihrer Ehe, und mit meinem Vater, da ist schon einiges, was sie jetzt noch verarbeitet –"* (1. Interview, S. 14)

In Teen Spirit Island hat sie nach dem Drogenentzug wieder verstärkt mit dem selbstverletzenden Verhalten begonnen, was sie selbst als einen Fortschritt empfindet; nicht, dass sie schneidet, aber dass sie darüber sprechen kann. Das veranlasst die Mutter offenbar zu einer ganz ungewöhnlichen Reaktion: Sie wird wütend („*angekotzt*"), weil Amelie Impulse auslebt und Affekte ausspricht, die die Mutter selbst in sich empfindet, aber bislang weder benannt noch handelnd ausgedrückt hat. Nun sieht sie sich durch die Tochter in ihrer verheimlichten Seite gespiegelt und reagiert besitzergreifend, neidisch („*das wär ihrs und nicht meins*"). Sie macht der Tochter deren Symptome in einer sehr heftigen und konkurrierenden Weise streitig. Amelie selbst gerät darüber zunächst einmal in die Defensive („*das war ja auch mehr Unterbewusstsein, ich hab ja nich irgendwelche Telefonate belauscht*"). Ohne dass sie genau weiß, was die lebensgeschichtlichen Hintergründe des mütterlichen Verhaltens sind, berichtet sie diesen Vorfall doch noch immer deutlich irritiert und rekonstruiert auf der kognitiven Ebene das Aggressions- und Eifersuchtsthema der Mutter. Die Symptomatik der Selbstverletzung erscheint nun in dem Licht einer besonderen Qualität und als wünschenswerter Ausdruck von aggressiven Impulsen, die die Mutter sich selbst verboten hat, zu denen Amelie aber fähig ist. Die Mutter konnte jedoch hat es „*weggedrückt*". Die Tochter aber lebt „es" aus und wird damit zur Vorreiterin, geht einen Schritt weiter, als die Mutter es sich gestattet hat. Indem Amelie diese Symptome – und worauf sie beruhen – tatsächlich durch ihre Selbstverletzung ans Tageslicht gebracht hat, veranlasst sie eine eigene therapeutische Behandlung und trägt dazu bei, dass auch Mutter und Bruder sich in eine ambulante Psychotherapie begeben.

Amelie steht erkennbar unter Druck, während sie das berichtet.

Sie spricht schnell und dennoch abgehackt, ihre Verwirrung und Entrüstung über die Eifersucht der Mutter auf die Freiheit der Tochter bei der Wahl der Symptomsprache werden deutlich, gleichzeitig zeigt sich auch ihr Bemühen zu verstehen, was mit ihr passiert und auch Verständnis für die Mutter zu zeigen. Damit ist sie gegenüber der Rücksichtnahme einfordernden Mutter in einer ihr sehr vertrauten Position: der verständnisvollen jungen Erwachsenen, die sie schon als kleines Kind gewesen ist. All das ist für Amelie äußerst verstörend. Sie ahnt ja selbst, dass sie etwas mitbekommen hat von dem, was eigentlich das Problem oder Thema ihrer Mutter ist, aber es ist für sie noch nicht fassbar, sie kann es sich noch nicht wirklich erklären. Daher ist sie auch so sehr in der Defensive, als sie beginnt, ihre Selbstverletzung zu rechtfertigen. Hier liegt ein manifester Hinweis auf eine transgenerationale Problematik, die sich auch im dritten Interview präziser rekonstruieren lässt. Hier, im ersten Drittel des ersten Interviews am Ende der Therapie auf Teen Spirit Island, wird nur der Sachverhalt selbst benannt. Eine Mutter, die ihrer Tochter das selbstverletzende Symptom neidet, hat etwas außerordentlich Bizarres an sich. Die Mutter muss unter einem enormen Druck gestanden haben, wenn sie sich den Problemen, die aus ihrer eigenen Kindheit herrühren, und mit dem Druck, der in selbstverletzendes Verhalten einmünden kann, nicht anders als dissoziierend, wegdrückend umgehen konnte. Der Suizid von Amelies Großvater und der alkoholbedingte Tod ihrer Tante können als extrem autoaggressive Verhaltensweisen betrachtet werden. Dass und wie Amelie davon erzählt, dass die Großeltern den Bruder im Keller einsperrten, lässt sich als Hinweis auf massive Unterdrückungsstrategien der Großeltern lesen. Diese sind offenbar tief in den familialen Beziehungsstrukturen verankert und zeigen eine düstere Seite dieser Familie, es geht buchstäblich um Leben und Tod. Dieses Elend der Mutter hat Amelie übernommen, sie hat erspürt, was die Mutter erlebt hat, und sie hat es auf ihre Weise in Szene gesetzt. Die Essstörung, das selbstverletzende Verhalten, die heftige Drogensucht – alle diese Verhaltensweisen sind Hilfeschreie: Sie werden eingesetzt in einer Funktion der Konkretisierung dessen, was die Mutter nur nonverbal ausdrückt. Amelies Symptome sprechen damit eine zweifache Sprache: für sie selbst – und für die Mutter.

Aus Amelies Sicht jedoch wird auch eine besonders schwierige Konstellation deutlich, eine Mutter zu haben, die derart mit sich selbst beschäftigt ist, dass sie der Tochter nicht gerecht werden kann; deren unbewältigte Konflikte aus der eigenen Vergangenheit unbearbeitet geblieben sind und die sie daher offenkundig an die Tochter weitergegeben hat. Es kann nicht verwundern, dass eine derart belastete Mutter dem Kind nicht hinreichend elterliche Energie zur Verfügung stellen kann. Es beginnt sich also eine Erklärung abzuzeichnen für Amelies fürsorgliches, die Belange der Anderen immer zuerst ins Zentrum stellende Verhalten – hier liegen die Wurzeln für ihre starke Parentifizierung. Die geschilderte Szene, in der die Tochter sich um Nähe zur Mutter bemüht, sich öffnet und von der Schwere ihres selbstverletzenden Verhaltens berichtet, dann aber nicht nur kein Verständnis bekommt, sondern für diese Offenheit, für diesen Vertrauensbeweis attackiert wird, zeigt wiederum die grundlegende Verkehrung im Kern der Struktur des Verhältnisses zwischen Mutter und Tochter. Abermals geht es um die Mutter und nicht um die Tochter, die sich wieder nicht gesehen und erneut nicht verstanden fühlt, deren Offenheit nicht honoriert wird und deren Beziehungssuche, die ja in dieser Offenheit steckt, gar nicht wahrgenommen wird. Stattdessen zeigt das mütterliche Verhalten ein hohes Maß an Egozentrik, Selbstbezüglichkeit und letztlich Missachtung gegenüber der Tochter. Die ungenügende Spiegelung und die mangelhafte Reaktion mögen eine Erklärung für die tiefen Gefühle der Leere und die ausgeprägten Zweifel am eigenen Wert sein, die Amelie so heftig quälen. Dabei handelt es sich nicht nur um einen Mangel, sondern eine viel weiter reichende Verwirrung. Amelie verbalisiert einen starken autoaggressiven Affekt und will den Druck durch die Kontaktaufnahme mit ihrer Mutter verringern, eine Entlastung, die sie sonst durch den Schnitt erreicht. Die Mutter reagiert in einer Weise, die eher einem Zerrspiegel gleicht: Sie macht der Tochter ihre Empfindung streitig, es ist ein Akt der Aneignung, unmissverständlich und aggressiv gegen Amelie gerichtet. Die Mutter stellt eine Behauptung auf, als wenn sie sagte: „Du fühlst meine Gefühle, das was in dir ist, gehört eigentlich mir." Die Anklage, die Tochter habe ihr etwas geraubt, ist darin klar enthalten.

Amelie reagiert dem entsprechend mit einer wortreichen Verteidigung, die aber auch ihre Verwirrung und aufkeimenden Ärger enthält. Woher sie dieses Wissen darum hatte, dass sie von der Mutter um ihre Symptomsprache beneidet wird – und welche Gestalt es in ihr angenommen hat, ist auch für Amelie noch ein Rätsel; sie kann nur den Sachverhalt benennen („*sie hat ja auch nie drüber gesprochen und trotzdem wusst ich's*"). Es kann jedoch ebenso bedeuten, dass Amelie eine Ahnung davon besitzt, dass der Impuls zur Selbstverletzung ich-fremd bleibt, sie sich wie fremdgesteuert fühlt – eben weil es sich im Kern um Zustände handelt, mit denen die Mutter zu kämpfen hat. Diese Gefühlserbschaft, die einer Transposition sehr nahe kommt, ist für Amelie eine schwere Bürde. Vermutlich gehen diese Zustände auch mit einem Gefühl der Selbstentfremdung einher, das sie dann später mit Hilfe der Drogen zu steuern versucht, indem sie sich chemisch in andere Bewusstseinszustände bringt und so den inneren Spannungen, deren Herkunft sie nicht versteht, zu entfliehen.

Zwei Jahre später, am Ende des dritten Interviews, hat Amelie einige dieser Familiengeheimnisse durch Gespräche aufgeklärt, die mit ihrem Onkel geführt hat, dem jüngeren Bruder der Mutter. Sie weiß nun, *„wie schrecklich meine Mutter und so aufgewachsen sind auch"* (3. Interview, Zeile 1360).

„Familiengeheimnisse irgendwie (lächelt), was da früher abgelaufen ist (.....) Also es kann gut sein, dass meine Depressionen auch weiter weggehen, weil ich nicht mehr irgendwie was in mir hab, was ich spüre, aber nicht weiß, was es ist, neh, also meine Mutter wird das schon vermittelt haben, sie hat ja auch Suizidgedanken gehabt, sie hat das ja nie ausgelebt oder, aber sie hat sie halt gehabt (redet sehr schnell) ..... je mehr ich dann halt irgendwie erfahre, desto weniger belastet mich´s halt auch, ich hab nich mehr so dieses, dieses, ja, ich muss auf meine Familie aufpassen, ich muss sie schonen irgendwie, das verschwindet halt irgendwie (3. Interview, Zeile 1370).

Diese kurze Passage liest sich wie die Auflösung eines Kriminalfalles: tatsächlich sind schlimme Dinge in der Kindheit der Mutter geschehen. Der Mutter ging es schlecht, nicht nur wollte sie sich selber verletzen, wie es später Amelie in der Realität tat, sie hatte ebenfalls Suizidgedanken, so wie auch Amelie unter quälenden Suizidgedanken gelitten hat. Amelie hat also etwas ausgedrückt, was sie zuvor von der Mutter übernommen haben kann. Es ist hier nicht möglich, die Vorgänge im Detail zu rekonstruieren, die mit transgenerationaler Traumatisierung zu tun haben und deren konkrete Ausdifferenzierung ganz gewiss Gegenstand der therapeutischen Prozesse war. Hier können wir jedoch feststellen, dass es sich um eine solche transgenerationale Traumaweitergabe handelt und wie sie Amelie belastet. Das namenlose Grauen und der völlig strukturlose Zustand, die sich nicht präzise an einzelne Vorkommnisse binden lassen, sind für die junge Frau sehr viel schwerer auszuhalten gewesen, als das, was sie sich jetzt selbst als Wissen konkret zusammenfügt. Auf der Basis dieser Wissensbestände schreibt sie ihre eigene Lebensgeschichte und vor allen Dingen ihre eigene Leidensgeschichte neu, sie gibt ihrer eigenen Biografie einen neuen Bezugsrahmen, der geprägt ist durch das tatsächliche Leid und die realen Schrecknisse aus der Kindheit ihrer Mutter, von der sie wortlos etwas übernommen hat.

6.3 Amelie – Vom Junkie zur Künstlerin

Amelie betont das Wissen als entlastend, und vielleicht dürfen wir vermuten, dass manches von dem, was sie zu wissen glaubt, mehr den Charakter einer Konstruktion hat und vielleicht weniger historische Wahrheit ist. Darauf kommt es aber auch nicht an, entscheidend ist, dass sie sich dem Ziel nähert, sich aus ihrer parentifizierenden Fürsorge gegenüber der Familie, aus ihrer elterlichen Haltung gegenüber den eigenen Eltern zu lösen; sie fühlt sich inzwischen so, dass sie ihre Familie nicht länger schonen muss. Tatsächlich hat ja, ausgelöst durch Amelies Symptome, auch die Mutter mit einer Therapie begonnen, und ist auf diese Weise konfrontiert mit den eigenen abgespaltenen Problemen, findet Wege, sich therapeutisch mit ihrer Leidensgeschichte selbst auseinander zu setzen. So haben Amelies Symptome am Ende doch zu einem Erfolg geführt, für sie selbst, aber eben auch für die Mutter und deren dramatische Problematik. Amelie beschreibt aktuelle Formen der Mentalisierung, zu denen sie als kleines Mädchen nicht in der Lage war, weil ihr die Mutter nicht die angemessene Unterstützung dabei geben konnte, sodass sich beide im Zustand emotionaler Verschmolzenheit und ungenügender Ich-Grenzen befanden (1. und 2. Interaktionsmodus). Indem Amelie sich eine Geschichte entwirft, in der sie sich selbst als Kind beschreibt, das die Probleme der psychisch kranken oder der übermäßig durch eigene Geschichte belasteten Mutter übernimmt, fühlt sie sich entlastet, sie kann die belastenden Themen und Erfahrungen in dieser Geschichte der Mutter, d.h. also außerhalb ihrer eigenen seelischen Räume positionieren. Sie bringt damit das, was nicht zu ihr gehört und was sie als fremde Qual übernommen hat, an die Stelle zurück, von der es ursprünglich gekommen ist. Das zu verstehen ist die eigentliche Entlastung, über die Amelie hier spricht – sie befindet sich erkennbar im reflektivkommunikativen Modus, in dem das Ich und der Andere deutlich getrennt voneinander repräsentiert sind und auch eine analytische metakommunikative Ebene eingenommen werden kann, die ihr zu einem reifen Verständnis für die Mutter verhilft – eine Fähigkeit, zu der die Mutter früher nicht in der Lage war. Dass sie in der Gestalt des Onkels nun auch noch einen Zeugen für diese Konstruktion hat, erhöht für Amelie selbst die Plausibilität und hat einen verstärkenden Entlastungseffekt zur Folge. Je präziser ihr die Probleme der Mutter und deren Herkunftsdramatik vor Augen sind, desto klarer kann sie diese Themen auch als nicht primär zu sich selbst gehörig an die Mutter zurückverweisen bzw. in dieser neuen Erzählung außerhalb ihres psychischen Binnenraums unterbringen. Woruber sie in diesem Zusammenhang noch gar nicht spricht, ist das hohe Maß an Bedürftigkeit und emotionaler Vernachlässigung bzw. emotionalen Missbrauchs, den eine so belastete Mutter mit dem Kind getrieben hat. Offenbar steht gegenwärtig noch die Möglichkeit der reifen Abgrenzung, (hier als „gekonnte", d.h.

angemessene Externalisierung) und die damit verbundene Erleichterung zu sehr im Vordergrund, dass das Thema des Zukurzkommens oder des emotionalen Missbrauchs noch gar nicht an Amelie herantritt.

Glücklicherweise war die Interviewerin in der Lage, den Bindungs- und Beziehungsbedürfnissen von Amelie soweit entgegenzukommen, dass diese sich auf einen so intensiven und kontinuierlichen Gesprächsprozess einlassen konnte.[58] Dieser Kontakt entspricht jedoch auch Amelies eigener Entwicklung, bei der sie auf der Suche ist nach kontinuierlichen und haltgebenden, „gesunden", d.h. fördernden und sie unterstützenden Beziehungen, in denen sie sich vertrauensvoll öffnen kann und von denen sie auch etwas zurückbekommt. Mehrfach betont sie in den Interviews, dass sie die Beziehung zu ihrem Therapeuten von Teen Spirit Island bis auf den letzten Tropfen auskosten will und genau das tut sie auch. Sie sucht nach wie vor fürsorgliche und nährende Bindungen und ist lieber allein, als sich um andere zu kümmern oder mit Menschen zu tun zu haben, die Drogen benutzen, um sich „breit zu machen" und damit an andere als Helfer zu appellieren bzw. als aktive, wache und wertschätzende Beziehungspartner nicht zur Verfügung stehen können.

Kehren wir nochmal zurück zur Perspektive von Traumatransmissionen, den transgenerationalen Vorgängen zwischen Amelie und ihrer Mutter, so zeigt sich, dass die Weitergabe des Traumas der Mutter und die blühende Entfaltung der Symptome bei der Tochter zunächst als eine Konkretisierung mütterlicher Wünsche stattfindet, die Amelie buchstäblich am eigenen Leibe inszeniert. Dieser Vorgang in seiner Vielzahl von Symptomen (Essstörung, Selbstverletzungen, Drogenabhängigkeit) bringt wesentliche Aspekte von Familiengeheimnissen an die Oberfläche, deren Wahrheit sich nunmehr auch die Mutter und der Onkel nicht mehr entziehen können. Erst durch die Eskalation durch Amelies lebensbedrohlichen Gesundheitszustand kommt die destruktive Dynamik an die Oberfläche, die in der Familie der Mutter vorherrscht, in die durch die frühe Trennung der Eltern auch Amelie und ihr Bruder sehr eng integriert wurden. Indem Amelie am eigenen Körper die zerstörerischen Kräfte sichtbar macht, bekommen die Überlebenden dieses Systems von der Tochter/Enkelin den Auftrag erteilt, für eine Genesung (des ganzen Systems) Sorge zu tragen.

---

[58] Angela Aldag hat die Interviews geführt, transkribiert und ausgewertet sowie eine ausführliche Fallrekonstruktion vorgelegt mit dem Titel: Wege aus der Abhängigkeit. Fallstudie einer abhängigen Jugendlichen mit Mehrfachdiagnose, Magisterarbeit am Institut für Sozialpsychologie, 2006

6.4 Familientherapie als notwendiger Schritt zur Unterbrechung intergenerativer Zirkel

Gegenstand des vorstehenden Kapitels ist eine Verdeutlichung der Komplexität und wechselseitigen Bedingtheit der Einflüsse, die im Kontext einer Suchterkrankung von Jugendlichen zu beachten sind. Keinesfalls reicht es aus, die zentralen Ursachen auf die Frühstörungen und das damit verbundene Versagen der Eltern zurückzuführen. Weil aber lebensgeschichtlich frühe Beeinträchtigungen bei der vorliegenden Problematik eine klinisch unzweifelhafte bedeutende Rolle spielen, muss immer auch die Elterngeneration in den Blick genommen werden.

Es besteht eine gewisse Gefahr, die Ursachen für entgleisende Entwicklungen einzig an der Unfähigkeit, dem Egoismus, der Nachlässigkeit und Verantwortungslosigkeit der Eltern zu festzumachen.[59] Dass deren Ungenügen nur allzu oft im Zusammenhang mit eigenen unbewältigten Problemen und traumatischen Erfahrungen steht, gerät dann gar nicht in den Blick. Inter- und transgenerationale Prozesse sind noch ein relatives Neuland der Forschung, jedenfalls der Suchtforschung, obgleich jeder ältere Sozialarbeiter das Phänomen kennt und beschreibt, wie bestimmte Probleme wie Gewalt, Missbrauch und eben auch Sucht von Generation zu Generation gleichsam magisch weitergegeben werden. Auch aus der psychosozialen und therapeutischen Arbeit in den USA mit Familien von Vietnam-Veteranen ist durchaus bekannt, dass deren Kinder in signifikant höherem Umfang eine Neigung zu Drogenkonsum und Gewalt, Delinquenz und Suizidalität aufwiesen, es sich demnach auch da um eine generationenübergreifende Weitergabe von Problemen handelt.

Nun erkranken aber durchaus nicht alle Kinder derart eingeschränkter und/oder traumatisierter Eltern. Es macht daher unmittelbaren Sinn, nach denjenigen Faktoren zu fragen, die Kinder unterstützen und vor schädigenden Einflüssen schützen. Natürlich muss eine individuell höchst unterschiedliche Vulnerabilität vorausgesetzt werden: Was heute gern als Resilienz bezeichnet wird, die Fähigkeit also, trotz ungünstiger Ausgangsbedingungen gesund zu bleiben und eine gute Entwicklung zu nehmen, ist sicherlich auch diesen Differenzen geschuldet.

---

[59] Zweifellos mögen solche Schuldzuweisungen an die Eltern vorkommen – den Bearbeiterinnen in dieser Untersuchung ist es zeitweilig auch zum Problem geworden, mit der Wut auf die versagenden Eltern umzugehen. Zum Glück waren viele von ihnen bereits selbst Eltern und von daher durchaus auch selbstbezüglich in der Lage, die schnellen Zuweisungen zu relativieren. Denn selbstkritische Eltern wissen nur zu gut, wie leicht es dazu kommt, suboptimal zu agieren.

Gesellschaftlich wichtig ist aber die Frage, wie der Ausstieg aus solchen intergenerativen Teufelskreisen aussehen kann, welche Unterstützung dabei nötig ist – und wer dazu welchen Beitrag leisten kann. Forschungen auf der Grundlage des Adult Attachment Interviews konnten nämlich mit großer Treffsicherheit nachweisen, dass elterliche Traumatisierungen sich nur dann in die nächste Generation hinein übertragen, wenn sie nicht bearbeitet werden können und somit aus dem elterlichen biographischen Sinnzusammenhang ausgeschlossen blieben (vgl. hierzu Tress 1986, Fonagy 2003, Moré 2004, Main 1995, Rosenthal 1997) Durch diese auf die Bindungsforschung zurückgehenden Untersuchungen konnte eindrucksvoll gezeigt werden, dass nicht das Trauma und die lebensgeschichtliche Erfahrung selbst die entscheidende Einflussgröße darstellt, sondern die Fähigkeit und Bereitschaft der Eltern, auf der subjektiven Ebene diese Erfahrungen zu einer kohärenten Einheit zu gestalten und diese in einer narrativen Form zu fassen. Die bereits recht weitreichende Integration traumatischer Erfahrungen durch die Eltern ist dazu die Voraussetzung. Wenn sie zu dieser bewussten Form der gestalteten behutsamen Berichterstattung vordringen können, sind die Gefahren weitgehend gebannt, die Schrecken durch unbewusstes Agieren (und Reinszenieren, Enactments) an ihre Kinder weiterzugeben. Wenn eine solche Integration in der Generation der Eltern gelingt, wird der traumatische Kreislauf erst gar nicht in Gang gesetzt bzw. findet er Möglichkeiten der Unterbrechung (vgl. Moré 2004, S. 277).

Was geschieht aber, wenn das nicht möglich ist? Systemisch betrachtet sind die Kinder oft Symptomträger für Probleme im System der Familie oder für Schwierigkeiten in der Paarbeziehung der Eltern, sie entlasten mit ihren Störungen die Eltern, das System als ganzes und tragen auf diese Weise zu einer ebenso fragwürdigen wie tragfähigen Balance bei.

Wenn die Kinder sich in der Therapie zu verändern beginnen, geschieht es nicht selten, dass von der Seite der Eltern Initiativen ergriffen werden, diese Prozesse zu unterbinden. So spricht Marion häufig vom Alkoholkonsum ihrer Mutter und den damit verbundenen Kontrollverlusten, die auch zu einem zeitweiligen Kontaktverbot zwischen Mutter und Tochter geführt haben. Marion strengt sich sehr an, sich vom Alkoholismus der Mutter zu distanzieren

> *„Aber solange sie mich damit in Ruhe lässt, is mir das eigentlich egal, weil ich hab ihr, ich hab oft genug mit ihr darüber geredet und so und dann (...) Jetzt versteh ich das halt nich, wenn sie mir sagt, ich soll das nich machen. Und dann am Anfang, wo ich hier war, da hat sie angerufen und war dann halt ganz schön besoffen und sagt mir denn, ich soll wieder nach Hause kommen, Na ja, dann kam halt: ich hol dich morgen und dann fahren wir wieder her und zu deinem Vater und so'ne ganze Sachen. Dann is das ganze Gegenteil von dem, was sie eigent-*

6.4 Familientherapie als notwendiger Schritt zur Unterbrechung

lich sagt und möchte. (...) Und denn kommt halt denn: Ja, wollen wir irgendwas trinken und dann geht das schon wieder alles und so. Hm. (lacht kurz auf). Dann frag ich mich halt auch, warum soll ich das jetzt noch lassen. Das war halt am Anfang denn ... Na ja." (Marion, 2. Interview, Z. 1098-1135)

Die Tochter nimmt den Konflikt der Mutter wahr, die einerseits zu Marions Gesundung beitragen möchte, aber die damit verbundene notwendige Trennung nicht erträgt. Dass die Mutter die Tochter wieder haben will und sie sogar zum Konsum animiert, vergrößert Marions Probleme mit der eigenen Abstinenz. So viel sie auch mit der Mutter über dieses Thema spricht, diese verlässt ihr Verhaltensmuster nicht – sie agiert faktisch im Sinne eines offenen Therapieboykotts. Solche unbewussten Impulse können nur durch eine wachsende Bewusstheit der Eltern selbst unterbunden werden. Wie kann die aber entstehen? Eltern, die nicht hinreichend empathisch sind (oder durch eigene Strukturen unfähig sind, auf die Bedürfnisse der Kinder angemessen einzugehen), die Not ihrer Kinder wahrzunehmen, solange diese Kinder unter ihrer Verantwortung leben – wie können sie es schaffen, aus diesem System auszusteigen? Ist hier mehr Bewusstheit zu erwarten, nicht das Unmögliche verlangen? Tatsächlich wird dieser Schritt ohne Hilfe von außen nicht möglich sein.

Familientherapie ist daher ein genuiner Bestandteil der Therapieangebote in Teen Spirit Island. Das folgt dem Wissen um die intergenerativen Zusammenhänge von Suchterkrankungen, aber auch der Einsicht, dass die Jugend der Patient/innen es mit sich bringt, dass sie in hohem Maße an die Herkunftsfamilien gebunden sind und deren Unterstützung dringend benötigen. Es ist daher nötig, diese Eltern in den Therapieprozess miteinzubeziehen, damit sie ihren Eigenanteil an der Erkrankung ihres Kindes untersuchen, die Tendenzen zu koabhängigem Agieren erkennen und die Funktion explorieren, die die Krankheit des Kindes für ihr eigenes Leben hat. Es handelt sich somit um einen doppelten Ablösungsprozess. Dabei ist davon auszugehen, dass die wenigsten Eltern ihren Kindern bewusst schaden wollen, sondern dass auch die Eltern mit schrecklichsten Verfehlungen oftmals nicht wahrnehmen, was für einen Schaden sie in den Kindern anrichten. Die meisten lieben ihre Kinder, auf welche ungewöhnliche Weise auch immer. Wenn von der Seite der Eltern eine Bindung an die Kinder besteht und ein wirkliches Interesse an deren Leben und Gesundung, gibt es einen Zugang zu ihren Motiven, sich selbst kennen zu lernen und ihr Verhalten in Bezug auf das Kind zu ändern. Wenn ein solcher Prozess beginnt, sind die Auswirkungen auf die Kinder häufig ungemein positiv.

Erinnert sei hier an die Entwicklung von Amelie, die durch ihre Symptombildung indirekt veranlasst hat, dass sowohl ihre Mutter als auch ihr Bruder sich in eine eigene Psychotherapie begeben haben und dort ihre Probleme bearbeiten, was zu einer beträchtlichen Entlastung der Jugendlichen führt, die sich nicht mehr verantwortlich fühlen muss für Mutter und Bruder.

Die 18 Jugendlichen unserer Untersuchungsgruppe stellen einen exemplarischen Ausschnitt dar. Hier haben die Eltern von sechs Kindern überhaupt keinen Gebrauch von Familientherapie gemacht haben, jedenfalls nicht, soweit es den Kindern bekannt ist (Jill, Alexander, Marion, Jaqui, Omar, Daniela). Bei einer Jugendlichen (Antonia) ist die Möglichkeit der Familientherapie nicht thematisiert worden.[60] Von diesen sechs Eltern(-paaren) leben vier weit entfernt in anderen Städten (und hätten demgemäß teilweise sehr weite Anfahrten gehabt) – es bleibt also offen, welches die tatsächlichen Motive gewesen sind, dieses Angebot bei Teen Spirit Island nicht zu nutzen. Das macht aus der Sicht der Jugendlichen die Therapiearbeit oft besonders schwer, z.B. wenn sie keinen Kontakt aufnehmen dürfen oder zu Festtagen im Unterschied zu anderen Mitpatienten nicht heimreisen können. So sagt Omar im ersten Interview: *„Weihnachten wär schön gewesen, wenn ich da zu Hause gewesen wäre. Ich bin Weihnachten nicht zu Hause, weil ich 'ne Mutter habe, die kifft."* (1. Interview, Zeile 349)

In einigen Fällen haben die Eltern oder ein Elternteil sehr intensiv an der eigenen Problematik gearbeitet, in Familien- und/oder in Einzeltherapie (so die Mütter von Svenja, Peter, Lou, Jennie und Amelie; auch Svens und Oles Eltern). Einige Jugendliche sprechen von einer gelegentlich Teilnahme der Eltern an dem Therapieangebot, es bleibt aber vage, wie intensiv diese sich tatsächlich eingelassen haben (Maria, Tim, Philip, Felix).

6.5 Therapiebasierte Elternschule

Zweifellos ist es von großer Bedeutung, die Rolle der Eltern bei der Entstehung von frühen Störungen der Kinder – im schlimmsten Fall bis in die Suchterkrankung hinein – zu beleuchten, um die komplexen Entstehungszusammenhänge zu verstehen, die einer manifesten Suchterkrankung vorausgehen.

Es erscheint dringend nötig, die Aufmerksamkeit zu verschieben von früher Kindheit und realer elterlicher Verantwortung auf die Bedeutung der Eltern in

---

[60] Antonias Eltern sind beide Psychologen, Psychotherapeuten und werden mit dem Terrain vertraut sein. Das ist aber keinesfalls eine Sicherheit, dass sie sich auch an der Familien- oder Eigentherapie beteiligen oder die Erkrankung ihrer Tochter selbstreflexiv auf sich selbst beziehen.

der Adoleszenz im Allgemeinen und, noch wesentlich wichtiger, auf die notwendige Beteiligung der Eltern am Behandlungsprozess. Diese Jugendlichen haben einen Mangel an angemessener elterlicher Unterstützung und Zuwendung erfahren, der sich zentral in die Strukturen ihrer Persönlichkeit eingeschrieben hat. Das macht die Notwendigkeit einer Nachreifung so überaus wichtig. Hierfür sind Bedingungen und Möglichkeiten zu schaffen. In jedem einzelnen Fall ist auch zu überprüfen, ob nicht die Eltern als reale Bindungspersonen in den Therapieprozess involviert werden können, damit die tatsächlichen Eltern eine nachholende Elterlichkeit gegenüber ihren erkrankten adoleszenten Kindern einnehmen können. Diese haben außerordentlich große Bedürfnisse, in der Gegenwart etwas von den Bedürfnissen ihrer Kindheit nachzuholen – und sie brauchen dazu kontinuierliche Beziehungen zu Erwachsenen, die bereit sind, eine elterliche Funktion zu übernehmen, ohne die jeweils altersgemäße Selbstverantwortung der Jugendlichen in der Gegenwart zu leugnen. Die realen Eltern dazu in die Lage zu versetzen, könnte durchaus eine Perspektive sein. Das setzt jedoch die therapeutische und gesellschaftliche Bereitschaft voraus, auch in die Elternarbeit mehr Energie zu investieren. Die in Behandlung befindlichen Jugendlichen jedenfalls äußern solche Wünsche, sie möchten Eltern, die ihnen Beziehungen bieten. Auf die Frage nach den drei Wünschen sagt etwa Jill im ersten Interview:

„Dass ich irgendwann bei einer Mutter wohnen könnte und die kein Alkoholproblem mehr hat" (S. 22, Zeile 1091) und auch ein Jahr später ist das noch ein Thema, denn voller Bedauern stellt sie da fest: „Ich will erst zu ihr ziehen, wenn es auch bei ihr klappt. Aber ich weiß, dass, wenn sie trinkt, dann fang ich auch an zu trinken und dann sind wir beide betrunken." (2. Interview, S. 7, Zeile 316)

So ist der Kontakt nur in Gegenwart der Bezugsbetreuerin erlaubt, das Jugendamt hat unbegleitete persönliche Kontakte untersagt.[61]

Wenn die Eltern in der Einschätzung der Experten für die Erkrankung ihrer Kinder verantwortlich gemacht werden und die anhaltend stützende Rolle elterlicher Präsenz schon in der „normalen" Adoleszenz nicht immer leicht zu verwirklichen ist, benötigen problematische, tendenziell pathogene Eltern-Kind-Konstellationen auch auf Seiten der Eltern eine weitere Möglichkeit, angemessene Verhaltensweisen und Beziehungsstile zu lernen. Wenn dazu die Eltern erst die subjektiven Voraussetzungen schaffen müssen (Verarbeitung eigener Traumata),

---

[61] Darunter leidet Jill sehr. Noch immer wünscht sie sich sehnlichst, mit ihrer Mutter sprechen zu können, wenn es ihr schlecht geht, und wenn sie dann anruft, *„dann ist meine Mutter wieder besoffen"*. Im Ergebnis geht es ihr dann noch schlechter als vorher!

dann darf ihnen das nicht vorgeworfen werden, sondern bedarf ebenso intensiver wie behutsamer Motivationsarbeit. Zumeist ist eine Zuneigung zu ihren Kindern vorhanden (wenn sie auch oft verborgen ist), die eine emotionale Grundlage für diese schwierigen Schritte zur Verfügung stellt.

Dieses Plädoyer für eine „therapeutisch angeleitete Elternschule" darf jedoch nicht darüber hinwegtäuschen, dass nicht alle Eltern zu einer derartig intensiven Form der Arbeit an sich selbst, zu eigener Nachreifung bereit und in der Lage sein werden. Mütter wie diejenige von Jill werden wohl, selbst wenn sie sich auf einen solchen Prozess einlassen sollten, Jahre benötigen, bis sie einen förderlichen, gesunden Kontakt zu ihren Kindern halten können. Auch die Mutter von Omar wird auf lange Zeit kaum dazu in der Lage sein. Hier ist die freiwillige (Omar) und gegebenenfalls auch unfreiwillige Distanz die einzige Entwicklungschance, die den Jugendlichen bleibt, um in anderen Beziehungen professionelle Hilfe zu erfahren und die Kontinuität zu erleben, die ihnen in der Herkunftsfamilien nicht hinreichend ermöglicht wurde.

7 Therapie-Erfahrungen: Bindungsfähigkeit entwickeln

7.1 Ein beispielhafter therapeutischer Ansatz in der Arbeit mit suchtkranken Jugendlichen: Teen Spirit Island

Die therapeutische Arbeit mit suchtkranken Jugendlichen steht vor besonderen Schwierigkeiten. Die erste und vielleicht größte besteht darin, dass es bis vor wenigen Jahren kaum Einrichtungen gab, die sich auf die Behandlung dieser Patientengruppe spezialisiert haben. Meist werden Jugendliche mit den therapeutischen Angeboten für Erwachsene behandelt, die sich unter anderem durch eine strikte Trennung von stationärer Entgiftung, folgender Therapie in einer dafür spezialisierten Einrichtung und ambulanter rehabilitativer Weiterbehandlung auszeichnen, also in verschiedenen Stufen, bei unterschiedlichen Trägern und in oft nicht aufeinander bezogenen Behandlungsformen stattfinden. In der Behandlung suchtkranker Jugendlicher sind aber ganz andere Bedingungen gegeben und Besonderheiten zu beachten. Zusammengefasst sind es die folgenden:

Die Patienten befinden sich in einer Entwicklungsphase von besonderer Verletzlichkeit; die Adoleszenz stellt für jeden Jugendlichen eine extrem krisenhafte Erfahrung dar. Der Konsum psychoaktiver Substanzen ist charakteristisch für diese Phase, in der neben Neugier und Experimentierfreude auch die Gefahr einer Selbstmedikation tritt, wenn entsprechende Vorschädigungen bestehen. Denn es stimmt auch: Nicht alle Jugendlichen, die mit Drogen experimentieren, werden von ihnen abhängig. Allerdings sind jene Heranwachsende besonders gefährdet, die aufgrund einer schwierigen Vorgeschichte bereits Dispositionen mitbringen und daher für die Krisenerfahrung der Adoleszenz nicht hinreichend gerüstet sind. Eine solche erhöhte Verletzlichkeit ergibt sich aus ungünstigen Lebensbedingungen in der frühen Kindheit. Verlust eines Elternteils durch Scheidung oder Tod, schwere psychische Erkrankung eines Elternteils oder auch Drogenkonsum in der Familie sind entwicklungserschwerende Bedingungen, die problematische Bindungs- und Beziehungsmuster zur Folge haben. Aber auch

„Wohlstandsverwahrlosung", gekennzeichnet durch elterliches Desinteresse, das durch materielle Verwöhnung kompensiert werden soll, führt zu ähnlichen Beeinträchtigungen der Kinder: Sie erfahren keinen ausreichenden Halt, werden nicht gespiegelt, erfahren keine notwendigen Grenzen, sind zu lange sich selbst überlassen. Dadurch wächst die Gefahr, Drogen zur Regulierung innerer Spannungen einzusetzen, den frustrierenden Alltag zu vergessen und sich von seelischen Schmerzen zu befreien. Unnötig zu betonen, dass die Droge auf physiologische Strukturen insbesondere des Gehirns trifft, die sich noch in Entwicklung befinden. Chemische Substanzen können während dieser Zeit einen besonders nachhaltigen, schädigenden Einfluss entfalten. Die direkten und unmittelbaren Auswirkungen des Substanzmissbrauchs bedürfen sofortiger medizinischer und therapeutischer Aufmerksamkeit. Um eine langfristige Veränderung einzuleiten, ist es aber noch wichtiger, die zugrundeliegenden frühen Störungen zu behandeln, denn sie erweisen sich als die eigentliche Ursache für den Drogenkonsum. Mit Hilfe der Substanz hat der Jugendliche zunächst sein Problem zu lösen versucht oder es wenigstens als hilfreich empfunden, sie zur Unterstützung zu verwenden. So wird er kaum auf etwas verzichten wollen, das die innere Balance reguliert, die auf der Basis der Grundstörung immer wieder gestört und oftmals verloren wird.

Ein therapeutisches Angebot für diese Zielgruppe muss daher eine Vielzahl von höchst unterschiedlichen Bedingungen erfüllen: Es muss

- die körperliche Entgiftung sowie die physiologischen Begleiterscheinungen der Sucht behandeln;
- Nachreifung ermöglichen und entsprechende Bedingungen zur Verfügung stellen;
- eine Kontinuität von Beziehungserfahrungen sichern, um die einstmals traumatische Erfahrung von permanenten Beziehungsabbrüchen nicht fortzusetzen.

Aufgrund dieser Beziehungsabbrüche müssen Familienangehörige und wichtige Bezugspersonen möglichst umfassend in die Therapie mit einbezogen werden:

- die Gruppe der Gleichaltrigen, die im bisherigen Lebenszuschnitt der suchtkranken Jugendlichen (wie für andere auch) eine immens große Bedeutung hat, ist im Sinne einer alternativen Beziehungserfahrung zu nutzen;
- die Umgebung muss Halt und Struktur geben, weil diese Erfahrung den meisten Jugendlichen fehlt;

7.1 Teen Spirit Island

- schulische und andere sozialisationsbedingte Defizite müssen berücksichtigt und wenn möglich ausgeglichen werden;
- natürlich muss das Angebot abstinenzorientiert sein; mit Rückfällen ist aber zu rechnen, sodass
- die therapeutische Arbeit mit dem Rückfall von besonderer Bedeutung ist;
- ein zu krasser Wechsel von stabilisierendem stationärem Leben in die spätere Lebensrealität ist durch intensive Kooperation zwischen Eltern, Jugendhilfeträgern, Klinik und Schule abzufedern.

Die Therapiestation Teen Spirit Island, die im Juli 1999 als eine Station des Kinderkrankenhauses auf der Bult in Hannover eröffnet wurde, hat unter der Leitung des damaligen Oberarztes Dr. Edelhard Thoms einen Ansatz entwickelt, in dem diesen Ansprüchen so weit wie möglich entsprochen werden kann.[62] Entgiftung und Behandlung der unmittelbaren körperlichen Folgeschäden, psychotherapeutische Behandlung der Grundstörung, psychosoziale Stabilisierung, schulische Elemente sowie eine weitreichende Vernetzung mit anderen Trägern der Jugendhilfe sind fester Bestandteil des hochschwelligen und umfassend vernetzten Therapieangebotes.

Der Weg, einen Therapieplatz auf Teen Spirit Island zu bekommen, verläuft in genau definierten Schritten. Die Drogenberatungsstelle Prisma ist die erste Anlaufstelle; in einem gründlichen Vorgespräch, wird der Jugendliche ausführlich über das Angebot informiert, vor allem über die Bedingungen und Regeln, auch die möglichen Sanktionen bei Nichteinhaltung dieser regeln. Er muss diesem Ansatz zustimmen, denn der Aufenthalt ist freiwillig und setzt eine stabile Eigenmotivation voraus. Ist die Entscheidung von beiden Seiten getroffen, kommt er zunächst in die Aufnahmephase (A-Phase)von Teen Spirit Island, die aus vier Behandlungsplätzen besteht. Hier stehen zunächst die Entgiftung und medizinische Behandlung der häufig gravierenden körperlichen Schäden (wie HIV, Hepatitis, Spritzenabszesse, schadhafte Zähne sowie viele andere körperliche Begleiterscheinungen schwerer Sucht) durch medizinische Behandlung im Zentrum. Die Jugendlichen haben jetzt auch die Gelegenheit, sich von ihren Strapazen zu erholen und sich körperlich zu regenerieren. Neben einer psychiatrischen Diagnostik zur Erhebung der Krankengeschichte dient diese Phase bereits der Anbahnung kontinuierlicher therapeutischer Arbeit durch das Angebot fester therapeutischer Beziehung. In dieser Motivationsphase sind vergleichsweise strenge Strukturen nötig, um den Jugendlichen einen Ersatz zu bieten, wenn sie

---

[62] Vgl. hierzu Christoph Möller (2005), Stationäre und ambulante Therapieangebote für drogenabhängige Jugendliche, in: derselbe, Drogenmissbrauch im Jugendalter, Göttingen: Vandenhoek und Ruprecht

sich nach der Entgiftung ohne den chemischen Schutzmantel wiederfinden, an den sie gewöhnt sind. Ihre Verletzlichkeit ist jetzt besonders groß, allerdings auch die Chance, bereits zu diesem Zeitpunkt alternative Beziehungserfahrungen an die Stelle einer künstlich durch die Droge erzeugten Beruhigung zu setzen.

Gleichwohl ist diese zwischen vier und acht Wochen umfassende A-Phase häufig auch auf den Einsatz von Medikamenten angewiesen, weil der Sprung in ein völlig drogenfreies Leben allein aufgrund der körperlichen Begleiterscheinungen des Entzugs oft nicht verkraftbar wäre. Mit Substitutionspräparaten wie Methadon (im Falle schwerer Opiatabhängigkeit) wird vorübergehend die Grundproblematik behandelt, die der Jugendliche im Sinne einer Selbsthilfe durch Drogen selbst eingesetzt hat, wenn er zum Beispiel unter nächtlichen Flashbacks nach schwerer traumatischer Erfahrung leidet. In solchen Fällen wäre ein „kalter", d.h. medikamentös nicht gemilderter Entzug, eine nicht zumutbare Härte, die lediglich den panikartigen Abbruch der Therapie nach sich ziehen würde.

Auch die Angehörigen des Jugendlichen benötigen in dieser frühen Phase viel Beratung und Unterstützung; sie wird ihnen angeboten, um sie von Anfang an in die therapeutische Arbeit mit einzubinden. Das kann zunächst auch bedeuten, dass sie lernen müssen, sich sehr weitgehend zurückzuhalten, gar ein Kontaktverbot zum Jugendlichen zu akzeptieren. Im Zentrum der A-Phase stehen Aufklärung und unterstützende Begleitung für die Familien, der Rückzug aus den pathogenen Milieus sowie medizinische Behandlung und Therapieanbahnung für die abhängigen Jugendlichen.

Sobald die Entgiftung abgeschlossen ist und die Jugendlichen eine hinreichend starke Motivation für die weiterführende Therapie entwickelt haben, sich an die Bedingungen – vor allem an die umfassende Gruppenerfahrung – auf der Station gewöhnt haben und die Therapeuten akzeptieren, kann der Wechsel in die Behandlungsphase erfolgen, die sich in unmittelbarer räumlicher Nähe befindet; Bezugsbetreuer und Therapeuten bleiben dieselben.

Die Aufnahme in die Behandlungsphase wird in diesem ganzheitlichen Konzept dann bereits vom Jugendlichen als ein erster Erfolg erlebt, und es ist zweifellos ein Erfolg, sie überhaupt erreicht zu haben. In dieser Phase gibt es acht Behandlungsplätze, die Behandlung kann bis zu zehn Monaten dauern. Die äußeren Bedingungen orientieren sich am Erlernen alltagspraktischer Fähigkeiten, schulischer Reifung und therapeutischer Arbeit in Gruppen und in Einzeltherapie. Für viele Jugendliche ist ein regelmäßiger Tagesablauf mit klaren und verlässlichen Strukturen etwas gänzlich Unbekanntes. So wird auf eine diesbezügliche Regelhaftigkeit besonderen Wert gelegt im Wissen darum, dass klare Strukturen eine haltende und damit stützende Funktion besitzen. Gemeinsames Aufstehen und Frühsport leiten den Tag ein. Die Teilnahme am Sport ist für alle verbindlich, wer sich fernhält, ist krank und bekommt daher auch Rauchverbot. Das hebt den Motivationspegel beträchtlich. Es folgt ein gemeinsames Frühstück, dann steht am Beginn des Therapietages die Morgenrunde, in der nächtliche Spannungen und Tagesreste vom Vortag besprochen und abgebaut werden können. Danach stehen inhaltliche Tätigkeiten auf dem Plan, Schule, für die Fortgeschrittenen auch als Schulversuch in der Regelschule. Das Mittagessen wird wieder gemeinsam eingenommen. Unter Anleitung können die Jugendlichen in der Küche lernen, sich die Mahlzeiten selbst zuzubereiten, dabei besorgen sie die dafür nötigen Lebensmittel selbst, es steht ihnen so viel Geld zur Verfügung, wie das Essen aus der Zentralküche auch kosten würde. Die so zubereiteten Mahlzeiten werden gemeinsam mit allen Jugendlichen und Betreuern eingenommen – für viele Jugendliche ist dies eine eindrucksvolle Erfahrung, die ihnen aus heimatlichen Zusammenhängen nicht vertraut ist. Auch für die Sauberkeit und Ordnung in ihren Zimmern tragen sie selbst die Verantwortung, auch dies wird unter Anleitung einer erfahrenen Kraft übend gelernt. Der Nachmittag wird durch unterschiedliche Aktivitäten strukturiert, neben den Einzeltherapiestunden gibt es auch verschiedene thematische Gruppenangebote.

Die von den Betreuern angeleiteten, überwiegend verbindlichen Aktivitäten zur Freizeitgestaltung umfassen neben Gesellschaftsspielen vor allem sportliche Aktivitäten, bei denen die Erfahrung des eigenen Körpers und seiner Möglichkeiten ebenso wie seiner Grenzen auch gelegentliche Ausnahmeerfahrungen, gesunde „Kicks" zulässt. Schwimmen und Inlinern, Joggen und Beachvolleyball, vor allem aber das Klettern an der Kletterwand und die Kletterfahrt zum nahegelegenen Gebirgszug Ith ermöglichen solche Ausnahmeerfahrungen, die gern angenommen werden. Oft bleiben diese hier erlernten Gewohnheiten nach Verlassen von Teen Spirit Island erhalten und werden Bestandteil der Alltagsgestaltung, sie dienen insbesondere dem Abbau von Druckzuständen. In der therapeutischen Umgebung dienen sie aber vor allem der Möglichkeit, sich auch ohne chemische Unterstützung gute Erfolgserlebnisse zu verschaffen – in erster Linie wird die Erfahrung von Selbstwirksamkeit gestärkt.

Auch in den Bereich der Freizeitgestaltung gehören Kurse, in denen verschiedene künstlerische und handwerkliche Fertigkeiten erlernt werden können, die neben ihrer alltagspraktischen Nützlichkeit auch Wege zum Selbstausdruck aufzeigen, der jenseits verbaler Fähigkeiten liegt. Diese Ausdrucksformen sind deswegen besonders wichtig, da viele der zentralen Störungen der Jugendlichen sich aus verschiedenen Gründen sich jenseits der Verbalisierungsgrenze befinden und trotz vielfältiger Therapieschritte oftmals ein nicht integrierbarer Restbestand bleibt, der in anderer als verbaler Form seinen Ausdruck sucht. Diese verschiedenen Angebote sollen eine Selbsterfahrung ohne Drogen ermöglichen, was dazu beiträgt, Selbstvertrauen und Zuversicht in die eigenen Fähigkeiten zu entwickeln und die Motive zur Verfügung stellt, dass ein Leben auch ohne Drogen dauerhaft möglich ist.

Viele Jugendliche haben nur eine kurze und unbefriedigende Schulzeit erlebt, bevor sie in die Drogenszene abgetaucht sind. Sie haben daher umfängliche Defizite an Wissen, verfügen oft aber auch nicht annähernd über die nötigen Voraussetzungen zum schulischen Lernen wie anhaltende Konzentrationsfähigkeit, viele haben außerdem drogenbedingte Gedächtnisprobleme. Eine Lehrkraft auf der Station beginnt an diesen Grundlagendefiziten zu arbeiten, später sind Schul- und Betriebspraktika vorgesehen, um langfristig eine Überleitung in das Regelschulsystem zu ermöglichen.

Das Alltagsleben auf der Therapiestation Teen Spirit Island findet in ansprechenden Räumlichkeiten statt; zwar ist die Station Teil des Kinderkrankenhauses auf der Bult in Hannover, sie befindet sich aber räumlich separiert auf eigenem Gelände in schön gestalteten Holzbungalows, inmitten einer Gartenanlage mit Teich, die von den Jugendlichen selbst bearbeitet wird. Der von dem Künstler Friedensreich Hundertwasser entworfene Holzbau und sein Außengelände sehen verschiedene Möglichkeiten vor, wie die dort lebenden Jugendlichen sich ihr eigenes Lebensumfeld gestalten können. Beispielsweise sind anstelle herkömmlicher Fensterrahmen rund um die Fenster variable Holzflächen angebracht, die dazu vorgesehen sind, dass jeder Jugendliche sich seinen eigenen Fensterrahmen gestalten kann, wenn das gewünscht ist. Bereits am Äußeren des Gebäudes ist erkennbar, dass es sich um eine besondere Station handelt. Dieser Eindruck wird auch dadurch unterstrichen, dass an den Eckpunkten des Gebäudes die charakteristischen Goldkugeln die Station zu einem „Königreich für Kinder" machen (so Svenja bei einer Pressekonferenz im Jahr 2001).

Das therapeutische Angebot orientiert sich in hohem Maße an der Gruppe und folgt dem analytisch-interaktionellen Modell der Gruppentherapie (vgl. Bilitza 2008 und Fischer 2008). Die Gruppe stellt das Medium intersubjektiver Prozesse dar und ermöglicht eine starke Ausrichtung der therapeutischen Arbeit an Erfahrungen im Hier und Jetzt. Dadurch werden Verbindlichkeit und Zuverlässigkeit im Umgang miteinander möglich, Erfahrungen, die für viele Jugendliche völlig neue Erlebensqualitäten darstellen.

Durch die vielfältigen Störungsbilder und die Schwere der Grunderkrankung neigen viele Jugendliche gerade zu Therapiebeginn dazu, im Rahmen des stationären Settings zu reinszenieren, was sie früher erfahren haben, weil sie das in Worten nicht zum Ausdruck bringen können. Das führt zu starken Spannungen auf der Beziehungsebene, die gerade in der Gruppentherapie einen Spiegel in den emotionalen Reaktionen der anderen und in dem professionellen „Antworten" der Therapeuten finden können. Damit erleben die Jugendlichen etwas, dass ihnen in ihrer Herkunftsfamilie häufig völlig fremd geblieben ist: eine angemessene Spiegelung.

Durch das empathische Miterleben der anderen und deren Öffnung, ihre Bereitschaft, die eigenen Probleme in der Gruppe zu besprechen und transparent zu machen, spüren die Jugendlichen erstmals, dass sie mit ihrer Geschichte und ihren traumatischen Erfahrungen nicht allein sind. Die Gruppe der Gleichaltrigen, die hier eine Gruppe der Gleichbetroffenen ist, vermag in ihrer besten Qualität als Container zu fungieren, der eine rundherum haltende Eigenschaft aufweist, indem sie dem Jugendlichen eine Stabilität zur Verfügung stellt, die er allein und aus eigener Kraft noch nicht hätte. (vgl hierzu den Ansatz von Mathias Hirsch 2008, Gruppe als Container).

Die jeweilige begleitende Einzeltherapie ist auf den spezifischen Bedarf des Patienten zugeschnitten und folgt tiefenpsychologischen und systemischen Ansätzen. In beiden Therapieformen

> „kann nach Bedingungen gesucht werden, die den Betroffenen helfen, aus den Spannungszuständen herauszufinden, die eine gewisse Sicherheit und Ruhe vermitteln und zur Stabilisierung beitragen. Ich-Fähigkeiten können entwickelt und trainiert werden, Interessen können gesucht und Ressourcen ausgebaut werden. In den gruppen- und einzeltherapeutischen Sitzungen können die der Drogensucht zugrundeliegenden Konflikte aufgedeckt und bearbeitet werden. In kleinen Schritten können Mitteilungsfähigkeit oder künstlerische Ausdrucksformen erarbeitet werden. Die traumatische Ausdrucksform tritt in den Hintergrund. Auf die Drogen ... kann längerfristig verzichtet werden, wenn die erlebten Traumata bearbeitet wurden und Kraftquellen erschlossen sind. Die Gruppe kann bei diesem Prozess als stabilisierend und Halt gebend erlebt werden." (Möller 2006, S. 77)

Um die angestrebte Beziehungs- und Erfahrungskontinuität möglichst weitreichend zu gewährleisten, wird bereits in der letzten Phase der Therapie auf Teen Spirit Island der Kontakt zur außerstationären Wirklichkeit immer umfassender aufgebaut. Ein System von schrittweisen Kontakten nach draußen und in die Herkunftsfamilie, zunächst in Begleitung der Therapeuten, später durch Mitpatienten und in der Endphase auch ganz allein dient der Erprobung eigener Fähigkeiten mit schwierigen Situationen, insbesondere Momenten mit starkem Potential für narzisstische Kränkungen, auch ohne Drogen fertigzuwerden.

Auch nach offiziellem Abschluss der Therapie ist eine Überleitung in eine stufenweise Fortsetzung der therapeutischen Begleitung unter Bedingungen halboffener Einrichtungen der Jugendhilfe möglich, vorrangig in die Einrichtung Stepkids, die sich auf die Begleitung ehemals drogenabhängiger Jugendlicher spezialisiert hat. Hier wird der Übergang von einem vollständig durchstrukturierten stationären setting zu einer schrittweisen Autonomie in der Selbstorganisation von Tagesablauf und Lebensplanung weiterhin unter Anleitung geübt, viele Jugendliche besuchen auch die angeschlossene Step-Schule, um dort den Schulabschluss nachzuholen. Regelmäßiger Austausch unter den Teams von Teen Spirit Island und Step Kids gewährleistet eine reibungslose Kooperation im Interesse der Begleitung des Jugendlichen.

Generell besteht die Möglichkeit, die Einzeltherapie ambulant bei dem jeweiligen Therapeuten fortzusetzen – dieses Angebot wird vielfach intensiv genutzt.

Im Idealfall verläuft daher der Therapieweg folgendermaßen:

Ein Sozialarbeiter oder Arzt verweist den Jugendlichen angesichts der verheerenden Folgen der Drogenabhängigkeit an die Beratungsstelle Prisma, von der aus der Kontakt mit Teen Spirit Island gebahnt wird. Ist die Motivation ausreichend stark, wird der Jugendliche aufgenommen, sobald ein Platz frei wird. Er oder sie durchläuft zunächst die Aufnahme-A-Phase, geht in die therapieintensive Behandlungs-Phase über, erlernt schrittweise den Kontakt zu einem drogenfreien Alltagsleben, wechselt in die Wohngruppe zu Stepkids und kehrt nach ca. 18 Monaten zur Ursprungsfamilie zurück oder bezieht eine eigene Wohnung.

Wie zu erwarten, stellt sich dieser Idealfall nur äußerst selten ein. Eine der größten Schwierigkeiten besteht darin, angesichts der Grundstörungen, für deren Auswirkungen der Gebrauch der Droge ja bereits eine Lösung darstellte, eine genügend tragfähige Motivation herzustellen, um eine solch anspruchsvolle Therapie zu beginnen und eine derart lange Zeit dafür investieren zu wollen. Nur die wenigsten Jugendlichen verfügen bereits zu Beginn der Behandlung über eine Einsicht in ihren wirklich lebensbedrohlichen Zustand; allzu oft ist die Therapieentscheidung von den Eltern erzwungen oder auch Ausdruck der Wahl des „kleineren Übels" („Therapie statt Strafe" nach § 35 BtMG[63]). Letzteres trifft vor allem für viele männliche Jugendliche zu.

Das gesamte Konzept muss also die Arbeit mit dem Rückfall in den Drogenkonsum ebenso einschließen wie immer wieder erneute Motivationsarbeit. Für

---

[63] Bei einer Strafe von bis zu zwei Jahren bietet § 35 BtMG (§ 38 für Jugendliche) die Möglichkeit, die Strafvollstreckung zurückzustellen. Er kann bei Abhängigkeit von allen vom BtMG erfassten Suchtmitteln zur Anwendung kommen.

viele Jugendliche wird erst nach einigen Rückfällen erkennbar, wie sehr sie die Therapie benötigen und wie unumgänglich ihre Herausforderungen sind – der Weg aus der Sucht ist nicht schmerzfrei zu haben und die Konfrontation mit den tiefer liegenden Konflikten birgt emotionale Strapazen, denen viele sich erst nach einigen Rückschlägen gewachsen fühlen. Das wird im folgenden Abschnitt über solche „Wendepunkte" erläutert.

7.2 Wendepunkte (1): Mühsamer Weg zur Therapieentscheidung

Wie selten eine lineare Entwicklung in der therapeutischen Arbeit möglich ist, gegen welch intensive Widerstände die Jugendlichen anarbeiten müssen, wenn sie von der Sucht loskommen wollen, wird in vielen lebensgeschichtlichen Erzählungen thematisiert. Das Durchleben und Durchleiden zahlreicher Extremsituationen ist vermutlich die Voraussetzung dafür, einen bestimmten Punkt zu erreichen, der als „Wendepunkt" ihrer Geschichte im Bewusstsein bleibt und sich auch als Erzählung darstellen lässt. Einige solche Wendepunkte sollen hier exemplarisch erzählt werden.

In vielen der lebensgeschichtlichen Erzählungen der Jugendlichen finden sich Beschreibungen von Situationen, in denen eine plötzliche innere Wendung spürbar geworden ist, die oft von einer klaren Entscheidung und verändertem Verhalten begleitet wird. Solche Ereignisse werden vor allem als „innere" Geschehnisse berichtet, als eine Veränderung intrapsychischen Erlebens, das für die Jugendlichen eine weichenstellende Bedeutung erlangt.[64]

Therapiemotivation: Jetzt oder Niemals
So berichten fast alle von einem äußerst schwierigen Weg, zu einer eigenen Entscheidung für die Therapie zu gelangen. Das vermag insofern zu erstaunen, als der Ansatz in Teen Spirit Island bereits eine sehr große Eigenmotivation voraussetzt, also hochschwellig angesetzt ist: Es gibt keine Zwangseinweisung, vielmehr ist Zustimmung der Patienten zu den „geschlossenen" Bedingungen (jedenfalls in der A-Phase) sowie die Zustimmung, sich den strengen Regeln zu unterwerfen, eine Voraussetzung zur Aufnahme. Das alles wird in vollem Umfang mit den

---

[64] Dieser Vorgang erinnert an Trajectories, ein Begriff, mit dem F. Schütze (1976) in der biografisch orientierten qualitativen Sozialforschung eine bestimmte Verlaufskurve in der biografischen Entwicklung kennzeichnet, einen Moment, in welchem die Lebensgeschichte eine neue, deutlich andere Wendung nimmt.

Jugendlichen vor der Aufnahme besprochen, und ihre Zustimmung dazu erfolgt „freiwillig" und bei vollem Bewusstsein.

Gleichwohl ist die Klarheit über die Therapiebedingungen im Erleben der jungen Drogenabhängigen offenbar nur ein Teil der Wahrheit. In einer anderen Nische ihres Seelenlebens hat die Abhängigkeit noch die Regie über die Handlungsweisen, sie stimmen den Bedingungen zu, aus Anpassung an die Mutter (Maria), aus Angst vor gerichtlichen Auflagen, die sie ins Gefängnis bringen würden (Alexander) oder aus purer Angst vor dem Tod (Daniela).

Die Jugendlichen befinden sich unter Drogeneinfluss in einem Zustand getrübter Entscheidungsfähigkeit, die substanzgetriebene Dynamik beherrscht sie in hohem Maß, und noch bei der Entscheidung zum Ausstieg spielt eine süchtige Suche die Hauptrolle. So überstehen sie den Entzug, die Entgiftung und körperliche Behandlung in der A-Phase nur mühsam und empfinden das Leben ohne Drogen als enorme Herausforderung, oftmals als unerträgliche Quälerei. Manche reißen in diesem Stadium aus und werden rückfällig, oder sie verlassen – offiziell aus eigenem Entschluss – die Therapiestation, weil sie sich noch nicht bereit dafür fühlen (Maria), diese Herausforderungen anzunehmen und sie zu überstehen. Dann aber reift (oftmals innerhalb sehr kurzer Zeit, manchmal braucht es dazu nur einige Stunden) der Wunsch, zurückzukehren und die Therapie fortzusetzen, diesmal aber „richtig". Wie diese Entscheidung zur Rückkehr sich innerlich vollzieht, wie sie wächst und was in den Jugendlichen währenddessen vorgeht, unterscheidet sich in den besonderen Inhalten, die abgewogen werden müssen, wenig jedoch im Ergebnis: Es ist eine innere Annäherung an eine Entscheidung, die aus eigenen Stücken, mit eigenen Antrieben, aus freiem Willen heraus geschieht.

Besonders eindrucksvoll schildert **Amelie** diesen Prozess. Sie wird nach einer Überdosis, die sie nur knapp überlebt, von ihrer Mutter durch Unterstützung einer Beratungsstelle zu Teen Spirit Island eingewiesen und sie stimmt dem zu aus Angst davor, beim nächsten Mal „abzunippeln" (1. Interview, Zeile 244). Ihre Mutter erfährt erst jetzt vom ganzen Ausmaß der Drogensucht: Amelie versucht, sie zu schützen, indem sie in die Klinik geht und dort, wie immer, die schnelle, anpassungsfähige Patientin ist. Sie übersteht die A-Phase mit Medikamenten und hat nur eine verschwommene Erinnerung an diese ersten Wochen. Sie weiß jedoch, dass sie bereits nach kurzer Zeit in alte Verhaltensmuster verfällt, was bedeutet, sie passt sich an, sie ignoriert ihre eigenen Grenzen und Bedürfnisse, funktioniert mehr, als dass sie etwas verändert.

„... hab halt gedacht, du musst hier alles toll machen und was weiß ich, und dann hab ich mich dann wieder überfordert, so'n bisschen, hab versucht hier alles richtig zu

7.2 Wendepunkte (1): Mühsamer Weg zur Therapieentscheidung

machen und mit der Gruppe im Einklang und Verantwortung übernehmen und ja, dann bin ich auch ruckzuck in die B-Phase gekommen [...] weil ich ja so stabil gewirkt hab und da wollt ich aber gar nicht in die B-Phase weil da ja noch mehr Freiheit ist und noch mehr Belastung im Grunde und ja, das hab ich dann insgesamt zweieinhalb Monate ausgehalten und hab dann gesagt, so, ne, mach ich nich mehr, geht nich mehr, ich kann nich mehr es ist mit zuviel hier auf TSI." (1. Interview, S. 8). Dieser erste Aufenthalt in Teen Spirit Island endet also aufgrund der Unfähigkeit, ihre alten Beziehungs- und Verhaltensmuster zu verlassen. Zwar ist Amelie entgiftet, aber ihre angepasste Haltung empfindet sie als sehr belastend, bis sie spürt, dass sie nicht aus eigener Entscheidung, sondern durch äußeren Druck zu Teen Spirit Island gekommen ist. *„Ich hab aber gesagt, dass ich wiederkommen will, noch bevor ich gegangen bin, hab ich gesagt, ich muss von mir aus hier herkommen, ehrlich, ich will von mir aus hier herkommen und mich dann wirklich drauf einstellen."* (1. Interview, S. 8). Sie braucht eine Unterbrechung der stationären Therapie, um ihr altes Muster selbstständig zu verlassen. Die folgende längere Textstelle schildert die Erfahrungen, die Amelie im Anschluss daran macht:

> *„... und dann bin ich halt erstmal in die alte Clique rein wieder, rein, bin auch das Wochenende gleich weggegangen so, und dann, wo ich weg war, ich hab, ich hab also wirklich nur eine Linie Pep gezogen und ein Teil und das war schon wenig, so, ehrlich, und ich so, ne, ich konnt keine Party machen, gar nicht, ich mein, ich war so drauf, ne, dass ich gemerkt hab, so, is geil, aber nein, ich hab an die ganzen Leute hier gedacht, hab gedacht: Scheiße, die sitzen da jetzt, die machen Therapie und was machst du für´ ne Scheiße, ne, du wollt´st nich mehr und dann fiel mir das wieder ein, wie dreckig es mir eigentlich ging, wo ich hier hergekommen bin so, boah, Alter, dann hab ich voll die Klatsche gekriegt, und dachte, ne, Mirko, also mein Kollege halt, mein bester Kumpel, so, ich sag, ne, Mirko, tut mir leid, ich kann echt nich, behalt mich in guter Erinnerung, aber für mich ist das nichts mehr. Dann bin ich mitten in der Nacht da raus und hab den da stehnlassen und bin zu meiner Freundin, die auch keine Drogen nimmt und kein Alkohol nimmt, gar nichts, hat die, und bin zu der, die war nich da, da hab ich mich dann ins Treppenhaus gelegt und da fühlte ich mich dann auf einmal irgendwie zuhause, in dem Treppenhaus, aber ich war nicht in dieser Scheißdisko drin."* (1. Interview, S. 9).

Was genau sagt Amelie sie in dieser bemerkenswerten Schilderung? Sie sucht, nachdem sie sich *„selbst entlassen"* hat, ihre alte Clique auf, verbringt mit ihnen das Wochenende in der Disko, konsumiert einige Drogen. Sie hat keine Freude an dieser Party, kann sich nicht drauf einlassen. Einerseits spürt sie die Anziehung der alten Clique, andererseits denkt sie an die jungen Leute auf Teen Spirit Island, die sich in der Therapie abmühen. Dabei wird ihr bewusst, wo sie herkommt, sie erinnert sich, wie schlecht es ihr ging, bevor sie die Therapie auf Teen Spirit Island begonnen hat und hat offenkundig in dem Moment ein erschütterndes Schlüsselerlebnis („*hab ich voll die Klatsche gekriegt*"). Sie beschreibt das wie eine Entscheidungssekunde, in der sie sich von ihrem Freund Mirko in einer Weise verabschiedet, die den Charakter einer Sterbeszene hat, wenn sie sagt: „*Behalt mich in guter Erinnerung.*" Mitten in der Nacht verlässt sie die Diskothek und sucht eine drogenfreie Freundin auf, die eine andere Welt repräsentiert. Obwohl sie diese Freundin nicht zuhause antrifft, wartet Amelie im Treppenhaus und spürt, wie richtig ihre Entscheidung war, das Konsumenten-Milieu zu verlassen, denn dort im Treppenhaus fühlt sie sich auf einmal „*irgendwie zuhause*". Selbst ein kaltes unbewohntes Treppenhaus erscheint ihr besser als die Drogenszene und die „*Scheißdisko*".

Amelie erzählt diese Geschichte wortreich, schnell, ausgesprochen flüssig, es ist eine Erzählung in einem Guss. Sie verlässt die Klinik in vollem Bewusstsein und will zurück in die alten Verhältnisse, sucht offenkundig das Gegengewicht zu der Überforderung durch Überanpassung, die sie auch im Therapiezusammenhang praktiziert hat. Für diese Flucht aus der Anpassung kennt sie nur die Drogen und das Highsein – es ist also ein wirklicher Rückfall, nicht nur in den Konsum von Drogen, sondern mehr noch ein Rückfall in ihre Selbstbehandlungsansätze und in die Bedingungen, unter denen sie praktiziert wurden. Erst indem sie sich zu diesem Weg entscheidet, bemerkt sie ihre innere Veränderung, was ihr zeigt, dass sie nicht mehr in der Lage ist, diese Selbstbehandlung wirksam einzusetzen. Wenn sie mit besonderer Betonung sagt, „*ich konnt keine Party machen, gar nicht*", beschreibt sie ja eine offenkundig paradoxe Situation. Mitten in der Partystimmung spürt sie, dass diese Szene ihre Wirkung auf sie verloren hat, ebenso wie offenbar die Drogen selbst die Wirkung nicht mehr im bekannten Umfang zeigen. Sie kann sich nicht fallenlassen, sie kann sich dem Rausch nicht hingeben.

Worin besteht das Hindernis? Amelie denkt an ihre Therapiegruppe, an deren Jugendliche, die sie auf Teen Spirit Island zurückgelassen hat, die sich auf den mühsamen Weg der therapeutischen Bearbeitung der Probleme begeben haben, wie sie es zuvor auch versucht hat. Dieser Gedanke kann sowohl Mitgefühl und Bindung an diese Gruppe ausdrücken, als auch die Funktion besitzen, in ihr Erinnerungen wachzurufen an die Situation, die dem Beginn der Therapie vorausgegangen ist: Das Schlüsselerlebnis ihrer Nahtod-Situation aufgrund einer Überdosis („*dann fiel mir das wieder ein, wie dreckig es mir eigentlich ging, wo ich hier hergekommen bin*"). Es geht hier um eine existentielle Frage, zunächst einmal auf der Ebene des Drogenkonsums: Die Drogen haben sie in Todesnähe gebracht. Möglicherweise gibt es aber auch etwas Dunkles, Todesnahes in ihr selbst, das sie mit Hilfe der Drogen zu bekämpfen oder zu kontrollieren versucht. Diese dunkle, bedrohliche und qualvolle Seite klingt vielleicht an, wenn sie sich von ihrem

7.2 Wendepunkte (1): Mühsamer Weg zur Therapieentscheidung

besten Freund in einer Weise verabschiedet, die an Totenbettszenen erinnert. Die Entscheidung gegen diese Gefahrenzone Drogenszene, die tatsächlich den Tod bedeutet und entsprechend assoziativ verknüpft geblieben ist, wird von Amelie wie ein schockartiges Erwachen beschrieben, ein plötzlicher, vielleicht auch schmerzhafter Moment der Erkenntnis, dass sie sich selbst in Todesgefahr begibt, der sie dazu bringt, ihre innere Steuerung zu verändern.

Die Entscheidung, zu ihrer drogenfreien Freundin zu gehen, und dort im Treppenhaus zu warten, ist wie eine Entscheidung für ihr Leben und gegen das Unlebendige, Selbstzerstörerische in sich. So wird es auch verständlich, dass sie sich im leeren Treppenhaus vor der Wohnungstür ihrer Freundin auf einmal zuhause fühlen kann. Es ist vielleicht ein erster Schritt von Amelie, sich in sich selbst und bei sich selbst zuhause zu fühlen.

Unmittelbar im Anschluss daran entscheidet sie sich, zu Teen Spirit Island zurückzukehren und die Behandlung nun „wirklich" zu beginnen.

Dieser Wendepunkt setzt aber bereits eine gewisse Entwicklung voraus. Es ist gewiss kein Zufall, dass solche Momente dann auftreten, nachdem bereits einige Zeit auf der Therapiestation verstrichen ist, nachdem die harten Probleme in der A-Phase (Entgiftung) überstanden sind und eine gewisse Zeit der Therapieerfahrung auch als Teil einer Gruppe anderer Jugendlicher bereits vorliegt. Amelie (und alle anderen) hat den Entzug oft mit Hilfe von Medikamenten, die den körperlichen Schmerz erträglicher sein lassen, hinter sich gebracht und ist oft erstmals seit langer Zeit drogenfrei (bis auf die Medikamente), sie erlebt sich selbst, die anderen Jugendlichen und die Therapiestation mit klarer Wahrnehmung als „soziale Welt". Die Jugendlichen machen Erfahrungen, zumindest im Ansatz, die sie nie zuvor in ihrem Leben machen konnten – z.B. die einfache Regelung von Tagesstrukturen und individueller Verantwortung für Tischdecken oder Abwaschen. Sie spüren aber oft auch ihre innerseelischen Strukturen erstmals ohne jede Ablenkung, ohne die übliche chemische Betäubung.

Möglicherweise haben sie eine Ahnung davon, wie sehr sie aus der Struktur ihrer Abhängigkeit heraus zugestimmt haben, sich den anspruchsvollen Regeln auf Teen Spirit Island zu unterwerfen. Sie haben nach einem Strohhalm gegriffen im Zustand einer sie betäubenden, zu Tode ängstigenden Not, und sie waren sich überhaupt nicht klar darüber, was das bedeuten wird, diesen Zustand der Betäubung zu verlassen.

Natürlich hat durch dreimonatige Abstinenz eine körperliche Veränderung und Gesundung eingesetzt. Auch die intensiven Erfahrungen mit dem Team und den anderen Patient/innen haben Spuren hinterlassen, die ungewohnte Klarheit im Erleben und auch im analytischen Denken führen dazu, dass Amelie vorurteilslos und ohne Beschönigung auf die tödlichen Gefahren schaut, die mit dem Drogenkonsum verbunden sind und sie in eine existentielle Bedrohung gebracht haben. Sie spürt die Angst davor körperlich, ebenso wie sie die gewohnte Wirkung von „Party" und „Droge" körperlich nicht wahrnimmt, im Gegenteil. Sie ist dorthin zurückgekehrt, wo sie herkommt, und spürt, wie krank das Milieu ist. Die mitfühlenden Gedanken an die Mitpatienten, die um Abstinenz ringen, verweisen auf neue Bindungen. Zwar ist Mirko noch immer der „beste Kumpel", aber die Beziehung zu ihm ist nur noch Benennung, besitzt kaum Bindungskraft, wohingegen ein drogenfreies Milieu, für das die Freundin steht, in deren Treppenhaus sie dann übernachtet, eine außerordentliche Bindungsstärke aufweist. Dass ein „schlechtes Gewissen" ein Hinweis auf reifere Überich-Strukturen ist, bedeutet auch, neben der konkrete Bindung an die anderen Jugendlichen auf Teen Spirit Island und die Station als Ganzes, dass entsprechende Identifikationen stattgefunden haben müssen: Amelie ist an Teen Spirit Island gebunden, verinnerlicht seine Strukturen und Werte und hat Schuldgefühle, wenn diese durch ihren Ausbruch verletzt werden: Die Therapiestation ist für sie bereits zu einem realen „sicheren Ort" geworden.

Einen ganz anderen Wendepunkt erlebt **Alexander**, der nach einem Rückfall nach Hause geschickt wird. Er will zurück zu Teen Spirit Island, muss aber eine lange Wartezeit überstehen, während der er zuhause mit der Mutter und mit seinen Drogenfreunden wieder täglich Cannabis konsumiert. Als ihm schließlich doch noch ein Platz auf Teen Spirit Island angeboten wird, mit dem er bereits nicht mehr gerechnet hatte, ist er sich nicht mehr sicher:

> *„Da kam meine Mutter abends, TSI hat angerufen, du kannst da hin, ja und da hab ich natürlich richtig doof geguckt, weil ich schon gar keinen Bock mehr hatte und alles schon wieder aufgegeben hatte, so, naja und denn hab ich gesagt, ja ich weiß nich Mama, ob ich, ob ich da hingehe, ich überleg mir das und da meinte sie, ja, überleg dir das aber gut, so, ja, und dann hab ich mir das überlegt, und dann hab ich mir gedacht, ne, du gehst da doch hin, denn, hab dann aber wieder gekifft so, du hast schon wieder gleich 'n Tag, tagtäglich mit deiner Mutter einen (Joint) geraucht, du gehst da jetzt hin, das bringt nix, wenn du das nich machst, dann kommst du da nie von weg* (1. Interview, S. 13).

Hier zeigt sich, wie schwer die erneute Entscheidung für ihn ist. Er hat das Therapiemotiv schon fast wieder verloren (vgl. auch die Ausführungen in Kapitel 4, Teufelskreise der Abhängigkeit).

Wieder überwiegt sein Veränderungsmotiv: er nimmt den Therapieplatz an. Diese Szene zeigt aber vor allem, wie schwierig es ist, einen einmal abgerissenen Kontakt intrapsychisch zu halten oder wieder aufzubauen; die unterstützenden

7.2 Wendepunkte (1): Mühsamer Weg zur Therapieentscheidung

Beziehungserfahrungen, die unter den abstinenten und geschützten Bedingungen möglich waren, sind außerhalb von Teen Spirit Island schnell wieder verschwunden, wenn Drogen im Spiel sind. Diese alternativen Erfahrungen tragen noch nicht sehr weit, wenn sie nicht fortwährend ausgebaut und unterstützt werden.

Alexanders Wendepunkt lässt sich beschreiben als „Jetzt oder Niemals" – auch hier geht es um die eigene Entscheidung, der Verführung zum Drogengebrauch zu widerstehen, eine Verführung, die auch regressiv aufgeladen ist durch ein gemeinsames Konsumieren mit der Mutter. Nun muss er eine Therapieentscheidung treffen: Sich gegen den Drogenkonsum zu stellen heißt für ihn auch ganz eindeutig, sich von der Mutter abzulösen. Sein Wendepunkt in der Therapieentscheidung ist somit gegen die Mutter gerichtet, bedeutet Ablösung von dem Frauenmilieu und Aufgabe seiner bevorzugten Position des einzigen Mannes, des Hahns im Korbe.

Und tatsächlich zeigt seine Therapiegeschichte die große Bedeutung männlicher Therapeuten: Er kann sich auf Teen Spirit Island gerade auf Männer einlassen.

In der vorstehenden Textstelle wird mit dem Wendepunkt der Moment der Veränderung einer inneren Haltung aufgrund einer Entscheidung bezeichnet.[65] Diese Momente haben tatsächlich stattgefunden. Noch wichtiger ist aber die Bedeutung, die ihnen von den Jugendlichen im Nachhinein zugemessen wird. Sie wird zum Bestandteil einer Erzählung, die sie über ihr Leben präsentieren. Indem sie eine Narration herausbilden, erschaffen sie sich selbst in verschiedenen Varianten neu, die Erzählungen über ihr Leben, gerade in diesen entscheidenden Momenten, sind ein Akt kreativer Selbst-Schöpfung, Selbst-Erfindung. Manchen dieser Erzählungen merkt man die Freude über diese neue Fähigkeit geradezu an, sie sind gestaltet wie gute Kurzgeschichten.

Dass die Jugendlichen zu diesen Erzählungen fähig sind, zeigt ihre beträchtliche Entwicklung: Indem sie erzählen, schaffen sie eine reflektierende Distanz, die eine Voraussetzung ist für die Erschaffung einer neuen Gestalt. Sie sind zu einer konstruktiven, die Heilung fördernden Ich-Spaltung fähig, betrachten sich selbst und ihre Geschichte aus einer gewissen Distanz, die zu Verdichtungen und erzählerischen Höhepunkten führt. Diese konstruktive Ich-Spaltung dient nicht der Abwehr; im Gegenteil ist sie Ausdruck einer wachsenden Ausdifferenzierung innerer Struktur.

Die neuen Entwürfe lebensgeschichtlicher Strukturen sind ein kreativer Akt der Aneignung eigener Lebensgeschichte durch Neuerfindung. Das ist keineswegs eine Lüge – aber nicht notwendigerweise immer unmittelbar nachprüfbares

---

[65] Diese Wendepunkte sind damit deutlich von Schützes Trajectories unterschieden, dessen Verlaufskurven die tatsächliche drastische Veränderung in einer Lebensführung beschreibt.

Geschehen. In diesen Randzonen des Erlebens, das noch stark geprägt ist von der Dynamik dissoziativer Abwehr und den drangvollen Mechanismen süchtiger Suche, aber sich doch schon auf dem Weg befindet zu einer integrativen, ganzheitlichen Wahrnehmungen, ist das Erleben einer Szene in ihrer vollständigen Bedeutung für das Subjekt außerordentlich wichtig: Sie wird wahrer, authentischer durch ihre sprachliche Form. Sie wird noch viel bedeutungsvoller, wenn die Erzählung Gehör findet, bei einem anderen Menschen ankommt und auf Verständnis und Beachtung stößt. Damit stehen die Jugendlichen ihrer eigenen Geschichte oftmals selbst staunend gegenüber, schauen, vielleicht erstmals, auf ihre kreativen Ressourcen: Indem sie sich so darstellen, machen sie sich ihre eigenen Fähigkeiten erlebbar.

Eine solche Fähigkeit kann darin bestehen, eine spirituelle Qualität im eigenen Leben zu entdecken. So wünscht sich **Antonia** am Ende ihrer stationären Therapie *„dass ich nie, nie das Vertrauen irgendwie zu Gott verlier und weiterhin irgendwie immer an die Kraft des Himmels glaube und an die Kraft, die man immer haben kann, egal was passiert"* (1. Interview S. 35*).* Ein Jahr später hat sie viel dazu getan, sich selbst diesen Wunsch zu erfüllen: Während der schweren Erkrankung ihres Stiefvaters, der kürzlich an einem Hirntumor gestorben ist, verliert sie den Glauben wieder, hadert mit Gott, hat aber diese Krise überwunden und sagt jetzt: *„Ich hoffe, also dass es auf jeden Fall wieder mehr wird, und dass ich auch, also ich plane, jetzt wieder in die Kirche zu gehen."* (2. Interview, Zeile 1226). Diesen Wunsch erfüllt sie sich gleichsam aus eigener Kraft, und auch die Krise hat sie aus eigener Kraft wieder überwunden.

Dass sie sich heimlich hat taufen lassen und daraufhin Stress mit ihrer Familie bekommen hat verweist darauf, dass sie selber den Eintritt in eine Kirche und Glaubensgemeinschaft wie einen Ersatz nutzt für Bindungen an die Familie, auf die sie nicht vertrauen kann und auf deren Entstehen sie nicht mehr hofft. Sie braucht ein alternatives, haltendes Bezugssystem, wenn sie die therapeutischen Zusammenhänge endgültig verlässt. Dass sie dieses haltende System in der Kirche gefunden hat, ermutigt sie und gibt ihr die Kraft, sich auch gegen die Haltung ihrer Familie für den Eintritt in die Kirche zu entscheiden und auch um ihren Glauben zu ringen, selbst dann, wenn er tief in Frage gestellt ist. Sie selbst zieht am Ende des zweiten Interviews eine Verbindung zwischen ihren früheren Wahnvorstellungen und psychosenahen Zuständen und ihrer heutigen Glaubensorientierung. Auf die Frage, wie sie mit dem christlichen Glauben in Berührung gekommen ist, antwortet sie:

„Ja, ich weiß auch nich, woran das liegt, das war seit Kind eigentlich in mir drin ... wie soll man sagen, irgendwelchen Schatten gesehen oder Stimmen gehört, irgendwie

sowas, und vielleicht, dass das alles für mich sowas über-menschliches hatte, sowas von 'ner andern Welt wa, einfach, und dadurch auch aus Angst halt angefangen zu beten, denk ich mal, ja und im Endeffekt aber nich mehr aus Angst, sondern weil´s mir Kraft gegeben hat, ne, und da auch beigeblieben, also inzwischen bin ich also von diesen ganzen Wahnvorstellungen weg" (2. Interview, Zeile 2260f).

Das was sie anders sein lässt als andere, verweist auf eine andere Dimension von Wahrnehmung und Haltungen. Früher hat sie das geängstigt und von den Menschen fortgetrieben, das Gebet hat sie aus Angst gesucht, heute betet sie, weil es ihr Kraft gibt. Die Wahnvorstellungen liegen hinter ihr.

Wendepunkte bezeichnen daher auch eine grundlegende Wendung zum Positiven, im ständigen Kampf zwischen Autonomiebehauptung und Abhängigkeitswunsch.

7.3 Therapieerfahrungen auf Teen Spirit Island im Spiegel der Selbstzeugnisse

Im Folgenden stehen die Erfahrungen mit der Therapie im Zentrum. Dabei ist jedoch zu betonen, dass es sich um die Selbst-Aussagen der Jugendlichen handelt. ihre Wahrnehmung, ihre Erinnerung ist Gegenstand der Erzählungen in den Interviews. Es kann also nicht darum gehen, Aussagen über die Angemessenheit therapeutischer Interventionen zu treffen, gar Bewertungen über die Qualität einzelner Therapie-Strategien vorzunehmen. Vielmehr interessiert hier, wie die therapeutischen Angebote von Teen Spirit Island und ihrer Nachfolgeeinrichtungen wie Step Kids in der Wahrnehmung der behandelten Jugendlichen „aufbewahrt" werden, welche Geschichten sie dazu berichten. Dort, wo wir einen Fall im Längsschnitt verfolgen können, geht es auch um einen Vergleich von Aussagen und Einschätzungen aus verschiedenen biografischen Stadien. Gerade diese Vergleiche ermöglichen eine Einschätzung der „Nachhaltigkeit" von Veränderungsprozessen.[66]

Das führt zu einem Problem der Präsentation des Materials. Ursprünglich ist dieses Kapitel als „Querschnitt" durch das Material angelegt gewesen; eine solche Ansammlung von thematisch passenden Äußerungen oder Teilerzählungen

---

[66] Die meisten Jugendlichen haben seit ihrer frühesten Kindheit eine Geschichte von Beziehungsabbrüchen erlebt, viele haben keine sichere Bindung entwickeln können. Es ist vermutlich nicht übertrieben davon auszugehen, dass die meisten von ihnen nur über eine desorganisierte Bindungsstruktur verfügen. Daher ist die Bedeutung der therapeutischen Erfahrungen, wie sie sich später in den Jugendlichen repräsentiert, von großem Nutzen und erlaubt Hinweise auf eine veränderte Bindungsfähigkeit.

widerspricht aber der prozessorientierten biografischen Anlage der Untersuchung. Es wird sich daher in den folgenden Abschnitten um kompromisshafte Darstellungen handeln, indem auf die gesamte individuelle Entwicklung verwiesen wird, aus der ein knapper thematischer Ausschnitt zitiert werden soll. Diese Selbstzeugnisse illustrieren die Sicht der Jugendlichen selbst auf ihre eigene Entwicklung – daher stehen sie auch weit mehr für sich selbst und werden in den folgenden Abschnitten weniger tief interpretiert.

7.3.1 *Beschreibung von Abläufen im stationären Setting*

Eine ausgesprochen positive Einschätzung der Therapie in Teen Spirit Island wird von **Jaqui** gegeben. Nach ihren Therapieerfahrungen gefragt, antwortet sie,

> „weiß ich jetzt so gar nicht, ja schon, es ist total ungewohnt, wenn man immer Einzelkämpfer war und dann auf einmal Leute da sind, die einem zuhören und die das auch interessiert, was mit einem los ist, das hilft, dass man weiß, dass es noch solche Menschen gibt, irgendwo, das man nicht allein ist, naja, meine Therapeutin, wenn ich Einzeltherapie hab oder so und ich hab irgendein Scheißproblem und ich kann das nicht ausdrücken und ich weiß nicht, was das ist so, dann schaffen wir das rauszufinden und dann lern ich mit Sachen umzugehen" (1. Interview, Zeile 268).

Die therapeutischen Erfahrungen werden ganzheitlich beschrieben, auch wenn sie stark auf der Beziehungsebene angesiedelt sind. Ganz offenkundig tut ihr das Leben in dieser Einrichtung insgesamt gut. Zu Anfang im Interview sagt sie, *„ich finde das voll cool hier, ich hatte, bevor ich hierher gekommen bin, kein geregelten Tagesablauf, ich bin aufgestanden, wann ich wollte, ich bin einkaufen gegangen, wann ich wollte, alles gemacht, was ich Lust dazu hatte, also ich find das schon gut, auch das frühe Aufstehn, dass man sich da schon mal dran gewöhnen kann"* (1. Interview, Zeile 62f).

Die Spannung zwischen ihrer Eigenständigkeit (Einzelkämpferin) und ihren Bedürfnissen nach Versorgung wird auch deutlich, wenn sie betont, dass sie aus eigener Entscheidung in Teen Spirit Island ist und dass ihr das auch die schwierigen Zeiten erleichtert hat. Zum Entzug sagt sie, *„So schlimm war das für mich nicht, weil ich wollte was verändern, ich bin von mir aus hierher gekommen, ich hab das alles selbst in die Wege geleitet"* (1. Interview, Zeile 207). Die eigene Entscheidung macht es ihr offenkundig möglich, die Behandlungsangebote auch im medikamentösen Bereich anzunehmen, *„.... da war ich das erste Mal klar im Kopf so, trotz der Medikamente, aber die machen ja auch nich breit, die stellen nur ruhig, jetzt, ohne die Medikamente is das nochmal was ganz anderes ... jetzt fühle ich mich normal, richtig so klar im Kopf, ich vergess zwar sowieso immer die Hälfte von allem, aber das sind Folgeerschei-*

7.3 Therapieerfahrungen auf Teen Spirit Island

nungen aber, ich kann jetzt besser zuhören und ich kann mich besser ausdrücken, und all solche Sachen" (1. Interview, Zeile 220f).

Die Entwicklung einer Tagesstruktur, die Erfahrung der positiven Auswirkungen eines drogenfreien Lebens, die Selbsterfahrung auf der Körperebene (Sport und Klettern), die Lernerfolge bei der Anleitung zu Putzen oder auch zu Kochen, führen zu Veränderungen ihrer Wahrnehmung, die sie positiv bewertet. Die Angebote von Fürsorglichkeit kann Jaqui, die das erstmals in ihrem Leben erlebt, in vollem Umfang annehmen.

Für andere, z.B. **Jill,** steht ein grundsätzlich fürsorglicher Umgang mit ihr, vor allem mit ihrem Symptom der Selbstverletzung, im Vordergrund: Nicht nur mangelhafte Beelterung in der Herkunftsfamilie, sondern auch die Erfahrungen in einer üblen Sekte hatten ihr Vertrauen in andere Menschen völlig unterhöhlt. Der verantwortungsvolle Umgang der Jugendlichen untereinander sowie die verlässliche Fürsorge und Zuwendung der Betreuer und ihre permanente, Verfügbarkeit sind daher für Jill von außerordentlich großer Bedeutung. Wenn sie sich schneidet, wird sie nicht für verrückt erklärt, *„sondern die nehmen einen in 'n Arm und dann, die versorgen dann das, den Arm und das hat man draußen nie gemacht, da hat man mehr gesagt, du spinnst doch, du krankes Kind"* (1. Interview, S. 9).

Peters Beschreibung seiner therapeutischen Erfahrungen kann als typisch gelten. Eine beträchtliche Ansammlung von Delikten, die er gemeinsam mit seiner Clique seit seinem neunten Lebensjahr angehäuft hat, führt dazu, dass er vom Jugendgericht vor die Entscheidung „Gefängnis oder Therapie" gestellt wird. Er entscheidet sich gegen das Gefängnis und für eine Therapie. Zum Zeitpunkt seiner Ankunft in Teen Spirit Island hat Peter deutliches Untergewicht und große Schwierigkeiten, zusammenhängende Sätze zu formulieren. Sein körperlicher Zustand entspricht seiner psychischen Deprivation. Natürlich hat Peter zunächst Startschwierigkeiten, sich auf den durchstrukturierten Tagesablauf in Teen Spirit Island einzustellen, vor allen Dingen die Aufnahmephase stellt eine Herausforderung dar, an der er zu scheitern droht. Es ist seine Mutter, die ihn motiviert weiterzumachen. Er hält durch und bleibt neun Monate in Teen Spirit Island. Für Peter stellt das die erste kontinuierliche Phase seines Lebens dar, in der er sich auf Bezugspersonen einlässt, die ihm kein Leid zufügen, sondern ihm tatsächlich zu helfen suchen. Er entwickelt eine stabile Bindung zu den Therapeuten: *„Ja, und wir haben hier alles durchgestanden ..... auch mal meine richtigen Probleme mit denen besprechen. Allein, dass sie mir zugehört haben und dass sie auch was dazu gesagt haben, und, ja, wie ich damit umgehen könnte."* (1. Interview, Zeile 1024f). Interessanterweise ist die einzige Kritik, die Peter an Teen Spirit Island rückblickend hat, die Tatsache, dass für sein Bedürfnis zu wenig Therapie angeboten wird. Hier zeigt sich Peters übergroßer Nachholbedarf, sich mitzuteilen und sich seine Erfahrungen und Probleme von der Seele zu reden.

Aufgrund einer verbotenen Liebesbeziehung mit einem Mädchen und entsprechenden disziplinarischen Maßnahmen entschließt sich Peter mit einer Gruppe von vier Jugendlichen aus der B-Phase gemeinsam auszureißen. Die vier verbringen einige Tage in der Wohnung seiner Freundin, Peter bereut jedoch seinen Ausbruch schnell und will zurück auf die Station, auch hier ein charakteristischer Wendepunkt. Er erfüllt die als Sanktionen verhängten Auflagen und kann nach zwei Wochen seine Therapie auf Teen Spirit Island fortsetzen. Im Nachhinein kommentiert Peter seine Regelüberschreitung wie folgt: *„Die Beziehung bin ich da eingegangen weil´s halt, weil doch was gefehlt hat. Man braucht schon so ´nen bisschen Liebe und Zärtlichkeit, irgendwie."* (2. Interview, Zeile 266). Peter bricht die Beziehung zu seiner Freundin ab, hat auch keinen Kontakt zu seinen Freunden mehr, die Zukunft soll sich neu gestalten. Auch wenn die Therapie von seinem Stiefvater boykottiert wird, erfährt er durch seine Mutter Unterstützung, sie nimmt auch regelmäßig an den familientherapeutischen Sitzungen teil. Wie tief er sich an die Therapiezusammenhänge gebunden hat, zeigen die Schwierigkeiten, die er damit hat, Abschied zu nehmen: *„Wo ich da entlassen wurde, ´s is´ mir schon ziemlich schwer gefallen ... weil ... irgendwie sind sie mir schon ziemlich an´s Herz gewachsen."* (2. Interview, Zeile 7). Zum Abschied überrascht er alle mit einer kleinen Party, die er mit Hilfe seiner Therapeutin fortbereitet hat. Zusammen mit zwei anderen Jugendlichen wechselt Peter auf eigenen Wunsch in die Einrichtung Step Kids, in der er fünf weitere Monate bleibt und wo er eine enge Bindung zu einem Sozialarbeiter entwickelt. Sein Wunsch nach konstanten Beziehungen zeigt sich hier erneut überdeutlich.

Auch für **Tim** gibt es zunächst nur Gutes zu berichten: über Teen Spirit Island sagt er: *„Die können einem richtig gut helfen, hätt´ ich nicht gedacht."* (1. Interview, Zeile 702) Die vierwöchige Aufnahmephase ist für ihn eine große Herausforderung. Besonders die engen Strukturen und die Kontaktsperre in diesen ersten Wochen machen ihm schwer zu schaffen. *„In der A-Phase war es ganz schlimm, kaum auszuhalten, da habe ich auch viel geheult."* (2. Interview, Zeile 646). Die engen Begrenzungen machen ihn *„richtig aggressiv, hab auch manchmal richtig rumgeschrien"* (2. Interview, Zeile 652). Die Aggressionen, die Angst vor dem Ausrasten beherrschen Tim und machen ihm gleichzeitig Angst. Als das erste Familiengespräch nach zwei Wochen geplant ist, will Tim Teen Spirit Island verlassen, er fürchtet die Auseinandersetzung mit den Eltern. Er bleibt dennoch. Er lässt sich ein, sein Gesundheitszustand verbessert sich, er nimmt an Körpergewicht zu, macht viel Sport und ist ganz *„locker"*. Rückblickend sagt Tim über

7.3 Therapieerfahrungen auf Teen Spirit Island

Teen Spirit Island: *„Einzige, was richtig war in den, in den, in den ganzen sechs Jahren, das war die Therapie, sonst hab ich nur Scheiße gemacht."* (2. Interview, Zeile 1032) Als besonderen Therapieerfolg gibt Tim die Verbesserung seiner Sprache an – er war seit seiner Kindheit ein schwerer Stotterer – und hebt die Verringerung seiner Aggression hervor. Während seines siebenmonatigen Aufenthalts hat er keinen Rückfall und durchläuft die Therapie innerhalb eines halben Jahres überdurchschnittlich schnell. Hierauf ist er sehr stolz. Er vergleicht sich mit den vielen anderen Patienten, die es am Anfang nicht geschafft haben. Seinen eigenen hohen Selbstansprüchen gegenüber kann er mit diesem Therapieerfolg besänftigend entgegentreten, gleichzeitig verachtet er Mitpatienten, die es nicht geschafft haben, ohne einen Rückfall die Therapie zu durchlaufen. *„Das passiert mir nicht, ich weiß jetzt ja, wie ich mir helfen kann."* Zu seiner Therapeutin baut Tim eine enge Beziehung auf und empfindet diese als große Unterstützung. In der Therapie bereitet er bspw. vor, sich seinem Vater gegenüber zu öffnen, auf diese Weise durchbricht er die verfestigte Struktur zwischen Vater und Sohn. Der Vater reagiert sehr positiv, und das Verhältnis zwischen beiden verbessert sich daraufhin.

7.3.2 Enge Bindung an den Therapeuten in Einzeltherapie

Viele Jugendliche gehen außerordentlich enge Bindungen zu den Einzeltherapeuten ein, mit deren Hilfe sie tief in ihre Lebensgeschichte und die Bearbeitung der Belastungen und Traumata hineingehen. Das ermöglicht ihnen ein Verstehen von Konflikten, aber in der verlässlichen Beziehung auch ein Nachholen auf den unterschiedlichsten Entwicklungs- und Erfahrungsebenen.

Svenja ist in allen Lebensbereichen sehr zielorientiert. Sie spricht über ihre Einzeltherapie und betont, wie wichtig ihr diese geworden ist. *„Umso mehr ich über mich erfahren hatte, umso, also, umso doller wollte ich auch daran weiterarbeiten irgendwie, wenn ich irgendwie bei mir gemerkt habe oder so in der Therapie hat sich eigentlich herausgestellt, dass ich damit irgendwie 'nen Problem hatte, dann wollt ich auch ganz fest daran und das wirklich, also dass es geändert wird."* (1. Interview, Zeile 605).

Sie setzt sich Ziele, sie verfolgt ihre Pläne, sie motiviert sich selbst, alles das sind Ressourcen, die Svenja vermutlich schon in den therapeutischen Prozess mit hineingebracht hat und die es ihr ermöglicht haben, das Optimum aus diesen neun Monaten herauszuholen.

Antonia, deren Eltern beide Psychologen und offenbar auch Psychotherapeuten sind, braucht eine exklusive Behandlung und Bindung an den Oberarzt von Teen Spirit Island – vermutlich möchte sie endlich einmal die wichtigste

Patientin sein für einen Therapeuten, der seine Elternfunktion wahrnimmt. Eine Erfahrung mit der Psychiatrie in Bremen beeindruckt sie nachhaltig, sie bekommt starke Medikamente und beschreibt sich so: *„Ich war voll weggeknallt, ich konnt gar nicht mehr gehen und das wollt ich nicht."* (1. Interview, Seite 8). In diesem Zustand, halluzinierend, psychotisch, wird ihr Teen Spirit Island empfohlen, sie redet mit Dr. Möller und entscheidet sich nach diesem Gespräch spontan für einen Aufenthalt bei Teen Spirit Island. Als einzige Patientin von Herrn Möller ist sie auf diesen Sonderstatus sehr stolz: *„Herr Möller ist der erste Therapeut eigentlich, den ich nicht verarschen konnte und der erste, der mir geholfen hat, ja, das muss ich sagen, also ich halte sehr viel von ihm, auf jeden Fall."* (1. Interview, S. 10). Antonia muss sich zwei Monate lang in der A-Phase aufhalten und sie beschreibt den Zustand, in dem sie die Therapie auf Teen Spirit Island beginnt, folgendermaßen: *„Ja, also wo ich angekommen bin, war ich psychisch das totale Wrack, ich hab mich, also ich hatte totale, wie man so was nennen soll, ich weiß nich, Wahnvorstellungen und Stimmen im Kopf und so, und hab mich jeden Tag selbst verletzt und bin andauernd voll ausgerastet, also ziemlich, ich war echt fertig so."* (1. Interview, S. 12) Antonia schildert sich als besonders extremen Fall. Lange Zeit wird sie von den Vorteilen ihrer Sonderrolle getragen, bis auch hier eine von ihr initiierte Ablösung beginnt, sie trainiert regelrecht Abgrenzungen. Das geschieht auch, wenn sie gegenüber den Interviewern im zweiten Interview deutlich macht, dass sie über bestimmte Fragen keine Auskunft geben will, *„ne, das ist zu persönlich"* (2. Interview, Zeile 757). Möglicherweise ist es auch diesen Abgrenzungsbemühungen geschuldet, dass Antonia die Therapie bei Dr. Möller auf Teen Spirit Island beendet, *„vielleicht hab ich auch irgendwo die ganze Nähe mit ihm nicht mehr ausgehalten, dass es einfach so war, dass er eigentlich auch immer wusste, ich konnte ihn zum Beispiel auch nich bescheißen"* (2. Interview, Zeile 968f). Die therapeutische Beziehung hat sich im Lauf der Monate deutlich verändert; im zweiten Interview sagt sie darüber: *„Ja, aber er hatte auf jeden Fall 'ne wichtige Funktion, wahrscheinlich auch, weil er der erste Mann war, der, mit dem ich eine enge Beziehung hatte, auch wenn's der Therapeut ist, es ist ja trotzdem 'ne enge Beziehung ... der mehr wusste als irgendwer anderes über mich, aber immer Distanz gewahrt hat und nie grenzüberschreitend gewesen ist."* (2. Interview, Zeile 330f) Diese tragfähige und bedeutungsvolle Bindung geht am Ende in eine wütende Abgrenzung über: *„Also jetzt im Endeffekt, also, ich war zum Ende hin eigentlich immer sauer auf Herrn Möller, immer wenn ich von ihm weg gegangen bin war ich sauer auf ihn."* (2. Interview, Zeile 808) Innerlich löst sie sich bereits von dieser wichtigen, die Primärbeziehung nachholenden Therapiebeziehung, sie ist auf der Suche nach einer neuen Therapeutin, mit der sie die Therapie fortsetzen will, findet sie bald, fühlt sich bei ihr in guten Händen. Erst jetzt ist sie in der Lage, ihrem Therapeuten Herrn Möller von ihren Abschiedsplänen zu berichten. In ihren Träumen tauchen eindeutige Ambivalenz- und Loyalitätskonflikte auf, die wiederum bearbeitet sie mit dem Sozialarbeiter von Step Kids. Diese Traumdeutungen unterstützen sie in dem Lösungsprozess aus der Therapiebeziehung zu Herrn Möller und ermöglichen das Eingehen einer neuen Beziehung zu der bereits gefundenen Therapeutin. Offenbar ist sie noch nicht so weit, sich den auftretenden aggressiven Anteilen in der Beziehung zu stellen, sie fürchtet die Wucht ihrer Aggression, womöglich gebunden an die Phantasie, das endlich gefundene „gute Objekt" könne ihre Attacke nicht überleben. Dem aggressiven Angriff ausweichend, agiert sie zwischen den verfügbaren Hilfesystemen. Auch wenn die Vermeidung von Aggression nachdenklich macht, so ist doch auch die Suche nach weiteren guten Objekten und entsprechenden Beziehungserfahrungen eine vielversprechende Entwicklung.

Natürlich kommt hier die Analogie zu den Trennungsprozessen zwischen den Eltern zum Tragen, und die Loyalitätskonflikte scheinen in der Wiederholung auf, in denen sich das kleine Mädchen, die Fünfjährige, die sie damals war, befunden haben muss. Dass sie in diesem Ambivalenz- und Loyalitätskonflikt die Hilfe eines dritten verständnisvollen und kompetenten Erwachsenen nutzt, zeigt, dass sie heute eine Ahnung davon hat, wie Konfliktbewältigung auch in schwierigen Situationen dadurch erfolgen kann, dass sie ihre Kompetenzen nutzt und die Hilfe anderer Menschen in Anspruch nimmt. Triangulierungsprozesse, die bei Scheidungskindern gerade in dieser verletzlichen Phase der frühen Entwicklung häufig nur unter großen Schwierigkeiten stattfinden oder eben ganz und gar unterbleiben, werden im Fall von Antonia in der Realität nachgeholt und unter Zuhilfenahme einer realen dritten Person bewältigt.

Wieder anders sind die Erfahrungen von **Tim**, der zwei Jahre nach Abschluss des stationären Aufenthalts in Teen Spirit Island im dritten Interview eine höchst problematische Entwicklung thematisiert, nachdem er sich zuvor überaus positiv zur Therapie geäußert hatte. Was ist ihm widerfahren? Er verliebt sich schon während des Aufenthaltes auf Teen Spirit Island in eine Mitpatientin. Beide werden dort (heimlich) ein Paar. Diese Beziehung hält nach Abschluss der stationären Zeit fast 18 Monate lang, bis die Freundin sich von ihm trennt. Beide sind auf Teen Spirit Island bei derselben Therapeutin, Frau Gehrke, in Einzeltherapie, die er mit dem Verlassen von Teen Spirit Island bald abschließt, wohingegen seine Freundin sie noch lange fortsetzt. Nun, zum Zeitpunkt des dritten Interviews, unterstützt Frau Gehrke die Trennungsabsichten seiner Freundin, er leidet sehr unter dieser Trennung und hat sie, obgleich sie bereits einige Monate zurückliegt, noch immer nicht verwunden. Von seiner früheren Therapeutin fühlt er sich verraten. Der nachstehende Auszug aus dem dritten Interview dokumentiert seine Gefühlslage.

Tim: Ph (atmet aus ... ... sehr lange Pause) was ich nochmal sa hört das Frau Gehrke eigentlich?
I2:   Dies hier? Nein
Tim: oder liest die das oder so? (I2 räuspert sich)
I: (? im Grunde genommen) das sind ja alles ver, verschlüsselte Interviews (... unverständlich)
Tim: (gleichzeitig) Na dann muss ich es ihr nochmal selber sagen, weil ich fand's nämlich ziemlich scheiße, also Maria meine Ex-Freundin, die hat ja bei Frau Gehrke noch nach der Therapie ambu/ ambulante Therapie gemacht ... und da hat Maria hat, Maria hat 'n bisschen von mir erzählt, dass ich immer so immer aggressiv bin und so und eigentlich müsste ja 'n Therapeut sagen ja gut dann ähm dann hilf ihm irgendwie .. mach was ich/ich/ich helf dir auch Maria, äh m dann machen wir was, ja wir helfen ihm irgendwie, so stelle ich mir 'n Therapeuten vor, aber sie? Sie meinte „ja mach Schluss, halt dich fern von ihm, bloß weg" ... was soll das denn?
I: Mhm
Tim: Das verstehe ich nicht. So das wollte ich jetzt nu, das wollte ich jetzt nur mal so reinschmeißen
I: Mhm
I2:   Also du hättest gern auch Hilfe gehabt-
Tim: Ja, weil mir/mir ging's halt nicht gut ...
I2:   Mhm
Tim: und ich/ich wusste halt nicht, an wen ich mich wenden soll, an meine Freundin konnte ich mich nicht wenden ... weil die ja das selbe durchgemacht hat wie ich ... ja ... " (3. Interview, Zeile 670 ff)

Tim macht die Interviewsituation selbst zum Thema, um seinen Ärger auf die frühere Therapeutin zu kommunizieren. Als er erfährt, dass sie die Texte nicht lesen wird, bemerkt er ärgerlich, dass er dann selbst mit ihr Kontakt aufnehmen muss. Er ist sehr wütend auf sie und drückt das im Interview auch sehr deutlich aus. Maria, seine Exfreundin, hat in ihrer eigenen Therapie von ihm und seinen Aggressionen gesprochen. Daraufhin skizziert er seine Erwartungen an die Therapeutin: Sie hätte Maria ermutigen müssen, ihm zu helfen, mit seinen Aggressionen fertig zu werden, und sie hätte auch Maria entsprechende Unterstützung

7.3 Therapieerfahrungen auf Teen Spirit Island

dabei anbieten müssen. Er findet, dass die beiden Frauen ihm gegenüber in einer Verantwortung sind, ihm Hilfe anzubieten.

Diese Erwartungen werden seinerseits nachdrücklich enttäuscht. Maria wird stattdessen von der Therapeutin ermutigt, sich von ihm zu trennen. Er ist erkennbar erregt und wütend darüber (*„reinschmeißen"*). Die Interviewerin greift einfühlsam Tims Hilfsbedürftigkeit auf, worauf er sofort bestätigend eingeht. Es ging ihm schlecht und er hatte niemanden, an den er sich hätte wenden können. Er zieht sich in seine Phantasien zurück und vermeidet den direkten Kontakt zu Frau Gehrke, vor dem er sich einerseits zu fürchten scheint, der aber andererseits unumgänglich ist, wenn er ihr seine Empörung über ihr Verhalten mitteilen will. Um die persönliche Begegnung zu vermeiden, hätte er gern das Interview oder die Interviewerinnen als Übermittlerinnen genutzt.

Wut und Hilfsbedürftigkeit sind also gleichermaßen zentrale Emotionen in diesem von Tim in eigener Regie angesprochenen Thema. Er ist enttäuscht und entsprechend wütend auf seine frühere Therapeutin bei Teen Spirit Island, die ihn in seiner Hilfsbedürftigkeit nicht unterstützt. Dabei entwickelt er Unterstellungen, die seine Phantasien speisen – er weiß es nicht, kann es nicht wissen, was tatsächlich geschehen ist. Für ihn ist offenkundig: Maria hat sich von ihm getrennt, und er muss diese Trennung verkraften, bei der er sich als Opfer sieht. Das überfordert ihn maßlos. Dass Frau Gehrke das zumindest nicht verhindert hat, ist eine Tatsache. Dass er ihr die Macht unterstellt, es verhindern zu können, zeigt seine Idealisierung der Therapeutin (machtvolle Mutterfigur), deren positive Anteile sich in dem Moment ins Gegenteil verkehren, wo sie in seinen Phantasien, wie eine Herrscherin in Imperativen sprechend, Maria das Kommando gibt, sich von ihm zu trennen. Die wörtliche Rede gibt diesem Moment eine besondere Lebendigkeit, in seiner inneren Welt muss es so gewesen sein. Er malt sich ein ganzes Szenario aus wie in einem Tagtraum, in dem die gute Mutter plötzlich zur bösen Hexe mutiert. Je gewaltiger diese Hexe wird, desto größer wird Tims Hilfsbedürftigkeit und desto kleiner erscheint er selbst.

Es bleiben jedoch noch Fragen offen: warum kann er weder sein Hilfebegehren noch seine Wut direkt zum Ausdruck bringen? Warum bleibt er passiv und agiert, wenn überhaupt, über Dritte?

Tims abhängige Kleinheit und die idealisierte machtvolle Frau, die urplötzlich zur Bedrohung wird, verweisen auf seine geteilte Repräsentanzenwelt, es findet eine Spaltung in die gute und die böse Mutter/Therapeutin statt, wobei die gute Mutter schwach ist und wenig haltende Qualitäten aufweist, während die böse Mutter in Tims Vorstellung fast allmächtig ist. Darüber hinaus erscheinen die Selbst- und Objektrepräsentanzen wenig getrennt, was darauf schließen lässt, dass die symbiotische Qualität der therapeutischen Beziehung noch nicht vollständig aufgelöst ist. Das macht die Intensität seiner Vorstellung verständlich, die Therapeutin müsse auch lange nach Abschluss seiner Therapie um seine Nöte wissen und ihn entsprechend lindernd versorgen: Eine ideale Mutter erkennt die Bedürfnisse des Kindes und reagiert entsprechend. Eine solche primitive Idealisierung stellt Tims Schutz vor einer bedrohlichen, gefährlichen Umwelt dar. Diese Szene verweist auf eine Zeit im Tims Entwicklung, in der eine omnipotente Mutter sich in symbiotischer Einheit mit dem Kind befindet, das seine aggressiven Impulse noch nicht zu neutralisieren brauchte. Sie sind aber durchaus vorhanden und werden, womöglich durch Externalisierung, zu einer realen Gefahr in der Realität, falls sie durchbrechen. Damit verbindet sich Tims Angst vor der Wucht seiner eigenen Aggression und die Sorge, die gute Mutter könne diese Attacke nicht überleben. Die in seiner Wahrnehmung mit der Aggression verknüpfte Gefahr drückt sich aus, wenn er Frau Gehrke in der imaginierten Szene sagen lässt: „Bloß weg!" Seine Aggression erscheint ihm grenzenlos und zerstörerisch, sie beruht auf der frühen Phantasie einer alles zerstörenden Wut. Der von Tim imaginierte Satz der Therapeutin bestätigt also seine Annahme, dass er der Therapeutin Angst macht mit seiner Wut, sodass sie sich von ihm zurückzieht, wo er sie doch noch so dringend braucht. Daher darf Tim diese Wut nicht direkt auf ein geliebtes Objekt richten, sondern sie bestenfalls gebremst – hier kommuniziert über Dritte, die Interviewerinnen – zu erkennen geben. Indem er die idealisierte Mutter/Therapeutin derart vor seiner Wut schützt, gibt er auch das Maß seiner Abhängigkeit von ihr zu erkennen: Ohne die gute Mutter kann er nicht überleben; aber er spürt auch die zerstörerischen Impulse in sich und ist in diesem Konflikt wie zerrissen.

Die Therapeutin ist in die Position der mächtigen bösen Mutter geschoben worden, Tim erlebt sich wie früher, als er von seiner Mutter, die er idealisierte, geschlagen wird. Macht und Gewalt gehen in seiner inneren Welt eine sehr enge Verbindung ein. Die ihm abverlangte Trennung von beiden Frauen, Maria und Frau Gehrke, lässt ihn klein und schwach ohne Handlungskompetenz in seinem eigenen Leben zurück. Er hatte auch in der therapeutischen Übertragung nicht ausreichend Zeit, seine frühen Erfahrungen zu bearbeiten, von den Eltern nicht hinreichend gut versorgt worden zu sein, weil er seit frühester Kindheit emotionale Kontaktabbrüche zu verkraften hatte. So wird eine nicht optimale Beendigung der Einzel-Therapie, die es ihm nicht ermöglichte, mit Trennungsfrustrationen umzugehen, die Basis, die ihm auch spätere Kränkungen (Trennung von der Freundin) unerträglich sein lässt. Die böse Mutter wird dämonisiert, die gewaltsame, böse Frau, die in seinem Innern gegen ihn Gewalt ausübt, wird in der gegenwärtigen Realität reinszeniert. Beide Beziehungen, zu Maria und zu Frau Gehrke, erscheinen ihm wie Abbrüche, die eine Wiederholung seiner frühen Beziehungserfahrungen sind.

Dennoch hat sich etwas verändert: Indem Tim seine Enttäuschungs-Wut thematisiert, stottert er kaum noch. Dem Symptom des Stotterns liegt eine Aggressionsproblematik zugrunde, genauer: Die Ambivalenz zwischen Aggression, Zuneigung und Schuldgefühlen gegenüber der Mutter. Im Stottern äußert sich der Konflikt zwischen aggressiven Impulsen und dem kontrollierenden Über-Ich besonders in der Suche nach männlicher Identität (vgl. hierzu Hopf und Heinemann 2001, S. 31ff). Jungen, die ihre frühe Identifikation mit der Mutter aufgeben müssen, benötigen eine männliche Person, mit der sie sich identifizieren können, während sie sich von der Mutter ablösen. Die Abwesenheit des Vaters wird diesen Prozess sehr erschweren. Wenn sich diese Problematik in der Therapie zu wiederholen droht, ist besondere Aufmerksamkeit geboten.

Tim selbst will die Therapeutin in einem Kompromiss vor der aggressiven Attacke schützen und dennoch seine Wut ausdrücken, indem er die Interviewerinnen benutzt. Damit ist er auf dem Weg, kontrollierte Formen des Umgangs mit seiner Aggression auszuprobieren, vielleicht sogar in Ansätzen in eine nachholende Triangulierungserfahrung zu ermöglichen. Auf die verständnisvolle Frage der Interviewerin („Du hättest gern auch Hilfe gehabt?") geht er jedenfalls bestätigend ein, indem er seine Schwäche und Einsamkeit benennt. Tims wenig gelungene Ablösung aus der Einzeltherapie zeigt ein Problem: Er hat sich mit der Therapeutin noch in einem Modus der affektiven Vermischung bewegt; die Umstände des Therapieendes haben keine Schritte auf die Ebene der Konfiguration des Selbst-mit-dem-anderen oder gar der Meta-Reflexion möglich gemacht. So bleibt Tim in einer Art der Wiederholung stecken, die ihm an dieser Stelle noch wenig neue Bewältigungsformen anbietet. Indem die Therapeutin das Enactment nicht auflöst, kann Tim nur auf seine ihm bekannten Bewältigungsmuster zurückgreifen: anklammernde Passivität und Hoffnung auf Entlastung durch eine liebende Frau/Mutter/Therapeutin. Seine Abhängigkeit ist als Struktur noch sehr dominant erkennbar. Was immer auch die Motive der Therapeuten gewesen sein mögen, seine Therapie zugunsten der Berufsausbildung sehr abrupt zu beenden: Es hat Tim zunächst in eine weitere Wiederholungsschlaufe getrieben.

Svenja ist bereits in einem hohen Maße abgelöst und autonom, sie reflektiert die Vorgänge in der Therapie bereits, mehr rückblickend, auf einer Ebene hoher Abstraktion und Differenziertheit, sie kann über emotionale Verwicklungen nachdenken und den anderen jeweils als ganz eigenständige Person einbeziehen. Für sie ist die Therapie wichtig als lebendiger Ort dieser Reflexion, weniger die

Therapeutin. Das ist anders bei Antonia, die mit ihrem Therapeuten eine gute und nachholende Erfahrung macht, endlich einmal das wichtigste Kind zu sein. Und für Tim erweist sich die Einzeltherapie als ein Ort der Wiederholung früher und bekannter Erfahrungen, die ihn wütend und hilflos zurücklassen.

Nicht jede Einzeltherapie ist also eine gleichermaßen geglückte und erfolgreiche therapeutische Arbeit. Die drei Beispiele verdeutlichen jedoch die große Bedeutung der Therapeut/innen für die Jugendlichen. Die therapeutische Beziehung ist eine exklusive Situation, in der sich die oftmals destruktiven Beziehungserfahrungen und Bindungsstrukturen der Jugendlichen am ungestörtesten wiederholen und damit entfalten können. Das birgt die große Chance alternativer, besserer Erfahrungen durch angemessene Spiegelung, durch gemeinsames Verstehen der verzweifelten Enactments, durch mühevolle und mikrologische Kleinarbeit, die durch die Wirrnisse blind inszenierter Dramen führen muss. In Abhängigkeit vom Schweregrad der Traumatisierung und der Schwere der Persönlichkeitsstörung, aber auch von der Erfahrung des Therapeuten und seinem Geschick, auf die spezifische Thematik des Jugendlichen einzugehen, hängt es ab, inwieweit die Einzeltherapie zu einem Ort der Nachreifung werden kann, die zu neuen Formen der Mentalisierung führt. Damit trägt sie zu der Fähigkeit der Jugendliche bei, über diese Erfahrung sich selbst in einer wirklichen Beziehung zu erleben und diese Beziehung gemeinsam zu reflektieren, daran zu wachsen im immer weiterreichenden Verstehen der inneren Prozesse, die im Zustand des Noch-Nicht-Repräsentierbaren sind und doch in den Status des Symbolischen geführt werden sollen. Ob das gelingt, das sei hier erneut betont, liegt nicht allein in der Motivation der Jugendlichen, es hängt auch von der Existenz anderer protektiver Faktoren ab und nicht zuletzt dem verfügbaren Zeitkontingent des Therapeuten.

7.3.3 Kritische (Ent-)Wertungen

Nicht alle Jugendlichen äußern sich positiv über ihre Therapieerfahrungen auf Teen Spirit Island. Vor allem einzelne Jungen fassen ihre Erlebnisse in der Therapie in sehr kritische, oft sogar offen entwertende und verächtliche Worte. In den Interviews von **Felix** finden sich verhältnismäßig differenzierte Äußerungen zu seiner aktuellen Lebenssituation bei Step Kids, er zieht aber auch Vergleiche zwischen den Therapieansätzen bei Teen Spirit Island und bei Step Kids. In beiden Einrichtungen beklagt er sich über strenges Reglement und strikt gehandhabte Sanktionen, obwohl er ergänzt, *„aber eben so, im Großen und Ganzen ist das schon richtig so"* (1. Interview, Seite 13). Über seinen Einstieg bei Teen Spirit Island sagt er,

7.3 Therapieerfahrungen auf Teen Spirit Island

„also ich bin dahin gegangen und ich war erstmal ganz ruhig so bei TSI, hab so alles mitgemacht, ich hab gesagt, ich bin immer damit einverstanden, egal, was es gab, ob wir Mädchenspiele gespielt haben, oder so, ich war immer damit einverstanden, ob wir genäht haben, ich hab gesagt, ja, mach ich mit (lachend) so und dann, weiß nicht, dann kam, ja, die Betreuer und manchmal bin ich so abgegangen, weil die mich so angekotzt haben, dann war´n das nur so kleine Sachen, dass man sich voll aufgeregt hat, aber das war, aber auch da, eine richtige Therapie, hier ist das, so wie eine Jugengruppe find ich, weil bei TSI da gibt es auch so Gruppentherapien, die gehen eineinhalb Stunden und man hat da wenigstens ein Thema, hier ist Gruppentherapie, ja, mir geht´s gut, ich habe mein Wochenende, war zuhause gut und mehr hab ich nich, fertig, so und bei TSI hatten wir so, was uns beschäftigt hat, so, mit meinen Eltern zum Beispiel, dass mein Vater abhängig war von Alkohol und so, da drüber haben wir alle geredet und hier macht man des gar nicht" (1. Interview, S. 13).

Felix passt sich an, um durchzukommen, aber diese Anpassung bleibt ihm wirklich äußerlich. Er signalisiert Einverständnis, ist erstmal *„ganz ruhig"*, hat dann aber offenbar gelegentlich Affekt-Durchbrüche, wenn er sich mit den Betreuern auseinandersetzt, die ihn *„voll angekotzt haben"*. Konfrontationen und regelbetontes Verhalten erscheinen ihm kleinlich und er rebelliert dagegen, dennoch kommt er zu dem Schluss, dass der therapeutische Ansatz von Teen Spirit Island ihm einleuchtet. Er spricht mit einigem Respekt von der Gruppentherapie, die thematisch akzentuiert und offenbar ernsthaft geführt worden ist und von den beteiligten Jugendlichen Aufmerksamkeit und Aufrichtigkeit verlangt. Der Ansatz in Step Kids hingegen wird von ihm verächtlich kommentiert, die Gruppentherapiegespräche erscheinen in seinem Bericht eher oberflächlich und auch geeignet, Aufrichtigkeit und Betroffenheit durch wegwerfende kurze Erzählungen abzuwehren. Mit den Betreuern bei Step Kids hat er offenbar heftige Auseinandersetzungen, sie sind es auch, die ihm die Prognose nicht ersparen, dass er noch immer rückfallgefährdet ist, obgleich er sich doch als sehr verändert erlebt und auch seine Eltern als Zeugen aufruft, die ihm diese Veränderungen bestätigen, *„meine Eltern sehen das auch, dass ich mich um 180 Grad verändert habe so, aber die Betreuer sehen das nich so ... aber das stört mich nicht"* (1. Interview, S. 14). Dass die diagnostische Prägnanz der Eltern im klinischen Sinne begrenzt ist, liegt auf der Hand, ihre Einschätzung der weitreichenden Veränderung mag auch einem Wunschdenken geschuldet sein, vielleicht ist allein die Tatsache, dass Felix die Schule besucht und sich nach wie vor bei Step Kids befindet, in ihren Augen ein Erfolg. Gemessen daran, dass er zeitweilig als Junkie auf der Straße lebte, ist es ja auch tatsächlich so zu betrachten. Dass die Betreuer ihm ihre Einschätzungen nicht ersparen, scheint ihn zu kränken und auch zu ärgern, bezeichnend in diesem Zusammenhang ist sein Kommentar, *„das stört mich nicht"*, denn damit setzt er sich über die fachliche Kompetenz und die menschliche Zuwendung hinweg, die er bei Step Kids durch die Betreuer erfährt, wie er es auch immer dann getan hat, wenn er rückfällig geworden ist. Er hat keine wirkliche Bindung entwickelt, die aber eine Voraussetzung wäre, um den Anderen als bedeutungsvoll für die eigene seelische Entwicklung zu nutzen.

Auch bei **Philip** überwiegen die ambivalenten Äußerungen. Zu Teen Spirit Island ist er gekommen nachdem er in einer anderen Klinik eine Entgiftung gemacht hat; die dortigen Mitarbeiter haben ihm zu einer Langzeittherapie geraten, *„hab ich mir verschiedene rausgesucht, hab mich denn hierfür eigentlich entschieden sozusagen"* (1. Interview, Zeile 35f). Philip tont also die Freiwilligkeit seines Aufenthaltes in Teen Spirit Island. Sehr ausführlich beschreibt er den Tagesablauf. Schon die ersten Sätze im Interview thematisieren ein Problem, *„ich bin 'n bisschen krank, ich wollte heute morgen gar nicht aufstehn, ich wollte den ganzen Tag weiterschlafen, bin erkältet, hab Kopfschmerzen, hab mich dann aber doch aufgerafft, öhm, haben wir erstmal gejoggt"* (1. Interview, Zeile 5f). Er erläutert dann die Tagesstruktur und die speziellen Sanktionen, die erfolgen, wenn er die vorgegebenen Strukturen nicht eingehält. Deutlich wird dabei ein gewisser Missmut, mit dem er das alles absolviert. So hatte er beispielsweise ein Kunsttherapieprojekt am Vormittag und grenzt sich gegen die Deutungen des Therapeuten und Kunsterziehers ab: *„Haben wir auch schon öfters mal drüber diskutiert, dass er ziemlichen Scheiß redet so, weil, ich weiß nicht, ich will mit dem Bild eigentlich überhaupt nichts ausdrücken und er interpretiert dann in dieses Rot rein, dass ich wütend und verliebt bin, obwohl einfach nur kein Grün da war"* (1. Interview, Zeile 20f). Gefragt, was ihm auf Teen Spirit Island gefällt, sagt er, zunächst im Allgemeinen, *„gut auf alle Fälle"* und ergänzt dann, dass er sich auch über andere Einrichtungen informiert habe, *„und es klingt meistens eher wie Gefängnis, da ist es hier auf alle Fälle angenehmer"* (1. Interview, Zeile 37). Er betont, dass er sich mit allen Therapeuten und Mitarbeitern ganz gut versteht, vor allen Dingen mit seiner Therapeutin, *„ist meiner Ansicht nach auch die beste Therapeutin"* (1. Interview, Zeile 275), gleichzeitig aber wirkt er gereizt und betont, *„ich krieg aber auch hier schon bald 'ne Krise unter soviel Beobachtung und mit so vielen Leuten zusammen"* (1. Interview, Zeile 258). Daher betont er eine gewisse Sonderstellung, die darin besteht, dass er nicht zu Step Kids geht und auch diese Empfehlung nicht bekommt, sondern, *„ich bin auch die Ausnahme von TSI hier, in der Regel wird 'ne Empfehlung an das Jugendamt gegeben, z.B. Step Kids zu besuchen, ... und bei mir wird halt direkt empfohlen in 'ne eigene Wohnung zu gehen"* (1. Interview, Zeile 258f). Philip hebt sich ab von den anderen und legt auch großen Wert darauf, offenkundig leitet er eine Art von Sonderbehandlung daraus ab, dass er sich als etwas Besonderes begreift ; in jedem Fall die Erwartung, dass andere sich um ihn kümmern. So merkt er äußerst kritisch an: *„Mein Jugendamt kommt nicht wirklich in´ne Puschen, also ich möcht gern Jugendhilfe haben, ´ne Wohnung mit mobiler Betreuung und am 11. haben wir wohl ´ne Konferenz, danach hab ich dann Urlaub und das ist alles ganz vage, was die Frau vom Jugendamt mir sagt"* (1. Interview, Zeile 45f). Eine ausgeprägte Anspruchshaltung gegenüber Institutionen und fürsorglichen Erwachsenen wird hier deutlich, und eine überhebliche Kritik an ihnen wenn sie sich nicht seinen Erwartungen entsprechend verhalten.

Trotz dieser grandios-arroganten Selbsteinschätzung, die auch an seiner Sicherheit deutlich wird, dass er demnächst das Abitur machen wird, kann Philip doch einige Erfolge der Therapie auf Teen Spirit Island feststellen: *„Ich bin auf alle Fälle offener geworden, also ich kann jetzt eher auf die Menschen zugehen, das war halt eins meiner Probleme als ich hergekommen bin, ich kann auch mehr auf Konfrontation gehen, das war eins meiner Probleme also, genau, da wurde drauf von den Betreuern geachtet, die haben mich auch öfter mal getrietzt in der Richtung und mittlerweile sag ich halt schon, was mir nicht passt und meine Meinung halt anders ist"* (1. Interview, Zeile 180f).

Gleichwohl hat er eine noch immer ambivalente Einstellung zu Sucht und den Substanzen, so betont er, dass er vor dem Einschlafen immer noch Suchtdruck hat und zwar jeden Abend, und dass er für diese Situation eine Art Notmedikation zur Verfügung hat. Dennoch sagt er, *„ich weiß nicht, bereuen tu ich das nicht, es war halt so, da kann ich jetzt auch nichts mehr dran ändern und in dem Moment hat mir das gut gefallen und so wirklich bereuen tu ich das nicht, ich würd´s auch immer noch gerne machen"* (1. Interview, Zeile 190f). Innerlich ist er offenkundig immer noch stark an die Droge gebunden.

7.3.4 Rückfall – eine paradoxe Therapieressource: „Nie wieder so was anfassen"

Dieser noch über lange Zeit anhaltende Suchtdruck – Zeichen einer nicht aufgelösten Bindung an die Droge als das unbelebte, beherrschbare und entlastende Objekt – macht die Einhaltung der Abstinenzregel schon während der Behandlung schwer; außerhalb der Klinik kommen noch die alltäglichen Verführungen hinzu, wie sie etwa eine an pharmakologische Stimmungsbeeinflussung gewöhnte soziale Umgebung darstellt. Noch schwieriger wird es, wenn im engen Freundeskreis oder in der Familie aktiv konsumiert wird. Nicht jedem Jugendlichen gelingt es, sich davon gänzlich abzugrenzen – d.h. also den Kontakt zur konsumierenden Familie abzubrechen – und sich einen gänzlich neuen Freundeskreis aufzubauen. Alexander bringt es folgendermaßen auf den Punkt:*"Ein Ziel, was aber fast unmöglich ist so, halt nicht rückfällig werden. Das wär so´n, so´n, so´n richtiges*

Ziel so. Nie wieder so was anfassen." (1. Interview, S. 26). Diese Aussage eines drogenabhängigen Jugendlichen am Ende seiner stationären Therapie drückt eine tiefe Sehnsucht danach aus, einmal ganz clean zu sein und abstinent zu leben. Ebenso intensiv werden aber seine Zweifel deutlich, ob das überhaupt jemals möglich sein kann.

Es muss demnach mit einem oder mehreren Rückfällen gerechnet werden und somit braucht es ein differenziertes therapeutisches Konzept zur Arbeit mit dem Rückfall. In einer sehr allgemeinen Definition wird ein Rückfall beschrieben als ein erneutes Trinken nach einer längeren Phase absichtlich eingehaltener Abstinenz. Jede Substanzabhängigkeit ist die Endstrecke bzw. das Symptom einer großen Vielfalt seelischer Erkrankungen, die sowohl auf einer Konfliktpathologie als auch auf einer Entwicklungspathologie beruhen können, d.h. auf Störungen im Bereich der ersten Entwicklung von Ich-Funktionen und von Objektrepräsentanzen.

„Folglich sind Ziel und Wesen einer psychoanalytisch orientierten Behandlung Alkoholkranker die Unterstützung der Abstinenz des Patienten durch Klärung und Besserung seiner Ich-Funktionsdefizite und Störungen der Entwicklung seiner inneren Objekte und deren allmähliche Besserung. Dieses Krankheitsverständnis schließt den Rückfall als Folge von seelischen Entwicklungsstörungen und als dessen Stabilisator ein und macht ihn zum Fokus intensiver diagnostischer und therapeutischer Bemühungen. Diese haben das Ziel, dem Patienten schließlich durch Verbesserung seiner ich-strukturellen Möglichkeiten eine dauerhafte Abstinenz zu ermöglichen" (Büchner 2008b, S. 182).

Aufgrund dieser Auffassung muss die früher regelhaft praktizierte Entlassung der Patienten aus der Klinik als faktische Bestrafung bei einem Rückfall als gänzlich kontraindiziert angesehen werden. Es ist inzwischen gesicherte wissenschaftliche Erkenntnis, dass Sanktionen wie solche Entlassungen nicht hilfreich sind: Küfner und Feuerlein fanden, „dass die Untersuchung von Abstinenzraten unterschiedlicher Patienten über den Zeitraum von 18 Monaten nach stationärer Entwöhnungsbehandlung (MEAT-Studie) ergab, dass nur 4,5% wegen stationärer Rückfälligkeit vorzeitig Entlassener abstinent waren. Demgegenüber steht die stattliche Zahl von 42% Abstinenter, die nach einem stationären Rückfall weiterbehandelt wurden." (Büchner 2008b, S. 184) Wenn also ein Rückfall während der stationären Behandlung sofort therapeutisch genutzt und aufgearbeitet werden kann und somit genuiner Bestandteil der weiteren Behandlung wird, ist die Chance auf später anhaltende Abstinenz erheblich größer.

Es muss dabei betont werden, wie sehr ein solche Rückfall dem/r Abhängigen selbst zusetzt. Immerhin war es ja über eine gewisse Zeit gelungen, ohne die Substanz auszukommen. Die damit verbundene introspektive Therapiearbeit sowie die Unterstützung durch die anderen Patientinnen haben Stolz und ein langsam wachsendes Selbstwertgefühl zur Folge gehabt. Der erneute Gebrauch der Substanz zur Affektregulierung wird als immense Kränkung erlebt. Schon in den 70er Jahren wurde dieser Einbruch als Abstinenzverletzungssyndrom (AVS) beschrieben (vgl. Marlatt 1978): Danach bricht in Folge des Rückfalls das Selbstbild des Abhängigen zusammen, nachdem er sich persönlich einen Teil des bisherigen Erfolges zuschrieb und deshalb den Rückfall als eigene Schwäche, Versagen und Schuld erlebt (vgl. dazu auch Büchner, in Bilitza 2008 b, 179ff).

Bei diesen Folgen ist es nahezu gleichgültig, ob es sich um einen kurzen Absturz handelt oder eine längerfristige Rückkehr zu süchtigen Verhaltensmustern.[67] Kruse u.a. (2002) unterscheiden auf der Grundlage einer Vielzahl wissenschaftlicher Studien dennoch den „Ausrutscher" von einem tiefgreifenden Rückfall. Nach ihrer Auffassung zeigen zahlreiche Krankheitsverläufe, dass ein Rückfall, der nur wenige Tage dauert, weil der Patient frühzeitig therapeutische Hilfe in Anspruch nimmt, einen erfolgreichen Genesungsprozess kaum schmälert und die Persönlichkeitsnachreifung mit ihren erfreulichen Auswirkungen auf die Beziehungsentwicklung durch die sofortige Bearbeitung erneut voranschreitet und sich womöglich sogar intensiviert. Nur sofortige therapeutisch-klinische Intervention kann also verhindern, dass ein Rückfall zu einer ernsten Gefährdung wird, aufgrund der erneuten krisenhaften Erschütterung des Selbstwertgefühls in einen weiteren Durchlauf des Teufelskreises der Heptade (Wurmser) einzusteigen.

Insofern ist ein Rückfall während der stationären Therapie sogar eine besondere Chance, die Hintergründe für den auslösenden Stress und die innerseelischen Vorgänge genau zu untersuchen. Die Jugendlichen haben dann bereits die stabilisierenden und unterstützenden Erfahrungen der „erleichternden, haltenden Umgebung" (Winnicott) machen können, d.h. sie wissen, worauf sie zurückgreifen können und was sie andererseits verlieren würden, wenn sie dauerhaft wieder in die süchtigen Zirkel einsteigen. Das weiter oben zitierte Beispiel von Amelie (Wendepunkte 1) vermag dies anschaulich zu illustrieren. Sie erlebt ihren

---

[67] Eine Differenzierung in ich-syntone (Zweifel an der Notwendigkeit zur Abstinenz und daher erneute Trinkversuche) und ich-dystone Rückfälle ist an dieser Stelle nötig. Letztere sind gravierender, weil das Ich die Steuerung und Kontrolle darin verliert. Damit wird der Rückfall gleichzeitig eine zwanghafte Rückkehr zu alten Bewältigungsmustern. Diese besagten, dass unter Stress oder in psychischen Notsituationen diese nur mit Hilfe des bekannten Suchtmittels zu überstehen sind.

Rückfall sehr bewusst und auch deswegen als wenig befriedigend, weil sie an ihre Mitpatienten denkt, die sie durch ihr Verhalten enttäuscht.

Eine Suchtklinik bietet eine solche Umgebung, in der Patienten einen Zustand des ruhigen Wohlbefindens erleben können, der ihnen versuchsweise den Verzicht auf alte Abwehrformen (wie den Gebrauch ihrer Droge) ermöglicht und den geistigen und körperlichen Spielraum für kreative Akte neuer Problemlösungen gibt. Das manchmal fast schlagartige Verschwinden von Suchtdruck und das Entstehen relativen Wohlbefindens im stationären Setting ist für manche Patienten so überraschend, dass sie vermuten, von den Therapeuten heimlich ein Medikament verabreicht zu bekommen.[68]

Der therapeutische Umgang mit Rückfällen ist bei Jugendlichen besonders heikel. Hier soll zunächst der Rückfall während des stationären Aufenthalts betrachtet werden. Grundsätzlich wird der Ansatz verfolgt, den Rückfall zu bearbeiten und in den therapeutischen Arbeitsprozess zu integrieren. Andererseits darf er nicht völlig sanktionsfrei bleiben, das würde die praktizierten Werte der Patientengruppe, die Gültigkeit der Regeln auf der Station entkräften und für die anderen Patienten „infektiös" wirken, also die anderen ermutigen, ebenfalls lässig mit der Abstinenzforderung umzugehen. So werden und müssen tatsächlich Sanktionen erfolgen, die zumeist in der Rückstufung bereits durch Therapieerfolge erworbener Rechte bestehen, im schlimmsten Fall die Rückstufung von der B-Phase in die wesentlich strengere A-Phase oder eine zum Teil mehrtägige Separation von den anderen Gruppenmitgliedern.

Eine bereits sehr weitreichende Sanktion liegt im Verweis von der Station für einige Tage, die mit der Erfüllung von Bedingungen verbunden ist: Kontakt zu den Therapeuten halten, intensive (schriftliche) Reflexion der Bedeutung des Rückfalls und ausführliche Begründung des Wunsches, die Therapie fortzusetzen, gehören in diesen Zusammenhang, den ich „moderate und situationsabhängige Sanktionierung" nennen möchte.

Auf Teen Spirit Island hat das therapeutische Team eine entsprechende einheitliche Grundhaltung zum Rückfall entwickelt[69] Zur Überprüfung der Drogenfreiheit finden in unregelmäßigen Abständen Urinkontrollen statt, an deren Ergebnissen ein Rückfall definiert wird. Ein Rückfall gehört zum Krankheitsbild der Suchterkrankung und wird als Unterbrechung des Gesundungsprozesses, als

---

[68] „Solche Vermutungen der Patienten geben uns Gelegenheit, auf ihre manipulativen Beziehungserfahrungen und ihre einseitige Theorie der stoffgebundenen Befindlichkeitsbeeinflussung einzugehen und ihnen vor allem vor Augen zu führen, dass sich eine auf Abstinenz und Persönlichkeitsnachreifung ausgelegte Therapie fördernd auf Ich- und Überich-Funktionen auswirkt." (Büchner 2008 in Bilitza 2008b, 183)
[69] Möller und Thoms (2000):, S. 172 sowie Möller und Thoms (2001), S. 40.

7.3 Therapieerfahrungen auf Teen Spirit Island

Herausforderung für die therapeutische Arbeit begriffen. Rückfälle werden immer ernst genommen, und es wird offen darüber gesprochen. Die Jugendlichen lernen dadurch, über ihren Suchtdruck und Rückfallängste zu sprechen.

Ein solcher Rückfall ist immer ein Zurückgreifen auf frühere Abwehrformationen und Bewältigungsstrategien in Momenten großer Not und Verzweiflung. Daraus erwächst die Notwendigkeit, mit Rückfallsituationen behutsam umzugehen, weil sie zeigen, dass Ich-Funktionen wie Abgrenzungsfähigkeit oder Handlungsalternativen im Umgang mit Suchtdruck noch nicht hinreichend stabilisiert werden konnten. Was aber heißt behutsamer und konstruktiver Umgang mit dem Rückfall? Zuerst muss die Stabilisierung des Patienten unmittelbar danach erreicht werden. Der Rückfall selbst bedeutet eine narzisstische Krise (zunächst durch den Auslöser, in der Folge dann durch den scham- und schuldbesetzten psychischen „Kater" danach). I der Therapie muss untersucht werden, ob die Jugendliche weitere Sanktionen ertragen und ob sie dadurch überhaupt einen Nutzen haben kann.

Auf Teen Spirit Island wird der Rückfall auf drei Ebenen bearbeitet.

1. Zuerst über Sanktionen. Wer auf der Station Drogen konsumiert, wird sofort entlassen, kann allerdings zu einem späteren Zeitpunkt wieder aufgenommen werden. Hat ein Jugendlicher außerhalb der Station Drogen oder Alkohol konsumiert, muss er innerhalb von 24 Stunden wieder erscheinen, andernfalls ist die sofortige Wiederaufnahme verwirkt. Patienten aus der B-Phase werden in die A-Phase zurückversetzt. Der offensichtliche Rückfall, die positive Urinprobe oder auch das Weglaufen werden sofort in der Gruppe thematisiert.

2. Die Beziehungserfahrung in der Gruppe ist die zweite Ebene der Rückfallbearbeitung. Die unmittelbare Thematisierung in der Gruppe führt zu einer direkten Konfrontation des/der Rückfälligen mit den Gefühlen, die sein Verhalten bei den Gruppenmitgliedern auslöst. Allerdings müssen die anderen Patienten auch vor der „Ansteckung" einer „positiven Rückfallerfahrung" geschützt werden. Daher muss der Rückfällige in der Gruppe seine Beweggründe erläutern, zu seinen Motiven Stellung nehmen und darlegen, welche Gefühle ihn veranlasst haben, das Abstinenzgebot zu brechen. Äußerungen der anderen Patienten über ihre emotionalen Reaktionen, z.B. über ihre Enttäuschung („Das war Scheiße"), über ihre beziehungsbezogenen Affekte („Du hast uns gefehlt") oder über ihre Besorgnis („Wir haben uns Sorgen um dich gemacht") ermöglichen allen Beteiligten wichtige Beziehungserfahrungen. Der Rückfällige erlebt unmittelbar, dass er in

der Gruppe aufgehoben ist, dass es Menschen gibt, für die es wichtig ist, was er tut und dass diese auch bei Verfehlungen zu ihm stehen.

3. Die dritte Ebene ist die Bearbeitung des Rückfalls in der Einzeltherapie, in der zunächst ebenfalls die emotionale Stabilisierung im Vordergrund steht. Dies wird durch die zuvor bereits etablierte vertrauensvolle therapeutische Beziehung ermöglicht. Indem der Therapeut unterstützende Hilfe und Halt für das bedrohte Selbstwertgefühl anbietet, wird das Vertrauen zum Therapeuten, zu anderen Personen, zur Tragfähigkeit der Beziehung und damit zu sich selbst wachsen. Beweggründe und den Rückfall begleitende Gefühle werden auch hier noch einmal thematisiert; das gilt auch für mögliche daraus resultierende Gruppenkonflikte. Beides ist für die weitere Therapie bedeutungsvoll, die Motivation zur Therapie wird gestärkt, Ziele werden präzisiert und konkreter herausgearbeitet.

Festzuhalten ist jedoch: Kein Rückfall ist, bezogen auf seine intrapsychischen Hintergründe, wie der andere, und daher sind auch die Sanktionen, die therapeutischen Antworten auf dieses Verhalten immer auf den Einzelfall abzustimmen. Zwei sehr unterschiedliche Fallbeispiele mögen das verdeutlichen.

So wird **Svenja** während ihres Aufenthaltes auf Teen Spirit Island zweimal rückfällig, ohne dass dies auch nur zu einer Unterbrechung der stationären Therapie führen würde. Ihre beiden Ausbrüche wurden als Ausdruck ihrer individuellen Problematik eingeschätzt (sie hat extrem hohe Selbstansprüche und ausgeprägte Bestrafungstendenzen, wenn sie versagt), in die Therapie integriert und dort intensiv bearbeitet. Svenja wurde weder aus der Gruppe ausgeschlossen noch in die A-Phase zurückversetzt, also nicht bestraft, gerade weil sie selbst mit einer schweren Strafe gerechnet hatte und sie auch als verdient empfindet. Der Teufelskreis wurde in ihrem Fall dadurch durchbrochen, dass auf eine Bestrafung verzichtet wurde. Die institutionalisierte Sanktionierung hätte ihre eigene extrem kritische Instanz, ihr überstrenges Über-Ich, mit dem sie sich bereits selbst höchst feindselig angegriffen hatte, noch zusätzlich gestärkt. Im Gegensatz dazu erfolgte eine dichte therapeutische Konfrontation, die innere Stabilisierung sowie Stärkung der Motivation zur weiteren Behandlung beabsichtigte. Durch das Konzept des therapeutischen Haltens (vor allem durch das Angebot an vertrauensvoller Beziehung) ist sowohl ihr Vertrauen in Teen Spirit Island gewachsen als auch ihre Motivation gestiegen, immer mehr von sich selbst zu verstehen. *„Umso mehr ich über mich erfahren hatte, umso doller wollt ich auch dran weiterarbeiten."* (1. Interview, Z. 607).

Tatsächlich zeigt Svenjas Entwicklung auch nach der Therapie, wie umsichtig und selbststeuernd sie mit allen Fragen des Konsums umgeht. Sie bearbeitet diese Themen in der Einzeltherapie, die sie weiterhin fortsetzt. Dort kann sie feststellen, in welchem Umfang sie sich verändert hat und ob sie z.B. Verführungssituationen widerstehen kann. Zu diesen Überprüfungen hat sie häufig Gelegenheit, denn sie arbeitet gelegentlich in einer Diskothek und kann dort viele Jungendliche beim Konsumieren beobachten; aber selbst, wenn ihr etwas angeboten wird, spürt sie kein Verlangen mehr danach: *„Überhaupt nicht, kein Stück, wenn ich die Leute sehe, ich weiß nicht, dann denke ich, na ja, jünger oder, ich weiß es echt nicht (sehr leise nachdenklich – 10 sek. Pause) irgendwie, so sag ich jetzt einfach mal, abstoßend oder so, aber wenn ich denn – wenn ich die dann sehe, denk ich, oh, guck dir das an, so warst du auch mal, das is es doch schon irgendwie so, so'n äh, ja weiß ich nicht, ich kann das irgendwie schlecht beschreiben, vielleicht so'n Ekel."* (2. Interview, Z. 585)

Wenn Svenja heute Ekel empfindet und keinen Suchtdruck mehr, dann macht das ihre Selbsteinschätzung plausibel (sie spricht davon, dass sie sich nicht mehr als gefährdet betrachtet) und zeigt, dass ihre Äußerungen nicht nur von einer kognitiven Einsicht getragen sind, sondern tief im Kern ihrer Persönlichkeit verankert wurden.

Auch sie hatte sich in einer Beziehungskrise mit ihrem Freund als gefährdet erlebt, wohl nicht ihre alten Drogen zu konsumieren, jedoch mehr Alkohol zu trinken. Zwar will die Therapeutin sie beruhigen, weil Alkohol nicht ihre eigentliche Droge gewesen sei, Svenja selbst geht mit sich aber wesentlich strenger um.

„Ich sag mal so, wenn man wirklich so viel trinkt, dann ... will man ja wieder irgendwas wegkippen, denke ich al, ich tu das so, auf jeden Fall. Als Rückfall direkt vielleicht nicht, aber irgendwie wieder so, vielleicht von einem Extrem ins nächste oder so ..." (2. Interview, Zeile 679)

Diese Erkenntnis verhilft ihr zu einer immer stabileren inneren Haltung, weder illegale Drogen noch Alkohol einzusetzen, wenn sie in einer seelischen Notlage ist. Die gelungene Nachreifung hat zu einer weitreichenden Entwicklung ihrer emotionalen und kognitiven Reife geführt. Die Basis der Abstinenz ist ihre eigene Entscheidung dazu, aber auch der fehlende Suchtdruck. Ein Zeichen dafür, wie weit Svenja vorangekommen ist, liegt auch in ihrer Haltung, keinerlei chemisch-pharmakologische Affektregulierung mehr zu beanspruchen – auch kontrollierter Konsum kommt in ihren Perspektiven nicht vor.

Gänzlich anders stellt sich die Situation im Fall von **Sven** dar. Er berichtet von einer Vielzahl von Rückfällen, nachdem er die Therapiestation verlassen hatte und bei Step Kids, einer therapeutischen Wohngruppe, weiter betreut wurde. Nach katamnestischen Untersuchungen (Küfner et al. 1988; Körkel und Kruse

2005) ist die wirksamste Form der primären Rückfallprävention eine intensive Nachsorge. Die Nachsorge umfasst bei erwachsenen Abhängigen zumindest den Anschluss an eine Selbsthilfegruppe. Bei wohnortfern durchgeführten Entwöhnungsbehandlungen sollte die Nachsorge außerdem in einer Beratungsstelle am Wohnort angebahnt werden. Für Jugendliche gilt dieser Ansatz in besonderem Maße, sodass im Konzept von Teen Spirit Island die Nachsorge als therapeutische Nachbetreuung z.b. in der Fortsetzung der Einzeltherapie bei derselben Therapeutin besteht, aber auch in enger Kooperation mit den „aufnehmenden" Einrichtungen der Jugendhilfe, vorrangig die Wohngruppe Step Kids, erfolgt.

Der Umgang mit Rückfällen nach Abschluss der stationären Therapie ist schwierig, denn es ist wichtig, dass die Jugendlichen in Kontakt mit den Therapeuten und Betreuern bleiben (um den Rückfall zu bearbeiten), andererseits können sie sich aber im ambulanten Kontakt mühelos entziehen. Sven ist besonders gefährdet, wenn er angeregt und „verführt" wird, seine Rückfälle stehen fast immer in Zusammenhang mit Beziehungserfahrungen: Die ganze Gruppe trinkt heimlich, sein eben gefundener Freund wird rückfällig, seine jüngere Schwester, mit der er sehr verbunden ist und für die er sich verantwortlich fühlt, konsumiert heftig. Auch bei Step Kids wird er nach einer gewissen Zeit – auch nach der Erfahrung sehr moderater Handhabung von Rückfällen – schlussendlich doch entlassen, weil er sich nicht abschließend festlegen wollte, erneut zu entgiften. Diese Bedingung war formuliert worden, um es ihm zu ermöglichen, in der von ihm sehr geschätzten Einrichtung bleiben zu können.

Aber auch Sven entwickelt sich weiter und wird nachdenklicher, weiß immer mehr über seine Rückfallgefahren und deren Handhabung. Die tiefste Veränderung erlebt er in einer Situation, in die er gerät, weil er seiner Schwester die Therapie auf Teen Spirit Island ermöglichen will.[70] Deswegen muss er nach einem mehrwöchigen Rückfall mit intensivem Konsum zur notwendigen Entgiftung auf eine „normale" Erwachsenenstation – die Begegnungen dort vor allem mit zahlreichen Heroinabhängigen schockiert ihn und öffnet ihm in vielfacher Hinsicht die Augen.

„Einfach krass ey, das hat mich dann total abgeschreckt so! [.....] Ja, und seit dieser Entgiftung, seit diesem Rückfall hab ich halt überhaupt nix mehr gemacht mit Drogen, was ich eh, was ich noch sagen wollte, also seit der Entgiftung vor fünf Monaten war ich viermal in der Disko. Hab mich in der Disko versucht, wie das ist mit Alkohol und Dro-

---

[70] Das Behandlungskonzept von Teen Spirit Island sieht vor, dass nicht gleichzeitig Familienmitglieder oder Paare behandelt werden dürfen. Svens Schwester stand seit längerem auf der Warteliste für TSI und hatte gute Aussicht, dort bald beginnen zu können. Damit war für Sven der Rückweg dorthin versperrt, wenn er ihre Chancen nicht zerstören wollte.

7.3 Therapieerfahrungen auf Teen Spirit Island

gen und so und ich bin da also jedes Mal clean geblieben seitdem, auch in der Disko." (2. Interview, Zeile 245 ff)

Hat Sven bei dieser beachtlichen Entwicklung Unterstützung erfahren? Er selbst erzählt, dass er nach dieser ihn sehr aufrüttelnden Erfahrung (*„das hat mir die Augen geöffnet"*) sich den Betreuern und Therapeuten in der Wohngruppe mehr geöffnet hat, er hat aufrichtig Stellung bezogen, *„was ich halt für'n Scheiß gebaut habe, diese ganzen Rückfälle, die ich da gebaut hab.. Und ja dann war´s erstmal schwer, und dann ... hab ich denen, hab mich der ... dem Team, dem Betreuer 'n bisschen mehr anvertraut .. mit meinen Problemen, warum ich diese Rückfälle gebaut habe, hab ziemlich viel aus meiner Vergangenheit erzählt."*

Zudem hat er sich in dieser Zeit auf seinen erweiterten Hauptschulabschluss vorbereiten müssen (*„hab mich dann wirklich auf'n Arsch gesetzt und jeden Tag gelernt"*), was ihm mit einem guten Notendurchschnitt gelingt.

Im zweiten Interview kann Sven daher feststellen, dass er nun sehr stark motiviert ist, abstinent zu bleiben. Er verspürt keinen Suchtdruck mehr und erkennt nur einen einzigen Rückfallgrund: Wenn seine Schwester wieder konsumieren würde. Unter Verweis auf die Intensität ihrer Bindung – sie ist der einzige Mensch, an den er sich eng gebunden fühlt – sagt er nachdenklich:

„Wenn es noch n`n Rückfallgrund gäbe, dann wär es der so, wenn mit ihr irgendwas ist. [...] Aber wenn sie jetzt anfängt nochmal zu kiffen, dann muss ich den Kontakt zu ihr abbrechen, weil.. Dann lernt sie das, dass sie mich dadurch verliert, weil ich bin für sie ein Vorbild, ein ganz großes, weil wir ham 'ne richtig enge Beziehung und ich muss da auch an mich denken so, wenn sie da irgendwie Scheiße baut, weil ich weiß ganz genau, wenn meine Schwester wieder vor mir steht und sagt, ey, lass uns einen kiffen gehen, und mir gehts so scheiße, das is dann ... das wär das ... da kann ich nicht hundertprozentig sagen, dass ich dann nein sagen könnte. (2. Interview, Zeile 328).

Selbst wenn Sven keinen Suchtdruck mehr verspürt, ist er noch immer gefährdet, insbesondere durch Menschen, denen er sich intensiv verbunden fühlt. Sein Konsummuster ist daher sehr beziehungsgebunden und seine Abgrenzungsfähigkeit (als Ich-Funktion) ist noch nicht hinreichend gesichert, so dass er sich gegen das Drängen seiner Schwester behaupten könnte. So muss er jetzt Konsequenzen in Erwägung ziehen, die sich gegen sie richten, mit denen er sich jedoch selbst ebenso schützt wie bestraft, wenn sie zum Einsatz kommen: den Kontaktabbruch zu ihr.

Beide Jugendliche, Svenja und Sven, haben erhebliche Veränderungen durchgemacht, die sich in verschiedenen Dimensionen zeigen. Beiden ist der Grad ihrer Rückfallgefährdung wesentlich bewusster: Svenja ist sich völlig sicher und hat eine feste Entscheidung getroffen, abstinent zu leben, wohingegen Sven, wenngleich erstaunlicherweise seit längerem abstinent lebend, sich nicht sicher ist und anhaltende Gefährdungsmomente erkennt. In beiden Therapieprozessen sind völlig unterschiedliche Erfahrungen gemacht worden, verbindend ist vielleicht der relativ milde Umgang mit Sanktionen durch die Therapeuten. Die Schwierigkeiten der poststationären Behandlung zeigen sich in Svens Fall besonders deutlich. Beide Jugendliche verfügen jedoch über ein hohes Maß an Selbstreflexion und Introspektionsfähigkeit bezüglich ihrer veränderten Selbstwertgefühle, ihrer Bindung an andere und auch bezüglich der anhaltenden Gefährdungen. Diese Haltung imponiert besonders bei Sven in seiner an Abhängigkeit grenzenden Anhänglichkeit an die Schwester, eine Beziehung, in der er aber auch seine fürsorgliche Seite entfaltet. Beide, Sven ebenso wie Svenja, profitieren erkennbar von der hohen therapeutischen Differenzierung. An diesen Therapieverläufen lässt sich erkennen, dass es kaum für alle geltende normative Reglements und Handhabungen im Falle eines Rückfalls geben kann. Es muss zweifellos differenziert werden danach, ob der Rückfall innerhalb von Teen Spirit Island oder außerhalb stattfindet, während der Behandlung oder später. Bei den poststationären Rückfällen ist zu unterscheiden nach kurzzeitigen „Ausrutschern" und länger andauernden Rückfällen. Was jedoch immer gilt: Rückfälle werden nicht ignoriert, sondern müssen in jedem Fall thematisiert werden. Nur dadurch erfährt der/die Jugendliche mehr über die Hintergründe des anwachsenden Drucks, der dem Rückfall vorausgeht, kann in Krisen, die das Selbstwertgefühl angreifen, nach alternativen Formen des Krisenmanagements suchen und diese praktizieren. Nur im anhaltenden offenen Thematisieren kann auch den quälenden Schuldgefühlen entgegengewirkt werden. Dann aber, wenn er schnell therapeutisch bearbeitet wird, liegt in dem Rückfall auch eine Chance.

7.3.5 Therapeutische Bedeutung der Gruppenerfahrung

Der therapeutische Ansatz auf Teen Spirit Island setzt keineswegs nur auf die Wirksamkeit der Einzeltherapie; die gesamte Station als Lebensumgebung wird im Sinne Winnicotts (1974a) als eine „haltende Umgebung" verstanden, in der jede/r seine besonderen Aufgaben zu erfüllen hat und nicht nur Verantwortung für sich selbst übernimmt, sondern sich ständig auch mit anderen Menschen auseinander setzen muss. Indem diese Auseinandersetzung innerhalb eines gemeinsamen Bezugssystems stattfindet, dem sich niemand entziehen kann, erfahren die Jugendlichen, wie sehr es entlastet, die eigenen Erfahrungen aus der Vergangenheit miteinander zu teilen und die Gegenwart gemeinsam zu gestalten. In diesem Prozess werden in der Gruppe, vor allem in der Gruppentherapie, vielfäl-

7.3 Therapieerfahrungen auf Teen Spirit Island

tige Beziehungskonstellationen und schmerzvolle, oftmals traumatische Erfahrungen aus der Vergangenheit wiederbelebt, sie werden in der Übertragung auf Gruppenmitglieder und Therapeut/innen erlebbar und bearbeitbar. Viel von der traumatischen Qualität individueller Erlebnisse kann durch die Gruppe tatsächlich aufgenommen werden und in der Spiegelung, durch das, was die anderen Gruppenmitglieder zurückgeben, besser therapeutisch thematisiert werden. In der Gruppe werden vielfältige Übertragungsbeziehungen angeregt und stehen zur Durcharbeitung an. Gerade die psychoanalytisch-interaktionelle Methode (vgl. Heigl-Evers 1994, Bilitza 2008b in Bilitza 2008), in der weniger regressionsfördernd als vielmehr ich-stützend gearbeitet wird, werden Jugendliche die Beziehungserfahrung als reale im Hier-und-Jetzt erleben und weniger als Wiederholung vergangener Konstellationen gedeutet bekommen. Das gelingt insbesondere durch die Gestaltung der therapeutischen Intervention als antwortend – d.h. auch hier stehen die aktuelle Erfahrung miteinander und die therapeutische Bezugnahme direkt auf dieses Geschehen im Mittelpunkt. Besonders dadurch werden die nunmehr als aktuell erlebten Erfahrungen zugänglich, selbst wenn sie eine Reinszenierung früherer Modelle sind. Als gegenwärtige erst stehen sie dem Verständnis und der Veränderung zur Verfügung. Die Gruppe als Ganzes dient dabei als Container, der Belastendes aufnimmt und, teilweise entschärft und dadurch besser erträglich für den einzelnen Jugendlichen, zurückgibt (vgl. hierzu das ursprüngliche Konzept von Bion 1971, der von der Containerfunktion einer Therapiegruppe sprach und dieses containing als eine zentrale heilende Eigenschaft der Gruppe begriff).

Vieles erfahren die Jugendlichen in dieser Umgebung zum ersten Mal in ihrem Leben: geregelte Mahlzeiten, Mitverantwortung für soziale Prozesse, beständige Präsenz von interessierten Erwachsenen, auf die Verlass ist, aber ebenso auch festgelegte Sanktionen, wenn die Regeln gebrochen werden. Aber nicht nur eine geregelte Struktur des Alltagslebens ist eine neue Erfahrung; auch die gemeinsame Lebensform in der Gruppe der Gleichaltrigen, die permanent reflektiert wird und in selbsterfahrungsorientierten, thematisch angeleiteten und auch therapeutisch angelegten Gruppenzusammenhängen stattfindet, ermöglichen Erfahrungen in konkreten Gruppen, in denen jede Äußerung und jede Handlung eine Bedeutung bekommt, über die sie nachdenken müssen. Sie sprechen miteinander und müssen sich ohne den Schutz ihrer Fassaden gegenseitig zeigen, all das stellt sie vor manchmal extreme Herausforderungen, die aber eine umso größere Bedeutung haben, wenn sie angenommen und überwunden werden können. Der Weg dahin ist methodisch am ehesten mit den Grundprinzipien der psychoanalytisch-interaktionellen Gruppenpsychotherapie nach Heigl-Evers u.a.

(2002) zu beschreiben, ein Ansatz, der sich in der Behandlung präödipaler oder struktureller Störungen, wie sie für Persönlichkeitsstörungen und Suchterkrankungen charakteristisch sind, nachweislich hervorragend bewährt hat.

Die therapeutische Technik besteht in einer Fokussierung der Therapieziele und ihrer Bearbeitung vorrangig in der Gegenwart, im Hier und Jetzt der Gruppe (was durch die wiederholende Reinszenierung die Berücksichtigung der Konflikte aus der Vergangenheit unmittelbar einschließt, ohne diese historisch-deutend anzugehen). Regressive Prozesse werden dadurch weitgehend unterbunden oder nur sehr kontrolliert zugelassen, wichtig ist es vor allem, die Patienten aus der fixierten, pathologischen Regression (für die die Suchterkrankung ein Symptom darstellt) herauszuführen. Dazu dienen alle ich-stärkenden Interventionen und Ansätze, die die gesunden Anteile der Jugendlichen unterstützen.

Ziel dieses therapeutischen Ansatzes ist die Förderung von Nachreifungsprozessen psychischer Strukturen (z.B. Symbolisierung und Mentalisierungsfähigkeit), die durchaus auch normative Verhaltensregulierungen einschließt. Das wird vor allem durch den „antwortenden" Therapeuten erreicht, der in realer Interaktion erlebt wird und (konzeptuell) als Hilfs-Ich sowie gerade bei Jugendlichen auch als Hilfs-Über-Ich fungiert. Dabei ist er in seiner Funktion als soziokulturelles Modell sichtbar, „indem er als authentisch erfahrbarer Interaktionspartner soziokulturelle Maßstäbe und Normierungen zum Beispiel für Affektentwicklung und -differenzierung oder für den Umgang mit Frustrationen demonstriert." (Bilitza 2008b, S. 103)

Wirksam ist dadurch die Potenz der Gruppe, für eine begrenzte Zeit mehrerer Monate eine Beziehungsgeschichte gemeinsam zu entwickeln und den Enactments, den notwendig auftretenden Reinszenierungen von Beziehungsstörungen, einen verlässlichen Rahmen zu bieten sowie ein Verständnis für die sich zeigenden Muster von Übertragungen (und Gegenübertragungen) zu entwickeln. Das führt zur kollektiven Entwicklung von teilweise bewussten, meist jedoch unbewussten Phantasien sowie zu Abwehrformationen in der gesamten Gruppe auf dem jeweiligen Strukturniveau.[71] Diese gemeinsam hervorgebrachten Abwehrformen dienen der konstruktiveren Bewältigung von Ängsten, der Regulierung von Triebwünschen und der Anpassung an die von außen auferlegten Anforderungen (Einhaltung von Regeln, Schulbesuch). Im Folgenden sollen einige Jugendliche selbst berichten, wie sie die Gruppentherapie erlebt haben.

---

[71] Vgl. hierzu die unten folgende Analyse einer Textstelle, in der die Entwicklung kollektiv neuer Sprachspiele als Ausdruck von gemeinsamen Veränderungsprozessen untersucht wird, unter 7.4. Wendepunkte 2.: Klick – gemeinsame Sprache – neue Sprachspiele.

7.3 Therapieerfahrungen auf Teen Spirit Island

Lou ist hoch motiviert für eine Therapie, aber trotz ihrer guten Vorbereitung ist ihr offenkundig nicht völlig klar, worauf sie sich einlässt. Anfänglich ist sie außerstande, sich in den Gruppen und der Gruppentherapie zu äußern, und wenn es um die detaillierten Abklärungen (Dienste, Strukturen) geht, denkt sie *„was ist das denn für'n Kindergarten"* (1. Interview, Zeile 829). Langsam begreift sie: *„Therapie ist halt nicht nur der Einzelkontakt zwischen dir und deinem Therapeuten, sondern die Gruppentherapie halt, dass es darum geht, dass ich mir selbst den Tag gestalte, wie ich mit dem, diese sozialen Kontakte da, wie ich mit den andern umgehe, klarkomme, was klären kann, ob ich mich mit denen streiten kann oder, also, oder eben nicht oder ob ich denen aus dem Weg gehe oder ob ich auf die zugehe"* (1. Interview, Zeile 847f).

Dieses wirklich zu erfahren ist für sie, das bislang nur mit der Mutter lebende Einzelkind, von großer Bedeutung und verändert ihre inneren Strukturen und Orientierungen. Insgesamt verbringt Lou zehn Monate in Teen Spirit Island. Sie braucht lange, bis sie sich auf den dortigen therapeutischen Zusammenhang einlassen kann: *„Das kam dann erst so nach, weiß nicht, nach acht Monaten hat das vielleicht angefangen, dass ich es dann endlich mal geschafft hab, so von mir aus mal rauszukommen und fröhlich zu sein und wieder lebendiger zu werden und dann, so mit neun Monaten, da war das so richtig cool, da konnte ich auch richtig powern so, und die letzten acht Wochen (...) die waren schon cool ... da war ich eigentlich nur präsent und nur, viel geredet und ich weiß nicht, von da ab, lebendig, fröhlich, keine Ahnung, am Leben so"* (1. Interview, Zeile 880).

Nach ihrem neuen Selbstbild gefragt, beschreibt sie sich folgendermaßen: *„Das find ich cool so, dass ich auch rausplatzen kann, ausatmen kann so, das kam einfach von Innen ... ich weiß nicht, ich war so lang irgendwie in mir eingesperrt. Das war dann irgendwie, das musste dann aus mir raus"* (1. Interview, Zeile 898f). Und noch präziser: *„Also in jedem Fall, ich bin jetzt eigentlich viel lebendiger, auch viel selbstbewusster, ich kann jetzt viel besser unter Menschen gehen als wenn ich so ... nicht mehr so große Angst hab ... meine Meinung sagen, zu der stehen und die vertreten und laut reden."* (1. Interview, Zeile 1045)

Lou hatte zuvor alles mit sich allein ausgemacht. Dass es ihr jetzt möglich ist, sich als Mitglied einer Gruppe zu fühlen, schildert sie wie eine enorme Befreiung. Wenn es ihr zudem gelingt, sich als Individuum mit eigener, vielleicht sogar abweichender Meinung zu behaupten, ohne Angst sich selbst zu vertreten, dann unterstreicht das die große Rolle der Gruppenerfahrung, die sie im therapeutischen Zusammenhang erstmals so intensiv machen konnte. Das hat sie in ihrer Selbstwahrnehmung zu einem sozialen Wesen werden lassen.

Dies wird durch Lous weitere Entwicklung vollauf bestätigt. Im zweiten Interview neun Monate später lebt Lou immer noch in der Wohngruppe, geht zur

Schule, hat sich auf dem neuen Gymnasium gut etabliert und hat immer noch keinen Alkohol getrunken. Vor allem berichtet sie voller Stolz, dass sie den Führerschein gemacht hat. Sie setzt ihre Einzeltherapie bei dem Therapeuten von Teen Spirit Island noch fort, hat den Kontakt zu ihrem alten Freundeskreis völlig abgebrochen. Lou beschreibt sich als kontaktfähig und sozial, in der Klassengemeinschaft ebenso wie in der Wohngemeinschaft gleichberechtigt integriert: Sie kann die sozialen Kontakte sogar genießen. Wie sehr sich ihre gegenwärtige Lebenssituation ohne Alkohol von ihrem früheren Leben unterscheidet, wird deutlich, wenn sie sich klarmacht, dass ein Leben in einer eigenen Wohnung ihr bevorsteht und sie sich das auch wünscht.

> *„Also wenn ich hier manchmal alleine bin, dann geht´s mir oft nicht gut, weil ich alleine bin, so weil normalerweise kommt man rein, kann gleich wen anquatschen, oder irgendwem was erzählen, was man grad erlebt hat oder so, und wenn das hier mal nicht ist, dann ist das auch schon komisch irgendwie, wenn hier keiner da ist, dann bin ich auch schon irgendwie, dann bin schon sehr traurig, daher weiß ich nicht, wie es dann in einer, äh, eigenen Wohnung sein wird, weil ich hatte mal, ehm ... also ich bleib halt viel mit andern in Kontakt, also muss ich ja, ja, und ich hoffe, das schaff ich auch."* (2. Interview, Zeile 570f)

Ein Leben allein erscheint Lou jetzt eher beunruhigend, soziale Einbindung und enge Beziehungen zu anderen Menschen sind ihr, der früheren Einzelgängerin mit panikartigen Ängsten vor emotionalen Begegnungen mit anderen, mittlerweile zum echten Bedürfnis geworden!

Nicht immer ist es leicht für die Jugendlichen, sich auf die Gruppensituation einzustellen. **Jenny** beschreibt die ersten vier bis fünf Wochen in der Behandlungsphase als schlimmstes Erlebnis in Teen Spirit Island: Die Gruppe bestand bis auf Jenny und ein anderes Mädchen nur aus Jungen, *„und die Jungs, die war'n halt alle irgendwie gegen mich. Und die ham nichts mit mir geredet oder so und ham halt auch in 'ner Therapie gesagt, dass se mich nicht leiden können und sowas .. und das war das Schlimmste für mich."* (Zeile 1193ff) Jenny spielt in dieser Zeit ständig mit dem Gedanken, die Therapie abzubrechen, es kostet sie große Kraft, durchzuhalten (1212f).

Auch **Marion** drohte zunächst an der Gruppentherapie zu scheitern: *„Wo ich dann hier war, hab ich auch gedacht, ich schaff das hier nicht aber, nacher Zeit wurd´s dann besser"* (1. Interview, Zeile 115). Ihr tut gut in Teen Spirit Island, dass soviel gemeinsam unternommen wird. Das Klettern gehen gehört zum Beispiel zu den Dingen, die ihr auch ohne Drogen Aufregung verschaffen.

Noch schwieriger als mit der Therapeutin zu sprechen ist es für sie, sich in der Gruppentherapie zu öffnen. Zwar stellt sie fest, dass das Gemeinschaftsgefühl zwischen den anderen Patientinnen und Patienten wächst, sie hat aber Schwierigkeiten, sich anzuvertrauen: *„Ja mit den andern über Probleme reden, das hab ich erst gedacht, das würd ich niemals machen, aber, ... das wurde dann immer besser, weil ich gemerkt hab, dass die auch erzählen, da hab ich so gedacht, ja ..... dann gucken die mich bestimmt auch nich komisch an oder so, wenn ich jetzt was erzähle"* (1. Interview, Zeile 166).

Deutlich klingt die Angst davor in diesen Überlegungen durch, Außenseiterin in einer Gruppe zu sein. Gleichwohl fasst sie mit der Zeit Vertrauen und kann sich einlassen, weil die konkrete Erfahrung der Wechselseitigkeit sie ermutigt: Alle haben Schlimmes erklebt und sind aufrichtig damit. Dieser authentische Umgang mit Erlebnissen und inneren Zuständen, für die sie sich schämte, die aber fast alle anderen Jugendlichen ebenfalls kennen, hat eine entlastende, heilsame Wirkung. Er entkräftet die negativen, „nur bösen" Selbstrepräsentanzen und trägt zum Aufbau von guten, positiven Objektrepräsentanzen bei. Nicht nur die Therapeuten/innen, vor allem die anderen Gruppenteilnehmer/innen werden mit der Zeit durch die tatsächlichen Erfahrungen zu realen, guten Objekten.

Für **Svenja** ist wie für Lou eine hohe Motivation für die Therapie kennzeichnend. Gemeinsam mit ihrem ebenfalls abhängigen Freund hat sie bereits einen Entzug in einer Klinik ihres Wohnortes hinter sich, als sie zu Teen Spirit Island kommt. Auf den Therapiealltag kann sie sich gut einlassen, sie hat keine Schwierigkeiten, sich an Regeln zu halten. Viel größere Probleme bereiten ihr die zahlreichen Konflikte, die es unter den Patient/innen gibt. Von frühester Kindheit an auf Harmonie bedacht und auf das Wohlsein anderer angewiesen, ist ihr auch eine gute Gruppenatmosphäre ein Anliegen. Dies beweist sie vor allen Dingen in schwierigen Gruppensituationen, in denen es um die Integration neuer Jugendlicher geht: *„Also ich hab nie irgendwen abgewiesen"* (2. Interview, Zeile 857). Ganz im Gegenteil setzt sie ihre kommunikativen Kompetenzen ein, um Integrationsprozesse zu fördern, gerade weil sie offen und aufgeschlossen auf Menschen zugehen kann.

„Also, das war zu Anfang schwer und halt auch ebend mit den Leuten, also es gab viele Konflikte, ... na also der eine konnte die halt nicht ab und der andere die nicht ab und ja, aber so in der Therapie wurde das auch alles dann bearbeitet, also da gab´s ja immer so Lästereien, wenn einer schlecht geredet hat oder so, also das, ich hab das sofort gemerkt und die Fehler dann gesucht." (1. Interview, Zeile 310f).

Svenja nimmt die Aggressionen, die in der Entwertung stecken genau wahr und möchte sie unterbinden, in dem sie auf die Ursachen verweist. Ohne also selbst zu rivalisieren oder aktiv auszugrenzen, vermeidet sie die massive Konfrontation der anderen, sie ist feinfühlig genug, um die Disharmonien innerhalb der Gruppe wahrzunehmen und, indem sie auf die Ursachen verweist, zu deren Lösung beizutragen. Damit wird sie ein anerkanntes und konstruktives Gruppenmitglied. Wie die Gruppenmitglieder untereinander kommunizieren, wie es ihnen gelingt, neue Patient/innen zu integrieren und welchen Stellenwert die Entwertungen haben, wird von Svenja zum Maßstab für Veränderungsprozesse erklärt.

Interessanterweise wird in den Interviews, wenn über die Gruppentherapie gesprochen wird, nicht erwähnt, dass es sich um eine Therapiegruppe handelt, die von Therapeutinnen und Therapeuten geleitet wird; in den Erzählungen der Jugendlichen wirkt es fast so, als fände die Therapie ohne die Therapeut/innen, allein untereinander statt. Das verwundert besonders, weil ja vom methodischen Zugang her in der psychoanalytisch-interaktionellen Methode der Therapeut eine durchaus aktive, erkennbare Funktion für die Gruppenmitglieder einnimmt. Es fragt sich, wie es zu diesem Eindruck kommt.

Wenn nach Abschluss der Therapie während der Interviews der Therapeut in der Erinnerung zurücktritt hinter die Gruppenmitglieder, kann das einen wichtigen Sachverhalt zum Ausdruck bringen: wie wichtig nämlich die Teilnehmerinnen und Teilnehmer füreinander sind. Sie gehen ja, obgleich in der Übertragung doppelt bedeutsam, dennoch für sie erlebbar reale Beziehungen ein, sie erleben die Kränkung des anderen Menschen durch seine unmittelbare Reaktion, wenn sie selbst sich unangemessen verhalten, und sie spüren den aktuellen Schmerz oder die Wut, wenn sie selbst verletzt werden durch eine/n andere/n. Ebenso spüren sie aber auch die Ehrlichkeit, wenn ein anderes Gruppenmitglied etwas Freundliches, Positives sagt oder verständnisvoll auf eine schwierige Situation reagiert. Gerade weil die Enactments nicht fortwährend in ihrer Vergangenheitsbedeutung aufgegriffen werden, bleibt das Geschehen viel mehr als gegenwärtiges relevant. Daraufhin kann die alternative neue Erfahrung auch als wirkliche Unterstützung erlebt und integriert werden: Sie umgeht gewissermaßen das alte Trauma im Bewusstsein, auch wenn es sie soeben reinszeniert, weil die Dominanz der Realerfahrung in Gestalt der anderen Jugendlichen eine stärkere Wirkungsmacht entfaltet! Ein solcher Vorgang ist Gegenstand des folgenden Kapitels, in dem Svenja von der gemeinsamen Veränderungen sprachlichen Ausdrucks berichtet.

7.4 Wendepunkte (2): „Klick": gemeinsame Sprache, neue Sprachspiele

Wie der konkrete Sprachgebrauch sich in der Gruppe kollektiv verändert und damit zum Indiz für Veränderungsprozesse der inneren Struktur werden kann, reflektiert **Svenja** im folgenden Textabschnitt. Sie beschreibt auf hohem Reflexionsniveau den Einfluss der Gruppe auf den therapeutischen Erfolg, indem sie die Gestaltung und Modulation der verbalen Ausdrucksformen beobachtet und damit Akzeptanz- bzw. Ausgrenzungsmodi in der Gruppe erfaßt.

> *„Ich hab mich eigentlich mit allen immer relativ gut verstanden, also am Anfang war´s schon so, dass gelästert wurde in der A-Phase, aber das wurde dann irgendwie in der Gruppe besprochen oder wir haben darüber geredet und irgendwann, irgendwann war´s halt so, da hat´s bei allen Klick gemacht und wir haben gesagt: Nö, wir achten jetzt nicht aufs Äußere, sondern das ist für uns völlig in Ordnung halt irgendwie, irgendwie hat´s bei allen Klick gemacht, das war, das hörte auch mit dem Lästern auf und wurde viel weniger, ja, es wurde viel weniger"* (1. Interview, Zeile 860f)

Svenja betont in ihrer zentralen Aussage, „irgendwann hat´s bei allen Klick gemacht". Dieser Klick ist daran zu erkennen, dass nicht mehr oder sehr viel weniger gelästert wird und dass das Äußere einer Person nicht mehr im Zentrum der lästernden, also entwertenden Aufmerksamkeit steht. Sie beschreibt einen Wandlungsprozess, den alle Jugendlichen in ihrer Gruppe durchlaufen; dabei steht der „Klick" für den Moment der Haltungsänderung. Svenja benutzt ein technisches Bild, als wenn ein Schalter umgestellt oder mit dem Mausklick eine neue Datei aufgerufen wird. Auf der Basis neurowissenschaftlicher Erkenntnisse könnte man auch vermuten, es habe sich unter dem Einfluss der Gruppe bei jedem/r Einzelnen eine neue synaptische Schaltung hergestellt, mit der auf ein destruktives Verhalten verzichtet werden kann, weil ein neues, konstruktives Verhalten praktiziert wird (vgl. Hüther 2002).

Wie ist dieser „Klick" möglich geworden, was ist da geschehen? Auch darüber erteilt uns Svenja in ihrer prägnanten Sprache Auskunft. Die Jugendlichen haben in der Gruppe über das Lästern gesprochen, d.h. es gibt einen Prozess der Bewusstwerdung, der wechselseitigen Thematisierung des schädigenden Verhaltens. Nicht individuell, sondern in der Gruppe erfolgt der Bearbeitungsprozess, und es ist ja auch ein Gruppenphänomen, um das es bei dieser Entwertung geht. Der neue Patient, die neue Patientin wird zur Zielscheibe projektiver Prozesse von Ausgrenzungsenergien und zornigen Aggressionen. Der Ankömmling wird symbolisch zum negativen, gehassten Selbstobjekt, auf ihn werden alle negativen Selbstanteile projiziert und dort auch abgelehnt, sogar aggressiv bekämpft. Der Ankömmling, die Neue, steht, weil noch näher in der Sucht als die alten Gruppenmitglieder, für das „alte Selbstbild" und für die süchtige, abhängige Problembewältigung, deren sie sich alle bedient haben. Indem der Andere, die Neue durch lästerliche Sprüche klein und dumm gemacht wird, fühlen die Jugendlichen der bestehenden Gruppe sich größer, stärker und bedeutender, sie vergegenwärtigen sich aber auch ihre eigenen Erfolge, den beträchtlichen Prozess, den sie oftmals bereits hinter sich haben. Das wird in der Gruppe besprochen, bis es von allen verstanden ist und die ganze Gruppe die Bereitschaft zeigt, eine Vereinbarung zu schließen: „Wir haben gesagt, nö, wir achten jetzt nicht auf's Äußere." Im übertragenen Sinne bedeutet das eine Art Verständigungsprozess der Jugendlichen untereinander über ein erwünschtes Verhalten, das in eine Vereinbarung, eine Art Vertrag einmündet („*wir* haben das gesagt"). Wenn sie nun nicht mehr auf das Äußere achten wollen, das sich zum „Lästern" anbietet, worauf achten sie dann? Vermutlich doch auf den Kern der Person, darauf, was diesen neuen Menschen ausmacht, seine, seine Probleme, seine besonderen Qualitäten, seine Fähigkeit oder sein Unvermögen, sich auf die bestehende Gruppe einzulassen.

Das ist kein selbstverständlicher Vorgang: diese Reflexionsfähigkeit und diese Form sozialer Kompetenz haben diese Jugendlichen in ihren Ursprungsfamilien zumeist gelernt. Insofern ist, was Svenja hier in dieser kurzen Passage beschreibt, ein äußerst brisanter Vorgang, der ebenso die sozialen Kompetenzen der Jugendlichen in ihrem Lernprozess zum Ausdruck bringt wie auch vermutlich das wachsende Selbstreflexionsvermögen aller Beteiligten in einem Prozess, der auch als eine wachsende Fähigkeit zur Mentalisierung beschrieben werden kann. Sich selbst im Auge des anderen wiederzuerkennen, den Schmerz des anderen rück zu beziehen auf das eigene Verhalten, die Verursacherin dieses Schmerzes zu sein und all dies in der emotionalen Reaktion auf die Missachtung durch Lästern im Gesicht der Neuen zu erkennen – darin zeigt sich eine beachtliche Leistung.

Diese Selbstreflexion, diese durch Gruppenprozesse ebenso wie durch Einzeltherapie wachsende Introspektions- und Mentalisierungsfähigkeit trägt vermutlich dazu bei, sich im ausgegrenzten Andern wiederzuerkennen und dabei zu reflektieren, dass das, was jetzt dem Neuzugang angetan wird, man einmal selbst hat durchleiden müssen. Das aggressiv-entwertende Verhalten gegenüber dem anderen Menschen wird als Reflex einer selbst erlittenen Missachtung begreifbar. Dieser Prozess der Einsicht und des wachsenden Verstehens führt dazu, dass es „Klick" macht, d.h. dass es zu neuen „Verschaltungen" kommt, die auch eine

7.4 Wendepunkte (2): „Klick": gemeinsame Sprache, neue Sprachspiele 257

emotional basierte Einsicht in die Notwendigkeit eines neuen Verhaltens sind. Dieses ist nicht nur individuell fundiert, es hat seine Basis in einem Gruppenprozess, der alle Beteiligten umschließt, ist also intersubjektiv sowohl generiert als auch verankert. *„Wir haben gesagt, wir achten jetzt nicht auf's Äußere"* – diese Betonung des Wir bringt mit hoher Eindringlichkeit die Bedeutung der Gruppe Gleichbetroffener zum Ausdruck, die als haltender Faktor, als haltende Institution erlebt wird. An anderer Stelle sagt Svenja: *„Wir haben zusammen gehört einfach, wir waren eine Gruppe, wir gehörten zusammen und wir habn alles zusammen gemacht und ... das war irgendwie 'ne große Familie."* (1. Interview, Zeile 960f) Die Gruppe also, die in diesem Wir repräsentiert ist, wird eindeutig als eine soziale Institution erlebt, die den familiären Zusammenhang abbildet oder ersetzt. Wenn hier die Gruppe an die Stelle der Familie tritt, erfüllt sie diese Funktion auch in moralischer und wertkonstituierender Hinsicht, die für andere Jugendliche die Ursprungsfamilie in der Kindheit gehabt hat. Wenn also eine solche Entscheidung und Vereinbarung in der Gruppentherapie dazu führt, dass über andere nicht mehr gelästert wird, sondern dass sie stattdessen integriert werden, so findet sich in diesem Kontext eine eindringliche Schilderung der wichtigen Funktion der Gruppe und der Gruppentherapie für den Nachreifungsprozess, dem sich alle diese Jugendlichen in Teen Spirit Island zu stellen haben. Die Entscheidung, nicht mehr zu lästern, bedeutet die Akzeptanz eines neuen moralischen Wertes. Es besagt, eine alternative Beziehungsform in den eigenen Verhaltenskodex zu integrieren und sich gemeinsam daran zu halten: die Norm nämlich, andere nicht zu entwerten, um dadurch eigene Insuffizienzgefühle abzuwehren und sich dabei größer zu fühlen, das Selbstwertgefühl auf Kosten anderer, also künstlich zu stabilisieren.

Dieser Vorgang beweist dadurch seine Gültigkeit, dass er die Gestalt eines Sprachspiels annimmt: Die Jugendlichen sind in einem gemeinsamen Prozess der sprachlichen Symbolisierung begriffen, mit dem ein als schmerzhaft erlebtes und damit als unerwünscht erkanntes Verhalten kritisiert und abgelehnt wird; an dessen Stelle tritt ein sprachlich gemeinsam erfahrenes, durch interaktive Prozesse gefestigtes alternatives Muster, das als alternative kollektive Wertvorstellung eine moralische Qualität für alle erlangt. Es wird durch Verhalten praktiziert, es wird sprachlich ausgedrückt und gemeinsam reflektiert sowie als alternative symbolische Interaktionsform wirksam und fortgesetzt. Die geteilte Erfahrung sowie die gemeinsam gefundene Sprache machen die Wirksamkeit des neuen Sprachspiels aus (*„Wir haben gesagt..."*). Indem es zum Entwurf neuer ethischer Normen führt, zu deren Etablierung beiträgt und eine darauf basierende alternative kollektive Praxis anleitet und ermöglicht, wird das neue Sprachspiel als Ausdruck der Gesamtheit von Selbstverständnis und sozialer Praxis bedeutsam. Es kann als Indikator dafür genommen werden, dass unter dem Einfluss der Gruppe tatsächlich strukturelle Veränderungen bei den einzelnen Gruppenmitgliedern eingetreten sind.

Das zuvor so charakteristische Fehlen von Schuldgefühlen, der Mangel an Empathie mit anderen und auch das Defizit an entsprechender Vorstellungskraft, welche Verletzungen dem anderen zugefügt werden, werden in diesem versprachlichten Vorgang verändert. Echte Besorgnis, Wiedergutmachungswünsche sowie Interesse an den ethischen Orientierungen anderer Menschen werden spürbar, ebenso wie die Entwicklung eigener authentischer Werte: Das sind Indikatoren für eine individuelle Reifung (wie von Svenja beschrieben), die auf einer neuen Beziehungserfahrung beruht. Kernberg beschreibt die Kriterien für eine erfolgreiche Therapie bei schweren Persönlichkeitsstörungen folgendermaßen:

> „Am Ende sind bei einer erfolgreichen Therapie die Affekte in eine Beziehung zwischen Selbst- und Objektrepräsentanzen übersetzt. Das Ergebnis (....) ist die Auflösung der Identitätsdiffusion sowie die Integration der inneren Welt der Objekte. Das Gesamtziel der Re-Transformierung von Somatisierung und Ausagieren in eine vollständige emotionale Erfahrung fällt zusammen mit dem, was in kleinianischer Terminologie als die ‚depressive Position' und mit traditionell ich-psychologischen Begriffen als ‚Konsolidierung der Ich-Identität' bezeichnet wird. In der Begrifflichkeit von Peter Fonagy ausgedrückt, erreichen die Patienten die Fähigkeit zur ‚Mentalisierung und Selbstreflexion' ... sowie die uneingeschränkte Fähigkeit zur ‚symbolischen Repräsentation'" (2006, S. 304)

An die Stelle der Dominanz ausbeuterischer Interaktionen, Kälte und Gleichgültigkeit gegenüber anderen sind Empathie und Anteilnahme mit Anderen, besonders nahestehenden Bezugspersonen, getreten. Die Jugendlichen achten auf Symmetrie in Beziehungen und zeigen die Bereitschaft, auch etwas zu geben. Um eine eigene Sprache zu finden, die ein Sprachspiel im emphatischen Sinne ist – also eine durch emotionale Erfahrung gesättigte drogenfreie Lebenspraxis verbindet mit alternativen sprachlichen Ausdrucksformen und einem vertrauensvolleren Verständnis der Welt – benötigen die jungen Drogenabhängigen angesichts der überwiegend schweren Voraussetzungen, unter denen sie antreten, naturgemäß eine lange Zeit. Sie brauchen die Geduld und Toleranz der Begleitenden (ebenso wie der Institutionen) in dem gesicherten Wissen, dass die Entwicklung Rückfälle und Umwege einschließen muss, bevor die individuellen Prozesse der Nachreifung so weit vorangekommen sind, dass eine altersgemäße und umfassende Symbolisierungsfähigkeit erreicht ist. Zu dieser Nachreifung tragen viele

7.4 Wendepunkte (2): „Klick": gemeinsame Sprache, neue Sprachspiele

Menschen und institutionelle Faktoren bei: Das gesunde, drogenfreie und geschützte Milieu der Einrichtung, die intensive individuelle Arbeit in der Einzeltherapie und die vielfältigen, vor allem auch therapeutisch angeleiteten Gruppenerfahrungen als Beziehungserlebnisse mit Gleichaltrigen. Davon, welcher dieser Einflussfaktoren wie wirkt, konnte in den vorangehenden Abschnitten ein Eindruck vermittelt werden, ohne dabei eine inhaltliche Gewichtung vorzunehmen. Eines lässt sich mit Gewissheit feststellen: Es gibt beobachtbare und nachweisbare Wirkungen. Alle an unserer Untersuchung beteiligten Jugendlichen sind auf dem Weg der notwendigen Nachreifung durch die Entwicklung von Symbolisierungs- und Mentalisierungsfähigkeit, von mehr Ich-Identität und Bindungsbereitschaft eine große Strecke weitergekommen.

8 Aggression und Beziehungs(-un)fähigkeit

8.1 Aggression und Autoaggression in der Adoleszenz

Starke Aggressionen, die sich als Gewalthandlungen sowohl gegen den eigenen Körper als auch gegen die Umwelt und sie repräsentierende Erwachsene richten, sind ein Problem vieler Jugendlicher. Wo kommt eine derart starke aggressiv-gewaltvolle Energie her und warum ist der Jugendliche nicht in der Lage, sie zu kontrollieren? Extreme Traumata wie sexueller Missbrauch und körperliche Misshandlung, besonders in der sehr frühen Kindheit, stellen eine derartig überwältigende Erfahrung dar, dass sie das noch schwache Ich auszulöschen drohen. Sie sind so bedrohlich, dass sie nur dadurch bewältigt werden können, dass sie in das Ich hineingenommen, also internalisiert werden. Ferenczi (1932) hat diesen Vorgang als erster beschrieben: die starken Abwehroperationen der Introjektion der Gewalt und der Identifikation mit dem Aggressor ermöglichen es dem Ich, die lebensnotwendige Beziehung zum Aggressor zu erhalten. Die Selbstrettung des Ich geschieht, indem es sich die Schuld für die erfahrene Gewalt zuschreibt. Die Gewalt wird damit eine intrapsychische, wird nicht mehr extern, außerhalb des eigenen Ich verortet. Wenn ein Opfer solchen Missbrauchs lebenslang unter massiven Schuldgefühlen leidet, wohingegen der Täter keine Schuldgefühle kennt, geschweige denn eine reale Schuld anerkennt, erklärt sich das durch eine solche Internalisierung. Schuldbewusste Opfer, aber auch gewalttätige Täter ohne jegliches Schuldbewusstsein haben in der Kindheit oft ähnliche Erfahrungen gemacht. Praktisch alle Jugendlichen unserer Gruppe haben mit Problemen der Aggressionsbewältigung zu kämpfen.[72]

Aber was ist mit dem Begriff der Aggression gemeint? Eine sehr allgemeine Definition hat Herbert Selg vorgenommen, die folgendermaßen lautet:

---

[72] In den Interviews wird gelegentlich von Aggressionen und Selbstverletzendem Verhalten (SVV) gesprochen. Wir finden in unseren Interviews eine größere Bereitschaft der Mädchen, über ihr SVV und das Thema Aggressionen zu sprechen; die Jungen deuten ihr aggressives Verhalten gegenüber Gegenständen und auch Menschen häufig nur an, es fällt ihnen schwerer, es zu thematisieren oder sie haben einen größeren Widerstand dagegen. Daran mag es liegen, dass das Phänomen der Aggression hier hauptsächlich anhand von Interviews mit weiblichen Jugendlichen erläutert wird.

"Eine Aggression besteht in einem gegen einen Organismus oder ein Organismussurrogat (Objekt oder Objektersatz) gerichteten Austeilen schädigender Reize (schädigendes Verhalten). Eine Aggression kann offen (körperlich, verbal) oder verdeckt (phantasiert), positiv (von der Kultur gebilligt) oder negativ (missbilligt) sein." (Selg 1974, S. 15).

Eine differenzierte Definition nimmt Peter Subkowski vor, der unterscheidet:

"Aggressivität wird als langfristig überdauernde Bereitschaft und Einstellung zu aggressivem Handeln betrachtet, während Aggression die Handlung selbst meint. ... Aggressivität ist eine zur Gewohnheit gewordene aggressive Haltung, die einen Menschen in seinem Fühlen, Denken und Handeln bestimmt. Sie führt in besonderen Situationen zu aggressiven Handlungen. .... Sinnvoll erscheint, ... die Ebenen der psychosozialen Gewaltproduktion, der seelischen Gewaltbereitschaft und die der psychischen und auch körperlichen Gewalttätigkeit zu unterscheiden." (Sukowski 2002, S. 97)

Eine sehr lange Kontroverse durchzieht die wissenschaftliche Diskussion zu der Frage, woher Aggression/Aggressivität stammt, ob sie als Trieb, als genuiner Bestandteil menschlicher Struktur zu gelten hat oder ob sie ein reaktives Phänomen und damit auf Entwicklungsbedingungen bezogen ist.

Sigmund Freud hat in seiner Schrift „Jenseits des Lustprinzips" (1920) in seiner dritten Konzeptualisierung der Triebentwicklung einen angeborenen Zerstörungstrieb behauptet, den er einmal Todestrieb, später auch Thanatos oder Destrudo bezeichnete; damit ist ein dem Menschen sowie jedem belebten Organismus innewohnender Drang zur Rückkehr zu einem früheren, unbelebten Zustand, der mit einem Absenken der inneren Reizspannung verknüpft und daher mit Lustgefühlen verbunden ist. Melanie Klein (1957) und ihre Schule teilten diese Auffassung der vom Beginn menschlichen Lebens an erkennbaren Wirksamkeit des Todestriebs, auch Otto F. Kernberg (1975, 1991) geht in seinen Schriften zunächst von einem Konzept aus, das Aggression als einen Trieb begreift, der als Synthese einer Vielzahl von angeborenen Affekten, also von Gefühlszuständen gedacht ist. Erst vor wenigen Jahren hat Kernberg seine Position dahingehend revidiert, dass traumatische Erlebnisse, insbesondere sexuellem Missbrauch in der Familie, einen entscheidenden Einfluss auf die Aggressionsentwicklung nehmen und ihnen somit eine bedeutende Funktion bei der Entstehung schwerer Persönlichkeitsstörungen zukommt. (vgl. Kernberg 1999 und 2006).

Eine eindrucksvolle Geschichte hat aber auch in der Psychoanalyse die Auffassung derjenigen Theoretiker, die Aggression als reaktives Phänomen begreifen, mit dessen Hilfe das Ich bzw. Selbst geschützt und verteidigt werden kann.

8.1 Aggression und Autoaggression in der Adoleszenz

Manche Ich-Psychologen (z.B. Hartmann 1958 und Brenner 1982) sehen Aggression als eine Reaktion auf Unlust und depressive Affekte, Balint (1968) hingegen begreift Aggression als Schutzbarriere des Ich des abhängigen und extrem bedürftigen Kindes gegenüber Menschen, die es nicht wirklich und angemessen lieben. In der Selbstpsychologie begreift Heinz Kohut (1977) Aggression als eine Reaktion auf narzisstische Bedrohung, und auch Stavros Mentzos (1984) definiert Aggression als reaktives Phänomen, das durch Behinderung bei der Befriedigung libidinöser und narzisstischer Selbstbedürfnisse aktiviert wird.

Nach Peter Fonagy und Margret Target (z.B. 2003) ist die Aggression der Libido, dem grundlegenden Lebensmotiv, nachgeordnet. Sie legen dazu seit einigen Jahren eindrucksvolle Untersuchungsergebnisse vor, auf deren Basis sie ihre Konzepte entwickeln. Kindliche Aggression wird damit als Ausdruck eines gesunden Kampfes gegen ungesunde, pathologische Interaktion verstanden (Foangy und Target 2003, 249). Durch frühkindliche Deprivation wird jedes Kind geschädigt; die Tragweite der Schädigung ist jedoch in Abhängigkeit von Temperament des Kindes zu sehen. „Eine fördernde Umgebung scheint für Säuglinge mit schwierigem Temperament, mit möglicherweise von Natur aus stärkerer Aggression wichtiger zu sein als für pflegeleichte, empfängliche Babies. ... Die Umgebung muss für das jeweilige Kind eben ‚gut genug' sein." (ebd. 249)

Im Fall von physischer und/oder emotionaler Misshandlung in der Kindheit finden sich auf der Ebene der kindlichen Entwicklung folgende emotionale Antworten, die später ihrerseits zu Gewalthandlungen führen können:

1. Das psychologische Selbst des Kindes bleibt zerbrechlich, weil reflexive Prozesse, die in diesem Teil des Selbst stattfinden, sich als gefährlich erweisen. Die kindliche Einsicht in die psychischen Grundlagen menschlichen Verhaltens hängt zentral von der sich entwickelnden Kenntnis des Seelenlebens seiner Bindungsfiguren ab. Und vielleicht noch wichtiger: „Sie hängt von der Fähigkeit der Mutter (oder der primären Bindungsperson) ab, dem Kind zu zeigen, dass sie es für ein absichtsvolles Wesen hält, dessen Verhalten von Gedanken, Gefühlen, Einstellungen und Wünschen gesteuert wird." (Fonagy und Target 2003, 320)

Dieser wichtige intersubjektive Prozess wird dann gefährdet, wenn die das Kind betreffenden Gedanken der Mutter/Bezugsperson häufig real feindseligen Inhalts sind und das Kind damit die Gedanken seiner Bezugsperson über sich, das Kind, bedrohlich und verunsichernd empfindet.

„Überwältigt von unerträglicher von innen und außen kommender Aggression sucht das Individuum verzweifelt Schutz in einer regressiven Verschmelzung mit seinem

Objekt, einem ‚rettenden Elternteil', der jedoch in der Realität oder auch in der Phantasie auch der geistige Träger seiner sadistischen Wünsche und leider auch nur allzu oft der tatsächliche Verursacher seiner Qualen ist. Das Aufgeben der Möglichkeit sekundärer Repräsentation (seelischer Zustände) wird im Extremfall zu einer adaptiven Maßnahme, wenn es die lebensnotwendige Trennung herbeiführt." (Fonagy 1991, 650)

2. In einem nächsten Schritt wird Aggression dazu eingesetzt, das zerbrechliche psychologische Selbst vor der dem Objekt zugeschriebenen Feindseligkeit zu schützen.

3. Mit der Zeit verbinden sich auf pathologische Weise Selbstausdruck und Aggression innig miteinander, der Selbstausdruck verschmilzt mit der Aggression.

4. Die herabgesetzte Fähigkeit, sich in den Seelenzustand des anderen hineinzuversetzen, führt zu einer Verminderung der Aggressionshemmung, weil nun das Opfer als gedanken- und gefühllos und damit als unfähig zu leiden angesehen wird (vgl Fonagy und Target 2003, S. 320).

Der hier von Fonagy und Target geschilderte Vorgang führt zu einem aggressiven Selbstanteil, der im Erleben ich-synton ist.[73] Richtet sich diese Aggression gegen einen äußeren Gegner, erklärt sich so die bestürzende Brutalität dieser Handlungsweisen: Weder das Selbst noch der Andere sind als verletzliche, gefühlvolle Wesen innerlich repräsentiert. Wir haben diese Brutalität im Fall von Alexander bereits kennen gelernt, der als Dreizehnjähriger einen anderen Jugendlichen mit einer Eisenstange fast erschlagen hat und auch Jahre später keine emotionale Beteiligung erkennen lässt (vgl. Kapitel 4, Teufelskreise der Abhängigkeit). Wird diese Aggression auf das eigene Selbst gerichtet, kann sie ebenso brutale Formen annehmen, die bis zur Selbstvernichtung im Suizid gehen. Fonagy u.a. vertreten die These, dass das zugrundeliegende Motiv in beiden Fällen dasselbe ist: „nämlich der Wunsch, die eigenen Gedanken oder die des anderen anzugreifen. So lassen sich Selbstbeschädigungen primär als Versuche der Patienten sehen, unerträgliche Gedanken oder Bilder im eigenen Kopf zu auszulöschen" (ebd. 322) und die Fremdbeschädigung als Vernichtung der Gedanken und Bilder, die im Kopf des anderen vermutet werden, primär die Person des – späteren – Aggressors betreffend. Wenn der Andere die Mutter ist, stellt sich der zentrale Konflikt fol-

---

[73] Hier ist auf eine gewisse Differenz zu den Auffassungen vom Täter-Introjekt zu verweisen, wie sie von Sachsse (1999) und Hirsch (2004) entwickelt werden. Das destruktive Introjekt bleibt danach ein eingekapselter Teil im Selbst, das gelegentlich, unter bestimmten auslösenden Bedingungen, aktiviert wird und gewissermaßen die Macht des Handelns übernimmt, dabei aber deutlich als ich-fremd erlebt wird.

8.1 Aggression und Autoaggression in der Adoleszenz

gendermaßen dar: Es gibt einerseits den elementaren Wunsch, mit der Mutter zu verschmelzen, um die Angst vor ihrer Aggression, ihren feindseligen Gedanken abzuwehren; andererseits erwächst daraus die Urangst, dass damit das eigene Selbst vernichtet wird. Die verlassende, verschlingende, gehasste Mutter der frühen Kindheit wird auf den eigenen Körper projiziert und dann in der Selbstverletzung angegriffen und unschädlich gemacht oder gar in der Suizidhandlung getötet. Das überlebende eigene Selbst kann nunmehr mit der abgespaltenen, idealisierten, desexualisierten und wunscherfüllenden Mutter verschmelzen.

Der Suizid kann jedoch auch die Funktion haben, der ängstigenden Verschmelzung mit der Mutter zu entfliehen. Nach Fonagy und Target bleibt unklar, worauf sich diese Furcht vor Verschmelzung gründet und welcher Teil der Mutter es ist, der in diesem Fall (der Angst vor Verschmelzung) auf den eigenen Körper projiziert wird und angegriffen und zerstört werden muss (Fonagy und Target 2003, 324) – einfacher erscheint es vom Konzept her, Sachsse zu folgen und diese Angst als auf das feindselig-böse Introjekt bezogene zu begreifen, d.h. die tatsächlich versagende und destruktiv-misshandelnde Mutter als Introjekt zu konzeptualisieren, die als aggressive Selbstinstanz inkorporiert wurde. Damit wird die Selbstverletzung oder Suizidhandlung zu einem archaischen Befreiungsschlag, die unheilvolle Fusion von Aggression mit dem Selbst wieder rückgängig zu machen, letztlich ein verzerrter „Reifungsschritt", weil das Bewusstsein für die tatsächlichen Konsequenzen der Selbsttötung fehlt: Es gibt keine reflexive Kompetenz – für deren Ausbildung fehlen aufgrund der feindseligen Erfahrungen und entsprechenden Fusionen noch jene Voraussetzungen, die durch die Auflösung der Fusion erst geschaffen werden müssen.

Gender-spezifischer Exkurs:
Eine phänomenologisch-empirische Frage bleibt bislang noch wenig erklärt: Weshalb richten aggressive Männer ihre Feindseligkeit häufiger gegen andere Personen, während Frauen sie wesentlich häufiger gegen sich selbst wenden und sich selbst verletzen?

Auch hier gehen Fonagy und Target von der Grundthese aus, dass beide Formen der Gewalt den Versuch darstellen, sich von einer unerträglichen Phantasie zu befreien, die ursprünglich in den Gedanken eines Elternteils beheimatet war. Der Geschlechtsunterschied mag dabei den Wunsch widerspiegeln, das Denken des gleichgeschlechtlichen Elternteils anzugreifen (mit dem sich zu identifizieren möglicherweise unausweichlicher und daher schmerzhafter ist). Sowohl Mädchen als auch Jungen haben im Allgemeinen zu einem frühen Zeitpunkt ihrer Entwicklung die Gedanken ihrer Mutter über sich, die dann in ihrer Psyche repräsentiert sind, im intersubjektiven Austausch erfahren. Die Gedanken des Vaters sind demgegenüber in beiden Geschlechtern external repräsentiert. Frauen erleben daher in ihrer Psyche die unerträgliche geistige Anwesenheit des gleichgeschlechtlichen Elternteils, und richten daher ihre aggressive Energie gegen sich selbst, um die aggressiven Gedanken der Mutter über die Tochter zu bekämpfen. Jungen erleben die mentale Präsenz des Vaters, des gleichgeschlechtlichen Elternteils als außerhalb von sich selbst, auch in anderen Personen und Objekten, die den Vater repräsentieren.

Das setzt also voraus, dass gewalttätige Männer mehr negative, feindselige Erfahrungen und Gedanken durch ihre Väter erlebt haben, die sie dann angreifen müssen als die Gedankenträger bzw. ihre Repräsentanten (die dann auch wesentliche, vielleicht sogar primäre Bezugspersonen hätten sein müssen). Wobei zu dieser Hypothese dann ebenfalls gehört, dass die primäre Selbstrepräsentanz eines Jungen weiblich geprägt, also mütterlich ist, dass diese frühe Objekterfahrung nicht zu hinreichenden Schutzgefühlen geführt hat und daher kein Sicherheitserleben (real und symbolisch) vermitteln konnte (vgl. hierzu den Ansatz von Fast 1996).

Frauen, die sich selbst verletzen, sind demnach in der Entwicklung von Objekt- und Selbstrepräsentanzen vor allem durch ihre Mütter als primäre Bezugspersonen verletzt worden. Das ist eine nicht gänzlich überzeugende Konstruktion, denn zu häufig sind gerade selbstverletzende Mädchen Opfer sexuellen Missbrauchs durch ihre Väter geworden. Dies würde dann in der Folge bedeuten, dass der sexuelle Missbrauch weniger schwer wiegt für die psychische Entwicklung der Tochter als der ungenügende Schutz, den die Mutter bieten konnte. Oder dass eine nicht hinreichend gute Mutter-Kind-Beziehung in der frühen Zeit die Voraussetzung für späteren Missbrauch durch den Vater oder durch andere Männer darstellt. Was ist dann aber mit selbstverletzenden Männern und fremdaggressiven Frauen (z.B. Jenny) – müssen die also ihren „Vater-in-der-Selbstinstanz" bekämpfen?

Selbstverletzendes Verhalten ist dann gegen das internale primäre Objekt Mutter gerichtet – aggressives Ausagieren (bei beiden Geschlechtern) gegen den external repräsentierten Vater.[74]

---

[74] Väter als grundlegend external repräsentiert zu bezeichnen, erscheint problematisch. Dafür spricht die Wahrscheinlichkeit: da noch immer milieuübergreifend Säuglinge und Kleinkinder in der Obhut der Mütter gelassen werden, weil Frauen „muttern" (Chodorow) und Väter sich aus der Kinderbetreuung eher heraushalten, demnach weitaus weniger Väter für Kinder die Primärobjekte sein können. Dennoch muss betont werden, dass hier von einem traditionellen Familienbild und einer geschlechtsspezifischen Arbeitsteilung ausgegangen wird, die so nicht mehr umstandslos behauptet werden kann.

Im Zusammenhang der therapeutischen Arbeit mit aggressiven Patienten stellt sich eine behandlungstechnische Frage, die hier nur gestreift werden kann: Wie kann eine pathologische Organisation, die auf der Zerstörung von Empathie und Mitleid basiert, durch den Einsatz einer Technik verändert werden, die zentral auf Prozessen des Verstehens beruht? Anders gesagt, bei selbst- und fremdaggressiven Jugendlichen, die in ihrer Entwicklung keine Chance hatten, diese Fähigkeit zu entwickeln, deren reflexive Kompetenz sich gar nicht erst im Ansatz entfalten konnte, die, mit Melanie Klein ausgedrückt, die paranoid-schizoide Position noch nicht verlassen und somit die depressive Position noch nicht erreicht haben, finden wir daher eine interne Struktur des Selbst, die durch eine Fusion des Selbst mit den erfahrenen und wahrgenommenen negativ-feindseligen Sichtweisen der primären Bezugsperson charakterisiert ist, sodass Selbstausdruck und Aggression eins geblieben sind. Dieser Fusion werden dann im (auto-)aggressiven Handeln Ausdrucksformen ermöglicht, in denen sich das Selbst als überaus authentisch und stimmig erlebt, denn für den beim anderen angerichteten Schaden und Schmerz hat der jugendliche Gewalttäter gar kein Empfinden, von einem schlechten Gewissen oder Schuldgefühl ist er (entwicklungspsychologisch, nicht moralisch gesprochen) Lichtjahre entfernt: Ihm fehlen buchstäblich alle Voraussetzungen für diese seelischen Empfindungen.

An dieser Stelle sollen keine behandlungstechnischen Details der Therapiestation Teen Spirit Island erläutert werden (vgl. insbesondere das vorangehende Kapitel 7) , so viel sei jedoch in Erinnerung gerufen: Ich-stärkende und weniger regressionsfördernde Ansätze sollen den Jugendlichen gegenwärtige Erfahrungen in wichtigen Beziehungen ermöglichen. Dabei geht es zunächst weit mehr um Impulskontrolle und damit einen ich-gerechten und de-eskalierenden Umgang mit den aggressiven Impulsen als um deren Durcharbeitung. Einzeltherapie, Gruppentherapie und kreative therapeutische Techniken werden in Kombination mit milieu-spezifischen und sozio-therapeutischen Ansätzen eingesetzt, um den Jugendlichen eine umfassende Nachreifung (vor allem auch von Ich-Funktionen) zu ermöglichen. Die gesamte Institution wird als „haltende Umgebung" verstanden und erfüllt die Funktion, eine familienähnliche Alltagsstruktur anzubieten, ohne dabei in Konkurrenz mit der realen Familie zu stehen. Im Gegenteil: Diese wird in den Behandlungsansatz so weit wie irgend möglich einbezogen (siehe auch Kapitel 6.4. und 6.5 zur Familientherapie). Das bedeutet: Jede „Lebensäußerung" des Jugendlichen wird auf Teen Spirit Island in einen Kontext von Beziehungen gestellt – in den themenzentrierten Gruppen etwa in den Kontext der gleichgeschlechtlichen Gleichaltrigen, in den Gruppentherapien in den Beziehungskontext der anderen Patienten als gleichbetroffene drogenabhängige

Jugendliche, in der Einzeltherapie in den der bevorzugten Therapie-Beziehung und als verantwortliches Mitglied auf der Station Teen Spirit Island in den Bezug des zeitweiligen Lebenszusammenhanges, in dem Fragen immer auch zum Wohlsein aller anderen diskutiert werden.[75] Diese beziehungsgesättigten Strukturen schaffen ein Setting, innerhalb dessen die Jugendlichen jede ihrer Handlungen erleben können als eingebettet in einen sozialen Kontext, in welchem es ein Feedback zu den Folgen ihres Handelns gibt, indem andere ihnen spiegeln, wie ihr Handeln und ihre Worte aufgenommen werden und auf andere wirken. Alles wird in der emotionalen Bedeutung und der grundsätzlichen interpersonellen Wechselseitigkeit betrachtet.

8.2 Aggression und selbstverletzendes Verhalten bei Mädchen

Bei Mädchen ist selbstverletzendes Verhalten ein häufig anzutreffendes Symptom, das Familienangehörige, Lehrer/innen und auch Therapeut/innen oft verstört. Es wird eingesetzt, um Zustände innerer Qual, die als unerträglich erlebt werden, durch einen Schnitt zu beenden, wenn zuvor eingesetzte Formen dissoziativer Abwehr nicht ausreichen. Aufgrund des stark dissoziierten Zustandes spüren selbstverletzende Menschen den Schmerz körperlich nicht oder kaum, die Hautoberfläche ist anästhesiert. Mit dem Schnitt erwachen sie wie aus einem somnambulen Zustand, die Wunde und das warme Blut beenden die Dissoziation. Der Schnitt wirkt als Dissoziations-Stopper.

Was den Betrachter/innen als aggressive, vielleicht sogar sadistische Misshandlung des eigenen Körpers erscheint, wird von den sich selbst verletzenden Jugendlichen völlig anders erlebt: Sie betonen die Entlastung, die sich für sie mit der Selbstverletzung verbindet, sie fühlen sich wie erlöst und befreit. Häufig haben sie in früher Kindheit wenig interessierte Eltern gehabt, die sich vorwiegend auf lieblose und grobe Art mit dem Säugling beschäftigt haben; aggressive und misshandelnde Übergriffe waren nicht selten. Weil das kindliche Bindungsbedürfnis so groß ist und angewiesen auf einen Adressaten, besetzt das Kind auch diese grobe, gewalttätige Mutter als Objekt, denn sie ist seine wichtigste Bindungsperson – oft gibt es keine andere. Es ist als ob der Säugling sich sagt: „Besser eine schlechte Behandlung als gar keine. In der schlechten Behandlung spüre ich selbst noch im Schmerz die Gegenwart des Objekts, des anderen Men-

---

[75] Hierher gehören die verschiedenen rotierenden Aufgaben, z.B. die des „Weckministers", der dafür zu sorgen hat, dass die Jugendlichen rechtzeitig aufstehen, zum Sport erscheinen und das Frühstück einnehmen.

8.2 Aggression und selbstverletzendes Verhalten bei Mädchen

schen, und auf diese Weise spüre ich durch den Schmerz auch mich selbst!" Auf diesem Weg wird das gewalttätige Objekt internalisiert, wird zum Teil des eigenen Selbst. Durch diese widersprüchliche Funktion kann es mit Sachsse treffend als „pervers-gutes Objekt" bezeichnet werden.

Der Beginn ihres selbstverletzenden Verhaltens liegt bei **Maria** lebensgeschichtlich sehr früh. *„So richtig Selbstverletzung habe ich mit Sieben, Acht angefangen, das war ganz unbewusst eher, das war mehr so Herdplatte anfassen, Bügeleisen, was man gut erklären konnte."* (3. Interview, Zeile 702) Die Selbstverletzungen bieten Maria die Möglichkeit, mit ihren Aggressionen umzugehen, *„also eine Art Aggressionen abzuladen, die aufgestaut sind, die man ja sonst nich rauslässt, ich habe das gemacht wenn ich traurig oder aggressiv war"* (1. Interview, Zeile 278). Das selbstverletzende Verhalten zieht sich durch Marias Biographie. Nach dem Drogenentzug während der stationären Behandlung tritt das Symptom der Selbstverletzung sogar in den Vordergrund; Maria schämt sich dafür, dass sie noch nach sechs Monaten dem Bedürfnis, sich zu schneiden, nicht widerstehen kann. Das Ritzen wird zum Ersatz für die Drogen, *„wenn ich keine Drogen hatte, hatte ich so einen Druck, dass ich den gar nicht anders losgeworden bin, reden konnte ich damals gar nicht und dann habe ich geritzt, weil mir das in der Zeit am besten getan hat, wenn ich keine Drogen hatte, habe ich geritzt, also habe ich bei TSI mehr geritzt"* (3. Interview, Zeile 437). Insgesamt ist Maria zehn Monate in stationärer Therapie, von denen sie die letzte Zeit als sehr positiv erinnert. Sie begründet das mit einer wachsenden Eigenständigkeit und dem Beginn der Liebesbeziehung zu ihrem Freund, den sie in Teen Spirit Island kennengelernt hat.

Sehr deutlich beschreibt Maria ihren Veränderungsprozess; Drogen und selbstverletzendes Verhalten stehen in engem Zusammenhang – beide haben eine Entlastungsfunktion für sie, die mit Aggressionen zu tun hat. Wenn sie auf Drogen verzichtet, wird der Drang, sich selbst zu verletzen stärker. Je weiter sich ihr Leben stabilisiert und sie befriedigende Formen findet, sich Erfolgserlebnisse zu verschaffen (Schulabschluss, Führerschein, Ausbildung) und krisenhafte Zusammenbrüche zu vermeiden, desto geringer wird der Druck, zu selbstverletzendem Verhalten zu greifen. Im dritten Interview ist der Impuls vollständig verschwunden, sie denkt gar nicht mehr an das zwanghafte selbstverletzende Verhalten. Das lässt den Schluss zu, dass Mariae sich nicht mehr in den für sie so bedrohlichen Zuständen befindet, die sie auf selbstdestruktive Weise bekämpft bzw. beendet hatte. Ihre präzise Beschreibung verweist darauf, dass sie kaum noch dissoziiert, um die schrecklichen Dämonen aus dem pervers-guten Objekt zu bändigen und dass dieses Objekt weniger Macht hat in der Organisation des Selbst. Sie sagt: *„habe mich schon ganz lange nicht mehr, bestimmt schon seit einem* *halben Jahr, nicht mehr geritzt. .... das hat sich irgendwie so eingependelt, ich habe gar nicht mehr diese Gedanken, dass ich mich jetzt unbedingt ritzen muss."* (3. Interview, Zeile 287) Selbst wenn das bedrohliche Objekt nicht gänzlich verschwunden ist, so sind doch jetzt selbstfürsorgliche Energien vorhanden, die auf tragfähige positive Selbst- und Objektrepräsentanzen schließen lassen. Die Entschiedenheit, mit der Maria sich von Beziehungen der alten, pathologischen Qualität befreit, zeigt ihre wachsende Fähigkeit, diejenigen Trigger zu meiden, die sie in die bekannten Teufelskreise stürzen würden; stattdessen pflegt sie nun ihre wirklich guten inneren Objekte, für die symbolisch und real die Beziehung zu ihrer Therapeutin steht.

Die Art und Weise der Bewältigung von Aggressionen geschieht jedoch bei Mädchen keineswegs ausschließlich durch die Wendung nach Innen, durch selbstverletzendes Verhalten; eine nicht geringe Zahl der jungen Mädchen entlasten sich von ihren inneren Spannungszuständen durch aggressives Verhalten gegen andere. Solche eruptiven Entladungen versuchen sie manchmal mit Hilfe von Drogen zu kontrollieren, wie zum Beispiel **Jaqui**: Nicht nur quälende Einsamkeitsgefühle bekämpft sie mit Hilfe der Drogen, sie weiß auch mit ihrem Aggressionspotential nichts anzufangen und sagt über sich selbst im Zustand ohne Drogen: *„entweder ich war nur aggressiv oder wollte andere schlagen, ich hab mein Kumpel auch nur zusammengeschrien manchmal und er ist trotzdem dageblieben, das ist auch sehr heftig, keine Ahnung"* (1. Interview, Zeile 535). Das alles erzählt sie schnell und in heftiger Gemütsbewegung, es ist eine ihrer längsten Erzählpassagen, in der sie sehr verdichtet die Gründe für ihre Abhängigkeitsproblematik schildert. Drogen sind für Jaqui ein Versuch, ihre Aggressionen zu kontrollieren. Ohne Drogen brechen die Aggressionen unkontrolliert aus ihr heraus.

Auch bei **Jenny** zeigt sich eine charakteristische Vermischung von aggressiven, ausagierten Kontrollverlusten und späterer Wendung der Aggressionen gegen die eigene Person. Wenngleich nicht so eindeutig selbstverletzend wie Maria, so schließen doch ihre aggressiven Durchbrüche eine Gefährdung der eigenen Person ein. Früher suchte sie geradezu zwanghaft Anschluss an eine überwiegend männliche Clique. Obwohl sie dort viele schlechte Erfahrungen macht, hält sie an dieser Gruppe fest, die sich vorrangig über Gewalthandlungen definiert. So ist Jenny zusammen mit ihren Freunden zu einem „Typen" gefahren: *„... Da sind wir zu dem hin ... ham gegens Fenster geklopft ... dann hat er das Fenster aufgemacht, da ham wir den rausgezogen und verprügelt."* (692ff)

Jenny selbst beschränkt sich nach eigener Aussage in ihrer Ausübung von Gewalt auf Männer, nachdem sie bei einer Schlägerei mit einigen Albanerinnen (im Anschluss an ein WM-Spiel) einem Mädchen wahrscheinlich die Nase gebro-

8.2 Aggression und selbstverletzendes Verhalten bei Mädchen

chen hat: *„... da war dann so ein ... so'n Mädchen, deshalb schlag ich auch keine Mädchen ... und der hab' ich so heftig eins in die Fresse gehauen.... Sie liegt da, als se voll angefang' hat zu bluten, da hab' ich gedacht, ach du Scheiße, haust lieber ab."* (714ff) In Jennys Biografie gibt es viele mögliche Gründe für ihre heftige Aggression gegen andere Mädchen. Ist es das „Täter-Introjekt" nach vorangegangener lebensbedrohlicher Vergewaltigung durch ihren Freund oder die Ablehnung anderer Frauen als Ablehnung von Weiblichkeit? Das könnte eine Überidentifikation mit der männlichen Clique geschuldet sein und einen Versuch darstellen, die jungen Männern vergessen zu lassen, dass Jenny überhaupt ein Mädchen ist. Oder wird die junge Albanerin stellvertretend für Jennys Mutter bestraft, die einmal ihre drogenabhängige Tochter an die Polizei verraten hatte? Diesen Fragen kann an dieser Stelle leider nicht gefolgt werden.

Auch nach zehn Monaten stationärer Therapie hat Jenny noch mit ihren Aggressionen zu kämpfen – sie kennt inzwischen ihr Muster, mit aufsteigender Wut umzugehen: *„Entweder eins in die Schnauze gehauen oder ich bin abgezogen"* (728f). Auf der Therapiestation Teen Spirit Island wendet sie ihre Aggressionen vermehrt gegen sich selbst: *„Deshalb äh, hab ich hier wenn ich aggressiv bin, hau ich gegen die Wände."* (733f) Sie schlägt so heftig, dass ernsthafte Verletzungen die Folge sind: *„... sind auch schon Adern geplatzt und sowas"* (755/757). Auf die Frage der Interviewerinnen, wo sie denn nach der Therapie mit ihren Aggressionen, ihrer Wut bleiben wird, antwortet sie: *„Ich weiß es nicht. Ich glaube, ich werd dann wahrscheinlich ... genauso wie ich damals meine Wut rausgelassen hab ... so damit umgehen, denk' ich. Ich kann´s einfach nicht anders vorstellen. ... Ich denke mal so, oder weggehen."* (Z. 764ff)

Jenny selbst steht also ihren Aggressionen noch immer eher hilflos gegenüber und hat keine wirkliche Alternative zum Umgang mit ihnen entwickelt. *„Aber wenn's mir halt zuviel wird oder zu heftig wird, dann weiß ich nicht mehr, wie ich mich anders wehren soll."* (770ff) Das bestätigt sich auch gegen Ende des Interviews, als sie zu ihrem Selbstbild und dessen Veränderung sagt: *„Ich bin immer noch aggressiv, nur halt nicht mehr so stark. Und ... jetzt hab´ ich auch ´ne Depression ... die hat ich damals nicht direkt. ... Und bin klarer im Kopf. Also, als ich hierhergekommen bin ... da hab ich immer gedacht, ich bin die Stärkste, also hab ich immer noch gedacht und das hat sich jetzt gelegt."* (1415ff)

Jennys destruktiver Selbstanteil wird ursprünglich externalisiert und im anderen bekämpft und zerstört. Nun nimmt sie zwar durch ihre gewachsenen introspektiven Fähigkeiten ihre depressiven Anteile wahr; sie fühlt sich aber noch immer kaum in der Lage, ihre Aggressionen zu kontrollieren. Sie entwickelt jedoch eine neue Symptomatik: sie leitet die Externalisierungen, die sich als Gewalt gegen andere zeigen, auf den eigenen Körper um. Eine dissoziative Trennung zwischen dem Körper und dem „eigentlichen" Selbst ermöglicht die externalisierende Besetzung des eigenen Körpers wie einen fremden Gegenstand. Jenny steht diesem Geschehen recht fremd gegenüber und begreift das selbstverletzende Verhalten als eine wenig befriedigende Notlösung, die alsbald wieder durch ihre gewohnten Aggressionsdurchbrüche ersetzt werden wird.

Der Umgang mit Aggressionen ist auch für die mit 14 Jahren überaus junge **Jill** ein noch nicht völlig gelöstes Problem. Im ersten Interview sagt sie auf die Frage nach Veränderungen durch die Therapie:

> *„Ja, bei mir hat sich halt verändert, mein Selbstwertgefühl und das halt mit dem Ritzen, wenn das mal ist, dann wirklich einmal im Monat oder so, sonst war das jeden Tag, ja und sonst, ich weiß nicht, ich will was für mich tun, ich will nicht mehr irgendwie rumsitzen, weil ich kenn ja Leute, die wohnten auf der Straße und ich hab das nie so gesehen, und wenn man jetzt irgendwie andere Leute voll fertig sieht, dann denkt man wirklich, da hat man so ein Grauen vor denen, dann denkt man, so war man damals auch und dann kriegt man mehr Angst vor den Menschen als, ich weiß nicht, und das hat sich halt auch sehr bei mir geändert und ich lass mich auch nicht mehr so viel mitreißen und ja, Schule hab ich eigentlich immer noch gar keine Lust, aber ich denk mal, ich fang langsam wieder an"* (1. Interview, S. 9).

Die verlässliche Fürsorge und Zuwendung der Betreuer und deren permanente Verfügbarkeit sind für Jill von außerordentlich großer Bedeutung. Sie erfährt sich dadurch als wertvoll, vielleicht wirklich erstmals als ganze Person wahrgenommen, daher muss sie sich kaum noch selbst verletzen. Dass sie sich in den armen Gestalten, die sie von früher kennt, wiedererkennt, zeigt ihre wachsende Fähigkeit, andere als Getrennte wahrzunehmen und sich zu ihnen in Beziehung zu setzen. Jill erfährt durch die bedrückende Gegenwart der anderen Noch-Süchtigen sich selbst, wie sie zu einer früheren Zeit war. Das löst ein Grauen in ihr aus und in der Folge eine Angst vor diesen Menschen. In ihren Sätzen steckt die ganze Szene ihrer Junkie-Zeit. Sie hat fürchterliche Erfahrungen mit Erwachsenen gemacht, sodass die Drogenszene ihr zunächst wie eine Rettung erschien – die aber nur in neue Missbrauchszusammenhänge führte. Erst heute kann sie die Gefühle in Worte fassen, ja vielleicht überhaupt erst zulassen, von denen sie damals ergriffen war – Angst und Grauen, andere Menschen erscheinen ihr nur bedrohlich – es sind keine guten und stützenden Objekte verfügbar.

Das hat sich durch die Erfahrungen auf Teen Spirit Island geändert. Wenn sie sich jetzt schneidet, wird sie nicht wie früher abgelehnt, sondern medizinisch versorgt und liebevoll begleitet Da Jill als Kind die liebevolle Anerkennung als Person entbehrt, kann sie auch keine fürsorgliche Haltung zum eigenen Körper

8.2 Aggression und selbstverletzendes Verhalten bei Mädchen

entwickeln, der bleibt fremd und ist nicht in die Wahrnehmung des Selbst integriert. Gleichwohl ist sie auf der Suche nach Zuwendung und kann offenkundig die akzeptierende und versorgende Haltung der Mitarbeiterinnen ihren Verletzungen gegenüber annehmen. Doch Jill kennt durchaus auch aggressives, nach außen gerichtetes Verhalten: *„Ja, mit Aggressionen kann ich jetzt auch umgehn, früher, ja, wenn mich mal jemand irgendwie gereizt hat oder so, dann hab ich schon mal meinen Mund zu weit aufgemacht und dann irgendwie rumgeschubst oder so, aber, ich weiß nicht, die sagen hier ich rede jetzt ganz anders und sonst hab ich immer draußen echt immer Alter, Fick dich und irgendwie so geredet und jetzt das ist, also ich kann jetzt mehr, oh Gott, das ist schwer zu sagen, ich kann jetzt mehr, ach ich weiß nicht, auf jeden Fall ich kann das sagen, was ich fühle"* (1. Interview, Seite 10).

Jill steht unter dem Eindruck ihrer neuen Erfahrungen und pendelt in ihren Aussagen beständig zwischen früher und jetzt, bewegt sich in einem Vergleich beider Lebensformen, nähert sich dem Begreifen dessen, was früher war (*„ich hab das nie so gesehen"*), erst langsam an. Die nun weniger bedrohliche Gegenwart ist ihr erfahrbar und erst aus dieser Sicherheit heraus kann sie auf die eigene Vergangenheit schauen, die ihr bislang nur wenig zugänglich war. Dabei spielt ihr Sprachvermögen eine besondere Rolle. Da sich ihre Sprache verändert, vermutlich sogar als Instrument symbolischen Ausdrucks sich erst entwickelt, geben ihr heute die grauenvollen Bilder der anderen Junkies die Möglichkeit, eine Idee von sich selbst zu dieser Zeit zu entwerfen und die mit dieser Zeit verbundenen Gefühle nachträglich in Worte zu fassen, sie nimmt eine auf die Vergangenheit bezogene retrospektive Selbstdeutung vor.

Ein Jahr später, Jill lebt jetzt in einem Heim und hatte schwere Rückfälle in selbstverletzendes Verhalten, das sie dort auch lange verheimlichen konnte, berichtet sie darüber, wie sich eine innere Wendung vollzogen hat und nun ihr Freund Objekt ihrer Aggressionen ist.

„Er kriegt voll viel Prügel ab von mir, so, wenn´s mir Kacke geht, da brauch ich das manchmal, irgendwen zu verhauen, okay, keine Ahnung, aber er würde mich nie haun, auch so sehr ich ihn haue, manchmal ist alles bei ihm grün und blau,..... da war ich gestern Abend sauer auf ihn, da hab ich ihm da voll draufgehaun, das tat mir eigentlich leid so, aber pfh." (2. Interview, S. 17)

Sie lebt deutlich in der Gegenwart und berichtet darüber, ohne fortwährend mit früher zu vergleichen. Jill hat seit Monaten einen Partner, der ihre aggressiven Ausbrüche einstweilen geschehen lässt und ihr eine Sicherheit gibt, die sie zuvor nicht kannte. Das gibt ihr die Chance zu neuen Erfahrungen: sie selbst als aktiv Handelnde, die ein wachsendes Bewusstsein von ihren eigenen Gefühlen hat und sich nicht mehr in der Opferposition erlebt. Es wundert nicht, dass sie gegenwärtig in manchmal krasser Umkehr die Täterposition besetzt, denn zuviel ist ihr von Erwachsenen an Gewalt zugefügt worden. Sie ist sich aber dessen bewusst und zeigt auch im Ansatz Mitgefühl mit ihrem Freund. In diesen Sätzen erscheint sie ein wenig wie ein Kind, dass sich im Umgang mit seiner Wut an den Erwachsenen ausprobiert, um deren Reaktionen zu erfahren in der völligen Sicherheit, dass es deren Wohlwollen nicht verlieren wird (*„Aber er würde mich nie haun"*), um erst durch diese Erfahrungen sich selbst als liebenswert zu begreifen, einschließlich aller vorhandenen Affekte. Da Jill sich als Kind nicht angenommen und gehalten fühlen konnte, war die Besetzung eines unbelebten Objektes zunächst wie ein emotionaler Ausweg erschienen: Die Droge als immer verfügbar wurde als ungefährlich und tröstend erlebt und ersetzte schnell die emotionale Zuwendung, nach der sie sich eigentlich sehnte. Nun zeigt sich, wie dringend nötig die reale Beziehungserfahrung mit lebendigen Objekten ist (und deren reflektierende Bearbeitung), um eine Entwicklung zu ermöglichen, die eine Nachreifung werden kann.

8.3 Gewalthandeln von Jungen und zuvor erfahrene Aggression

Jungen sind bezüglich der Probleme mit aggressivem Verhalten weitaus weniger auskunftsfreudig als die an der Untersuchung beteiligten Mädchen, die durchaus viel und reflektiert vor allem über ihr selbstverletzendes Verhalten sprechen und auch die Veränderungen dieser Symptomatik durch die Therapie zum Teil ausführlich und lebendig beschreiben. Jungen bleiben sehr viel mehr in der Aktion, im Enactment, drücken sich verbal wesentlich weniger aus. Ständige Gewalterfahrungen durch ein Elternteil sind für viele Jugendliche in ihrer Herkunftsfamilie an der Tagesordnung, so auch für **Peter**, dessen Geschichte zeigt, wie sehr aggressive Erfahrungen in der Kindheit eine entsprechende Entwicklung determinieren können.

Er stammt aus schlichten, kleinstädtischen Verhältnissen. Die Mutter trennte sich von Peters leiblichem Vater bereits vor seiner Geburt. Das Verhältnis zu seinem Stiefvater und zu seiner Mutter wird als *„nicht so gut"* beschrieben. *„Und in der Familie war es halt so, dass dass ich und mein Vater, mein Stiefvater halt immer Stress hatten."* (2. Interview, Zeile 730) Beide Eltern sind Gelegenheitstrinker, der Stiefvater neigt zu Gewaltausbrüchen, von denen auch Peter nicht verschont bleibt. Das äußerst gespannte Verhältnis zwischen Peter und seinem Stiefvater führt zu häufigem Streit zwischen den Eltern, der oft darin kulminiert, dass der

8.3 Gewalthandeln von Jungen und zuvor erfahrene Aggression

Stiefvater die Mutter vor Peters Augen schlägt. Häufig versucht Peter, sich während der gewalttätigen Auseinandersetzung zwischen den Eltern zum Schutz von Mutter und Schwester dazwischen zu stellen, mit dem Resultat, dass er dann selbst zum Ziel der Angriffe wird. Dennoch bemüht sich Peter immer um die Anerkennung durch den Stiefvater und leidet unter seiner Missachtung. Er gehört schon als Kind zu einer Clique von älteren Jungen, mit denen er, seit er acht Jahre alt ist, regelmäßig viel Alkohol trinkt und *„zuviel Scheiße baut"* (1. Interview, Zeile 98). Als Neunjähriger hat Peter bereits 19 polizeilich registrierte Straftaten in seiner Akte.

Mit elf Jahren wird er mit einem Beschluss des Jugendamtes direkt von der Kinder- und Jugendpsychiatrie in ein Heim eingewiesen. Die nächsten sechs Jahre verbringt er in verschiedenen Einrichtungen und entwickelt in dieser Zeit seinen Eltern gegenüber äußerst negative Gefühle; gleichzeitig leidet er sehr unter der Trennung von seiner Familie und läuft mehrfach aus den Heimen fort. Oder er provoziert es, rausgeworfen zu werden. *„Dann bin ich auch aus mehreren Heimen geflogen, weil ich da halt randaliert habe."* (1. Interview, Zeile 340)

In dieser emotional überfordernden Situation ohne feste Bindungserfahrung kann sich Peter nur durch aggressive Ausbrüche von seinem inneren Druck befreien; dabei erlebt er Gewalt sowohl als Täter als auch als Opfer. In den verschiedenen Heimen wird er dreimal Opfer sexueller Gewalt durch erwachsene Männer. Als er versucht, darüber zu sprechen, wird ihm nicht geglaubt. Das verstärkt seine Aggressionen, er will auf sich und seine Not aufmerksam machen. *„Ich bin auf's Dach gestiegen und hab da Dachziegeln runtergeschmissen."* (1. Interview, Zeile 347). Er kämpft mit Suizidgedanken und versucht, sich vom Dach zu stürzen. In diesen Erfahrungen wiederholt sich, was Peter seit der Kindheit kennt: Er erfährt von männlichen Bezugspersonen überwiegend Gewalt und Demütigung. Auch während der Heimaufenthalte setzt er Alkohol ein, um mit seinen Probleme zurechtzukommen. Da er von Bezugspersonen keine Liebe und Zuneigung erfährt, stillt er seine Sehnsucht nach Halt, Bindung und Verschmelzung mit den einlullenden Eigenschaften des Alkohols, bindet sich bis zur völligen Abhängigkeit an die Droge als unbelebtes, daher ungefährlich erscheinendes Objekt.

Wieder daheim – mit 16 Jahren – setzen sich die Konflikte mit seinem Stiefvater bruchlos fort. Die einzige Gemeinsamkeit zwischen den beiden besteht im Alkoholkonsum. Wenn ein gewisser Pegel überschritten ist, *„dann ham wa uns halt geschlagen"* (1. Interview, Zeile 210f). Peter, in der Mitte seiner adoleszenten Entwicklung, beginnt also, sich gegen den gewalttätigen Stiefvater zu wehren. Dass beide dieselbe Droge konsumieren, deutet jedoch darauf hin, dass Peter sich mittels des Alkohols auch mit seinem Stiefvater identifiziert. Peters Mutter ruft aus Angst mehrfach während dieser Schlägereien die Polizei. Peter läuft nach solchen Vorfällen von Zuhause weg. Mit 17 Jahren zieht er aus und versucht, in seiner eigenen Wohnung zurecht zu kommen. Seine Aggressionen nehmen zu. *„Ich war ziemlich aggressiv, hemmungslos, ich hab auf keine Leute irgendwie genommen und so, hab nur mein Ding durchgezogen."* (1. Interview, Zeile 115)

Nach der Therapie, im 20. Lebensjahr, lebt Peter in einer eigenen, vom Jugendamt finanzierten Wohnung, in der er regelmäßig von seinem Betreuer besucht wird. Alle 14 Tage geht er noch zur Einzeltherapie zu Teen Spirit Island und nimmt auch an Gruppengesprächen bei Step Kids teil, pflegt also seine neuen sozialen Kontakte und Bezugssysteme. Er hat gelernt, mit seinen Aggressionen anders umzugehen. Im Gegensatz zu früher versucht er nun, aufkommende Konfliktsituationen *„vernünftig zu regeln und nicht bei jeder Kleinigkeit irgendwie auszuflippen"* (2. Interview, Zeile 1680). Wenn er merkt, dass er wütend wird, findet er andere Lösungen. *„Wenn ich mal richtig aggressiv bin, dann ziehe ich mich um und gehe laufen, das ist auf jeden Fall besser, als wie, wenn ich dann, ja, in die Kneipe gehe und mir einen zusaufe."* (2. Interview, Zeile 1684)

Peter hat einen eigenständigen Umgang mit Alkohol. Er findet es nahezu unmöglich, in einer Gesellschaft zu leben, in der alle trinken und er nicht trinken darf. Im zweiten Interview macht er deutlich, dass er durchaus in der Lage ist, kontrolliert zu trinken und damit nicht in Suchtverhalten zurückfällt. *„Also man kann nicht jeden gleichstellen irgendwie, ich kann, irgendwie, wenn ich jetzt sagen würde, ich trink jetzt Bier, dann trink ich jetzt ein Bier, aber dann bleibt´s auch bei dem Bier, nicht wie früher dann."* (2. Interview, Zeile 469) Peter differenziert also seine Konsumformen. Früher hat er getrunken, um *„zu vergessen, was los ist, ne!"* Heute trinkt er, *„um´s einfach mal zu genießen"* (2. Interview, Zeile 482). Er bespricht diese Verhaltensweise mit seinem Sozialarbeiter und auch seiner Therapeutin, und er kennzeichnet sie auch als Rückfall. *„Aber bis jetzt habe ich jeden Rückfall, den ich gebaut hab irgendwie, wo ich getrunken habe, hab ich bis jetzt immer gesagt."* (2. Interview, Zeile 523) Er hat also ein hohes Maß an Bewusstheit gegenüber seinem geregelten Trinken, scheut sich nicht, sich dabei Hilfe zu holen und diese Vorgänge gemeinsam mit seinen Betreuern zu reflektieren.

Eine Rückkehr in sein Elternhaus kommt für Peter nicht in Frage. *„Wenn ich zurückkomme, weiß ich ganz genau, dass ich da auf jeden Fall wieder rückfällig werde, dass ich da auf jeden Fall wieder trinken werde"* (2. Interview, Zeile 1657). Ihm ist bewusst, dass Menschen aus seiner Vergangenheit, Familie wie frühere Peergroup, eine unmittelbare Gefahr für Rückfälle bedeuten. *„Wenn ich wieder in meine alten Kreise komme, dass ich dann auf die Schule oder so, wieder schmeißen würde oder ja, sogar Straftaten begehe."* (2. Interview, Zeile 1661) Zum Zeitpunkt des zweiten

Interviews hat er auch für seine berufliche Zukunft sehr klare Vorstellungen: Er möchte Dachdecker werden. Hierzu muss er zunächst seinen Hauptschulabschluss nachholen und dieses Ziel verfolgt Peter äußerst zielstrebig. Die Beziehung zu dem Meister des Dachdeckerbetriebes beschreibt er als gut, genau wie die Aussicht, nach der Schule dort seine Ausbildung machen zu können. *„Und die Ausbildungsstelle ist mir auf jeden Fall sicher"* (2. Interview, Zeile 2044). In beiden Interviews wird Peter darum gebeten zu überlegen, was in seiner Vergangenheit hätte anders sein müssen, damit er nicht in die Sucht hinein geraten wäre. Nach einer langen Pause antwortet er im zweiten Interview: *„Ne einfache, ja, 'ne einfachere Familie halt, halt 'nen besseres Elternhaus sozusagen, dass meine Eltern nicht so viel trinken, halt, dass meine Eltern 'nen Vorbild sind, ja, ein bisschen mehr Verständnis, ein bisschen mehr Liebe, von beiden Seiten, Zärtlichkeit und so"* (2. Interview, Zeile 2286).

Sehr deutlich betont Peter den Mangel an Zuneigung und verständnisvoller, sicherer Geborgenheit. Er sieht heute sehr deutlich, dass er versucht hat, diesen Mangel mit der Sucht auszugleichen. Auch wenn er es nicht mit Worten sagt, versteckt sich doch in Bezug auf seine Aggressionen auch ein Zusammenhang in diesen Worten. Wenn er mehr Halt und Vorbilder durch seine Familie erfahren hätte, müsste er nicht so wütend um Aufmerksamkeit gerungen haben und genauso wenig hätte er so zornig sein müssen angesichts dieses Mangels.

8.4 Aggressionsbedingte Probleme in der therapeutischen Beziehung

Wenn Empathieunfähigkeit ein zentrales Merkmal der zugrundeliegenden Entwicklungsstörung ist und der beziehungsorientierte Behandlungsansatz Wirkungen zeigt, dann kann es als ein wesentliches Kriterium für tiefreichende Entwicklungsprozesse gelten, wenn die Jugendlichen am Ende ihrer stationären Therapie eine höhere Sensibilität für die Befindlichkeiten anderer Menschen zeigen, wenn Mitleid und Mitempfinden geäußert werden, wenn Beziehungsaspekte in ihre Reflexionen Eingang finden, wenn das Leiden oder die Gefühle anderer Menschen glaubhaft und authentisch in ihren Erzählungen eine wachsende Rolle zu spielen beginnen. Hierfür finden sich in den biographischen Entwicklungen der Jugendlichen unserer Untersuchungsgruppe eine Vielzahl von ausdrucksvollen Hinweisen, erinnert sei beispielsweise an die große Empörung von Marion (vgl. Kapitel 2) über die Verführung von Kindern auf dem Schulhof, Drogen zu probieren und ihr mutiges Eintreten für den Schutz dieser Kinder. Omar drückt seine große Zufriedenheit darüber aus, dass seine Junkie-Mutter jetzt den Ausstieg aus der Szene geschafft hat, mit ihrem neuen Freund auf dem Land lebt und dort ein Pferd versorgt. Er betont, sie habe „*das jetzt auch mal wirklich verdient*". Maria ist in Ausbildung zur Erzieherin, baut sich einen neuen Freundeskreis auf, und die Versorgung der Kinder liegt ihr sehr am Herzen („*unser jüngster ist sechs.*")

Wie schwer es ist, mit solchen schwer beeinträchtigten Jugendlichen eine therapeutische Beziehung herzustellen, soll am Beispiel von **Ole** gezeigt werden. Seine Eltern sind engagiert in den therapeutischen Prozess einbezogen, sie legen wöchentlich, obwohl beide berufstätig, den 200 km langen Weg zurück, um ihren Sohn durch die eigene Beteiligung an der Familientherapie zu unterstützen. Dessen Wertschätzung ihrer Bemühungen ist jedoch gering:

> „*aber das Ding is, sie haben sich nich so bewusst damit beschäftigt, ich glaub das war, das war das Ding, ja, wir fahr'n da montags hin, wir geben Ole ein bisschen Beistand, die zwei Stunden den Besuch, damit er wieder ne Woche durchhält und wir machen diese Familientherapie, aber das, es is nich alles richtig genutzt worden, es war, es hätt noch, es war'n noch so viele Möglichkeiten offen, es warn'n die ganzen Möglichkeiten nich richtig genutzt, weil es kam nich richtig was zum Ausspruch, also es is nie was Handfestes ausgesprochen worden, sondern es war immer so Fehlerbehebung, immer nur die Fehlerbehebung und ich war der Fehler.*" (2. Interview, Zeile 370)

Etwas fehlt – das ist Oles zentrale Beziehungserfahrung, an der er festhält, und er deutet seine Realität auch heute noch so, dass dieses Muster sich bestätigt. Er selbst ist ein Fehler, so imaginiert er sich in den Augen seiner Eltern, die dementsprechend nur an Fehlerbehebung interessiert sein können. Er spricht von sich wie einem Instrument, einem technischen Gerät, das zur Reparatur in die Werkstatt gebracht wird. Sein Beziehungserleben ist emotionslos, kalt, es fehlt die emotionale Tönung, die Anteilnahme. Ole kann im Verhalten seiner Eltern kein Angebot erkennen, kein Engagement, das zu seiner Gesundung beitragen soll, das aufrichtig ihm gewidmet ist. Offenbar hat er keine Vorstellung davon, dass jemand ihm gegenüber ein ehrliches Interesse hat, ebensowenig wie er selbst offenbar ein solches tiefes Interesse an jemandem hat. So erklärt er sich das Scheitern seines Aufenthaltes in der betreuten Wohngemeinschaft im Anschluss an Teen Spirit Island damit, dass die Beziehung zu den Betreuern nicht stimmte: „*es is nich so richtig zu einer Beziehung zu den Betreuern gekommen ... ich kann ja nich irgendwie mit Leuten reden, mit denen ich keine emotionale Verbindung hab, das geht ja nich .. die interessieren sich im Grunde genommen gar nich für mich, ich bin ne Dienst-*

8.4 Aggressionsbedingte Probleme in der therapeutischen Beziehung 279

nummer sozusagen, das is immer mein Problem gewesen, und da hab ich mich dadurch wieder entfremdet und dann irgendwann zu Drogen gefasst (2. Interview, Zeile 85f).

Und auch die Therapieerfahrung in Teen Spirit Island beschreibt er ähnlich instrumentell und enttäuschend: *„Also es war schwer, es war schwer, es war schwer, das war eben das Ding, mein Therapeut, Dr. X, er hört sich meine Probleme an, beschäftigt sich auch diese Stunde damit, aber danach is raus, danach is vorbei, wenn der die zu, die Tür zu macht, is diese Arbeit vorbei, weil es sein Job is, ich weiß nich, kommt es aus Interesse, kommt es aus der Freundschaft oder, man weiß, das is einfach sein Job und dass es eben nich das emotionale Ding is* (2. Interview, Zeile 800f).

Es fehlt etwas, auch hier, das „emotionale Ding". Das sind natürlich keine Wahrheitsaussagen über die tatsächlichen Beziehungen, über die elterliche Qualität oder gar die therapeutische Kompetenz. Es handelt sich hier vielmehr um bestimmte Erlebnisformen, die sich an dieser Stelle – im Beziehungserleben – verhältnismäßig wenig verändert haben: Ole nimmt die Defizite wahr, die Kälte und das Desinteresse der Menschen an ihm. Er fühlt sich wie ein Ding behandelt (als Dienstnummer, als Fehler) und fühlt sich selbst nicht wie ein Mensch gesehen, ihm fehlt die emotionale Verbindung, das *„emotionale Ding"*, wie er es nennt. Die Verantwortung dafür, für Missgeschicke, für Schwierigkeiten und für eigenes Ungenügen liegt bei den anderen, an die delegiert er die Aktivität, er ist nur Opfer, der diesen Mangel, diese Defizite benennt.

Es ist ihm unmöglich, die Empathie anderer wahrzunehmen und zuzulassen, das die anderen Menschen sich für ihn interessieren. Das mag auf die Tiefe und Tragweite seiner Beziehungsstörung verweisen: Ole erweist sich der intersubjektiven Beziehungserfahrung gegenüber als weitgehend resistent. Nach Abschluss seines ersten Aufenthaltes in Teen Spirit Island sagt er auf die Frage, mit wem er einen warmen emotionalen Kontakt hat, lapidar: *„Mit keinem. Ich bin mir selbst genug, ja."* (1. Interview, Zeile 1150)

Dennoch hat auch Ole eine Entwicklung vollzogen, bei der er seine Fähigkeit, andere Menschen, hier seine Eltern, in seine Betrachtungen einzubeziehen, im Ansatz deutlich erweitert. Er sieht die Anderen als für sein eigenes Leben wichtige Bezugspersonen, die aber ein eigenes Leben, eigene Gefühle und Lebensansprüche haben. Auf die Frage nach den drei Wünschen antwortet er im ersten Interview: *„Erstens: Die Eltern haben keine Geldsorgen mehr. Ich würde mir wünschen, dass diese ganze finanzielle Scheiße von meinen Eltern ausgeglichen ist ... weil das eigentlich alles durch mich entstanden ist, ich hab das Auto kaputt gefahr'n und so. Ja, zweiter Wunsch, Welt, Weltfrieden natürlich, dass ja Weltfrieden ist, glaub ich zu utopisch, aber einfach nur, dass die Kinder, die Hunger habn satt werden. Und ... dass ich* *meine Ziele erreiche, die ich erreichen möchte, das ist der dritte Wunsch* (1. Interview, Zeile 1255f).

Im zweiten Interview sagt er zum Schluss zur selben Frage:

> *„Mein erster Wunsch ist, alle Waffen werden auf dieser Welt vernichtet, das ganze Weltsystem soll geändert werden. .... Ich hoffe, dass ich 'ne richtig tolle Frau kennengelernt hab, die wirklich zu mir passt (in fünf Jahren) und dass ich mein, dass ich mein Leben sinnvoll gestalte, dass ich was Gutes, also vernünftige Arbeit verrichte, dass meine kleine Welt, dass meine kleine Welt schön in Ordnung ist, und dass ich die kleinen Welten von andern Menschen vielleicht auch ein klein wenig verändern kann und Vater zu werden, das ist mein größter Lebenswunsch."* (2. Interview, Zeile 1815f).

Der Vergleich der Äußerungen ist interessant. Direkt nach der Therapie in Teen Spirit Island stehen an erster Stelle die Eltern. Der Schaden, den er angerichtet hat, soll für die Eltern ausgeglichen werden, sie sollen sich keine finanziellen Sorgen mehr machen müssen. Hier drückt sich ein Beziehungswunsch nach Wiedergutmachung aus.

Dessen Erfüllung ist aber offenkundig abhängig von der Bändigung seiner aggressiven Impulse. Weltfrieden und die Abschaffung aller Waffen sind die Voraussetzung für ihn, damit sein eigener Beziehungshunger gestillt werden kann. Es erscheint ihm fast utopisch, dass er selbst aus eigener Kraft es schaffen könnte, seine Ziele zu erreichen, dazu fehlt ihm ein inneres Bild. Seine Aggression und die der „Welt" sind allumfassend, scheinen eins zu sein in seiner seelischen Verfassung. Nicht er muss sich ändern, nicht von ihm und seinen Kräften ist es abhängig: Die Welt muss den ersten Schritt tun, muss zu Frieden finden. Wie schrecklich und bedrohlich muss sich diese Welt in seinem Innern darstellen?

In diesem Entwurf steckt die Verzweiflung einer völligen Ohnmacht, eine düstere, aggressive Welt voller Hass, Hunger und Gewalt, in der er sich nur mit Hilfe äußerer Krücken behaupten kann, z.B. mit Geld, das er als Dealer erwirbt oder mit Drogen, einem weiteren unbelebten Objekt, das er glaubte beherrschen zu können. Aus eigener Kraft ist er Nichts, ein Niemand, und die anderen Lebewesen sind ihm gegenüber riesig und bedrohlich.

Besonders beeindruckt hat ihn einmal ein Streit unter den Betreuern, der ihm zeigt hat, dass sie untereinander nicht einig waren.

> *„Die stellen sich immer als Übermenschen dar ... und hat man endlich mal gesehen, dass da auch Menschen sind, die sich auch manchmal streiten.*
> *I: Mhm, die auch ganz normale Gefühle haben.*
> *O: Ja, genau. ... Das war ganz lustig.*

8.4 Aggressionsbedingte Probleme in der therapeutischen Beziehung

I: Was hast du daraus gelernt? Oder mitgenommen?
O: Dass es keine Übermenschen gibt."

Ole nimmt die Therapeuten als fehlerfrei wahr, nur gut oder nur böse. Um genau zu sein, was er zu sehen meint, ist eine Inszenierung von Fehlerlosigkeit. Er beginnt sich also in der Therapie bald mit den Beziehungsstrukturen auseinanderzusetzen. Offenbar hatte er die Therapeuten als sehr mächtig erlebt und dadurch unangreifbar, als Übermenschen, jedenfalls ohne menschliche Gefühle. In der Therapiestation erlebt er, dass Streit in einer Beziehung ausgetragen werden kann und dass Differenzen ausgehandelt werden. Das irritiert ihn sehr. Zunächst entsteht der Eindruck, dass er sich freut, die Therapeuten bei eine Fehler ertappt zu haben, denn sie stellen sich ja als unangreifbar dar. Die lapidare Bemerkung (*„dass es keine Übermenschen gibt"*) birgt im Hinblick aber in einer tieferen Schicht auch etwas Entlastendes: die Therapeuten werden ihm Modell für den Umgang mit aggressiven Impulsen. Darüber hinaus kann Ole sein überhöhtes Ideal auf ein realistisches Maß zurecht stutzen. Beziehungserleben findet bei Ole im Schema von Über- und Unterordnung statt. Und in Teen Spirit Island muss er sich anpassen, dies erlebt er wohl als Unterordnung. Dafür erfährt er dann verlässliche Unterstützung: Auch wenn er die Regeln bricht (immerhin spricht er von sechs Rückfällen), bleibt die Beziehung erhalten. Die Umgebung, die ihn annimmt und hält auch dann, wenn er damit rechnet, zurückgewiesen zu werden, stabilisiert ihn sichtlich. Im Kontext der Beziehungen von Teen Spirit Island spricht er erstmals über positive Gefühle, auch wenn ihm zum Zeitpunkt der Entlassung niemand wirklich nahe steht und er auch die Beziehung zu seinem ärztlichen Therapeuten sehr distanziert schildert.

Umso nachhaltiger ist daher sein Wiedergutmachungswunsch den Eltern gegenüber zu bewerten. Ole gewinnt eine Ahnung von Wechselseitigkeit; davon, dass echte, lebendige Beziehung aus Geben und Nehmen besteht und erst so ein symmetrisches Verhältnis wachsen kann. Er erkennt auch, dass es eine gewisse Abhängigkeit voneinander gibt und geben darf. Er hat seinen Eltern viel angetan, auch materiellen Schaden angerichtet, für den er gerade stehen möchte, wenn er einmal die Möglichkeit dazu hat. Allein, dass Ole das zu denken vermag, signalisiert eine gewisse Veränderung seiner Fähigkeit zu Mitgefühl mit Anderen, seiner Mentalisierungsfähigkeit, so klein sie auch sein mag.

Oles weitere Entwicklung zeigt denn auch eine Vielzahl von Hindernissen. Er wird schnell rückfällig. Wenige Wochen, nachdem er in eine Wohngemeinschaft mit ständiger Betreuung eingezogen ist, muss er sie wegen Drogengebrauchs wieder verlassen. Er legitimiert das mit der schlechten Beziehung zu den dortigen Therapeuten und mit der Tatsache, dass nur Mädchen dort wohnen. Er geht zurück zu seinen Eltern und von dort, offenbar auf Anraten der Mutter, für sechs Wochen wieder zu Teen Spirit Island. Dort durchläuft er die A-Phase erneut und kann sich in der B-Phase nicht wieder zurechtfinden. Vermutlich führt die Mischung aus Überheblichkeit (Ich kenn ja hier schon alles) und Scham dazu, dass es nötig wurde, wieder zurückzukehren. Nach sechs Wochen Kurzdurchlauf in Teen Spirit Island kehrt er zurück zu seinen Eltern, die ihn wie gewohnt wieder aufnehmen. Schnell wird er wieder rückfällig und dieses Mal gelingt es seinen Eltern erstmalig, konsequent zu handeln: sie setzen ihn vor die Tür.[76] Erst dieses konsequente Verhalten der Eltern bringt ihn zu einer gewissen Einsicht und diese führt zu der Motivation, diesmal den Ausstieg allein zu schaffen. Aber fünf Wochen auf der Straße haben ihn mürbe gemacht, er geht zurück und bittet um Wiederaufnahme bei den Eltern.

„Und dann kam eb´n ´nen Gespräch zuhause, wo ich dann selber, ich, also nich dass die da jetzt angefangen haben, sondern ich hab den Weg gemacht, bin dahin gegangen, hab gesagt, ich versuche, ich hör mit dem Scheiß jetzt auf, bitte könnt ihr mich aufnehmen, sonst geh ich den Bach runter." (2. Interview, Zeile 590).

Das ist zum Zeitpunkt des Interviews einige Monate her, er kommt zu dem Schluss, *„vier Monate, vier Monate komplett alleine und da bin ich echt stolz drauf und das hätt ich eben nie ohne TSI gelernt, nie."* (2. Interview, Zeile 610f).

Mit einer merkwürdigen Formulierung (*„vier Monate komplett alleine"*) beschreibt er den Zustand ohne Drogen nach einem kalten Entzug. Die vier Monate ohne Drogen, auf die er stolz ist und die er mit Unterstützung seiner Eltern bewältigt hat, die ihn wieder aufgenommen haben. Hier sind zwei Aspekte bemerkenswert: Zum einen zeigt sich Oles Stolz auf sein Durchhaltevermögen – er ist vier Monate lang clean. Zum anderen gelingt ihm dies durch Unterstützung seiner Eltern, die er einfordert und auch annimmt. Dennoch fühlt er sich komplett allein. An einer Stelle im ersten Interview spricht er von den Drogen als *„mein kleiner Freund"*, und hier liegt die entscheidende Verbindung: Für Ole sind die Drogen ein Ersatz für Beziehung, sie haben für ihn den Charakter von lebendigen Objekten, sie ersetzen ihm Freundschaft und Liebe, sie vertreiben ihm Gefühle von Einsamkeit und Machtlosigkeit, Hilflosigkeit. Wenn er also clean ist, ist er frei von dieser Begleitung, dann ist er alleine, ohne seinen Freund. Was immer

---

[76] Er schildert sich zunächst als das Opfer elterlicher Gewalt, das nun sechs Wochen auf der Straße leben muss, bei genauerem Nachfragen zeigt sich jedoch, dass die Eltern ihm gestatten, sich tagsüber in ihrer Wohnung zu duschen, Wäsche zu waschen und sich mit Nahrung zu versorgen, aber sie nehmen ihn erstmals nicht wieder bei sich auf.

ihm seine Eltern bedeuten, sie sind nicht in der Lage, ihm diese Qualität von Beziehung zu geben, die er in den Drogen gefunden hat.

Nun aber begreift Ole selbst, dass seine Eltern ihm etwas geben können, das er allein nicht zur Verfügung hat. Erst durch die entschiedenere Haltung seiner Eltern zu den Rückfällen, dadurch, dass sie ihn begrenzen und seinem maßlosen und forderndem Agieren ihre Bedingungen entgegensetzen, kann er das erleben und verstehen. Es ist seine Initiative, den Kontakt aufzunehmen und die Eltern um Hilfe zu bitten, mit der er sein Angewiesensein auf ihre Unterstützung zum Ausdruck bringt und damit seine überhebliche, fordernd-grandiose Haltung aufgibt. Das ist der eigentliche Therapieerfolg, die wirkliche Veränderung, die ihm selbst spürbar wird: Ole erlebt nun eine Beziehung und kein instrumentelles Verhältnis und er unterstellt den Eltern Wohlwollen sowie die Fähigkeit, ihm zuzuhören und ihm zu helfen. Er erlebt seine eigene Hilfsbedürftigkeit und Abhängigkeit nicht länger als lebensbedrohliches Ausgeliefertsein – damit hat sich sein inneres Bild von den anderen verändert, ist zugewandter, wohlwollender geworden: er hat seine Fähigkeit zur intersubjektiven Wahrnehmung erweitert oder überhaupt erst gewonnen.

Im folgenden sollen durch Selbstzeugnisse der Jugendlichen ein Eindruck dazu vermittelt werden, wie sie nach der Therapie mit Selbstwertkrisen umgehen und wie sie ihre bisherigen Hauptsymptome, die sie in die stationäre Therapie geführt haben, jetzt einschätzen und bewältigen.

8.5 Alternatives Krisenmanagement und Symptomkontrolle

Das Erleben einer Krise, die die Stabilität des Selbstwertgefühls gefährdet, ist der Einstieg in den Teufelskreis der Heptade (Wurmser), der in jeder seiner Stufen den Gebrauch von Drogen nahelegt, um die Vielzahl unbestimmter, aber höchst unangenehmer Gefühle in dieser Selbstwertkrise zu kompensieren und, im weiteren Verlauf, die Folgen der desaströsen Entwicklung auszuhalten. Diese Momente, in denen das Gefühl für das Selbst den Boden verliert und die Identität in Auflösung gerät, sind vielleicht einem Zustand vergleichbar, den viele Menschen aus Träumen kennen, in denen der Träumer im freien Fall nach unten stürzt in eine bodenlose Tiefe: Damit ist ein Gefühl des Entsetzens verbunden und die unausweichliche Gewissheit, dass es kein Mittel gibt, diesen Absturz aufzuhalten.

Irgendwann haben die hier porträtierten Jugendlichen das magische Mittel doch gefunden: indem sie die chemische Wirkung bestimmter Substanzen kennenlernten, mit deren Hilfe sie dem Gefühl der Auflösung Einhalt gebieten können, die ihnen den Boden unter den Füßen wiedergeben und eine ganzheitliche Selbsterfahrung ermöglichen. In den Momenten des krisenhaften Zusammenbruchs, in der narzisstischen Krise, gab es demnach durch die Droge ein Mittel zum Selfmanagement, das ihnen dazu verhalf, ein Gefühl der Autonomie aufrechtzuerhalten, die Illusion einer Selbstwirksamkeit zu entwickeln. Was aber tritt an dessen Stelle, wenn sie sich zur Therapie entscheiden, wie gehen sie mit gefahrvollen Situationen bei Kränkungserlebnissen, nach dem Entzug und nach der Therapie um? Es sind diese Momente, in denen der gefürchtete Suchtdruck auftritt, das zwanghafte Bestreben, das Leiden zu beenden und zu Mitteln zu greifen, mit denen die qualvollen Zustände innerer Auflösung gestoppt oder die angstbesetzten Situationen überstanden werden können.

Sehr anschaulich beschreibt **Sven**, wie er die Droge einsetzt, um seine Ängste zu überwinden: aus dem kleinen, verlachten Jungen wird mit Hilfe eine Prise Koks der mutige Schläger, der andere in ihre Grenzen weist.

„Ich hab das so gemacht, ich hab mir immer 'ne Nase Koks gezogen, bin dann dahin, weil ich wusste, die wollten mich schlagen und bin dann ausgerastet wie'n Tier (...) durch Drogen und, dass ich halt andern unter Koks einen auf die Schnauze haun konnte und dann kam auf einmal der ganze Respekt." (1. Interview, Zeile 325).

Sven benutzt also Drogen, um Zugang zu seinen Aggressionen zu bekommen, um sie auszudrücken oder sich gegen Demütigungen zu wehren, die für ihn an der Tagesordnung waren. In der Therapie versteht er, dass er Drogen immer dann eingesetzt hat, wenn sein Selbstwertgefühl am Boden war und wenn er Mittel und Wege finden musste, sich Respekt zu verschaffen.

Rückfälle hat er während der Therapie mit Alkohol. Auch wenn er den Eindruck hat, dass er kontrollieren kann, wieviel er trinkt, kennt doch die Gefahren: *„Wenn's mir Scheiße geht und ich trink Alkohol, werd ich ziemlich aggressiv, dann werd ich richtig aggressiv und da muss man halt aufpassen"* (1. Interview, Zeile 430). Er weiß also die Wirkung von Drogen und insbesondere den Zusammenhang zwischen Aggressionen und Drogen richtig einzuschätzen.

Sven sucht durchaus auch die Herausforderung, um seine noch immer äußerst instabile Motivation zu testen, auch weiterhin drogenfrei zu bleiben. Ihm ist bewusst, dass er lernen muss, Versuchungen zu widerstehen.

Er selber sieht sich jetzt auf einem Weg, er hat den erweiterten Hauptschulabschluss geschafft und in der langen Pause der Abstinenz sich so weit von den Drogen entfernt, dass er sagen kann, *„Suchtdruck hab ich eigentlich auch nicht mehr."*(2. Interview, Zeile 280). Sven hat damit begonnen, seinen körperlichen Entwicklungsprozess zu unterstützen. Statt durch Drogen zu künstlich aufgeblähter eigener Stärke zu kommen, wie er es früher praktizierte, will er jetzt sich

8.5 Alternatives Krisenmanagement und Symptomkontrolle

selbst stärken, indem er seinen Körper trainiert. Es deutet sich an, dass die reale Beziehungserfahrung ihn motiviert, nun auch durch eigene Anstrengung Kräfte zu entwickeln, Muskulatur aufzubauen und dem eigenen Körper zu mehr Männlichkeit zu verhelfen. Das unterstützt sein Selbstbewusstsein und Zutrauen, auch mit kommenden Krisen und Suchtdruck umgehen zu können. Er nutzt das Krafttraining zur Entwicklung seiner körperlichen Statur und bemüht sich darum, möglichst täglich zu trainieren: *„Also seit zwei Monaten jetzt mache ich das, ich will auch später irgendwie, wenn ich in der Nachsorge bin, auch mir 'n billiges Fitnessstudio suchen und weiter trainieren"* (2. Interview, Zeile 424f). Wie wichtig außerdem für ihn der kontinuierliche Kontakt zu seiner neuen Bezugsgruppe geworden ist, zeigt einer seiner letzten Sätze im 2. Interview, in dem er, angesprochen auf seine zukünftigen Lebensformen, sagt: *„Also ich bin, ich werde halt noch von den Betreuern betreut in meiner eigenen Wohnung, ich hab hier 'ne Nachsorgegruppe, das is sowas wie 'ne Gruppentherapie hier, nur halt für die Nachsorgler."* (2. Interview, Zeile 785) Die lebendige reale Beziehungserfahrung ersetzt ihm die Droge. Allerdings zeigt sein Betreuungsbedarf auch unmissverständlich, wie abhängig und unerwachsen er sich noch fühlt.

Marion (vgl. auch Kapitel 2) hat sich in der Therapie ein Programm erarbeitet, das ihr Anleitung gibt für den Umgang mit Suchtdruck und dem Impuls, sich selbst zu verletzen: *„Wir ham dann ja auch immer Sachen gemacht und so, also wir mussten uns so´ ne Liste machen, was wir dann machen, wenn wir Suchtdruck haben und uns ritzen wollen oder so was, und da is halt so was wie hier ums Haus laufen oder so, oder Baden gehen, und das werd ich jetzt auch machen, wenn ich den Druck da kriege"* (1. Interview, Zeile 220f.).

Sie hat also konkrete Pläne, wie sie die Veränderungen, mit denen sie auf Teen Spirit Island begonnen hat, auch in dem Heim, in dem sie jetzt lebt, weiterführen und umsetzen kann. So nimmt sie sich vor, zur Schule zu gehen *„und es zu schaffen"* (1. Interview, Zeile 300). Sie beschreibt sich selbst durch den therapeutischen Veränderungsprozess folgendermaßen: *„Na, ich kann offener reden und so ..... wenn´s mir nich gut geht joah und ich weiß auch was ich machen kann, wenn es mir nich gut geht und .... jah also ich bin auch durch die Gruppentherapie viel offener geworden"* (1. Interview, Zeile 290).

Ein Jahr später schildert sie noch genauer, was ihr hilft, mit Trigger-Situationen umzugehen: Dann joggt sie stundenlang, um darüber hinweg zu kommen. Sie weiß auch, dass sie sich zwingen muss, an etwas anderes zu denken, denn *„wenn ich denn halt zuviel über irgendwelche Probleme drüber noch nachdenke halt, dann kommt das, aber das ist auch selten [...] aber eigentlich die letzte Zeit ist eigentlich* *alles, hat alles aufgehört, es läuft eigentlich ganz gut, 'n paar Monate auf jeden Fall, fast die ganze Zeit eigentlich"* (2. Interview, S. 18).

Auf der Grundlage ihrer Erfahrungen ist dieser Erfolg beträchtlich. Dass Marion sich Ziele setzt und daran arbeitet, diese Ziele zu erreichen, dass sie eigene Werte entwickelt und sich auch für andere einsetzt, macht sehr deutlich, dass sie vom Opfer gewalttätiger Übergriffe zu einer jungen Frau geworden ist, die ihr Leben in die eigenen Hände nimmt.

Auch **Antonia** schildert sehr genau, wie wichtig ihr die alternativen Verhaltensweisen sind, die sie auf Teen Spirit Island lernt und die ihr neue Bewältigungsformen ihrer heftigen Aggressionen ermöglichen. Sie beschreibt ihren Zustand bei der Ankunft in Teen Spirit Island: *„Ja, also wo ich angekommen bin, war ich psychisch das totale Wrack, ich hab mich, also ich hatte totale, wie man so was nennen soll, ich weiß nich, Wahnvorstellungen und Stimmen im Kopf und so, und hab mich jeden Tag selbst verletzt und bin andauernd voll ausgerastet, also ziemlich, ich war echt fertig so"* (1. Interview, S. 12).

Antonia schildert sich selbst als besonders extremen Fall und wird darin in den folgenden fünf Monaten der Behandlungsphase bestätigt. Häufig ist es so, dass die Mitpatienten in der Gruppentherapie Antonias Zustände nicht ertragen, weil sie selbst durch ihre gewaltvollen Verhaltensweisen getriggert werden: *„Und wenn ich dann hier mit blutigem Kopf lang gerannt bin, dann haben die schon gesagt, also, Antonia, so geht das nicht, wir halten das nicht aus"* (1. Interview, S. 14). Jetzt treibt sie viel und intensiv Sport: *„Also man hat immer blaue Flecken hinterher, es geht schon heftig zur Sache, aber, so wird man die Aggressionen auf jeden Fall los"* (mit lachender entspannter Stimme) (1. Interview, S. 19). Gerade Sport und körperliche Fitness helfen ihr in Krisenzeiten, wenn sie schlimme Bilder im Kopf hat oder unter Druck gerät, mit diesen Spannungen konstruktiver umzugehen und nicht impulsiv in die Selbstverletzung zu flüchten, *„dass ich dann rausgeh und rausrenn oder raus... joggen, also alles mit natürlichen Mitteln zu kompensieren und jetzt nicht mehr reinzuknallen"* (1. Interview, S. 19). Wenn Antonia vorher ein bis ins Paranoide gesteigertes Misstrauen gegenüber Menschen hatte, so hat sie nun gelernt, Betreuer auch körperlich an sich heranzulassen, *„inzwischen nehm ich die Betreuer in 'n Arm, ich hab gelernt traurig zu sein, ich war früher nich traurig, ich hatte keine Gefühle sozusagen und jetzt, ich kann einfach weinen, weil ich traurig bin, sowas kannt ich gar nicht, so normale Gefühle zu haben"* (1. Interview, S. 23). Und so resümiert sie: *„Ich fühl mich total gut."* (1. Interview, S. 24) Sie hat ein dreiwöchiges Praktikum im Fitnessstudio hinter sich und dort erlebt, wie sie auf Menschen zugehen und normal kommunizieren kann, sie fühlt sich freier und plant auch eine Aus-

8.5 Alternatives Krisenmanagement und Symptomkontrolle

bildung in diesem Bereich. Antonia möchte also aus dem, was ihr gut tut, auch einen Beruf machen.

Lou hat früher ihre Depressionen mit Alkohol bekämpft. In der Therapie hat sie gelernt, mit ihren depressiven Phasen anders umzugehen.

> „Ich hab die Depressionen, das is einfach so, also ich find das okay, ich akzeptier das so, wie es ist und versuche nicht, das wegzuschieben. Ich beschäftige mich einfach mit irgendwelchen Dingen, entweder ich schreibe das auf, was ich grade denke oder, weiß nicht, hör Musik oder ich singe oder male oder ich kucke Fernsehen. Ja, wenn ich zu isoliert bin oder mir isoliert vorkomme, dann gehe ich einfach wieder zu den andern und suche den Kontakt und dann hab ich meistens wieder 'ne bessere Stimmung und ja, wenn ich traurig bin, dann bleibste ja nicht für immer traurig und das weiß ich auch. (1. Interview, Zeile 1066f)

Auf die Frage nach den drei Wünschen antwortet sie:

> Ich würd mir auf jeden Fall wünschen, dass ich weiterhin soviel Energie habe und soviel Kraft, dass ich all das, dass ich weiterhin schaffe, meine Pläne zu verwirklichen und dass ich das alles noch schaffen kann so, also Schule ganz normal schaffen kann und Führerschein will ich auch machen, und dass ich dann meine eigene Wohnung habe und mit meinen Freunden klarkomme. Dass ich mein Leben geregelt kriege und äh ... verantwortungsbewusst bin und dass alles gut wird, das würd ich mir wünschen." (1. Interview, Zeile 1104f)

Die weitere Entwicklung von Lou ist auf fast spektakuläre Weise positiv, im zweiten Interview neun Monate später lebt sie immer noch in der Wohngruppe, geht zur Schule und ist nach wie vor clean. Vor allem berichtet sie voller Stolz, dass sie den Führerschein gemacht hat. Einen ihrer drei Wünsche konnte sie bereits verwirklichen. Sie setzt ihre Einzeltherapie bei dem Therapeuten von Teen Spirit Island noch fort, hat den Kontakt zu ihrem alten Freundeskreis völlig abgebrochen und sich gut in das neue Leben integriert. Sie beschreibt sich als kontaktfähig und sozial gut integriert, emotionale Kontakte zu anderen Menschen sind ihr zum Bedürfnis geworden.

Sie besitzt ein hohes Maß an Bewusstheit dafür, wie schnell ein Rückfall, gerade mit Alkohol, möglich ist. Ständig bekommt sie etwas angeboten, sogar ihre beste Freundin, die von ihrer Therapiezeit weiß, hat sie schon einmal bedrängt, wieder Alkohol zu trinken.

> „Also es gab nie Situationen, wo ich dachte, Ich will das! Und ich denk mal, die bleiben auch weiterhin, es gab nur Situationen, wo ich gemerkt hab, äh, das könnt ich jetzt machen und das geht ganz schön schnell, auch weil mir das dann wieder eingefallen

ist, das so'n Rückfall ganz schnell geht und ganz einfach [...] aber ich, ich will einfach noch keinen Alkohol trinken." (2. Interview, Zeile 128f)

Heute kann Lou sich steuern, weil sie keinen Suchtdruck mehr verspürt. Sie kann selbst kontrollieren, auf wen sie zugeht. Musste sie sich zuvor mit Alkohol ermutigen, um mit anderen Menschen in Kontakt zu kommen, kann sie heute sagen: *„Das Wichtigste ist jetzt äh Spaß zu haben, ohne dabei besoffen zu sein."* (2. Interview, Zeile 220) Entsprechend beschreibt sie sich auch *„also jetzt bin ich auch nüchtern so, bin ich, Lou, die Tolle, naja, und das find ich auch gut."* (2. Interview, Zeile 378f)

Lous ausgeprägte Selbstreflexion, ihre Fähigkeit, in sozialen Zusammenhängen zu leben und Freundschaften zu schließen, also nicht-symbiotische Beziehungen einzugehen, und ihr Wissen um die zwanghaften Suchtstrukturen lassen sie sehr nachdenklich sein bezüglich der Rückfälle ihrer Mitpatientinnen und -patienten bei Teen Spirit Island. Sie ist aufrichtig bekümmert, dass es viele von ihnen es nicht so gut geschafft haben, clean zu bleiben wie sie selbst, und es klingt auch eine gewisse Wut darüber mit, wenn sie sagt:

> *„Ja, ich fand das voll Scheiße, weil ich das nicht verstehen konnte, weil, bei mir war das auch nicht der Fall. Ich konnte das nicht verstehen, wie die dann wieder draufkommen, jetzt sich irgendwie das Hirn zuzuknallen und das, na gut, ich hab mir das ja selber überlegt, wenn die jetzt wieder in ihre alten Familien gegangen sind, das kann ich dann schon einfacher nachvollziehen, weil, das wäre mir auch nicht leichtgefallen, wenn ich wieder zu meiner Mutter zurückgegangen wäre und wieder altes Umfeld, altes Zimmer und überhaupt."* (2. Interview, Zeile 468f)

Die Gefahr, die mit der Rückkehr in das alte Milieu verknüpft ist, kommt sehr deutlich zum Ausdruck. Aber sie entwickelt Verständnis und verurteilt nicht. Aus der Beschäftigung mit den Rückfällen der anderen zieht sie für sich selbst einen wichtigen Schluss: *„Weil, so ist das nunmal nicht, dass mir das irgendwer verbietet und dass ich das nicht darf, also, ich darf Alkohol trinken, aber ich bin vernünftig genug, das nicht zu machen, also, wenn mir das jemand verbietet, dann bin ich das selber und dann kann ich sagen: Ich darf das nicht"* (2. Interview, Zeile 535f).

Auch **Svenja** hat eine Entscheidung getroffen. Inzwischen ist sie ganz sicher, dass sie niemals mehr Drogen nehmen wird, auch nicht in Zeiten schlimmster Krise. Die Interviewerin fragt sehr eindringlich nach, was sie so sicher macht.

> *„Weil ich das nicht will, ganz einfach eigentlich, das is es eigentlich, deswegen, ich bin so, ich bin so zufrieden mit allem, früher hat gar nichts geklappt, jetzt, das klappt, das klappt und ich bin da angesehen, sag ich mal, und man kennt mich und – weiß nicht, ich hab auch, ich will*

8.5 Alternatives Krisenmanagement und Symptomkontrolle 289

> *das nicht verlieren, den Job, den ich zur Zeit habe und wenn´s irgendwann mal nich klappt, okay, dann klappt´s halt nicht, ich mein, ich hab gesehn, das war alles kurzfristig, das hat nich geklappt, aber das, hat geklappt, wenn das nich, kommt halt das nächste. So ... da bin ich stolz drauf, auch wenn man das normalerweise nich so sagen soll"* (2. Interview, Zeile 744f).

Svenja betont ihre Zufriedenheit und die Zuversicht, mit der sie feststellt, dass viele Dinge heute gelingen, die ihr früher nicht geglückt sind. Ihr Selbstbild früher war das eines schüchternen zerbrechlichen Geschöpfes, das nicht imstande war, sich durchzusetzen und deswegen gescheitert ist. Heute hingegen betrachtet sie die Realität ihrer tatsächlichen Erfolge und erfreut sich daran. Aus diesem Wissen schöpft sie eine Zuversicht, dass sie es auch dann aushalten wird, auch wenn etwas einmal nicht klappt. *„Dann klappt´s halt nich"*. Svenja entwickelt eine Toleranz gegenüber möglichen Frustrationen, indem sie sich auf das Gelingende konzentriert. Selbst wenn es einmal einen Misserfolg gibt, wird das nächste Projekt wieder glücken. Sie baut also ihre Fähigkeit aus, die Dinge von außen zu betrachten, eine Metaebene einzunehmen und gewissermaßen von oben auf das sich entwickelnde Geschehen zu schauen. Das schließt ein Bewusstsein für Zeitabläufe ein, eine Stellungnahme zur Vergangenheit, eine klare Wahrnehmung der Gegenwart und daraus eine gezielte Extrapolation dessen, was Zukunft sein kann. Diese wird nicht mehr düster aus den Missgeschicken der Vergangenheit heraus antizipiert, sie speist sich vielmehr aus Zuversicht und dem Wissen darum, wieviel ihr in ihrem Leben bereits gelungen ist. Diese Zufriedenheit, die ihr jetzt möglich ist, macht sie stolz, auch das ist eine neue Qualität: Svenja reagiert nicht mit Scham oder Schuld, sondern freut sich an ihren Entwicklungsschritten. Die früheren Wertorientierungen tauchen noch einmal am Horizont auf (*„auch wenn man das normalerweise nicht so sagen soll"*), aber sie sind nicht mehr handlungsbestimmend. Der Stolz auf das Erreichen selbstgesetzter Ziele trägt zu einer Vorratshaltung bei, in der Zuversicht, Selbstbewusstsein und ein verändertes Bild von sich selbst als leistungsfähig und wertvoll ihr Möglichkeiten zur Verfügung stellen, auch mit Misserfolgen umzugehen, d.h. also Frustrationen zu ertragen und nicht als einen Einbruch ihres Selbstwertes zu erleben.

Das Leben in einer Zeitlichkeit, die Formen von Zeitbewusstsein sind bei Svenja sehr ausgeprägt. Damit verweist sie die durch Abhängigkeit bestimmte Zeit sehr weit zurück in die Vergangenheit und vermag sich auf die Erfolge aus der jüngeren Vergangenheit zu konzentrieren, die eben diese Vorräte an positiven Verstärkererlebnissen zur Verfügung stellen. Daraus wohl speist sich auch ihre innere Sicherheit, jetzt auch dauerhaft abstinent leben zu können. Svenjas nächtliche Arbeit in der Diskothek bringt ihr viele Drogenabhängige vor Augen.

„Irgendwie, sag ich jetzt einfach mal, abstoßend oder so, aber wenn ich die dann sehe, denk ich , oh, kuck dir das an, so warst du auch mal, oh Mann oh Mann, du warst mal drogenabhängig, was machst du hier, ich kann das irgendwie schlecht beschreiben, vielleicht so´n Ekel." (2. Interview, Zeile 550f)

In der Begegnung mit Drogenabhängigen schaut Svenja wie in einen Spiegel und kann es kaum fassen, ihr früheres Selbst dort zu entdecken. Die damaligen Geschehnisse sind für sie in weite Ferne gerückt, ihre Drogensucht scheint ihr heute sehr fremd; die Abhängigkeit ist mit ihrem gegenwärtigen Selbstbild und mit ihrem Ich-Erleben nicht mehr in Einklang zu bringen, sie ist ich-dyston geworden. Dafür sprechen auch ihre somatischen Reaktionen. Nicht heimliche Sehnsüchte oder melancholische Rückblicke, vielmehr Widerwillen und Ekel bestimmen ihre Reaktionen. Sie spürt keinen Suchtdruck mehr, weder in Krisenzeiten noch in Momenten konkreter Verführung. Die Droge hat ihre Anziehungskraft für Svenja vollständig verloren.

8.6 Wendepunkte (3): „Das Kochen ist total genial"

Neun Monate nach dem Ende der stationären Behandlung befindet sich Daniela zum Zeitpunkt des zweiten Interviews äußerlich in keinem besonders guten Zustand: Sie hat die Schule abgebrochen, die erste eigene Wohnung wieder verloren, sie ist nicht völlig clean und hat einen Suizidversuch hinter sich und es stellt sich die Frage, ob denn überhaupt etwas erreicht worden ist? Trotz der geschilderten Entwicklung sind einige herausragende Veränderungen zu bemerken, und zwar im Bereich von Beziehungsfähigkeit und Realitätsbezug. Daniela spricht über eine Maßnahme, die ihr bei der Berufsfindung helfen soll:

D: *Also ich wollt normal Schlosserei machen ... n ja, aber da hatten sie keine Plätze mehr frei und ehm, jetzt mach ich Hauswirtschaft, aber es geht auch. Es ist auf jeden Fall cool.*
I: *Naja, auf jeden Fall lernste auf diese Weise für 44 Leute kochen.*
D: *Genial, also es ist ist wirklich –, wir machen da ... wir ham da Apfelkompott schon gemacht und was weiß ich ...*
I: *Echt?*
D: *Wir ham da so voll die großen Töpfe und ... wir ham da so ne eh Kelle, die kann man sich wirklich auf den Kopf setzen ... echt wie n Hut oder so, es ist, als wenn man für Riesen kochen würde so, ne Küche für Riesen ... also es ist total genial.,*
I: *Und es macht dir auch Spaß?*

8.6 Wendepunkte (3): „Das Kochen ist total genial"

D: Ja, auf jeden Fall. Also ich hab ja auch so ne höhere Position eigentlich schon so, ich werde, also mich fragen die Leute, wo was hinkommt, obwohl ich das manchmal selber gar nicht so weiß....

I: Hast ja so eine kleine Chefinnenposition?

D: Auf jeden Fall. Doch das geht schon, also ich fühl mich zumindest so. Vielleicht bilde ich mir das auch nur ein, aber

I: Och, wenn du dich so fühlst, wirst du ja schon einen Grund haben, ne?

D: ... also zumindest werde ich da auch gut beachtet so, und da werden Späße mit mir gemacht, also manchmal bin ich da auch voll durchgeknallt, mal reiß ich Witze noch und nöcher ... das ist einfach super so ... und dann lachen auch alle, ja, total genial. (Es folgt jetzt eine lange Schilderung, dass sie alle dort essen können, mehrere Gänge und ein Salatbuffet, dass sie dort auch selber essen kann und versorgt wird).

I: Das gefällt dir.

D: Ja, ich überlege auch, ob ich nich Koch machen will, weil in `ner Großküche, da ist ja auch viel zu tun, und dann, ich merk das ja immer, wenn ich dann hier zuhause bin, so: Ja, ich hab was getan so, mir geht`s so gut, obwohl ich total kaputt bin."
(Daniela, 2. Interview, S. 18)

Daniela spricht mit Begeisterung vom Werkstatt-Teil ihrer gegenwärtigen Schule. Sie lernt Kochen in einer Großküche, sie kennt sich gut aus, sie hat eine anerkannte Position und sie hat viel Spaß, steigert sich sogar in lustvolle Geplänkel mit den anderen. Auf diese Weise bekommt sie viel Anerkennung und genießt es, nach getaner Arbeit erschöpft zu sein. Sie weiß, dass sie etwas geschafft hat, und das tut ihr das gut.

Daniela lernt, ihre eigenen Wahrnehmungen zu überprüfen. Sie bekommt Anerkennung für ihre Leistung und lernt, diese anzunehmen, aber bekommt auch für einfaches sie-selbst-sein („*witzig*") viel positive Rückmeldung. Ihr tut das so gut, dass sie überlegt, eine entsprechende Ausbildung zu machen (Zukunftsplanung). Ihr sprüht die Begeisterung über das Gelingende aus jedem Wort, sie ist – „*total genial*" – von diesem für sie neuen Gefühl fast rauschhaft begeistert.

Nachdem Daniela in die Schlosserei wollte, muss sie sich also mit einer anderen als der bevorzugten Lösung arrangieren, und akzeptiert diese bereitwillig – es deutet sich eine gewachsene Frustrationstoleranz an, wenn sie mit der Enttäuschung eines Wunsches jetzt nicht nur hinnehmend umgehen kann, sondern sich auf die alternative Lösung wirklich einlässt und für sich etwas Gutes daraus macht.

In dem im Zitat deutlich werdenden Vorgang des lernenden Tuns relativieren sich auch ihre verzerrten Realitätsbilder, sie genießt die grandiosen Ausmaße der Töpfe („*wie für Riesen*"), ist sich aber des „Als-ob-Charakters" der Küchengeräte bewusst und erprobt spielerisch diese neue Realitätstüchtigkeit. Sie freut sich über erfolgreiche Produktionsvorgänge und macht die Erfahrung von Kompetenz: Sie kann etwas lernen und zu einem guten Ende bringen, das Ergebnis ist für sie selbst und andere sichtbar und „schmeckbar", es hat eine sinnliche Qualität. Diese Erfahrung ist „*total genial*" – es klingt, als sei es das erste Mal, dass sie eine Erfahrung macht, mit der ihr die eigenen Fähigkeiten bewusst werden in einer Weise, die sie nicht leugnen kann: Was sie kocht, schmeckt auch den anderen.

Diese Kompetenz wird von anderen Menschen gesehen und anerkannt, und die Anerkennung drückt sich in der Zuschreibung eines Ranges aus. Was sie aber vor allem bemerkt, ist die Aufmerksamkeit, die ihr entgegengebracht wird, es wird gescherzt, sie findet ausreichend Beachtung. Das ist eine für Daniela bislang offenbar sehr seltene Erfahrung, auf die sie wie im Rausch reagiert, so als könne sie es selbst kaum glauben. Wenn sie ausgelassen in Kontakt ist, „*Witze reißt und wie durchgeknallt*" reagiert – dann wird der Ausnahmezustand deutlich, in den sie durch solche persönliche Anerkennung gerät.

Man könnte denken, dass Daniela mit dieser Koch-Erfahrung an alte Muster anknüpft – sie versorgte ja schon immer, zuerst ihre Ursprungsfamilie und auch ihren Freund, aber in für sie destruktiver, überfordernder Weise. Dennoch hat sie auch früher daraus einen gewissen sekundären Gewinn gezogen. Jetzt zeigt sich jedoch eine heilsame konstruktive Wendung des alten Musters: Im geschützten Rahmen und mit der Möglichkeit des Experimentierens findet sie den Weg zu einer für sie subjektiv befriedigenden und sozial nützlichen und anerkannten Tätigkeit. Die sprühende Begeisterung ist wohl auch den hier zuträglichen Sekundäreffekten geschuldet: Chefin sein und dabei viel Spaß mit anderen haben. Dabei ist auch bedeutungsvoll, dass sie nicht nur für andere sorgt (kocht), sondern dass sie im Gegenzug auch selbst etwas davon hat, von der Institution mit Essen, Nahrung versorgt wird und von den anderen Jugendlichen mit Anerkennung und Gesellschaft. Sorge für andere und Selbstsorge, aber auch das Versorgt-Werden durch andere sind in der Wechselseitigkeit enthalten – und das hat für Daniela geradezu beglückende, berauschende Qualität.

Das befriedigende Tun steht als absolut neue Erfahrung im Mittelpunkt. Gestalten und verändern in einem materiellen Sinne, mit einem zuvor definierten Ziel, einer Strategie zur Verwirklichung und einem Erfolgserlebnis am Ende ist für sich schon bemerkenswert. Es findet aber noch eine Verstärkung durch die Anerkennung der Gruppe und vermutlich auch der Lehrkräfte. Daniela erfährt den Erfolg zunächst durch die anderen, die sie fragen, die ihre Gerichte gern verzehren. Damit wird das eigene Produkt und seine besondere Qualität für sie erlebbar, im Spiegel der positiven Reaktionen der anderen kann sie es spüren. Erst indem sie durch die anderen gespiegelt wird, kann sie sich selbst in ihren Fähigkeiten erkennen.

8.7 Kinderwunsch und Beziehungssehnsucht

Fast alle Jugendlichen haben Phantasien oder sehr konkrete Vorstellungen davon, wie sie einmal leben möchten, und eine Familie mit Kindern spielt in diesen Szenarien eine zentrale Rolle. Die Frage nach den drei magischen Wünschen ist für viele Jugendliche die Gelegenheit, spontan, assoziativ und somit ungeniert über diese Phantasien zu sprechen. Wenn sie drei Wünsche frei hätte, wünschte sich **Jenny** gegen Ende ihrer Therapie *„einen netten Freund (lange Pause), keine Drogen mehr nehmen und dann halt irgendwann `ne Familie gründen. Jetzt so in den nächsten vier bis fünf Jahren."* (1. Interview, Z. 1472ff) Ihre Zukunft steht ihr einigermaßen unpräzise vor Augen. Sie denkt sehr viel genauer über die mögliche Rückkehr in ihre Clique nach als darüber, wie sie ihr weiteres Leben gestaltet. Die Notwendigkeit von guten Beziehungen steht jedoch erkennbar im Vordergrund. Dass Drogenfreiheit ein wichtiges Wunschziel ist, bringt den Charakter der Droge als Beziehungssurrogat besonders klar zum Ausdruck. Aber irgendwann will sie, wie viele der Jugendlichen unserer Untersuchung auch, eine eigene Familie haben.

In **Amelies** dritten Interview, also zwei Jahre nach Abschluss der stationären Therapie, werden diese Wünsche bereits sehr viel plastischer und differenzierter formuliert: *„.... und mein dritter Wunsch ist, ja klar, dass ich mit Jana, ja wir ham mal gequatscht, dass, wenn wir Kinder ham, dass ich das Kind kriege und dann hab ich gesagt, dass ich die, dass ich aber ohne Heirat kein Kind haben will, aber ich würd mir schon wünschen, dass mit 25 oder so, ... dass wir heiraten dann und wir da irgendwie unser Leben gefunden haben und sich das stabilisiert hat, dann würd ich das echt machen"* (3. Interview, Zeile 980 ff).

Ihre veränderte Lebenssituation, insbesondere ihre Partnerschaft steht sehr klar im Zentrum. Während Amelie im ersten Interview noch in einen jungen Mann verliebt ist, wird im zweiten Interview eine gewisse Nachdenklichkeit bezüglich ihrer sexuellen Orientierung erkennbar; sie befindet sich auf der Suche und in einem experimentellen Prüfungsprozess. Diese Suchbewegung ist nun abgeschlossen, sie lebt mit einer Frau zusammen und fühlt sich sehr glücklich in dieser Partnerschaft, in der es ein hohes Maß an wechselseitiger Anerkennung gibt, aber auch eine Gemeinsamkeit in vielen geteilten Interessen. Beide begreifen sich als Malerinnen, beide arbeiten im selben Unternehmen, beide teilen die Vorliebe für Fernreisen und die Neugier auf fremde Kulturen. Dieser Durchbruch führt für Amelie zu einer großen Befreiung, und sie schildert diese als ein doppeltes Glück: als immense Entlastung, die eigene Geschlechtsrolle gefunden zu haben, und auch eine befriedigende Partnerschaft. So hat sich im dritten Interview bereits einer der Wünsche aus dem ersten erfüllt: die feste Partnerschaft. Der damit einhergehende Wunsch nach einem gemeinsamen Kind wird wahrgenommen und hinsichtlich bestimmter Bedingungen präzise bedacht. Das zeigt eine erstaunliche Reife, die sie in ihrer Beziehung erlangt hat und auch die Ernsthaftigkeit, mit der ein Leben als Familie Teil ihres Lebenskonzeptes geworden ist.

Im 3. Interview sagt **Maria**, die inzwischen in der Ausbildung zur Erzieherin ist, bei der Frage nach ihren Wunschphantasien: *„Ich will erstmal keinen Freund mehr haben, und 'n Kind, ja, vielleicht mit 30. Mädchen würd ich aber zurückgeben, Jungen sind im allgemeinen niedlicher als Mädchen, vor allem ganz klein, ich weiß auch nicht warum.* (3. Interview, Zeile 930f, vgl. auch Kapitel 3)

Auch für die jungen Männer unserer Untersuchungsgruppe gehört eine stabile Liebesbeziehung, Familiengründung und das Leben mit Kindern als fester Bestandteil zur Zukunftsplanung, es sei hier an die entsprechenden exemplarischen Aussagen von Omar und Ole erinnert, die an anderer Stelle bereits interpretiert wurden.

In diesen Entwicklungsprozessen der Jugendlichen nach der Therapie auf Teen Spirit Island zeigen sich Veränderungen in der eigenen Lebensposition und ein somit nachhaltig verändertes Selbstbild: Sie sind erwachsen geworden. Die Bedeutung anderer Menschen hat sich gewandelt, sie werden auch als der Unterstützungs- und Hilfsbedürftige wahrgenommen. Das Wissen um eigene Fähigkeiten und Stärken hat sich verlässlich etabliert, viele Jugendlichen können sich nun vorstellen, anderen die benötigte Unterstützung zu geben. Die früheren Opfer beginnen, ein Bewusstsein für ihre eigenen Möglichkeiten zu entwickeln, auch so wird die Nachreifung sichtbar. Heute können sie helfende, unterstützende Funktion für andere haben und sie übernehmen diese Verantwortung auch, zumindest in ihrem Selbstentwurf. Sie haben selbst die Position des schwachen, ohnmächtigen Opfers verlassen, können aber deswegen besonders hilfreich sein, weil sie sich aufgrund der eigenen Erfahrungen empathisch in Opfer hinein fühlen können; ihnen ist die eigene Vergangenheit bewusst geworden und verfügbar, sie wird nicht mehr nur in blinder Wiederholung inszeniert.

Damit wird die gewachsene Mentalisierungsfähigkeit durch die Phantasien vom eigenen Kind, von der eigenen Elterlichkeit und auch durch gelebte Beziehungen praktiziert und beweist sich dadurch.

So wird der Familien- und Kinderwunsch als wirklicher Reifungsschritt begreifbar. Er geht häufig bereits über bloße Imagination und Behauptung hinaus und zeigt sich nicht zuletzt in der Berufswahl.

8.8 Individuelle Genesungsschritte

Einen besonders nachhaltigen Ausdruck finden diese Entwicklungsprozesse auch in den Gemälden, die Amelie auf die Leinwand bringt. Dass sie sich nun auf dem Weg ihrer Identitätsfindung als Malerin, als Künstlerin begreift und eine explosive Kreativität und Schaffenskraft entfaltet, stellt für sie eine sehr große Entlastung dar. Sie hat Wege gefunden, ihre inneren Spannungen, Belastungen und Bedrohungen künstlerisch zu gestalten. Eines dieser großformatigen Bilder hat diesen Entwicklungsprozess auf besonders bewegende Weise zum Gegenstand. Es stand auf der Leinwand, als das dritte Interview in Amelies Wohnung stattfand, und die Interviewerin, die sehr beeindruckt war, erhielt die Erlaubnis, ein Foto von diesem Bild zu machen.[77]

Das Bild ist von einer zentralen Figur dominiert, die etwa zwei Drittel der Leinwand ausfüllt und in einem intensiven Gelb-Orange leuchtet. Diese Figur hat die Wirkung eines Vexierbildes, sie kann auf zweierlei Weise gesehen werden: Eine Perspektive zeigt die Seitenansicht zweier Frauen mit nacktem Oberkörper, beide im Profil, die sich umarmen und deren Körper in Hüfthöhe von einer Gliederkette umschlungen sind, die an zwei Ringen zersprungen ist. Die Oberkörper werden von einer Axt oder einem Beil in blau-weiß auseinandergehalten

Die zweite Perspektive macht einen weiblichen Torso sichtbar, kopflos, bekleidet mit einer Abendrobe, eine Stoffbahn oder ein Schal liegt um das Dekolletee, das von der Streit-Axt halb verdeckt ist.

Diese zentrale Figur wird an den Bildrändern begrenzt, gerahmt durch blaugrüne Farbflächen und nur teilweise identifizierbare Elemente, die die Außenränder der gelben Figur aggressiv bedrohen, sie zum Teil berühren. Eine schwarze Hand, deren Finger wie zum Schwur bereit scheinen (oder auch bereit zu grenzverletzenden sexuellen Berührungen?), Handschellen, ein luftiger Schal mit einer Art mechanischem Greifer am Ende, Augen vor türkisblauem Hintergrund, aus denen hellrote Tränen quellen, ein mit spitzen Zähnen bewehrtes Fischmaul, die Kiefer gierig auseinandergeklappt, ein aggressiv gerade ausgestreckter

---

[77] Allerdings hat sie nicht ihr Einverständnis gegeben, es zu veröffentlichen, sodass hier eine genaue Beschreibung genügen muss.

Schwanenhals und -kopf, entfernt an einen Phallus erinnernd. Diese Themen, wenngleich aggressives Material aufgreifend, sind aber tatsächlich eher marginal für die Gesamtwirkung des Bildes. Diese entsteht durch die zentrale leuchtende Figur in Verbindung mit der Streitaxt und ihrer auffälligen blau-weißen Klinge. Diese Axt bleibt sich in beiden Perspektiven gleich, sie ist ein ebenso mörderisches wie attraktives Werkzeug, ein Symbol für Wehrhaftigkeit, Gewalt und Aggression, das einmal die beiden Frauen voneinander trennt, weil es zwischen ihnen hängt und die vollständige Vereinigung der Oberkörper verhindert, einmal den Torso zu spalten droht.

Das Bild symbolisiert eine mörderische Gewalt, die sich als existenzielle Gefahr in die Darstellung hineinfrisst. Die beiden Frauen und der Torso drücken vermutlich das Ich-Erleben der Malerin aus. Amelie ist in beiden Vexierbildern gleichermaßen sie selbst: Sie ist gleichzeitig die eine Frau, wie sie eben auch zwei Frauen auf einmal ist (sie selbst und ihre Mutter). Vor dem Hintergrund der Folgen von Traumatransmission zeigt sich eine gewachsene Fähigkeit, zwischen Ich und Du, dem Selbst und dem Anderen zu unterscheiden, wenigstens im Bereich der Oberkörper – das kann bedeuten: Im „oberen Bereich" der Seelenräume, die dem Bewusstsein schon weitgehend zugänglich sind. Der Torso als zweite Perspektive, die das Vexierbild enthält, zeigt jedoch, wie störanfällig und verletzlich diese Errungenschaft noch ist: durch kleinste Irritationen kann die heilsame Trennung wieder in pathologische Verschmelzung übergehen, die Schwankung zwischen Jetzt und Damals, zwischen Mutter- und Tochterthemen können jederzeit wieder auftreten und zu einem schnellen Wechsel von einem Erlebniszustand in den nächsten führen. Es kann sein, dass die Kontrolle über das interne Geschehen, die Steuerungs- und Abgrenzungsfähigkeit noch nicht verlässlich etabliert ist, wenngleich das Grundgefühl durch das strahlende Gelb hoffnungsvollen Optimismus signalisiert. Die vormals inneren Bedrohungen sind nun eindeutig nach außen verlagert, externalisiert, können dort ihren weitaus weniger bedrohlichen Platz einnehmen und sind leichter zu kontrollieren. Das passt zu ihrer Aussage, dass sie sich durch das Wissen um die wirklichen Vorkommnisse – ihre Mutter wurde vermutlich selbst durch die Großeltern misshandelt – entlastet fühlt und alles besser verstehen, einordnen kann.

Gleichzeitig verfügt dieses Bild auch über eine wichtige Gegenwartsbedeutung: Es verweist auf die glückliche gleichgeschlechtliche Beziehung. Zwei Frauen wenden sich liebevoll einander zu, diese Zuneigung hat in ihrem Leben dazu geführt, dass die Fesseln und Ketten der heterosexuellen Norm abfallen und sie sich der homosexuellen Liebesbeziehung hingeben können. Damit werden früher auftretende phallische Bedrohungen in ihrer Bedeutung marginalisiert, wenngleich ihre Existenz nicht verleugnet wird. In einer der gleichgeschlechtlichen Verbindung noch immer fremd gegenüberstehenden, d.h. auch feindlichen Umwelt (aggressive Elemente) wird die Zweisamkeit der beiden Frauen auch zu einem sicheren Ort in ihrer Lebensgeschichte, ihre Umarmung ist innig, aber nicht so dicht, als dass sie sich nicht anschauen könnten. Sie wenden sich ab von der feindlichen Welt und begegnen einander voller Zuwendung. Sie sind nach außen sicher abgegrenzt und damit in der zärtlichen Umarmung gegen die möglichen Attacken geschützt.

9 Gewebeartige Persönlichkeitsbildung: Intersubjektivität in der Forschungsbeziehung

Die Betonung der intersubjektiv vermittelten vielfältigen Einflüsse in der Lebens- und in der Therapiegeschichte der Jugendlichen führt zu hochkomplexen Bedingungszusammenhängen. Verstehende Zugänge haben nicht den Anspruch, einfache Kausalitäten zu beschreiben oder hervorzubringen. Diese Schwierigkeit ist der qualitativen Sozialforschung lange bekannt und stellt sie vor immer neue Herausforderungen. Im Fall der drogenabhängigen Jugendlichen und ihrer Lebensgeschichte zeigt sich, dass eine Vielzahl von Faktoren zusammenwirken und ein sich wechselseitig bedingendes Gefüge ergeben, das mehr einem Gewebe gleicht als einem Schichtenmodell, in dem sich eine Erfahrungsebene nach der anderen aufaddiert.[78]

Wesentlich komplexere Dynamiken sind im vorliegenden Forschungskontext zu berücksichtigen. Das Bild des Geflechtes oder des Gewebes legt eine Struktur nahe, die aus horizontalen und vertikalen „Fäden" entsteht, die auf komplexe Weise miteinander verschränkt sind. Wie auf einem Webstuhl sind wohl die einzelnen Bestandteile noch zu erahnen, gerade an den Rändern des Webstückes lässt sich der Einzelfaden identifizieren, hängt manchmal in Fransen herab, aber als Ganzes, als Gewebe sind die Verbindungen zwischen den Fäden und ihre Systematik nicht mehr zu differenzieren.

Wenn man sich einen Webstuhl und den ursprünglichen Arbeitsprozess des Webens vor Augen hält, geschieht Folgendes: Die vertikal gespannten Fäden, im Fachjargon die Kette genannt, sind festliegende Strukturen, nennen wir sie A- und B-Fäden, die im mechanisch bewirkten Wechsel mal die A- und mal die B-Fäden nach oben bringen. Einmal gespannt, sind sie fest verankert und können

---

[78] Hier ist an den Begriff der „gefügeartigen Kooperation" zu erinnern, den Popitz und Barth (1957) in ihrer eindrucksvollen industriesoziologischen Studie benutzt haben, um auf wechselseitiger Rücksichtnahme, aber auch auf Solidarität und Unterstützung beruhende industrielle Arbeitsformen zu charakterisieren.

nur ihre Lage (oben/unten) wechseln. Der horizontale Faden, der „Schuss" der mit dem „Schiffchen" bewegt wird, geht einmal durch den Hohlraum, der entsteht, wenn die Weberin mechanisch die A-Fäden nach oben bringt und die B-Fäden sich unten befinden. Der nächste Durchgang ist andersherum: Der mechanische Impuls bringt die B-Fäden nach oben – die A-Fäden sind unten. Durch diese Bewegung des Schuss-Fadens entsteht das charakteristische Gewebe oder Geflecht, das so aussieht, als sei der Faden mit einer Nadel immer von oben nach unten und wieder nach oben geschlängelt worden. Somit sind die Kettenfäden gewissermaßen eine haltende Struktur, die dem beweglichen „Schussfaden" die notwendige Stabilität bieten.

Wir können in dieser Analogie die Kettenfäden des Gewebes als diejenigen biografischen Faktoren verstehen, die feststehend oder nur bedingt beweglich sind: der genetische Faktor, das Geschlecht, bestimmte konstitutionelle Eigenschaften, aber auch die innere Struktur, wie sie durch die frühesten Erfahrungen gebildet wurde oder wie sie durch anhaltende Traumata oder chronische Erkrankungen gesetzt ist.

Der bewegliche (und auswechselbare) „Schussfaden" ist demgegenüber wesentlich variabler, er steht dafür, was der Mensch aus diesen feststehenden Faktoren machen kann, welche Bewältigungsstrategien er entwickelt, wie er selbst Einfluss nimmt und sich an die gegebenen Bedingungen anpasst, sie assimiliert, Entscheidungen trifft. Hier finden sich also die veränderbaren Faktoren, die auf Subjektebene immer für die Versuche stehen, im dramatischen Fall Überlebensmöglichkeiten auszuloten und im normalen Fall die Lebensqualität zu verbessern.

Es kann nun überlegt werden, welchen Stellenwert bestimmte Einschränkungen in der Lebensgeschichte haben können, z.B. wenn anhaltende Deprivation in der frühen Kindheit derart beschädigende Auswirkungen hat, dass sie die ganze weitere Entwicklung bestimmen. Das ist, als wenn ein oder sogar mehrere Kettenfäden zerrissen sind. An dieser Stelle geht die Entwicklung nicht weiter, das Schiffchen findet keinen Halt mehr, das Gewebe verändert seine gesamte Form, vor allem: nicht allein an der Stelle, wo der Riss ist, sondern ebenso an den Rändern – das gesamte Format ändert sich. Ist Reparatur denkbar? Lassen sich die zerrissenen Enden verknoten? Vermutlich gibt es diese Möglichkeit, aber sie wird im Gewebe, wenn es denn fertig gestellt ist, eine Spur hinterlassen, es geht nicht glatt und unbeschadet weiter, die geflickte Stelle bleibt sichtbar.

Die therapeutische Erfahrung kann, in diesem Bild gesprochen, wesentliche Teile der Kettenfäden erneuern: An Stelle der zerrissenen, ungut geknoteten und behelfsmäßig gespannten alten Fäden, soweit sie auf Beziehungserfahrungen zurückgehen, werden neue Halte-Fäden eingezogen; die Funktion der ganzen

Therapie-Einrichtung trägt dazu bei, die Strukturen des Gewebes zu erneuern oder zu stabilisieren. Das ist an einem echten Webstuhl möglich – hier ist es mehr bildlich zu verstehen: Therapieerfahrung als Ansatz, die problematischen, defekten und mürben Stellen zu renovieren, im Respekt vor dem Bestehenden, das auch eine wichtige Funktion hatte, soll Brauchbares natürlich erhalten und ausgebaut werden, nur die weniger haltbaren Fäden gilt es zu erneuern.

Das Gewebe, das sich aus den vertikalen und horizontalen Fadenkreuzungen bildet, aus Kette und Schuss, kann metaphorisch auch auf den intersubjektiven Zugang zu qualitativem empirischen Material angewendet werden: Die Wechselseitigkeit, die grundsätzliche Bezogenheit von Menschen aufeinander, führt dazu, dass es keine einfachen stimulus-response-Interaktionen zu untersuchen gilt; vielmehr muss jeder Impuls auch gleichzeitig als Antwort, als Reaktion auf einen vorangegangenen begriffen werden – er ist gleichzeitig ebenso sehr ein Stimulus (der auf Antwort wartet) wie auch response, also Antwort auf etwas Vorangegangenes. Diese kommunikativen Verflechtungen, die sich biografisch als Persönlichkeitsstruktur zeigen, schreiben sich durch kommunikative Prozesse, besonders natürlich durch Interaktionen mit emotional wichtigen Menschen, permanent fort. Aber auch in der Interaktion zwischen Interviewerin und Interviewee finden solche Fortschreibungen statt, wenn die Forschungssituation als interaktives Beziehungsgeschehen angesehen wird. Auch in der Forschungssituation wird ein Beitrag der „Gewebeproduktion" zu erkennen sein. An diesem Produktionsprozess sind „Proband/in" ebenso wie „Forschende" gleichermaßen beteiligt, auch wenn die Aufmerksamkeit, bedingt durch die Forschungsfragestellung, mehr dem Anteil des/r Jugendlichen gilt: Der kommunikative Anteil der Forschenden an der jeweiligen Interaktion bedarf einer expliziten Berücksichtigung und Beachtung, vorläufig wird im Forschungsprozess dieser Aspekt als Analyse der Gegen-Übertragungsreaktionen gefasst.[79]

Dass Forscher auf ihre Gegenstände mit zum Teil außerordentlich starken Emotionen reagieren und somit eine Übertragung auf ihr Material vornehmen, ist seit Georges Devereux' 1967, dt. 1973) Untersuchungen bekannt, er widmet dem Thema der Gegenübertragung in der Verhaltenswissenschaft eines seiner zentralen Kapitel: Seine Gedanken, dass im Forscher Ängste auftreten, die in engem

---

[79] Als Gegenübertragung wird in der Tradition der Psychoanalyse die emotionale Reaktion des Analytikers bezeichnet, die sich auf den Analysanden bezieht (Freud 1912d). Wurde sie von Freud ausgehend noch lange Zeit als störende Erscheinung im Behandlungsprozess begriffen, die es weitgehend zu eliminieren gilt, wird sie heute stärker als notwendige Beteiligung des Analytikers gefasst, die qua Introspektion von individuellen neurotischen Anteilen des Behandlers differenziert werden muss und als zusätzliche Informationsquelle insbesondere angesichts von Enactments und präverbalen Reinszenierungen, konzeptualisiert wird.

Zusammenhang mit seinem Material stehen und die er mit verschiedenen Abwehrstrategien zu bändigen versucht, sind seither zum Allgemeingut in der qualitativen Sozialforschung geworden. Weniger deutlich sind allerdings die Bemühungen, diesen unstrittigen Sachverhalt angemessen im Forschungsprozess zu berücksichtigen und durchgehend transparent zu halten. Fast hat es den Anschein, als seien über die Versicherungen hinaus, wie selbstverständlich und bedeutsam die Gegen-Übertragungsprozesse für den Forschungsprozess seien, keine systematischen Darstellungen des subjektiven Anteils der Forschenden erfolgt – mit einer Ausnahme: Selten fand sich die Reflexion auf die Subjektivität der Forschenden so radikal dargestellt wie bei Bereswill (2003). Sie spricht von dem unstrittigen Einfluss der Forscher auf den Interaktionsprozess (S. 527), wobei sie den klinischen Begriff der Gegenübertragung vermeidet, den Einfluss von Forschenden jedoch als unverzichtbares Erkenntnisinstrument und -mittel im qualitativen Forschungsprozess betont. Interessant ist ihre Differenzierung zwischen einer interaktionstheoretischen und einer psychoanalytischen Perspektive. Während die interaktionstheoretische Perspektive unter Bezug auf Schütze den Konstruktionsvorgang Zug um Zug verdeutlicht und somit auch de- oder rekonstruiert werden kann, wird die psychoanalytische Perspektive von ihr als rein intrapsychische, intrasubjektive angelegt. Bezogen auf die Forscherin wird deren Subjektivität als biografische Idiosynkrasie aufgefasst, die wenig Erkenntnisgewinn in Bezug auf den Untersuchungsgegenstand verspricht. Diese Argumentation geht zu einem Konzept der Psychoanalyse als reine Ein-Personen-Psychologie zurück und wird damit der modernen Psychoanalyse nicht ganz gerecht. Inzwischen ist in allen Diskursen der Psychoanalyse die Intersubjektivität vom Postulat zum Konzept geworden, was einige Modifikationen hinsichtlich Bereswills allzu scharfer Entgegensetzung zwischen interaktionstheoretischer und psychoanalytischer Perspektive im Umgang mit qualitativem Material nötig macht. Es bleibt jedoch ihr Verdienst, die konsequente Untersuchung des Einflusses, den die Forschenden auf den Prozess und die Materialgenerierung nehmen, systematisch zu konzeptualisieren und dabei Einblicke in die eigene Forschungspraxis zu gewähren, wie sie sich in der Dokumentation qualitativer Forschungsprozesse selten finden. Sie analysiert aus beiden genannten Blickwinkeln heraus den Moment einer Kollusion zwischen Forscherin und Interviewee und verdeutlicht auf diese Weise die Tragweite und auch die Differenz zwischen beiden Ansätzen. Dabei erlaubt sie dem Leser, einen Blick in ihre hermeneutische Werkstatt und deren Ausstattung zu nehmen(vgl. auch Leithäuser und Volmerg 1988).

Wie kann also für den vorliegenden Zusammenhang der Einfluss der Forschenden auf die gewebeartige Textproduktion im Interview bestimmt werden?

Aus der therapeutischen Arbeit mit Suchtkranken sind die überaus starken Gegenübertragungsreaktionen der Therapeut/innen bekannt und auch gefürchtet. Als schwierig gelten besonders die maßlosen Ansprüche der Patienten, auf die oftmals mit moralischem Urteil reagiert wird, dies gilt auch für die häufige Verletzung sozialer Werte durch Suchtkranke. Ein weiteres Gegenübertragungsproblem ist die empfundene therapeutische Hilflosigkeit angesichts der wiederholten Unveränderlichkeit selbst-destruktiven Verhaltens. Die angebotenen Hilfen werden zurückgewiesen oder erweisen sich als untauglich. An die eigenen professionellen Grenzen geführt, werden die durch ausbleibenden Erfolg gedemütigten Helfer Teil der pathologischen Inszenierung und reagieren darauf mit wütender Hilflosigkeit. Leon Wurmser kennzeichnet als Problem der Gegenübertragung zudem

> „die Einfühlung in die unbewusste Dynamik des Patienten, wenn unser eigenes Gefühl uns Seiten zu spüren gibt, die der Patient in uns erregt, ohne sich dessen bewusst zu sein, die aber ein neues Verständnis der verdeckten Gefühle und der Konflikte im anderen zu eröffnen vermögen. (...) Aber zugleich möchte ich warnen: Nicht alles, was wir zu spüren meinen, ist dann auch wirklich da." (2008, S. 146)

Diese Warnung, auf therapeutische Nutzung der Gegenübertragungsgefühle bezogen, gilt erst recht für deren Bedeutung und Aussagekraft im Kontext der Forschungsbeziehung.

Auch die Reaktionen der Forschenden auf die Jugendlichen sind durchgängig außerordentlich stark. Das zeigt sich nicht allein bei denjenigen, die Interviews geführt haben und daher eine „echte" Beziehung zu den Interviewees eingehen konnten; dasselbe Phänomen tritt auch im wesentlich distanzierteren Umgang mit den Interviewtexten auf. So verweigerte sich beispielsweise eine Mitarbeiterin, die vorrangig mit der Transkription von Texten und dem Schreiben von Fallbeschreibungen beschäftigt war, nach einer gewissen Zeit die Mitarbeit und beanspruchte eine zeitweilige Unterbrechung. Ihr waren die Schicksale der Jugendlichen so sehr zu Herzen gegangen, dass sie sich arbeitsunfähig fühlte.

Ebenso traten bei den jungen Wissenschaftlerinnen, die sich intensiv in Interpretationsgemeinschaften mit den Auswertungen beschäftigten, heftige emotionale Reaktionen auf, die sich oft nicht sogleich verstehen ließen. In den Interpretationsgruppen und in der Forschungssupervision galt das Prinzip, jede starke Affektlage oder Kontroverse auch auf das Material zu beziehen, sie als möglichen Ausdruck nicht-sprachlicher Bedeutungen zu verstehen. Dieser Interpretationsschritt bezieht sich auf das Konzept der Gegen-Übertragungs-Matrix (Hirsch 2004): Dabei handelt es sich um die Charakterisierung eines intersubjektiven

Geschehens, an dem beide – bei Berücksichtigung der alters- und situationsspezifischen Asymmetrie natürlich – beteiligt sind. Es ist daher nicht allein der Patient oder Interviewee, der auf sein Gegenüber eine Übertragung entwickelt, auch der Analytiker und ebenso die Forscherin/Interpretin nimmt auf der Basis der eigenen Strukturen emotional Stellung, hat Wünsche und Sehnsüchte, begehrt und lehnt ab, ist wütend und frustriert. Diese affektive Gegenseitigkeit, die emotionale Reaktion von beiden aufeinander schafft die Gestalt einer konturierten Gefühlskonstellation. Die an diesem Prozess Beteiligten unterscheiden sich bestenfalls durch den Grad der Bewusstheit.[80] In interaktiven Vorgängen sind also alle Beteiligten gleichermaßen in die Erschaffung des Beziehungsgewebes einbezogen. Diese Beteiligung zeigte zum Teil charakteristische Muster und Wiederholungen, die sich als typische Konstellationen zwischen Interviewees und Interviewern beschreiben lassen.

9.1 Störungen in der wissenschaftlichen Arbeit – Reaktive Enactments?

Gelegentlich treten in den Forschungsbeziehungen Blockierungen und Verstrickungen auf, die von den Beteiligten in den Forschungsgruppen oftmals als inhaltliche Kontroverse gefasst werden und die zuweilen in erbittertem Streit enden, ohne dass während der Interpretationsprozesse selbst die Qualität der Beziehung zwischen Interviewee und Forschern als ursächlich für die Probleme angesehen wird. Besonders augenfällig war das in einer Interpretationsgruppe, die ein Thema der Probandin auf dem Wege der Spaltung inszenierte und fortführte.

In der Arbeitsgruppe, die sich mit Antonia beschäftigt, kommt es immer wieder zu beträchtlichen Störungen der Arbeitsfähigkeit, für die insbesondere ein Mitglied, Georg, verantwortlich gemacht wird, weil er die Deutungshoheit über

---

[80] Die grundlegende Beziehungsorientierung der therapeutischen Arbeit, des Erkrankungsverständnisses und auch der theoretischen Verstehensansätze machen es nötig, auch den Forschungsprozess von Beginn an als Beziehungsgeschehen zu begreifen. Natürlich kann es keinen objektiven Blick auf Material geben, keine sachlich-ungetrübte Haltung eines Interviewers zu seinem Gegenüber, keine unvoreingenommene Befassung mit dem Material. Wir müssen daher möglichst genau darüber Rechenschaft abgeben, welcher Art die persönliche Stellungnahme war, wie die eigenen Beziehungsanteile beschaffen waren und wie sich das ausgewirkt hat etc. Es geht forschungsmethodisch also darum, ein Konzept dafür zu entwickeln, welchen Stellenwert die Selbstreflexionsfähigkeit der Forschenden in der Forschung hat, konkret und darüber hinaus: die Selbstreflexion und Introspektionsfähigkeit der Forschenden zu stärken, um sie als Instrument einbeziehen und nutzen zu können.

9.1 Störungen in der wissenschaftlichen Arbeit – Reaktive Enactments? 305

das „richtige" Verstehen beansprucht. Das beginnt bereits bei der Abschrift der Interviews, buchstäblich akustisch – das Transkript wird nicht fertig, da verschiedene Hör-Fassungen und Verschriftlichungen vorliegen und Einigungsprozesse nicht möglich sind.[81] Georg hat seine eigene Wahrnehmung und davon lässt er sich nicht abbringen. Wer versteht Antonia richtig? Wer ist näher an ihr dran? Das scheinen die Themen zu sein, die den Machtkampf der beiden Interviewer charakterisieren und zu einer Blockade führen, die soweit reicht, dass Georg aus der Gruppe ausgeschlossen werden soll. Es kommt von seiner Seite zu weitreichenden Beschuldigungen, mit denen er für Antonia Partei ergreift und sie gegen die verständnislosen Erwachsenen (auch aus der Arbeitsgruppe) verteidigt. So behauptet er, dass alle Erwachsenen und vor allem Therapeuten (Antonias Eltern gehören beide dieser Berufsgruppe an) Alkohol konsumieren, wenn nicht sogar abhängig sind, wodurch sich rechtfertigt, die gesamte Therapeutenzunft zu verachten.

Er will Antonia vor den Eltern schützen, indem er seine Aggression gegen sie richtet. In der Forschungssupervision zeigt sich, dass Georg hier unbewusst auf der Basis eigener schmerzhafter Lebenserfahrungen in eine übermäßige Identifikation mit der Interviewee gegangen ist. Dieser Vorgang war ihm nicht zugänglich; er beharrte statt dessen auf der Treffsicherheit und Richtigkeit seiner Auffassung von Antonia und dem von ihr gestalteten, gewebten Text. Seine intellektuellen Ressourcen wurden überwiegend im Dienst der Abwehr eigener Betroffenheit wirksam. Damit legte sich die Weltsicht und Biografie eines Gruppenmitglieds über den gesamten Arbeitsvorgang, breitete sich wie ein Tuch über die Wahrnehmung des Falles und blockierte seine Bearbeitung.

Welche Funktion hat Georgs Kindheitserfahrung für die Interpretation des Falles? Sie bahnt in jedem Fall den Weg zum Verständnis seiner eigensinnigen Haltung und verdeutlicht einen sehr starken Eigenanteil, der sich mehr als anheftet an die Mitteilungen von Antonia: Er macht sich ihre Position vollständig zu eigen. Findet die Identifikation mit dem Fall auf der Ebene des Opfers statt (Georg = Antonia), basiert darauf dessen aggressive Haltung gegen die Eltern. Darauf reagiert der zweite Mitarbeiter, Dietrich, indem er eine Position einnimmt, die ihn als den besseren Vater in Antonias Leben erscheinen lässt. Er befürwortet ihren Weg in die Spiritualität und unterstützt ihre sportlichen Aktivitäten als

---

[81] Zunächst fand die Leitung eine vermeintlich salomonische Lösung: Zwei neue Mitarbeiterinnen hören das Interview und erstellen die Endfassung, die dann gilt. Eine formale Regelung kann aber das Problem nicht lösen, denn der unbewusste Konflikt läuft als dauernde Inszenierung weiter durch alle nächsten Arbeitsschritte und wirkt wie eine Fortsetzung der frühen Traumatisierung, die Antonia erlebt hat und die sich durch alle weiteren Stufen der Persönlichkeitsentwicklung zieht.

einen Ausdruck von Gesundungswillen oder Heilung, die trotz aller Verletzungen möglich wird. Dagegen opponiert Georg voller Verachtung, es kommt zu dauerhaften Verstrickungen zwischen den beiden, ohne dass die jeweilige Identifizierung deutlich wird.

Schließlich verweigert Georg die Kooperation. Er hätte sich mit seiner Einzelposition abfinden, ein „Minderheitenvotum" formulieren, sein Veto als Memo festhalten können, tut aber nichts dergleichen. Auch wenn er sich formal unterordnet, bleibt die Dynamik in der Gruppe erhalten: Georg hat eine abweichende, eigenwillige Lesart, die er durchsetzen will. Es geht dann um Unterordnung und Unterwerfung (ohne Einsicht und Verständnis): Der gesamte Vorgang zeigt ein hohes Maß an Aggression, die Gruppe sitzt ständig auf dem Pulverfass. Georg provoziert, indem er Positionen einnimmt, von denen er weiß, dass sie andere schockieren. Er verhält sich damit ähnlich wie Antonia: Die rennt mit dem Kopf gegen die Wand und schlägt sich blutig, um die anderen zu schockieren, um etwas damit zu demonstrieren und zu zeigen, wie sie sich fühlt, was sie erfahren hat.

Ein Blick in die Fallrekonstruktion von Antonia zeigt folgende Struktur:

Sie bestimmt die Grenzen und hat die Kontrolle, wehrt sich gegen Zudringlichkeit der Interviewer. Antonia betrachtet sich als etwas Besonderes und geht zunächst ausschließlich dyadische Beziehungen ein (indem sie bspw. einen Sonderstatus als einzige Patientin des Oberarztes erlangt), bevor eine therapeutische Triangulierung von ihr angestrebt wird.

In der Interpretation werden auch Hinweise auf eine Dissoziative Identitätsstörung diskutiert, vor allem fokussiert auf ihre Aussage *„alle Kapseln sollen sich schließen"*. Ihre psychotische Erkrankung ist gewiss in Verbindung mit den brutalen Selbstverletzungen und Gewalteskalationen zu sehen und auch noch nach Abschluss der stationären Behandlung reagiert sie allergisch auf unklare, diffuse Situationen und double-binds! Dennoch geben ihr Körperbezug (in Gestalt ihres Fitnesstrainings, das sie auch zu einer beruflichen Ausbildung ausbauen will) und ihre Religion eine neue Sicherheit jenseits der Bindungs- und Beziehungsebene – sie befindet sich auf dem Weg in eine tatsächliche Unabhängigkeit.

Die Dynamik in der Interpretationsgruppe kann somit als Inszenierung der Spaltung, der dissoziativen Anteile Antonias verstanden werden, die vehement auf Distanz besteht (z.B. wenn sie sagt: *„Ich brauche Abstand ohne Ende")*! Sie lässt die beiden Interviewer nur soweit an sich heran, wie sie das bestimmt, sie definiert in klare Grenzen. Warum kann diese Abgrenzung nicht als gelungener Entwicklungsschritt verstanden werden, als Ausdruck wachsender Selbstbestimmung?

9.1 Störungen in der wissenschaftlichen Arbeit – Reaktive Enactments?

Dagegen spricht die extrem starke emotionale Reaktion in der Arbeitsgruppe, in der Aggressionen eskalieren und jede konstruktive Arbeit unmöglich machen. Ein Mitarbeiter greift zu einer weitreichenden Projektion – überbordende Phantasietätigkeit und an wahnhafte Verdrehung grenzende Bornierungen blockieren die Arbeitsfähigkeit der Gruppe. Somit hat Antonia ihre Macht behauptet, sich letztlich widersetzt und entzogen. Dietrich hat wiederholte Male versucht, mit Antonia Kontakt aufzunehmen und ist mehr als einmal nach Hamburg gereist, um sie verabredungsgemäß zu treffen; nachdem das nicht gelungen ist, hatte er die Hoffnung, sie vielleicht in der Szene aufzuspüren. Nach dem zweiten Interview blieb sie jedoch verschwunden.[82]

Befragt man diesen nahezu gescheiterten Kooperationsprozess in der Interpretationsgruppe darauf hin, was dieser Vorgang mit dem untersuchten Fall zu tun hat, dann entsteht schnell der Eindruck, dass die Gruppe etwas von Antonias Lebensgefühl wiederholt. Die Interpretationsgruppe inszeniert im Hinblick auf die Interviewee ein Motiv, das für Antonias bisherige Lebensgeschichte sehr charakteristisch ist: Die Frauen sind zu schwach, um sie zu schützen und bleiben eher zurückhaltend (wie Antonias Mutter, die sich zurückzieht und den kleinen Hund für wichtiger nimmt als die Tochter); zwei Männer (Vater und Stiefvater) ringen um eine einflussreiche Position in der Beziehung zu Antonia, verkennen sie aber letztlich beide: betont der eine (Georg) nur die Opferseite, verbunden mit heftigen Vergeltungsimpulsen, so sieht der andere (Dietrich) nur ihre Stärken, um elterlichen Stolz auf ihren spirituellen Weg zu betonen. Auch ihre Väter haben sich letztlich beide als für die Tochter ungenügend erwiesen: Der Stiefvater stirbt, wenngleich sie sich noch mit ihm versöhnt; ihr leiblicher Vater wird ihr nicht gerecht (und hat selbst einen Alkoholrückfall). Was fehlt, sind die integrativen Kräfte, zwischen diesen Teil-Aspekten und Teil-Selbsten zu vermitteln. Die in Antonia Fall steckende dissoziative Kraft hat am Ende die Oberhand behalten.

Indem die Arbeitsgruppe nicht zu einer Einigung fand, weil keine metakommunikative Verständigung über die Verstrickungen und Kollusionen möglich war, konnte sich die Interviewee nicht in ihrem Gegenüber wiedererkennen – beides wiederholt ihr frühes Drama. Die Interviewer konnten sie auch nicht spiegeln; dennoch haben sie in ihrem hilflos-aggressiven Agieren etwas Wesentliches von Antonia verstanden und ausgedrückt: Ihre reflexive Kompetenz ist noch wenig ausgebildet, der Mangel an Triangulierung und die aggressive Entladung angestauter Wut über diesen Mangel sind bislang in ihren Therapien noch weit-

---

[82] Die Interpretationsgruppe hat nur ein vorläufiges Ergebnis vorgelegt, Diplom- oder Magisterarbeiten wurden keine geschrieben – vielleicht ist auch das ein Zeichen für die Fähigkeit der Interviewee, sich durchzusetzen.

gehend unbearbeitet geblieben. Die archaische Abwehr hat sich in der Interpretationsgruppe wiederholt, die den „re-inszenierenden" Kommunikationsstil aufgrund hoher Aufnahmebereitschaft angenommen und als Enactment fortgesetzt hat – sie ist in den Tanz eingestiegen. Dieser Kommunikationsstil war der reflexiven Bearbeitung strukturell nicht zugänglich und führte Antonia ebenso wie den mit ihr stark identifizierten Forscher in eine hermetische Abkapselung, die jegliche Kooperation unterband.

Wie lassen sich derartige Verstrickungen, wenn sie im wissenschaftlichen Arbeitsprozess auftreten, auflösen oder als Beitrag zum Fallverstehen nutzen?

Auch ist es wichtig, zunächst in der Analyse der Gegen-Übertragung den Eigenanteil zu begreifen (Selbstreflexion der Forscherin), bevor der Bezug zum Fall untersucht werden kann. Es kann nicht naiv behauptet werden, jede Reaktion der Forscherin sei per se fallbezogen – das gilt es ja erst plausibel zu machen.

9.2 Projektive Identifizierung – Verwicklung in die Inszenierung

Vorgänge wie die in der Interpretationsgruppe von Antonia geschilderten sind als Kollusionen von grundsätzlicher Wechselseitigkeit zu verstehen. Die Interviewee sendet auf verschiedenen Kanälen. Hier ist auffällig, in welch hohem Maße die destruktive Botschaft aufgenommen, fortgesetzt und weitergetragen wird, ohne dass der Gruppe diese Prozesse bewusst werden. Die destruktive Energie entfaltet sich als fortlaufende Wiederholung im Agieren der Gruppe. Das Beispiel zeigt, wie schwerwiegend und tiefgreifend diese Prozesse sein können und wie viel energischer Anstrengungen es bedarf, die auftretenden Verwicklungen als szenisch bedeutsam zu verstehen und zu nutzen. Ausgebildete introspektive Fähigkeiten der Forschenden sind nötig, um die emotionalen Reaktionen auf die Interviewees und auf das Material untersuchen und einschätzen zu können. Bislang wurden die emotionalen Reaktionen der Forscher auf die Texte (und die Interviewees) als Gegen-Übertragungsreaktionen beschrieben.[83] Diese Auffassung ist möglicherweise nicht hinreichend, um bestimmte Phänomene zu erfassen, die, ähnlich wie in der Gruppe um Antonia, mehrfach aufgetreten sind.

---

[83] Der weiter unten vorgestellte Fall von Agatha zeigt jedoch, dass es im Einzelfall durchaus zu beträchtlichen Blockierungen führen kann, die sogar eine Gefahr für die Forscherin darstellen (Studienabbruch). Wie kann solch eine heftige, ja fast gewalthafte Reaktion konzeptualisiert werden?

9.2 Projektive Identifizierung – Verwicklung in die Inszenierung 309

Die Forschenden nehmen die Enactments der jugendlichen Interviewees auf, werden Teil der Inszenierungen und reagieren unbewusst, interagieren präverbal – haben aber im Unterschied zu den Jugendlichen, deren eingeschränkte Symbolisierungsfähigkeit ihnen das nicht erlaubt, die Chance, durch Selbstreflexion, Austausch, Supervision und Bezug auf wissenschaftliche Konzepte immer wieder einen Abstand herzustellen und die eigenen weniger oder nicht-kontaminierten Ich-Anteile bewusst zu bemühen, um zu verstehen, was im „interaktiven Tanz" geschieht.[84]

Methodisch zentral ist hier die Funktion der innerseelischen, aber intersubjektiv hervorgebrachten Verschmelzung zwischen Interviewees und Interviewern/Interpreten für die Aussagekraft des Materials. Angesichts der Symbolisierungsstörung aufgrund frühkindlicher Traumatisierungen bei den Jugendlichen sind nichtsprachliche Formen oft die wichtigste Möglichkeit des kommunikativen Ausdrucks (besonders heikler Themen wie früher Traumatisierungen oder ihrer Wiederholungen). Schmerzliches will ausgedrückt werden, wenn aber keine Symbolisierungsmöglichkeiten bestehen, tendiert es dazu, sich Wiederholungsanlässe zu suchen, in denen die Analogie zur Ursprungsbeziehung, wie marginal auch immer, im Bedeutungshorizont des erlebenden Subjekts gegeben ist. Wenn dieser Anschluss geglückt ist, wird reinszeniert, was früher geschah; oder es werden diejenigen Copingstrategien, die Fluchtimpulse, die Überlebenstechniken reaktualisiert, die es im Zuge der Beschädigung ermöglicht haben, seelisch und körperlich weiter zu existieren.

Es verlangt ein hohes Maß an Aktivität von der Forschungsgruppe, die konkrete Art und Weise zu verstehen, wie diese Symbolisierungsstörung sich in der Interview- und Forschungsbeziehung ausdrücken. Denn auch in dieser Beziehung finden Gegen-Übertragungen statt, hier werden projektive Zuschreibungen aufgenommen, schmerzlich erlebt, Fluchtimpulse vor der Gewalt des Material gespürt etc. Die Aufgabe der Forscher ist es hier, durch Selbst-Vergewisserung und ständigen Bezug auf die Texte der Jugendlichen zu verstehen, was ihnen da mitgeteilt wurde!

Mit dem Konzept der projektiven Identifizierung lässt sich ein spezifischer Kommunikations- und Verhaltensstil beschreiben, der bei früh Traumatisierten

---

[84] Sie können dann im besten Fall, wie im Konzept des Containment beschrieben, etwas von dem Verstandenen zurückgeben und den Interviewees Anregungen geben, ein Bild von sich selbst zu erkennen, das andere, die Interviewer/Interpreten, von ihnen gewonnen haben. Nicht auszuschließen, dass dieser Vorgang für sie etwas bewirkt, was mit einer retrospektiven Aneignung der eigenen Beschädigungen und ihrer Kompensationen, aber auch der Aus-Wege aus diesen Fallen, entfernt zusammenhängt. Das wird im Abschnitt über das Interview als Katharsis deutlicher.

häufig auftritt. Mit diesem Vorgang versucht das Subjekt, „sein Selbst ... ganz oder teilweise ins Innere des Objekts (einzuführen), um ihm zu schaden, es zu besitzen und zu kontrollieren" (Laplanche und Pontalis 1973, S. 226). Unbewusst versucht der Patient, in den Therapeuten einzudringen und ihn von innen heraus zu kontrollieren. Der Therapeut reagiert mit der Tendenz, den emotionalen Zustand des früh traumatisierten Patienten zu teilen.

Auch wenn in Forschungszusammenhängen die Stärke der Übertragung und kollusiven Verstrickungen nicht mit der analytischen Beziehung vergleichbar ist, so sind doch auch die Forschenden in unbewusste emotionale Reaktionen verwickelt. Die sorgfältige Beachtung dieser Reaktionen, die Untersuchung des Kontextes, in dem sie auftreten (wozu manchmal die Berücksichtigung auch lebensgeschichtlicher Anteile der Forschenden gehört) sowie der beständige Bezug dieser Überlegungen auf das vorliegende Material sind mühsam, aber unumgänglich: Erst durch ihre Beachtung kann deutlich werden, was davon wirklich mit dem Fall zu tun hat und was Idiosynkrasien der Forscher selbst sind.

Die sprachlosen Inszenierungen der Jugendlichen sind Folgen der frühen Traumatisierung, die als eine missglückte Beziehungserfahrung der frühen Kindheit begriffen wird, in welcher die primären Bezugspersonen „zu ihrem auf das Kind bezogenen Reden und Handeln keine oder nur selten ... eine reflexive Distanz herstellen konnten" (Hübner 2006, S. 320). Da diese Personen, meist Mutter und Vater, über die Beziehung zu ihrem Kind nicht nachdenken können, neigen sie dazu, die Gefühle ihres Kindes zu teilen und sich mit ihnen zu identifizieren oder aber sie gänzlich abzuwehren. Das Kind braucht jedoch Eltern, die durch reflexive Distanz in der Lage sind, dem Kind bei und nach negativen Erfahrungen positive Gefühle zu vermitteln und ihm bei der Ausbildung von Fähigkeiten zu helfen, den Übergang von negativen zu positiven Affekten zu gestalten. Wenn in einer Dyade jedoch die Feinabstimmung misslingt, kann das Kind die Transformation der eigenen Affekte nicht vornehmen, so dass in der Folge die Förderung und Unterstützung des sich entwickelnden Selbst erschwert oder ganz unmöglich wird. Dem Kind fällt es im weiteren Leben schwer, seinen Selbstzustand zu verbalisieren, so dass die Auswirkung dieser traumatisierenden Situation in frühester Kindheit als dauerhafte Symbolisierungsstörung später ihren Ausdruck findet. Die Eltern benutzen ihr Kind in einer bestimmten Funktion in der Beziehung, und wenn es diese nicht einnimmt, „verstoßen" sie es, indem sie nicht auf seine Bedürfnisse reagieren. Diese Leugnung der Wahrnehmung seiner Existenz erzeugt für das Kind einen ungeheuren Druck, sich den elterlichen Forderungen gemäß zu entwickeln und zu verhalten. Hübner stellt diesen interpersonalen Druck unter Bezug auf Bollas (1997) als projektive Identifizierung „jenseits der

Worte" folgendermaßen dar: Der Patient kann aufgrund der Symbolisierungsstörung keine Worte gebrauchen, um sich mitzuteilen, „sodass die Stimmungen der Innenwelt fast ausschließlich über die Seinsweise des Subjekts ihren Ausdruck finden" (2006, S. 320). Durch diese Seinsweise wird das implizite Beziehungswissen des Patienten auf den Analytiker übertragen, auf diese Weise reaktualisieren sich frühe konkrete Beziehungserfahrungen mit den Bezugspersonen. In der Folge fühlt sich der Analytiker wie der Patient.

Das „implizite Wissen aus früheren Beziehungen" vermittelt sich in der Gegenwartsbeziehung über nonverbale unbewusste Elemente wie die *Körper*sprache (ein solches Beispiel wurde im Fall von Alexander beschrieben, vgl. Kapitel 4). Diese Elemente jenseits der Worte werden durch die Art und Weise ihrer Präsentation mitgeteilt. Die Wurzeln dieser nonverbalen Kommunikation in der projektiven Identifizierung liegen in der frühen Mutter-Kind-Dyade, in welcher die teilweise abwehrende, unsensible Mutter den Affekt des Säuglings verwandelt oder eben daran scheitert. Eine Umwandlung des kindlichen Affektes geschieht ursprünglich auf der Basis des sinnlich Wahrnehmbaren in seiner Ganzheit. Durch die synästhetische Reizkoppelung von Bild, Geruch und Klang des mütterlichen Leibes macht der Säugling erste Beziehungserfahrungen mit Anderen. In der traumatisierenden Beziehung sind diese nicht förderlich, im Gegenteil integriert der Säugling die mütterliche Abwehr seiner selbst sowie ihre Ängste, kurz: den Affektzustand der Mutter. Damit verwandelt sich auf der affektiven Ebene seine Selbststruktur. Wenn diese „implizite Beziehungserfahrung" in einer Gegenwartsbeziehung wiederholt wird, wird auf diese Weise (und es ist oft eben die einzig mögliche) eine Mitteilung über die Ursprungsbeziehung vorgenommen. Sie erzeugt auf den Therapeuten (und andere Menschen) den gleichen Druck, der selbst im eigenen Innern verspürt wird und der identisch ist mit dem Druck, den die Mutter auf das Kind ausübte („sei so, wie ich dich brauche"). Das Selbsterleben auch von Analytikern (und Forschern) wird in dem Moment beeinflusst bis zur Verwandlung des Selbstzustandes, wenn man sich auf diese Atmosphäre eingelassen hat.[85] Dies geschieht durch die „atmosphärische" Gewalt, die der unsensibel reagierenden Mutter gleicht, die als gewalttätig erfahren wird. Von Antonia wird diese Gewalt in vieler Hinsicht wiederholt, z.B. in den heftigen autoaggressiven Attacken, die sie als Appell einsetzt, aber auch als Rache. Es ist, als würde sie sagen: *„Seht her, ich erspare euch nichts von dem, was mir angetan wurde. Ihr sollt das wissen, und wenn es euch schmerzt, ist es mir nur Recht."*

---

[85] Dann „haben wir, für einen Augenblick (...)ein Objektbeziehungsproblem: Ich-Pol und Objektpol, Innen und Außen sind nicht mehr unterschieden, wir sind ergriffen und haben noch nicht begriffen, wir werden verwandelt und können insofern unseren Selbstzustand nicht aufrechterhalten." (Hübner 2006, S. 331)

Die projektive Identifizierung erfolgt in einzelnen Schritten, welche eine Beteiligung von „Sender" und „Empfänger" voraussetzt, die als graduell abgestuftes mehrphasiges Modell gefasst wird (vgl. Weiss 2007).

Danach erfolgt zunächst eine „Anheftung", die Zuschreibung des Senders muss den Empfänger erreichen. Die Stelle, an der das möglich wird, ist der „Rezeptor an der Oberfläche des Selbst", welcher sich aufgrund von bestimmten, auch marginalen Eigenschaften, zur Projektion eignen muss. Dann erfolgt als zweiter Schritt das Eindringen der Projektion in das Innere des Empfängers und löst dort Gedanken, Gefühle und sogar eine gewisse Handlungsbereitschaft aus. Dieses Eindringen ist bis zu einem gewissen Grad erforderlich, damit der Empfänger die nonverbale Mitteilung des Senders verstehen kann. Unter diesem Einfluss wird die Fähigkeit des Empfängers zur distanzierten Beobachtung reduziert, sodass die Geschehnisse nur noch aus der Position der Gegenübertragung gedeutet werden können.

Den dritten Schritt der Anheftung stellt die Verbindung der Projektion mit einem inneren Objekt des Empfängers dar. Wie der Empfänger mit dieser Form der projektiven Identifizierung umgeht, hängt von seiner Fähigkeit ab, mit den eigenen frühen Erfahrungen und Affekten in Kontakt zu sein, die Projektion anzunehmen und dennoch eine distanzierte, beobachtende Position beizubehalten. Da die Verbindung zwischen dem projizierten Teil des Senders und dem Innern des Empfängers nunmehr außerordentlich eng ist, kann der Empfänger durchaus den Wunsch verspüren, die Projektion „loszuwerden", sich ihrer zu entledigen (vgl. Weiss 2007, S. 190). Der Empfänger hat nun in der vierten Phase (der Transformation) die Aufgabe, die eingedrungene Projektion von seinen eigenen Anteilen zu trennen, was über den Vergleich mit den eigenen Erfahrungen erfolgt. Das wird umso schwerer, je konflikthafter und unbearbeiteter die eigenen Elemente für ihn selbst sind (vgl. Georg im Fall Antonia). Kann die Projektion nicht übersetzt werden, bleibt sie als „bizarres Objekt" erhalten (scheinbar konkrete Gedanken und Gefühle, die aber als fremd erlebt werden).

Dieser Ansatz verdeutlicht, wie eine eingehende Projektion sich untrennbar mit dem empfangenden Selbst verbindet und die äußeren Objekte derart eingebunden werden, dass es zu einer Veränderung der Selbststruktur führt. Äußeres und Inneres werden als nicht mehr getrennt voneinander erlebt. In der Metapher des Gewebes ausgedrückt heißt das: Im Fadenkreuz von Kette und Schuss erfolgt eine totale Verschmelzung, das Gewebe verliert an dieser Stelle seine erkennbare Struktur und wird einer verschmolzenen Masse. Wenn viele Jugendliche auf diese Weise kommunizieren und Beziehungen gestalten, erfolgen diese Prozesse jenseits aller Bewusstheit, sie können daher im Interview auch nicht berichtet

9.2 Projektive Identifizierung – Verwicklung in die Inszenierung

werden, da sie sich grundlegend jeder symbolischen Darstellung und damit metakommunikativer Reflexion entziehen. Sie finden aber im Ansatz eine Wiederholung im Interview selbst. Die Beziehungsdynamik mit den Interviewern und der Interpretationsgruppe erweist sich daher als wichtiges Forum, als eine Art Bühne für solche Vorgänge, die sich dort in actu vollziehen können und damit beobachtbar werden. Erst wenn es dann tatsächlich geschieht, kann der Empfänger-Forscher-Kommunikationspartner seine Aufmerksamkeit darauf richten und für seinen Part die ihm verfügbare reflexive Kompetenz einsetzen, um den Vorgang zu verstehen, den Kommunikationsstil zu identifizieren, seine Bedeutung im Kontext der Lebensgeschichte der Interviewee zu verorten und sich auch von der destruktiven Botschaft wieder zu befreien.

Die Auswirkungen projizierter Elemente im Empfänger-Ich sind noch nicht sehr weitreichend untersucht. Eine Ausnahme ist im Ansatz von Thomas Plänkert (2007) zu sehen, der sich auf die Erfassung der Prozesse im Empfänger konzentriert und sie mit dem Begriff der „intrusiven introjektiven Identifizierung" beschreibt. Auch hier gibt es graduelle Unterschiede, die vom „normalen" bis zum „pathologischen" Pol reichen. Ist der Introjizierende noch in der Lage, Selbst und Objekt auseinanderzuhalten, kann er noch erkennen, was der andere in ihn „hineinlegen" möchte und lässt sich zwar berühren, jedoch nicht vollständig bestimmen, spricht Plänkert von der „normalen introjektiven Identifizierung; in der pathologischen Form der introjektiven Identifizierung ist diese Trennung nicht mehr möglich. Sie verändert daher das Ich strukturell und wirkt damit deutlich aggressiver. Die Folgen können sehr weitreichend sein, denn es handelt sich um ein aggressives Eindringen äußerer Objekte, deren Wirkung davon abhängt, inwieweit der Empfänger seine Selbstgrenzen sichern und schützen kann.

Plänkert beschreibt zur Illustration der pathologischen introjektiven Identifizierung das Beispiel des Patienten Liam, der erfährt, dass seine Analytikerin die Analyse unterbrechen muss. Diese Vorstellung ist für Liam unerträglich, die Analytikerin wird für ihn ein schlechtes, böses Objekt, welches er jedoch ‚gierig introjiziert', um eine unerträgliche Abhängigkeit zu vermeiden. So findet eine Ich-Veränderung statt, innerhalb derer der Patient ein arrogantes, omnipotentes Verhalten zeigt (S. 114ff). Dieses Verhalten schreibt er jedoch ursprünglich seiner Analytikerin zu, die er als so mächtig erlebt, dass sie die Behandlung unterbrechen kann – aus Sicht von Liam ein arrogantes, anmaßendes Verhalten, weil er sie doch so dringend braucht. Um nicht von ihrer Macht zerstört zu werden, zieht Liam in seiner unbewussten Phantasie die grausam erscheinende Analytikerin aktiv in sich ein und benutzt ihre „Verhaltensweisen", um die Trennung ertragen zu können. Er introjiziert den „bösen" Anteil der Analytikerin, wird selbst grausam, arrogant und omnipotent und kann daher psychisch nicht mehr von ihr verlassen werden.

Dieses Beispiel zeigt die beständige Wechselseitigkeit und Gleichzeitigkeit bei introjektiven und projektiven Identifizierungsvorgängen. Es gibt reale Vorgänge (Behandlungsunterbrechung durch die Analytikerin sowie die eigene emotionale Abhängigkeit), die sich in Liam schmerzhaft ausdrücken und zu Verzerrungen führen. Die Analytikerin wird als extrem mächtig wahrgenommen. Was die Analytikerin zu sehen bekommt, ist lediglich sein anmaßendes, arrogantes Verhalten. Die existenzielle Krise, die Angst davor, zerstört zurückzubleiben, wird nicht direkt ausgedrückt. Wird dieses ostentativ präsentierte Verhalten als die einzige, die „ganze" Wahrheit begriffen, führt es zu einer verkürzten Einschätzung der Verfasung des Patienten, weil der Weg zum Verständnis der dahinter liegenden Verzweiflung versperrt bleibt. Viele der Jugendlichen unserer Untersuchungsgruppe, vor allem viele der jungen Männer, zeigen ein dreistes, scheinbar unberührtes Verhalten, auf das die Forschungsgruppe oft mit starken, wenngleich sehr unterschiedlichen Emotionen, reagiert. Dies wird anhand der Verwicklungen, in die Agatha als Interviewerin mit dem Interviewee Felix geriet, im nächsten Abschnitt beispielhaft illustriert.

9.3 Das Interview als Übernahme emotionaler Muster

Die Forscherin übernimmt unbewusst Gefühlszustände und konflikthafte Themen, die dem Lebensskript des Jugendlichen zugrunde liegen und es vorantreiben: Agatha hat gemeinsam mit einem Kommilitonen ein Interview mit Felix geführt, ausgewertet und theoretisch bearbeitet; leider war kein zweites Interview zustande gekommen. Nun steht sie kurz vor Abschluss ihrer Magisterarbeit. Sie stockt plötzlich im Arbeitsprozess, ist ganz verzweifelt, kommt nicht weiter. Sie macht sich Vorwürfe, Felix nicht „richtig" interviewt zu haben, sie sei „ihm auf den Leim gegangen". Sie habe ihn für offen und sympathisch gehalten – dann ließe er sie hängen und bestelle sie zweimal nach Hamburg zum zweiten Interview, erscheint dann aber nicht.

Sie glaubt, dem Interviewee nicht gerecht geworden zu sein und zweifelt so sehr an sich selbst, dass sie ihre Magisterarbeit nicht abschließen will.

In der Interpretationsgruppe werden diese emotionalen Reaktionen der Forscherin als weiteres „Material" begriffen, als szenisches Agieren eines zentralen Themas von Felix. Sie selbst kann schnell folgendes Muster bei ihm erkennen: Er vermeidet Konflikte durch äußerliche, soziale Anpassung. Beispielsweise sagt er

9.3 Das Interview als Übernahme emotionaler Muster

den Termin für das zweite Interview zu, weiß aber im Grunde schon, dass er nicht kommen wird und lässt die beiden Forscher zweimal vergeblich nach Hamburg reisen. Die Folgen seines Handelns für andere sind ihm gleichgültig, im Vordergrund steht sein Interesse, sich nicht einzulassen, seine Ruhe zu haben, nichts an seinen Mustern ändern zu müssen. Agatha hat tatsächlich seine Fassade, seine Mimikry nicht durchschaut und in ihm den netten, angepassten Jungen gesehen, als den er sich selbst darstellt – so lautet eine erste Schlussfolgerung. Daraufhin hat sie das Vorkommnis als eigenes Versagen interpretiert und mit Schuldgefühlen und aggressiven Selbstvorwürfen reagiert. Das hat ihren Blick auf Felix' Verhaltensmuster versperrt.

Warum agiert Felix so aggressiv und manipulierend oder warum wird sein Verhalten so wahrgenommen, was liegt hinter dieser Schutzmauer? Hat er Angst davor, zurückgewiesen zu werden, vermeidet daher Kontakt und ist darum bemüht, die Kontrolle über die Beziehung bzw. die Situation zu behalten? Ähnliches kann für die Angst vor Indifferenz und Desinteresse gelten. Auch wenn die beiden Studenten nur wenige Jahre älter sind als er selbst, haben sie doch bereits viel erreicht, haben die intellektuellen Mittel zu studieren, zu forschen, ja sogar ihn zum Gegenstand ihres Forschungsinteresses zu machen. Im Vergleich mit ihnen fühlt er sich womöglich klein, hilflos und ohne sichtbaren Erfolg. Die beiden Interviewer repräsentieren etwas Fremdes, Unbekanntes. Sie signalisieren aber auch großes Interesse und Zuneigung, wollen mit ihm in Kontakt bleiben, ohne etwas von ihm zu verlangen. Das könnte ihn erschrecken und seinen Rückzug bewirken.

Aus Agathas Perspektive betrachtet fallen ihre heftigen Schuldgefühle auf, im Vordergrund steht ihre Bereitschaft, alle Fehler, alles Misslingen bei sich zu suchen. Was hat Felix ihr projektiv übermittelt, womit hat sie sich identifiziert? Er kontrolliert die Beziehung, wenn er die Interviewer zu zwei größeren, aber erfolglosen Reisen veranlasst; Kontrolle ist es auch, wenn er die gesamte Beziehung negiert wie bei einer Begegnung in der U-Bahn, von der der andere Interviewer berichtet hat. Er war sich sicher, Felix erkannt zu haben, mit einem Bier in der Hand. Felix hat jeden Blickkontakt angestrengt vermieden und so getan, als habe er den Interviewer nicht bemerkt, der sich daraufhin entschloss, nicht auf Felix zuzugehen. Der bringt mit diesem Verhalten zum Ausdruck: „ich habe die Macht, euch zu bewegen, nicht umgekehrt. Ihr könnt mich zu gar nichts bewegen. Ich bin der Stärkere." Hinter der angepassten Fassade streckt das Desaster seiner Geschichte: angesichts der Studenten fühlt er sich machtlos und reagiert darauf mit Wut. Das ähnelt der Tragik eines verzweifelten Kleinkindes, das frustriert und wütend darüber ist, nicht angemessen gespiegelt, reflektiert zu werden.

Diese Aggression bleibt aus Angst überwiegend verborgen, wird verbal nicht ausgedrückt, sondern zeigt sich in den Verhaltensmustern, mit denen der andere verwickelt wird. Die Zuschreibung an diesen anderen ist aber deutlich: „Du bist schuld an meinem Elend." Untergebracht wird im anderen die Wut, die mit der Verzweiflung aufs Engste verwoben ist, jedoch intrapsychisch als gefährlicher wahrgenommen wird. Wenn diese „Sendung" angenommen wird – und vermutlich hat Agatha sie angenommen – entfaltet sich intrapsychisch im Andern ein heftiger Prozess, der außer Kontrolle geraten kann. Hierher gehört ihr zeitweilig auftretendes Gefühl, ihre Magisterarbeit unmöglich abschließen zu können, weil das Material viel zu fragwürdig, geradezu mangelhaft sei. Dadurch ist sie blockiert und droht mit ihrem Studienabschluss zu scheitern – ein ähnliches Schicksal ist Felix mit seiner Schulkarriere ebenso wie mit seinen Therapieansätzen beschieden: Er macht immer wieder Ansätze und scheitert dann daran. Felix projiziert seine Enttäuschungsaggression – ursprünglich der Mutter/den Eltern geltend – auf Erwachsene, die etwas von ihm erwarten und ihm gleichzeitig fremd bleiben, ihn nicht angemessen spiegeln (oder seine Wünsche nicht adäquat erfüllen). Nehmen diese die Sendung an, kann tatsächlich eine handlungssteuernde Selbstveränderung die Folge sein.

Erst als diese Dynamik verstanden war, konnte die Studentin ihre Arbeit wieder aufnehmen und zu einem guten Abschluss bringen – sie hatte auf dem Weg des szenischen Verstehens zu ihrer eigenen Selbst-Struktur zurückgefunden, das die gesamte Szene zwischen den Beteiligten auch in ihren unbewussten Anteilen verdeutlichte. Sie konnte später dafür eine symbolische Form – in der Sprache ihrer Magister-Arbeit – entwickeln und die Szene verarbeiten, indem sie eine ausgezeichnete Fallrekonstruktion vornahm.

Die Beispiele verdeutlichen, wie sehr auch in den vergleichsweise begrenzten Beziehungen zwischen Jugendlichen und Forschern sich eine destruktive Dynamik entfaltet, die im Ansatz dem entspricht, was die Jugendlichen erlebt haben und die somit nur zugänglich werden kann, wenn sie als Enactment verstanden wird. Dieses Verstehen setzt eine emotionale Beteiligung an der Szene jedoch zwingend voraus. Nicht die Tatsache einer solchen szenischen Wiederholung erweist sich als methodisches Problem; dieses liegt vielmehr in der Schwierigkeit, kontrollierte Formen zu entwickeln, diese Beteiligung zu analysieren. Nur wenn die jeweiligen Anteile wieder separiert sind, kann durch die Analyse der Gegen-Übertragungsreaktionen die projektive Identifizierung erkannt werden und somit für den Forschungsprozess hilfreich sein, indem sie die konkrete Art und Weise benennt, in der die Interviewee ihre Problematik in Szene setzt.

9.4 Das Konzept der intersubjektiven Triangulierung

Wenn das Interviewgeschehen als kommunikativ vollzogener Beziehungsprozess beschrieben wird, folgt daraus logisch, dass für die Beziehung zwischen Interviewee und den Forscherinnen ein Beziehungsverständnis konzeptualisiert werden muss, das dem besonderen Charakter dieser Begegnung Rechnung trägt, ohne die Tatsache zu negieren, dass es sich um interaktive und kommunikative Prozesse handelt. Deren besondere Qualität verdient eine eigene Aufmerksamkeit und Untersuchung – dies umso mehr, wenn die Forschung selbst dadurch als eine Präsentation intrapsychischer Struktur und deren Fortschreibung gelten kann. Eine solche Auffassung der primären Forschungsbeziehung folgt dem Konzept der intersubjektiven Triangulierung von Jessica Benjamin (2006). Sie definiert Intersubjektivität „als eine durch wechselseitige Anerkennung bestimmte Beziehung – eine Beziehung, in der einer den anderen ‚als Subjekt' (s. Benjamin 1990) erfährt, d.h. als ein seinerseits psychisch verfasstes Wesen, mit dem sich ‚mitempfinden' lässt, das jedoch über ein abgegrenztes, eigenständiges Gefühls- und Wahrnehmungszentrum verfügt" (2006, S. 66). Daher umfasst ihr Verständnis von Intersubjektivität „das gesamte Spektrum des interaktiven Austauschs, das im Verlauf der seelischen Entwicklung gemeinsam erzeugt wird und vom frühen Blickkontakt bis zu Konflikten um gegenseitige Anerkennung reicht" (ebd.). Intersubjektivität bezeichnet also diejenigen Vorgänge, in denen in bestimmten Beziehungen wechselseitige Abstimmungsprozesse erfolgen. Sie ist daher eine Verpflichtung zur gegenseitigen Anerkennung und entscheidender Bestandteil von Bindungsreaktionen, die jeder Mensch in seinen Beziehungen zur gegenseitigen Regulierung und Einstimmung braucht. Die Fähigkeit hierzu erwächst entwicklungsgeschichtlich aus der Erfahrung, vom Anderen anerkannt zu werden.

Was meint nun „intersubjektive Triangulierung"? Um solche Vorgänge erfassen zu können, wird eine dritte Position benötigt. Denn naturgemäß ist in jeder stattfindenden Interaktion die Beteiligung beider Seiten Voraussetzung, die eine nüchterne Betrachtung des Geschehens unmöglich macht, da jeder immer auch Beteiligter ist.[86] Als Triangulierung wird schulenübergreifend der Vorgang verstanden, bei dem sich in einer Beziehung mit dyadischer Struktur und deren intrapsychischer Repräsentanz etwas Drittes hinzugesellt, weniger eine Position

---

[86] Der klassische Analytiker hatte als dritte Position seine Beobachtungsgabe und auch seine Theorien, die ihm beide als Grundlage seiner Deutungen dienten (die er dem Patienten auf oftmals intrusiv erlebte Weise vorgab, ohne eine eigene Beteiligung zu erkennen zu geben, die interaktive Dimension war eine Einbahnstraße).

als eine weitere Beziehungsperson (zur Mutter-Kind-Dyade tritt der Vater hinzu). Das wiederum ist die Voraussetzung für eine innerpsychische Differenzierung der Repräsentanzenwelt. Für Jessica Benjamin macht „das Dritte das Wesen menschlicher Bezogenheit aus, es ist eine intersubjektive Erfahrung, die ihre intrapsychische Entsprechung in einem mentalen Raum hat und mit Winnicotts ‚potentiellem Raum' oder ‚Übergangsraum' eng verwandt ist." (ebenda S. 68). Das Dritte ist also eine Erfahrung, es ist mehr ein Prinzip als eine „Sache", eine Funktion in Beziehungen, der man sich hingibt.

Wechselseitige Anerkennung erfolgt in Prozessen, in denen Menschen diese Fähigkeit erwerben, erlernen. Benjamin spricht von der ‚Gemeinschaft im Dritten'. Wie diese Prozesse sich vollziehen, kann nur begriffen werden, wenn das Dritte als etwas konzeptualisiert wird, das gemeinsam hergestellt und miteinander geteilt wird. Dazu muss der Triangulierungsprozess als intersubjektiver Vorgang gefasst werden, der sich in frühen vorsymbolischen Erfahrungen von Anpassung und Wechselseitigkeit vollzieht und auf Anerkennung und anerkannt-Werden abzielt. Der Prozess des psychoanalytischen Verstehens selbst wird als das geteilte Dritte gekennzeichnet:

> „Nach relationaler Auffassung ist aber psychoanalytisches Verstehen – das ist: das Dritte – keine ‚Sache', die sich erwerben lässt. Verstehen entwickelt sich vielmehr in einem dialogisch strukturierten Prozess der Interaktion, als etwas, das wir miteinander teilen und das uns Gelegenheiten vermittelt, wechselseitig Anerkennung zu erfahren. Das geteilte Dritte schafft als Dialog einen mentalen Raum für Denken: für ein inneres Gespräch, das wir mit dem anderen in uns führen." (ebd., S. 80)

Bislang wurde im vorliegenden Ansatz unter Bezug auf Alfred Lorenzer das ‚szenische Verstehen' als die genuin psychoanalytische Form des Verstehens gekennzeichnet. Beide Auffassungen teilen die ganzheitliche Vorstellung des Verstehensprozesses als Vorgang, der Subjektivität zugänglich machen soll. Lorenzer betont die Notwendigkeit, über die manifesten Strukturen hinaus und durch sie hindurch die unbewusste Bedeutung (d.h. die weder dem Analysanden noch dem Analytiker vorab bewusste) Bedeutung einer Äußerung oder Bewegung nachzuvollziehen. Der Analytiker taucht empathisch und durch passagere Identifizierung ein in die Szene des anderen, wird deren Teilhaber. Diese punktuelle Teilhabe erfolgt im Dienste des Verstehens – sie soll im Ergebnis zu einem tiefen Verständnis des anderen führen, um eine angemessene Deutung zu erbringen, mit der Behandlungsprozess vorangehen kann. Bezogen auf die Behandlung ist ein instrumentalisierender Zug erkennbar, eine Subjekt-Objekt-Differenzierung in der Situation bleibt erhalten.

Konzeptuell aber wird durch ein Verständnis wie dem der empfundenen Teilhabe des Behandelnden an der Szene wenigstens punktuell der Abstand zwischen Analytiker und Analysand verringert, wenn nicht für diesen Moment sogar aufgehoben. Das szenische Verstehen kommt mittels gleichschwebender Aufmerksamkeit in der Behandlungsstunde und mittels nachträglicher Bemühung des Analytikers voran, einer Bemühung, die erst in der nächsten Stunde ihren Wert erweisen kann. Es sind retrospektive Deutungen, die später ihre Verwendung finden. Benjamin fügt in ihrem Ansatz die Betonung der grundlegenden Wechselseitigkeit, der gegenseitigen Bezogenheit hinzu. Wenn sie das gemeinsam entwickelte und geteilte Dritte als das psychoanalytische Verstehen kennzeichnet, so wird der Raum des psychoanalytischen Verstehens beträchtlich erweitert. Im Idealfall wird die asymmetrische Struktur des psychoanalytischen Settings aufgehoben, wenn Analytiker und Analysand den Verstehensprozess als Gemeinsamkeit erleben. Erst wenn beide anerkennen, dass und wie sie in den stattfindenden Prozess integriert sind, ist Verstehen möglich. Es bezieht sich dann vor allem auf das geteilte Dritte, nämlich die konkrete Art und Weise, in der beide dazu beitragen, die analytische Situation zu der einmaligen Qualität zu bringen, die sie nun einmal hat (in enger Analogie zu der Einmaligkeit, die jede Mutter-Kind-Dyade besitzt).

Mit entsprechender Einschränkung gilt das auch für die Forschungsbeziehung im Interview: Sie basiert auf wechselseitiger Anerkennung im und durch einen Dialog. Und im situativen Kontext ist sie etwas ganz Besonderes, in der Wahrnehmung und im Erleben von allen Beteiligten, auch wenn sie an Tiefe und Intensität nicht mit der therapeutischen Beziehung verglichen werden kann.

9.5 Beziehungsqualität in der Forschungsdimension: Das Interview als Katharsis

Wenn die Interview-Beziehung auch als exemplarischer Ausdruck für die Kommunikations- und Beziehungsfähigkeit betrachtet wird, werden die Veränderungen und Nachreifungsprozesse der Jugendlichen an ihr sichtbar. Die konkrete Art und Weise, in der sich der Interviewee in dieser Beziehung verhält, vor allem die Veränderungen im Laufe der Zeit, lassen sich als solche Hinweise verstehen. Veränderungen im kommunikativen Stil und in der konkreten Gestaltung der Beziehung zu den Forschenden werden so zum Indikator der Veränderungen, die sich im Interviewee vollzogen haben. Es gibt Beispiele, die sehr klar zum Ausdruck bringen, dass die Jugendlichen die Forschungsbeziehung für sich als stützend und tragend nutzen können, ja, sogar, dass sie darin eine besondere Art der Selbstreflexion sehen. Nur wenige bringen das jedoch so klar und unmissverständlich zum Ausdruck wie Amelie (vgl. Traumatransmission) und Omar, dessen Beispiel im Folgenden noch ein mal betrachtet wird.

Wie bereits an anderer Stelle erwähnt, ist die Beziehung zwischen **Omar** und den beiden Interviewern, einem Studenten Ende zwanzig und einer Studentin Mitte zwanzig, von ganz besonderer Intensität. Bereits das zweite Interview endet im letzten Abschnitt mit einer deutlichen Thematisierung dieser Beziehungsqualität, in der auch die beiden Interviewer, insbesondere der Mann, sich sehr persönlich zeigen und Aspekte aus der eigenen Lebensgeschichte spiegelnd in das Interview einbringen.

Auch das dritte Interview ist von dieser intensiven Beziehungsqualität gekennzeichnet. Es ist vielleicht erwähnenswert, dass die Interviewer mit einer großen Besorgnis in das dritte Interview hineingegangen sind. Es war außerordentlich schwierig, mit Omar Kontakt aufzunehmen, und es hatte die Vermutung gegeben, dass er rückfällig geworden ist und wieder in der Szene untergetaucht sei. Im Interview stellt sich nun das genaue Gegenteil heraus. Es wird ein sehr langes und intimes Gespräch, das von allen drei Beteiligten gleichermaßen intensiv und empathisch gestaltet wird. Gegen Ende stellen die Interviewer mit einiger Überraschung fest, wie lange sie bereits gesprochen haben (drei Stunden) und sind in offenkundiger Besorgnis, Omar damit überfordert zu haben. Die beiden Interviewer hatten sich sehr intensiv vorbereitet und Omar an verschiedenen Stellen des Gesprächs mit Aussagen aus seinen ersten beiden Interviews unterstützt, ihm Brücken gebaut und ihm auch vor Augen geführt, wie sehr sich Lebensweise und Persönlichkeit verändert haben. Das kommentiert Omar wie folgt:

„Ich bin ja nicht mehr so der Klient, der euch jetzt irgendwie über das harte Leben von mir berichtet (....) eigentlich so, es soll besser werden. Also, ich, ich kann natürlich auch auf früher zurückblicken, aber ich seh das auch alles jetzt, auch schon mit ziemlichem Abstand zu mir. Ich bin ja gar nicht mehr der Mensch, der ich früher war oder der ich sein musste. Deswegen, solange das noch interessant ist, hab ich nichts dagegen, mit euch hier zu sitzen und einen, äh, zu erzählen. Ihr hört mir zu, ihr müsst mir zuhören. Ist schon ganz gut (alle lachen)."

Erster Interviewer: „Weißt du, das ist jetzt wie eine Kür nach dem Pflichtprogramm. Ich könnte mir sogar vorstellen, dass wir noch ein viertes Interview miteinander haben werden, obwohl wir doch jetzt wirklich schon drei Stunden hier sind."

Omar: „Ja, das war angenehm, würde ich sagen. ... Also, mir geht's besser als vorher, so. Ich hab ja heute noch nicht so viel gemacht und ich hab auch schon lange mit niemandem drei Stunden geredet, also, so, über solche Themen, über solche auch für mich wichtigen Themen.

9.5 Beziehungsqualität in der Forschungsdimension

> *Ich verarbeitete das ja, meine Probleme verarbeitete ich ja mein ganzes Leben lang schon und so das mit Abstand zu erzählen, das ist schön, und man wird ja auch 'n bisschen was los. Alles, was einem im Kopf rumfährt, das sind ja auch, wir reden ja auch über Gegenwart. Wir reden ja nicht nur über Vergangenheit. Und das jemandem jetzt mitteilen mitteilen zu können, ist auch was Schönes, eigen, kann ich natürlich mit 'nem Kollegen machen, aber euch nette Gesichter, geht... (Gelächter)." Das Gelächter überdeckt den Abschluss des Satzes.*

Dieser Gesprächsabschnitt ist sehr aussagekräftig. Auf Seiten der Interviewer zeigt er Einfühlungsvermögen, Sorgfalt im Umgang mit der eigenen Rolle, aber auch ein sehr großes Interesse an der Lebensgeschichte und an der Person Omars. Das ermöglicht es wiederum Omar, sich sehr tief in diese Beziehung einzulassen und sich in der Interviewsituation zu öffnen. Er fühlt sich wertgeschätzt und in seinem Selbstwertgefühl bestärkt, wenn er die Chance hat, den beiden Interviewern mit den „netten Gesichtern" über sich und seine Lebensgeschichte zu erzählen. Die Tatsache der Erzählung selbst aber wird von Omar auch als ein Element der Selbstveränderung und Selbstvergewisserung genutzt. Er ist nicht mehr nur der Auskunftgebende, und er drückt das auch sehr prägnant und nachdrücklich aus. Er spürt, dass er nicht mehr derselbe Mensch ist, der er früher war, und er betont, dass das Interviewgespräch für ihn selbst eine entlastende Funktion hat, indem er aus dem Abstand sich selbst gegenüber erkennt, wie viel sich bereits verändert hat. Jedes Interviewgespräch stellt für ihn auch eine Chance dar, Geschehnisse und Konflikte in seinem Leben zu verarbeiten. Er empfindet die Gespräche als Entlastung, und dies vielleicht auch deswegen, weil seine gegenwärtige Lebenssituation darin nicht nur nicht ausgeblendet ist, sondern eine zentrale Rolle spielt, und seine Gegenwart ist eben gekennzeichnet durch beträchtliche Erfolge wie Drogenabstinenz und eigene Lebens- und Haushaltsführung. Die beiden Interviewer sind Zeugen dieser Veränderung und können sie würdigen, denn sie wissen, von wo Omars Weg in die Gegenwart seinen Ausgang nahm. Die betonte Wechselseitigkeit der Beziehung zwischen Omar und den beiden Interviewern ist ein Hinweis auf die beträchtlichen Entwicklungsfortschritte, die Omar selbst genommen hat. Weder ist er passives Opfer ungünstiger Umstände noch der angepasste, brave Junge, der früher Mutters „Kuschelbär" war; ebenso wenig ist er aber auch der Väterlich Gebende, der den Interviewern bereitwillig aus seiner Lebensgeschichte erzählt, damit diese ihre Aufgaben gut erfüllen können. Es entsteht vielmehr der Eindruck, dass die Interviewsituation – das verlässliche Interesse einer Frau und eines Mannes – dazu beigetragen haben, notwendige Nachreifungsprozesse zu unterstützen. Dies wurde ermöglicht durch Triangulierungserfahrungen in der loyalen Solidarität des vaterlosen Jungen mit einem symbolischen Vater oder Vaterersatzfigur (Interviewer) vor dem Hintergrund der emotionalen Präsenz und anhaltenden Zugewandtheit einer Frau und symbolischen Mutter (Interviewerin). Dies mag auch dadurch besonders deutlich geworden sein, dass der Interviewer sehr aktiv, anteilnehmend und offen auf Omar zugegangen ist und dessen Vaterdefizit auf diese Weise hervorragend kompensieren konnte. Nicht zu unterschätzen ist jedoch auch die Fähigkeit der Interviewerin, sich situationsgemäß zu verhalten, nämlich große Zurückhaltung zu üben bei einem Jugendlichen, der sich aus einer symbiotischen Mutterbeziehung befreien musste.

Dass Omar gegen Ende des Interviews mit der Interviewerin über ihre schicken Schuhe scherzt, mag ein weiterer Hinweis darauf sein, dass er sich mit ödipalem Material beschäftigt, dieses aber nicht im Zentrum seiner Aufmerksamkeit steht, sondern hier die Beziehung unter den beiden Männern weitaus dominanter ist und die Frau emotional eher unterstützende Funktion für beide übernimmt. Zufällig hat sich also im Interview eine Konstellation ergeben, die auf Omars tiefste sehnsüchtige Bedürfnisse trifft: ihm fehlten ein starker Vater und eine Mutter, die ihre eigenen Bedürfnisse auch nachordnen kann. Die Interviewkonstellation entspricht dem Wunsch nach einer heilen Familie oder entsprechend gesunden Ersatzformen. Erst das vermag ihn aus seiner lebenslangen Versorgerrolle gegenüber der Mutter zu befreien: eine gesunde männliche Beziehungsperson, die ihn stützt und gleichzeitig Verantwortung für die Mutter übernimmt. Eine kleine Kostprobe davon wird von ihm in der Interviewsituation wahrgenommen, wertschätzend beantwortet und auch als individuelle Entwicklungschance begriffen, für die er dankbar ist. Auch hierin zeigt sich Omars deutlich gewachsene Fähigkeit, auf der symbolischen Ebene zu interagieren und kleine symbolische Kompensationen für sich persönlich nutzbar zu machen und zu integrieren. Er gestaltet die Beziehung erkennbar im interaktiven Modus der emotionalen Separation: Der andere ist als vollständig eigenständige Person wahrgenommen und repräsentiert und Omar selbst kann sich in seiner abgegrenzten Autonomie wahrnehmen und dennoch die vorhandene Beziehung nutzen.

Wenn die Beziehungsgestaltung der drei Beteiligten in den Fokus der Aufmerksamkeit genommen wird, zeigt sich eine beträchtliche Veränderung in der gesamten Entwicklung, die dazu geführt hat, dass Omar (wie sich in der zitierten Textstelle zeigt) sich um eine Anerkennung der beiden anderen bemüht und deren Interesse und Zuneigung annehmen und beantworten kann. Die wiederholte Interviewsituation ist in einem buchstäblichen Sinn zu einer Forschungs-Beziehung geworden und hat das von Benjamin so genannte >Dritte<, das gemeinsam gestaltete Verstehen, sichtbar hervorgebracht.

9.6 Fazit: Welcher Erkenntnisgewinn ergibt sich daraus?

Die Untersuchung der Gegen-Übertragungsgefühle und kollusiven Verstrickungen darf aber in ihrer Reichweite nicht überschätzt werden: Im Forschungsprozess spielt sie für ein vertieftes Fallverstehen letztlich nur eine begrenzte Rolle. Sie trägt dazu bei, Blockaden und agierte Szenarien zu erkennen und Gefahren abzuwenden, die den Forschungsprozess zum Entgleisen bringen können. Hierfür hat sie zweifellos eine nützliche Funktion.

Zu warnen ist vor einer Überschätzung ihrer systematischen Bedeutung. In einer gewissen Analogie zur Behandlungstechnik kann es auch in der hermeneutischen Forschung zu einer übermäßigen Betonung der Übertragungsdeutungen im Hier und Jetzt kommen.[87] Übertragungsprozesse sind als ständiges Oszillieren zwischen Inhalts- und Übertragungsanalyse zu verstehen, denn das eine ist ohne das andere nicht denkbar. Jede Übertragungsdeutung im Hier und Jetzt muss daher auf ihre historische Dimension, also die Geschichte, bezogen werden können. Im Forschungskontext bedeutet das eine besondere Achtsamkeit im Umgang mit der Deutung der Gegen-Übertragung in direktem Bezug zum Fallverstehen (Es wäre gewiss fatal, wenn kurzschlüssige Verallgemeinerungen vorgenommen werden in der Art: „Wenn die Forscher sich durch die Interviewee derart manipuliert fühlen, muss das als Beweis gelten, dass sie immer manipuliert"). Jede auf Fallverstehen bezogene Schlussfolgerung, die aus der Interpretation von Gegen-Übertragungsmaterial gewonnen wird, ist durch den direkten Bezug auf die manifesten Interview-Texte und die gesamte Fallrekonstruktion zu sichern. Wenn das gelingt, und wirklich nur dann, kann die Gegen-Übertragungsdeutung als eine weitere Sicherung des Fallverstehens gelten.

Gerade früh gestörte Patienten, denen die Worte fehlen und die daher vieles nonverbal ausdrücken, erleben Deutungen oft als intrusiv-manipulierend, wenn

---

[87] Damit einher geht die Befürchtung, dass mit der wachsenden Bedeutung der Übertragungsanalyse als Behandlungstechnik die Inhaltsanalyse (Vor und Frühgeschichte der Patienten) sukzessive marginalisiert wird und in dieser Konzeption die Psychoanalyse zu einer „*ahistorischen* Behandlungstechnik mutiert" (Bohleber 2005, S. 7). Die Methode der freien Assoziation wird ebenfalls immer bedeutungsloser, wenn der Analytiker qua seiner Fähigkeiten zur Identifikation und seiner Empathie mit dem unbewußten Erleben des Patienten fühlt, worum es „eigentlich geht." Dabei wird unterstellt, dass er aufgrund seiner Eigenanalyse keinerlei neurotische Eintrübungen mehr hat und daher implizit in einer besserwisserischen Position aus deutet – die Sorge vor Indoktrination und Gegenübertragungsagieren ist wohl begründet. Daraus erwächst ein „professionelles Phantasma, nämlich die Idee, dass es Analytikern möglich wäre, mittels ihres Unbewußten das Unbewußte des Patienten aufzunehmen und zu *erraten*, denn sie glauben sich wegen ihrer Lehranalyse befreit von eigenen neurotischen, also störenden Komplexen" (ebd., 416)

der Analytiker versucht, das für sie selbst Unsagbare in seine Worte zu fassen.[88] Es ist eher Hochmut als wirkliches Verstehen, wenn Analytiker, und erst Recht Forscherinnen, die sich in eine Übertragungs-Gegenübertragungs-Kollusion verstrickt haben, sich dennoch als die Überlegenen, die Wissenden definieren, die behaupten, verstehen zu können, was der Patient/Interviewee auf dem Wege der Inszenierung mitteilt. Eine solche Haltung erhöht das Risiko, die beschriebenen Inszenierungen allein zu Lasten der Patientin/Interviewee zu deuten und auf diese Weise deren vormalige Instrumentalisierung durch die Eltern zu wiederholen, dieses Mal in Form stellvertretender Sinnzuschreibungen, die den Eigenanteil des Forschers nicht erkennen lassen. Schlussendlich löst in der Behandlung keine noch so treffende Deutung die Übertragung auf, sondern der „reine Gang der Zeit, die man dem Prozess der freien Assoziation lässt" (Klemann 2008, S. 419), denn jener führt zurück auch zu Inhaltsdeutungen, die mit den Übertragungsdeutungen verbunden werden müssen. Dies gilt in besonderem Maße für den deutenden Umgang mit der Forschungsbeziehung, in der es ja nicht um Gesundung geht. Die Analyse der emotionalen Reaktionen der Forschenden darf nicht zum Selbstzweck werden. Daher muss sie zwingend immer wieder an die Interview-Texte bzw. die bereits erarbeitete Fallrekonstruktion gebunden werden.

Das führt für zu dem abschließenden Gedankengang, welche Kollusionen in den drei geschilderten Beispielen vorlagen. Diese Vorgänge zu untersuchen und im vorliegenden Kontext auch relativ ausführlich zu analysieren rechtfertigt sich einmal durch die Vermutung, dass sich jugendliche Drogenabhängige auch in der Forschungsbeziehung durch Enactments ausdrücken werden, zum anderen aber auch durch die Notwendigkeit zu zeigen, vor welchen Herausforderungen ein Vorhaben steht, solche Enactments zu beforschen und gar mit einer biografischen Perspektive im jungen Erwachsenenalter zu verknüpfen. Die Kollusionen sind aber hier nur insoweit von Interesse, als sie neue Perspektiven auf das Fallverstehen ermöglichen oder bestehende Hypothesen auf der Ebene der „Gegen-Übertragungsanalyse" verifizieren bzw. stützen.

Noch bedeutungsvoller sind diese Aspekte aber vielleicht in Bezug auf die Hinweise, die alle diejenigen daraus zu ziehen vermögen, die mit Jugendlichen arbeiten, ob als Lehrer, Sozialarbeiter oder Therapeuten. Das unbewusste Inszenieren als Ausdruck einer Not verstehen zu lernen und in die verbale Sprache zu übersetzen ist dabei das eine; mindestens ebenso wichtig ist es aber, die eigene Tendenz zum Mitagieren zu erkennen und einer systematischen Reflexion zu unterziehen – und diesem Vorgang viel professionelle Zeit zu widmen. Denn nur

---

[88] Bollas (1987) hat diese im prozeduralen Gedächtnis gespeicherten Erinnerungen als „das ungedachte Bekannte" beschrieben.

9.6 Fazit: Welcher Erkenntnisgewinn ergibt sich daraus?

dann, wenn es wirklich in einer vertrauensvollen Atmosphäre und über einen längeren Zeitraum gelingt, in den „Tanz" des/r Jugendlichen agierend (aber reflektierend) mit einzusteigen, können entsprechende Erfahrungen gesammelt werden. Unnötig zu betonen, dass dieser Prozess äußerst schmerzhaft ist, auch für die beteiligten Professionellen.

10 Die dritte Chance wird genutzt: Glanzvolle Erfolge und beachtliche Fortschritte im biografischen Verlauf

Am Anfang dieses Buches wurden die 18 Jugendlichen, deren Biographien erforscht wurden, in knappen Skizzen vorgestellt. Diese Jugendlichen haben die empirische Grundlage dieser Untersuchung geschaffen und gestaltet, indem sie sich auf ein oder mehrere Interviews mit ihnen völlig fremden Menschen einließen. Zunächst war ihre Lebensgeschichte bis zu dem Beginn ihrer stationären Therapie auf Teen Spirit Island dargestellt worden.

Diese Jugendlichen sollen auch zum Abschluss den ihnen gebührenden Raum haben, indem wir uns mit ihrem weiteren Entwicklungsprozess befassen. Wir blicken dabei auf unterschiedlich umfangreiches Material, wenn wir ihre weitere Entwicklung nun ebenso knapp wie verdichtet präsentieren. Alle haben jedoch einen wichtigen Schritt getan, indem sie sich auf die Therapie eingelassen haben und sie mindestens sechs Monate durchgehalten haben: Ein halbes Jahr stationärer Therapie war die Bedingung, um an der Untersuchung teilnehmen zu können. Von einigen gibt es nur dieses erste Interview, viele sprachen ein Jahr später ein weiteres Mal mit uns, bei einigen verfolgen wir ihre weitere Entwicklung über mehrere Jahre.

Worauf gründet sich die folgende Kurzdarstellung der biografischen Verläufe? Sie basiert auf umfangreichen Fallrekonstruktionen, die für jeden einzelnen Jugendlichen ausgearbeitet wurden. Die Grundlage des Materials waren, daran sei erinnert, die Transkripte der Interviews, Beobachtungen der Interviewer sowie die verschiedenen Auswertungsgänge durch das Material, vor allem die tiefenhermeneutischen Interpretationen besonders wichtiger Textabschnitte. Es handelt sich daher zunächst um die Zusammenstellung der Informationen aus dem manifesten Text, die Sachverhaltsaussagen und die Selbstzeugnisse der Jugendlichen, wie sie im Interview Auskunft geben und die Narrationen entwickeln. Dieser manifeste Text mit seiner Oberflächenstruktur ist die erzählte Geschichte. Diese berichtet keine objektive Wahrheit, vielmehr enthält sie die je besondere subjektive Sichtweise und damit „gefühlte Wahrheit" der Erzähler. Eine solche Erzählung wird in der Interviewsituation gemeinsam konstruiert, d.h. die Narrationen sind zudem äußerst situationsabhängig. Dort, wo mehrere Interviews vorliegen, werden auch Vergleiche zwischen den Erzählungen gezogen: Was sagt die Interviewee im ersten, zweiten und dritten Interview etwa zum Hintergrund ihrer Drogensucht oder zu ihrem Selbstbild. Diese Vergleiche machen auf Widersprüche, Veränderungen in der Einschätzung, Auslassungen und veränderte Prioritätensetzung aufmerksam. Diese Ebenen erschließen sich mit der Frage danach, *was* im manifesten Text gesagt wird; Leithäuser und Volmerg (1988) nennen es das logische Verstehen. In einem weiteren Schritt werden die verschiedenen Narrationen auf Sprachstil, Konsistenz, Veränderung der benutzten Bilder und Sprachspiele hin untersucht. Atmosphärische Elemente, die Beziehung zwischen allen am Interviewgespräch Beteiligten, Rhythmus und Kommunikationsfluss kreieren eine bestimmte Situation, in der lebendige Menschen miteinander in Kontakt treten. Dieser Modus des Textverstehens kann als psychologisches Verstehen gekennzeichnet werden und folgt der Frage, *wie* gesprochen wird.

Damit nähert sich die Auswertung der Tiefenstruktur der Texte. Sie wird als eine nicht bewusste, aber potentiell dem Bewusstsein zugängliche Dimension des sprachlichen Ausdrucks bezeichnet, die aber durchaus in alltäglichen Erzählungen biografisch bedeutsame Themen und Haltungen erreicht, die nicht-intentional zum Ausdruck kommen. In szenischen Verdichtungen werden biografisch relevante Verletzungen dann erkennbar, wenn sie sich wiederholt zur Geltung bringen.

Noch tiefer in die unbewusste Struktur der Erzählung dringt die tiefenhermeneutische Interpretation vor, indem sie durch die periphere Teilhabe der Interpreten an der Szene mittels des szenischen Verstehens zur Rekonstruktion dynamisch unbewusster Konflikte zu gelangen versucht. Dieser Zugang zu einer tiefen Verstehensform folgt der Frage, *warum gerade so* gesprochen wird (vgl. Leithäuser und Volmerg 1988, Morgenroth 1990, 1996)

Der Vergleich dieser so gewonnenen Interpretationsergebnisse über einige Jahre der Entwicklung erlaubt Aussagen über Veränderungsprozesse in der intrapsychischen Struktur – ein Anliegen, das wir mit dem erklärten Ziel der Therapiestation Teen Spirit Island in Verbindung bringen, günstige Bedingungen für eine psychische Nachreifung der Jugendlichen zu schaffen.

Gerade der Vergleich der unterschiedlichen Narrationen im Längsschnitt erweist sich als überaus reichhaltig und aufschlussreich. Dabei gehen wir von den Veränderungen aus, die sich im Stil und sprachlichen Ausdruck zeigen, und einen Rückschluss auf Veränderungen im intrapsychischen Geschehen zulassen. Erinnert sei hier an die häufig als Enactments bezeichneten Phänomene der ersten Interviews (vgl. Marion, Kapitel 2, sowie Alexander, Kap. 5), die auf eine nur wenig integrierte Affektregulation verweisen und eine weitreichende Unfähigkeit zeigen, intrapsychische Prozesse in einen verbalen Ausdruck zu bringen. Wenn aus diesen körpersprachlichen und agierten Szenen verbale Aussagen über aktuelle und vergangene Gefühle werden, wenn also tatsächliche Narrationen entstehen, wird die immer wiederholte ursprüngliche traumatische Szene, die als bestimmte Interaktionsform gespeichert ist und zur Wiederholung drängt, zu einem wirklichen Sprachspiel im Sinne einer sprachsymbolischen Interaktionsform. Erst damit wird sie auch der subjektiven Verarbeitung zugänglich, der Umgestaltung durch die Jugendlichen selbst.

10.1 Was ist aus den Jugendlichen geworden, wie ging es weiter?

Im Folgenden werden nun die Fortsetzungen der Biographien zu lesen sein: Wie sie nach der Therapie auf Teen Spirit Island ihr Leben gestaltet haben, was ihnen geschieht und in welchem Umfang sie zu Gestalter/innen ihres Lebens geworden sind, ist zentraler Gegenstand dieser kurzen Fallrekonstruktionen.

1. Tim lernt einen angemessenen Umgang mit seinen Aggressionen durch Verbalisierung. Nach dem Abbruch seiner Lehre zum Mechaniker ist er zwei Jahre nach Abschluss der Therapie in einem Tierheim sehr engagiert tätig und möchte dort auch die Ausbildung zum Tierpfleger machen. Er hat eine langfristige Liebesbeziehung zu einer früheren Mitpatientin erlebt, die ihm sehr viel bedeutet hat.

Unter anderem in dem Entschluss, eine Therapie zu beginnen, liegen Ressourcen, die ihm dazu verhelfen, in seinem Leben Verantwortung zu übernehmen und dies auch trotz der zweifellos traumatischen Bedingungen in seiner Kindheit zu verwirklichen. Während der Therapie helfen ihm die festen äußeren Strukturen und die Begegnung mit den Problemen anderer Jugendlicher sowie die kontinuierlichen Beziehungen zu Bezugstherapeuten, nachholend etliche seiner Probleme zu bearbeiten. Durch das wachsende Verständnis der inneren Zusammenhänge und durch die Möglichkeit, den inneren Druck über Sprache abzubauen, verringert sich auch das Symptom des Stotterns signifikant. Dass er während der Therapie keinen Rückfall hat, kann seinen strengen Über-Ich Anforderungen geschuldet sein, denn Suchtdruck verspürt er immer noch. Tim wird auch in Zukunft mit Konflikten zu kämpfen haben, die bislang ungelösten Probleme der Triangulierung werden ihn vor neue Herausforderungen stellen, um seine Autonomie von realen Objekten zu stärken. Auch wenn er gelegentlich Cannabis zur Entspannung einsetzt, ist doch deutlich geworden, dass die Zunahme seiner Realitätstüchtigkeit und seiner Ich-Fähigkeiten ihn in die Lage versetzt, seinen Konsum zu kontrollieren. Durch die Therapieerfahrung hat er Konfliktbearbeitung und Beziehungsgestaltung gelernt, vor allen Dingen aber ist es ihm möglich geworden, seine inneren Konflikte sprachlich auszudrücken. Durch diese zusätzlichen Verbalisierungsfähigkeiten hat Tim ganz eindeutig weitere Ressourcen gewonnen, um seinen eigenen Entwicklungsprozess positiv fortzuführen.

2. Svenja hat ein Jahr später alle ihre Ziele erreicht und übertroffen: Schulabschluss, Führerschein und Job, der sie auf ihre Ausbildung an eine Fachhochschule vorbereitet. Sie ist vollkommen clean und stolz darauf, ihre Junkie-Zeit erscheint ihr wie aus einer anderen Welt. Empathiefähigkeit und Frustrationstoleranz geben ihr neben ihrem ausgeprägten Reflexionsvermögen die Basis für die weitere Entwicklung und das Gefühl einer völligen Kehrtwende in ihrem Leben. Vor Drogen empfindet sie jetzt einen Ekel. Den traumatischen Tod ihres Vaters bearbeitet sie weiterhin in einer Therapie, kann aber jetzt schon darüber sprechen.

Svenjas Entwicklung zeigt, dass sie sich aus dem Teufelskreis der zwanghaften Abhängigkeit weit herausbewegt hat. Sie ist aus dem negativen Verstärkungszusammenhang in einen positiven, konstruktiven Verstärkungszusammenhang eingetreten. Sie motiviert sich selbst, bei Rückschlägen und Krisen erinnert sie sich an vorheriges Gelingen und vergewissert sich ihrer eigenen Fähigkeiten, d.h. sie kann ihre Selbstwertkrisen im Sinne eines konstruktiven Krisenmanagements meistern. Sie spürt keinerlei Suchtdruck mehr. Zu betonen ist auch, dass für Svenjal eine ganze Reihe günstiger Umstände und protektiver Faktoren vorhanden sind. Die damit eintretenden Erfolge unterstützen natürlich dieses positive Verstärkersystem und speisen es mit realen Erfahrungen.

3. Jenny hat die Therapiezeit ungewöhnlich lange durchgehalten, sich auf Teen Spirit Island mit Mädchen angefreundet und nach langem Widerstand eine angesehene Position in der Patienten-Gruppe erlangt. Dennoch vermisst sie ihre alte Clique. Ihr Umgang mit Aggressionen ist weiterhin ein Problem, jedoch jetzt stärker autoaggressiv gewendet als zuvor. Sie hat jetzt mehr Zugang zu ihren depressiven Anteilen, der Suchtdruck lässt langsam nach. Ihre Mutter und deren Freund haben die Familientherapie aktiv genutzt, sie wird in die Familie zurück-

10.1 Was ist aus den Jugendlichen geworden, wie ging es weiter?

kehren. Sie ist sehr besorgt darüber, dass sie von ihrem Heimatort aus die Therapie nicht wird fortsetzen können, weil das zuständige Jugendamt ihres Heimatortes die Therapie auf Teen Spirit Island nicht länger finanziert. Tatsächlich bricht der Kontakt zu Jenny nach dem ersten Interview ab.

4. Peter wechselt auf eigenen Wunsch für fünf Monate in die betreute Wohngemeinschaft Step Kids, bevor er eine eigene Wohnung bezieht. Er bereitet sich intensiv auf seinen Hauptschulabschluss vor und lernt, die häufig frustrierenden Schulerfahrungen zu verarbeiten, zumal er eine Lehrstelle als Dachdecker in Aussicht hat. Er nutzt weiterhin die Einzeltherapie und pflegt seine neuen sozialen Bezugssysteme. Mit seinen Aggressionsdurchbrüchen geht er wesentlich bewusster um, wenn der Druck steigt, treibt er Sport, er geht dann Laufen. Auch Alkohol nimmt er sehr kontrolliert zu sich und bespricht jeden Konsum mit seiner Therapeutin. Von der früheren Clique und auch von der Familie hält er sich eher fern, in deren pathogenen Einflüssen sieht er die eigentliche Rückfallgefahr. War er zu Beginn seiner Zeit in Teen Spirit Island in einem derart verstörten Zustand, dass er große Probleme hatte, sich sprachlich zu verständigen, vermag er jetzt auch über traumatische Erlebnisse zusammenhängend zu berichten. Damit hat er Voraussetzungen geschaffen, sich den aufwühlenden, beängstigenden und zerstörerischen Themen seiner Vergangenheit zuzuwenden. Auch dass er sich nicht alleine die ganze Verantwortung für seine Probleme als Kind und Jugendlicher gibt, sondern den Anteil seiner Eltern daran erkennt, zeugt von einer immens gewachsenen Differenzierungsfähigkeit hinsichtlich der Hintergründe seiner Problematik. Zum Zeitpunkt des zweiten Interviews hat er sich klare Ziele gesetzt und investiert viel Energie, diese zu verfolgen. Diese entschlossene, realistische und lebensbejahende Einstellung zeigt, dass er den festen Willen hat, den schwer erarbeiteten Neuanfang zu nutzen und auszubauen.

5. Lou lebt auch ein Jahr nach Abschluss der stationären Therapie völlig abstinent, wohnt in einer betreuten Wohngemeinschaft, hat den Führerschein gemacht und besucht die Schule. Ihr hohes Maß an Selbstreflexion, ihre neu erworbene Fähigkeit, in sozialen Zusammenhängen zu leben und Freundschaften zu schließen, also nicht-symbiotische Beziehungen einzugehen, und ihr Wissen um zwanghafte Suchtstrukturen lassen sie sehr nachdenklich sein bezüglich der Rückfälle ihrer jungen Mitpatientinnen und -patienten. Sie ist aufrichtig bekümmert und auch zornig, dass viele von ihnen es nicht so gut geschafft haben, wie sie selbst, clean zu bleiben. Die Gefahr, die mit der Rückkehr in das alte Milieu verknüpft ist, drückt sich in jedem ihrer Worte aus. Aus diesen Überlegungen kommt sie für sich selbst zu einer interessanten Schlussfolgerung: Sie bleibt clean aufgrund einer eigenen Entscheidung, nicht aufgrund äußeren Zwangs, ihrer Mutter oder ihrem Therapeuten zuliebe.

6. Ole geht nach dem ersten Aufenthalt in Teen Spirit Island zurück in seinen Heimatort in eine betreute Wohngemeinschaft und wird schnell rückfällig, geht für sechs Wochen erneut zu Teen Spirit Island, wiederholt den Zirkel, bis seine Eltern sich weigern, ihn wieder aufzunehmen. Nach einigen Wochen auf der Straße macht er einen Entzug, lebt seither (einige Monate) abstinent und hilft den Eltern im Haushalt. Den Schulabschluss hat er nicht geschafft, auch andere Projekte aufgegeben. Seine paranoiden Phantasien beziehen sich auf Vernichtungsdrohungen, die eine fundamentale Angst ausdrücken, dass eine gute (menschliche) Verständigung scheitert. Ole müht sich also um Verstehen und Verständigung, was seine beträchtliche Verbalisierungsfähigkeit und seinen Reichtum an phantasievollen Bildern erklärt. Seine Phantasien sind auch ein Ausdruck seines Kampfes um Leben und Lebendigkeit, die für ihn an Verstehen und Verständigung geknüpft sind. Wenn Missverstehen für ihn Vernichtung bedeutet, ist die Notwendigkeit, etwas zu verstehen auch ein Ausdruck des Kontrollversuches oder der Rückgewinnung von Handlungsfähigkeit im eigenen Leben, die darüber gewährleistet wird, dass der Gegner ein Gesicht bekommt. Dennoch zeigen der Wunsch nach Schadensausgleich für die Eltern, seine Zuneigung zu Tieren und seine Bitte, wieder aufgenommen zu werden (bei Teen Spirit Island und den Eltern) eine deutlich gewachsene reflexive Kompetenz: Er kann sich jetzt vorstellen, was sein Verhalten für andere bedeutet. Das setzt Empathiefähigkeit und ein angemesseneres Realitätsvermögen voraus.

7. Danielas Versuch, in der eigenen Wohnung zu leben, scheitert bald, weder kommt sie mit Geld zurecht noch bleibt sie abstinent. Dennoch hat sie ein klares Bewusstsein für die Notwendigkeit, sich eigenständig „herunterzudosieren" – sie nutzt deutlich weniger chemische Substanzen, auch wenn es zwischen ihr und der Droge noch immer um einen Machtkampf geht: Wer hat die Kontrolle, wer gewinnt – sie oder die Droge? Sie ist da noch nicht sicher. Eine gute Erfahrung liegt in einer Berufsvorbereitungsmaßnahme, in der sie sich als kompetent und leistungsstark erlebt und motiviert wird, eine Berufsausbildung anzustreben. Ihre Bindung an das Teen Spirit Island-Team ist dennoch im Kern stark und tragfähig, zweimal geht sie zur Notfallbehandlung zurück. Sie baut Freundschaften auf und reflektiert sich als Teil von Beziehung – das zeigt sich auch in der Beziehung zur Interviewerin, bei der sie sich entschuldigt, nachdem sie sie mehrfach versetzt hatte. Der Kontakt zur Herkunftsfamilie ist vollständig abgebrochen (demgemäß auch keine Beteiligung an der Familientherapie), sie sucht eine liebevolle Beziehung (ihr gegenwärtiger Freund ist jedoch drogenabhängig) und möchte ihre Schulden zurückzahlen. Wenngleich noch extrem gefährdet, hat sie eine konkrete Ahnung von einem Leben mit konstruktiven, haltenden Beziehungen und befriedigenden Aufgaben entwickeln können, eine Idee von einem Leben, das nicht durch die Droge kontrolliert wird, sondern in dem die wechselseitig gestalteten und verantwortungsvollen Beziehungen die entscheidende Bedeutung besitzen.

8. **Maria** durchläuft in den Jahren nach der stationären Therapie eine eindrucksvolle Entwicklung. Ein Zusammenleben mit der Mutter scheitert zwar, aber sie verlässt die Großstadt und geht damit zu allen pathogenen Einflüssen ihres bisherigen Lebens auf Distanz. In einem Kinderheim beginnt sie die Ausbildung zur Erzieherin, nachdem sie den Schulabschluss und den Führerschein erlangt hat. Nach einem Jahr trennt sie sich auch von dem Freund, dessen emotionale Abhängigkeit von ihr sie beengt. Sie schließt neue Freundschaften, identifiziert sich positiv mit der Aufgabe als Erzieherin, und hat immer größere Erfolge in der Kontrolle ihrer Symptome. Sie lebt seither abstinent, und auch das selbstverletzende Verhalten, das unmittelbar nach Abschluss der stationären Therapie noch anhielt, ist zwei Jahre später verschwunden. Sie spürt keinen Suchtdruck mehr und hat sich seit Monaten nicht mehr geschnitten. Sie weiß mit Krisensituationen anders als durch Selbstverletzung und Drogengebrauch umzugehen. Maria hat andere Formen des Selbstmanagements gefunden. Sie nimmt ihren Körper und seine Signale wahr, ja, sie nutzt ihn zum Ausdruck von Aggressionen, zum Abbau von inneren Spannungen. Zudem sucht sie aktiv einen stützenden Beziehungskontakt, wenn sie sich einsam fühlt. Sie kann heute über ihre Krisen und über ihre Zustände von Unglück und Unbehagen sprechen, sie findet Worte für diesen Zustand gegenüber vertrauensvollen Menschen, etwas, wozu sie früher nicht in der Lage war und was sie durch szenisches Agieren zum Ausdruck gebracht hat. Sie kann die Gegenwart anderer Menschen inzwischen positiv für sich nutzen und Beziehungen dosiert gestalten und eigene Grenzen setzen. Die Erfahrungen in Teen Spirit Island haben ihr ganz offenkundig Nachreifungsprozesse ermöglicht und zwar vor allen Dingen auf der Ebene alternativer Beziehungserfahrungen. Die Erfahrung, dass Beziehungen auch stabil sind und erhalten bleiben, wenn es Rückschläge gibt und Streit, betont Maria immer wieder als besonders wichtig in ihrem therapeutischen Prozess. Diese alternativen Erfahrungen haben die Welt ihrer inneren Objekte verändert; das ist ein Umgestaltungsprozess, an dessen Ende ein deutlich stabileres Selbstwertgefühl steht, ein realisti-

scher Bezug zu den eigenen Möglichkeiten im Bereich von Kompetenz und Leistung und ein Wunsch nach Autonomie, d.h. nach selbständiger Lebensgestaltung, der nicht eine bloße Flucht vor destruktiven Beziehungen oder qualvollen inneren Zuständen ist.

9. Jaqui machtwährend der stationären Behandlung völlig neue Erfahrungen, besonders profitiert sie, die Einzelkämpferin, von der Einzeltherapie, in der sie erfährt, dass jemand ihr eigene Gefühle, Wahrnehmungen und Worte zur Verfügung stellt, mit deren Hilfe sie sich selbst verstehen lernt. Auf diesen dyadischen Kontakt kann sie sich einlassen; schwerer ist es mit den Gruppenangeboten, dort fühlt sie sich bedrängt und nicht verstanden. Aber der strukturierte Tagesablauf, neue Körpererfahrungen, Unterstützung beim Entzug und die Selbstwahrnehmung ohne Drogen öffnen ihr die Augen für eigene Möglichkeiten. Sie macht positive Lernerfahrungen, besonders im Hinblick auf die Symptomkontrolle und den Umgang mit Suchtdruck – von ihr stammt der schöne Ausdruck „sich freidenken" von diesem Druck.

Jaqui hat offenkundig verstanden, dass eine innere Konfrontation, ein Nachdenken über Suchtdruck und absichtsvoll eingesetzte Tätigkeiten eine Hilfe sein können. Bewusstheit und bewusste Reflexion sind ihr also als Möglichkeiten bekannt, schwierige Situationen anders als früher zu handhaben. Allerdings verfügt sie am Ende der Therapie kaum über alternative Handlungsweisen im Umgang mit Suchtdruck und Krisen. Sie ist noch nicht an einem Punkt, von dem aus sie positive Bestimmungen für ihr Leben vornehmen kann, noch hat sie keinen positiven Entwurf für ein drogenfreies Leben. Das Praktikum in einer Tischlerei ist ein vager Plan, die poststationäre Lebensform ist bei der Entlassung noch nicht geklärt: Sie will bei Bekannten unterschlüpfen.

Die Folgen des extremen Mangels an haltender Beziehungserfahrung in Jaquis Kindheit konnte in dem halben Jahr therapeutischer Arbeit in Teen Spirit Island nur ansatzweise bearbeitet werden. So ist es ihr in der therapeutischen Arbeit in der Einzeltherapie offensichtlich ganz gut gelungen, einen konstruktiven Arbeitsprozess auf der Basis eines guten Arbeitsbündnisses herzustellen, sehr viel weniger Nutzen hat sie vermutlich aus der Gruppentherapie ziehen können, die für sie eine erklärte Überforderung darstellte, solange nicht stabile Primärerfahrungen etabliert sind. Leider konnte der Kontakt zu ihr nicht aufrechterhalten werden, nachdem sie die Stadt verlassen hat.

10. Sven hat ein Jahr nach der regulären Entlassung aus Teen Spirit Island eine stürmische Entwicklung hinter sich. Eine Serie von Rückfällen der gesamten

10.1 Was ist aus den Jugendlichen geworden, wie ging es weiter?

Gruppe bei Step Kids destabilisiert ihn schnell, und bei einer gemeinsamen Ferienfreizeit mit seiner Schwester werden beide für längere Zeit intensiv rückfällig. Die symbiotische Beziehung der Geschwister scheint in Abgrenzung zu der konflikthaften, sehr mit sich selbst befassten Beziehung zwischen den Eltern entstanden zu sein. Die enge Geschwisterbeziehung ist jedoch auch ein Schutz vor den Folgen der ernsthaften psychischen Erkrankung der Mutter. Die Geschwister nutzen die Drogen, um mit Konflikten besser fertig zu werden, und beide nutzen die Beziehung zu einander, um Beziehungsdefizite zu kompensieren. Sven fühlt sich abhängig von der Haltung und Einstellung der Schwester zu den Drogen. Es fällt ihm schwer, sich separiert von ihr zu denken. Er verordnet sich gleichsam den Entzug der Beziehung zur Schwester, um nicht durch sie in die Gefahr eines erneuten Drogenkonsums zu geraten. Eine Analogie zum Thema Abhängigkeit und Sucht sowohl von Drogen als auch von der Geschwisterbeziehung wird also ganz deutlich, von beidem kommt er nur los durch einen klaren Abbruch, durch Entgiftung, durch Vermeidung von Kontakt. In beiden Fällen kennt Sven das angemessene Verhalten und ist dennoch unsicher, ob er die Kraft besitzt, dieses Verhalten auch zu praktizieren. Seine mentalen Kräfte sind nicht im gleichen Maße gewachsen wie seine Einsichtsfähigkeit. Die Dynamik von Weglaufen und Wiederkommen spielt in Svens Entwicklung eine besonders große Rolle, es zeigt sich hieran, wie dringlich er die Aufrechterhaltung eines konstanten und in sich konsistenten Bezugssystems benötigt und wie hilfreich die Tatsache ist, dass sowohl Teen Spirit Island als auch Step Kids diese Kontinuität zur Verfügung gestellt haben. Offenkundig brauchte Sven im Sinne der agierenden Reinszenierung vielfältige Wiederholungen einer frühkindlichen Beziehungsproblematik, die die Wurzeln für seine spätere Entwicklung in die Drogenabhängigkeit dargestellt haben. Nur indem Teen Spirit Island und Step Kids konzeptuell auf diese Problematik eingehen und regelhaft und mit erträglichen Restriktionen verknüpft Strukturen bereit halten, die diese Re-Inszenierungen erlauben und die emotionale Integration der Bedeutung dieser Vorgänge ermöglichen, entwickelt sich für Sven die therapeutisch-sozialpädagogische Erfahrung zu einer dritten Chance, den Ursprungskonflikt zu bearbeiten. Dass er dabei auf einem guten Weg ist, zeigt sein Durchhaltevermögen im schulischen Bereich (er verschafft sich durch Schulabschlüsse die notwendigen Voraussetzungen für eine selbstständige Lebensgestaltung), auch seine beruflichen Orientierungen entwickeln sich. Seine große Sorge um das Wohl der Schwester zeigt ihre enge Verbundenheit. Aber: Suchtdruck verspürt er nicht mehr.

11. Antonia hat während ihrer Therapiezeit auf Teen Spirit Island zum christlichen Glauben gefunden, der ihr Halt gibt. Gegen den Widerstand ihrer Familie hat sie sich heimlich taufen lassen und behauptet hier ihre Unabhängigkeit. Die gewünschte Ausbildung hat sie begonnen und lebt bei Step Kids mit dem Ziel, bald in eine eigene Wohnung zu wechseln. Die Therapie auf Teen Spirit Island hat sie zunächst noch fortgesetzt, ist nun aber unzufrieden und gegen Ende wütend auf den Arzt. Sie hat sich bereits eine neue Therapeutin gesucht, und auch der Leiter der Wohngruppe steht ihr beratend zur Seite, wenn sie ihre Träume mit ihm bespricht. Die Therapeuten-Tochter sucht sich also die Hilfe von drei Therapie-Expert/innen. Sie, die unter der Trennung ihrer Eltern sehr gelitten hatte und nichts mehr ersehnte als die Wiedervereinigung der Familie, kann heute Loyalitätskonflikte selbstbewusster handhaben, indem die Hilfe eines Dritten, von verständnisvollen und kompetenten Erwachsenen suchen und nutzen kann. Antonia hat heute eine Ahnung davon, wie Konfliktbewältigung auch in schwierigen Situationen dadurch erfolgen kann, dass sie ihre Ressourcen nutzt und Hilfe in Anspruch nimmt. Triangulierungsprozesse, die bei Scheidungskindern gerade in der verletzlichen Phase der frühen Entwicklung häufig nur unter großen Schwierigkeiten stattfanden, zu Fehldeutungen von Realität führen oder eben ganz und gar unterbleiben, werden im Fall von Antonia in der Realität nachgeholt und unter Zuhilfenahme einer realen dritten Person bewältigt. Ihrem Bedürfnis nach Abgrenzung und Schutz vor Überwältigung folgt sie durch eine betonte Stabilisierung ihrer Körpergrenzen. Wie intensiv sie sich auf sportliche Betätigungen einlässt und dass sie die eigene Körpererfahrung ins Zentrum nicht nur ihrer Freizeitgestaltung stellt, sondern auch ihre Berufsausbildung daran orientiert, zeigt einen stabilen Realitätsbezug, klare Zeitperspektiven und ein wachsendes Wissen um eigene Potentiale. Es zeigt jedoch ebenso ihren Nachholbedarf, sich in ihrem eigenen Körper wirklich sicher und verlässlich geerdet zu fühlen.

12. Philip hat nach sechs Monaten Therapie, deren Freiwilligkeit er stets betont, seine prahlerische und hochstaplerische Haltung nur wenig verändert. Er verachtet manche Therapeuten und glaubt sich ihnen überlegen. Dennoch verunsichern ihn die permanenten Beziehungsangebote, denen er sich auf Teen Spirit Island nicht entziehen kann. Es wird ihm merklich schwerer, seine Fassade der Überlegenheit aufrecht zu erhalten, auch wenn er seine Sonderstellung verteidigt. Mit dem Abschluss des stationären Aufenthalts fordert er eine eigene Wohnung mit mobiler Betreuung in der Haltung, dass ihm als baldigem Abiturienten und zukünftigem Studenten eine solche Ausstattung zusteht. Er kann jedoch nicht umhin zu erkennen, dass er auf Teen Spirit Island offener geworden ist, sein tiefes Misstrauen hinter der angepasst-überheblichen Außenseite hat er eingestehen müssen. Zudem leidet er noch immer täglich unter starkem Suchtdruck und vermisst die Droge sehr, bereut auch seine früheres Leben durchaus nicht – er ist an den Stoff noch sehr gebunden.

Enge Beziehungen zu anderen Menschen geht Philip nicht ein, sie bedeuten ihm nichts, er spielt verächtlich mit ihnen. So fehlt ihm jedes Verantwortungsgefühl, er hat keine echten eigenen Ziele, für die er sich engagiert, und er vertritt keine eigenen Werte, im Gegenteil hat er eher das Interesse, sich das Leben möglichst leicht zu gestalten. Mit dieser Haltung, Mimikry, hat er bislang Erfolg gehabt, und in der Therapiezeit hat diese perfekte Fassade nur wenige Risse bekommen. Eine intrapsychische Strukturveränderung hat noch kaum begonnen, er hat sich noch nicht entschieden, den Weg in die Abstinenz zu wagen. Der Kontakt der Interviewerinnen zu ihm reißt ab.

13. Felix ist sehr beeinflussbar und sich dieser Schwäche sehr bewusst. In der Therapie hat er begriffen, dass er Drogen dann besonders gebraucht hat, wenn er Konflikten aus dem Weg gehen wollte und dazu hat er noch keine Alternative. So leidet auch er noch immer unter Suchtdruck und kann sich ein völlig abstinentes Leben auch nicht wirklich vorstellen (er denkt an kontrolliertes Trinken). An den zahlreichen Angeboten bei Teen Spirit Island hat er aus Anpassung teilgenommen, über die Gruppentherapie spricht er jedoch mit Respekt. Die Betreuer schätzen seinen Erfolg etwas weniger hoch ein als er selbst. Dennoch hat er ein deutlich höheres Maß an Einsicht und Selbstreflexion erreicht, z.B. wenn er sich als ständig rückfallgefährdet einschätzt. Interessant ist auch in seinem Fall der enge Bezug zwischen seiner und der elterlichen Sucht. Sein Vater trinkt nicht mehr, seit Felix bei Teen Spirit Island war, und darauf ist sein Sohn außerordentlich stolz, er kann seinen Vater offenbar in diesem Punkt bewundern – vielleicht auch in der Bedeutung, dass es Nähe zwischen ihnen herstellt und er sich in seinem Vater spiegeln kann und will. Da dieser Stolz auf des Vaters Abstinenz ihn sehr beschäftigt, ist darin auch ein Hinweis zu sehen, dass er den Charakter eines „guten Objektes" für den Sohn bekommt. Felix verlangt nun auch nach mehr Beziehung, nach mehr Nähe – so beschreibt er die Familientherapie als hilfreich, gleichwohl sind für ihn noch Themen offen geblieben, über die er noch sprechen will. Es ist wie eine Nachreifung mit den Originalpersonen. Zu weiteren Interviewterminen erscheint Felix zweimal trotz klarer Verabredung nicht.

14. Jill erlebt die kontinuierliche Fürsorge und permanente Präsenz von Therapeuten, Bezugspersonen und anderen Jugendlichen als ungemein hilfreich, das Ritzen lässt nach, ihr Selbstbewusstsein steigt, sie fühlt sich angenommen und geliebt. Das und ihre inneren Zustände lernt sie auch sprachlich auszudrücken. Dennoch hat sich durch ihre Traumatisierungen ein tiefes Misstrauen gegen Menschen und Beziehungen erhalten, sie kommt mit ihrer starken Angst in Kontakt, fühlt sich oft von anderen feindselig beobachtet. Die ungestillte Sehnsucht nach ihrer Mutter bleibt bestehen, Jill hofft inständig auf eine Besserung des mütterlichen Zustandes, damit sie eines Tages zu ihr ziehen kann. Deren Alkoholismus hat sich aber auch durch Behandlung und Psychiatrieaufenthalt nicht gebessert. Zweimal hat Jill bei Besuchen zuhause Rückfälle und sie weiß, dass ihre Mutter sie wieder zum Trinken verführen wird. Daher soll sie den Kontakt meiden, was sie schweren Herzens akzeptiert. Jill lebt seither in einem heilpädagogischen Kinderheim und hat seit dem Wechsel dorthin, der zunächst mit Rückfällen in Selbstverletzungen und Drogen einherging, sich nun anscheinend eingelassen, übernimmt dort Ämter und Verantwortung. Zwar wird sie noch immer von ihren Ängsten gepeinigt, aber sie hat einen Freund und konkrete Berufsvorstellungen. Ihre Aggressionen richten sich seltener gegen die eigene Person, in ihrer Beziehung zu ihrem Freund lernt sie mühsam, die aggressive Energie auszudrücken; das misslingt noch oft, sie richten sich dann ungezügelt gegen ihren Freund. Das tut ihr dann leid und ihr ist bewusst, dass die Auto- in Fremdaggression umschlägt.

Insgesamt hat sich ihr Selbstbild sehr positiv verändert, die Traumatisierungen liegen in ihrer Selbstwahrnehmung weit zurück und werden als ich-dyston erlebt. Sie erkennt die tiefen psychischen Störungen der Mutter und entwickelt inzwischen eine Fähigkeit, sich von ihr zu distanzieren und so den notwendigen Ablösungsprozess voranzutreiben. Jill zeigt eine fast professionelle Einschätzung der traumatischen Qualität der mütterlichen Lebensweise aufgrund eigener Traumatisierungen. Sie begreift, dass sie und ihre Geschwister bei diesem Prozess der Traumatransmission eine Bürde tragen, die sie immens überfordert. Dennoch zeigt ihre Entwicklung eine enorme positive und konstruktive Qualität, wenn sie heute Visagistin bei einem Bestatter sein will und Verstorbene ansehnlich herrichten möchte, dann zeigt das ihre Entschiedenheit, etwas Gutes zu machen aus der Last, die sie zu tragen hat.

15. Marion hat sich nach dem Aufenthalt in Teen Spirit Island in dem heilpädagogischen Kinderheim gut eingelebt: Zunächst hatte sie einige Rückfälle, die sie jedoch durch Fortsetzung der Therapie auf Teen Spirit Island aufarbeiten konnte.

10.1 Was ist aus den Jugendlichen geworden, wie ging es weiter? 339

Die wesentlich härtere Haltung der Betreuer im Heim führt dazu, dass sie ihre Therapeuten von Teen Spirit Island sehr vermisst. Gleichwohl hat Marion die begonnene Entwicklung konsequent fortgesetzt. Sie geht regelmäßig zur Schule, hat ein ausgezeichnetes Sport-Programm für den Umgang mit Suchtdruck entwickelt, das ihr auch in Krisen hilft. Sie hat weniger Angst und mehr Vertrauen in die Welt und ihre Menschen. Das zeigt sie in einer fundamental veränderten Sprach- und Ausdrucksweise und hat auch rückblickend ein Gefühl für den Grad ihrer Störung. Sie hat eigene Ziel und eigene Wertvorstellungen entwickelt, an denen sie sich sichtbar orientiert.

Marion erweist sich als bindungs- und beziehungsfähig. In der notwendigen Ablösung von den destruktiven und pathologischen Bindungen ihrer Herkunftsfamilie ist einzig die Beziehung zur Schwester gerettet worden, die sie regelmäßig sieht. Sie kann sich aber auf die Betreuer in dem Heim einlassen, hat einen guten Kontakt zu den Kindern und Jugendlichen ihrer Gruppe ebenso wie zu Mitschülern. Wenn es ihr schlecht geht, nimmt sie Kontakt zu ihrer Therapeutin auf Teen Spirit Island auf, hier erweisen sich die einmal geknüpften Bindungen als stabil und tragfähig. Wenn sie manchmal stundenlang joggt, so unterstreicht das die Wahl von alternativen Aktivitäten, die ihr ein Self-Management ermöglichen, das sie im Unterschied zur Selbstverletzung und Drogengebrauch in eine gute Aufmerksamkeit für ihren Körper bringt, der sie ihre Kräfte, aber auch deren Erschöpfung spüren lässt. Sie spürt jetzt unmittelbar, dass dieser Körper ihr gehört und nur ihr zur Verfügung steht. Daher haben ihr gestiegenes Körperbewusstsein und ihr aktives sportliches Niveau nicht den Charakter einer neuen Suchtstruktur bekommen; vielmehr erweist sich diese sportliche Aktivität als eine echte Alternative zur Sucht und den damit verbundenen Missbrauchserfahrungen. Der Rückgewinnung von Kontrolle über ihren Körper entspricht ihr Ziel, die Kontrolle über ihr Leben zu erlangen, das ohne die Verfügung über ihren Körper nicht denkbar ist. Daher sind alle Formen der Abgrenzung, der aktiven Grenzziehung gegen die Ansprüche anderer und der selbstbestimmten Definition dessen, was in ihrem Leben heute für sie wichtig ist, von allergrößter Bedeutung und lassen für ihre Zukunft hoffen.

16. Alexander hat einige Monate auf Teen Spirit Island durchgehalten, konnte sich auf den männlichen Therapeuten gut einlassen und dessen begrenzende Zuwendung vielfach nutzen. Auch einen Freund gewinnt er und spürt seinen Kummer, als dieser entlassen wird. Er bemüht sich um Ausdrucksformen für seine Aggressionen jenseits der andere und ihn selbst gefährdenden destruktiven Gewaltentladungen. Die sehr enge Mutterbeziehung beginnt er zu reflektieren, auch seine entbehrungsreiche Beziehung zum Vater ist thematisiert, aber nicht gelöst. Gleichwohl hat er klare Pläne (Schulabschluss), auch wenn er bislang kaum Chancen hat, sie zu verwirklichen. Alexander hat sich motiviert auf den Weg gemacht, einen Ausstieg zu finden; ihm ist es durchaus ernst damit, auch wenn er gerade erst die ersten Etappen zurückgelegt hat. Nun kehrt er gegen seinen Wunsch zurück in ein pathogenes Drogen- Milieu seiner Familie, zudem in ein anderes Bundesland, in dem sein zuständiges Jugendamt keine weitere Therapie auf Teen Spirit Island bewilligt (wegen zu hoher Kosten verweisen die Mitarbeiter auf eine Kinder- und Jugendpsychiatrie vor Ort). Diesem Schritt sieht er mit angstvoller Ambivalenz entgegen. Seine Spur verliert sich (vgl. die ausführliche Darstellung in Kapitel 4, Teufelskreise der Drogenabhängigkeit).

17. Omar hat durch die Therapie auf Teen Spirit Island und die Begleitung durch Step Kids sehr viel erreicht. Vor allem die männlichen Therapeuten und Bezugspersonen haben sein Bedürfnis nach Väterlichkeit bearbeitbar gemacht, so hat er eine tiefe Freundschaft zu einem Jungen aufgebaut. Sein intensives Körpertraining ist an die Stelle aggressiver Kontrollverluste getreten, er geht regelmäßig zur Schule und hat dort auch Erfolgserlebnisse. Als früherer Sonderschüler ist ihm das besonders wichtig. Im Laufe der zwei Jahre nach Abschluss der stationären Therapie erfolgt eine langsame und von Rückfällen gezeichnete Ablösung auch von Step Kids: sein Ziel, in einer eigenen Wohnung zu leben, hat er erreicht. Ablösung von äußerem Halt, von symbiotischen Beziehungen, von anklammernden Strukturen ist sein Thema. Er hat eine angemessene emotionale Distanz zu seiner Mutter erreicht und sich mit dem Verschwinden seines Vaters abgefunden.

Angesichts seiner besonders schweren familiären Belastungen hat er beträchtliche Erfolge bei der nachholenden Separation und Individuation erreicht. Seine männliche Identität konturiert sich klarer, als kraftvoller Capoeira-Kämpfer, der sich später als liebevoller Vater sieht. Noch immer hat er gewisse zeitliche Orientierungsprobleme, aber die sprachliche Ausdrucksfähigkeit ist verblüffend gewachsen; zielgerichtet und strukturiert spricht er über sein Leben und seine Erfahrungen. Er hat sich eine eindrucksvolle Unabhängigkeit errungen und reflektiert seine Beziehungen sorgfältig. Vieles deutet darauf hin, das seine Mentalisierungsfähigkeit beträchtlich gewachsen ist. Das zeigt sich besonders in der Gestaltung seiner Beziehung zu den Interviewern (vgl. genauer im Kapitel 5, Kinder aus Suchtfamilien und im vorangehenden neunten Kapitel).

18. Amelie hat die parentifizierende Bindung an ihre Mutter überwunden. Intensive und auch poststationäre Einzeltherapie haben sie derart stabilisiert, dass sie alle ihre Symptome (Essstörung, Drogenkonsum und Selbstverletzung) dauerhaft hinter sich gelassen hat. Der erfolgreiche Abschluss ihrer Lehre, ihre stabile Liebesbeziehung und ihr glückliches Künstlerinnenleben dokumentieren auch äußerlich ihren Erfolg. Die Zunahme von Selbstsorge und angemessenem Selbstausdruck zeigt sich in ihren Bildern; die künstlerische Ausdrucksweise, zunächst ein Instrument der Handhabung emotionaler Not, ist nun ihr eigentliches Anliegen: die Malerei ist „offiziell" an die Stelle der selbstschädigenden Symptomsprache getreten (vgl. hierzu genauer im Kapitel 6, Traumatransmission und transgenerationelle Schädigung).

10.2 Was brauchen drogenabhängige Jugendliche, um zu gesunden?

Die weitere Entwicklung der Interviewees nach Abschluss der stationären Therapie wirft auch Fragen auf: Welche Einflüsse oder Maßnahmen sind für ihre Entwicklung verantwortlich? War es die Therapie? Oder die Entgiftung in Verbindung mit besonders großer Motivation? Waren es vielleicht die Veränderungen in der familiären Struktur – oder hat sich die Problematik des Drogenmissbrauchs möglicherweise einfach durch das Älterwerden der Jugendlichen „ausgewachsen"? Und wenn die feststellbare, zum Teil eindrucksvolle Entwicklung doch etwas mit der Therapie zu tun hat, welche dann, die Einzel- oder die Gruppentherapie? Welchen Stellenwert haben dabei die sozialen Trainingsangebote oder schulischen Erfolgserlebnisse? *Was* wirkt *wie* in der psychodynamisch orientierten stationären Therapie auf Teen Spirit Island?

Ganz gewiss können im Rahmen der hier präsentierten Befunde keine Aussagen über spezifische Kausalitäten getroffen werden. Wir können jedoch definitiv feststellen, dass auf kein einziges der therapeutisch wirksamen Elemente verzichtet werden kann. Vielmehr sind deren weiterer Ausbau, Intensivierung und Vernetzung dringend geboten, wenn diesen Jugendlichen in Zukunft wirksam geholfen werden soll.

Wir sind im Forschungsprozess von der Annahme ausgegangen, dass die Suchterkrankung als Bestandteil einer tiefgehenden Persönlichkeitsstörung zu begreifen ist, als deren Symptom sie auftritt. Die Drogenabhängigkeit muss somit als Folge lebensgeschichtlich vorangegangener Störungen begriffen werden, die eine altersgemäße Reifungsentwicklung verhindert haben. Solche durch frühe Defizite und Traumata beeinträchtigten Jugendlichen bleiben in manchen Bereichen ihrer mentalen und geistigen Entwicklung stecken und können daher die

Adoleszenz nicht als zweite Chance zur Bearbeitung offener, d.h. ungelöster Kindheitskonflikte nutzen (vgl. Kapitel 3). Im Gegenteil: Die rasanten körperlichen Entwicklungsschübe in der Pubertät vervielfachen den inneren Druck, die innere Not, die sodann mit Hilfe der Droge abgewehrt wird, wenn diese erst erreichbar ist. Diese Jugendlichen leiden an einer Blockierung ihrer Reifungspotentiale, sie haben bereits vor langer Zeit den Zugang zu ihren eigenen inneren Ressourcen verloren, er wird durch die Drogen und ihre Folgen verstellt.

Dieser Zugang muss ihnen wieder ermöglicht werden. Dazu ist es nötig, ihnen eine weitere, eine dritte Chance zu geben und günstige Bedingungen dafür zu schaffen, dass die Jugendlichen diese dritte Chance für sich auch nutzen können. Dazu sind viele Schritte im Sinne einer Nachreifung zu tun, denn Nachreifung geschieht nicht von allein, quasi automatisch, sondern sie ist ein widersprüchlicher, spannungsreicher und von vielen Rückschlägen durchsetzter Prozess, der eine Vielzahl von unterstützenden Faktoren und Aktivitäten benötigt: Nachreifende Entwicklung erfolgt eingebunden in Beziehungen.

Nun ist der Ansatz in der therapeutischen Arbeit mit drogenabhängigen Jugendlichen außerordentlich komplex angelegt; neben der spezifischen Psychotherapie in Gruppen- und Einzelsetting geht es um die Veränderung eines ganzen Lebensumfeldes, um die Vermittlung von sozialen und kulturellen Erfahrungen, oftmals auch um das Erlernen einfachster zivilisatorischer Techniken. Die stationäre Arbeit schafft daher ein völlig neues, mit alternativen Erfahrungsmöglichkeiten angereichertes Erlebnisfeld, das vielleicht in einer gewissen Analogie zur Lebenswelt eines Kindes in der Ursprungsfamilie die äußeren Bedingungen für Entwicklungsprozesse zur Verfügung stellt. Damit ist der Umstand beschrieben, dass die Nachreifung eines Patienten während der Behandlung ähnlich schrittweise vorangeht wie die Reifungsentwicklung eines Kindes, auch wenn die Stadien der frühen Kindheit längst verlassen sind.

Zur Frage „Was wirkte wie?" sollen im Folgenden einige ausgewählte Aspekte vorgestellt werden, die aus der Untersuchung hervorgegangen sind. Bei allen an der Untersuchung beteiligten Jugendlichen hat eine eindrucksvolle poststationäre Entwicklung stattgefunden, die von den nicht-klinisch ausgebildeten Gesprächspartnerinnen und Forschenden unmittelbar wahrgenommen werden konnte. Diese Veränderungen beruhen auf einer neu gefundenen Balance innerer Kräfte als einem Resultat des anspruchsvollen Therapieprozess. Wie ist es zu diesen Erfolgen gekommen, mit denen die Entwicklung eine radikale Wende genommen hat?

10.2 Was brauchen drogenabhängige Jugendliche, um zu gesunden?

10.2.1 Eigene Motivation

Ein solcher Erfolg hat eine grundlegende Veränderung der Lebensumstände zur Voraussetzung. Dabei ist es von besonderer Bedeutung, dass die Jugendlichen diese Entscheidung selbstständig getroffen haben. Die eigene Motivation und Bereitschaft zu diesem radikalen Schritt ist demnach die erste und vielleicht wichtigste Bedingung, die erfüllt sein muss. Der Entscheidung, eine Therapie auf Teen Spirit Island zu beginnen, gehen vielfältige Erfahrungen voraus, in denen professionelle Unterstützung eine wichtige Rolle spielt. Dabei ist an die aufsuchende Sozialarbeit zu denken, wenn Mitarbeiterinnen vor szeneüblichen Parties und entsprechenden „locations" das Gespräch mit jungen „usern" suchen oder die angebotenen Drogen auf Reinheit prüfen, um Überdosierungen zu verhindern. Wenn es doch eine Überdosierung gegeben hat, ist eine Einlieferung in die Klinik unumgänglich. Dort sind es die ersten stützenden und klärenden Gespräche mit klinischen Therapeuten, die den Drogennotfall als Einstieg in problemfokussierende Gespräche nutzen. In vielen Fällen werden aber auch Lehrer oder Angehörige aufmerksam und bestehen auf ärztlicher bzw. fachlicher Abklärung, weil sie den Zustand einer/eines Jugendlichen nicht länger tolerieren können oder wollen. So wächst im günstigen Fall in den jugendlichen Abhängigen schrittweise eine Einsicht in die Bedrohung, ja, Lebensgefahr, in der sie sich befinden. Dabei darf nicht vergessen werden, dass im subjektiven Erleben die Droge für den Jugendlichen zunächst gar keine Gefahr bedeutet, sondern als probates Mittel zur Lösung seines Problems erscheint. Sie fungiert als der Ersatz für unzureichende oder fehlende Beziehungspartner, für die defizitären Objektbeziehungen.

In der beträchtlichen Gefahr für das Leben liegt daher ein Motivationsfaktor, dessen Bedeutung nicht zu überschätzen ist. Wenn Jugendliche mehrfach als Notfälle in der Klinik wieder zu sich kommen, dämmert ihnen mit der Zeit die Gefahr, in die sie sich begeben. Es wird dann immer schwieriger, die Idealisierung der Droge durch Leugnung der Abhängigkeit aufrechtzuerhalten – langsam wächst durch diese Schockerlebnisse und die daran anschließenden Gespräche ein Krankheitsbewusstsein in ihnen.

Es gibt jedoch auch junge, meist männliche Abhängige, deren Motivation zum Einstieg in die Therapie mehr der Wahl eines kleineren Übels gleicht. Es sind die verurteilten Straftäter, die unter Mitwirkung von Jugendgerichtshilfe, Richtern und Bewährungshelfern die Maßnahme „Therapie statt Strafe" wählen. Wie immer schwierig diese Teilgruppe auch sein mag, wenn diese Jugendlichen durchhalten, haben auch sie einen von Fachleuten begleiteten Weg bereits hinter sich. Behandlungstechnische und alltagsbezogene Schwierigkeiten, die sich auf der Grundlage dieser abgeleiteten Motivation herstellen, konnten wir im Rahmen unserer Studie nicht feststellen. Es ist aber davon auszugehen, dass sie eher nicht thematisiert wurden.

Schlussendlich muss betont werden, dass dem Einstieg in die stationäre Therapie ein überaus hindernisreicher, oft langwieriger Prozess der Motivationsfindung vorausgeht, an dem zahlreiche Fachleute aus Jugendhilfe, Klinik und Therapieeinrichtungen beteiligt sind. Eine möglichst enge Kooperation zwischen diesen beteiligten Experten ist im Interesse der Gesundung wünschenswert. Die vorausgehende Motivationsarbeit ist unumgänglich, denn sie schafft die Basis für die weiteren, sehr anspruchsvollen und entbehrungsreichen Schritte.

10.2.2 Entgiftung

Ist der Einstieg erfolgt und der junge Abhängige hat den Weg zur Therapiestation gefunden, stehen die Strapazen des körperlichen Entzugs von der Droge, die Entgiftung bevor. Das ist der am meisten gefürchtete Zustand, dessen Begleitung menschliche Wärme ebenso erfordert wie pharmakologische Abfederung. Ohne diese Milderung könnte diese Zeit weder für die Beziehungsanbahnung für weitere Therapie genutzt werden noch wäre der Beginn der medizinischen Versorgung der Drogenfolgeschäden möglich, die ebenfalls am Anfang des stationären Aufenthalts stehen. Die erhöhte Verletzlichkeit, die durch den Entzug der Droge entsteht, kann ein konstruktiver Einstieg in die später intensiver werdende Psychotherapie sein.

10.2.3 Individuelle Psychotherapie

Die individuelle, psychodynamisch angelegte Psychotherapie widmet sich denjenigen Themen, die in der Arbeit mit beschädigter subjektiver Struktur deren Nachreifung durch Bearbeitung weit zurückliegender Themen aus der Vergangenheit ermöglicht. Angesichts ihrer spezifischen Lebensgeschichte werden aber auch hier viele aktuelle Fragen zu erörtern sein, aufgrund der Tendenz der Jugendlichen, zu inszenieren statt zu sprechen, durch Handlung die Störung zum Ausdruck zu bringen und weniger *über* sie zu sprechen. Diese Fähigkeit muss erst angeeignet und entwickelt werden.

Somit bekommt das Wie des therapeutischen Geschehens eine eigene Wirkmächtigkeit, jenseits bzw. zuzüglich kognitiv verstehender Deutungen! *Die „Bostoner Process of Change Study Group"* (1998, dt. 2002) beschreibt eine Theorie der Veränderung, die einige der wichtigsten aktuellen Konzepte der Säuglingsforschung, der kognitiven Psychologie, der Systemtheorie und der Erwachsenen-Psychoanalyse integriert. Die Autoren sprechen von „nicht-deutenden Mechanismen der Psychotherapie, welche das implizite Beziehungswissen des Patienten auf ein reiferes Niveau zu heben in der Lage sind. Sie gehen davon aus, dass im therapeutischen Prozess gemeinsam gestaltete Erfahrungen Muster des Miteinanders entstehen lassen, die sich in den Repräsentanzen des Patienten niederschlagen." (Klöpper 2006, S. 248) Es kann davon ausgegangen werden, dass die Wirksamkeit der Einzeltherapie in folgenden drei Bereichen stattfindet:

1. Zunächst ist die Arbeit mit der reparativ wirksamen **Selbstobjekt-Übertragung** zu nennen. Mit dem Begriff „Selbstobjekt" ist kein reales Objekt bezeichnet, sondern die Funktion des Objekts. Heinz Kohut versteht darunter eine Dimension im Erleben eines Mitmenschen, die mit dessen Funktion als Stütze des eigenen Selbst verbunden ist. Das Selbstobjekt ist der subjektive Aspekt einer das Selbst erhaltenden oder fördernden Funktion, die durch eine Beziehung zwischen Selbst und Objekt gefördert wird (Kohut 1979). Der Therapeut kann diese Funktion für den Patienten dann übernehmen, wenn dieser durch die unbewusste Präsentation von defizitären Strukturen zum Ausdruck bringt, dass er/sie in diesem Moment Angebote zur Nachreifung der Selbststruktur vom Therapeuten benötigt. Im therapeutischen Prozess wird eine entsprechende Übertragung als Selbstobjekt-Übertragung bezeichnet. Eine solche Präsentation erfolgt auf Teen Spirit Island im Unterschied zum ambulanten Setting fortwährend, und sie wird auch häufig in den therapeutischen Sitzungen thematisiert, insbesondere dann, wenn Affektdurchbrüche und Steuerungsverluste, die im Stationsalltag sanktioniert werden müssen, in den therapeutischen Sitzungen aufgearbeitet werden. Dabei wird die dahinter liegende Not erkennbar, die eng mit der Bedürftigkeit (nach Selbstobjekten) verkoppelt ist.

2. In Abgrenzung zur Arbeit mit der Selbstobjekt-Übertragung bleibt die klassische Arbeit mit der **repetitiven, objektal geprägten Übertragung** natürlich bedeutungsvoll. Das gilt in besonderem Maße, weil durch den gemeinsamen Alltag unterschiedliche Übertragungsangebote bestehen (Pflegepersonal, andere Therapeuten, Peers), sodass im Therapieverlauf nicht nur die zentrale Übertragung auf den Therapeuten als Material zur Verfügung steht, sondern sich eine Vielzahl weiterer Konstellationen zur Bearbeitung anbietet.

3. Auch der besondere Stellenwert der Bearbeitung von Traumata durch **spezifische traumatherapeutische Verfahren** ist in den Interviews nicht explizit thematisiert worden, muss aber, da gewiss mehr als notwendig, mit in den Strauß der wirksamen Therapiemaßnahmen im Einzelsetting einbezogen werden. Da hier Entwicklung weniger durch die Beziehungsarbeit als vielmehr durch den Einsatz neurophysiologisch wirksamer Techniken erzielt wird (wie bei EMDR) oder autosuggestive Verfahren erlernt werden (was eher verhaltenstherapeutische Ansätze sind), ist dieser Arbeitsform hier ein eigener Stellenwert zu geben, dessen Bedeutung aber im Rahmen dieser Untersuchung nicht eingeschätzt werden kann. Nur in sehr seltenen Momenten war in den Interviews von einzelnen Therapieverfahren die Rede. Gelegentlich finden sich im manifesten Text Hinweise auf die große emotionale Bedeutung der Therapeuten, die jedoch keine systematische sozialwissenschaftliche Interpretation zulassen, sondern ausschließlich in die Intimität der therapeutischen Sitzungen gehören, in denen die unbewussten Dimensionen der Übertragung unmittelbar exploriert werden. Sehr viel mehr Material haben wir jedoch aus den bewusstseinsnäheren Bereichen der Therapie und über Erfahrungen im stationären und später im ambulanten Setting der Begleitung.

4. Die Arbeit mit der fortlaufenden **Regulation des Verhaltens und der Affekte**, deren Unterbrechung und Wiederherstellung sowie die Beachtung dabei auftretender erhöhter Affektivität wird oft von den Jugendlichen beschrieben und hat sich ihnen nachhaltig eingeprägt.

Dieser Wirkfaktor ist auf die in der therapeutischen Sitzung auftretenden Momente konzentriert und auf sie angewiesen. Nur in diesem Kontext besteht für das therapeutische Paar die Chance, Nachreifungsschritte unmittelbar zu gestalten. Sie hängt von der Bereitschaft des Therapeuten ab, sich auf die Beziehung einzulassen, auch sich selbst durch sie verändern zu lassen, sodass eine wechselseitige Regulation des Verhaltens und der Affekte entsteht; sie ist wesentliche Voraussetzung für Entwicklung. Diese Regulation wird sowohl in der kindlichen Entwicklung als auch in den therapeutischen Nachreifungsschritten vielfach unterbrochen und wieder aufgenommen.

> *„Unterbrechung* und (!) *Wiederherstellung* der gemeinsam fortlaufenden Regulation stellen zentrale reifungsfördernde Erfahrungen für das Kind dar und sind als ein eigenständiges therapeutisch wirksames Element in der Psychotherapie und Psychoanalyse anzusehen. Diese miteinander geteilten Erfahrungen können *Momente erhöhter Emotionalität bzw. Affektivität* entstehen lassen. Solche Momente sind ihrerseits in besonderem Maße therapeutisch effektiv(...). Die prozesshafte Erfahrung des Patienten in der

10.2 Was brauchen drogenabhängige Jugendliche, um zu gesunden?

Beziehung mit seinem Therapeuten hat eine doppelte Wirksamkeit, indem auf diese Weise gleichzeitig implizites Beziehungswissen und bewusste emotionale Erfahrung entsteht." (Klöpper 2006, S. 247; Hervorhebung im Original)

5. Die Arbeit mit **Erfahrungen in der realen therapeutischen Beziehung** ist bedeutungsvoll, sie steht in enger Verbindung mit dem Auftreten ganz besonders dichter und hochwirksamer Einzelmomente in der therapeutischen Sitzung, deren Wirksamkeit am ehesten schnelle und alternative „neuronale Verknüpfungen" schafft und die von Klöpper „now moments" und „moments of meeting" genannt werden (2006). Sie hängt eng mit dem vorherigen Wirkfaktor zusammen und fordert die interaktive Kompetenz des Therapeuten, seine Bereitschaft, unmittelbar zu „antworten" (wie es in den interaktiv-psychodynamischen Therapieansätzen von Heigl-Evers u.a. 2002 genannt wird) und nicht zu deuten, denn Deutung setzt immer eine Distanz voraus und führt dazu, dass der Therapeut nicht als reale Beziehungsperson wahrgenommen wird, sondern Übertragungsobjekt bleibt. Die antwortende Haltung schließt die Bereitschaft ein, sich als Selbstobjekt für den Jugendlichen zur Verfügung zu stellen und dieses Angebot über die eigentliche Therapiezeit hinaus aufrecht zu erhalten; dies geschieht bei Teen Spirit Island durch die Fortsetzung der Therapie als ambulante Einzeltherapie nach Abschluss der stationären Zeit. Diese Möglichkeit wird von zahlreichen Jugendlichen intensiv genutzt und trägt gewiss zu einer beträchtlichen Stabilisierung bei. Da sie durch frühe Entbehrungen und häufige Beziehungsabbrüche oder Beziehungsverluste kein oder nur ein sehr geringes Urvertrauen entwickeln konnten oder ihr implizites Beziehungswissen durch das Versagen der Bindungspersonen geprägt wurde, basieren ihre inneren Arbeitsmodelle von Beziehungen auf diesen zum Teil extremen Enttäuschungen (und deren mühsamer Abwehr). Misstrauen und Rückzug, aggressive Durchbrüche mit Fremd-oder Selbstverletzung, aber auch Suchtdruck als Ausdruck des intensiven Wunsches nach der Droge als omnipotentes, immer verfügbares und emotional ungefährliches Objekt werden insbesondere dann auftauchen, wenn auch der Therapeut als Objekt versagt (frustriert) und damit entsprechende frühe, meist nicht symbolisierbare Erinnerungsspuren belebt werden, die als Trigger wirken und die Mechanismen des Suchtgedächtnisses aufrufen.

Die neuronalen Einschreibungen durch schwere Sucht sind somit als eine zeitüberdauernde Verhaltens- und Motivationsveränderung zu sehen, die mit Kontrollverlust, zwanghafter Suchtmitteleinnahme und hoher Rückfalltendenz einhergehen und sich als Ausdruck eines

„spezifisch evozierten Suchtgedächtnisses manifestieren (...). Letzteres hat formal eher die Kennzeichen eines impliziten Gedächtnisspeichers und dürfte durch die jederzeit aktivierbaren präfrontalen Vergleichsprozesse von gespeicherten Erfahrungen alle Kriterien des episodischen Gedächtnisses erfüllen. (...) Für das episodische Gedächtnissystem bedeutsam ist auch die Rolle emotionaler Ereignisse und somit die unterschiedliche Mitwirkung limbischer Strukturen, die Emotionen verarbeiten." (Bönig 2002, S. 35)

Wenn diese Vorgänge unmittelbar therapeutisch bearbeitet werden können, besteht mit Bezug auf Bönigs neurowissenschaftlichen Ansatz die große Chance, neue neuronale Verbindungen zu schaffen und zu festigen, die sich zunächst neben den archaischen alten Mustern des Suchtgedächtnisses etablieren können und dessen Gefahren konterkarieren und entschärfen, auch wenn es nicht völlig ersetzt werden kann. Es ist bekannt, dass unter bestimmten Umständen solche Trigger das Suchtgedächtnis noch nach Jahren aktivieren können, auch wenn nach der Entgiftung und durch langwierige Therapie bereits eine zum Teil jahrelange Abstinenz möglich gewesen ist. Umso wichtiger sind die therapeutischen Schritte zur Stärkung aller Ich-Funktionen, die den Jugendlichen die Wiedergewinnung oder Aufrechterhaltung der Kontrolle ermöglichen. Realitätsbezogene Informationen über alternative Umgangsformen mit Suchtdruck gehören in diesen Bereich. Die in der Gemeinschaft der Therapiestation gelernten Alternativen, wie z.B. Sport, erscheinen in den Interviews zunächst stereotyp und gewissermaßen „simpel". Allerdings ist ihre therapeutische Wirkung unbestritten, da sie die körpereigenen Belohnungssysteme aktivieren (indem sie zur Ausschüttung von Endorphinen führen) und somit durchaus zum Einsatz als Krisenmanagement geeignet sind und ein starkes Gefühl der Selbstwirksamkeit vermitteln. Die Jugendlichen, häufig multipel traumatisiert, erleben so ihre Fähigkeit, die Kontrolle über ihr Leben zu behalten, das ihnen früher so oft aus den Händen geglitten ist. Die Bedeutung neuer „Kicks" durch Sport oder durch andere Erfolgserlebnisse zieht sich durch sämtliche Erzählungen und kann in ihrer therapeutischen Bedeutung kaum überschätzt werden. Wenn solche Erfolge in der Therapiesitzung besprochen und bearbeitet werden sowie als bedeutsamer Reifungsschritt Anerkennung finden, wird dem Jugendlichen seine wachsende Fähigkeit zur Selbstregulation positiv durch den Therapeuten gespiegelt, und er kann die positive Haltung des Therapeuten – eine Variation vom Glanz im Auge der Mutter – in sich aufnehmen und festigen. Diese gemeinsame Arbeit von erheblicher Intensität ist nötig, weil der Jugendliche noch kaum über Objektrepräsentanzen verfügt, die ihm einen inneren Dialog ermöglichen und damit von „äußerer" Anerkennung unabhängiger machen würden.

10.2.4 Gruppentherapie und Gruppe als Container

Der gruppentherapeutische Ansatz folgt den Grundprinzipien der psychoanalytisch-interaktionellen Gruppenpsychotherapie nach Heigl-Evers u.a. (2002), der sich in der Behandlung präödipaler oder struktureller Störungen, wie sie für Persönlichkeitsstörungen und Suchterkrankungen charakteristisch sind, nachweislich hervorragend bewährt hat. Die therapeutische Technik besteht in einer Fokussierung der Therapieziele und ihrer Bearbeitung vorrangig in der Gegenwart, im Hier und Jetzt der Gruppe (was durch die wiederholende Re-Inszenierung die Bearbeitung der vergangenen Konflikte unmittelbar einschließt, ohne diese historisch-deutend anzugehen). Regressive Prozesse werden dadurch weitgehend unterbunden oder nur sehr kontrolliert zugelassen, wichtig ist es vor allem, die Patienten aus der fixierten, pathologischen Regression (für die die Suchterkrankung ein Symptom darstellt) herauszuführen. Dazu dienen alle Interventionen und Ansätze, die die gesunden Ich-Anteile der Jugendlichen unterstützen. Ziel dieses therapeutischen Ansatzes ist die Förderung von Nachreifungsprozessen psychischer Strukturen (z.B. von Symbolisierungs- und Mentalisierungsfähigkeit), die durchaus auch normative Verhaltensregulierungen einschließt, weil der Therapeut als „antwortend", d.h. in realer Interaktion erlebt wird. Er fungiert dabei (konzeptuell) als Hilfs-Ich sowie gerade bei Jugendlichen auch als Hilfs-Über-Ich, wobei er als sozio-kulturelles Modell sichtbar ist, „indem er als authentisch erfahrbarer Interaktionspartner soziokulturelle Maßstäbe und Normierungen zum Beispiel für Affektentwicklung und -differenzierung oder für den Umgang mit Frustrationen demonstriert." (Bilitza 2008b, S. 103)

Wirksam ist dadurch die Potenz der Gruppe, für die begrenzte Zeit mehrerer Monate gemeinsam eine Beziehungsgeschichte zu entwickeln, den Enactments, den notwendig auftretenden Re-Inszenierungen von Beziehungsstörungen, einen verlässlichen Rahmen zu bieten und ein Verständnis für die sich dort zeigenden Muster von Übertragungen (und Gegenübertragungen) zu entwickeln. Das führt zur kollektiven Entwicklung von teilweise bewussten, meist jedoch unbewussten Phantasien sowie zu Abwehrformationen in der gesamten Gruppe auf dem jeweiligen Strukturniveau.[89] Diese gemeinsam hervorgebrachten Abwehrformen dienen der konstruktiveren Bewältigung von Ängsten, zur Regulierung von Triebwünschen und zur Anpassung an die von außen auferlegten Anforderungen, z.B. die notwendige Einhaltung von Regeln während der Sitzungen in der Gruppe und auf der Therapiestation. Die zweimal wöchentlich stattfin-

---

[89] vgl. hierzu die tiefenhermeneutische Analyse der Textstelle „Klick" (Kap. 7.4.), in der die Entwicklung kollektiv neuer Sprachspiele als Ausdruck von gemeinsamen Veränderungsprozessen untersucht wird.

dende Gruppentherapie ist der Ort, an dem sich für alle transparent die vielfältigen Übertragungsbeziehungen entfalten können, die allein dadurch eine Vielzahl brisanter Affekte auslösen. Die Tatsache, dass auch eine analytische Gruppe eine soziale Situation ist, macht sie besonders geeignet, als Spiegel für die eigenen Funktionen zu dienen. In dieser Situation kann der Jugendliche direkt – und dennoch hinreichend durch den therapeutischen Leiter geschützt – erfahren, wie er auf andere wirkt und was die anderen über ihn denken, was sein Verhalten in den anderen Teilnehmern an unterschiedlichen Emotionen auslöst. Gerade die heftigen Affektschwankungen von Borderline-Patienten und Traumatisierten können in der therapeutischen Gruppe besonders gut gespiegelt, begrenzt und bearbeitet werden. Die hohe Sensibilität dieser Patienten für das Mentale anderer Teilnehmer kommt dem Gruppenprozess zugute; die Erfahrung, in der Gruppe auch dann angenommen zu sein, wenn Kontrollverluste zu den damit verbundenen notwendigen Begrenzungen führen, machen viele dieser Jugendlichen zum ersten Mal. Sie erleben, dass ihr Gegenüber bleibt und, den aggressiven Zerstörungsimpulsen zum Trotz, dennoch „überlebt". Denn in der Gruppe gibt es nicht nur ein singuläres Gegenüber (die Therapeutin), das Ziel der mörderischen Impulse sein kann, vielmehr gibt es eine Vielzahl von Objekten, neben der Therapeutin die Gruppe als Ganze sowie alle Gruppenmitglieder, auf die Aggressionen sich richten können. Daraus erwächst die Wahrscheinlichkeit von Teilobjekt-Übertragungen, die Spaltung z.B. in „gute" und „böse" Gruppenmitglieder bleibt in der Gegenwart spürbar, sodass die „guten" ein ständiges Gegengewicht zu den „bösen" Objekten bilden. Durch die unterschiedlichen Projektionen der Patientin und die ebenso differenzierten Reaktionen der Gruppenmitglieder erwächst die Chance, den „Als-ob-Charakter" der Vorgänge zu thematisieren. Dies wird unterstützt insbesondere durch die hohe Sitzungsfrequenz, den gemeinsamen Alltag und die Chance zu einzeltherapeutischen Extra-Sitzungen, die auch dazu genutzt werden, die in der Gruppe gemachten aktuellen Erfahrungen zu verstehen. Durch die permanente Präsenz auch der „guten Objekte" wächst der Mut, sich den Spaltungsmechanismen zu stellen, die bislang einzig zur Regulation der Affekte verfügbar waren. So wächst allmählich eine langsame Verbesserung der Fähigkeit zur Mentalisierung heran (vgl. hierzu Kapitel 7 über die Therapieerfahrungen).

10.2.5 Therapiestation als Lebensgemeinschaft

Alltagserfahrung wird mit anderen Jugendlichen geteilt, und zwar unter Bedingungen, die für alle in gleicher Weise gelten. Das heißt, die im Lebenskontext von

10.2 Was brauchen drogenabhängige Jugendliche, um zu gesunden?

Teen Spirit Island geltenden Regeln und Strukturen müssen von allen Patienten geachtet und respektiert werden. Dieser Ansatz macht sich, ähnlich wie in der Gruppentherapie, die Einsicht zunutze, die ein wie immer beschädigtes und mit Krankheit reagierendes Subjekt als ein Wesen begreift, das eine innere soziale Erfahrung in sich trägt, also eine „innere Gruppe" verfügbar hat, die als Ergebnis der Summe sozialer Erfahrungen begriffen werden kann, die emotional bedeutsam gewesen sind. Aus diesen Erfahrungen heraus bringt jeder Mensch ein spezifisches Geflecht komplexer intrapsychischer Bindungen und Strukturen mit, die eine Verbindungsfunktion zwischen Trieben, Objekten, Vorstellungen und intrapsychischen Instanzen darstellen; es bildet ein festes und zugleich veränderbares, jedem Menschen eigenes System, das alle an dieser Bindung beteiligten Subjekte/Menschen zueinander in Beziehung setzt. Diese „inneren Gruppen"[90] bringen die Organisationsprinzipien hervor, die wirksam werden, wenn Menschen sich in Gruppen zusammen finden und dort ihren jeweils eigenen Platz finden müssen. Solche Prozesse sind wenigstens auf drei verschiedenen Ebenen wirksam. Sie betreffen

- die Gruppe als Ganze: Gruppen erzeugen gruppenspezifische Strukturen, Organisationen und psychische Prozesse in einer Einzigartigkeit, die ohne die Gruppe nicht entstehen würden;
- das Verhältnis des Einzelnen zur Gruppe als Ganzes, denn die Gruppe ist für jeden auch Objekt von Triebbesetzungen und unbewussten Vorstellungen, die sich im Kontext der Gruppe und auf der Verhaltensebene manifestieren;
- die Wirkungen der Gruppe auf die Psyche des einzelnen Gruppenmitglieds. Die Beziehungen zwischen der internen Struktur des Einzelnen und dem von allen gemeinsam hervorgebrachten und geteilten Gruppen-Raum gestalten sich hochspezifisch: Wenn Daniela (vgl. Kap. 8.6.1) durch ihre neuerworbenen Kochkünste eine große Gruppe von Menschen versorgen kann und von diesen daraufhin viel Anerkennung erfährt, so gibt ihr das einen offiziellen, sichtbaren Status in der Gruppe, der sie begeistert und geradezu euphorisiert. Sie erlebt sich als wertvoll, selbstwirksam-kompetent und in ihrer Fähigkeit wahrgenommen.

In der geteilten Alltagserfahrung erleben die Jugendlichen, wie sie die eigene „inneren Gruppe" inszenieren und mit welchen Folgen das für die anderen Teil-

---

[90] René Kaes (2009) hat dies kürzlich „psychische Gruppalität" genannt.

nehmer/innen verbunden ist, die ihr Erleben spiegelnd reflektieren. Durch diese emotional intensiven Gruppen-Erlebnisse gestaltet sich auch die „innere Gruppe" um und führt zu alternativen, konstruktiveren inneren Bildern vom sozialen Raum, zu einem veränderten „inneren Arbeitsmodell von der Welt". Auf der Ebene von Alltagsverhalten zeigt sich das beispielsweise in wachsendem Interesse an gemeinsam verbrachter Zeit, der Freude an Spielen und der wachsenden Fähigkeit, Freundschaften aufzubauen.

10.2.6 Bereitschaft der Eltern, die Therapie zu unterstützen

Es mag zunächst überraschen, die Rolle der Eltern bzw. der Ursprungsfamilie in der Therapie von Jugendlichen und jungen Erwachsenen zu betonen. Wir konnten jedoch zeigen, dass die Jugendlichen in einem sehr hohen Maß von ihren Eltern abhängig und auf die häufig wenig optimalen Bedingungen in ihrer frühen Kindheit sowie die belastenden Erfahrungen mit den realen Eltern fixiert sind. Wie die Eltern sich zur Therapie ihrer Kinder verhalten und vor allem, in welchem Umfang sie eine Bereitschaft entwickeln, ihren eigenen Anteil an der Entwicklung ihres Kindes zu reflektieren und Verantwortung dafür zu übernehmen, trägt in erheblichem Umfang zur weiteren Genesung der Kinder bei.

Dabei muss betont werden, wie schwer dieser Prozess für die Eltern ist. Die Konfrontation mit der schweren Erkrankung ihrer Kinder wird immer begleitet von Schuldgefühlen, Angst und erheblicher persönlicher Irritation. Eine Mutter beschrieb die Konfrontation mit der Krankheit ihrer Tochter so: „Als ob eine Bombe einschlägt", nichts bleibt, wie es zuvor war. Nachdem für die Eltern, zum Teil über Jahre, die Sorge um das Kind im Zentrum stand, müssen sie nun lernen, ihr Kind loszulassen, ohne die Verantwortung gänzlich abzuwehren. Quälende Selbstzweifel, Trennungsängste und bohrende Vorwürfe, versagt zu haben, treten zunächst bei der Entscheidung ihres Kindes auf, in die Therapie zu gehen. Die Familiengespräche und Therapiegruppen für Eltern tragen dazu bei, Schuldgefühle zu bearbeiten, konstruktive Haltungen zu entwickeln, gesunde Beziehungen zu entwerfen. Das kann je nach Einzelfall und Familienstruktur höchst unterschiedlich sein. In jedem Fall werden auch die Eltern in einen aufregenden und anrührenden Entwicklungsschub geraten. Die zitierte Mutter beschreibt es folgendermaßen: „Die betroffenen Eltern müssen lernen loszulassen, damit ihr Kind das Gefühl bekommt, jederzeit zurückkehren zu können."[91] Es ist eine paradoxe Entwicklungsaufgabe, vor der die Eltern stehen: Sie bedeutet, dass auch die ab-

---

[91] Interview mit Helga Jachmann, die den ersten Elternkreis Drogenabhängiger in Hannover gründete, in der Hannoverschen Allgemeinen Zeitung vom 24.4.2009

hängigen Seiten der Eltern, ihr unbewusstes Klammern an die Kinder, ihre latente Funktionalisierung der Kinder für eigene Belange Gegenstand von Arbeitsprozessen wird, die den Eltern einen buchstäblich nüchternen Blick auf die Familiensituation ermöglichen und zumuten. Das ist schmerzhaft, aber unumgänglich für alle Beteiligten. Im Ergebnis können auch die Eltern einen Gewinn haben, wenn die Suchtstrukturen im Familiensystem aufbrechen. Je intensiver sich die Eltern auf ihren eigenen Weg begeben und dabei auch professionelle Hilfen in Anspruch nehmen (zu denen ich hier auch die Selbsthilfeansätze der Elterngruppe zähle), desto günstiger werden die Entwicklungsbedingungen für die Jugendlichen.

10.2.7 Therapiestation in haltender Funktion

Die Therapiestation ist daher der Kristallisationsraum, in dem verschiedene Entwicklungsstränge zusammenfinden, bevor das stationäre Setting in seiner „haltenden Funktion" wirksam werden kann. Danach wird sie für eine gewisse Zeit auch weiterhin der emotionale Bezugspunkt für Jugendliche und deren Eltern bleiben, bevor auch zahlreiche Entwicklungsstränge wieder heraus führen. Die Möglichkeit der kontinuierlichen Bearbeitung von Rückfällen gehört in diesen Zusammenhang, aber auch das Angebot für eine zeitlich begrenzte ambulante Fortsetzung der Therapie, die Überleitung in geeignete betreute Lebensformen (wie bei der Einrichtung der Jugendhilfe, Step Kids, in denen auch eine professionelle Kooperation mit Teen Spirit Island erfolgt). Indem eine solche haltende Funktion besteht und aufrechterhalten wird, verbessern sich die Möglichkeiten für die notwendigen Nachreifungen für die Jugendlichen.

Nur in der Zusammenführung der verschiedenen Wirkungsfaktoren, nur aus ihrer Gesamtheit ergibt sich die anhaltende Wirksamkeit, die letztlich nötig ist, um den Jugendlichen den Ausstieg aus den destruktiven Strukturen sowie einen schrittweisen Neubeginn zu ermöglichen.

Die Station ist einerseits als der begrenzende und strukturgebende äußere Rahmen zu verstehen, der damit ein hohes Maß an Sicherheit bietet, aber auch als ein emotional stabiles System, innerhalb dessen jeder Jugendliche seinen eigenen Platz finden kann und muss. Die haltende Funktion wird wirksam über verbindliche Strukturangebote, über die Einhaltung der Regeln, durch das Erlernen und Praktizieren von Eigenverantwortung im Rahmen einer Gemeinschaft, durch die verlässliche Anwesenheit von Ansprechpartnern. Indem den Jugendlichen echte Aufmerksamkeit entgegengebracht wird, auch durch kritische Konfrontation bei Rückzug oder Regelverletzung erwerben sie sozial-emotionales Kapital: Vertrauen in Verlässlichkeit und Berechenbarkeit der Umgebung und der Bezugspersonen, Erwachsene als Verantwortungsträger gegenüber den Jugendlichen, damit auch Etablierung angemessener Generationengrenzen bzw. Erlernen, Erkennen und Akzeptieren unterschiedlicher Kompetenzen und Zuständigkeiten, mit anderen Worten: Die Nachreifung umfasst die Entwicklung von Urvertrauen bis zur Ambivalenztoleranz.

10.2.8 Wachsende Kontinuität in der biografischen Entwicklung

An einer zunehmenden Kontinuität in der biografischen Entwicklung wird sich im Laufe der folgenden Jahre zeigen, dass tatsächlich Nachreifungsschritte getan und an die Stelle wiederholter Abbrüche und Abstürze eine wachsende Ausgeglichenheit getreten sind. Das kann sich zum Beispiel in einer zunehmenden eigenständigen Orientierung in raum-zeitlichen Zusammenhängen ausdrücken, mit der die Jugendlichen in größerer Autonomie und in immer reiferen Kompetenzen zu Gestaltern ihres eigenen Lebens werden und für ihre weiteren Schritte die Verantwortung übernehmen.

Die jugendlichen Abhängigen haben eine Geschichte von Beziehungsverlusten sowie häufige Wechsel von Institutionen und Betreuern erlebt. Das und die damit zusammenhängenden zerrissenen Bildungsverläufe haben sie mit anderen Jugendlichen gemeinsam, die ebenfalls früh auffällig werden; diese Erfahrungen verdichten sich zu einem „Muster biografischer Diskontinuität" (Bereswill u.a. 2008, S. 14)

Labile Übergänge und brüchige Integration kennzeichnen die Biografien solcher auffällig Gewordenen, die aber auch zeigen, dass sogar eine geschlossene Institution wie das Gefängnis zur Bildungseinrichtung werden kann, wenn sie von den Jugendlichen so genutzt wird. Solche Prozesse können weder sicher prognostiziert noch von außen herbeigeführt werden. Immer durchkreuzen lebensgeschichtliche Verwerfungen und „lebensgeschichtlich unabgegoltene Konflikte" die Integrationsbemühungen der Jugendlichen, die von den professionellen Helfern in ihrer Tiefenstruktur entweder nicht erkannt oder jedenfalls nicht aufgegriffen werden (vgl. Bereswill u.a. 2008, S. 114). Individuelle Entwicklung ist kein linearer Prozess, vielmehr verläuft sie dynamisch und voller Widersprüche, sodass Konflikte und die mit ihnen verbundenen Spannungen nicht als Störung oder als Defizit, sondern als Ansatz für Lernprozesse begriffen werden können. Vor diesem Hintergrund gewinnt der Blick auf Übergänge im Lebenslauf und auf den Einfluss von Institutionen eine Tiefenschärfe, die es erlaubt, die Integrationsleistungen und Potenziale von sozial und persönlich sehr verwundbaren jungen Erwachsenen erkennen zu lernen, sie zu fördern und im ständigen

Wechsel von Autonomie- und Bindungsbedürfnissen an sie anzuknüpfen (vgl. ebd.: S. 114).

10.3 Der Versuchung widerstehen lernen

Im Zentrum dieser Untersuchung stehen die von uns befragten Jugendlichen, deren biographische Entwicklung wir so genau wie möglich nachvollziehen wollten, um zu verstehen, wie eine Entwicklung in eine Abhängigkeitserkrankung erfolgt und wie Auswege aus dieser Situation aussehen können. Dabei war das Interesse notwendig sehr stark an den individuellen Verläufen, den familiären und therapeutischen Näheverhältnissen orientiert. Daher sollen im Folgenden einige Gedanken entwickelt werden, die gewissermaßen ein Resultat der hier präsentierten qualitativen Forschung darstellen: Es handelt sich um Überlegungen, die sich anbieten als mögliche Schlussfolgerungen aus den Lernprozessen, die Forschende und Interviewees gemeinsam durchlaufen haben.

10.3.1 Rückkehr in eine süchtige Gesellschaft

Legale und illegale Substanzen sind mittlerweile zum selbstverständlichen Bestandteil gesellschaftlicher Alltagspraxis geworden. Unter wachsender Beschleunigung entstehen Lebensformen und Anforderungen, die einen enormen Druck erzeugen, dem ohne chemische Unterstützung scheinbar kaum noch standzuhalten ist. Dabei hat sich der gesellschaftlich geforderte Funktionsmodus nicht nur beschleunigt, er ist in der Forderung nach immer währender Verfügbarkeit für den Arbeitsplatz und in der routinierten Gleichzeitigkeit verschiedener Tätigkeiten zum Normalzustand simultaner Beanspruchung geworden.

Die damit verbundene Anforderung an die Menschen lässt sich kaum noch in den Schlagworten und Schlachtrufen des Turbokapitalismus nach Flexibilität und Mobilität erfassen. Sie hat sich präzisiert, und in der Präzisierung hat sich ihr destruktives Potential in dem Maße verstärkt, wie die gesellschaftliche Akzeptanz zugenommen hat. Ihre Leitnormen sind die der beständig wachsenden Superlative (schneller, besser, weiter) und verweisen damit nicht zufällig auf die Disziplinen sportlichen Wettkampfes. Die Dopingskandale im Sport zeigen eines der Schlachtfelder, auf dem eine philisterhafte Debatte ausgetragen wird. Moralisch reagieren Publikum wie Funktionäre enttäuscht und empört auf die wachsende Normalisierung des Dopings, also des Gebrauchs leistungssteigernder Substanzen. Faktisch zeigt sich in dieser Sportler/innen- Praxis nur die logische

Folge der beständig steigenden Anforderungen, die eine Umgestaltung des Körpers auf chemische, chirurgische oder andere Weise nicht nur in Kauf nehmen, sondern zur Voraussetzung haben.

Wenn innere Leere und äußere, durch Überbeanspruchung bedingte Getriebenheit die sozialen Poren der Gesellschaftskörper durchsetzen, werden viele Menschen darauf mit verstärkten Anpassungsbemühungen reagieren und versuchen, ihre innere Struktur dahingehend „umzuorganisieren", dass die internen Funktionsmechanismen den postmodernen turbokapitalistischen Gegebenheiten entsprechen.

Da die Subjekte sich in ihren internen Strukturen – noch – nicht passgenau anschmiegen an die Anforderungen, wird mit diversen Mitteln nachgeholfen, um kurzfristig erwünschte Veränderungen zu bewirken.

Das beginnt mit Kaffee, Nikotin und Alkohol, also legalen Substanzen mit hohem Abhängigkeitspotential. Psychotrope Substanzen und Psychopharmaka finden gezielte Verwendung, indem Sedativa als „downer" eingesetzt werden, die nötig sind, weil zuvor Amphetamine die Antriebskräfte gesteigert haben. Prozac und andere Stimmungsaufheller sind willkommen, um die düsteren Wolken verzweifelter Leere und Sinnlosigkeitsgefühle bereits im Anflug zu vertreiben oder depressive Missgestimmtheit zu bekämpfen. Dabei könnten diese Stimmungstiefs auch als Signal für notwendige Veränderungen des Lebensstils begriffen werden, die insbesondere im Burnout unmittelbar an überfordernde Berufstätigkeit geknüpft ist. Stattdessen wird medikamentös eingegriffen und reguliert. Unruhezustände und Schlaflosigkeit, früher als Ausdruck sorgenvoller Gedankenarbeit verstanden, wird als bloße Beeinträchtigung der Leistungsfähigkeit des folgenden Tages mit fast allen Mitteln ausgeschaltet!

Dass unter solchen Lebensbedingungen viele Kinder mit Verhaltensauffälligkeiten reagieren, ist nicht verwunderlich. Sie übernehmen die Unruhe und Getriebenheit ihrer Eltern auf vielfältige Weise, werden deren Zeugen oder sogar ihre Opfer. Jedenfalls stören diese Abweichungen die alltägliche Hochgeschwindigkeitsroutine der Eltern. Daraufhin werden die Kinder ihrerseits medikamentös „eingestellt" – Ritalin und ähnliche Substanzen pegeln die kleinen Zappelphilips und Suppenkasper auf einem Niveau ein, das ihren Eltern Auseinandersetzungen erspart und die Kinder als kleine Leistungserbringer in den Kanon der geltenden Leitnormen einfügt – besser, schneller, effizienter und vor allem: omnipräsent.

Die Gefahr, von diesen chemischen Prothesen abhängig zu werden, wird weitgehend geleugnet zugunsten ihrer schnellen Wirksamkeit. Diese Verleugnung wird durch die große Akzeptanz der legalen Substanzen wesentlich unterstützt, wenn nicht sogar hervorgerufen. Die Gefährlichkeit legaler Suchtmittel wird auch dadurch bagatellisiert, dass die illegalen Rauschmittel eine phantastische Dämonisierung erfahren, ein Vorgang, der als kollektive Abwehrstrategie fungiert und die Aufmerksamkeit auf das Illegale lenkt, das bereits mit dem Begriff in die Dunkelzone gesellschaftlich-sozialer Randbereiche verwiesen wird – vielleicht, um von der Dunkelzone unbewusster Vorgänge nicht sprechen zu müssen. Gesellschaftliche Strategien der Unbewusstmachung lassen sich hier unschwer erkennen: Diese Fixierung der Medien und des öffentlichen Diskurses auf die Gefahren der illegalen Drogen verwischt – gleichsam als Reaktionsbildung auf die süchtige Realität der Alltagspraxis – den Blick auf die beträchtlichen Bedrohungen, die von den legalen Substanzen und ungesunden, aber sozial akzeptierten Verhaltensweisen ausgehen.

10.3.2 „Komm, lass mal was verändern!"

Fehlentwicklungen, Traumatisierungen und Fixierungen, also Spuren destruktiver Erfahrungen in der frühen Kindheit haben die primären Erfahrungen für die Jugendlichen nicht zu einer ersten Chance werden lassen, sondern die Grundlage für spätere Probleme gelegt. Die Adoleszenz, unter einigermaßen durchschnittlichen Bedingungen entwicklungspsychologisch als zweite Chance bezeichnet (Erdheim 1982, Blos 2001) oder als „psychosozialer Möglichkeitsraum" (King 2004), kann angesichts dieser Voraussetzungen kaum genutzt werden. Sie muss verstreichen, oder schlimmer noch: Die andrängenden Kräfte zur Restrukturierung werden subjektiv als äußerst bedrohlich erlebt, der Druck zur Bewältigung durch äußere Hilfen (Drogen) wächst. Kommen jetzt entsprechende Angebote dazu, wird sich der Weg in die Sucht schnell als kurzfristiger Ausweg aus der inneren Leere, der inneren Bedrohung erweisen und die körperliche Abhängigkeit wird die rasend schnelle Folge sein.

Wie die Entwicklung der Jugendlichen in die Krankheit hinein erfolgt, dazu gibt es verschiedene, sehr gut konzeptualisierte und dokumentierte Studien, wesentlich schwieriger ist es, die poststationäre und nachtherapeutische Entwicklung zu untersuchen. Herkömmliche katamnestische Untersuchungen geben nur bedingt Auskunft über die Veränderungen subjektiver Struktur. Hier können biografisch-qualitative Längsschnittstudien wie die vorliegende deutlich mehr Tiefenschärfe entwickeln.[92]

---

[92] Für deren Ansätze fehlen aber sowohl die wissenschaftliche Reputation als auch die gesellschaftliche Akzeptanz, die Bedenken werden noch immer an der kleinen Untersuchungsgruppe festgemacht.

Hinzu kommt auch ein Defizit an Konzepten für die Veränderung und Nachentwicklung von subjektiver Struktur unter den Bedingungen der Adoleszenz und des frühen Erwachsenenalters. Hier ist Fonagy und Target (2006, S. 407) zuzustimmen, wenn sie die Forderung an die Psychoanalyse postulieren, weitere Konzepte für die Entwicklung in der späteren Kindheit, in der Adoleszenz und im Erwachsenenalter zu erarbeiten. Die Psychoanalyse muss ihr Verständnis späterer Entwicklungsphasen verbessern sowie den Einflüssen äußerer Vorgänge und intrapsychischer Umstände Rechnung tragen, die den Entwicklungsverlauf auch nach der frühen Kindheit beeinflussen.

Unter Bezug auf die psychoanalytische Konzeptualisierung der Adoleszenz als „zweite Chance" haben wir die intensive Therapiearbeit mit vormals drogenabhängigen Jugendlichen und das dazu notwendige Setting als „dritte Chance" bezeichnet. Viele der von uns befragten Jugendlichen sind erfolgreich darin, ihre dritte Chance zu nutzen und haben unterschiedlich weit reichende Lösung ihrer Entwicklungsblockaden erlebt, wodurch eine Nachreifung möglich wurde. Aber wohin kehren sie dann zurück? Was für eine Umgebung finden sie vor, wenn sie die Therapiestation verlassen und langsam aus den haltenden Netzen der Nachsorge herauswachsen?

Sie treffen auf eine Gesellschaft, in der sie vielfältige Formen von süchtigen Verhaltensweisen erleben, in der Verführungen zum Gebrauch chemischer Substanzen an jeder Straßenecke auftauchen werden, in der Überforderung und Überreizung an der Tagesordnung sind.

Es wird ihnen kaum nützen, wenn sie den einschlägigen Milieus fernbleiben, weil sie Alkohol in jedem Supermarkt mühelos erwerben können. Sie können im Internet gewaltvolle Spiele finden und stunden- ja tagelang damit zubringen, sie haben Eltern oder Freunde, die von ihrer Arbeit besessen sind, die verlernt haben, sich zu erholen, die eine Resistenz gegen alle Formen freudiger und genussvoller Entspannung entwickelt haben, kurz, sie kehren in eine Welt zurück, die von Süchten durchsetzt ist, in der sie süchtiges Verhalten geradezu inhalieren werden. Wenn die innere Leere auftaucht oder unvermeidliche Enttäuschungen zu verarbeiten sind und in der Folge die hungrige Suche nach dem permanent verfügbaren Objekt sie umtreibt, werden sie überall Verführungen zur Sucht entdecken. Es ist dann nur eine Frage der Zeit, wann sie wieder nach einer Droge greifen, um dieses Loch zu füllen.

Keine Vermeidungsstrategie wird da helfen, keine Sanktion sie davon abhalten, keine Strafdrohung diesen Griff verhindern können. Der einzige Weg, der wirklichen, individuellen Schutz vor diesen Gefahren verspricht, ist die Gesundung von Innen. Nur wenn diese innere Leere ihre Bedrohlichkeit verliert, nur

10.3 Der Versuchung widerstehen lernen

wenn dieses schwarze Loch langsam von unten her zuwächst und gefüllt wird mit der Erfahrung befriedigender Beziehungen, die die Welt der inneren Objekte und Repräsentanzen verändert und die alternative Ausdrucksmöglichkeiten zur Verfügung stellt, mit schwierigen Herausforderungen, aber auch mit beängstigenden inneren Momenten anders als chemisch kompensierend umzugehen – nur dann besteht die Chance, nicht durch die äußeren Verlockungen schneller Problemlösungen verführt zu werden. Nur dann wird ein innerer Dialog möglich sein, mit dessen Hilfe auch Alternativen sondiert, gefunden und erprobt werden können.

Wenn frühe Drogenabhängigkeit im Kern ein „Beziehungsschaden" ist – dann kann er auch nur in Beziehungen wieder heilen! Wenn dieser Beziehungsschaden zu einer Blockierung von Entwicklungsmöglichkeiten führte, muss diese Blockierung aufgehoben werden. Damit das gelingt, muss an den Ort – und das heißt hier: mental – in die Phase zurückgegangen werden, in der die Entwicklung gestoppt wurde, um eine nachholende Reifung anzuregen. Die nächsten Schritte werden auf stabilisierende, haltende Beziehungen angewiesen sein. Wenn also weitere Entwicklung und Nachreifung in Beziehungen erfolgt, dann ist darüber auch in der Logik von Beziehungszeit und psychologischer Entwicklungszeit nachzudenken. Solche nachholende Entwicklung lässt sich auf der Ebene individueller Lernschritte und subjektiver Lernprozesse nicht beschleunigen, sie ist in Analogie zu der Entwicklung kindlicher – und anderer – Lernvorgänge zu denken. Derartige Prozesse schließen Auszeiten, Wiederholungen und Umwege ein; keiner dieser Schritte ist entbehrlich, keiner nutzlos: Das ist an der Arbeit mit dem Rückfall überdeutlich erkennbar. Wenn der Rückfall therapeutisch bearbeitet wird, kann er sich als Chance für weitere Entwicklung erweisen und nicht als Bedrohung des therapeutischen Erfolges. Der Abhängige lernt sich im Umgang mit den drohenden Gefahren immer besser kennen. Vor allem macht er die Erfahrung, dass die Beziehungen zu den ihn umgebenden Menschen nicht abbrechen, dass sie halten, auch wenn er einen Fehler macht. Damit ist nicht die Billigung des Verhaltens gemeint, im Gegenteil. Aber eine Chance auf beziehungsbasierte Alternativen in der Persönlichkeitsentwicklung gibt es nur, wenn im gesicherten Beziehungsraum solche Erfahrungen gemacht und gemeinsam bearbeitet werden können; gemeinsam, weil der Rückfall auch für die zahlreichen Experten und Therapeuten immer die Herausforderung darstellt, sie nicht als Misslingen der eigenen Arbeit, als narzisstische Kränkung zu begreifen, sondern als Arbeitsaufgabe, die von allen Beteiligten bewältigt werden muss.

Zum Abschluss eines jeden Interviews wurde den Interviewees immer die „Zauberfrage" gestellt: „Wenn du drei Wünsche frei hättest, was würdest du dir dann heute wünschen?" Es war erklärte Absicht, mit dieser Frage assoziative Kräfte zu mobilisieren und so auch eine ganz unrealistische, utopische Dimension anzusteuern, das Denken und die Einfälle der Befragten über die von Alltagszwängen und realen Begrenzungen geprägten Erfahrungen hinausgehen zu lassen. Die Antworten der Jugendlichen, die Qualität ihrer Wünsche, die Ausprägung und Kraft, der abgegrenzte Realitätsgehalt oder die sehnsüchtige Verschmelzungshoffnung charakterisierten über die Zeit der Längsschnittuntersuchung hinweg Veränderungen im individuellen Entwicklungsprozess. Gestatten wir uns zum Schluss ein Gedankenexperiment: Welche drei Wünsche haben die Forscherinnen nach langen Jahren der intensiven Beschäftigung mit den bewegenden Lebensgeschichten drogenabhängiger Jugendlicher?

Der erste Wunsch richtet sich auf die Bereitstellung langjähriger, nicht kostendefinierter Nachreifungschancen, das heißt nach einer Vielfalt von Beziehungsangeboten, die in der Lage sind, den tiefen Spuren der Beziehungsabbrüche oder Entleerungen im Leben der Jugendlichen durch Kontinuität und Nachhaltigkeit entgegenzuwirken. Das wird sich nur durch die Aufrechterhaltung langjähriger professioneller Beziehungsangebote verwirklichen lassen.

Der zweite Wunsch möchte in der Öffentlichkeit die Einsicht vermitteln, dass Sucht eine schwere Erkrankung ist, die jegliche Geduld, Aufmerksamkeit, Nachsicht und Intensität der Behandlung benötigt und beansprucht wie jede andere Erkrankung auch. Sucht ist keine Willensschwäche, Sucht ist eine schwere psychische und körperliche Erkrankung, die den Betroffenen lebenslang zeichnet. Dazu ist eine Herauslösung der Suchttherapien aus dem Dickicht zwischen Krankenkassen, Rentenversicherungsträgern, Schule und Jugendhilfe unabdingbar, weil auf den Einzelfall zugeschnittene Hilfen benötigt werden, deren Passgenauigkeit immer wieder neu überprüft und angepasst werden muss.

Der tief empfundene dritte und letzte Wunsch bezieht sich auf diejenigen Jugendlichen, zu denen der Kontakt nach dem ersten Interview abgerissen ist. Er gibt der Hoffnung Ausdruck, dass sich unsere Befunde auch für sie bewahrheiten und Geltung besitzen werden, dass sie die durch die Therapieentscheidung begonnene Nachreifung tatsächlich fortgesetzt haben und der Abbruch des Kontaktes zu den Forschungsgruppen nur Teil eines Neubeginns ist, der dazu beiträgt, die destruktiven und verführerischen Milieus zu verlassen und an einer anderen Stelle, an einem anderen Ort ein neues Leben jenseits der Drogenabhängigkeit beginnen zu können.

Auf der Basis der vorliegenden Untersuchung können wir sagen, dass die Tatsache, überlebt zu haben, bereits für die meisten der Interviewees eine besondere Leistung darstellt: Überhaupt in Behandlung gekommen zu sein ist bereits

10.3 Der Versuchung widerstehen lernen

ein Zeichen von Überlebens- und Heilungswillen. Vielleicht muss sogar der Versuch, mit Hilfe von Drogen die schweren Traumata selbst zu behandeln, als Ausdruck dieses Überlebenswillens gelten.

Die Jugendlichen selbst wollen etwas verändern. Lange vor seiner stationären Therapie auf Teen Spirit Island sagt z.B. Alexander zu seinen ebenfalls abhängigen und kriminellen Freunden: „Komm, lass mal was verändern." Er möchte seine Freunde zum Entzug motivieren. Das zeigt die langsam sich entwickelnde Veränderungsbereitschaft des Jugendlichen. Dieses Motiv muss aufgegriffen und unterstützt werden, bis sich die Gesundungskräfte entfalten. Dazu bedarf es äußerst komplexer Bedingungen und zahlreicher Hilfen, aber wenn sie angeboten werden, machen die Jugendlichen daraus ihre „dritte Chance".

Diese nachholende Entwicklung zu ermöglichen ist auch eine gesellschaftliche Aufgabe. Der Jugendliche kann nicht verantwortlich gemacht werden für die ungünstigen, schädigenden Bedingungen, die am Anfang seines Lebens standen. Nicht er hat die extremen Arbeitsbedingungen geschaffen, die seine Eltern so abwesend sein ließen. Nicht die Jugendliche hat es sich ausgesucht, in eine Familie von ebenfalls abhängigen Eltern hineingeboren zu werden, in der es süchtige Strukturen im Übermaß gibt und wenig Alternativen dazu. Wenn die Eltern eine süchtige Lebensführung betreiben, woher sollen die Kinder andere als ähnliche Muster beziehen? Es ist daher zu viel verlangt, sie in individueller Verantwortung ihrem Weg aus der Drogenabhängigkeit zu überlassen. Sie benötigen intensive Unterstützung, wahrscheinlich über Jahre. Seelenarbeit ist ein zeitintensiver Lernprozess! Aber die Mühe lohnt sich. Und sie ist ohne wirkliche Alternative: Wenn Kinder und Jugendliche eine Abhängigkeit entwickeln, dann werden sie einen langen Weg vor sich haben, der sie in Krankenhäuser, Gefängnisse, Obdachlosenunterkünfte und Drogennotfallstationen führen wird, wenn sie überhaupt überleben. Sie werden auch auf diesem Weg die Gesellschaft fordern, geradezu zwingen, sich mit ihnen zu beschäftigen. Und dieser Weg wird dann, auch ökonomisch betrachtet, sehr teuer werden und zahlreiche Menschenleben fordern. Jede Investition in eine möglichst frühzeitige Behandlung ist demgegenüber ein Akt notwendiger Humanität.

Literatur

Aldag, A. (2006): Wege aus der Abhängigkeit. Fallstudie einer abhängigen Jugendlichen mit Mehrfachdiagnose. Unveröffentlichtes Manuskript, Magisterarbeit am Institut für Sozialpsychologie der Leibniz Universität Hannover

Altmeyer, M. und Thomä, H. (Hg) (2006): Die vernetzte Seele. Die intersubjektive Wende in der Psychoanalyse. Stuttgart: Klett-Cotta

Amendt, G. (2004): No Drugs, No Future. Drogen im Zeitalter der Globalisierung. Frankfurt/M.: Verlag Zweitausendeins

Arbeitsgruppe Bielefelder Soziologen (Hg) (1976): Kommunikative Sozialforschung. München: Fink.

Arenz-Greiving, I.(2003): Die vergessenen Kinder. Wuppertal: Blaukreuz-Verlag

Balint, M. (1968) The Basic Fault. London: Northwester University Press

Bandura, A., 1979: Sozial-kognitive Lerntheorie, Stuttgart: Klett-Cotta

Benjamin, J. (2006): Ein intersubjektives Triangulierungskonzept. In: Altmeyer und Thomä (Hg)

Bereswill, M. (2003): Subjektivität von Forschern als methodologische Herausforderung. In: Sozialer Sinn, 3/2003

Bereswill, M., Koesling, A., Neuber, A. (2008): Umwege in Arbeit. Die Bedeutung von Tätigkeit in den Biografien junger Männer mit Hafterfahrung. Baden-Baden: Nomos Verlagsgesellschaft

Bertling, A. A.(1993): Wenn die Eltern trinken. Mögliche Auswirkungen der Alkoholsucht der Eltern auf deren Kinder. Berlin: Bögner-Kaufmann Verlag

Bialon-Konrad, K. (2004): Über den Zusammenhang von Borderline-Syndrom und Abhängigkeitserkrankungen. Unveröffentlichtes Manuskript, Magisterarbeit am Institut für Sozialpsychologie der Leibniz Universität Hannover

Bilitza, K.W. (Hg) (2008): Psychotherapie der Sucht. Psychoanalytische Beiträge zur Praxis. Göttingen: Vandenhoeck und Rupprecht

Bilitza, K.W. (Hg) (2008): Psychoanalytisch-interaktionelle Gruppenpsychotherapie und die psychotherapeutische Arbeit mit Gruppen in der Suchtklinik heute. In: Bilitza, S. 93

Bion, W.R. (1962/1990): Lernen durch Erfahrung. Frankfurt am Main: Suhrkamp

Bion W.R. (1971): Erfahrungen in Gruppen. Stuttgart: Klett-Cotta

Black, C. (1981): It Will Never Happen To Me! Denver: Printing and Publications Division

Blos, Peter (2001): Adoleszenz. Eine psychoanalytische Interpretation. 7. Auflage. Stuttgart: Klett-Cotta

Böker, H. (Hg) (2006): Psychoanalyse und Psychiatrie. Heidelberg: Springer

Böllinger, L. (2002): Lust und Last – Zur sozialen Kontrolle von Ekstase. In: Uhlig, S. und Thiele, M. (Hg)

Böllinger, L. und Stöver, H. (2002): Drogenpraxis, Drogenrecht, Drogenpolitik. 5. Aufl. Frankfurt/M.: FHS-Verlag

Bönig, J. (2002): Neurobiologische Aspekte des Suchtgedächtnisses und ihre Bedeutung für störungsspezifische Therapiekonzepte. In: Heigl-Evers u.a., S. 35

Bohleber, W. (Hg) (1996): Adoleszenz und Identiät. Stuttgart: Verlag Internationale Psychoanalyse

Bohleber, W. (2004): Adoleszenz, Identität und Trauma. In: Streeck-Fischer (Hg)

Bowlby, J. (ed) (1969): Attachment and loss. Vol. 1. New York: Basic Books

Bowlby, J. (ed) (1973): Attachment and loss. Vol. 2. New York: Basic Books

Bowlby, J. (ed) (1980): Attachment and loss. Vol. 3. New York: Basic Books

Bowlby, J. (2005): Frühe Bindung und kindliche Entwicklung. München: Ernst-Reinhardt Verlag, 5. Aufl.

Bollas, Ch. (1997): Der Schatten des Objekts. Stuttgart: Klett-Cotta

Brakhoff, J. (1987): Kinder von Suchtkranken – Situation, Prävention, Beratung und Therapie, Freiburg i. Br.: Lambertus-Verlag

Brombeer, N. (2006): Suchterkrankung und Autoaggression. Eine Fallanalyse biografischer Hintergründe. Unveröffentlichtes Manuskript, Diplomarbeit am Institut für Sozialpsychologie der Leibniz Universität Hannover

Brisch, K.H. und Hellbrügge, T. (Hg) (2003): Bindung und Trauma. Risiken und Schutzfaktoren für die Entwicklung von Kindern. Stuttgart: Klett-Cotta

Bürgin, D. (1999): Adoleszenz und Trauma. Grundsätzliche und spezifische Aspekte der Behandlung von Jugendlichen mit traumatischen Erfahrungen. In: Streeck-Fischer (Hg)

Derda, N. (2007): Familie und Sucht. Beziehungsdefizite und Drogenmissbrauch in der Adoleszenz am Beispiel einer Fallanalyse. Unveröffentlichtes Manuskript, Magisterarbeit am Institut für Sozialpsychologie der Leibniz Universität Hannover

Deserno, H. (2006): Die gegenwärtige Bedeutung von Symboltheorien für die psychonalytische Praxis und Forschung. In: Böker, H., S. 345-358

Deutsche Hauptstelle für Suchtgefahren (1993): Sucht und Familie, Freiburg i. Br.: Lambertus-Verlag

Devereux, G. (1967/dt. 1973): Angst und Methode in den Verhaltenswissenschaften. Frankfurt/M.: Suhrkamp

Dornes, M. (1993). Der kompetente Säugling. Frankfurt/M.: Fischer

Duda, P. (2006): Drogenabhängigkeit – Ursachen oder Folge von Bindungsproblemen? Eine tiefenhermeneutische Fallstudie. Unveröffentlichtes Manuskript, Magisterarbeit am Institut für Sozialpsychologie der Leibniz Universität Hannover

Erdheim M.(1982): Die gesellschaftliche Produktion von Unbewußtheit. Frankfurt/M.: Suhrkamp

Erdheim, M.(1996) Psychoanalyse, Adoleszenz und Nachträglichkeit. In: Bohleber (Hg)

Erdsiek, R. (2006): Zwanghafter Drogenkonsum und pathologische Realität. Eine Einzelfallanalyse biografischer Rahmenbedingungen. Unveröffentlichtes Manuskript, Magisterarbeit am Institut für Sozialpsychologie der Leibniz Universität Hannover

Erikson, E.H. (1966): Identität und Lebenszyklus. Frankfurt/M.: Suhrkamp
Fast, I. (1991): Von der Einheit zur Differenz. Psychoanalyse der Geschlechtsidentität. Berlin, Heidelberg, New York: Springer
Fend, H. (2000): Entwicklungspsychologie des Jugendalters. Ein Lehrbuch für pädagogische und psychologische Berufe. Opladen: Leske + Budrich
Ferenczi, S. (1932): Sprachverwirrung zwischen den Erwachsenen und dem Kind (Die Sprache der Zärtlichkeit und der Leidenschaft). Band III, Arbeiten aus den Jahren 1919-1933 (Nachdruck). Frankfurt/M., Berlin, Wien: Ullstein 1984
Fischer, T. (2009): Gruppenpsychotherapie bei Abhängigkeitserkrankungen. In Bilitza 2008, S. 111
Fischer, G. und Riedesser, P. (1999): Lehrbuch der Psychotraumatologie. München: Reinhardt
Flaake, K. (2001): Körper, Sexualität und Geschlecht. Studien zur Adoleszenz junger Frauen. Gießen: Psychosozial-Verlag
Flaake, K. und King, V. (Hg) (1993): Weibliche Adoleszenz. Zur Sozialisation junger Frauen. Frankfurt/M.: Campus-Verlag
Flaake, K. und King, V. (Hg) (2005): Männliche Adoleszenz. Sozialisation und Bildungsprozesse zwischen Kindheit und Erwachsensein. Frankfurt/M.: Campus
Flick, U. u.a. (Hg) (2000): Qualitative Sozialforschung. Reinbek: Rowohlt.
Fonagy, P., Gergely G., Jurist, E.J., Target, M. (2004): Affektregulierung, Mentalisierung und die Entwicklung des Selbst. Stuttgart: Klett-Cotta
Fonagy, P. und Target, M. (2006, engl. 2003): Psychoanalyse und Psychopathologie der Entwicklung, Stuttgart: Klett-Cotta
Fonagy, P. (2003, engl. 2001): Bindungstheorie und Psychoanalyse. Stuttgart: Klett-Cotta
Fonagy, P. und Target, M. (2003): Frühe Bindung und psychische Entwicklung. Gießen: Psychosozial
Frank, C. und Weiss, H. (Hg) (2007): Projektive Identifizierung. Ein Schlüsselkonzept der psychoanalytischen Therapie. Stuttgart: Klett-Cotta
Freud, A. (1936/1976): Das Ich und die Abwehrmechanismen, Frankfurt/M.: Fischer
Freud, S. (1914/1982): Zur Einführung des Narzißmus, Studienausgabe Bd. 3, S. 37. Frankfurt/M.: Fischer
Freud, S. (1912/1982): Zur Dynamik der Übertragung. Studienausgabe Ergänzungsband, S. 157, Frankfurt/M.: Fischer
Freud, S. (1920/1982): Jenseits des Lustprinzips. Studienausgabe Bd. 3, S. 213. Frankfurt/M.: Fischer
Freud, S. (1924d/1982): Der Untergang des Ödipuskomplexes, Studienausgabe Bd 5, S. 43. Frankfurt/M: Fischer
Frommer, J.(2007): Psychoanalyse und qualitative Sozialforschung in Konvergenz. In: Psyche, 61. Jg.; Heft 8, S. 781-803
Gerasch, H.(2009): Die Vollstreckungsvorschriften der §§35, 36 BtMG und Probleme in der Praxis und bei deren Anwendung. In: Forensische Psychiatrie, Psychologie, Kriminologie, Heft 4/2009, S. 302-308
Giddens, A. (1976): New Rules for Sociological Method. New York: Basic Books

Glaser, B.G. and Strauss, A.L. (1967): The discovery of grounded theory. Strategies for qualitative research. Chicago: Aldine (dt.1998: Grounded Theory. Strategien qualitativer Sozialforschung. Bern: Huber)

Gossel, J. (2003): Aggressionsbewältigungen im biographischen Prozess einer sich selbst verletzenden Jugendlichen. Unveröffentlichtes Manuskript, Magisterarbeit am Institut für Sozialpsychologie der Leibniz Universität Hannover

Gottschalk, U. (2006): Von der Abstinenz zum kontrollierten Konsum. Eine Fallanalyse. Unveröffentlichtes Manuskript, Magisterarbeit am Institut für Sozialpsychologie der Leibniz Universität Hannover

Gruen, A (2005): Der Fremde in uns. 4. Aufl. München: Deutscher Taschenbuchverlag

Hagemann-White, C. (1993): Berufsfindung und Lebensperspektive in der weiblichen Adoleszenz. In: Flaake, King

Hartmann H. (1958): Ego Psychology and the Problem of Adaptation. New York: Basic Books

Heigl-Evers, A. und Ott, J. (Hg) (2002): Die psychoanalytisch-interaktionelle Methode, 2. Auflage Göttingen: Vandenhoek und Ruprecht

Heigl-Evers, A., Helas, I., Vollmer, H., Büchner, U. (2001) (Hg): Therapien bei Sucht und Abhängigkeiten. Psychoanalyse, Verhaltenstherapie, Systemische Therapie. Göttingen: Vandenhoek und Ruprecht

Heinemann, E. und Hopf, H. (2001): Psychische Störungen in Kindheit und Jugend. Stuttgart: Kohlhammer

Hermans, H. (2000): Interviewen als Tätigkeit. In: Flick u.a. (Hg)

Hinshelwood, R. (1993): Wörterbuch der kleinianischen Psychoanalyse. Stuttgart: Verlag Internatinale Psychoanalyse

Hinz, V. (2002): Zur Bedeutung der peer-group in der weiblichen Adoleszenz. Eine Fallstudie zum zwanghaften Drogenkonsum. Unveröffentlichtes Manuskript, Magisterarbeit am Institut für Sozialpsychologie der Leibniz Universität Hannover

Hirsch, M. (1989): Der eigene Körper als Objekt. Zur Psychodynamik selbstdestruktiven Körperagierens. Berlin, Heidelberg, New York: Springer

Hirsch, M. (2002): Schicksale von Aggression und Autoaggression in der Spätadoleszenz. In: Subkowski (Hg)

Hirsch, M.(2004): Psychoanalytische Traumatologie – Das Trauma in der Familie. Stuttgart: Schattauer

Hirsch, M. (2008): Die Gruppe als Container. Mentalisierung und Symbolisierung in der analytischen Gruppentherapie. Göttingen: Vandenhoeck & Ruprecht

Höch, A. (2006): Sucht und Selbstverletzung. Eine tiefenhermeneutische Fallrekonstruktion einer drogenabhängigen Jugendlichen. Unveröffentlichtes Manuskript, Magisterarbeit am Institut für Sozialpsychologie der Leibniz Universität Hannover

Hoffmann, R. (2002): Zum Umgang mit der aggressiven und autoaggressiven Problematik bei Jugendlichen in der stationären Psychotherapie. In: Subkowski (Hg)

Hübner, W. (2006): Jenseits der Worte: Versuch über projektive Identifizierung und ästhetische Erfahrung. In: Psyche, 60. Jg.; Heft 4, S. 320

Hüther, G. (2002): Die neurobiologischen Auswirkungen von Angst und Streß und die Verarbeitung traumatischer Erinnerungen. In: Streeck-Fischer u.a. (Hg), S. 94-114

Hurrelmann, K. (2004): Lebensphase Jugend. Eine Einführung in die sozialwissenschaftliche Jugendforschung. 7. vollständig überarbeitete Auflage. Weinheim: Juventa-Verlag

Jokl, A.M. (1997): Zwei Fälle zum Thema „Bewältigung der Vergangenheit". Frankfurt/M.: Jüdischer Verlag

Josic, X. (2004): Suchterkrankung, Trauma und Bindungslosigkeit. Eine Fallanalyse biographischer Hintergründe. Unveröffentlichtes Manuskript, Magisterarbeit am Institut für Sozialpsychologie der Leibniz Universität Hannover

Kaes, R. (2009): Innere Gruppen und psychische Gruppalität. In: Psyche, 63, S. 281-305

Kaplan, L.J. (1988): Abschied von der Kindheit. Eine Studie über die Adoleszenz. Stuttgart: Klett-Cotta

Kaya, M., Friedrich, M. (2006): Von der frühkindlichen Traumatisierung zur Abhängigkeit im Jugendalter: In: Schäfer und Krausz (Hg)

Kernberg, O. F. (1975): Borderlinestörungen und pathologischer Narzißmus. Frankfurt/M.: Suhrkamp

Kernberg, O.F. (1996): Schwere Persönlichkeitsstörungen. Theorie, Diagnose und Behandlungsstrategien. Stuttgart: Klett-Cotta

Kernberg, O.F. (2006): Narzißmus, Aggression und Selbstzerstörung. Fortschritte in der Diagnose und Behandlung schwerer Persönlichkeitsstörungen. Stuttgart: Klett-Cotta

Kernberg, O.F., Dulz, B., Sachsse, U. (2000): Handbuch der Borderline-Störungen. Stuttgart: Schattauer

Kersten, S. (2006): Adoleszenz und Bindung: eine tiefenhermeneutische Fallrekonstruktion. Unveröffentlichtes Manuskript, Magisterarbeit am Institut für Sozialpsychologie der Leibniz Universität Hannover

Kind, J. (2004): Kränkung und destruktiver Narzissmus. Zum Zerstörungspotential von Selbstobjektbeziehungen. In: Rohde-Dachser und Wellendorf (Hg)

Kindermann, S. (2003): Die Rolle der Familie bei Einstieg, Verlauf und Ausstieg aus der Drogenszene. Ergebnisse einer Längsschnittstudie an Heorinabhängigen. In: Molter und Osterhold (Hg)

King, V. (2002): Die Entstehung des Neuen in der Adoleszenz. Individuation, Generativität und Geschlecht in modernisierten Gesellschaften. Wiesbaden: VS Verlag für Sozialwissenschaften

King, V. und Gerisch, B. (Hg) (2009): Zeitgewinn und Selbstverlust. Folgen und Grenzen der Beschleunigung. Frankfurt/M.: Campus

Klemann, M. (2008): Übertragungsanalyse und die unbewußten Wünsche des Analytikers In: Psyche, 62. Jg. Heft 4

Klein M. (1957): Envy and Gratitude. London, Tavistock, New York: Basic Books

Klüpper, M. (2006): Reifung und Konflikt. Säuglingsforschung, Bindungstheorie und Mentalisierungskonzepte in der tiefenpsychologischen Psychotherapie. Stuttgart: Klett-Cotta

Kogan, I. (1998): Der stumme Schrei der Kinder. Die zweite Generation der Holocaust-Opfer. Frankfurt/M.: Fischer

Kohut, H. (1971): Narzißmus. Eine Theorie zur Behandlung narzißtischer Persönlichkeitsstörungen. Frankfurt/M.: Suhrkamp

Kohut, H. (1979): Die Heilung des Selbst. Frankfurt/M.: Suhrkamp

Koukkou, M., Leuzinger-Bohleber, M. und Mertens, W. (Hg) (1998): Erinnerung von Wirklichkeiten, Psychoanalyse und Neurowissenschaften im Dialog Band 1. Stuttgart: Klett-Cotta

Kreckel, M. (1997): Macht der Väter, Krankheit der Söhne. Frankfurt/M.: Fischer

Kruse, G., Körkel, J., Schmalz, U. (2000): Alkoholabhängigkeit erkennen und behandeln. Mit literarischen Beispielen. Bonn: Psychiatrie-Verlag

Lachner, G. undWittchen, H. U. (1997): Familiär übertragene Vulnerabilitätsmerkmale für Alkoholmißbrauch und Abhängigkeit). In: Watzl und Rockstroh

Laplanche, J. und Pontalis, J.B. (1973): Das Vokabular der Psychoanalyse. Frankfurt/M.: Suhrkamp

Leithäuser, T. und Volmerg, B. (1979): Anleitung zur empirischen Hermeneutik. Psychoanalytische Textinterpretation als sozialwissenschaftliches Verfahren. Frankfurt/M.: Suhrkamp

Leithäuser, T. und Volmerg, B. (1988): Psychoanalyse in der Sozialforschung. Opladen: Westdeutscher Verlag

Linnemüller, C. (2003): Adoleszenz und Depression. Eine tiefenhermeneutische Fallrekonstruktion einer drogenabhängigen Jugendlichen. Unveröffentlichtes Manuskript, Magisterarbeit am Institut für Sozialpsychologie der Leibniz Universität Hannover

Lorenzer, A. (1971): Psychoanalyse als Sozialwissenschaft. Frankfurt/M.: Suhrkamp

Lorenzer, A. (1974): Die Wahrheit der psychoanalytischen Erkenntnis. Ein historisch-materialistischer Entwurf. Frankfurt/M.: Suhrkamp

Lorenzer, A. (1976): Sprachzerstörung und Rekonstruktion. Frankfurt/M.: Suhrkamp

Lorenzer, A. (1977): Sprachspiel und Interaktionsformen. Vorträge und Aufsätze zu Psychoanalyse, Sprache und Praxis. Frankfurt/M.: Suhrkamp

Lorenzer, A. (1986): Tiefenhermeneutische Kulturanalysen. in: Lorenzer, A.(Hg)(1986): Kulturanalysen. Psychoanalytische Studien zur Kultur. Frankfurt/M.: Fischer

Lorenzer, A. (2002): Die Sprache, der Sinn, das Unbewußte. Psychoanalytisches Grundverständnis und Neurowissenschaften. Stuttgart: Klett-Cotta

Mahler, M., Pine, F. und Bergmann, A. (1980): Die psychische Geburt des Menschen. Symbiose und Individuation. Frankfurt/M.: Fischer

Meier, B.-D. (2009): Strafrechtliche Sanktionen. Berlin, Heidelberg: Springer Verlag

Mentzos, S. (1984): Neurotische Konfliktverarbeitung. Frankfurt/M.Fischer

Merfert-Diete, C. (2006): Zahlen und Fakten in Kürze. In: Deutsche Hauptstelle für Suchtfragen. Jahrbuch Sucht 2006. Hamburg: Neuland Verlag

Mertens, W. (1996): Entwicklung der Psychosexualität und der Geschlechtsidentität. 2 Bände. Stuttgart: Kohlhammer

Mertens, W. und Waldvogel, B. (Hg) (2000): Handbuch psychoanalytischer Grundbegriffe. Stuttgart, Berlin, Köln: Kohlhammer

Mitchell, S.A. (2003). Bindung und Beziehung. Auf dem Weg zu einer relationalen Psychoanalyse. Gießen: Psychosozial-Verlag

Möller, C. (Hg) (2005): Drogenmissbrauch im Jugendalter. Ursachen und Auswirkungen. Göttingen: Vandenhoek & Ruprecht
Möller, C. (Hg) (2007): Sucht im Jugendalter. Verstehen, vorbeugen, heilen. Göttingen: Vandenhoek & Ruprecht
Möller, C. (2007): Gruppentherapie. In: Möller (Hg)
Möller, C. und Thoms (2000): Drogenabhängigkeit durch ein tragendes therapeutisches Beziehungsangebot überwinden. In: Suchtmedien in Forschung und Praxis, 2(4)
Möller, C. und Thoms (2001): Teen Spirit Island. Erste Erfahrungen des Projektes. In: Sucht-Report, 3
Mönnig, U. (2007): Trauma und Beziehung in der Adoleszenz. Eine biographische Fallstudie. Unveröffentlichtes Manuskript, Magisterarbeit am Institut für Sozialpsychologie der Leibniz Universität Hannover
Molter, H. und Osterhold, G. (Hg) (2003): Systemische Suchttherapie. Heidelberg: Asanger Verlag GmbH
Moré, A. (2004): „Bis ins dritte und vierte Glied" – Erklärungen und Mechanismen zur transgenerationalen Übertragung, ZfPP, 12. Jahrgang, S. 259-280
Morgenroth, C.(1990): Sprachloser Widerstand. Zur Sozialpathologie der Lebenswelt von Arbeitslosen. Frankfurt/M.: Fischer
Morgenroth, C. (2001): Die Untersuchung unbewusster Gruppenprozesse. Über die kollektive Dimension innerer Vergesellschaftungsformen. In: Detlev Claussen und Oskar Negt (Hg): Hannoversche Schriften 4, Philosophie und Empirie, 2001. Frankfurt/M: Verlag neue Kritik
Morgenroth, C. (2007): „Auf jeden Fall kann ich jetzt sagen, was ich fühle." Sprachliche Symbolisierung statt Enactment. In: Möller (Hg)
Morgenroth, C. (2005): Subjektives Zeiterleben, gesellschaftliche Entgrenzungsphänomene und depressive Reaktionen. Ein sozialpsychologischer Versuch. In: Werner Bohleber (Hg): Depression. Psychoanalytische Erkundungen einer Zeitkrankheit, Sonderheft Psyche 2005 (59. Jahrgang). Stuttgart: Klett-Cotta
Morgenroth, C. (2009): „Und ich war der Fehler". In: King und Gerisch (Hg)
Morgenroth, C. (2010) „Research releationship, enactments and countertransference analysis – on the significance of scenic understanding". In: Mechthild Bereswill, Christine Morgenroth, Peter Redman (Ed): Special Issue on Alfred Lorenzer. In: Psychoanalysis, Culture and Society
Paul, A. (2005): Drogenkonsum im Jugendstrafverfahren. Münster: LIT Verlag
Pines, D. (1997): Der weibliche Körper. Eine psychoanalytische Perspektive. Stuttgart: Klett-Cotta
Plänkert, T. (2007): Die Invasion des Ichs. Über intrusive introjektive Identifizierung. In: Frank und Weiß, S. 125ff
Plassmann, R. (2000): Körperbild, Körperschema, Körperselbst. In: Mertens, W. und Waldvogel, B. (Hg)
Popitz, H. und Bahrdt, H.P. (1957): Das Gesellschaftsbild des Arbeiters. Tübingen: J.C.B.Mohr

Rennert, M. (1990): Co-Abhängigkeit. Was Sucht für die Familie bedeutet. Freiburg i. Br.: Lambertus-Verlag

Rennert, M. (1993): Rollenverteilung in belasteten Familien und die Entdeckung von Co-Abhängigkeit in Familien von Suchtkranken. In: Deutsche Hauptstelle für Suchtfragen (Hg): Sucht und Familie. Schriftenreihe zum Problem der Suchtgefahren. Freiburg i. Br.: Lambertus Verlag, 1993, Bd. 35

Rohde-Dachser, C.und Wellendorf, F. (Hg) (2004): Inszenierungen des Unmöglichen. Theorie und Therapie schwerer Persönlichkeitsstörungen. Stuttgart: Klett-Cotta

Rosenthal, G. (1997): Der Holocaust im Leben von drei Generationen. Gießen: Psychosozial

Rosenthal, G. (2002): Transgenerationale Folgen von Verfolgung und Täterschaft. In: Streeck-Fischer u.a.

Sachsse, U. (1992): Selbstverletzendes Verhalten. Psychodynamik-Psychotherapie. Das Trauma, die Dissoziation und ihre Behandlung. Göttingen: Vandenhoek und Ruprecht

Schalast, N. (2009): Drogenabhängige Patienten im Maßregelvollzug gemäß §64 StGB: Verbesserung der Quote erfolgreicher Behandlung durch suchtspezifische Medikation? In: Forensische Psychiatrie, Psychologie, Kriminologie. Heft 4/2009, S. 294-301

Schäfer, I. und Krausz, M. (Hg) (2006): Trauma und Sucht. Konzepte, Diagnostik, Behandlung. Stuttgart: Klett-Cotta

Schäfer, I. (2006): Die Bedeutung von Traumatisierung für die Entwicklung und den Verlauf von Suchterkrankungen. In: Schäfer und Krausz (Hg)

Schwörk, A. (2001): Ursachen des Drogenzwanges und männliche Adolezenz. Eine biographische Fallstudie. Unveröffentlichtes Manuskript, Magisterarbeit am Institut für Sozialpsychologie der Leibniz Universität Hannover

Schütze, F. (1976): Zur Hervorlockung und Analyse von Erzählungen thematisch relevanter Geschichten im Rahmen soziologischer Feldforschung. In: Arbeitsgruppe Bielefelder Soziologen (Hg)

Schütze, F. (1983): Biographieforschung und narratives Interview. Neue Praxis 3, S. 283-293

Skowronek, A. (2006): Suchtentwicklung bei Jugendlichen unter dem Aspekt des Bindungsverhaltens. Unveröffentlichtes Manuskript, Diplomarbeit am Institut für Sozialpsychologie der Leibniz Universität Hannover

Stankovic, R. (2003): Systemische Familientherapie: Theorie, Kritik und praktischer Nutzen in der Drogentherapie. Unveröffentlichtes Manuskript, Magisterarbeit am Institut für Sozialpsychologie der Leibniz Universität Hannover

Stern, D. (1985/1992): Die Lebenserfahrung des Säuglings. Stuttgart: Klett-Cotta

Stern, D. (1992/1998): Die Mutterschaftskonstellation. Stuttgart: Klett-Cotta

Streeck, U.(Hg) (2000): Erinnern, Agieren, Inszenieren. Enactments und szenische Darstellungen im therapeutischen Prozess. Göttingen: Vandenhoek & Ruprecht

Streeck, U. (2004): „...sondern er benimmt sich in solcher Weise gegen den Arzt." Über nichtsprachliches Verhalten im therapeutischen Dialog mit strukturell gestörten Patienten. In: Rohde-Dachser und Wellendorf (Hg)

Streeck-Fischer, A. (Hg) (1998): Adoleszenz und Trauma. Göttingen: Vandenhoeck & Ruprecht

Literatur

Streeck-Fischer, A. (1999): Adoleszenz und Trauma. Göttingen, Vandenhoeck und Ruprecht

Streeck-Fischer, A. (Hg) (2004): Adoleszenz – Bindung – Destruktivität. Stuttgart: Klett-Cotta

Streeck-Fischer, A. (2006): Trauma und Entwicklung. Frühe Traumatisierung und ihre Folgen in der Adoleszenz. Stuttgart: Schattauer

Streeck-Fischer, A., Sachsse, U. und Özkan, I. (Hg) (2002). Körper – Seele – Trauma. Göttingen: Vandenhoeck und Ruprecht

Subkowski, P. (Hg) (2002): Aggression und Autoaggression bei Kindern und Jugendlichen. Göttingen: Vandenhoeck und Ruprecht

Subkowski, P. (2002): Zur Entstehung von und zum Umgang mit Aggression und Autoaggression in der stationären Therapie am Beispiel von Patienten mit Essstörungen und von Müttern mit Kindern. In: ders (Hg)

Tarasova, A. (2007): Drogenabhängigkeit und weibliche Adoleszenz. Eine Fallstudie. Unveröffentlichtes Manuskript, Diplomarbeit am Institut für Sozialpsychologie der Leibniz Universität Hannover

Teunißen, S., Engels, M. (2006): Geschlechtsdifferenzierende integrative Therapie von Sucht und Traumafolgestörungen. In: Schäfer und Krausz

Thomasius, R., Schulte-Markwort, M., Küstner, U., Riedesser, P.(2009): Suchtstörungen im Kinds- und Jugendalter. Stuttgart, New York: Schattauer

Thomasius, R. und Küstner, U. (2005): Familie und Sucht. Stuttgart: Schattauer

Thomasius, R. (2005): Drogenabhängigkeit bei Jugendlichen. In: Möller (Hg)

Tillmann, K.-J. (2000): Sozialisationstheorien. Eine Einführung in den Zusammenhang von Gesellschaft, Institution und Subjektwerdung. 10. erweiterte und überarbeitete Auflage. Reinbek bei Hamburg: Rowohlt

Toczynska, E. (2002): Rückfälle im therapeutischen Prozess drohenabhängiger Jugendlicher. Unveröffentlichtes Manuskript, Magisterarbeit am Institut für Sozialpsychologie der Leibniz Universität Hannover

Uhlig, S.und Thiele, M. (Hg) (2002): Rausch – Sucht – Lust. Gießen: Psychosozial-Verlag

Van der Kolk, B.A., McFarlane, A.C., Weisaeth, L. (1996): Traumatic Stress. New York: Guilford

Watzl, H. und Rockstroh, B. (Hg) (1997): Abhängigkeit und Mißbrauch von Alkohol und Drogen., Göttingen: Vandenhoek und Ruprecht

Wegscheider, S. (1988): Another Chance – Hope and Health for the Alcoholoic Family. Palo Alto: Science and Behavior Books

Weiss, H. (2007): Projektive Identifizierung und Durcharbeiten in der Gegenübertragung. In: Frank und Weiss (Hg)

Windeler, M. (2003): Psychodynamische Ursachen des zwanghaften Drogenkonsums. Eine qualitative Fallanalyse. Unveröffentlichtes Manuskript, Diplomarbeit am Institut für Sozialpsychologie der Leibniz Universität Hannover

Winnicott, D.W. (1951): Übergangsobjekte und Übergangsphänomene. In: Psyche, 23, 1969 (dt. Version)

Winnicott, D.W. (1976): Von der Kinderheilkunde zur Psychoanalyse. München: Kindler

Winnicott, D. W. (1984): Aggression. Versagen der Umwelt und antizoziale Tendenz. Stuttgart 1988

Winnicott, D.W. (1974/2006): Reifungsprozesse und fördernde Umwelt. Gießen: Psychosozial-Verlag

Wurmser, L. (1997): Die verborgene Dimension. Psychodynamik des Drogenzwangs. Göttingen: Vandenhoek & Ruprecht

Wurmser, L.(2008): Übertragung und Gegenübertragung bei Patienten mit Suchtproblemen. In: Bilitza (Hg):

Zobel, M. (2000): Kinder aus alkoholbelasteten Familien. Entwicklungsrisiken und -chancen. Göttingen: Hogrefe-Verlag